U0942916

高速铁路枢纽
信号工程设计指南

武汝涵◎主　编
莫志松　王　强◎主　审
郭　勇　刘金瑞　夏进波　喻矿强　戴启元◎副主编

GAOSU TIELU SHUNIU
XINHAO GONGCHENG SHEJI ZHINAN

中国铁道出版社有限公司
2023年· 北　京

内 容 简 介

枢纽列控方案是高速铁路信号工程设计的核心内容，枢纽各线建设时序不同，涉及不同的RBC、调度台、TSRS，因此枢纽列控方案非常复杂。为进一步强化车地系统思维，本书以枢纽列控方案及车地匹配设计优化为核心，针对高速铁路枢纽信号工程设计的重点和难点，总结提炼了大量典型案例。

本书可供我国从事高速铁路信号系统工程设计、运营维护、研发设计、施工安装和建设管理的专业技术人员学习使用，还可作为相关院校师生的参考资料及信号专业人员的业务培训用书。

图书在版编目（CIP）数据

高速铁路枢纽信号工程设计指南/武汝涵主编．—北京：中国铁道出版社有限公司，2023.6

ISBN 978-7-113-29850-0

Ⅰ．①高… Ⅱ．①武… Ⅲ．①高速铁路-铁路枢纽-铁路信号-信号设计-指南 Ⅳ．①U282-62

中国版本图书馆CIP数据核字（2022）第221331号

书　　名： 高速铁路枢纽信号工程设计指南
作　　者： 武汝涵

策　　划： 徐　清
责任编辑： 徐　清　　**编辑部电话：**（010）51873147　　**电子邮箱：** 357716058@qq.com
封面设计： 高博越
责任校对： 刘　畅
责任印制： 赵星辰

出版发行： 中国铁道出版社有限公司（100054，北京市西城区右安门西街8号）
网　　址： http://www.tdpress.com
印　　刷： 北京联兴盛业印刷股份有限公司
版　　次： 2023年6月第1版　2023年6月第1次印刷
开　　本： 787 mm×1 092 mm 1/16　**印张：** 21.5　**字数：** 540千
书　　号： ISBN 978-7-113-29850-0
定　　价： 128.00元

编　委　会

主　　编：武汝涵

主　　审：莫志松　王　强

副 主 编：郭　勇　刘金瑞　夏进波　喻矿强
戴启元

编 写 组：张敏慧　刘长波　池春玲　房　刚
马　韧　王　东　王海忠　蔡　亮
王　杰　陈　龙　李卫锋　李高举
陈鹤楠　闫俊俊　王　勇（中铁二院）
梁战鹏　韩永君　王　维　徐华鑫
左林华　袁　娟　苏腾江　王先帅
高　亮　韩永强　宋广谦　王　勇（北京通号院）
戚书亚　王东方　李　铭　周茂强
董　超　宋国经　吴海明

审 查 组：贺昌寿　陈建译　陈志颖　毛凌云
李东亮　刘海路　刘　毅　张　伟
何　涛　刘立峰　李红侠　宁咏梅
张浩鹏　何　健　孙素福　李　闯
方明亮　程剑锋　陈志强　黄文宇
刘智平　刘　洋　潘振涛　张惠仁
刘俊国　孙延辉

参编单位： 中铁第四勘察设计院集团有限公司

北京全路通信信号研究设计院集团有限公司

中国铁路设计集团有限公司

中铁二院工程集团有限责任公司

中铁第一勘察设计院集团有限公司

中铁第五勘察设计院集团有限公司

序

我国高速铁路快速发展，成就举世瞩目。截止到2022年底，我国高速铁路营业里程达到4.2万公里，高速铁路成为展示中国改革发展科技创新成果的“国家名片”，交通强国的“先行官”，建设规模、运营速度、技术装备和运营管理水平均已国际领先。

高速铁路信号系统包括了行车指挥系统、列车运行控制系统和车站联锁系统等，是保障高速铁路运行安全和效率的关键核心系统。尤其是列车运行控制系统，通常被称为高速铁路运行安全的“保护神”、“大脑和神经中枢”。保障列车运行控制系统安全，高速铁路的源头质量至关重要，其中高速铁路信号工程设计环节就是高速铁路信号系统工程的源头。结合十几年的高速铁路运用管理经验，高速铁路枢纽信号系统设计方案和车地匹配设计优化是高速铁路信号工程设计的重中之重，也是工程设计的最大难点。随着“八纵八横”高速铁路通道的建设，中国高速铁路进入了新时代。一方面新建铁路引入既有高速铁路枢纽的情况越来越普遍，枢纽大站越来越多，枢纽列控系统方案非常复杂；另一方面中国高速铁路逐渐进入了技术更新改造时期，枢纽改造影响范围广、施工难度大、运用风险高的问题逐渐显现。因此高速铁路枢纽信号系统工程设计愈发重要。

高速铁路工程的设计者要充分认清中国高速铁路新时代的新形势、新特点和新困难，勇于担当、主动作为、善于学习，进一步提升枢纽列控方案设计深度，持续做好车地匹配设计优化，确保设计方案的合理性，提高可实施性及可维护性；运营管理单位要进一步在工程设计阶段做好提前介入，严谨细致地审核把控枢纽改造实施方案。相关各方密切配合，戮力同心，为中国高速铁路安全稳定发展贡献力量。

中国高速铁路进入了新时代，《高速铁路枢纽信号工程设计指南》的出版很有意义。本书总结提炼了高速铁路建设中的大量典型案例，以枢纽列控方案及车地匹配设计优化为核心，围绕枢纽信号工程设计的重点和难点问题，提出了很好的建议解决方案。本书内容涵盖了枢纽地区联锁控制、信号显示、枢纽列控方案、轨道电路设计、列控工程数据等重点内容，内容较翔实，分析较深入。凡开卷，必有益。相信广大读者能有所启迪，持续提升高速铁路信号系统工程设计源头质量，持续提升中国铁路电务技术装备水平。

莫志松

前　言

随着“八纵八横”高速铁路通道的建设，新建大型枢纽站场越来越多，新建铁路引入既有高速铁路枢纽的情况越来越普遍。枢纽车站站场规模大、多线引入，经常设有多个线路所和多条短联络线。有的枢纽地区，多条采用 CTCS-3 级列控系统的高速铁路交叉贯通，例如京广高铁、徐兰高铁、郑万高铁、济郑高铁在郑州东枢纽交叉贯通。枢纽列控方案已成为高速铁路信号工程设计的重中之重和最大难点。

枢纽各线建设时序往往不同，一般涉及不同的 RBC、调度台、TSRS 及不同列控等级的线路，因此枢纽列控方案非常复杂，枢纽列控方案面临的难题如下。一是枢纽地区联锁控制方案：有的枢纽大站站场规模特别大，因站场专业未分场，所以采用一套联锁设备控制，存在故障影响面太大、后续接入改造实施难度大及不利于维护等问题。二是枢纽短联络线 RBC 切换方案：有的项目设计单位行车、供电和信号等专业未深入沟通，联络线能设置区间信号点而未设置，导致跨线运行时无法进行正常 RBC 切换。三是枢纽短联络线 C3→C2 级间切换方案：有的枢纽短联络线最多仅一个区间信号点，导致预告点、执行点设置非常困难。有的项目未充分考虑 C3、C2 临时限速处理差异对接近区段 C3、C2 速度的影响，预告点、执行点设置不合理，导致车载设备出现异常制动。四是连续 1/42 大号码道岔区域列控方案：有的枢纽线路所距前方站距离较近，设计单位未进行充分的车地匹配检算，大号码道岔侧向速度按 160 km/h 描述，因不满足制动距离要求，导致车载设备出现异常制动。五是枢纽车站轨道电路发码方案：有的车站存在交叉渡线道岔，设计单位为避免掉码隐患，将所有经道岔侧向的列车进路均发 JC 码，导致动车组基本接发车进路均无码，无码区太多，发码方案不合理。

为解决上述枢纽列控方案难题，进一步强化车地系统思维，对车地系统匹配设计持续优化，我们组织编写本书。本书以枢纽列控方案及车地匹配设计优化为核心，针对高速铁路枢纽信号工程设计的重点和难点，总结提炼了大量典型案例，希望能够起到启蒙指南和抛砖引玉的作用。

全书共 7 章，第一章为概述，主要介绍高速铁路列控时代对设计单位的新要求；第二章为枢纽地区联锁控制方案设计，主要介绍枢纽地区联锁控制方案总体原则及枢纽特殊线路所典型案例；第三章为信号显示方案设计，主要介绍衔接站信号显示、优先满足 CTC 进路自动触发要求的场间联锁分界方案等；第四章为枢纽列控方案设计，主要介绍枢纽 RBC 设置方案、RBC 切换方案、短联络线 C3→C2 级间切换方案、连续大号码道岔区域列控方案等；第五章为轨道电路设计，主要介绍轨道电路发码总体方案、典型车站发码及载频切换方案等；第六章为列控数据设计;第七章为信号与站前等专业接口设计。

本书的读者对象为从事高速铁路信号系统工程设计、运营维护、研发设计、施工安装和建设管理的专业技术人员以及相关院校的师生,也可作为自学、业务培训资料。

本书由中国国家铁路集团有限公司工管中心武汝涵担任主编,工电部莫志松、鉴定中心王强担任主审,中铁第四勘察设计院集团有限公司郭勇、中国铁路设计集团有限公司刘金瑞、中铁二院工程集团有限责任公司夏进波、中铁第一勘察设计院集团有限公司喻矿强、中铁第五勘察设计院集团有限公司戴启元担任副主编。北京局集团公司电务部、上海局集团公司电务部、广州局集团公司电务部的专家参与了部分章节编写和审核。特别感谢中铁第四勘察设计院集团有限公司张敏慧总工,在百忙之中提供了很多优秀素材,并提出了许多宝贵意见。

在编写过程中,国铁集团工管中心陈璞、杨宏图、杨晖、梁朝辉,工电部郑升、谢博才,北京全路通信信号研究设计院集团有限公司付刚、杨明、程光红,通号工程局集团有限公司高建等领导同志提供了大力支持;同时,本书参考了部分项目施工图文件和设计资料,在此一并表示诚挚的感谢!

由于编者水平和时间有限,书中难免出现疏漏和不妥之处,敬请读者批评指正。

编　者

2022 年 3 月

目　录

第一章　以车地匹配为导向的高速铁路信号工程设计概述

一、高速铁路与普速铁路在信号工程设计上的区别

十余年来，我国一直处于高速铁路的快速建设期，“四纵四横”高速铁路通道已经建成，“八纵八横”高速铁路网建设进展顺利，中国铁路运行速度大幅提高，高速铁路最高运行速度达到 350 km/h，CTCS-2/3 级列控系统成为保障高速铁路运输安全的关键设备。随着中国列车运行控制系统 CTCS-2/3 级列控系统的应用，中国铁路信号行业进入了一个新时代——高速铁路列控时代。高速铁路列控时代与普速铁路时代的信号系统有什么区别？高速铁路列控时代对信号设计理念产生了什么影响？带来了什么重大变化？

（一）高速铁路列控时代与普速铁路时代的区别

1. 高速铁路列控时代跑得更快，列控系统成为信号系统的核心设备

普速铁路最高运行速度为 160 km/h，采用 CTCS-0 级列控系统，由通用机车信号＋列车运行监控装置组成，列车运行由司机根据地面信号机和机车信号的显示进行控制。

高速铁路最高运行速度为 350 km/h，随着运行速度的大幅提高，列车制动距离也大大增加，仅依靠司机控制无法保证列车运行安全，因此，列控系统成为确保列车安全运行的核心设备，也是信号系统的关键设备。其中 CTCS-3 级列控系统是中国铁路 300～350 km/h 高速铁路的重要技术装备，是中国铁路技术体系和装备现代化的重要组成部分，是具有自主知识产权，保证高速列车运行安全、高效的核心技术之一。

CTCS-3 级列控系统是基于 GSM-R 无线通信实现车地信息双向传输，无线闭塞中心（RBC）生成行车许可，轨道电路实现占用检查，应答器实现列车定位校核，并具备 CTCS-2 级功能的列车运行控制系统。CTCS-3 级列控系统采用先进的技术手段对高速运行下的列车进行运行速度、运行间隔等实时监控和超速防护，以目标距离连续速度控制模式、设备制动优先的方式监控列车安全运行，并可满足列车跨线运营的要求。

CTCS-2 级列控系统作为 CTCS-3 级列控系统的后备模式，基于轨道电路和点式应答器传输行车许可信息，并采用目标距离连续速度控制模式曲线监控列车安全运行。

普速铁路采用四显示自动闭塞，最多提供前方 3 个闭塞分区空闲信息，行车许可约为 4 km；CTCS-2 级列控系统最多能提供前方 7 个闭塞分区空闲信息；CTCS-3 级列控系统由 RBC 发送行车许可，最长可达 32 km。

2. 高速铁路列控时代是数字化时代

列控数据是列控系统可靠运行的重要基础，是保障列车运行安全的关键数据。列控数据相当于将铁路路网数字化为电子地图，将线路的站名、里程、速度、坡度、分相、重要桥梁隧道、进路信息、限速信息、级间切换信息等发送给车载设备，车载设备综合这些信息生成控车曲线，列车运行控制更精确、更安全。高速铁路列控时代是数字化时代。

3. 高速铁路信号系统的特征元素发生根本性变化

普速铁路信号系统以车站计算机联锁为核心，系统状态呈点式，站点间信息关联度不大；高速铁路列控时代以列控系统为核心，系统状态呈网状，中央及站点间信息交互频繁。

普速铁路信号显示制式为四显示自动闭塞速差式，高速铁路列控时代为目标距离连续速度控制模式。

普速铁路设置区间通过信号机，以地面信号显示为主要行车凭证；高速铁路列控时代设置区间信号标志牌，以列控车载设备显示的允许运行的速度值及车载信号显示为主要行车凭证。

普速铁路车站信号机常态点灯，高速铁路列控时代车站信号机常态灭灯。

4. 基于无线通信车地信息双向传输的信号系统应运而生

普速铁路车地间是单向信息传输，仅是地面信号设备向车发送轨道电路码序等控车信息。随着列车速度增加，一方面列车需要的信息量不断增加；另一方面地面还需要进一步了解列车的工作情况，以便更好地了解掌握列车的状态。为此车地间需要双向、大容量的传输通道。CTCS-3 级列控系统即采用了 GSM-R 无线通信实现车地信息双向传输，除了地面向车载设备传递行车许可相关信息外，车载设备通过 GSM-R 无线网络向无线闭塞中心 RBC 发送位置等信息，实现车地信息双向、大容量的信息传输，GSM-R 无线通信成为 CTCS-3 级列控系统的重要组成部分。

信号安全数据网由通信专业提供光缆，CTC、信号集中监测等通道由通信专业提供，信号与通信专业越来越密不可分。

（二）高速铁路信号工程设计的特点

1. 高速铁路信号工程设计首要任务是满足车地匹配要求

车载设备和地面设备共同构成 CTCS-3 级列控系统，车载设备是 CTCS-2/3 级列控系统的重要组成部分，是我国高速铁路的重要技术装备，是保证高速列车运行安全、可靠、高效的关键设备之一。车载设备和地面设备密不可分，只有车载设备和地面设备协调匹配，才能确保列车正常运行。

目前，我国大中型基建项目的分工，地面设备由工程设计单位负责信号工程设计，列控设备集成商提供技术支持，车载设备由车载设备供应商负责，通过实验室仿真测试及信号联调联试验证车地设备是否匹配。在各项目信号联调联试阶段，经常会发生一些车地不匹配问题，有些是地面软件和数据对工程特定应用方面的问题，包括设备和施工实施方面，通过及时修改测试进行消缺；有些是车载设备固有逻辑，短期内很难修改，只能修改地面设备来适配车载设备；另外一些则是工程设计单位缺乏车地匹配思维，对车载设备逻辑及相关限制条件了解不够透彻，未充分考虑 CTCS-2/3 级列控系统的特点，仍按传统思路进行工程设计，导致出现车地不匹配问题。

为确保动车组可靠运行，高速铁路信号工程设计首要任务是满足车地匹配要求。信号工程设计单位必须具备车地匹配思维，统筹考虑车载设备与地面设备逻辑特点，通过地面与车载设备的联动设计，确保列车能按照线路、道岔的设计速度达速、不超速运行，满足列车在不同 RBC、不同列控等级间平顺切换的要求，确保列车在不同线别线路间自动转线运行，确保列车在股道的正常停车并合理完成接发车作业，确保列车在动车段所内按既定停车位置停靠等。

2. 高速铁路高速高密度的行车需求要求更紧密的全专业间协同设计

高速铁路运行速度更快、追踪间隔要求更密，设计最小行车间隔 3 min。为确保追踪间隔要求，充分发挥高速铁路运输效能，高速铁路对站场线路配置、行车布点、调度集中及列控系统（含地面和车载设备）等的密切配合、精密匹配方面要求更高。

例如高速铁路行车布点需与列控系统的制动性能深度匹配，避免出现 L5 起模的问题，尤其在 20‰及以上长大坡道地段，应通过与多型列控系统的逐一匹配检算，确保各型车载设备在长大坡道地段不限速运行；又如有的车站设置了 1/18 道岔，但是因曲线原因限速 70 km/h，有的咽喉区固定限速延伸到了股道内，导致接车时进站信号机只能显示 UU，动车组只能以 45 km/h 进站，未能充分发挥 1/18 道岔作用；还有的线路所设置了 1/42 道岔，但是距前方站距离较近，导致在 1/42 道岔侧向列车仅能按 100 km/h 运行，未能充分发挥 1/42 道岔作用。需要引起设计重视的一项内容是高速铁路行车布点必须按照四显示自动闭塞进行最高运行速度 160 km/h 的行车检算，其目的是确保动车组按照 LKJ 控车方式运行时的行车安全。

3. 高速铁路信号系统故障—安全要素更多，系统接口更复杂

普速铁路信号系统故障—安全要素：信号显示不能升级，轨道电路码序不能升级，继电器不能故障吸起，道岔表示不能错误等。

高速铁路列控时代，列控系统成为信号系统的核心，除普速铁路传统的故障—安全要素外，高速铁路信号系统故障—安全要素更多。

列控数据接口众多，除电务类列控基础数据外，还包括与工务类（里程、速度、坡度等）、牵引供电类（分相区）基础数据接口，与调度区划、相邻线路信号系统互联互通等亦密不可分。由于影响列控数据的因素众多，影响高速铁路信号系统安全性的因素也更多。

高速铁路信号系统故障—安全最核心的要素就是速度控制，速度控制中至关重要的是列控数据，直接关乎行车安全，必须严防列控数据超速，这其中包括列控工程数据不能超速，应答器报文不能超速，RBC 软件不能超速，临时限速命令必须被正确执行。信号工程设计单位必须杜绝由于工程设计原因导致行车许可错误延伸。

4. 影响高速铁路信号系统可用性的因素更多

故障时制动停车是导向安全侧，但是经常制动停车就会导致可用性太差。中国高速铁路取得了举世瞩目的成就，社会舆论关注度非常高，如果运营动车组经常制动停车，将会影响运输秩序，运输秩序的混乱会影响“大运输安全”。同时若运行故障较多也会成为舆论热点，影响中国高速铁路形象。因此，高速铁路信号系统对可用性要求更高。

可能导致动车组降速或制动停车的主要因素有速度、坡度、区段长度、载频等列控工程数据错误，应答器安装错误、掉码、发码方案不合理等。虽然信号联调联试阶段可以发现大部分问题，但在兼容性试验不全的情况下，仍然有可能在运营过程中出现制动停车的问题。因此，影响高速铁路信号系统可用性的因素更多。

为确保高速铁路信号系统的可用性，对信号工程设计单位的要求更高。信号工程设计单位应避免地面低频码设置不合理导致的制动或降速，避免信号各子系统间信息交互内容不当导致的停车故障，避免载频设置或级间切换点设置不当导致的减速，避免电分相设置对列控正常运行模式造成负面影响，避免灾害防护命令未执行，减少司机人工参与的确认动作等。

5. 高速铁路枢纽列控方案更复杂

随着“八纵八横”高速铁路通道的建设，新线接入既有枢纽的情况越来越普遍，由于高

速铁路信号系统为站点间关联度较高的网状系统，在多线交互的枢纽地带，列控方案因涉及多线的协同和匹配，其解决方案十分复杂，是工程设计的重中之重。新线接入引起既有枢纽RBC、列控中心、联锁、TSRS等信号软件修改，需要重点解决的问题包括枢纽短联络线RBC切换方案、C3/C2级间切换方案、临时限速方案及车站轨道电路发码方案等。

6. 衔接站信号显示方案更复杂

仅开行动车组的250 km/h及以上高速铁路车站信号机常态灭灯，设置区间信号标志牌；200～250 km/h兼顾普速车上线的线路车站信号机常态点灯，设置区间通过信号机。当常态点灯的线路与常态灭灯的线路衔接时，衔接站信号显示方案就会复杂起来，特别当衔接站与级间切换场景同时出现时，显示方案需要考虑的因素就会更多。

7. 运营对系统设备自动化要求更高

高速铁路采用调度集中系统（CTC），运营单位对CTC进路自动触发要求更高，信号工程设计应满足CTC进路自动触发要求。例如新建高速铁路场间联络线在设计时应实现CTC进路自动触发要求。

普速铁路红灯重复较为常见，而高速铁路信号工程设计应最大限度减少红灯重复，红灯重复仅仅是联锁意义上的防护，在CTCS-2/3级列控系统中，红灯重复增加列车运行间隔，影响运输效率。鉴于CTCS-2/3级列控系统均采用了目标距离控制模式，无需采用双红灯重复的方式。

为提高动车段（所）出入库作业安全性及运输效率，动走线原则上应采用列车方式，按单线双方向自动闭塞设计，满足动车组在运用高峰时段出所和密集入所的运用需求。高速铁路对室外轨旁设备的安装牢固性、智能运维、动车（段）所检修能力等运营维护方面要求更高。

二、高速铁路列控时代对信号工程设计单位的新要求

高速铁路列控时代，RBC、列控中心、临时限速服务器（TSRS）、应答器等地面设备及车载设备广泛应用，传统信号理念已不能完全适应高速铁路列控时代要求，必须与时俱进。高速铁路列控时代，对信号工程设计单位提出了新要求。

（一）必须进一步强化安全意识

中国高速铁路取得了举世瞩目的成就，是一张靓丽的名片，代表着国家形象。信号系统直接关系行车安全，高速铁路安全无小事。广大信号工程设计从业者使命光荣，责任重大，必须进一步强化安全意识，提高使命感和责任感，培育更深厚的家国情怀，始终把高速铁路安全放在第一位，始终保持一颗敬畏之心，居安思危，警钟长鸣，如临深渊，如履薄冰。

（二）必须具备车地系统思维

为确保动车组可靠运行，高速铁路信号工程设计必须具备车地系统思维。列控系统是由列控地面设备和列控车载设备构成的车地一体化系统，车地之间相互匹配，系统集成。因此，从事信号工程设计、信号系统设计的工作者必须建立系统思维，综合考虑车地系统匹配问题。例如基于车载逻辑综合停车距离，信号工程设计应满足动车组正常停车要求，长编动车组尾部应完整接入站台，尾部应完整越过出站信号机应答器组，满足折返作业及图定运行时分要求；要合理确定动车段（所）、存车场股道分割区段长度，满足动车组正常停车要求，尾部应完整越过应答器组；闭塞分区设计及连续有码区段长度应满足车载设备UUS码控制逻辑要求，越过UUS区段后，下一个闭塞分区连续有码区段长度应满足80 km/h到0 km/h

的常用制动距离要求，否则会引起车载设备降速，影响运输效率；和车载 UUS 码逻辑相关的信号工程设计内容包括闭塞分区长度合理性，补码、无码区长度不得大于 1 500 m 等。

（三）必须具备故障—安全思维

高速铁路安全事关重大，信号工程设计单位必须时时刻刻敬畏规章，深入学习规章，严格执行设规、技规、行业标准及企业标准等标准规范。

高速铁路列控时代，CTCS-3 级列控系统成为信号系统的核心，除普速铁路传统的故障—安全要素外，高速铁路信号系统故障—安全要素更多。高速铁路信号系统故障—安全最核心的要素就是速度，速度是至关重要的列控数据，直接关乎行车安全，必须严防超速。

信号工程设计单位必须具备高速铁路故障—安全思维，进一步加强技术管理，对高速铁路故障—安全要素进行红线管理，必须坚决杜绝由于工程设计原因导致的列控数据超速、行车许可错误延伸、信号显示升级、码序升级、继电器错误吸起、调车信号机将安全线短路等问题。

（四）必须具备运输思维

牢固树立建设为运输服务的理念，充分对接运输需求，确保设计方案满足运输需要。

1. 合理确定大型站场联锁控制范围

多线引入的大型车站，为减小故障影响范围，便于维护，降低后续项目接入改造实施难度，建议分场设置联锁。如果站场专业从站场布置的角度无法分开，信号专业从联锁控制角度宜分场设计。

2. 最大限度减小故障影响范围

设计方案应最大限度减小故障影响范围，杜绝支线设备故障影响正线的情况。例如在枢纽地区，多线交叉，不同线路间的线路所不能共用一套计算机联锁、列控中心等设备，否则可能出现支线设备故障时影响正线正常运营的情况。

3. 确保安全的同时兼顾好可用性

关于安全与效率的问题，要深入研究，科学决策，不能过于保守、敷衍了事，不能以确保安全为理由，随意忽略高速铁路可用性。例如将与正线相邻的本不超限的绝缘节设为超限绝缘节，一旦侧线区段故障就会影响正线通过作业。虽然安全，但是扩大了故障影响面，降低可用性。

（五）必须具备枢纽工程思维

“四电”集成看信号，信号看枢纽。随着“八纵八横”高速铁路通道的建设，新线接入既有枢纽的情况越来越普遍。新线接入使既有枢纽 RBC、列控中心、联锁、TSRS 等信号软件须同步修改，新线接入既有枢纽存在实施方案复杂、不同型号设备接口多、枢纽列控数据复核难度大、列控软件编制及仿真测试周期长、天窗点联锁试验及动态验证工作量巨大、天窗点紧张等困难。枢纽信号软件换装工作实施难度大、安全风险高、影响范围广。

枢纽列控方案是工程设计的重中之重，枢纽列控方案主要难点包括枢纽短联络线 RBC 切换方案、C3→C2 级间切换方案、连续大号码道岔区域列控设计方案及衔接站信号显示方案等。

信号工程设计单位必须具备枢纽工程思维，不仅是站在信号工程单一项目的立场看问题，更应该具有全局视野，对于枢纽接入相关的其他项目因素统筹考虑，站在枢纽全局的角度看问题。

简单地说，要学会换位思考，信号设计负责人要站在铁路局集团公司电务专业用户的角度，设计方案应统筹考虑枢纽相关项目特点，充分考虑枢纽实际情况，最大限度减少对既有RBC等信号软件修改范围，结合相关项目同步实施，减少信号软件修改次数，最大限度降低枢纽接入安全风险及实施难度。

（六）必须进一步加强列控数据管理

列控数据是列控系统可靠运行的重要基础，是保障列车运行安全的关键数据。列控数据接口众多，除电务类列控基础数据外，还包括与工务类（里程、速度、坡度等）、牵引供电类（分相区）基础数据接口，与调度区划、相邻线路等亦密不可分。由于影响列控数据的因素众多，影响高速铁路信号系统安全性、可用性的因素也更多。设计单位往往重视设计图纸的出手质量，也有一套行之有效的管理流程来管控设计图纸准确性，但是由于列控系统的设计才十余年时间，设计单位对列控数据的重视程度尚需提高。

高速铁路列控时代对信号工程设计单位的要求更高，信号工程设计单位应不断提高列控数据质量及设计方案质量，持续优化，进一步提高高速铁路信号系统的安全性及可用性。

第二章　枢纽地区联锁控制方案设计

枢纽地区一般涉及多个车场和线路所，合理确定枢纽地区联锁控制方案，是枢纽信号工程设计的核心内容之一。

当枢纽大站站场合场设置时，采用一套联锁设备控制存在什么问题？联锁设备能否分设？资产属性不同的两个车场，联锁设备是否需要独立设置？

线路所道岔什么时候可以纳入相邻车站控制，什么时候设独立联锁？

枢纽三角交叉区域，不同线路间的线路所能否共用一套联锁设备？

枢纽地区联锁控制方案密切相关的多个项目工期不同步时，如何合理确定联锁控制方案？

衔接多条线路、接车口较多的复杂线路所，从简化站型、防止误办进路及减小故障影响面的角度，能否拆分为两个独立线路所？

合理划分枢纽地区联锁控制范围，有利于最大限度减小故障影响面，切实降低高速铁路改造实施难度和安全风险，便于运营维护。京津城际、武广高速铁路等第一批高速铁路开通已超过 10 年，第一批高速铁路将逐步迎来大修期，某些枢纽车站控制多个线路所，远端道岔距信号楼近 5 km，在大修时，应根据站场布局，结合运输作业特点，综合考虑信号系统故障影响面及维护便利性等因素对枢纽联锁控制方案进行深入研究比选。

本章分析枢纽地区联锁控制范围划分总体原则及相关案例，希望能为高速铁路信号工程设计工作提供有益借鉴。

第一节　枢纽地区联锁控制方案总体原则

高速铁路枢纽地区经常设有多线引入、一站多场的枢纽大站，由于线路疏解需要，枢纽大站附近一般设有线路所。合理划分枢纽地区联锁控制范围，是信号系统工程设计的重要内容之一，设计人员应根据站场布局、结合运输作业特点，并综合考虑信号系统故障影响、技术改造风险及维护便利性等各方面因素深入研究比选确定。

一、线路所联锁控制方案总体原则

由于线路疏解需要，在枢纽大站附近经常会设置线路所，线路所道岔距相邻枢纽大站一般大于 2.5 km。关于这种枢纽大站附近的线路所联锁控制方案，各项目设计方案不尽相同，有的按独立联锁设计，有的按电缆直控方式纳入相邻车站联锁控制。

（一）道岔控制电缆较长时存在的问题

目前我国铁路交流转辙机均采用继电式五线制道岔控制电路，由道岔动作电路和道岔表示电路两部分组成。为了节省电缆和检查道岔的动作与表示的一致性，道岔控制电路的动作电路和表示电路均共用室外电缆芯线，同时鉴于道岔动作电路压降等因素，需对道岔控制电缆长度超过计算长度的室外去线和回线加芯，用以延长电缆控制距离。

交流电流在两导体间构成电容，道岔控制电路传输通道主要为室外信号电缆，因此在信号电缆中芯线与芯线之间、芯线与铝护套和钢带之间存在分布电容。当 X1 断线时，交流电流会通过分布电容迂回至表示继电器，同时电缆越长，并芯越多，分布电容越大，流向表示继电器的电流就越大，直至维持继电器吸起状态，从而导致表示继电器不落。因此在 X1 断线后电流会通过两个电容回路迂回至表示继电器：一为芯线间分布电容，二为芯线对金属护套分布电容。

经现场多次测试，信号电缆内外围单芯对金属护套的分布电容约为外围四线组对金属护套分布电容的 3 倍，两四线组间和中心四线组对金属护套的分布电容可忽略不计。断开 X1 时线间电容分布影响道岔表示继电器状态示意如图 2-1-1 所示。

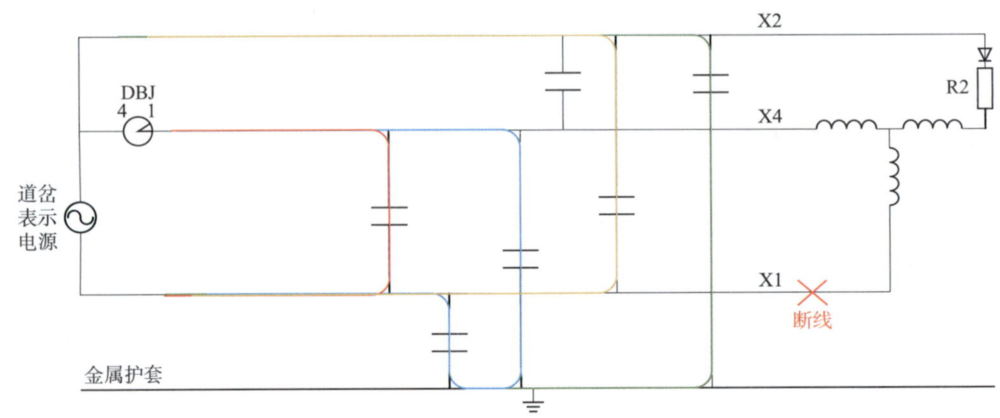

图 2-1-1 断开 X1 时线间电容分布影响道岔表示继电器状态示意图

通过建立仿真分析模型和现场验证性试验，综合限制信号电缆芯线使用条件、动作电路控制长度要求等因素，经分析和计算，提出允许控制电缆单线电阻值 54 Ω 的交流转辙机（如 ZDJ9、S700K、ZYJ7 等）。采用五线制道岔控制电路时，转辙机安装位置至控制电路机柜的电缆长度应满足：电缆芯线（直径为 1.0 mm）采用单芯时，不宜大于 2.2 km；电缆芯线（直径为 1.0 mm）加芯至两芯，X1～X5 均使用四线组且 X1 与 X2～X5 不同缆时，不宜大于 2.7 km。

为解决道岔控制电缆较长时引起的道岔表示继电器状态错误保持问题，原中国铁路总公司运输局颁布的《远距离三相交流道岔表示故障研讨会议纪要》（运电信号函〔2015〕443 号）中要求“工程设计时三相交流五线道岔控制距离大于 2 km 的，应将 X1 与 X2～X5 分电缆设置”。

然而，分缆设置并不能彻底解决远距离三相交流道岔表示问题，电缆控制距离越长，发生故障的概率越高。且远距离道岔控制电缆需要加芯，存在芯线断芯时不能及时发现的隐患。因此，工程设计中应尽量减少电缆直控的远距离道岔。

（二）线路所联锁控制方案总体原则

为解决远距离道岔信号控制方案存在的问题，结合近年来工程项目设计和运营维护经验，根据《铁路道岔转换设备安装技术条件》（Q/CR 848—2021）4.8“允许控制电缆单线电阻值 54 Ω 的交流转辙机，采用五线制控制电路时，转辙机安装位置至控制电路机柜的电缆长度不宜大于 2.7 km”的要求，当线路所道岔距相邻车站控制电缆长度大于 2.7 km 时，宜按独立联锁设计。

（三）枢纽三角交叉区域应设三套联锁

在枢纽地区，经常会遇到三角交叉区域，涉及一个车站、两个线路所，关于线路所联锁控制方案应结合故障影响面等因素深入研究。

某枢纽涉及A站、B线路所、C线路所，A站与B线路所间为B高速线，A站与C线路所间为C高速线。B线路所与C线路所间联络线长度2.8 km。枢纽三角交叉区域示意如图2-1-2所示。

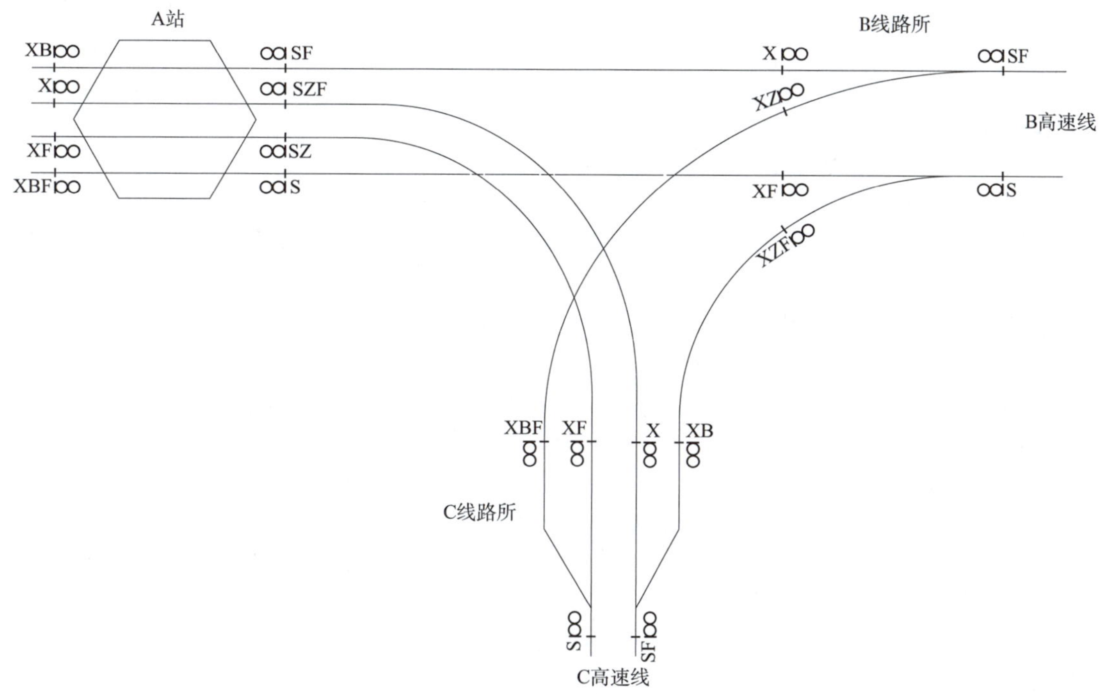

图 2-1-2　枢纽三角交叉区域示意图

关于B线路所、C线路所联锁控制方案比选如下。

方案一：两个线路所合用一套联锁设备

因B线路所与C线路所距离相对较近，所以将两个线路所合用一套联锁设备。

方案一存在故障影响面太大的问题。如果线路所联锁故障或检修，则A站既不能办理向B高速线方向的发车作业，也不能办理向C高速线方向的发车作业，即B高速线、C高速线均停用，故障影响面太大。相当于支线信号设备故障时，将影响两条高速正线的运营，联锁控制方案不合理。

从日常维护角度，B线路所道岔维护时，既影响B高速线，也影响C高速线，影响范围太大，导致维修要点非常困难，增加现场维护难度。

方案二：两个线路所均采用独立联锁

为最大限度减小故障影响面，两个线路所均采用独立联锁。

方案二故障影响面最小。对于枢纽三角交叉区域，联锁控制方案的核心要素是最大限度减小故障影响面。本站设备故障只影响本线，不能影响相邻线路，不能扩大故障影响面。因此，不同线路间的两个线路所不宜合用联锁设备。

方案比选：方案一故障影响面较大，一组道岔影响两条线，增加日常维护难度。采用方案二时，当B线路所联锁故障时不影响A—C高速线；C线路所联锁故障时不影响A—B高速线，故障影响面最小，更有利于日常维护。

综合上述分析，宜采用方案二。

二、枢纽大站采用一套联锁设备存在的问题

有的枢纽大站多线引入，高速动车组、普速列车混合运行，站场专业未分场，按一个混合场设计，信号采用一套计算机联锁。枢纽大站采用一套计算机联锁设备控制存在以下问题。

（一）故障影响面太大

由于站场规模太大，采用一套联锁设备控制导致故障影响面太大，联锁等设备故障时，影响多条线运营，对运输秩序干扰非常大。

（二）后续接入改造实施难度太大

枢纽大站经常由于后续线路接入引起站场改造，枢纽大站站场改造及信号软件换装是影响高速铁路安全运营的关键风险点。站场规模越大，改造时影响范围就越大，相应联锁试验及动态验证工作量也越大，且多只能在天窗点进行，枢纽大站天窗点紧张，兑现率低，枢纽大站改造实施难度及安全风险特别高。

（三）高速、普速混合运行问题较多

枢纽大站按混合场设计，高速动车组、普速列车、机车等混合运行，由于部分列车进路与相邻调车进路无隔开设备，存在一定的安全隐患，当调车冒进调车信号时，存在与动车组发生侧冲的安全隐患。

为了消除调车冒进后与列车进路侧冲的安全隐患，《铁路技术管理规程（高速铁路部分）》第 319 条要求“接发列车时，应按高速铁路《行车组织细则》规定的时间，停止影响列车进路的调车作业和对列车运行安全有影响的其他作业”。第 319 条是靠人为管理手段保证安全，是一种不得已的弥补措施。如果从站场源头设计的角度，高速、普速分场运行，该问题自然就避免了。

另外，高速、普速维修天窗通常不一致，共用联锁不便于维护。

（四）一套联锁对应两套 TCC，接口复杂

在实际运用中，各设备供应商一般按每台 TCC 控制 10 台移频柜和 16 台 LEU 设计。

LEU 数量＝正线进站信号机/2＋正线出站信号机/2＋侧线出站信号机/4

例如，车站共 16 股道，12 架正线进站信号机，12 架正线出站信号机，20 架侧线出站信号机，则 LEU 数量＝12/2＋12/2＋20/4＝6＋6＋5＝17，超出 16 个 LEU 的限制，因此需要设两台 TCC。

当区间、站内合计超过 10 个移频柜时，也需要设置两台 TCC。尤其是当站内列车进路采用移频轨道电路时，加区间轨道电路数量，很容易超过 10 个移频柜。当站内列车进路采用 25 Hz 相敏轨道电路时，移频柜数量可能不是限制因素，LEU 数量往往是限制因素。

有的枢纽大站设置了两套 TCC，一套计算机联锁，一套联锁对应两套 TCC，接口比较复杂，不便于维护。

（五）经常超过 7 个发车口，出站信号机表示器只能特殊设计

根据《铁路技术管理规程（高速铁路部分）》第 488 条规定了出站信号机表示器最多区分 7 个发车方向。有的枢纽大站超过 7 个发车口，出站信号机表示器设计无规可依，只能进行特殊设计。

三、站场合场设置的枢纽大站联锁控制方案总体原则

枢纽大站的特点是站场规模大、多线引入、车流密度大，地理位置非常重要。确定枢纽大站联锁控制方案时，应基于线路、站场设计方案，统筹考虑运输组织、调度区划、最大限度减小信号系统故障影响面，降低接入改造时工程风险及维护便利性等因素深入研究比选。

（一）站场合场设置的枢纽大站宜分场设联锁

为合理控制站场规模，减小故障影响面，切实降低后续线路接入改造实施难度及安全风险，站场合场设置的枢纽大站宜按引入线别分为两个场，独立设置计算机联锁等设备。

（二）设置两套 TCC 时，宜拆分为两个车场

当 LEU 或移频柜数量超出限制需要设置两套 TCC 时，枢纽大站宜拆分为两个车场，独立设置计算机联锁等设备，统一接口，便于维护。

某枢纽大站共 17 股道，72 组联锁道岔，两侧共有 9 个引入口，开行动车组及普速列车，站场专业按混合场方式设计，故原联锁控制方案为新设一套计算机联锁设备。

在实施过程中，铁路局运输部门认为动车组、普速列车混合运行不便于管理；电务部门提出，该站规模太大，共用一套联锁设备导致故障影响面太大，施工调试及维修时停用范围太大，且高速、普速维修天窗时间通常不一致，共用联锁不便于维护，建议分场设置两套联锁设备。最终进行了变更设计，将该站分为高速场和普速场，分场设置两套计算机联锁设备，信号机均常态点灯。

分场后信号设备平面布置示意如图 2-1-3 所示。

（三）站场改造新增规模较大时，宜拆分为两个车场

有的车站因新线引入，站场变化非常大，拆除多组道岔，新增部分规模很大。若仍维持一套联锁控制，则站场改造实施难度非常大，边运营边站改，联锁试验及动态验证等工作只能在天窗点进行，实施难度大，安全风险高。为切实降低站场改造实施难度，宜拆分为两个车场。

（四）资产属性不同的车站宜分场设独立联锁

随着高速铁路的大规模建设，民资或地方资本控股的项目陆续涌现。当民资或地方资本控股项目引入既有车站且新建部分规模较大、与既有场相对独立时，由于资产属性不同，为使资产界面更清晰，最大限度减小故障影响面，宜分场设两套联锁设备。

某地方资本控股的高速铁路项目设计速度为 350 km/h，引入采用 CTCS-2 级列控系统[①]的某客货共线铁路车站。新建 8 股道及折返线，修改右侧咽喉站场布置，新建股道占压既有信号楼。运输部门要求仍按一个车站模式进行管理。新线引入后该站联锁控制方案比选如下。

方案一：共用一套联锁设备

由于新线引入占压既有信号楼，本次工程需新建信号楼，相应联锁、列控等设备按照全站一套联锁方式新设。既有车站为客货共线铁路，新建股道维持既有车站信号机常态点灯方案，将既有股道上行出站信号机由 1 个表示器改为 4 个表示器。

方案一合设联锁控制方案示意如图 2-1-4 所示。

方案二：分场设独立联锁

新线引入后，统筹站场布局、运输作业特点、故障影响面、信号显示及资产属性等因素，根据线别及动车组开行范围划分为高速场和混合场，分场采用两套联锁设备，运输部门仍按一个车站模式进行管理。新建高速场仅开行动车组，出站信号机常态灭灯；既有混合场出站信号机表示器维持既有不变。在右侧咽喉区适当位置设置虚拟信号点作为场间联锁分界点。办理跨场发车进路时，高速场下行出站信号机常态灭灯，信号显示执行《铁路技术管理规程（高速铁路部分）》第 303 条，也可采用常态点灯机构。

分场设独立联锁控制方案示意如图 2-1-5 所示。

---

① 为描述方便，自本章起，CTCS-0、CTCS-2、CTCS-3 分别简称为 C0、C2、C3。

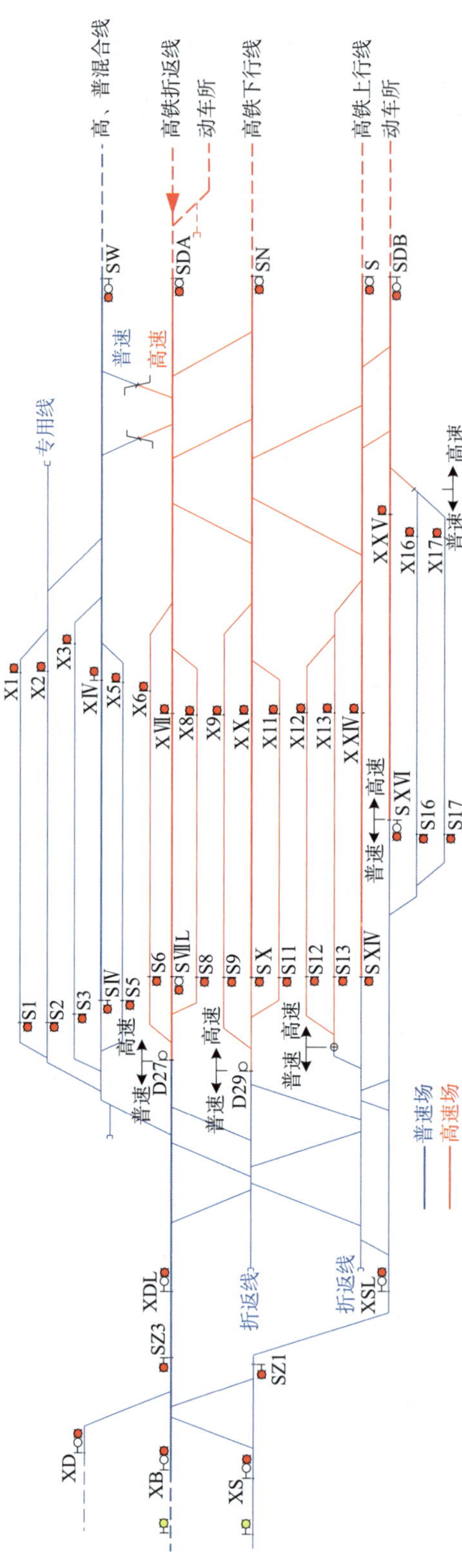

图 2-1-3　某枢纽大站分为高速场、普速场示意图

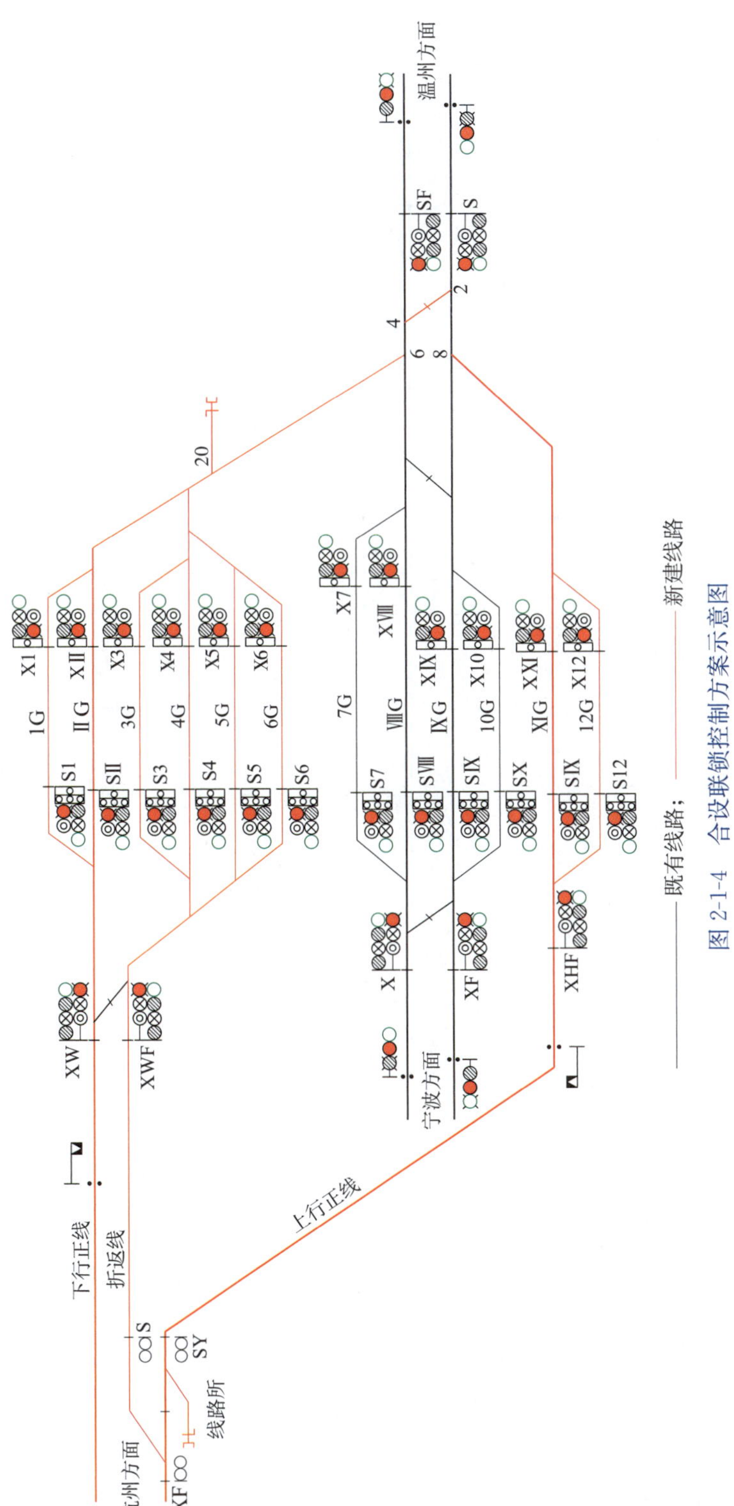

——— 既有线路；——— 新建线路

图 2-1-4　合设联锁控制方案示意图

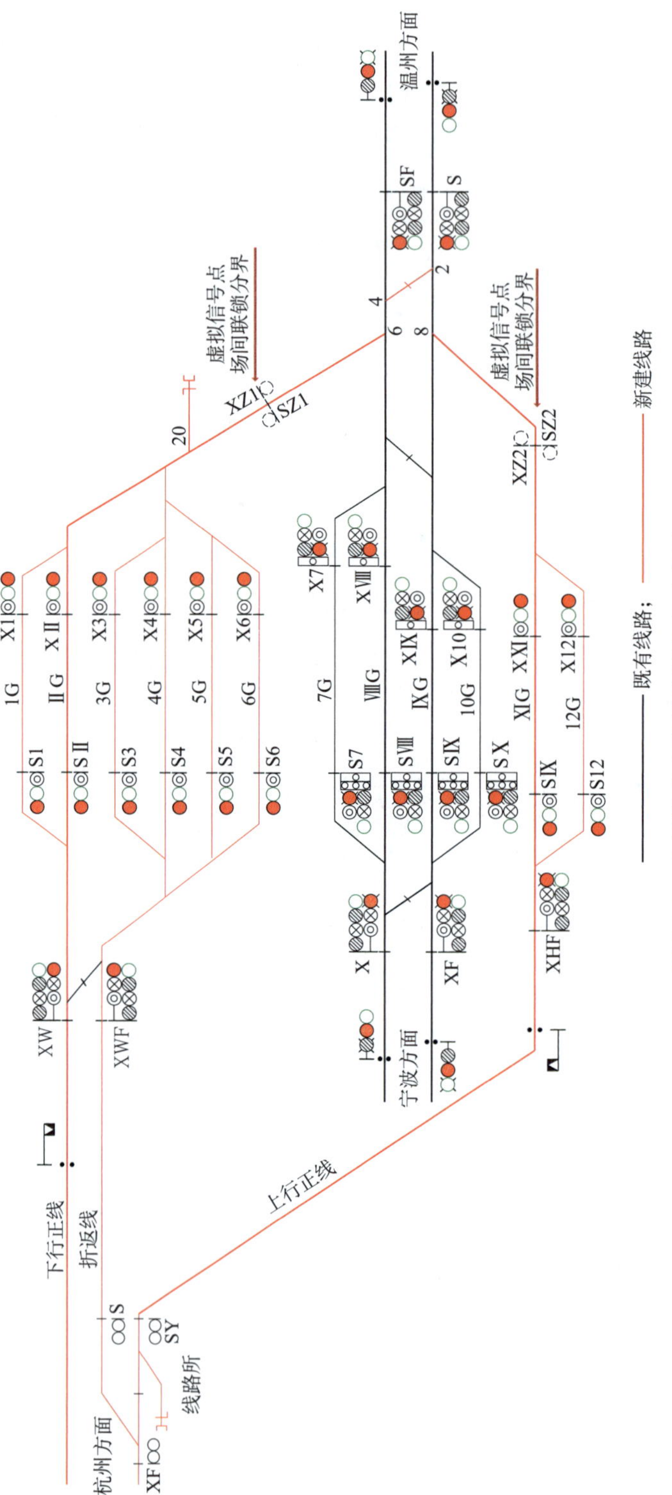

图 2-1-5 分场设独立联锁控制方案示意图

方案比选：

从站场布局看，新建场与既有场相对独立，左侧咽喉无交叉，仅在右侧咽喉两线并为一线。

从运输功能定位看，新建场定义为始发站。新建的 8 股道仅开行动车组，设有折返线，1G～6G 具备办理始发终到及折返作业的条件，与既有场几乎完全独立。

从故障影响面角度看，采用方案二，当既有场联锁设备故障时，不影响高速场向左侧咽喉的接发车作业，故障影响面最小。

从资产属性角度看，新建场为民资控股，资产属性不同，采用方案二资产界面更清晰。

从运输管理角度看，方案二与运输部门按一个车站管理的需求并不矛盾，两个场的 CTC、联锁控制终端可以合设于一个运转室内。

综合上述分析，推荐采用方案二。

四、结 束 语

枢纽设计情况比较复杂，工程设计者应结合工程特定应用确定与之适配的联锁控制方案。京津城际等第一批高速铁路已开通运营 14 年，同时新线引入既有高速铁路线路的情况越来越普遍，部分铁路局集团公司已经进入高速铁路频繁改造的新时代。合理划分枢纽地区联锁控制范围，更有利于最大限度减小故障影响面，切实降低高速铁路改造实施难度和安全风险，便于运营维护。

第二节　机场环线铁路联锁控制方案

在多条线路交叉的枢纽地区，很容易形成三角交叉区域，三角交叉区域联锁控制方案的合理性至关重要，涉及故障影响面、运输效率、信号显示等诸多方面。

一、概　　述

某机场城际铁路自城区火车站至新区站至机场 T2 站，设计速度为 160 km/h，采用 C2 列控系统，开行动车组与普速客车，区间设置通过信号机，已开通运营。新建机场环线铁路自新区站接轨，新建机场 T3 站、机场北线路所，与机场 T2 站接轨，实现机场城际铁路环线方式贯通运营。机场北线路所还与某高速线路上的 B 线路所接轨，实现机场 T3 站与该高速线路贯通。机场环线铁路示意如图 2-2-1 所示。

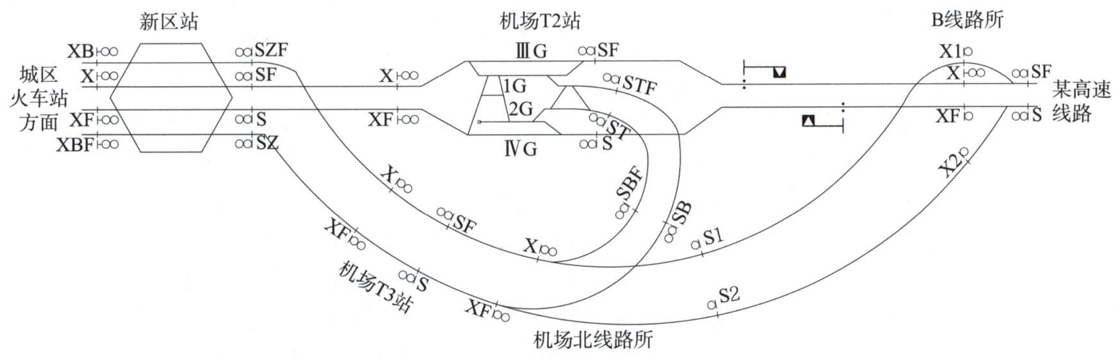

图 2-2-1　机场环线铁路示意图

机场环线铁路沿用机场城际铁路方案，采用C2列控系统，区间设置通过信号机，开行动车组与普速客车，列车信号机均常态点灯。

机场T2站已开通运营，新建机场环线经道岔侧向接入ⅠG、2G。某高速线路设计速度为250 km/h，自T2站ⅢG、ⅣG正线贯通引出，采用C2列控系统，仅开行动车组，区间设置信号标志牌。机场T2站至B线路所区间设置区间信号标志牌。机场环线至B线路所纳入城际枢纽调度台控制，B线路所（不含）以远纳入高速线路调度台控制。

新建机场T3站，设两股道，无道岔，新设计算机联锁等设备，T3站至T2站区间长度约5.4 km。新建机场北线路所，道岔距机场T3站信号楼约2.8 km，距B线路所信号楼约2.1 km。B线路所新设计算机联锁等设备。

机场北线路所既位于机场环线内，又与B线路所、T2站构成三角交叉区域，位置最为关键，机场北线路所联锁控制方案是机场环线联锁控制方案的核心。关于机场北线路所联锁控制方案，提出四个方案进行研究比选。

二、机场北线路所联锁控制方案

方案一：机场北线路所纳入B线路所控制

1. 联锁控制方案

由于两个线路所距离较近，为节约投资，将机场北线路所纳入B线路所控制。B线路所新设计算机联锁、列控中心等设备。按照与所属线路信号显示方式一致的原则，机场北线路所属于机场环线铁路，所以信号机常态点灯；B线路所属于某高速线路，故信号机常态灭灯。

机场北线路所—B线路所车站信号设备平面布置示意如图2-2-2所示。

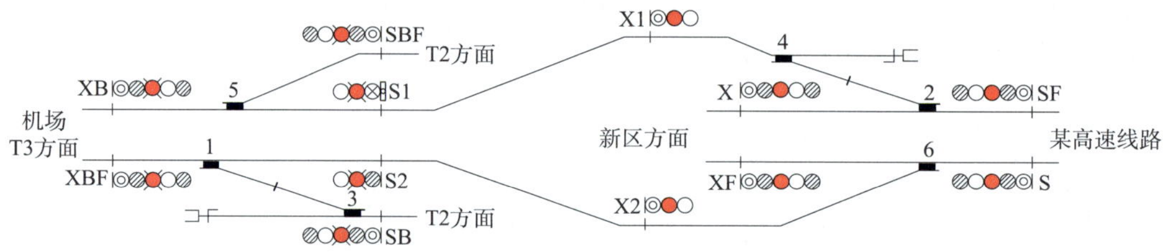

图2-2-2 机场北线路所—B线路所车站信号设备平面布置示意图

2. 合理性分析

综合故障影响面、信号显示一致性等因素分析，方案一存在以下不足。

（1）机场北线路所联锁控制方案不合理，故障影响面太大。机场北线路所与B线路所按一个车站设计，共用一套计算机联锁、列控中心设备，当设备故障时，T2站既不能向T3站发车，也不能向B线路所发车，机场环线与某高速线路均将停用，故障影响面太大，不利于运营维护，严重影响运输效率。

（2）机场北线路所—B线路所信号显示方案不合理。机场北线路所与B线路所虽然按一个车站设计，但是机场北线路信号机所常态点灯，B线路所信号机所常态灭灯，同一个车站内信号显示方式不一致。以下行接车进路为例，当办理XB—SF的通过进路时，进站信号机XB点灯，而出站信号机X1灭灯，一条进路内，进站信号机点灯、出站信号机灭灯，不符合《铁路车站计算机联锁技术条件》（TB/T 3027—2015）6.2.3.6“办理通过进路时，应检查通过进路上的列车信号机点灯、灭灯状态一致”的要求，信号显示方案不合理，容易给司机造成误解，不利于运营维护。办理通过进路时，如果联锁将X1由灭灯转为点灯状态，则需要检查整个区间空闲，相当于由自动闭塞降为站间闭塞，发车效率太低。

方案二：机场北线路所设独立联锁

根据前述分析可知，方案一存在故障影响面太大的问题。为最大限度减小故障影响面，最佳方案应该是将机场北线路所与B线路所分离，按两个独立线路所设计。B线路所方案比较简单，维持原独立联锁方案即可。机场北线路所距机场T3站信号楼约2.8 km，为避免远距离道岔表示故障的隐患，方案二为机场北线路所设独立联锁。由于机场北线路所附近选址困难，无法新建信号楼，故将机场北线路所与B线路所共用信号楼，道岔电缆控制距离约2.4 km。

方案二符合最大限度减小故障影响面的要求，不足之处就是多出了一个车站，投资较高。

方案三：T3站以无配线站方式纳入机场北线路所控制

1. 联锁控制方案

方案二投资较高，为合理控制投资，提出方案三，将T3站以无配线站方式纳入机场北线路所控制。

按照将机场北线路所与B线路所分离的总体思路，鉴于机场T3站无道岔，仅两股道，相当于无配线站，因此提出机场北线路所独立设置计算机联锁，将机场T3站以无配线站方式纳入机场北线路所控制的方案。机场北线路所与B线路所共用信号楼，机场北线路所道岔距信号楼约2.1 km。机场T3站区间信号设备集中设置于B线路所共用信号楼，电缆控制长度约10 km。机场T2站、机场北线路所（含机场T3站）车站信号机均常态点灯，B线路所信号机常态灭灯。

2. 合理性分析

从投资控制、故障影响面、信号显示及道岔控制电缆等方面，对方案二合理性分析如下。

（1）投资控制分析：较方案二核减一个车站。

（2）故障影响面分析：当机场北线路所设备故障时，仅影响机场环线铁路，机场T2站至某高速线路可正常运营。当B线路所设备故障时，仅影响该高速线路，机场环线铁路可正常运营，符合最大限度减小故障影响面的要求。

（3）信号显示合理性分析：同一个车站内信号显示方式保持一致，解决了方案一信号显示不合理问题。

（4）道岔控制电缆合理性分析：机场北线路所道岔距共用信号楼约2.1 km。

（5）维护便利性分析：若在B线路所设置工区，无直达车，现场维护人员通勤需在T2站或T3站转乘汽车，维护便利性略显不足。

方案四：机场北线路所纳入T3站控制

1. 联锁控制方案

为解决方案三维护便利性不足的问题，提出方案四，将机场北线路所纳入T3站控制。按照将机场北线路所与B线路所分离的总体思路，将机场北线路所以电缆直控方式纳入机场T3站控制。机场T2站、机场T3站（含机场北线路所）车站信号机均常态点灯，B线路所信号机常态灭灯。

2. 合理性分析

从投资控制、故障影响面、信号显示及道岔控制电缆等方面，对方案四合理性分析如下。

（1）投资控制分析：较方案二核减一个车站。机场T3站信号楼面积满足将机场北线路所道岔纳入控制的要求。

(2) 故障影响面分析：当 T3 站设备故障时，仅影响机场环线铁路，机场 T2 站至某高速线路方向可正常运营。当 B 线路所设备故障时，仅影响该高速线路，机场环线铁路可正常运营，符合最大限度减小故障影响面的要求。

(3) 信号显示合理性分析：同一个车站内信号显示方式保持一致，解决了方案一信号显示不合理问题。

(4) 道岔控制电缆合理性分析：机场北线路所道岔距机场 T3 站信号楼约 2.8 km，道岔电缆控制距离较长，根据《远距离三相交流道岔表示故障研讨会议纪要》（运电信号函〔2015〕443 号）要求“为减少电缆的线间电容，应将 X1 与 X2～X5 分缆设置”。但是分缆设置并不能百分百解决远距离三相交流道岔表示问题，电缆控制距离越长，发生故障的概率越高；且远距离道岔控制电缆需要加芯，存在芯线断芯时不能及时发现的隐患。

(5) 维护便利性分析：T3 站交通条件便利，在 T3 站设置工区，现场维护人员通勤及维护条件都比较便利。

方案比选：

方案二较其他方案增加一个车站，不利于投资控制；方案一将不同线路的线路所合用联锁，存在故障影响面太大的问题。在投资控制、故障影响面及信号显示合理性三个方面，方案三与方案四相同，但在道岔电缆控制合理性方面，方案三明显优于方案四；在维护便利性方面，方案四优于方案三。

考虑到各维护单位的使用习惯不同，具体方案可由维护单位根据实际情况在方案三、方案四间合理选择。

三、结 束 语

在多线交叉的枢纽地区，很容易形成三角交叉区域，三角交叉区域各站联锁控制方案的合理性至关重要，应综合最大限度减小故障影响面、信号显示、道岔控制电缆方案及投资控制等方面深入研究比选，不同线路的线路所宜独立设置计算机联锁等设备。

第三节 枢纽多线交叉线路所联锁控制方案

在多线交叉的枢纽地区，经常涉及多个建设项目，工期不同步但线路又联系紧密。有时涉及多个设计单位或同一设计单位的不同项目组，因此，统筹设计非常重要。枢纽地区多线交叉且工期不同步时，最先开通的项目要统筹考虑各项目工期不同步带来的影响，联锁控制方案要满足先开通项目工期要求，同时尽量为后续项目接入创造良好条件。

一、概 述

某枢纽涉及甲、乙、丙共 3 个项目，甲项目设计时速为 250 km/h，为干线高速铁路；乙、丙项目设计时速为 200 km/h，为枢纽地区环线铁路，均采用 C2 列控系统。

甲项目正线设有甲站、乙站。乙项目设有 B 站，在甲项目正线上设置 A 线路所，A 线路所道岔距 B 站信号楼 2.6 km，距甲站 8 km。丙项目在甲项目正线上预留 C 线路所，C 线路所独立设置计算机联锁、列控中心等设备，C 线路所距离 A 线路所约 2.6 km。

根据总体工期安排，甲项目线先开通，1 年后乙项目开通，再 1 年后丙项目开通。

某多线交叉枢纽示意如图 2-3-1 所示。

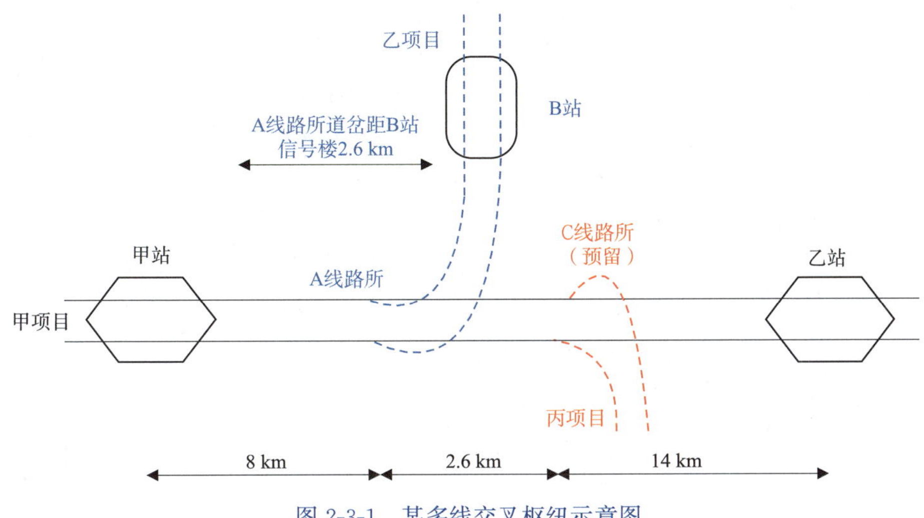

图 2-3-1　某多线交叉枢纽示意图

A 线路所位置非常关键，关于 A 线路所联锁控制方案，提出如下 3 个方案进行研究比选。

二、A 线路所联锁控制方案

方案一：A 线路所纳入 B 站控制

1. 联锁控制方案

由于 A 线路所距 B 站信号楼 2.6 km，为节约投资，将 A 线路所以电缆直控方式纳入 B 站控制。

2. 合理性分析

关于 A 线路所的联锁控制方案存在以下问题。

（1）A 线路所三组道岔随甲项目建设进度同步铺设，A 线路所的列控、联锁等控制设备设置在乙项目的 B 站信号楼，乙项目工期滞后甲项目 1 年。在甲项目联调联试时，乙项目 B 站至 A 线路所的区间电缆槽道尚未贯通，信号安全数据网无法提供，乙项目尚未开始静态验收，B 站列控、联锁设备无法启用，将导致 A 线路所三组道岔无法纳入联锁控制，即区间正线出现了非联锁道岔，这是不符合规范要求的，不满足甲项目联调联试及开通运营要求。

（2）如果按照甲项目先开通、A 线路所三组道岔暂不铺设的方案实施，同样存在问题。甲项目先开通，A 线路所三组道岔不铺设，1 年后乙项目引入时再在甲项目正线上插入三组道岔设置 A 线路所，将导致甲项目正线列控系统无法一次到位，开通仅 1 年后将因为乙项目 A 线路所引入而进行重大修改（最不利可能导致区间信号布点变动），从而导致 A 线路所两端相邻甲站、乙站列控中心（甚至更远列控中心）、联锁、CTC 及临时限速服务器等软件均将进行重大修改，列控数据、相关设备软件、仿真测试及天窗点联锁试验等工作量巨大，同时涉及甲项目信号安全数据网的改动，既有线施工安全风险非常大，运营干扰非常严重。另外从减少站前工程既有线施工的角度考虑，A 线路所三组道岔也应随甲项目建设同步铺设。

（3）即便甲、乙两个项目工期同步，这种枢纽联锁控制方案也不合理，故障影响面太大。如果B站信号设备故障，B站、A线路所均停用，导致甲、乙两条线均将停用，相当于支线设备故障影响正线，故障影响面太大，严重影响运输效率，不便于运营维护。

（4）各项目缺乏沟通，未统筹考虑丙项目预留的C线路所的实施方案。如果C线路所在甲项目开通两年后再实施，也将存在第二条分析的同样问题。

方案二：A线路所设独立联锁

为克服方案一存在的问题，提出方案二，A线路所设独立联锁。该方案满足甲项目工期要求，故障影响面最小；不足之处就是相当于多出了一个车站，投资较高，且未统筹考虑C线路所实施方案。

方案三：A线路所纳入C线路所控制

1. 联锁控制方案

方案二投资较高，为合理控制投资，提出方案三，将A线路所纳入C线路所控制。

根据前述分析可知，为最大限度减少既有线施工，确保正线列控系统一次到位，A线路所3组道岔应随甲项目建设同步铺设，C线路所道岔亦是如此。鉴于C线路所独立设置了计算机联锁和列控中心设备，而A线路所距C线路所约2.6 km，故提出将A线路所纳入C线路所控制的方案，即将两个线路所合并为一个线路所。

2. 合理性分析

（1）A线路所纳入C线路所控制，较方案二核减一个车站，更有利于投资控制。

（2）故障影响面最小。A线路所与乙项目B站分离，当B站设备故障时不影响甲线正线运营，故障影响面最小。

（3）甲项目正线列控系统可以一次到位，最大限度减少开通运营后乙项目、丙项目接入带来的信号软件修改工作量。统筹考虑了丙项目C线路所实施方案，避免甲项目开通运营后再设置C线路所，造成甲项目列控软件、信号安全数据网网络结构等进行重大修改，最大程度减少既有线施工，切实降低实施难度和风险。

（4）A线路所距C线路所2.6 km，在C线路所信号楼选址时可适当调整位置，进一步降低道岔电缆控制距离，避免远距离道岔表示故障隐患。

方案比选：

方案一不满足甲项目建设进度要求，故障影响面较大；方案二不利于投资控制；方案三有利于投资控制，确保甲项目正线列控系统一次到位，统筹考虑丙项目接入时C线路所控制方案，故障影响面最小。综合分析，宜采用方案三。

三、结 束 语

枢纽多线交叉时，设计单位应进一步加强统筹管理，由最先开通的项目牵头，综合各项目特点，从整体角度规划枢纽联锁及列控系统总体方案，然后按照总体方案统筹兼顾、前后照应、分步实施。枢纽联锁控制方案首先要符合最大限度减小故障影响面的原则，确保运输效率；其次确保正线列控系统一次到位，最大限度减少开通运营后相关项目接入带来的信号软件修改工作量，最大限度减少既有线施工，切实降低后续项目接入实施难度和风险。

第四节　杭州枢纽特殊线路所联锁控制方案

在复杂枢纽设计中，因线路疏解需要，某些特殊线路所与多个车站连接，衔接多条高速、普速线路，高速铁路动车组列车、普通旅客列车和货物列车共线运行。由于衔接方向众多，线路所在多方向接发列车时存在错办进路的风险。在工程设计中，应结合站场布局、运输需求及故障影响面等因素统筹分析，充分研究比选，合理确定枢纽特殊线路所联锁控制方案。

一、概　　述

宁杭高速铁路自杭州东线路所新建杭州上、下行联络线，经 K181 线路所引入杭州站，衔接道岔纳入既有 K181 线路所集中控制。由于 K181 线路所既有计算机联锁设备为双机热备型，不具备 C2 列控接口，所以 K181 线路所新建硬件安全冗余结构的计算机联锁设备。

杭州东枢纽线路示意如图 2-4-1 所示。

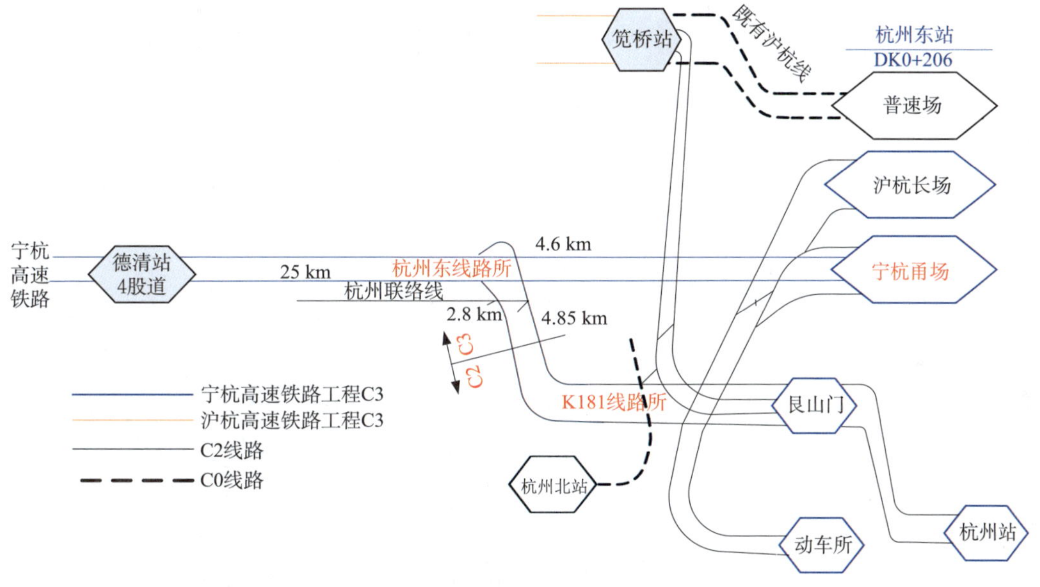

图 2-4-1　杭州东枢纽线路示意图

K181 线路所信号设备平面布置示意如图 2-4-2 所示。

K181 线路所衔接沪昆线、宣杭线、沪杭高速铁路、宁杭高速铁路，与 5 个相邻车站连接，分别为笕桥站、艮山门站、杭州东线路所、杭州东普速场和杭州北站，共 10 个发车口。

除传统的沪昆线、宣杭线运输组织功能外，K181 线路所还有三个典型的运输组织功能，即沪杭高速铁路下线至杭州站、宁杭高速铁路下线至杭州站、杭州东普速场至杭州北站货车联络线。

沪杭高速铁路下线至杭州站动车组走行径路：沪杭高速铁路经笕桥线路所→笕桥站→K181 线路所→艮山门站→杭州站。

宁杭高速铁路下线至杭州站走行径路：宁杭高速铁路经杭州东线路所→K181 线路所→艮山门站→杭州站。

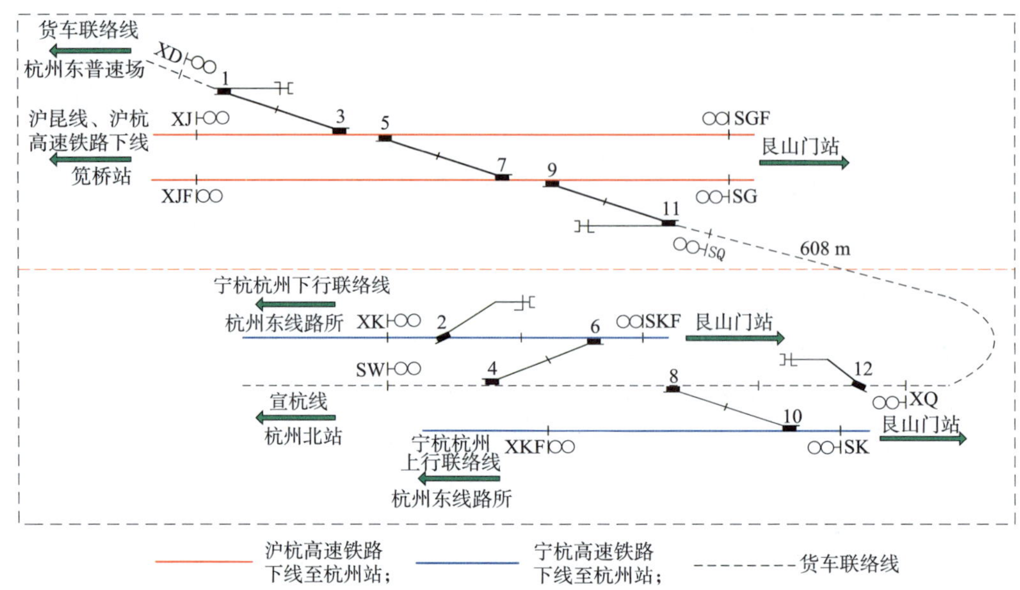

图 2-4-2　K181 线路所信号设备平面布置示意图

K181 线路所衔接多个方向，位置非常关键，关于 K181 线路所联锁控制方案，提出如下两个方案进行研究比选。

二、K181 线路所联锁控制方案

方案一：采用一套计算机联锁设备

本着合理控制投资的原则，方案一采用一套联锁设备控制。由于 K181 线路所非常特殊，运输部门认为采用一套联锁设备控制存在以下问题（注：方案比选时为 2013 年，CTC 尚不具备防错办功能）。

1. 存在错办进路的风险

由于 K181 线路所衔接 5 个相邻车站，共 10 个发车口，且高速铁路动车组、普通旅客列车和货物列车共线运行，运输部门认为 K181 线路所在多方向接发列车时存在错办进路的风险。

运输部门认为，既有 K181 线路所作业人员实行四班制，日班 11 h，夜班 13 h，如实行班中换班，不仅需解决职工换班休息问题，而且班中交接次数频繁，与周围车站、调度所班次不匹配，也不利于行车组织指挥和车站的日常管理。况且行车人员班次不可能无限制增加，即使改为 8 班制，每班 6 h 的工作时间，也不能从根本上解决由于联锁控制方案不合理带来的工作压力过大的问题。采用这种方式解决劳动强度过大的问题仅在短期内、过渡期内可行，长期实行得不偿失。

若采用一套联锁控制方案，K181 线路所可能在同一时间接到 5 个相邻站的接发列车信息，布置建立 10 条列车进路。让本来互不干涉的多项作业人为地混淆在一起，对一名车站值班员来讲作业控制难度极大，极易造成遗漏和错误。

2. 故障影响面太大

从故障影响面角度分析，K181 线路所采用一套联锁设备控制故障影响面太大，当联锁设备故障时，沪杭高速铁路下线和宁杭高速铁路下线均将受到影响。

方案二：采用两套计算机联锁设备

从站场布局角度看，K181 线路所之所以如此复杂，最根本的原因是杭州东普速场到杭州北站的货车联络线将 K181 线路所沪杭高速铁路下线区和宁杭高速铁路下线区连在了一起，如果没有这根货车联络线，那就完全是两个独立的线路所。

基于上述分析，运输部门提出将 K181 线路所拆分为两个线路所，均采用独立联锁。将实现沪杭高速铁路下线功能的区域划分为艮山门线路所，将实现宁杭高速铁路下线功能的区域划分为杭州北线路所。

将 K181 线路所拆分为两个线路所后，主要优点如下：

1. 站场布局更加合理

拆分后每个线路所连接 4 个相邻车站、6 个发车口，两个线路所间为单线，站场复杂程度明显降低。

2. 运输组织功能定位更加清晰合理

按沪杭高速铁路下线和宁杭高速铁路下线区分，使车站值班员的行车组织工作思维连贯，运输作业操作相对简单易行，消除多方向接发列车时错办进路的风险。

3. 最大限度降低故障影响面

例如当艮山门线路所设备故障时，对于杭州北线路所来说，仅影响两个线路所间的货车联络线，不影响宁杭高速铁路下线作业。

方案比选：

方案一故障影响面太大，存在错办进路的风险。方案二站场布局更加合理，运输组织功能定位更加清晰，消除了多方向接发列车时错办进路的风险，且故障影响面最小，最终 K181 线路所按方案二实施。

拆分后的艮山门线路所信号设备平面布置示意如图 2-4-3 所示，杭州北线路所信号设备平面布置示意如图 2-4-4 所示。

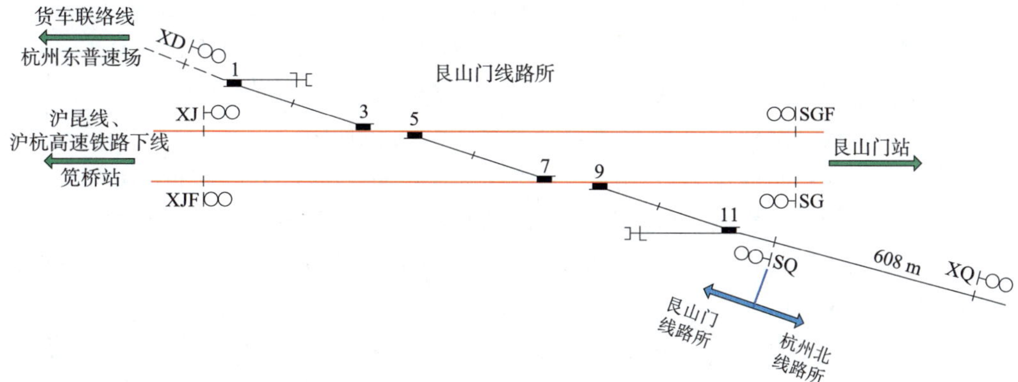

图 2-4-3　艮山门线路所信号设备平面布置示意图

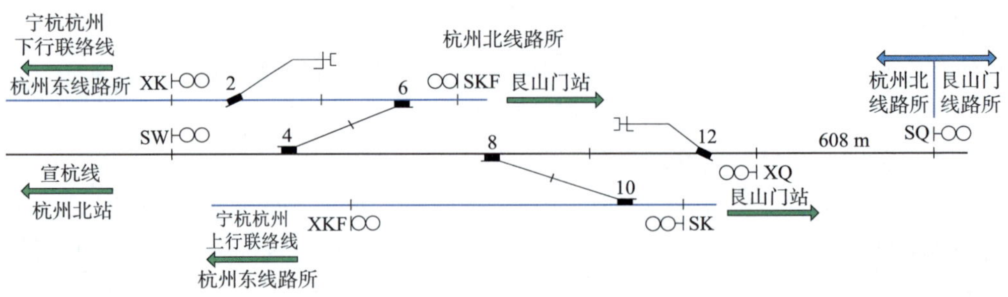

图 2-4-4　杭州北线路所信号设备平面布置示意图

三、结 束 语

不同线路、不同枢纽的运输组织需求不同，新线引入配套站场改造后，站场复杂程度增加，运输组织发生变化，很可能对联锁控制方案产生重大影响。

在研究枢纽特殊线路所联锁控制方案时，应结合站场布局、运输需求及故障影响面等因素统筹分析，充分考虑多线衔接时特殊站场布局对运输作业的影响及多方向接发列车时错办进路的风险，对各种方案进行充分研究比选，合理确定枢纽特殊线路所联锁控制方案。

以现在 CTC 具备防错办的条件看，K181 线路所联锁可分可不分。因衔接多条线路，邻站及接车口比较多，如果为简化站型，减少故障影响面，可以拆分。本节观点仅供参考，具体项目具体分析。

第五节　特殊枢纽地区联锁控制方案

枢纽车站衔接多个方向且附近设有多个线路所时，联锁控制方案应深入研究比选，除考虑投资控制、设备故障影响面、信号显示及车地匹配等因素外，满足 CTC 进路自动触发要求也是一个很重要的因素。为满足 CTC 进路自动触发要求及触发效率，有的 CTC 设备对枢纽车站信号显示方案有一些特殊要求，在进行方案比选时应注意。

一、概　　述

某枢纽内设有甲站及 A、B、C 三个线路所，设计速度为 200 km/h 客货共线铁路；乙站，设计速度为 160 km/h 铁路客货共线铁路。某枢纽线路示意如图 2-5-1 所示。

为了实现枢纽内多方向互通运行，设置了三处联络线，具体情况如下：

（1）客专联络线：站前设 A 线路所，与某客运专线互通。

（2）货车联络线：站前设 B 线路所，与乙站互通，主要为实现货车外绕分离。

（3）跨线联络线：站前设 C 线路所，与乙站互通，实现两条线路间跨线运行。

A 线路所道岔距甲站信号楼 4 800 m，B 线路所道岔距甲站信号楼 3 100 m，C 线路所道岔距甲站信号楼 2 700 m。

关于枢纽地区甲站及三个线路所联锁控制方案，提出如下两个方案进行研究比选。

二、甲站及三个线路所联锁控制方案

方案一：设置两套联锁设备

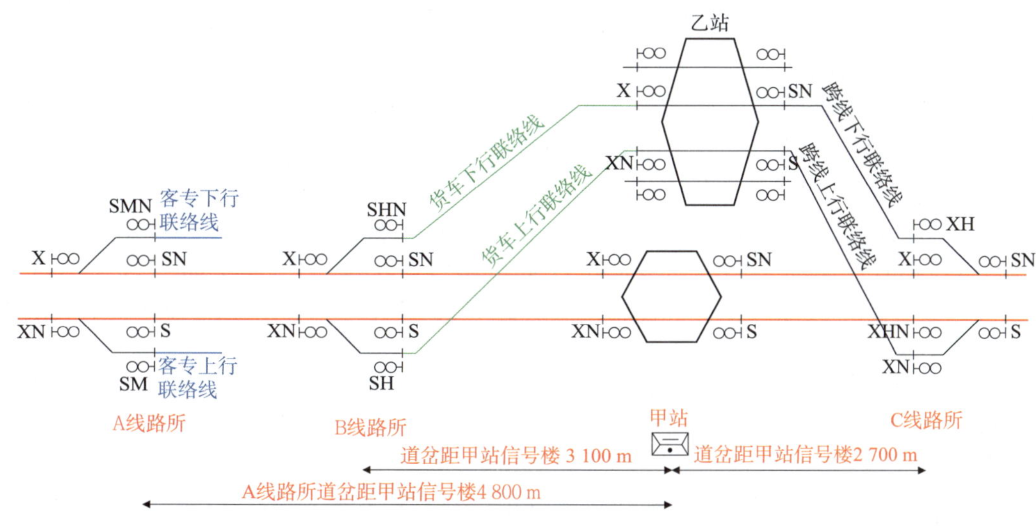

图 2-5-1　某枢纽线路示意图

1. 联锁控制方案

A 线路所道岔距甲站信号楼 4 800 m，B 线路所道岔距甲站信号楼 3 100 m，鉴于两线路所道岔距离车站均较远，为避免道岔控制电缆太长导致道岔表示错误保持的隐患，考虑将线路所设置独立联锁设备。同时由于两个线路所距离较近，为节省工程投资，将 A 线路所、B 线路所合并，设置一套联锁设备。

C 线路所道岔距甲站信号楼 2 700 m，为合理控制投资，将 C 线路所纳入甲站控制，设置一套联锁设备。

2. 兼容各型 CTC 进路自动触发要求的信号显示方案

甲站由于控制了 C 线路所，咽喉区较长，其实是一个车站加一个线路所的站型结构。对于这种站型，要合理设计信号显示方案，满足 CTC 进路自动触发效率要求。

如果 CTC 将甲站、C 线路所按一个大站处理，以下行为例，只有出清 C 线路所 SN 口 1LQG 后才能办理发车进路，甲站与 C 线路所间 2. 7 km，较普通车站相当于咽喉区延长了 2. 7 km，咽喉区太长，影响发车效率。因此，对于这种站型，为提高 CTC 进路自动触发效率，CTC 通常进行逻辑拆分，将甲站、C 线路所按两个独立站点处理，这样可以最大限度提高 CTC 进路自动触发效率。

对于这种站型，有的型号 CTC 设备要求甲站与线路所间宜按区间方式设计，即线路所防护信号机设置为通过信号机，不设置进路信号机、总出站信号机。有的型号 CTC 设备兼容甲站与 C 线路所间设置进路信号机方案。具体项目应结合 CTC 设备选型、运营维护需求等因素合理确定。

方案二：设置一套联锁设备

1. 联锁控制方案

出于投资控制要求，设置一套联锁设备，即 A、B、C 三个线路所均纳入甲站控制。

2. 满足 CTC 进路自动触发要求的 CTC 控制方案

三个线路所均纳入甲站控制，甲站设置一套 CTC 车站分机。

由于甲站衔接多条联络线，存在从该站发车后又再次经过本站的特殊进路，例如排列 B 线路所→乙站→C 线路所的列车进路，同一列车前行离开甲站后又进入甲站。针对这种特殊进路，应合理设计 CTC 控制方案，满足 CTC 进路自动触发要求。

如果CTC按常规设计，将甲站当做一个大站处理，由于存在特殊进路，将影响CTC进路自动触发。以下行为例，排列B线路所→乙站→C线路所的列车进路，由于三个线路所均纳入甲站控制，运行线为甲站→乙站→甲站，同一条运行线中甲站出现两次，乙站的接入和交出车站都是甲站，将导致行调台在铺画运行线时不能自动默认接发车线别。当计划下达到CTC系统自律机后，自律机不能自动判断接发车端口，导致CTC自动排列进路失败。

因此，为满足CTC进路自动触发要求，提高运输效率，CTC应进行逻辑拆分。例如将A、B两个线路所合并为一个站点，将甲站、C线路所合并为一个站点，即CTC按两个独立站点处理。或者将C线路所也进行逻辑拆分，即CTC共按三个独立站点处理，最大限度提高进路触发效率。

3. 兼容各型CTC进路自动触发要求的信号显示方案

信号显示方案原则上同方案一。

方案比选：

方案一设置两套联锁设备，故障影响面最小，不存在道岔控制电缆较长的问题；不存在离开甲站又回到甲站的特殊进路，CTC进路自动触发无特殊要求。代价是增加一个车站，投资较高。

方案二节省投资，但是甲站一套联锁设备控制相邻三个线路所，故障影响面较大。从运输功能定位角度，A线路所设有客专联络线，B线路所属于货车外绕线路所；从运输组织角度，客专联络线、货车外绕联络线与甲站无任何联系。若将A线路所、B线路所均纳入甲站内控制，当甲站联锁设备故障时，将导致货车外绕联络线与客专联络线均停运，故障影响面太大，影响行车效率。从最大限度减小故障影响面的角度，A、B线路所宜与甲站分离，独立控制。

另外，方案二存在道岔控制电缆距离较长的问题，工程设计信号显示方案存在一定限制条件。

虽然CTC系统适应车站联锁及站场运用需求是CTC系统的主要设计原则，但受限于现行CTC系统设备情况及相关规范约束，设计人员在工程设计时也需要充分考虑CTC系统的适应性，减少工程特定应用场景。

鉴于运营维护单位使用习惯不尽相同，具体项目可根据运营维护单位意见合理选择。

三、结 束 语

高速铁路信号工程设计中，研究枢纽地区车站及相关线路所联锁控制方案时，最大限度减小故障影响面、合理控制道岔电缆长度非常重要。此外，还应从运输需求、CTC进路自动触发、信号显示及维护便利性等角度深入研究比选，合理确定联锁控制方案。

第六节　无码区较长特殊车站轨道电路发码方案

在复杂枢纽设计中，因线路疏解需要，某些枢纽大站控制了多组远端道岔，衔接多条高速、普速线路，高速铁路动车组、普通旅客列车和货物列车共线运行。为兼顾普速列车运行，合理控制投资，车站采用25 Hz轨道电路叠加电码化的方案。由于车站控制了多组远端道岔，导致有些咽喉区长度过长，这时要考虑电码化发码方案的特殊性，合理控制无码区长度，满足车载设备闭塞分区更新逻辑要求。

一、概　　述

某枢纽特殊车站衔接了7个方向的线路，共12个接车口；控制了多组远端道岔，远端道岔距信号楼3 701～5 005 m。为兼顾普速列车运行，合理控制投资，车站采用25 Hz轨道电路；采用C2列控系统，列车信号机常态点灯。

某枢纽特殊车站信号设备平面布置示意（下行咽喉）如图2-6-1所示。

二、轨道电路发码方案

（一）轨道电路发码原则

车站采用25 Hz轨道电路，电码化方案执行《铁路车站电码化技术条件》（TB/T 2465—2010）的要求。轨道电路发码基本原则为：经道岔直向的列车进路连续有码，经道岔侧向的列车进路咽喉区无码。但当动车组以C2模式上线运行时，电码化方案还需要考虑列控车载设备闭塞分区更新逻辑的要求，合理控制无码区长度。

（二）存在问题

左咽喉XN、XDN口办理经道岔侧向的反向接车进路时，因无码区超过5 km，CTCS2-200H型（简称200H）车载设备将转为部分监控模式，限速45 km/h运行，影响正常行车。存在问题的具体进路为：XN→5G/ⅥG/8G/ⅩG/11G和XDN→5G/ⅥG/7G/8G/11G的共10条接车进路。

（三）车载逻辑分析

车载设备位置校正及闭塞分区更新逻辑为：车载设备具有载频变化后对载频校核的功能，根据载频变化进行闭塞分区更新及位置校正，如果载频发生改变会将当前线路数据调整到当前闭塞分区，即当车载设备由本闭塞分区进入下一闭塞分区时，要求载频应不同，因此列车信号机绝缘节两侧应采用不同基准载频。

200H车载设备位置校正及闭塞分区更新逻辑限值为4.5 km，即车载设备认为闭塞分区长度不得大于4.5 km，当超过4.5 km仍未发生载频变化时，200H车载设备认为位置校正失败，将转入部分监控模式，限速45 km/h运行。

该站因无码区超过4.5 km时，载频一直未发生变化，200H车载设备会因位置校正失败而转入部分监控模式，限速45 km/h运行。

（四）地面信号工程设计方案分析

车站控制了多组远端道岔，XN、XDN办理经道岔侧向的反向接车进路时，缺少必要的接车进路信号机，较长的无岔区段也无码，导致无码区超过5 km。

例如，7号道岔岔前1234绝缘节处未设进路信号机，SZ6至1234绝缘节间约3 km直向进路无码，发码方案不合理。

（五）解决方案

方案一：侧向接车补码

在以上侧向接车进路与股道衔接的咽喉区段进行电码化设计，增设ZPW-2000发送器，实现咽喉区无码区长度满足列控车载设备正常运行需求。

方案二：增设两组特殊有源应答器

在距1234绝缘节30 m处设置BS12有源应答器组，在D1外方30 m处设置BSZ2有源应答器组，发送侧向接车进路剩余区段的进路数据，目的是让车载设备收到新应答器组发送的信息时，重新计算无码区长度，其本质也是减小无码区段长度。

增设特殊应答器发送侧向接车进路剩余区段进路数据示意如图2-6-2所示。

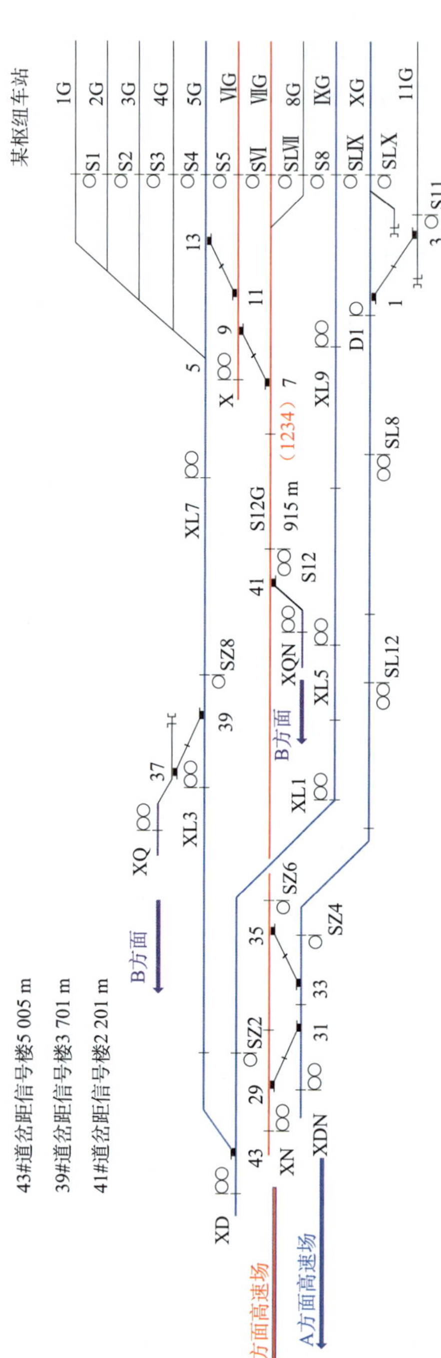

图 2-6-1　某枢纽特殊车站信号设备平面布置示意图（下行咽喉）

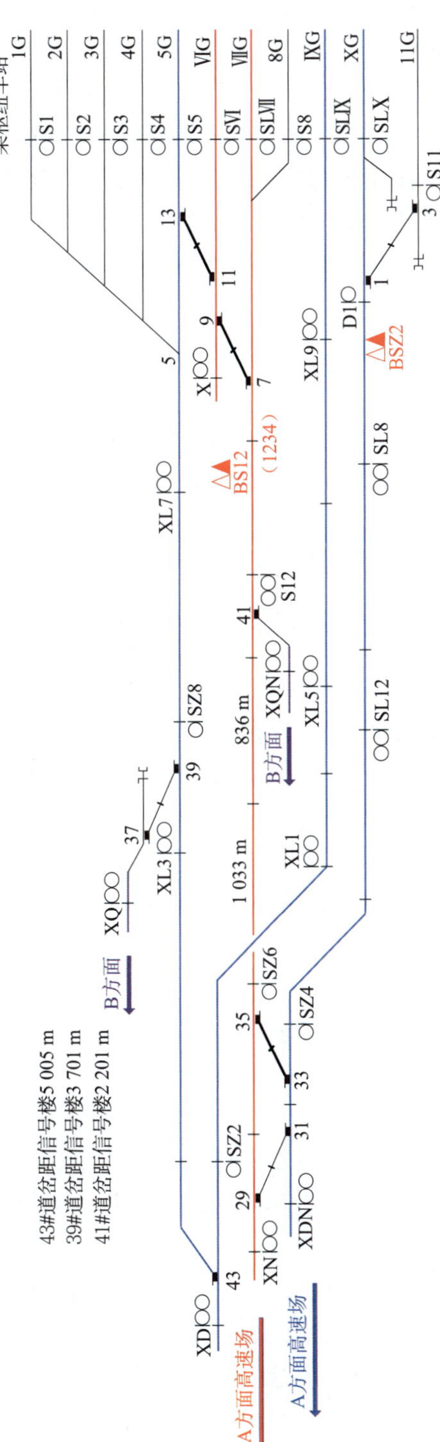

图 2-6-2　增设特殊应答器发送侧向接车进路剩余区段进路数据示意图

XN→5G/ⅧG/8G、XDN→5G/ⅧG/7G/8G：在以上侧向接车进路靠近股道的 1234 绝缘节共用区段位置附近增设有源应答器 BS12，发送侧向接车进路剩余区段的轨道区段数据包等进路信息，进站信号机至 BS12 有源应答器距离小于 5 km，通过应答器报文实现列车由咽喉区接入股道时无码区段小于 4.5 km 的要求，满足列控车载设备正常运行需求。

XN→XG/11G、XDN→11G：在以上侧向接车进路靠近股道的 D1 信号机共用区段位置附近增设有源应答器 BSZ2，发送侧向接车进路剩余区段的轨道区段数据包等进路信息，进站信号机至 BSZ2 有源应答器距离小于 5 km，通过应答器报文实现列车由咽喉区接入股道时的无码区段小于 4.5 km 的要求，满足列控车载设备正常运行需求。

方案比选：

方案一，优点：能够满足列控车载设备正常运行需求。缺点：连接多条股道的区段均需设置 ZPW-2000 发送器，工程量相对较大，实施相对复杂，投资相对较大。

方案二，优点：能够满足列控车载设备正常运行需求，较方案一工程量小，投资相对较小，更易实施。缺点：仍需要设置有源应答器组，敷设有源应答器电缆，列控中心软件适应性特殊修改。

综合以上分析，最终采用方案二。

三、联锁控制方案探讨

如果新建类似车站，对车站联锁控制方案进行如下探讨。

43＃道岔距信号楼 5 005 m，39＃道岔距信号楼 3 701 m。为降低故障影响面，避免远距离交流道岔表示故障隐患，29＃、31＃、33＃、35＃、37＃、39＃、43＃共 7 组远端道岔宜设置线路所，采用独立联锁控制。

7 组远端道岔若设置独立联锁线路所，更有利于减小故障影响面，线路所联锁设备故障时，不影响车站右侧咽喉接发车作业。线路所与车站间按区间设计，区间轨道电路连续有码，克服了原来无码区过长的问题，区间及站内闭塞分区长度均小于 4.5 km，满足 200H 车载设备位置校正及闭塞分区更新逻辑要求。

7 组远端道岔设置独立联锁线路所示意如图 2-6-3 所示。

四、信号显示方案探讨

在维持既有一套联锁设备控制的前提下，对车站信号显示方案进行如下探讨。

原信号显示方案存在的问题是缺少必要的进路信号机，较长的无岔区段也无码，导致无码区超过 5 km。

这个特殊车站的站场布置其实是两个线路所加一个车站，采用一套联锁设备控制时，应设置必要的进路信号机，较长的无岔区段按股道处理，采用预发码方式，这样闭塞分区长度不会超 4.5 km，无码区也会较短，满足车地匹配要求。

增设必要的进路信号机，如图 2-6-4 所示，在 41＃道岔岔后设置进路信号机 XL11，在 1＃道岔岔前设置进路信号机 XL13，进路信号机接近区段均采用预发码。

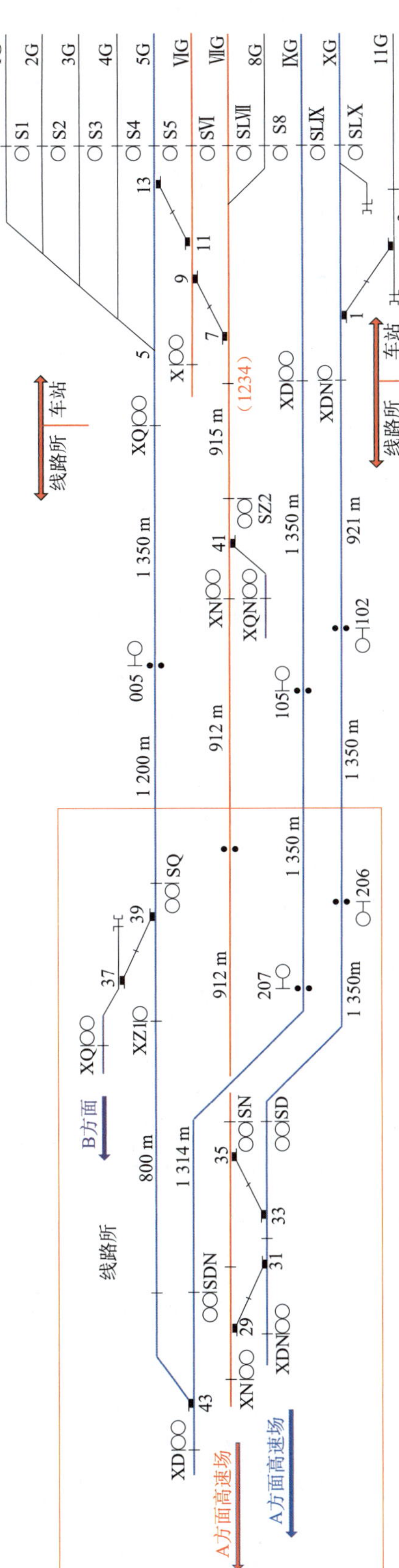

图 2-6-3　7 组远端道岔设置独立联锁线路所示意图

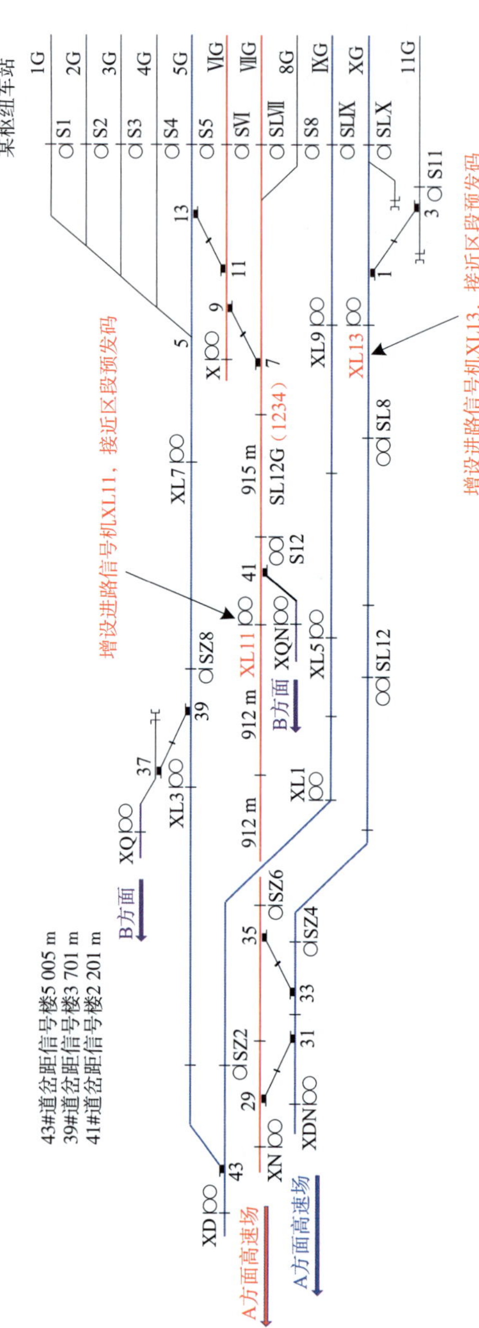

图 2-6-4 增设必要的进路信号机示意图

五、结束语

在控制多组远距离道岔的特殊枢纽车站，首先应结合站场布局、运输需求及故障影响面等因素合理确定联锁控制方案；其次确定信号显示方案；最后再确定轨道电路发码方案，合理控制闭塞分区及无码区长度，满足车载设备闭塞分区更新逻辑要求。

第三章　信号显示方案设计

信号显示方案与列控系统车地匹配、远距离道岔控制方案和 CTC 进路自动触发等密切相关，是枢纽信号工程设计的核心内容之一。

在采用 C2、C3 列控系统的线路，红灯重复对车地匹配有什么影响?

设有远距离道岔的车站，从优先满足 CTC 进路自动触发要求的角度，如何合理确定信号显示方案?

衔接站信号显示方案该如何研究比选?一站多场、超 7 个发车口时，信号显示方案该如何研究比选?

在枢纽短区间，如何确保信号显示与轨道电路发码含义相符?

一站多场时，场间联锁分界方案如何确定?优先满足 CTC 进路自动触发要求时，对场间联锁分界方案有什么特殊要求?

在动车段（所)，如何合理确定股道分割信号机位置，最大限度满足两辆短编动车组接车要求?

本章介绍枢纽信号显示方案设计，希望能为高速铁路信号工程设计工作提供有益借鉴。

第一节　红灯重复对列控系统的影响及特定应用

在普速铁路信号工程设计中，关联信号机间不满足制动距离要求时，需要设计红灯重复。红灯重复仅仅是联锁意义上的防护措施，在 C2 列控系统中，基于车载设备逻辑，红灯重复会导致车地不匹配问题。因此，在高速铁路信号工程设计中，应最大限度减少因制动距离不足导致的红灯重复。同时，在一些特殊联络线，根据运输需要，红灯重复有一些特定应用。

一、红灯重复对列控系统的影响

(一）概述

在一些特殊线路和车站，关联信号机间不满足制动距离要求时，需要设计红灯重复。而在 C2 列控系统中，红灯重复会导致车载设备严重降速，影响运输效率。

某线路所 1#道岔采用 1/18 道岔，与邻站距离较近，线路所通过信号机 X 至邻站进站信号机 X 间仅 640 m，由于不满足制动距离要求，设计了红灯重复，导致车载设备异常降速。线路所通过信号机与前方进站信号机红灯重复示意如图 3-1-1 所示。

(二）车载设备 UUS 码逻辑

根据《CTCS-2 级列控车载设备技术规范》(Q/CR 843—2021）第 7.4.4.6 条规定：“侧线接发车时采用以下特殊控制逻辑：在接收 UU 或 UUS 码之后，列车进入道岔区段，车载设备接收的轨道电路信息转为无信号时，应将本闭塞分区的终点作为停车目标点计算行车许可（MA)。”

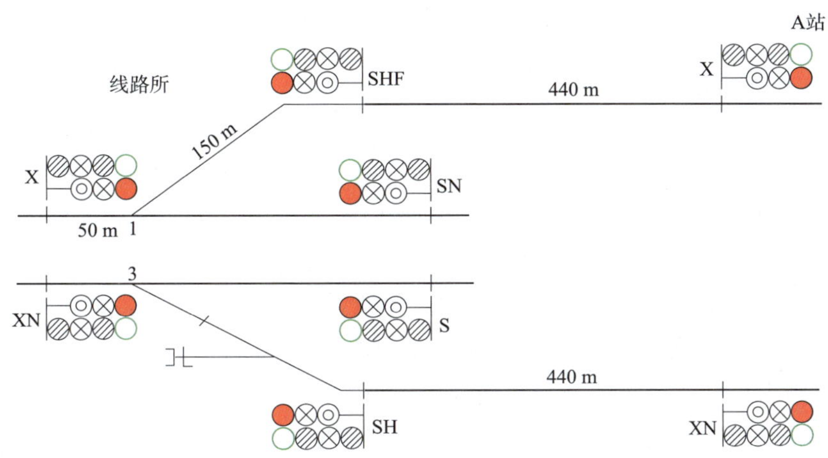

图 3-1-1　线路所通过信号机与前方站进站信号机红灯重复示意图

目前 CTCS 中控车曲线采用闭口方式，且要求 UUS 码闭塞分区末端默认速度为 80 km/h。各车载设备收到 UUS 码后，维持 UUS 码闭塞分区末端 80 km/h 控车速度采取的处理逻辑不尽相同。有的车载设备是在进站信号机外方闭塞分区收到 UUS 码后，删除进站信号机内方的线路数据，补充一段按最不利坡度 80 km/h 常用制动到 0 km/h 的长度，目的是让 UUS 码闭塞分区末端速度维持 80 km/h。

有的车载设备在进站信号机外方闭塞分区收到 UUS 码后，利用区间应答器组信息中描述的进站信号机内方第一个闭塞分区的长度，计算 UUS 码闭塞分区末端的速度（注意：当进站内方第一个闭塞分区长度不满足 80 km/h 常用制动到 0 km/h 的距离时，即使列车收到 UUS 码也不能按 80 km/h 进站）。当列车运行至进站应答器组处收到应答器信息后就重新计算行车许可（MA），若该应答器组信息描述第一个闭塞分区不满足 80 km/h 常用制动到 0 km/h 的距离时，无论下一架信号机是否开放，列车都将产生制动。

因此，对于工程设计来说，应按 UUS 码闭塞分区后的下一个闭塞分区长度满足 80 km/h 常用制动到 0 km/h 的距离进行设计。

线路所通过信号机至邻站进站信号机间仅 640 m，不满足制动距离要求，设计了红灯重复，但在 C2 列控系统中，由于 UUS 码对应的车载逻辑默认下一架信号机关闭，所以红灯重复并不能解决因制动距离不足导致车载设备降速的问题。

（三）设计建议

如果将 UUS 码降级为 UU 码，可以解决车地匹配问题，但是线路所过岔速度将由 80 km/h 降为 45 km/h，影响通过效率，不能充分发挥 1/18 道岔作用。因此针对这种情况，最好的解决方案应该是移设线路所通过信号机，移设后确保线路所通过信号机至邻站进站信号机间距离满足 80 km/h 到 0 km/h 的常用制动距离要求。

前期设计阶段，要重点对线路所等 UUS 码制动距离进行检算，如发现不满足制动距离要求时，信号专业应及时向站场等专业反馈，有条件时调整道岔位置，以满足信号机间制动距离要求。行车布点阶段，可以将线路所通过信号机外移，满足制动距离要求。

高速铁路信号工程设计中，应最大限度减少因制动距离不足导致的红灯重复，尤其是 UUS 码之后的红灯重复，避免因车地不匹配导致车载设备降速。

二、特殊线路所红灯重复特定应用

（一）特殊地形联络线红灯重复

某线路所通过联络线引入 A 站，联络线设有一个区间信号点，下行联络线正向运行时为 20‰下坡。A 站为四线引入车站，运输组织非常繁忙。因地形特殊，考虑特殊运营场景下，办理该联络线下行方面的列车进路时，可能发生动车组冒进导致侧面冲突等安全风险。另一方面，根据铁路局集团公司高速铁路《行车组织细则》要求，线路所在分散自律车站操作方式自动触发进路时，A 站必须在线路所 CTC 自动触发进路前 8 min 即开放进站接车信号，将严重干扰 A 站列车运行秩序，影响行车效率。

综合上述因素，铁路局集团公司运输部门提出：由于联络线地形特殊，为确保安全，提高 A 站运输效率，将 A 站进站信号机 X 与线路所通过信号机 TX 设计为红灯重复。当联络线区间任一区段有车占用或区间空闲，但前方 A 站进站信号机 X 显示红灯时，后方线路所通过信号机 TX 显示红灯。上行联络线反向同理，办理引导进路时除外。

注意事项：因联络线设有一个区间信号点，红灯重复时联锁要检查 1LQ、2LQ 均空闲，不能只检查 1LQ 空闲。

如果联锁只检查 1LQ 空闲，当 2LQ 有车占用，线路所通过信号机可以开放，列车进站后，A 站进站信号机关闭，将导致线路所通过信号机关闭。紧追踪时，后车接收信号由 UUS 码变 HU 码，将造成后车在区间正线机外停车，影响行车秩序。

线路所通过信号机 TX 与 A 站进站信号机 X 红灯重复示意如图 3-1-2 所示。

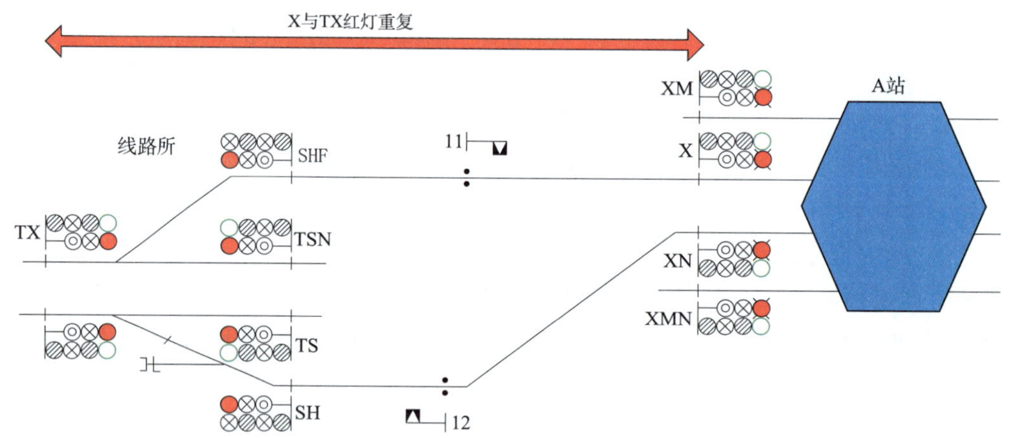

图 3-1-2　线路所通过信号机 TX 与 A 站进站信号机 X 红灯重复示意图

（二）分相区短联络线红灯重复

某枢纽 A 站经联络线引入线路所，联络线较短，无区间信号点，设有分相区。为避免列车因速度低无法正常通过分相区，将 A 站出站信号机与线路所通过信号机 XJ 设计为红灯重复，即线路所通过信号机开放后 A 站才能办理发车进路，避免出现列车在联络线收到 HU 码又要过分相的不利场景。A 站出站信号机与线路所通过信号机 XJ 红灯重复示意如图 3-1-3 所示。

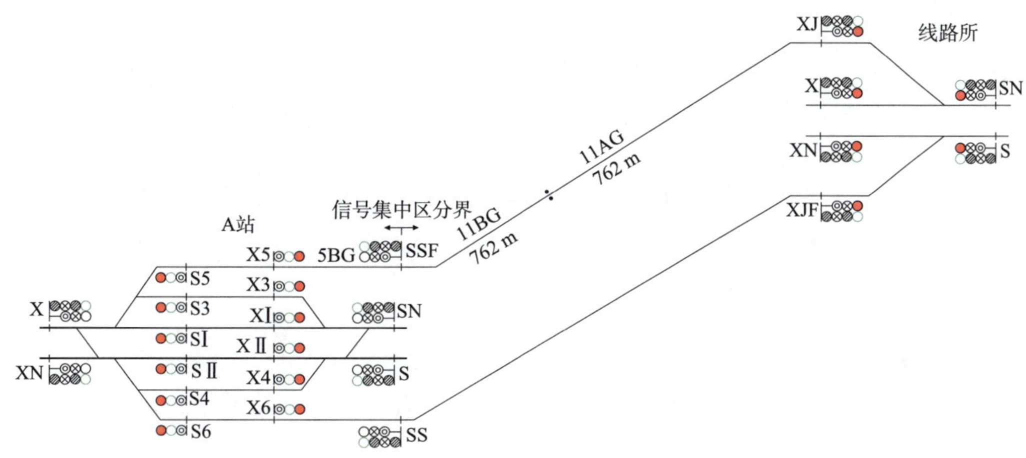

图 3-1-3　A 站出站信号机与线路所通过信号机 XJ 红灯重复示意图

三、结 束 语

列控系统是由列控地面设备和列控车载设备共同构成的车地一体化系统，车地之间应相互匹配。在高速铁路信号工程设计中，应最大限度减少因制动距离不足导致的红灯重复。同时，在一些特殊联络线，根据运输需要，红灯重复可以有一些特定应用。

第二节　衔接站信号显示方案

衔接站是指区间不设通过信号机的线路与区间设通过信号机的线路相衔接的车站。衔接站信号显示方案是高速铁路信号工程设计的重要内容之一。衔接站信号显示方案应综合站场布局、运输需求、车地匹配等因素深入研究比选。

一、衔接站出站信号机显示基本原则

（一）出站信号机机构

出站信号机常态点灯时，采用传统的矮型五灯位＋表示器机构。

出站信号机常态灭灯时，一般采用矮型“红、绿、白”三灯位机构。

与动车段（所）衔接车站、站间距较短的车站，出站信号机由灭灯转为点灯状态，为确保显示与码序匹配，需要具备黄、绿黄显示的，可采用矮型“绿、红、黄、白”四灯位机构。

衔接站出站信号机机构示意如图 3-2-1 所示。

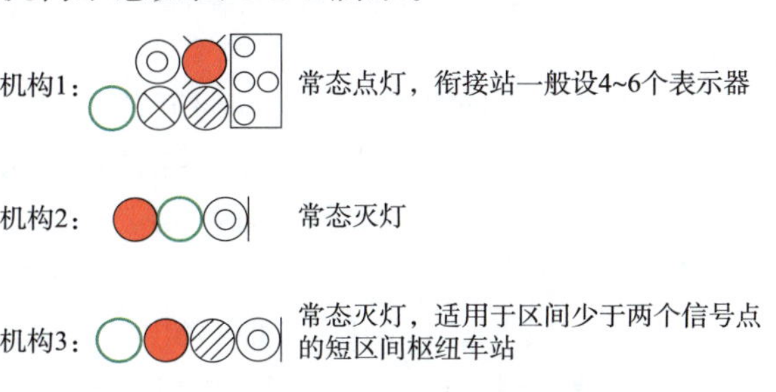

图 3-2-1　衔接站出站信号机机构示意图

（二）出站信号机信号显示基本原则

1. 基本原则

衔接站出站信号机常态点灯时，向各区间口正向发车均为自动闭塞方式，无论区间是设置通过信号机还是信号标志牌。

衔接站出站信号机常态灭灯时，向区间设置信号标志牌的区间口正向发车，灭灯模式为自动闭塞方式，点灯模式为自动站间闭塞方式；向区间设置通过信号机的区间口正向发车，灭灯、点灯模式均为自动闭塞方式。

2. 跨线接发车“点灯”操作

由常态点灯的进站信号机向出站信号机常态灭灯的股道接车时，对于非动车组列车（动车组 ATP 故障或仅装备 LKJ 的普速列车），需要经“点灯”操作点亮对应接车进路终端出站信号机红灯后，办理接车进路。

由常态灭灯的股道向区间设通过信号机的区间口发车时，对于非动车组列车，经“点灯”操作点亮出站信号机红灯后，办理发车进路。三灯位出站信号机只能显示绿灯，须至少检查三个闭塞分区空闲，对发车效率略有影响。当区间不足两个信号点时，由于不满足三个闭塞分区检查条件，采用三灯位出站信号机只能显示绿灯，存在信号显示与发码含义不符的问题，有信号显示升级之嫌。因此，对于区间不足两个信号点时，需调整机构。

非动车组列车向区间设置信号标志牌的区间口发车时，需要人工确认整个区间空闲，凭调度命令按站间闭塞行车。

二、衔接站信号显示总体原则

（一）车站定位决定信号显示方案

《铁路技术管理规程（高速铁路部分）》第 303 条规定：“高速铁路车站（线路所）向衔接的其他线路车站（线路所）发出列车时，有关行车凭证按高速铁路规定执行；高速铁路衔接的其他线路车站（线路所）向高速铁路车站（线路所）发出列车时，有关行车凭证按其他线路规定执行。”

第 303 条的规定使衔接站信号显示方案更简化，即高速铁路车站出站信号机常态灭灯，普速铁路车站出站信号机常态点灯，高速、普速跨线发车时，出站信号机信号显示执行各自车站显示原则。

因此，对车站的定位非常重要，定位为高速车站，出站信号机可常态灭灯；定位为普速车站，出站信号机应常态点灯。

很多衔接站都是由非衔接站演变而来的，因此，车站的最初定位也很重要。新建高速线路引入既有普速车站，通常不对既有车站的信号显示进行大幅修改，引入后车站仍维持常态点灯。

（二）就低不就高原则

新建衔接站，高速线路、普速线路均贯通运行，同时开通。对于普速列车贯通运行的衔接站，通常优先确保普速列车正常运行。为减少“点灯”操作，通常就低不就高，从信号显示角度定位为普速车站，信号机常态点灯，可兼容各种线路。

（三）同一咽喉出站信号机显示宜一致

衔接站各股道均能向各发车口发车时，车站同一咽喉各出站信号机显示方式宜保持一致。

衔接站部分股道仅能向区间设置信号标志牌的发车口发车时，对应出站信号机可采用常态灭灯机构。

（四）兼顾普速列车上线时区间应设通过信号机

兼顾普速列车上线运行的线路，区间应设置通过信号机。仅开行动车组的线路，区间设置信号标志牌。为确保信号显示连续性，兼顾普速列车上线、区间设通过信号机的线路向衔接站接车的进站信号机应常态点灯。

三、衔接站信号显示方案

新建衔接站，高速线路、普速线路均贯通运行，各股道均能向各发车口发车。下文提出三个方案进行研究比选。

方案一：常态均点灯

为减少“点灯”操作，按照就低不就高的原则，从信号显示角度定位为普速车站，车站信号机均常态点灯。衔接站信号机常态均点灯示意如图 3-2-2 所示。

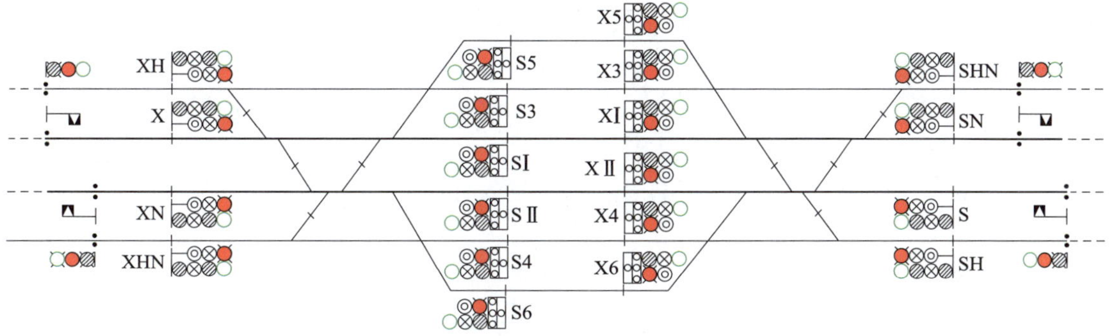

图 3-2-2 衔接站信号机常态均点灯示意图

方案二：根据股道主要发车方向确定

衔接站各股道主要发车方向分工明确，为确保高速铁路信号显示一致性，主要发车方向为区间设置信号标志牌的股道，进、出站信号机常态灭灯；主要发车方向为区间设置通过信号机的股道，进、出站信号机应常态点灯。

根据股道主要发车方向确定信号显示示意如图 3-2-3 所示。ⅠG～4G 主要开行高速动车组，进、出站信号机常态灭灯；5G～8G 主要开行普速列车，进、出站信号机常态点灯。

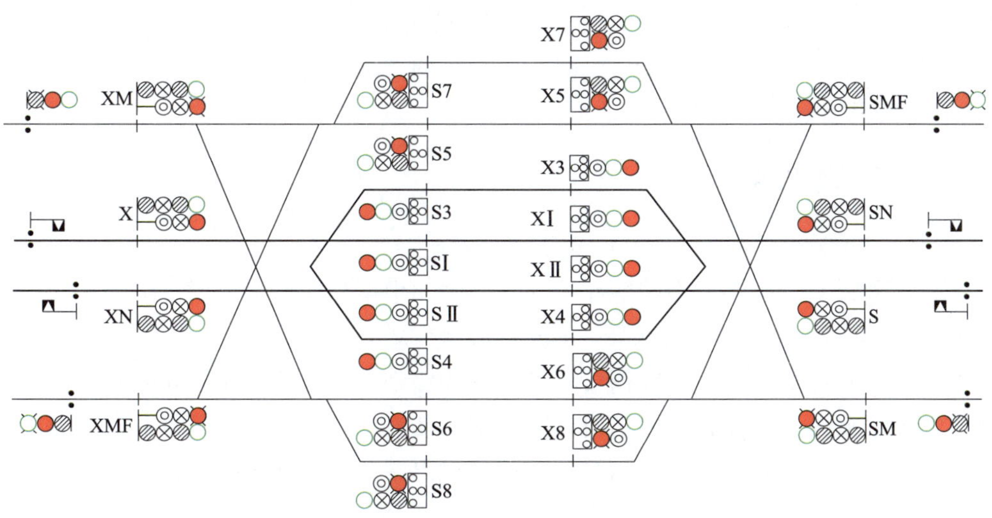

图 3-2-3 根据股道主要发车方向确定信号显示示意图

方案三：常态均灭灯

将衔接站定位为高速车站，出站信号机均常态灭灯。衔接站出站信号机均常态灭灯示意如图 3-2-4 所示。

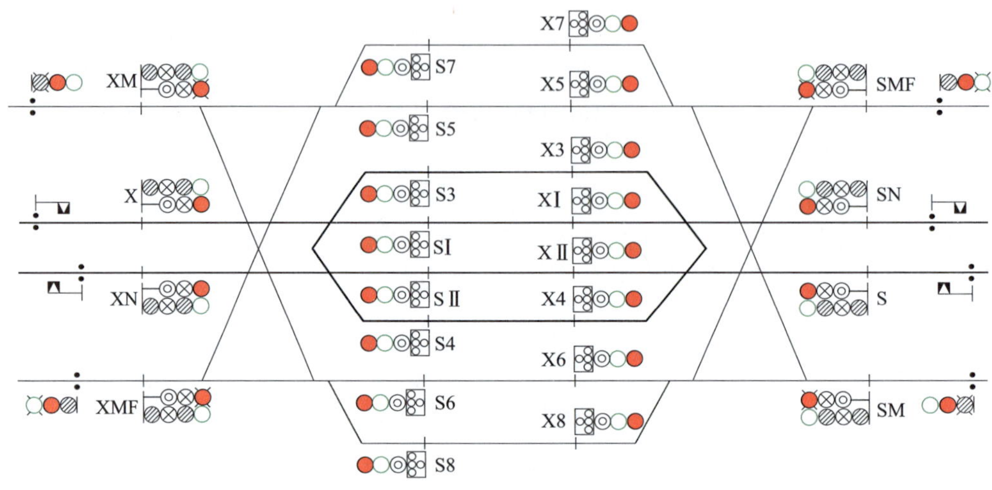

图 3-2-4 衔接站出站信号机均常态灭灯示意图

方案比选：

方案一信号显示方案最简化，跨线接发车时无需“点灯”操作。

方案二在跨线接发车时需要进行“点灯”操作。常态灭灯的股道向普速口发车时，三灯位出站信号机只能显示绿灯，须至少检查三个闭塞分区空闲，对跨线发车效率略有影响。为区分发车进路方向，需要在常态灭灯的出站信号机设置表示器。

方案三高速口向各股道接车均不需要进行“点灯”操作，但普速列车向各股道接车均需进行“点灯”操作，包括主用的 5G～7G。普速列车主用的 5G～7G 向普速口发车时出站信号机只能显示绿灯，要检查三个闭塞分区，对普速列车发车效率影响太大。为区分发车进路方向，需要在常态灭灯的出站信号机设置表示器。

方案三对普速列车发车效率影响较大，不建议采用。

衔接站信号显示方案比较复杂，没有十全十美的方案，具体方案应充分征求运营维护单位运输、机务及电务等部门意见。

四、典型衔接站信号显示案例

（一）衔接站两侧咽喉出站信号机显示可不一致

在复杂衔接站，两侧咽喉衔接线路情况不同时，根据具体情况，同一咽喉出站信号机显示宜一致，两侧咽喉出站信号机可采用不同的显示方式。

例如新建某衔接站，左侧咽喉衔接一条高速线路和一条普速线路，右侧咽喉衔接两条高速线路。根据各咽喉具体衔接线路情况，按照同一咽喉出站信号机显示宜一致的原则，左侧咽喉出站信号机常态点灯，设置表示器；右侧咽喉出站信号机常态灭灯，不设表示器。两侧咽喉采用不同机构出站信号机示意如图 3-2-5 所示。

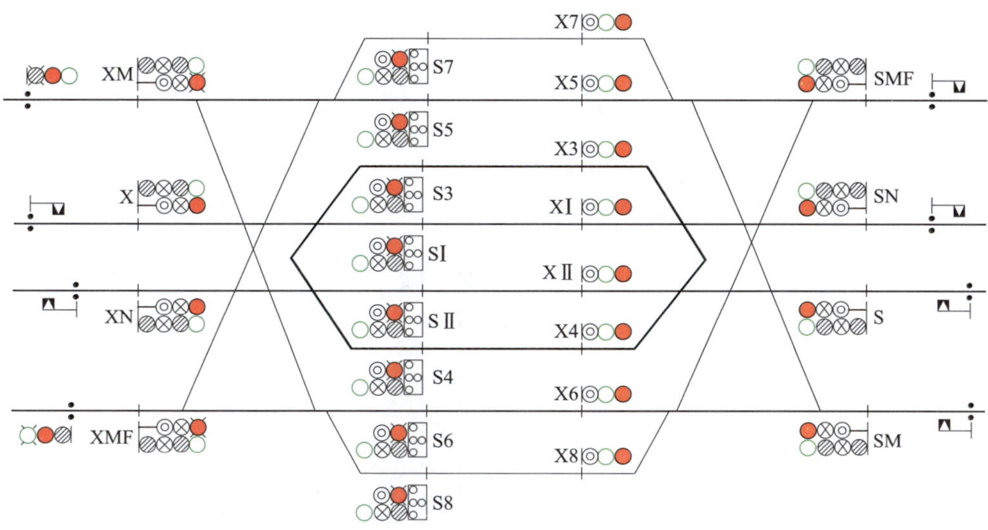

图 3-2-5　两侧咽喉采用不同机构出站信号机示意图

（二）线路所衔接两个车场

线路所衔接一个车站的高速场和普速场，A 高速线仅开行动车组，区间设置信号标志牌。以某站普速场作为衔接站，因联络线仅开行动车组，所以联络线设置区间信号标志牌。由于联络线通常较短，信号点较少，也可设置区间通过信号机。

线路所衔接两个车场时信号显示方案示意如图 3-2-6 所示。

五、一站多场时信号显示方案

枢纽大站一站多场时（各场均采用独立联锁控制），经常会遇到超过 7 个发车口的情况，宜根据各场运输组织特点合理确定出站信号机显示方案。一般来说，仅开行动车组的车场，出站信号机常态灭灯；对于兼顾普速车上线运行的车场，出站信号机常态点灯。办理跨场发车进路时，按《铁路技术管理规程（高速铁路部分）》第 303 条的要求执行。

（一）一个场为高速场，一个场为高、普混合场

济南东站设有济青场、石济场，各场单独设置计算机联锁设备。济南东站上行发车共有 9 个方向，分别是石济客专正线 2 个方向、动车走行线 2 个方向、黄台联络线 3 个方向、石济胶济联络线 2 个方向。济青场与石济场间设有三组渡线道岔，在渡线道岔绝缘节处进行场间联锁分界。济青场仅开行动车组，石济场为高、普混合场，动车组、普速列车混合运行。济南东站济青场、石济场示意如图 3-2-7 所示。

济南东站济青场、石济场共计 9 个发车口，但在《铁路技术管理规程（高速铁路部分）》中均明确出站信号机最多加装 6 个表示器表示 7 个发车方向，9 个发车方向设计无标准规范可循。

根据站场行车作业特点进行研究，提出三个信号显示方案。

方案一：采用 9 方向进路表示器区分方向

需要向国铁集团报批。

方案二：采用进路表示器区分 7 个方向＋增设两个总出站信号机的组合方案

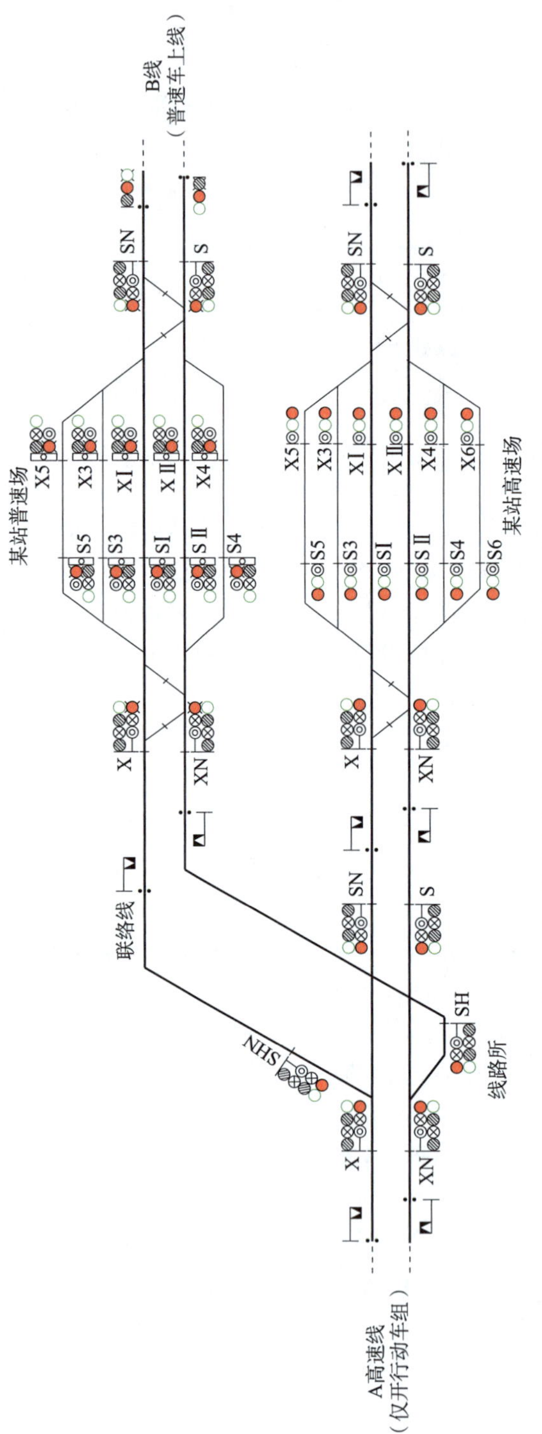

图 3-2-6 线路所衔接两个车场时信号显示方案示意图

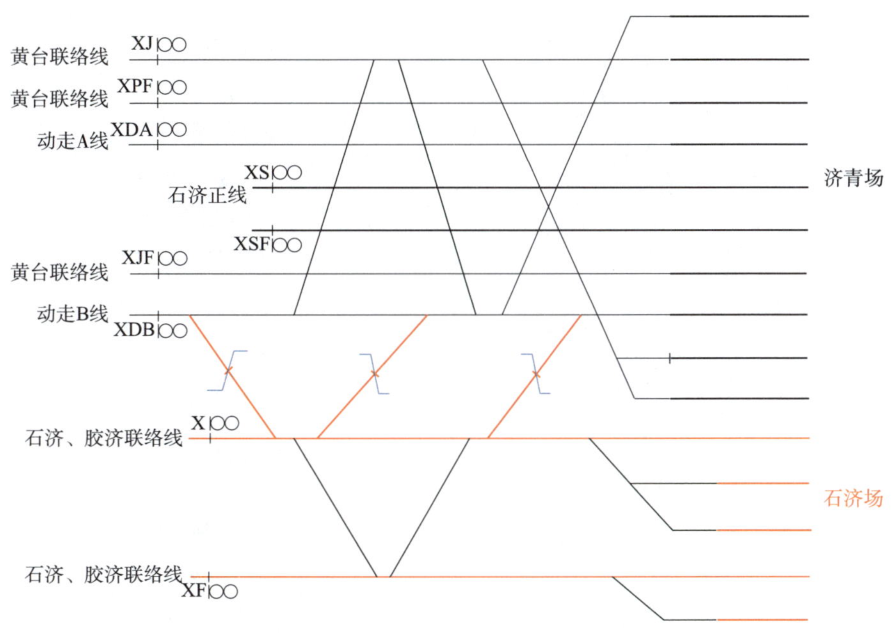

图 3-2-7　济南东站济青场、石济场示意图

由于现行规范出站信号机进路表示器最多区分 7 个发车方向，而济南东站共 9 个发车方向，所以采用 7 个方向进路表示器＋增设两个总出站信号机的组合方案。黄台联络线 XJ、XPF 口为反向发车，在 2 个发车口咽喉区末端适当位置设置总出站信号机，济青场、石济场出站信号机均设置 6 个表示器，区分其余 7 个发车方向。

方案三：根据动车组运行范围分别确定两场出站信号机信号显示方案

济青场仅运行动车组，出站信号机采用“绿、红、白”三灯位矮型机构，常态灭灯，动车组以车载信号为主要行车凭证。石济场需要兼顾普速列车上线，所以出站信号机应常态点灯，采用传统矮型五灯位双机构。石济场跨场发车时，仅去往动走 B 线方向，即石济场共 3 个发车口，所以出站信号机设计 3 个表示器。

方案比选：

方案一采用 9 方向进路表示器区分发车方向属于特殊设计，超出现行规范，需报国铁集团审批。9 个表示器显示方案太烦琐，不利于司机识别记忆。

方案二基本可行，但是济青场仅运行动车组，动车组以车载信号显示为主要行车凭证，设置 6 个进路表示器的显示方案太复杂，用处不大，且增加维护工作量。

方案三信号显示方案简单明了，根据动车组运行范围进行区分，石济场兼顾普速列车上线，完全采用普速信号显示体系；济青场仅运行动车组，完全采用高速信号显示体系。办理跨场发车进路时，按《铁路技术管理规程（高速铁路部分）》第 303 条的要求执行。

经建设、运营、设计等单位专题研究，最终确定采用方案三。济南东站出站信号机显示方案示意如图 3-2-8 所示。

（二）两个场均为高、普混合场

某枢纽车站设有两个车场，各场单独设置计算机联锁设备。两个车场均为高、普速混合运行，共计 9 个发车口。因为要兼顾普速列车运行，所以出站信号机应常态点灯，但是现行规范出站信号机设置进路表示器后，最多只能区分 7 个发车方向。

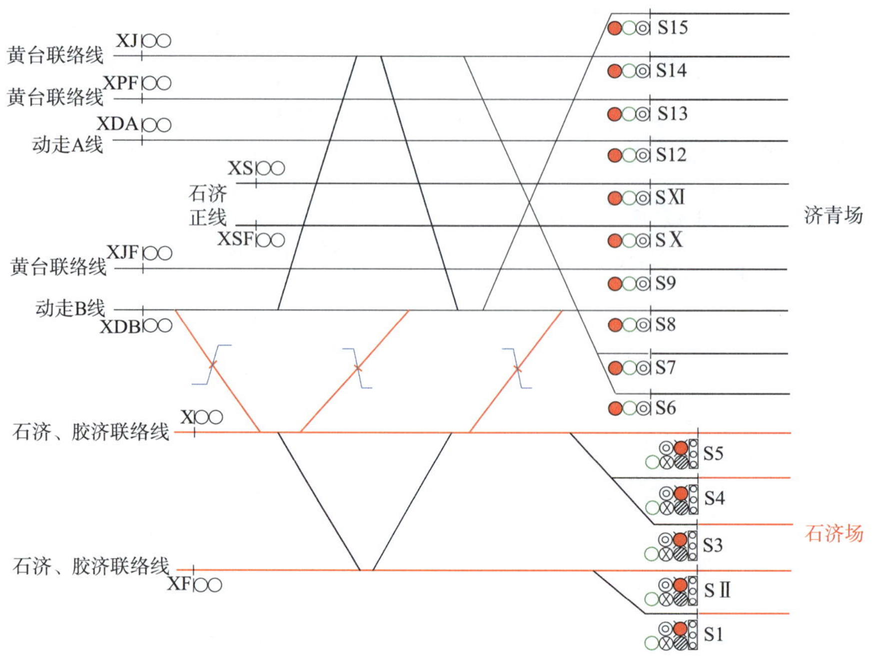

图 3-2-8　济南东站出站信号机显示方案示意图

针对这种超过 7 个发车口的高、普速混合运行的大型车站，提出采用进路表示器区分 6 个发车方向＋增设 3 个总出站信号机的组合方案。在动走线方向 3 个发车口咽喉区末端适当位置设置总出站信号机，出站信号机均设置 6 个表示器，区分其余 6 个发车方向。

进路表示器＋总出站信号机组合方案示意如图 3-2-9 所示。

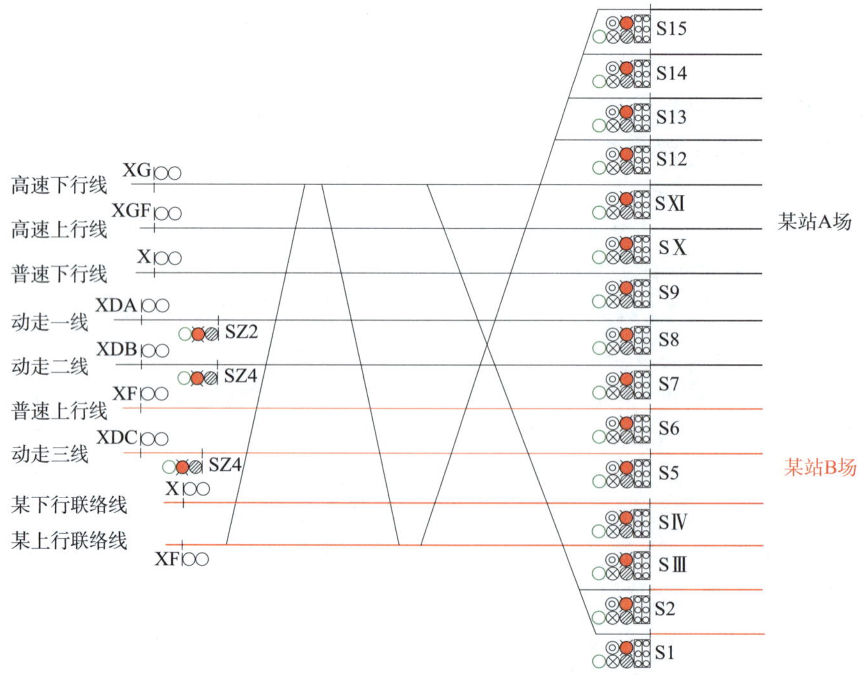

图 3-2-9　进路表示器＋总出站信号机组合方案示意图

六、结 束 语

衔接站信号显示方案比较复杂，超过 7 个发车口时表示器方案也非常复杂。从更有利于运输组织管理的角度，建议信号专业与站场专业充分沟通，高速、普速尽量分场，尤其是发车口超过 7 个时；尽量减少衔接站，尤其是普速线路引入既有高速铁路车站的衔接站。

衔接站信号显示方案并不唯一，本节仅是方案之一，具体情况具体分析，设计人员要充分发挥能动性。具体衔接站信号显示方案应征求运营维护单位运输、机务及电务等部门意见，充分研究比选。

第三节　枢纽短区间信号显示方案

在枢纽地区，有的站间距较近，区间仅一个信号点，有的车站出站信号机常态灭灯，以点灯模式正向发车时，存在出站信号机点绿灯、地面发 LU 码的情况，信号显示与发码含义不符；有的车站信号机常态点灯，在反向发车时，也存在类似情况。有的车站区间通过信号机与反向进站信号机并置设计，影响普速列车发车效率，动车组无法引导出站。信号显示与地面发码含义相符更有利于司机操作以及运营维护管理，所以通常情况下直向进路时按信号显示与发码一致进行设计。

一、常态灭灯短区间车站出站信号机信号显示方案

A 站、B 站区间仅一个信号点，信号机常态灭灯，关于 A 站下行出站信号机和 B 站上行出站信号机机构类型，存在两种方案。

方案一：矮三型

为保持全线出站信号机机构类型一致，方案一出站信号机采用传统的矮型“红、绿、白”三灯位机构。短区间车站出站信号机采用矮三型示意如图 3-3-1 所示。

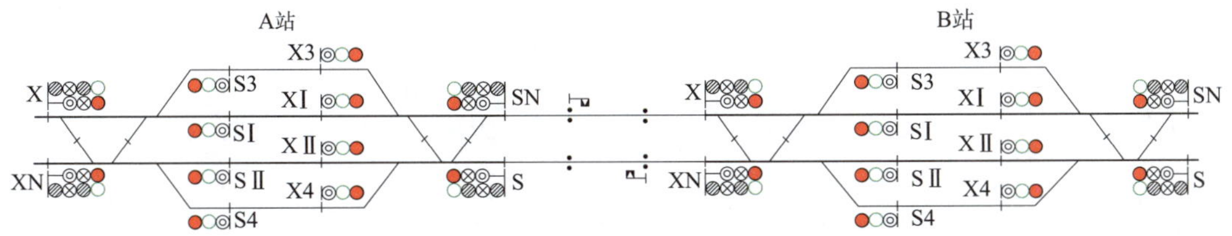

图 3-3-1　短区间车站出站信号机采用矮三型示意图

存在问题：以 A 站为例，出站信号机 XⅠ以点灯模式向 SN 口发车，XⅠ只能显示绿灯，当 B 站进站信号机 X 关闭或开放经道岔侧向进路时，XⅠ外方股道发 LU 码，存在点绿灯、发 LU 码的问题，信号显示与地面发码含义不符。

A 站 XⅡ以点灯模式向 S 口反向发车，若 1LQ、2LQ 码序合并，当 B 站反向进站信号机 XN 关闭或开放经道岔侧向进路时，XⅡ外方股道发 U 码或 U2S 码，信号显示与地面码序含义不符。

方案二：矮四型

为确保以点灯模式发车时出站信号机信号显示与地面发码含义相符，方案二采用矮型“绿、红、黄、白”四灯位机构。短区间车站出站信号机采用矮四型示意如图 3-3-2 所示。

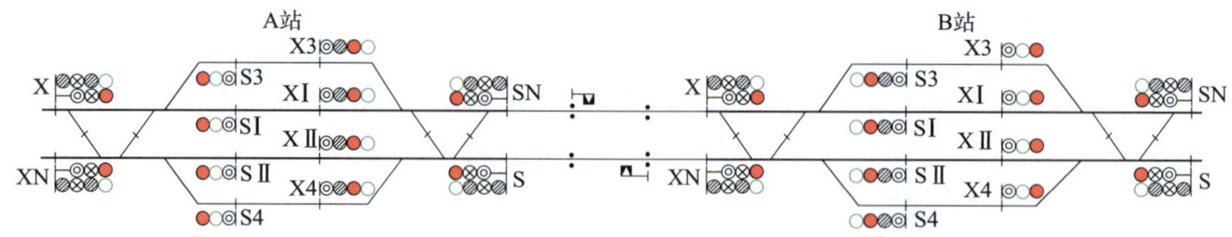

图 3-3-2 短区间车站出站信号机采用矮四型示意图

方案比选：

方案二可以确保以点灯模式发车时信号显示与地面发码含义一致，宜采用方案二。考虑反向运行时 1LQ、2LQ 码序通常合并，因此，区间信号点少于 3 个时，均可采用方案二。

二、常态点灯短区间车站逆向发车信号显示及发码方案

采用 C2 列控系统的车站，反向运行时按追踪码序设计。为确保列控数据与码序表保持一致，避免两拨人设计时因沟通不畅导致错误，且码序合并不影响反向运输效率，所以反向运行时，通常 1LQ 与 2LQ 码序合并。

在常态点灯的短区间车站，反向发车时，有的车站存在信号显示与地面发码含义不符的情况，甚至存在码序突变的情况。

信号显示与地面发码含义相符是信号显示方案的关键设计原则，在枢纽短区间车站也应贯彻执行。在区间信号点少于 3 个时，信号显示和码序设计应特别注意核对，确保信号显示和地面发码含义相符。以无 1/18 道岔的短区间车站为例，分三种情况具体说明如下。

（一）区间无信号点

甲站与乙站区间无信号点。甲站反向发车时，XⅡ应与乙站 XN 按四显示自动闭塞进行信号显示关联，XN 关闭时，XⅡ最高显示黄灯，对应地面设备发 U 码。区间无信号点时甲站反向发车信号显示和发码示意如图 3-3-3 所示。

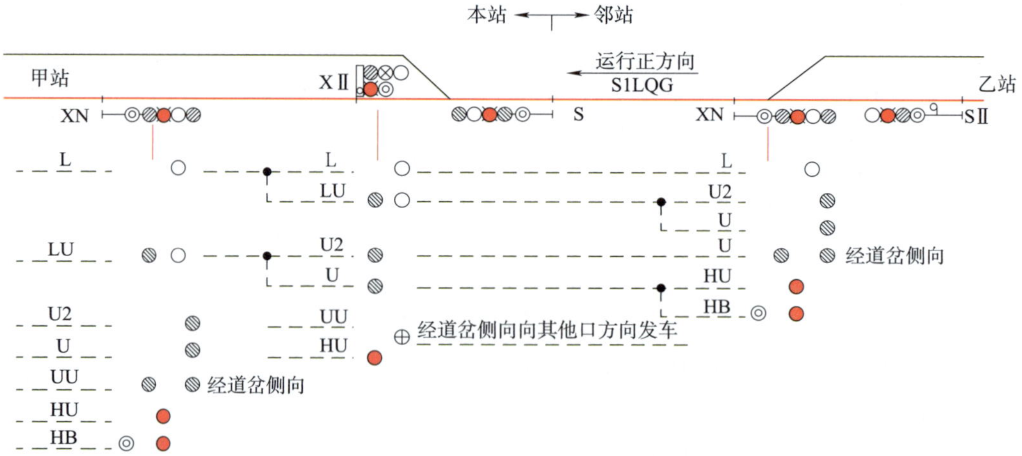

图 3-3-3 区间无信号点时甲站反向发车信号显示和发码示意图

（二）区间有一个信号点

甲站与乙站区间有一个信号点。甲站反向发车时，由于 1LQ 和 2LQ 码序合并，相当于

没有信号点，所以XⅡ应与乙站XN按四显示自动闭塞进行信号显示关联，XN关闭时，XⅡ最高显示黄灯，对应地面发U码。区间有一个信号点时甲站反向发车信号显示和发码示意如图3-3-4所示。

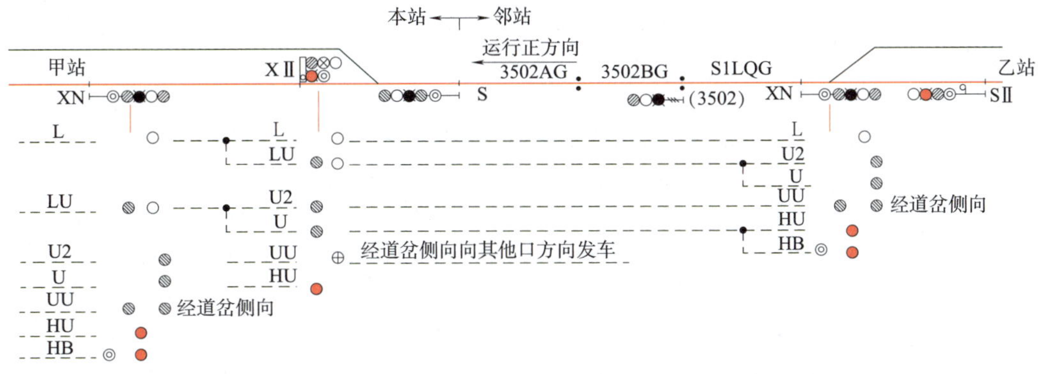

图3-3-4　区间有一个信号点时甲站反向发车信号显示和发码示意图

（三）区间有两个信号点

甲站与乙站区间有两个信号点。甲站反向发车时，由于1LQ和2LQ码序合并，相当于有一个信号点，所以XⅡ应与乙站XN按四显示自动闭塞进行信号显示关联，XN关闭时，XⅡ最高显示绿黄灯，对应地面发LU码。区间有两个信号点时甲站反向发车信号显示和发码示意如图3-3-5所示。

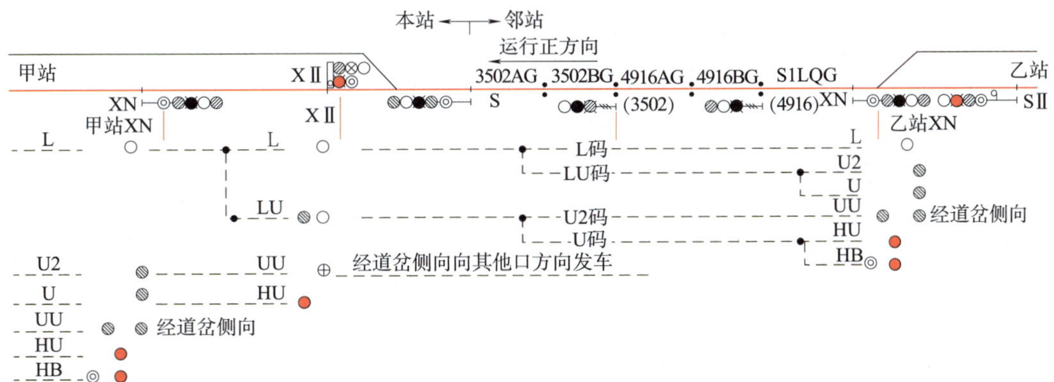

图3-3-5　区间有两个信号点时甲站反向发车信号显示和发码示意图

三、区间通过信号机不宜与反向进站信号机并置

（一）动车组无法引导出站

有的车站咽喉区较长，区间通过信号机与反向进站信号机并置设计，导致动车组无法引导出站。

A站为高速铁路车站，设计速度250 km/h，采用ZPW-2000移频轨道电路。因咽喉区较长，A站区间通过信号机103与反向进站信号机SN并置。高速铁路车站区间通过信号机与反向进站信号机并置示意如图3-3-6所示。

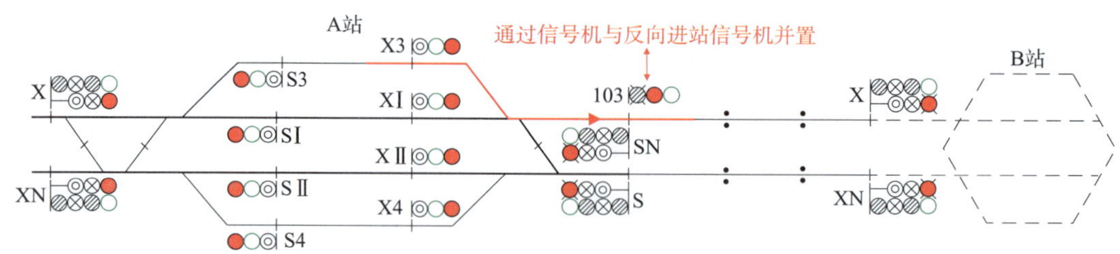

图 3-3-6 高速铁路车站区间通过信号机与反向进站信号机并置示意图

排列 X3→SN 的 C2 引导模式发车进路，根据《列控中心技术条件》(Q/CR 817—2021)要求，股道发 HB 码，岔区发 JC 码。列车以引导模式运行至岔区，行车许可终点为反向进站信号机 SN，列车无法以引导模式出站进入区间。

车载设备引导模式逻辑：根据相关列控车载设备技术规范规定："引导模式下，收到 HU 或无码且具有【CTCS-1】包数据，则生成至前方第一架信号机处停车且顶棚为 40 km/h 的目标距离模式曲线。"

由于引导发车时岔区发 JC 码，且通过信号机 103 与反向进站信号机 SN 并置，车载设备生成以前方第一架信号机 103 为行车许可终点的控车曲线，所以列车无法越过通过信号机 103，无法引导出站。

小结：工程设计中应尽量避免区间通过信号机与反向进站信号机并置。困难条件下只能并置时，为解决引导模式不能出站的问题，可以考虑在发车进路最末端区段发有效码。这种情况的补码与普速车站的补码性质不同，且在引导模式设备故障等情况下，仍然存在车载设备收不到码的可能，因此需要慎重研究决策。

（二）普速车站 LKJ 误解锁存在安全风险

在采用 25 Hz 相敏轨道电路的普速车站，区间通过信号机与反向进站信号机并置时，在正线发车遇 HU 码特殊场景，若司机误操作，LKJ 将解锁，存在安全风险。

A 站为客货共线铁路车站，设计速度 160 km/h，采用 25 Hz 相敏轨道电路，经道岔侧向进路无码。因咽喉区较长，A 站区间通过信号机 103 与反向进站信号机 SN 并置。普速车站区间通过信号机与反向进站信号机并置示意如图 3-3-7 所示。

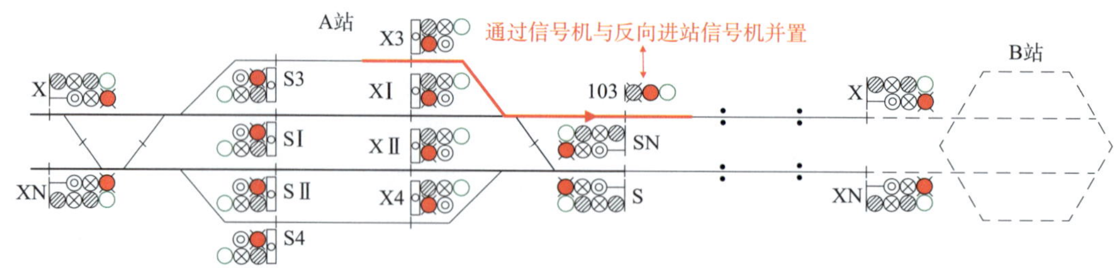

图 3-3-7 普速车站区间通过信号机与反向进站信号机并置示意图

《列车运行监控装置（LKJ）控制模式设定规范》(TJ/DW 173—2015) 9.5.6.5 关于一离去发码特殊信号机规定："列车在车载数据已设置为一离去发码特殊信号机的信号机前，如运行速度低于 45 km/h，LKJ 提供解除针对机车信号信息为无码的停车控制的操作条件；司机按规定方法操作后，LKJ 按该信号机显示允许运行的信号监控列车运行。"

当列车由侧线股道发车时，司机可按压解锁和确认键，使 LKJ 监控列车以不超过固定模式限速至越过第一离去通过信号机。一般为停车操作，几分钟后再发车，影响行车效率。

当列车由正线发车或通过时，地面连续有码，经 LKJ 厂家进行 LKJ 软件仿真实验，确认在此模式下，人机界面也会提供按压解锁和确认键。若地面码序因故变为 HU 码，司机误操作按压解锁和确认键，LKJ 将解锁，存在安全风险，机务部门不同意此方案。

小结：为确保安全，提高效率，信号显示方案应减少特定应用，区间通过信号机不宜与反向进站信号机并置。困难条件下通过信号机与反向进站信号机并置时，通过信号机接近区段应连续有码，采用 25 Hz 相敏轨道电路的车站需要进行补码，否则 LKJ 按照 UU/UUS 后变无码的处理逻辑，将使列车在前方信号机前停车，无法出站。

四、结 束 语

信号显示与地面发码含义相符是信号显示方案的关键设计原则，在枢纽短区间车站也应贯彻执行，尤其是在转为点灯模式发车及反向发车等场景。为确保安全，提高效率，区间通过信号机不宜与反向进站信号机并置。

第四节　较大型车站出站信号机设计方案

高速铁路新建大型客运车站越来越多，关于高速铁路较大型车站出站信号机设计方案，各设计单位方案不一，某些设计方案还有进一步优化的空间。本节针对《国家铁路局关于发布铁道行业标准的公告（工程建设标准 2021 年第三批）》（国铁科法〔2021〕24 号，简称 24 号文）发布实施之前的项目，结合股道有效长、停车防护及便于对标停车等因素对较大型车站出站信号机设计方案进行探讨。

一、出站信号机常规设计方案

新建高速铁路较大型车站股道数量较多，一般不少于 6 条。由于站场规模较大，股道数量较多，为了保证最短的股道有效长满足 650 m 的要求，某些股道的股道有效长经常会大于 650 m，例如有些股道的股道有效长超过了 700 m。因此高速铁路较大型车站最显著的特点就是部分股道的股道有效长明显大于 650 m。而在高速铁路较大型车站股道有效长明显大于 650 m 的股道出站信号机设计上，由于方案不一，不同程度地带来了一些问题。为了便于叙述，下文将“高速铁路较大型车站股道有效长大于 700 m 的股道”简称为“超长股道”。

根据《高速铁路设计规范》（TB 10621—2014）要求“有高速列车通过的车站出站信号机宜设在距警冲标不小于 55 m 或距最近的对向道岔尖轨尖端不小于 50 m 的位置”。这种设计方案在一般中间站很常见，一般中间站股道有效长是标准的 650 m，站台长度 450 m。因此出站信号机距警冲标为 55 m，距站台端头为 45 m，这是典型的高速铁路出站信号机布局设计。普通车站出站信号机常规设计方案示意如图 3-4-1 所示。

二、较大型车站出站信号机常规设计方案

常规设计方案非常适合一般中间站，但应用在高速铁路较大型车站“超长股道”时，就出现了一些问题。较大型车站出站信号机存在不对齐设置和对齐设置两种方案。

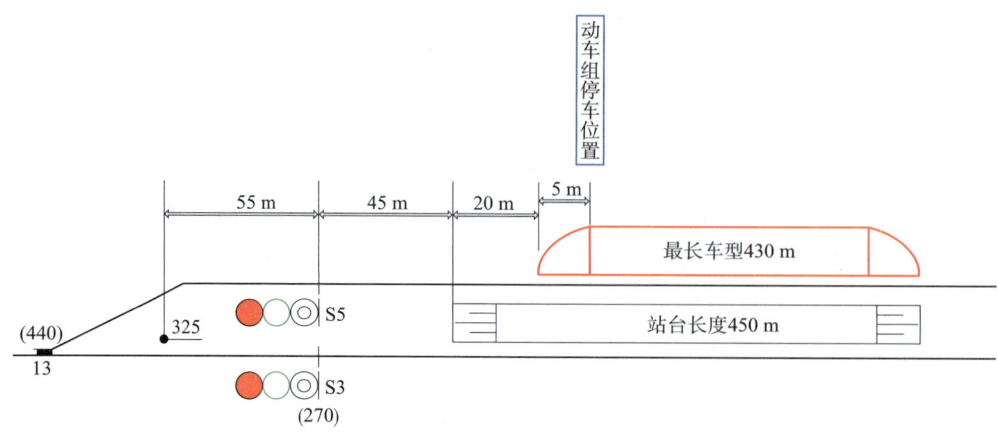

图 3-4-1 普通车站出站信号机常规设计方案示意图

（一）出站信号机不对齐设置方案存在的问题

以某高速铁路车站为例，采用C2列控系统，出站信号机不对齐设置方案示意如图3-4-2所示。

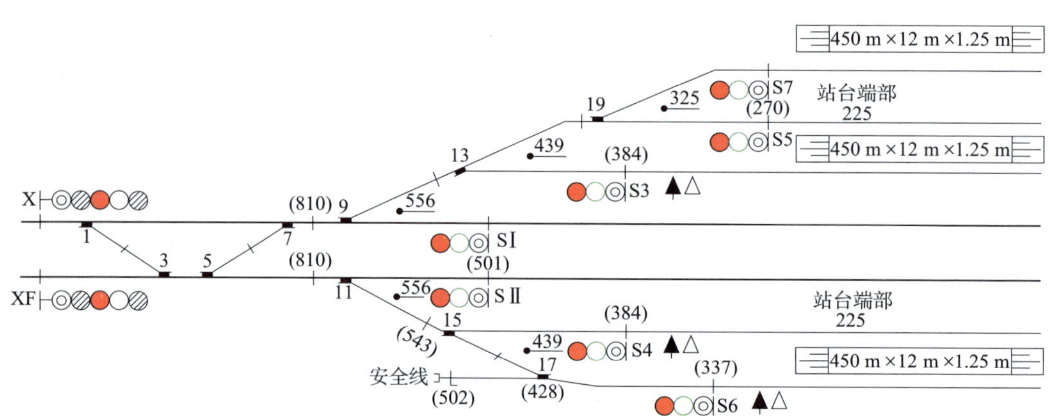

图 3-4-2 出站信号机不对齐设置方案示意图

该站采用先确定警冲标、再根据警冲标推算信号机位置的原则。首先根据道岔位置等确定反映实际是否超限的警冲标，然后距该警冲标55 m处设置出站信号机，距出站信号机20 m处设置应答器组。根据站场布局，各股道的出站信号机坐标不完全相同，即各个股道的出站信号机是不对齐的。“超长股道”出站信号机、应答器组距站台端头较远，如图3-4-2中S3、S4距站台端头159 m，S6距站台端头112 m，这种设计方案存在以下问题。

1. 出站信号机距站台太远，不利于部分监控（PS）模式发车时尽快转入完全监控（FS）模式

以部分监控模式发车的动车组，在越过出站信号机应答器组收到应答器信息后，才具备转入完全监控模式的条件，在越过出站信号机后才能真正转入完全监控模式，才能由45 km/h提速至80 km/h。因此为了使列车尽早转入完全监控模式，出站信号机距站台不能太远。

如果发生动车组过走，且动车组因故未收到应答器信息，未触发制动而继续过走，此时股道发HU码，那么只有在动车组越过出站信号机由HU码变为无码时才能触发紧急制动。

因此从停车防护的角度，出站信号机距站台较近具有安全防护方面的优势。

高速铁路建设过程中，出现过因车载 ATP 制动参数余量较大、制动距离过长而导致重联动车组尾部无法进入站台的情况。随着车载制动曲线的逐步优化，这种问题已经基本克服了。综合更有利于发车时尽快转入完全监控模式、停车防护及便于司机对标停车，降低司机操作难度等因素，出站信号机距站台应该控制在一个合理的范围，不应距站台端部太远，否则可能起反作用。

2. 应答器组距站台太远，不利于停车防护，且影响发车效率

CTCS 中，动车组在车站侧线停车时，司机以设置在站台的动车组停车标为停车参考点。侧线停车时，如果动车组因故越过停车标冒出站台，就会影响旅客正常乘降，如果乘务人员未注意而打开车门，旅客有跌落的风险，存在人身安全隐患。因此对于高速铁路车站，从维护正常乘降秩序的角度，动车组侧线停车时因故越过停车标即意味着过走。

出站信号机关闭时，出站信号机有源应答器组发送发车方向有效的停车报文，该报文含绝对停车信息包【CTCS-5】，因此，出站信号机应答器组的一个重要作用就是列车因故越过停车标后尽快触发制动。因此，出站信号机应答器组距站台端部越近越有利于停车防护。《CTCS-3 级列控系统应答器应用原则（V2.0）》（科技运〔2010〕21 号）第 3.3.2.1 条要求“出站信号机应答器组宜靠近站台端设置”，就是出于该目的。

由于应答器组距站台太远，将导致过走动车组迟迟不能收到绝对停车报文，不利于停车防护。而“超长股道”多出的 100 m 左右的股道有效长也白白浪费了，从停车防护的角度未被充分利用。

应答器组距站台太远，也不利于以部分监控模式发车的动车组尽快转入完全监控模式，影响发车效率。某些型号的车载设备以部分监控模式发车时，越过出站信号机应答器组收到应答器信息后，即转入完全监控模式。因此从动车组发车时尽快提速、提高发车效率的角度，应答器组也是越靠近站台侧越好。

3. 不利于集中过轨，且容易误认信号

各股道出站信号机不对齐布置，不利于集中过轨，也不利于维护。

（二）出站信号机对齐设置方案存在的问题

以某高速铁路车站为例，采用 C2 列控系统，出站信号机对齐设置方案示意如图 3-4-3 所示。

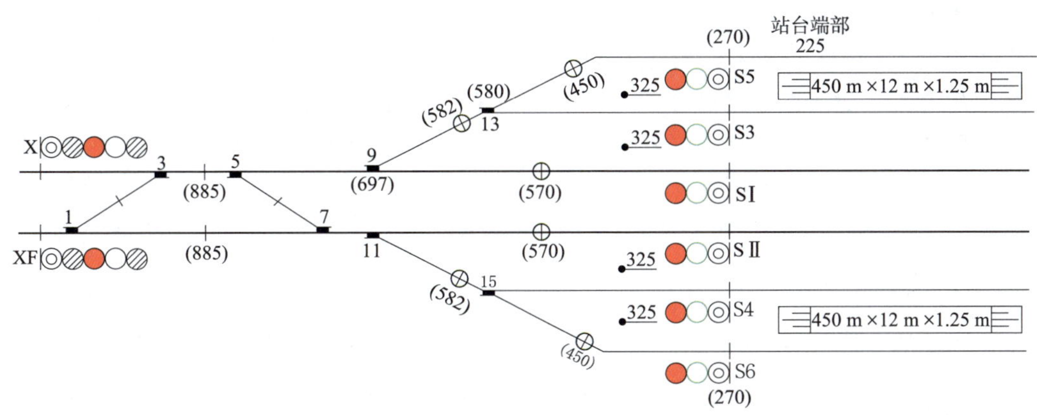

图 3-4-3　出站信号机对齐设置方案示意图

有的大型车站各股道实际股道有效长均大于 700 m，但是站场专业纠结于股道有效长不能大于 650 m 的观点，所以用 650 m 股道有效长反推警冲标，即所有股道的股道有效长均为 650 m，在 450 m 站台外 100 m 处设置警冲标，然后距警冲标 55 m 处设置出站信号机，出站信号机距站台端部 45m，所有股道出站信号机均对齐设置。

上述出站信号机对齐设置方案显然克服了前述出站信号机不对齐设置方案存在的缺点，但是也带来了新的问题。

图 3-4-3 中警冲标是根据 650 m 股道有效长反推出来的，也可以说是单纯地为了满足 650 m 的股道有效长而设的警冲标，该警冲标并不是反映实际是否超限的警冲标，这种警冲标的计算方法是错误的。由于警冲标计算方法错误，导致存在以下问题。

1. 股道有效长未充分利用，不利于司机对标停车

大型车站实际股道有效长已经超过了 700 m。站场专业根据 650 m 股道有效长反推警冲标，造成股道有效长未充分利用，多出的 50 m 股道有效长白白浪费了，不利于司机对标停车。

办理侧线停车时，动车组能停在什么位置，是车载设备和地面信号设备共同作用的结果。结合车载设备特点，在速度低于 5 km/h 且持续一定时间后，车载设备可能判列车停车，自动施加 3 级常用制动。同时综合考虑测距误差、黏着系数变化、制动力部分损失等情况，经试验室仿真测试，动车组最多只能停在距出站信号机 65 m 处。侧线停车时，如果出站信号机距站台太近，会导致车载设备速度太低，不但增加司机操作难度，而且影响停车附加时分。为了确保动车组能够按照图定运行时分要求完整接入站台停车，各铁路局集团公司一般规定站台停车标距出站信号机大于或等于 75 m。

图 3-4-3 中出站信号机距站台端部 45 m，虽说也能基本满足停车要求，但司机操作上是有一定难度的，尤其是较长的长编动车组。建设初期某些项目出现了重联车尾部进站台困难的情况，因此后续有些项目将车站股道有效长调整为了 660 m。由于实际股道有效长是大于 700 m 的，因此在便于司机对标停车上其实有不小的优化空间，此时可以将出站信号机外移 25 m，出站信号机距警冲标 55 m，距站台端部 70 m，移设后能够有效降低司机停车时的操作难度，减轻司机劳动强度，更加有利于司机对标停车。

2. 导致原本不超限的绝缘节设计为超限

图 3-4-3 中根据 650 m 股道有效长反推警冲标，且用该警冲标确定相关绝缘节是否超限，导致原本不超限的绝缘节设计为超限绝缘节，扩大了故障影响面，影响运输效率。

以 9＃道岔岔后 570 超限绝缘节为例，如果 SⅠ内方无岔区段故障，则下行咽喉 3G、5G 的接发车作业均无法办理，由于设计不合理，导致扩大故障影响面，严重降低可用性，对运输效率影响太大，实际该绝缘节并不超限。

该绝缘节为正线轨道电路绝缘节，因此该绝缘节的设计原则为：

（1）绝缘节所构成的轨道电路区段长度满足《高速铁路设计规范》（TB 10621—2014）第 14.4.6 条第 4 款关于站内轨道电路最小设计长度的相关规定。按照正线线路允许速度 350 km/h，车载信号设备响应时间取 2.5 s，轨道电路余量 20 m，计算得出正线轨道电路最小长度不小于 263 m。

（2）9＃道岔岔心至该绝缘节的长度大于 9＃道岔岔心至无受电分支绝缘节的长度。

（3）该绝缘节距反映实际是否超限的警冲标不小于 5 m。按照配轨方式计算警冲标，9＃道岔对应警冲标坐标应为 697－114＝583，570 绝缘节距警冲标大于 5 m。

上述三条设计原则均满足，所以该绝缘节并不超限。

以 13＃道岔岔后 450 超限绝缘节为例，如果信号机 S5 内方无岔区段故障，则下行咽喉

3G的接发车作业均无法办理，由于设计不合理，导致扩大故障影响面，严重降低可用性，对运输效率影响太大，实际该绝缘节并不超限。

该绝缘节为一送一受轨道电路中的无受电分支绝缘节，同时与信号机S5间构成一个无岔区段。因此该绝缘节的设计原则为：

（1）无受电分支长度（即岔心至无受电分支轨道电路绝缘节间的长度）不应大于160 m。

（2）该绝缘节至信号机S5间区段长度满足《高速铁路设计规范》（TB 10621—2014）第14.4.6条第4款关于站内轨道电路最小设计长度的相关规定。按照1/18道岔侧向允许速度80 km/h，车载信号设备响应时间取2.5 s，轨道电路余量20 m，计算得出经1/18道岔侧向轨道电路最小长度不小于80 m。

（3）该绝缘节距反映实际是否超限的警冲标不小于5 m。按照配轨方式计算警冲标，13＃道岔对应警冲标坐标为580－114＝466，450绝缘节距警冲标大于5 m。

上述三条设计原则均满足，所以该绝缘节并不超限。

三、出站信号机优化设计方案

通过对前述两种“超长股道”出站信号机设计方案的分析，可以看出，对于“超长股道”出站信号机设计方案应综合股道有效长、停车防护及便于司机操控对标停车等因素进一步优化设计。对于站内为平坡的较大型车站，出站信号机优化设计方案如下。

（一）必须采用正确的警冲标计算方法

采用正确的警冲标计算方法是平面图设计和股道有效长计算的关键前提，应根据配轨或建筑限界方式计算警冲标，而不能先确定信号机再反推警冲标。以1/18道岔为例，采用配轨计算时，在距岔尖约114 m处设置警冲标。警冲标确定后可以得出，股道有效长只与警冲标位置有关，与出站信号机具体位置无关。

（二）首先确定股道有效长为650 m的股道出站信号机位置

高速铁路较大型车站的股道较多，首先要确定基准股道，即股道有效长恰好为650 m的股道，确定好基准股道后可以发现，通常450 m的站台是以基准股道两端警冲标对称布置的，即站台端头距基准股道两端警冲标均为100 m。图3-4-4中7G、8G、9G、10G股道有效长最短，恰好为650 m，因此7G、8G、9G、10G即为基准股道。基准股道确定后，相应的出站信号机位置也就确定了，出站信号机距警冲标55 m，距站台端头45 m。

（三）优化出站信号机应答器组位置

《CTCS-3级列控系统应答器应用原则（V2.0）》（科技运〔2010〕21号）第3.3.2.1条要求“出站信号机应答器组宜靠近站台端设置，距离出站信号机不应小于20 m”。为更有利于停车防护，建议应答器组设在距出站信号机35 m处（从靠近绝缘节的应答器计算），即应答器组距450 m站台端头5 m（从靠近站台的应答器计算）。基准股道的应答器组位置确定后，其他“超长股道”的应答器组均应与基准股道应答器组同坐标对齐设置。

出站信号机应答器组位置优化后，基准股道从有源应答器至警冲标的停车防护距离为90 m，从工程设计角度，停车防护距离已经做到极限，停车防护效果更加突出。

（四）确定“超长股道”信号机位置

如果各“超长股道”股道有效长均大于700 m，结合站场情况，将各“超长股道”出站信号机在常规位置基础上外移25 m，即设在距站台端头70 m处。

优化后更便于司机对标停车，有效降低司机停车时的操作难度，减轻司机劳动强度。在出站信号机距警冲标55 m的同时，还满足17辆编组“复兴号”动车组停靠要求。

较大型车站出站信号机设计方案优化示意如图3-4-4所示。

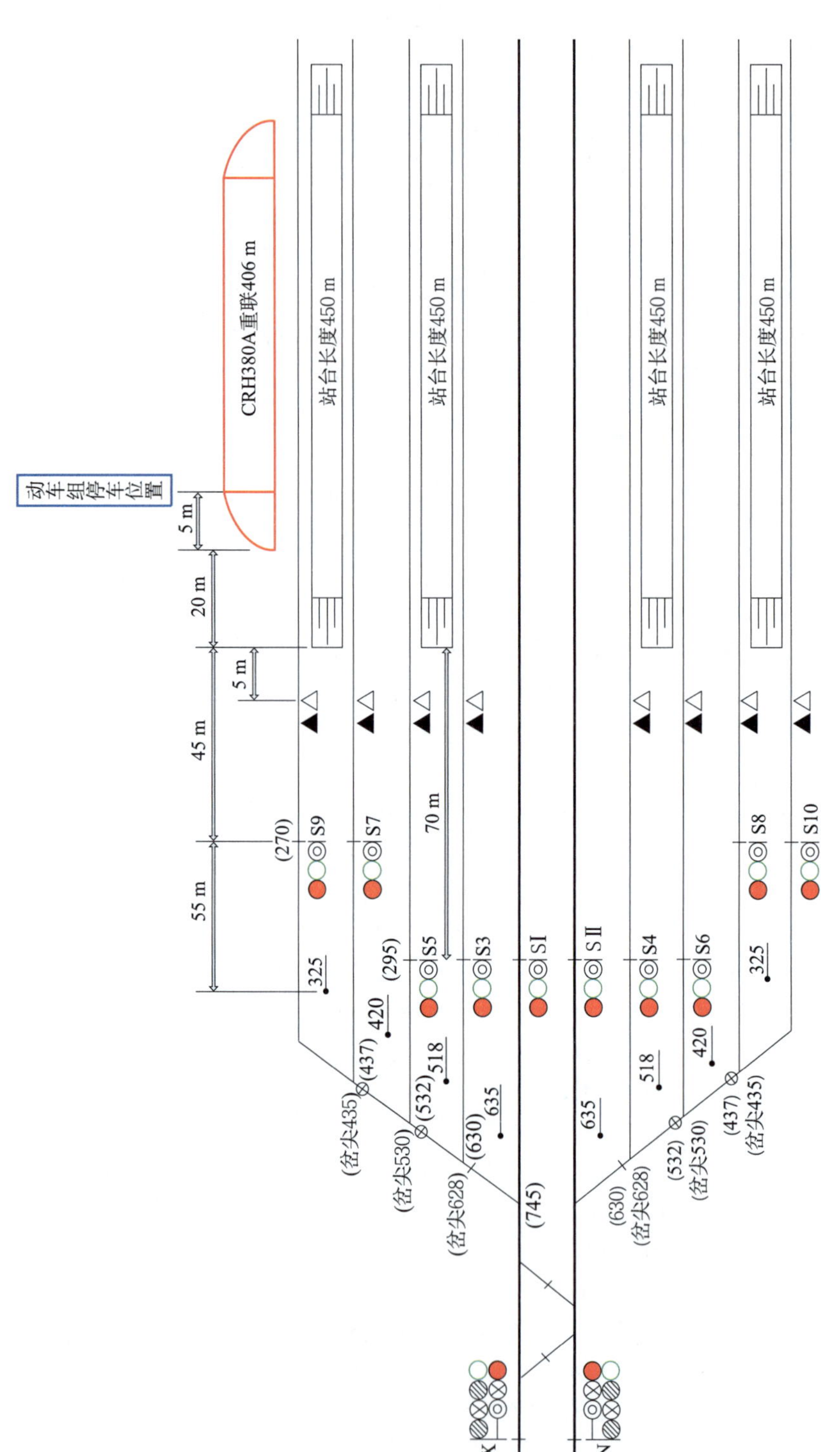

图 3-4-4 较大型车站出站信号机设计方案优化示意图

四、结 束 语

出站信号机位置涉及关键的列控基础数据，现场一旦实施确定了，再改动将会非常困难，代价也会非常大，将会引起胶接绝缘、电缆、列控数据、列控软件修改及仿真测试、动态试验返工等一系列工作量。因此要高度重视源头设计，在前期设计阶段要本着更加精益求精的态度深入研究，慎重决策，以确保安全为根本，进一步提高效率及可用性。

本节通过对高速铁路大型车站出站信号机设计方案进行探讨，提出了进一步优化方案，更有利于停车防护及司机对标停车，在进一步提高高速铁路大型车站列车作业安全性及操作效率等方面效果良好。

第五节　与动车段（所）衔接车站出站信号机设计方案

为满足运输需求，动车段（所）与车站衔接时，动车走行线（简称动走线）一般按列车进路设计。动走线设置区间通过信号机，为提高出入库效率，动走线按双方向自动闭塞设计。与动车段（所）衔接的车站仅运行动车组时，正线区间设置区间信号标志牌，出站信号机常态灭灯。本节讨论出站信号机在点灯状态下向动车段（所）发车时，应维持自动闭塞模式还是降为自动站间闭塞模式。

一、与动车段（所）衔接车站常态灭灯出站信号机设计方案

方案一：点灯时按自动站间闭塞

方案一为较常规设计方案，车站出站信号机采用“红、绿、白”三灯位矮型机构。与动车所衔接车站出站信号机常规设计方案示意如图 3-5-1 所示。

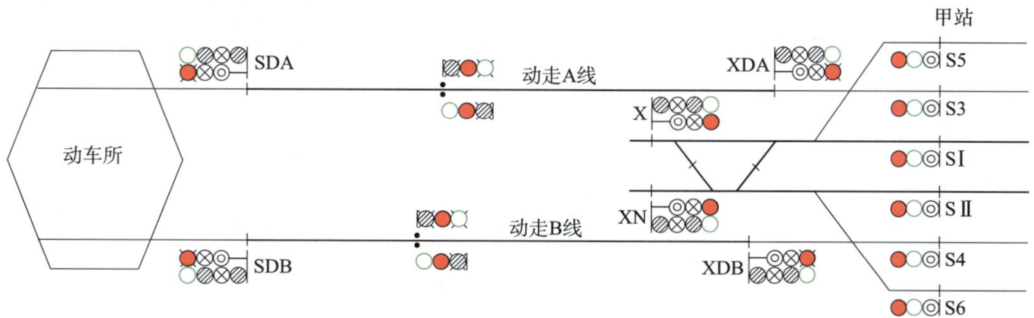

图 3-5-1　与动车所衔接车站出站信号机常规设计方案示意图

当出站信号机以灭灯模式向动车段（所）发车时，动走线为自动闭塞制式。当出站信号机以点灯模式向动车段（所）发车时，根据《铁路技术管理规程（高速铁路部分）》第 470 条规定，动走线将由自动闭塞模式降级为站间闭塞模式。

当以点灯模式向动走线发车时，该出站信号机设计方案存在以下问题。

1. 动走线由自动闭塞降为站间闭塞，降低了入库效率

出站信号机常态灭灯，以灭灯模式向动走线发车时，动走线为自动闭塞。当遇车载设备故障等情况时，需要以出站信号机点灯模式向动走线发车，由于出站信号机点灯模式时只能显示一个绿灯，所以根据《铁路技术管理规程（高速铁路部分）》第 470 条要求，动走线只能降为站间闭塞。动走线由自动闭塞降为站间闭塞，降低了入库效率，尤其是当动走线距离较长时，对运输效率影响更明显。

2. 出站信号机信号显示与码序不匹配

因动走线仅一个区间信号点，直股发车时存在信号显示与码序不匹配问题。车站 4G 与动走线直股贯通，当以点灯模式向动走线发车时，出站信号机 S4 只能显示绿灯，4G 发 LU 码，出站信号机显示与码序不匹配，容易使司机误解。

方案二：点灯时仍按自动闭塞

《铁路技术管理规程（高速铁路部分）》第 470 条中的点灯模式即为站间闭塞的要求，实际指的是向设置区间信号标志牌的相邻车站发车。高速铁路站间距较大，一般不小于 30 km，区间不设通过信号机，设置区间信号标志牌，当遇车载设备故障等情况时，由于区间无通过信号机，所以为确保安全，只能以站间闭塞运行。

而动走线与区间正线不同，动走线设置了区间通过信号机，按四显示自动闭塞设计，所以点灯模式下，向动走线发车维持四显示自动闭塞在技术上完全可行的，相当于衔接站向普速口区间发车，不存在风险。准确地说，《铁路技术管理规程（高速铁路部分）》第 470 条点灯模式即为站间闭塞的要求，只适用于向设置区间信号标志牌的相邻车站发车，不适用于向设置区间通过信号机的动走线发车。点灯模式向动走线发车，将常态为自动闭塞的动走线降为站间闭塞，降低了动走线运输效率。

以站间闭塞向相邻车站发车的概率非常小，只有在车载设备故障、区间信号设备故障或自然灾害等特殊情况时才会出现，而以点灯模式向动车所发车的概率明显更高，因此从保证运输效率的角度，点灯模式向动走线发车时维持自动闭塞模式效果更好。

针对方案一存在的问题，提出方案二，即增加黄灯灯位，将出站信号机改为“绿、红、黄、白”四灯位矮型机构的优化方案，出站信号机常态仍灭灯。与动车段（所）衔接车站常态灭灯出站信号机采用矮四型机构示意如图 3-5-2 所示。

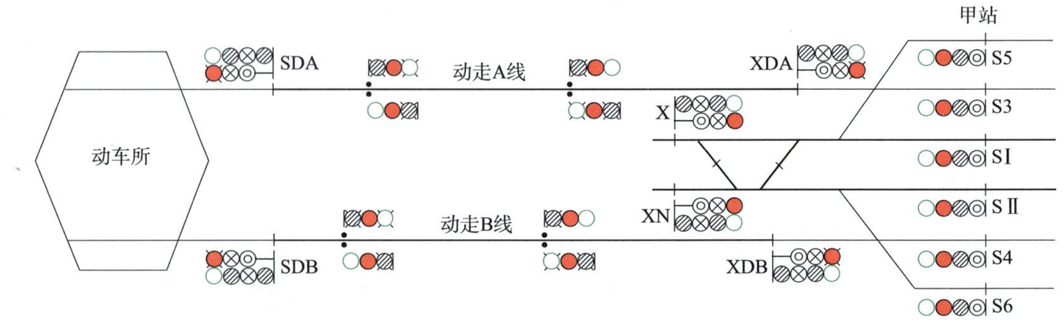

图 3-5-2　与动车段（所）衔接车站常态灭灯出站信号机采用矮四型机构示意图

采用方案二，以点灯模式向区间正线方向发车时，仍执行《铁路技术管理规程（高速铁路部分）》第 470 条要求，出站信号机显示一个绿灯，以站间闭塞方式出发，运行前方区间空闲。以点灯模式向动走线发车时，按衔接站处理，采用四显示自动闭塞模式，出站信号机具备黄灯、绿黄灯显示，向动走线发车时维持自动闭塞模式。

采用方案二，点灯模式下，向区间正线方向发车出站信号机显示一个绿灯，向动走线发车出站信号机有时也显示一个绿灯，这两个绿灯含义不同，是否会对司机造成误解呢？根据《国铁集团关于开展高速铁路信号设备安全专项整治工作的通知》（铁工电函〔2020〕543 号）要求，在全路开展高速铁路信号显示安全专项整治，CTC 增加发车进路预告功能，进一步提高车站作业安全。增加 CTC 发车进路预告功能后，司机对进路方向更加清晰。向动走线发车时为回库作业，车次号是单独的，与正常运营的车次号是两个体系，明显不同，司机很清楚，所以不会造成误解，并且可以将这些纳入行车细则，加强培训。因此，出站信号机采用矮四型机构，在某些场景下，两个绿灯含义不同，不会对司机造成误解。

方案二主要优点如下：

1. 运输效率更高。以点灯模式向动走线发车时，出站信号机信号显示为四显示自动闭塞含义，具备黄灯、绿黄灯显示，向动走线发车时维持自动闭塞，提高了动走线运输效率。

2. 信号显示与码序含义相符。点灯模式时出站信号机具备黄灯、绿黄灯显示，信号显示与码序含义相符，不会引起歧义。

方案比选：

方案一，点灯模式发车时动走线降为站间闭塞，效率较低，且直股发车时存在信号显示与码序不匹配问题。

采用方案二，不影响正常运营场景，按衔接站方式处理，动走线按四显示自动闭塞运行，不存在安全风险。点灯模式下动走线维持自动闭塞与《铁路技术管理规程（高速铁路部分）》第470条并不矛盾；运输效率更高，信号显示与码序含义相符。

综合上述分析，推荐采用方案二。

二、结 束 语

动走线早晚高峰时段运输作业繁忙，遇车载设备故障等情况时，维持自动闭塞方式运行更有利于提高运输效率，确保信号显示与地面发码含义相符，具体方案应充分征求运营单位运输、机务、电务等部门意见。

第六节 动车段（所）信号机设计方案

动车段（所）承担动车组踏面诊断、清洗、停放及检修等作业，是动车组运输组织中的重要站点，是较大型车站开行始发车的重要保障。在早期的项目中，关于动走线是采用列车方式还是调车方式，各运营单位意见不一。本节介绍动车段（所）信号机设计方案，解决有的动车段（所）因股道有效长紧张，无法充分发挥停车能力，满足两辆短编动车组停放的问题。

一、动车段（所）与相邻车站进路方式

在实际运用中，由于臆测径路、车机联控确认不到位、基本作业标准不执行等问题，冒进调车信号的概率明显高于冒进列车信号的概率。因此，动车段（所）与相邻车站间联络线采用调车方式存在一定的安全隐患。有的车站站场设置了安全线，将动车段（所）调车进路与车站列车进路隔开，不存在安全问题，但是调车方式运输效率比较低。从信号控制角度看，为保障安全，提高效率，动车段（所）与相邻车站间动走线一般应采用列车方式。

为了消除调车冒进后与列车进路侧冲的安全隐患，《铁路技术管理规程（高速铁路部分）》第319条要求“接发列车时，应按高速铁路《行车组织细则》规定的时间，停止影响列车进路的调车作业和对列车运行安全有影响的其他作业”。简单地说，就是办理列车进路时，相邻的调车进路禁止办理。各铁路局集团公司根据具体情况，一般提前5～10 min禁止办理调车作业。

二、动走线通过信号机宜按并置方式

为提高动走线早晚高峰出入段（所）运输效率，动走线按单线双方向自动闭塞设计。

为便于车载设备故障的动车组以LKJ模式运行或其他作业车辆运行，动走线设置区间通过信号机，常态点灯。有的项目动走线设计为区间信号标志牌，运输部门在施工图阶段要

求改为区间通过信号机。

为实施区间逻辑检查和便于维护，动走线区间通过信号机宜按并置方式设计。

三、股道分割信号机应满足动车组正常停车要求

（一）股道有效长满足正常停车要求设计方案

动车段（所）采用 C2 列控系统，应基于车载逻辑综合停车距离，合理确定动车段（所）股道分割信号机位置及区段长度，向站场等专业明确提出需求，满足动车组正常停车要求，尾部应完整越过应答器组。

股道设置“红、蓝、白”分割信号机时，分割后 G1、G2 区段长度应满足最长的短编动车组停车要求，尾部应完整越过应答器组。

设置“红、蓝、白”分割信号机时，股道 G1、G2 区段长度计算公式为

$$L=L_1+L_2+L_3+2\times L_4$$

式中 L_1——最长的短编动车组，CRH380D 型，车长 215 m；

L_2——车载逻辑综合停车距离，65 m；

L_3——出站信号机至应答器组距离，20～25 m；

L_4——停车余量，为车头、车尾至应答器组的距离，1～5 m。

动车段（所）股道设置分割信号机时动车组停车示意如图 3-6-1 所示。

当 L_3、L_4 均取最小值时，$L_{min}=215+65+20+2=302$ m；

当 L_3、L_4 均取最大值时，$L_{max}=215+65+25+10=315$ m。

因此 G1、G2 区段长度应大于或等于 302 m，有条件时大于或等于 315 m，即股道区段长度应大于或等于 604 m。

鉴于车载逻辑综合停车距离为 65 m，因此推荐将动车段（所）股道分割信号机应答器组设在距分割信号机 60 m 处。这样设计的优点：受车载逻辑综合停车距离 65 m 的限制，停车时车不会越过应答器组，如果发生过走，应答器组距分割信号机 65 m，停车防护距离较长，更有利于停车防护。有的项目将应答器组统一设在距分割信号机 25 m 处，发生过走时触发制动时机较晚，而且停车防护距离太短，不利于停车防护。

（二）股道有效长不满足正常停车要求时设计方案

某些动车段（所）股道有效长较短，股道设置分割信号机后，不满足正常停车要求，动车组尾部压应答器。例如某些动车段（所）股道分割区段 G1、G2 长度为 295 m，信号联调联试时出现 G1 停车时动车组尾部压应答器影响折返作业的情况。

针对这种股道，有以下两种处理方案。

方案一：设置分割信号机，G2 长度满足一次停车要求，G1 停车改调车模式

征求运营单位相关部门意见，当运输、机务等部门对股道的运用需求是尽量多停短编动车组、可以接受停车改调车模式方案时，股道应设置分割信号机，G2 长度满足一次停车要求，即 G2 区段长度应大于或等于 302 m，G1 停车改调车模式后继续运行至规定停车位置，股道分割区段长度满足该操作模式下动车组停车要求。

采用方案一时，股道 G1 区段长度计算公式为

$$L=L_1+2\times L_3+2\times L_4$$

式中 L_1——最长的短编动车组，CRH380D 型，车长 215 m；

L_3——出站信号机至应答器组距离，20～25 m；

L_4——停车余量，为车头、车尾至应答器组的距离，1～5 m。

G2 满足一次停车要求、G1 停车改调车模式方案动车组停车示意如图 3-6-2 所示。

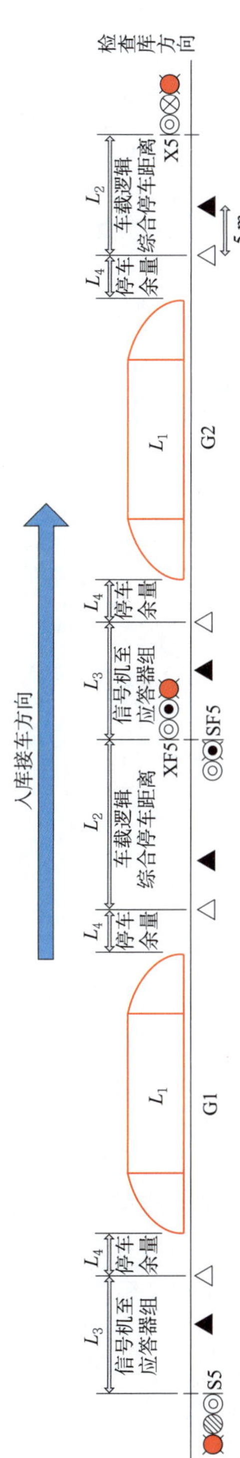

图 3-6-1　动车段(所)股道设置分割信号机时动车组停车示意图

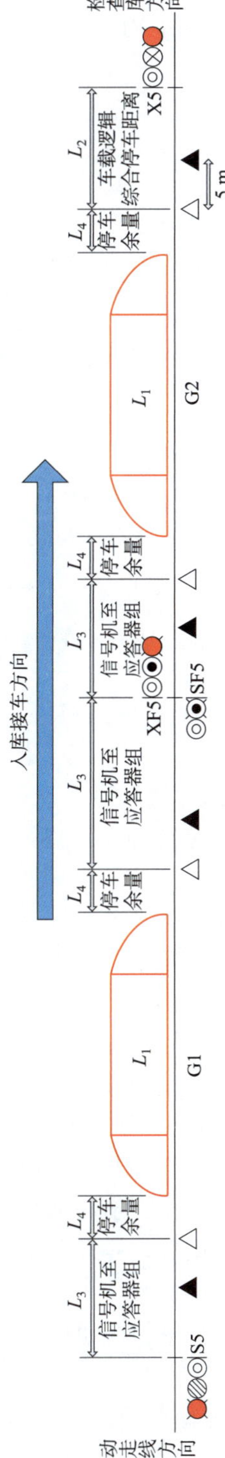

图 3-6-2　G2 满足一次停车要求、G1 停车改调车模式方案动车组停车示意图

当 L_3、L_4 均取最小值时，$L_{min}=215+2\times20+2\times1=257$ m；

当 L_3、L_4 均取最大值时，$L_{max}=215+2\times25+2\times5=275$ m。

因此 G1 区段长度应大于或等于 257 m，有条件时大于或等于 275 m。

此时应注意分割信号机 XF5 应答器组距信号机距离为 20～25 m，不能按前述的 60 m 设计了。按调车模式停车后，尾部应完整越过出站信号机应答器组，车头不能越过分割信号机应答器组。

方案二：不设置分割信号机

征求运营单位意见，当运输、机务等部门不接受停车改调车模式方案时，股道不设置分割信号机，该股道仅用于停靠长编动车组。

股道不设分割信号机、仅停靠长编动车组时停车示意如图 3-6-3 所示。

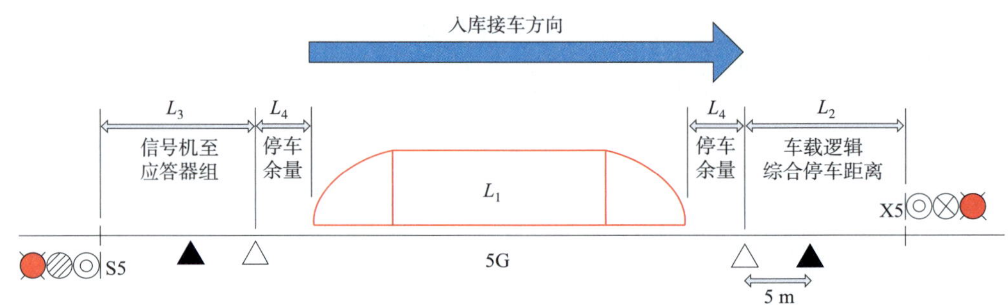

图 3-6-3　股道不设分割信号机、仅停靠长编动车组停车示意图

此时，5G 区段长度计算公式为

$$L=L_1+L_2+L_3+2\times L_4$$

式中　L_1——17 辆编组“复兴号”动车组长度，车长 440 m；

L_2——车载逻辑综合停车距离，65 m；

L_3——出站信号机至应答器组距离，20～25 m；

L_4——停车余量，为车头、车尾至应答器组的距离，1～5 m。

当 L_3、L_4 均取最小值时，$L_{min}=440+65+20+2\times1=527$ m；

当 L_3、L_4 均取最大值时，$L_{max}=440+65+25+2\times5=540$ m。

因此 5G 区段长度应大于或等于 527 m，有条件时大于或等于 540 m。

采用方案一可多停短编动车组，运用更灵活，建议采用方案一。

（三）合理确定动车段（所）平交道路位置

应商相关专业合理确定动车段（所）平交道路位置，不得设在股道有效停车范围内，避免影响动车组停车作业。平交道路的理想位置是位于出站信号机与应答器组之间，不影响停车。当环形道路设在股道有效停车范围内时，应确保扣除环形道路影响后，股道有效停车长度满足动车组正常停车要求。

此时，环形道路至分割信号机间有效停车区段长度计算公式为

$$L_{有}=L_1+L_3+2\times L_4$$

式中　L_1——最长的短编动车组，CRH380D 型，车长 215 m；

L_3——按照停车改调车模式方案时为 25 m；

L_4——停车余量取 5 m。

G1 内设有环形道路时 G1 停车改调车模式方案动车组停车示意如图 3-6-4 所示。

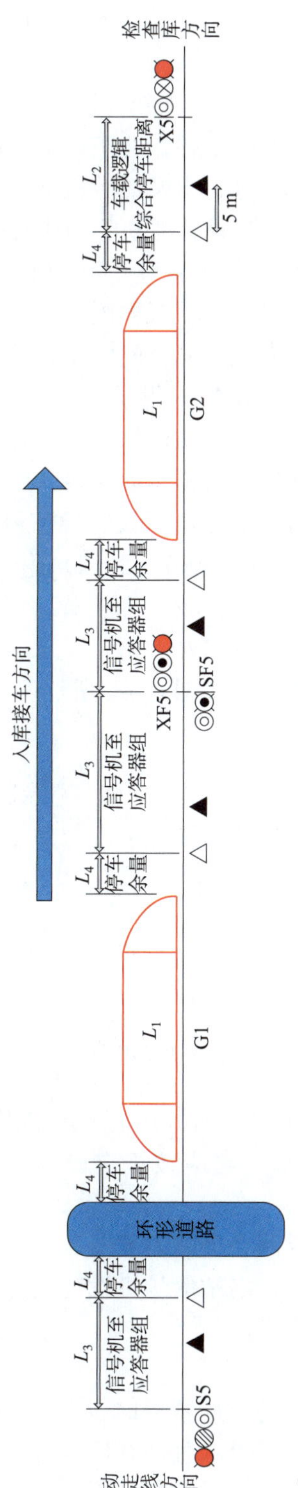

图 3-6-4　G1 内设有环形道路时 G1 停车改调车模式方案动车组停车示意图

按照 G1 停车改调车模式方案时，$L_{有}=215+25+2\times5=250$ m。

按照 G1 满足一次停车模式停车要求时，环形道路至分割信号机间有效停车区段长度计算公式为 $L_{有}=L_1+L_2+2\times L_4$，即 $L_{有}=215+65+2\times5=290$ m。

四、动车段（所）出站信号机

动车段（所）除运行动车组外，还要兼顾各种作业车；动车段（所）动走线设置区间通过信号机，常态点灯，因此，动车段（所）进、出站信号机常态点灯。

根据传统的信号显示理念，常态点灯的出站信号机不设引导信号。

《铁路信号设计规范》（TB 10007—2017）附录 D“信号机构及灯光配置表”第 11 项的出站信号机为矮型三灯位“红、黄、白”机构，受限界因素制约，早期有用于动车所出站信号机的。该机构允许信号只有黄灯，只代表允许向区间发车，不能反映区间闭塞分区实际空闲状态，无论几个闭塞分区空闲，只能显示黄灯。附录 D 说明中该类型出站信号机用于动车段（所）时带引导信号机构，而实际动车所出站信号机常态点灯，不设引导信号。综上所述，矮型三灯位“红、黄、白”机构出站信号机不是动车段（所）出站信号机的最佳选择。

根据动车段（所）股道间距较小、出站信号机不设引导信号的特点，推荐动车段（所）出站信号机采用《铁路信号设计规范》（TB 10007—2017）附录 D“信号机构及灯光配置表”第 6 项的矮四型“绿、红、黄、白”机构，较“红、黄、白”三灯位机构增加绿黄灯、绿灯显示，常态点灯时无引导信号，运用效果更好。

动车段（所）采用矮四型出站信号机示意如图 3-6-5 所示。

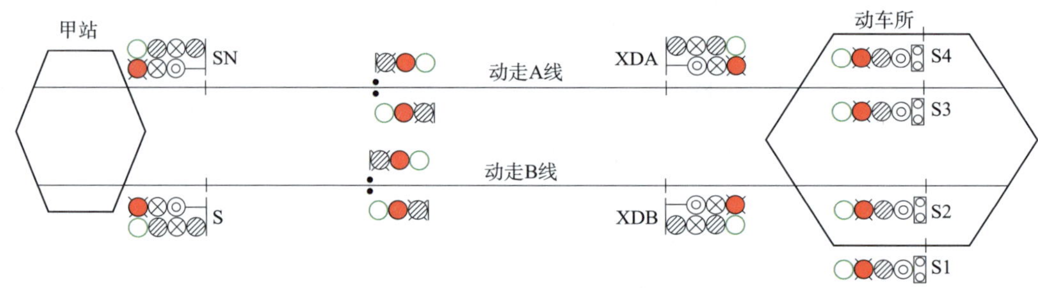

图 3-6-5　动车段（所）采用矮四型出站信号机示意图

根据《中国铁路总公司关于明确动车段（所）内行车组织有关事项的通知》（铁总运〔2015〕220 号）“出入动车段（所）列车进路应按规定设置进路表示器的要求”，动车段（所）出站信号机应设置进路表示器。

设有两条动走线时，出站信号机设置两个进路表示器；设有三条动走线时，出站信号机设置三个进路表示器；设有四条动走线时，出站信号机设置组合式进路表示器。

五、存车场出站信号机

存车场与车站采用一套联锁控制，站场布局紧凑时，存车场与车站间不设进路信号机，办理发车进路时，存车场发车进路信号机开放，直接办理至对应股道的列车进路。存车场与车站距离较近，存车场发车进路信号机最高显示黄灯。因此对于与出站距离较近的存车场，发车进路信号机可采用《铁路信号设计规范》（TB 10007—2017）附录 D“信号机构及灯光配置表”第 11 项的矮型三灯位“红、黄、白”机构。存车场出站信号机示意如图 3-6-6 所示。

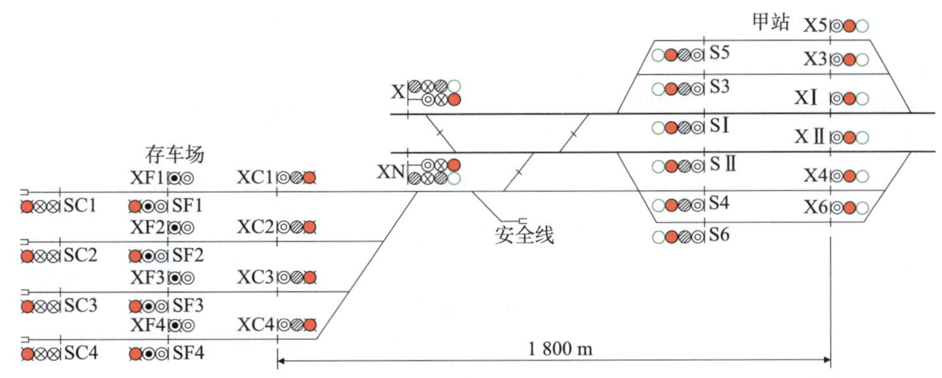

图 3-6-6　存车场出站信号机示意图

六、洗车线信号机

动车段（所）承担动车组的客运准备、动车检修和存放任务，一般设置车体外皮清洗线。目前，外皮清洗线洗车分为由牵车机牵引动车进入封闭式洗车库洗车和不设牵车机的露天洗车库，后者由于不设牵车机，洗车线股道可正常设置轨道电路，洗车线信号机布置与其他存车线一致；前者由于洗车库内装有牵车机，洗车库内设置整体道床轨道，不能正常设置轨道电路，洗车线的信号机布置、接发车进路的办理、条件等需要进行特殊设计。

方案一：调车方式至洗车线

洗车线两端设调车信号机，洗车库两端设绝缘节，调车信号机设接近区段，列车由动走线往洗车线按调车进路方式办理。洗车线两端设调车信号机示意如图 3-6-7 所示。

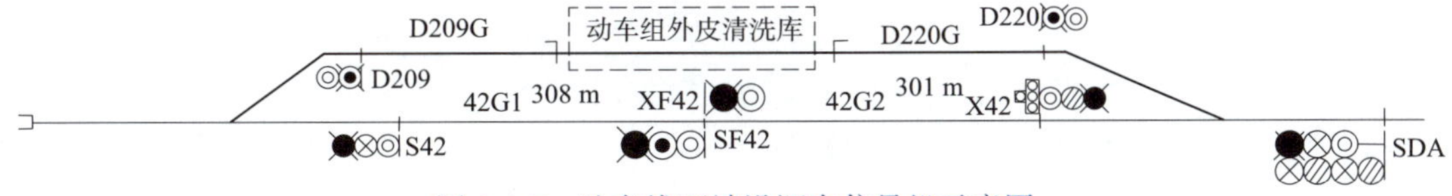

图 3-6-7　洗车线两端设调车信号机示意图

此方案动车组无法从动走线直接接车进入动车洗车线进行作业，影响运输效率。

方案二：仅洗车线两端设列车信号机

为了满足按列车方式接车至洗车线，将方案一洗车线两端的调车信号机改为列车信号机，同时在洗车库内设洗车接车同意电路。洗车库两端设列车信号机示意如图 3-6-8 所示。

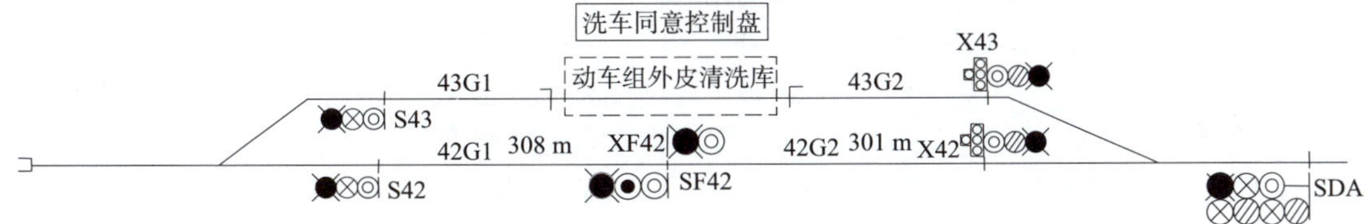

图 3-6-8　洗车线两端设列车信号机示意图

此方案作业流程如下：

（1）接车进路至洗车库前：接车方向洗车库前设列车信号机 S43，办理由动车走行线至 43G 接车进路时，动车所车站值班员先电话联系洗车库内值班员，洗车库内值班员人工确认股道空闲后方可办理接车进路。洗车库内设洗车同意控制盘，洗车同意按钮为自复式按钮并设置计数器，动车所洗车库值班员收到车站值班员电话且人工确认洗车库内轨道上无车辆及异物后按压洗车同意按钮，联锁采集到同意接车按钮信息后，点亮信号楼和洗车库内同意控制盘上的洗车同意表示灯。检查接车进路咽喉区轨道和道岔区段、43G空闲且未锁闭，敌对进路未建立，车站值班员按压始端SDALA、终端X43LA办理接车进路后，SDA进站信号机开放，列车采用FS模式由SDA接至洗车43G2，列车根据运输设置的停车标由司机人工控制列车停车，停车后再由司机控车入库进行洗车。

(2) 洗车后出库：洗车完毕后，由洗车机将列车推出洗车库后，司机控车将车牵至43G1，往检出库方向按办理正常调车进路方式运行。

(3) 左咽喉往洗车库调车：办理检查库至43G1调车进路时需人工确认43道洗车库内无洗车车辆后，洗车库值班人员按压洗车同意按钮，且检查43G1空闲并未锁闭，无敌对进路。调车至43G1后由司机根据运输设置的停车标停车，停车后再由司机控车入库进行洗车。

(4) 往动走线上发车：洗车完毕后，由推车机将车推出洗车库，然后由司机控车牵至X43信号机前方，由联锁正常办理X43往动走线的发车进路，列车按C2部分或完全监控模式（X43信号机前方设应答器，且地面数据完整）发车。

本方案由于库内轨道空闲情况由人工进行确认，库前停车的依据的是运输设的停车标，这些措施均不是由联锁、列控系统保证安全，库前停车标的设置和洗车库内轨道空闲人工确认等措施须在运营中制定相应的行车管理办法来保证安全，无法由信号系统保证安全。

方案三：洗车库前设列车信号机

为了克服方案二中列控系统与洗车流程不一致问题，将方案二中的接车端列车信号机改设在洗车库前。洗车库前设列车信号机示意如图3-6-9所示。

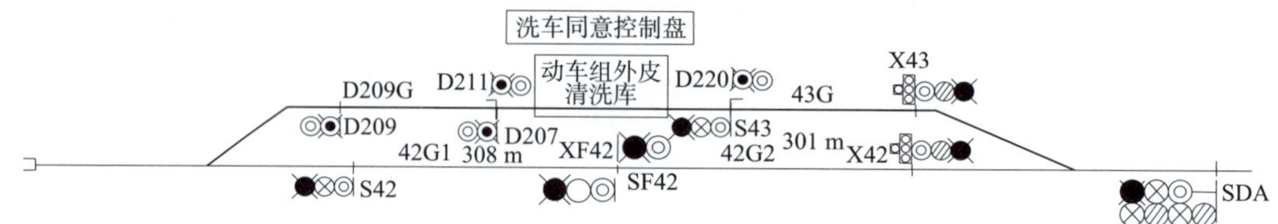

图3-6-9 洗车库前设列车信号机示意图

该方案相关进路办理流程如下：

(1) 接车进路至洗车库前：检查接车进路咽喉区轨道和道岔区段、43G空闲且未锁闭，敌对进路未建立，车站值班员按压始端SDALA、终端X43LA办理接车进路后，SDA进站信号机开放，列车采用FS模式由SDA接至洗车43G，在S43信号机前方不小于60 m处正常停车，然后由司机控车入库进行洗车作业。

(2) D207调车进路：洗车后，满足D209G空闲且无敌对进路，车站值班员按压始端D207A、终端D211A，D207信号机开放白灯，将车调至D209G。

(3) 洗车线往检查库线：往检查库方向以D209A为始端，相关调车终端按钮为终端，按正常调车方式运行。

(4) 左咽喉往洗车库调车：正常办理以D2011为终端的调车进路，调至D209G后，在D211信号机前方正常停车后，由司机控车至洗车库进行洗车作业。

(5) D220调车进路：洗车后，满足43G空闲且无敌对进路（43G的迎面列车、调车），车站值班员按压始端D220A、终端S43DA，D220信号机开放白灯，将车调至43G。

(6) 43G往动走线上发车：正常办理X43往动走线的发车进路，列车按C2部分或完全监控模式（X43信号机前方设应答器，且地面数据完整）发车。

方案三要求相应股道的股道有效长满足列车按 C2 模式正常接车，在洗车库前停车，即 43G 股道有效长至少满足车长＋安全防护距离（60 m）的要求。

本方案是按一端接车，另一端为检查库线的布局举例进行说明，若两端均为接车，则洗车线信号机布置示意如图 3-6-10 所示。图中的接车方式办理和股道有效长等要求均与图 3-6-9 的接车进路端的要求一致。

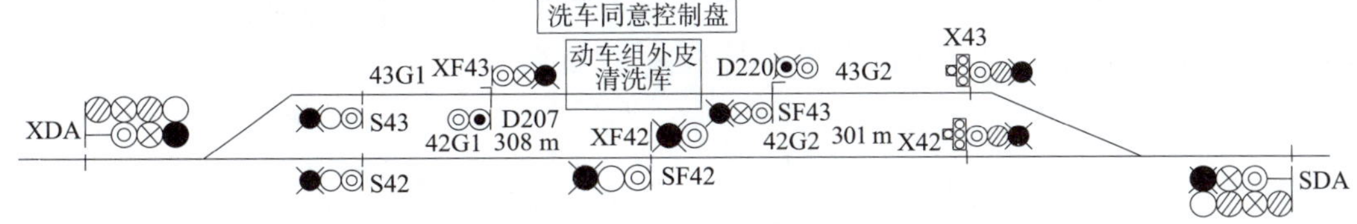

图 3-6-10　洗车库两端均可接车信号机布置示意图

洗车线信号系统设计方案与洗车作业方式和流程、运输需求、股道有效长等密切相关，设计单位各专业间、运营单位各部门间均需密切配合，以满足实际运营需求。建议新建线路按方案三进行设计。

七、结 束 语

为确保安全，提高效率，动走线应采用列车方式。满足两辆短编动车组均以列车方式停车要求时，股道有效长宜不小于 610 m；远端 G2 采用列车方式、近端 G1 停车改调车方式时，股道有效长不宜小于 565 m。

第七节　多线引入工期不同步时线路所信号显示方案

有的枢纽线路所多线引入但工期不同步，在线路所信号设备平面布置图设计时应充分考虑后续项目接入对已开通运营线路的影响。如何从设计源头加强统筹设计，最大限度减少后续项目接入时室内外建筑安装工作量，严格控制信号软件修改范围，切实降低实施难度和工程风险，是设计管理的重要内容。

一、概　　述

某线路所所属工程正线设计速度为 350 km/h，采用 C3 列控系统，线路所采用与区间同制式的 ZPW-2000 系列一体化轨道电路，全进路发码。该线路所衔接两条高速铁路，分属不同资产单位，工期不同步，后续项目引入时将再插入两组道岔。某多线引入线路所示意如图 3-7-1 所示。

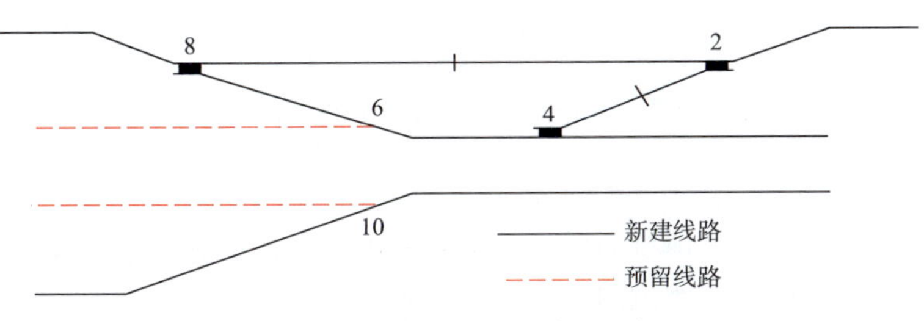

图 3-7-1　某多线引入线路所示意图

二、线路所信号显示方案

关于该线路所信号显示方案，分两个方案进行研究比选。

方案一：上行线按区间设计

基于线路所先期开通时10＃道岔不插入，所以上行线按区间贯通设计，设区间信号点4340及轨道电路分割点F4338，后续项目引入插入道岔时再设置线路所通过信号机。线路所上行线按区间设计信号设备平面布置示意如图3-7-2所示。

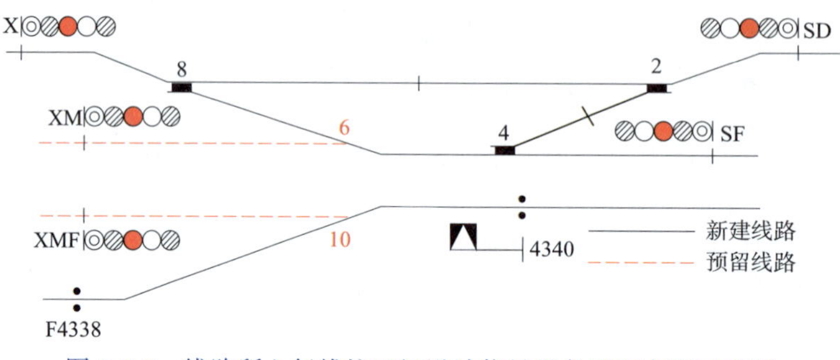

图3-7-2 线路所上行线按区间设计信号设备平面布置示意图

该方案线路所信号显示存在如下问题：

1. 线路所信号显示方案不合理，上行线按照区间设计，未充分考虑后续项目引入插入道岔带来的影响。若按此方案实施，后续项目引入插入道岔时，区间信号标志牌4340、轨道电路分割点F4338需要改为线路所通过信号机，导致RBC、列控中心、计算机联锁等软件改动非常大，室外再敷设电缆及安装通过信号机，既有线施工实施难度大，安全风险高，不利于后续项目引入实施。

2. 未考虑区间信号标志牌、轨道电路分割点处电气绝缘再改为机械绝缘对工务的影响。

方案二：上行线设线路所通过信号机

为克服方案一的缺点，提出方案二，对线路所信号显示方案进行优化，统筹考虑后续项目引入插入道岔带来的影响，将方案一中的区间标志牌、分割点改为线路所通过信号机，一次实施到位。上行线设线路所通过信号机信号设备平面布置示意如图3-7-3所示。

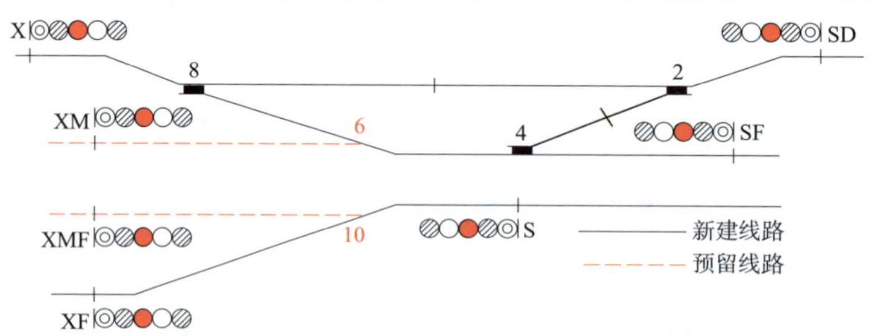

图3-7-3 上行线设线路所通过信号机信号设备平面布置示意图

方案比选：

方案一，未统筹考虑后续项目插入道岔带来的影响，设计方案不合理，增加既有线室外建筑安装工作量，扩大软件修改范围，增加现场实施难度。

方案二，统筹兼顾，后续项目引入时室外只有插入道岔相配套的室外建筑安装工作量，无区间信号标志牌、分割点改为通过信号机的工作量；区间轨道电路列控中心控制逻辑不变，

RBC、列控中心、计算机联锁等仅针对新插入道岔进行软件修改。方案二大大降低后续线路引入的实施难度，最大限度减少后续项目引入引起的室外建筑安装工作量及信号软件修改工作量。

综合上述分析，宜采用方案二。

三、结 束 语

多线引入线路所道岔不能一次插铺到位时，信号设备平面布置设计方案应加强统筹设计，充分考虑后续项目接入的影响，预留道岔相关的线路所通过信号机宜一次实施到位，最大限度减少后续项目接入时室外建筑、安装等工作量，严格控制信号软件修改范围，切实降低实施难度和工程风险。

第八节 优先满足 CTC 进路自动触发要求的场间联锁分界方案

枢纽地区多条干线引入同一车站的情况越来越普遍。多线并列的车站通常采用分线分场、合设车站的横列布置方案；在咽喉区常用渡线、跨线联络线衔接两场，满足跨线列车运行需要，实现线路融合、互联互通。为满足两场间的作业安全，需设计场间联系电路。各车场通常采用独立联锁设备，均为调度集中车站。调度集中区段具有场联关系的两个站场之间应实现列车进路自动办理，由 CTC 系统采用进路自动触发，特殊情况下再采用人工干预作业。因此，在保证运输安全的前提下，场间联锁分界方案及联系电路设置应优先满足 CTC 进路自动触发的要求。

一、优先满足 CTC 进路自动触发要求的场间联锁分界方案

车站不同车场通过场间联络线沟通，由于列车运行进路在车站咽喉区存在跨场平面交叉干扰的问题，为了使两车场的作业互不干扰，衔接道岔常态应锁闭在定位，将两车场的线路隔开。受限界及场间线路长度控制，场间一般不满足设置实体分界信号机条件，由于高速铁路通常信号机为常态灭灯，以车载信号为主，正常情况下室外也无设置实体信号机的必要性。在不设置实体信号机的前提下，联锁设备逻辑处理一般为在软件中设置虚拟信号作为场间分界点。CTC 设备实现进路自动触发也需要将虚拟信号机作为进路的起终点。以南京南站、上海虹桥站等实际工程中的站场间分界方案为例，对其信号方案进行说明如下。

（一）场间联锁分界处设置调车信号机

两个场常态均点灯或一个场常态点灯、一个场常态灭灯，场间分界处设置调车信号机，跨场列车进路时，调车信号机处同时设有列车按钮。

1. 南京南站

南京南站横向并列设置 3 个车场。自上而下分别为京沪高速场、宁杭场、宁安场。其中宁杭场、宁安场下行咽喉均为常态点灯。两场间有跨场列车及调车作业。下面以该站上行咽喉信号设备平面布置为例进行说明。

在宁杭场和宁安场联络线两端均设置把口调车信号机，不设列车信号机，但控显增设列车按钮及表示灯。南京南站场间联锁分界示意如图 3-8-1 所示。

2. 上海虹桥站

上海虹桥站高速场常态灭灯，综合场常态点灯。场间联络线位于咽喉区，场间分界处设调车信号机。上海虹桥站场间联锁分界示意如图 3-8-2 所示。

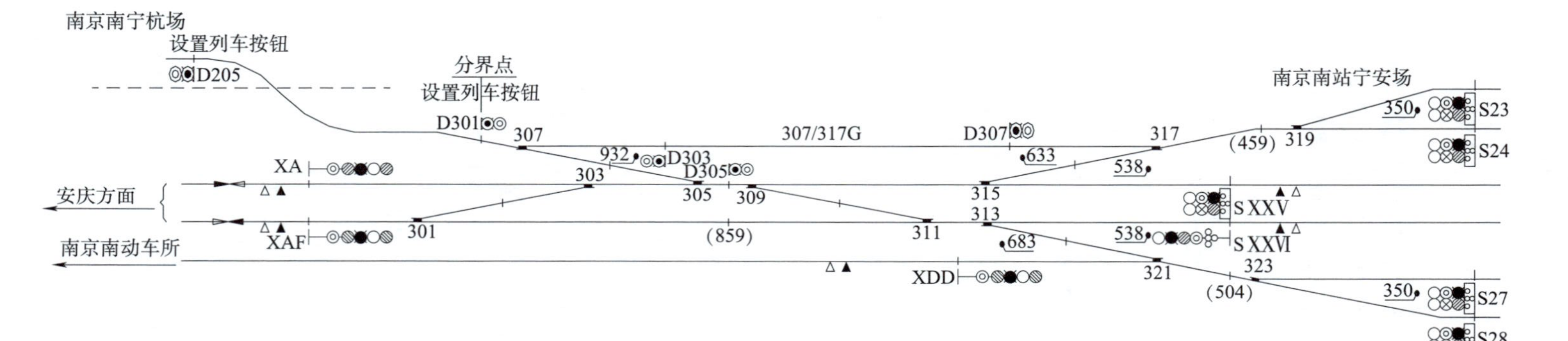

图 3-8-1　南京南站场间联锁分界示意图

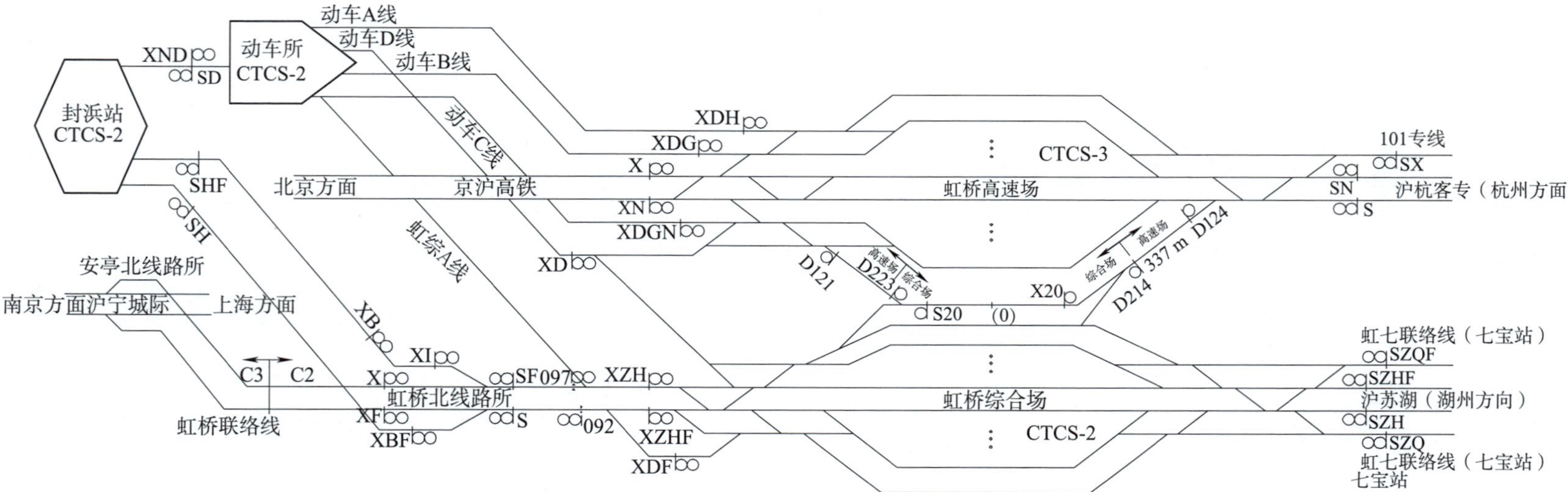

图 3-8-2　上海虹桥站场间联锁分界示意图

（二）场间联锁分界处不设实体列车信号机

场间联络线一般距离较短，如果设置实体列车信号机，有时需要设计红灯重复，而红灯重复会导致车载设备严重降速，影响正常运行。因此，场间联锁分界处一般不设实体列车信号机。

某站场间联锁分界方案案例分析如下。

方案一：设进路信号机

某车站设有两个车场，均为 1/18 道岔，常态点灯，存在转场进路。《铁路技术管理规程（高速铁路部分）》第 74 条规定："设有两个及以上车场的车站，转场进路应设进路色灯信号机。"因此设置进路信号机。场间设进路信号机示意如图 3-8-3 所示。

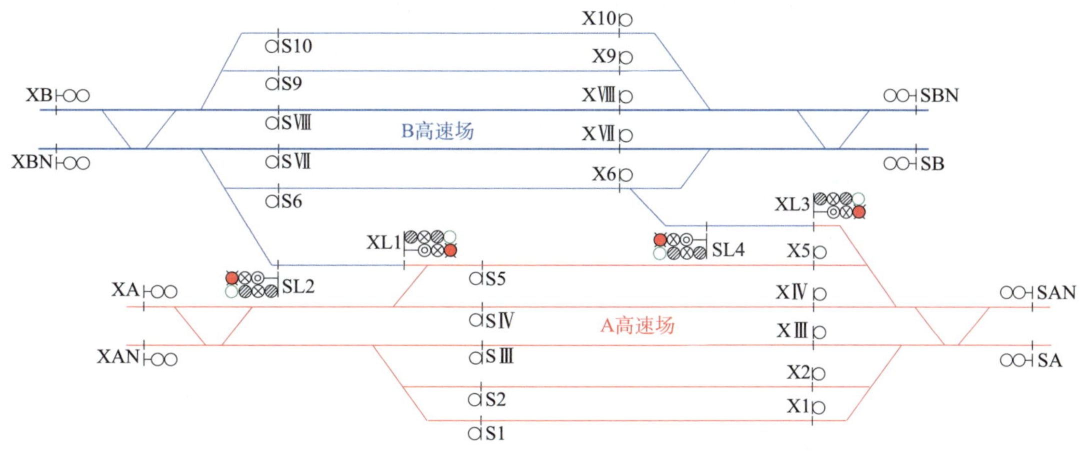

注：两个场信号机均常态点灯，图中信号机仅为示意。

图 3-8-3　场间设进路信号机示意图

由于信号机间距离不满足制动距离要求，进路信号机与关联信号机间均为红灯重复。

XB（B 场）→XL1（A 场）、X6（B 场）→XL3（A 场）、S5（A 场）→SL2（B 场）、SA（A 场）→SL4（B 场）间距离均不足 800 m，需要进行红灯重复。

除 S5 至 SL2 为直向进路外，其余 3 处均为经道岔侧向进路，即 UUS 码后的红灯重复。根据前述 UUS 码对应的车载逻辑可知，红灯重复时，因制动距离不满足要求，将导致车载设备严重降速。

方案二：设调车信号机

《铁路技术管理规程（高速铁路部分）》第 74 条中的"转场进路应设进路色灯信号机"，实际指的是纵列式车场。纵列式车场简单地说相当于几个距离较近的车站，站间无区间信号点，而各关联信号机间又满足制动距离要求，所以设转场进路信号机。而对于横列式车场，则要具体情况具体分析，不能生搬硬套。

对于跨场列车进路，设计要点如下：

1. 根据《国铁集团关于进一步加强高速铁路运营安全管理的指导意见》（铁安监〔2020〕126 号）要求，车站场间联络线必须具备自动触发进路的条件。

2. 基于 UUS 码对应的车载逻辑，办理跨场列车进路时，应满足正常情况下进路允许速度为 80 km/h 的要求，不得因设计不合理导致车载设备降速。

综合上述两项技术要求，提出将原 4 处进路信号机取消，改为调车信号机的方案。办理场间列车进路时，按长进路一次办理，满足 CTC 进路自动触发和车载设备不降速运行的要求。

综合上述分析，推荐采用方案二。

（三）场间联锁分界不能设于出站信号机处

两个场常态均灭灯，场间联络线直接与股道衔接，为满足 CTC 进路自动触发要求，联锁分界不能设于出站信号机处。

某站设有 A 场、B 场，均单独设置联锁系统，共用 8G。根据站场情况和信号设备条件，联锁场间分界拟设置在 X8 出站信号机处，通过场间联锁条件的互传，实现进路照查，满足两场向 8G 排列进路的需求。根据联锁技术条件分析以及与联锁厂家沟通，该方案在联锁设备层面可行，与之类似的场联设计方式在其他站也采用过。场间联锁分界设于出站信号机处示意如图 3-8-4 所示。

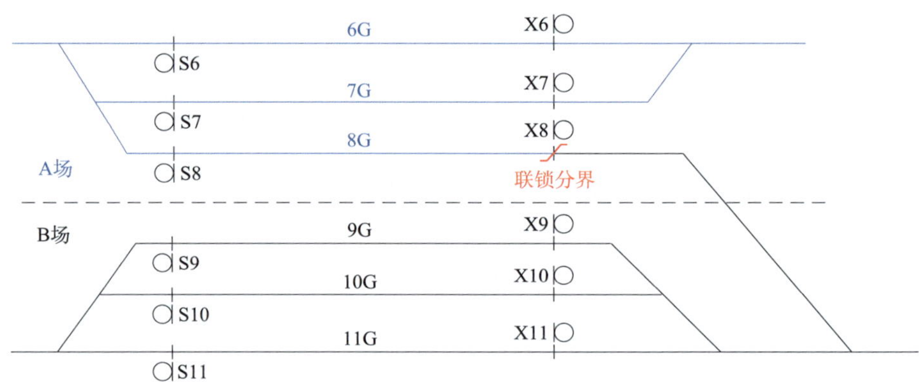

图 3-8-4 场间联锁分界设于出站信号机处示意图

对于 CTC 设备而言，该联锁场间分界方式 CTC 无法实现 8G 跨场进路计划自动触发。其他站采用类似联锁场联可实现自动触发是因为场间设计为走行线，不是股道，无与股道接发车相关的功能需求，CTC 按通过进路处理，可自触。鉴于该场间联络线直接与股道相连，较为特殊，若要实现跨场进路自动触发，应修改场间联锁分界方案。

根据 CTC 设备的自触需求，在 X8 出站信号机内方增加一段无岔区段 CLG3，并设置虚拟信号机作为 A 场、B 场的场间分界点。场间联锁分界设于咽喉区处示意如图 3-8-5 所示。

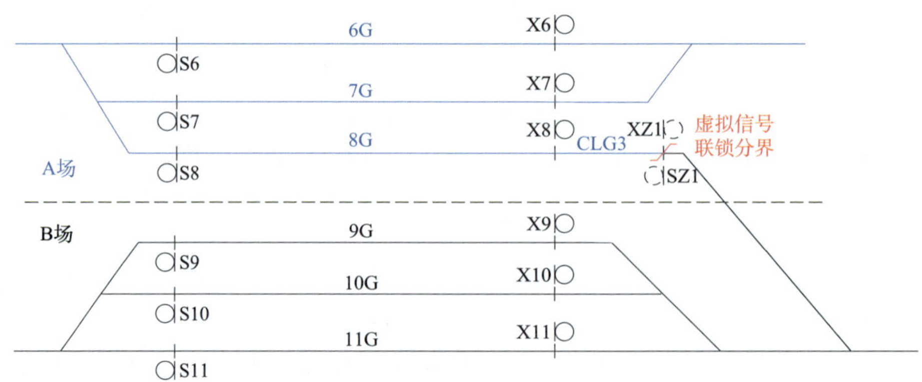

图 3-8-5 场间联锁分界设于咽喉区处示意图

按此方案修改后，B场CTC具备完整的X8信号机接发车进路，CTC可进行X8接发车的自动报点、计时等功能，满足CTC进路自触的条件。

（四）优先满足CTC进路自动触发要求的场间股道划分方案

场间股道划分时，除满足站场、运输组织等需求外，从信号系统角度，宜满足基本进路不跨场、跨场进路优先实现CTC自动触发的要求。

车站设有两个场时，站场专业一般以双动道岔作为两个车场的分界。根据目前技术条件，场间以双动道岔同意动岔方式分界时，不做CTC进路自动触发要求。

当调整个别股道用途不影响运输能力时，可将分界处的一个股道调整给另一个车场，将双动道岔完全纳入一个车场控制，从而实现跨场作业时CTC进路自动触发，减少人工操作，提高运输效率。

例如，菏泽东站设有日兰场和雄商场，其中1G～8G为日兰场，由鲁南工程投资；9G～15G为雄商场，由雄商工程投资，场间以双动道岔方式划分。

在鲁南工程建设过程中，为实现菏泽东日兰场和雄商场跨场作业CTC进路自动触发，经建设、设计、运营等单位深入研究，决定调整股道划分方案。将菏泽东日兰场8G改纳入雄商场联锁控制，原场间两侧双动道岔均纳入雄商场控制，在场间联络线咽喉区适当位置设置虚拟信号，作为场间联锁分界，调度界与联锁分界保持一致。

菏泽东站场间联锁分界示意如图3-8-6所示。

二、需要人工触发的场间联锁分界方案

当编组站、枢纽站场间采用紧密衔接的渡线道岔方式时，由于各场一般为独立的联锁设备，《集中联锁结合电路一般原则》（TB/T 2307—2017）中对场间渡线结合电路的相关要求如下：

“4.2　场间渡线道岔结合电路

4.2.1　渡线道岔应划归一方控制，并锁在将两联锁区隔开的定位位置进行防护，道岔位置转换应得到对方同意。

4.2.2　道岔恢复定位后，可随时取消同意。

4.2.3　排列经道岔反位进路，应检查对方同意条件后，才能开放信号。

4.2.4　经渡线道岔的列车或调车进路应由两个车场的两段进路组成。只有两段进路均锁闭后才能开放信号，且两场均能随时关闭信号。解锁进路时应前段进路解锁后，后段进路才能解锁。前段进路有车占用时，后段进路不应解锁。

4.2.5　两联锁区控制器应设下列按钮和表示灯：

a）控制道岔的一方应设同意动岔表示灯；

b）另一联锁区应设同意动岔按钮；

c）道岔定、反位表示灯；

d）根据需要还可设区段占用表示灯和信号开放表示灯。”

为满足上述技术条件，保障行车安全，实际工程中对于场间渡线道岔需要采用同意动岔方案。按照《关于调度集中场联进路办理等三个事项的细化规定》（工电函〔2018〕24号）的要求，当采用同意动岔方式时，跨场进路需要采用人工触发的方式。

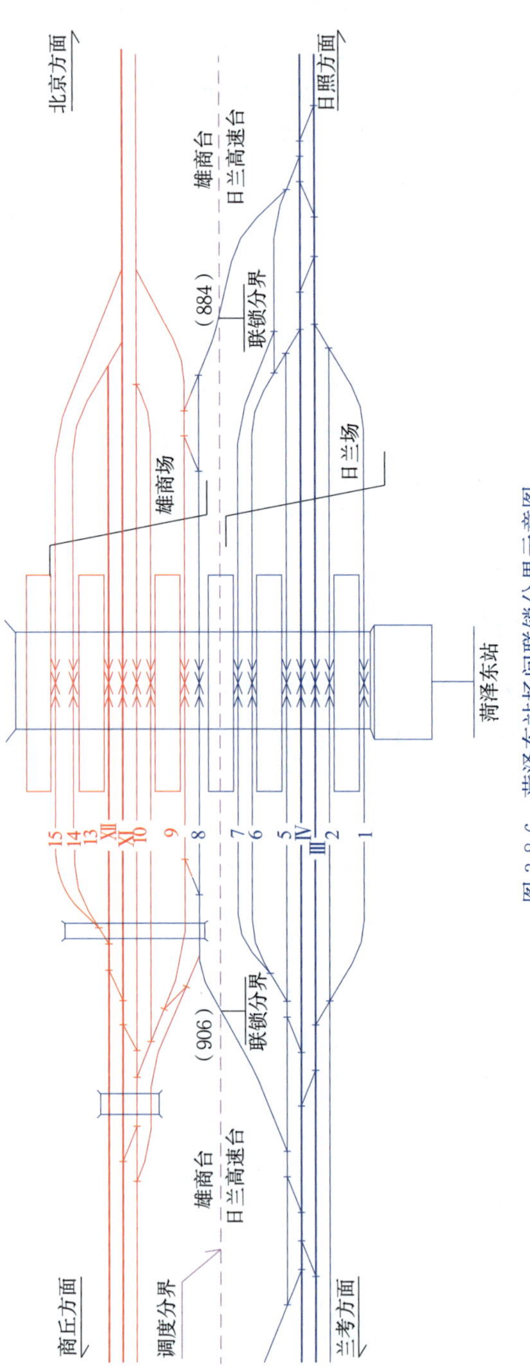

图 3-8-6 菏泽东站场间联锁分界示意图

场间仅有双动道岔连接时，距离非常近，若设置实体信号机将会导致红灯重复等问题，因此，为简化信号显示方案，确保安全，一般在渡线道岔间设置虚拟信号点作为场间联锁分界，即场间分界采用“同意动岔＋虚拟信号”方式。

小结：实际工程中因各运营单位运输作业需求及运用需求存在差异，需要人工触发的场间联锁分界方案可能存在一定区别，但均应以保证运输作业安全，满足相关设计规范为基本原则。由于此类场间联系电路无定型设计参考图，需结合实际工程情况设计特殊场间联系电路，在确定设计方案时，需要进行综合考虑，特别是各系统间的闭环检查，以满足故障—安全原则。

三、结 束 语

优先满足 CTC 进路自动触发要求是场间联锁分界方案的关键设计原则。场间联锁分界不能设于出站信号机处。因场间联络线较短，场间联锁分界处不宜设实体列车信号机，尤其是场间设有连续 1/42 大号码道岔通过进路时，避免与车载逻辑不匹配导致异常降速。

第九节　车站远距离道岔信号显示方案

站场专业经常在一些枢纽车站附近设置线路所，综合投资控制及道岔电缆控制长度等因素，当线路所道岔距相邻车站信号楼小于 2.5 km 时，一般按站内远距离道岔电缆直控方式纳入车站联锁控制。

目前，道岔转辙设备和信号机控制仍采用传统器材和技术，控制电路均为已经成熟应用了几十年的标准电路，控制器材仍以继电器为主。传统电路的优点是性能安全稳定、可维护性较强；缺点也很明显，就是部分问题长期难以解决，例如长距离道岔控制、道岔动作线和表示线合用导致的防雷难题等等。

针对这种设有远距离道岔车站的信号显示方案，应综合车载设备 UUS 码控制逻辑、CTC 进路自动触发效率等因素深入研究比选。

一、电缆直控方式远距离道岔电缆使用原则

（一）某车站远距离道岔电缆使用存在的问题

某车站设有 3 组远距离道岔，1＃道岔距离信号楼约 3.3 km，1＃、3＃为 1/42 道岔，5＃为 1/12 道岔，3＃与 5＃为双动道岔。

原设计执行了《远距离三相交流道岔表示故障研讨会议纪要》（运电信号函〔2015〕443 号）“工程设计时三相交流五线道岔控制距离大于 2 km 的，应将 X1 与 X2～X5 分电缆设置，减少电缆的线间电容”的要求。

为节约电缆投资，将 3/5＃道岔与 1＃道岔的 X1 合用电缆，因控制距离长、电缆芯线间电感耦合系数大，导致 3/5＃道岔动作时 1＃道岔表示电压出现下降，造成 1＃道岔表示错误；反之当 1＃道岔动作时 3/5＃道岔表示电压出现下降，造成 3/5＃道岔表示错误。某车站远距离道岔示意如图 3-9-1 所示。

（二）解决方案

为节约电缆投资，将 1＃道岔的 X1 与 TX、TSHF 信号机干线电缆进行置换使用，可有效解决道岔表示继电器误动问题。

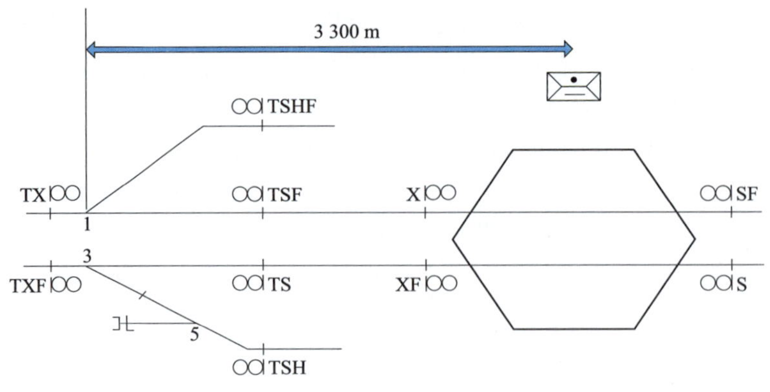

图 3-9-1 某车站远距离道岔示意图

（三）设计建议

远距离道岔进行分缆设计时，为避免因控制距离长、电缆芯线间电感耦合系数大，导致道岔动作时使得其他道岔表示电压出现下降，建议可以分开动作的远距离交流转辙机的 X1 设置不同的干线电缆。

二、电缆直控方式远距离道岔信号显示方案

当道岔距车站小于 3 km 时，按站内道岔处理，远距离道岔以电缆直控方式纳入车站。

A 站采用 C2 列控系统，全进路发码，设有 1/18 的 1＃、3＃远距离道岔，以电缆直控方式纳入 A 站联锁控制，1＃道岔侧向去往 B 站方向，此时关于远距离道岔信号显示方案存在三种设计方案。

方案一：设总出站信号机

方案一设置总出站信号机，设置总出站信号机信号设备平面布置示意如图 3-9-2 所示。

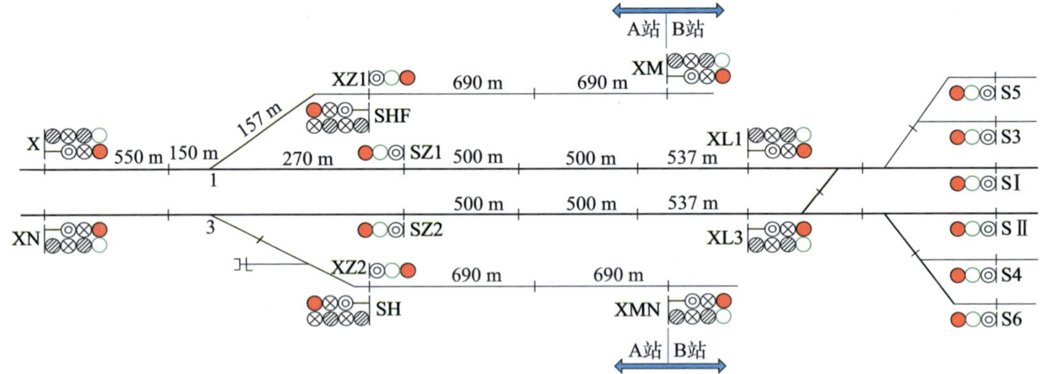

图 3-9-2 设置总出站信号机信号设备平面布置示意图

方案一最关键的设计要点是进站信号机与总出站信号机间距离应满足车地匹配要求，即进站信号机至总出站信号机间距离必须满足各型车载设备由 80 km/h 到 0 km/h 的常用制动距离要求，否则会导致列车经 1＃、3＃道岔侧向时运行速度下降。

目前 CTCS 控车曲线采用闭口方式，且要求 UUS 码闭塞分区末端默认速度为 80 km/h。各车载设备收到 UUS 码后，维持 UUS 码闭塞分区末端 80 km/h 控车速度采取的处理逻辑不尽相同。

有的车载设备是在进站信号机外方闭塞分区收到 UUS 码后，删除进站信号机内方的线路数据，补充一段按最不利坡度 80 km/h 常用制动到 0 km/h 的长度，目的是让 UUS 码闭塞分区末端速度维持在 80 km/h。

有的车载设备在进站信号机外方闭塞分区收到 UUS 码后，利用区间应答器组信息中描述的进站信号机内方第一个闭塞分区的长度，计算 UUS 码闭塞分区末端的速度（注意：当进站内方第一个闭塞分区长度不满足 80 km/h 常用制动到 0 km/h 的距离时，即使列车收到 UUS 码也不能按 80 km/h 进站）。当列车运行至进站应答器组处收到应答器信息后就重新计算 MA，若该应答器组信息描述第一个闭塞分区不满足 80 km/h 常用制动到 0 km/h 的距离时，列车将产生制动。

因此，无论上述哪种车载设备处理方式，对于工程设计来说，都应按 UUS 码闭塞分区后的下一个闭塞分区长度满足 80 km/h 常用制动到 0 km/h 的距离进行设计。

例如图 3-9-2 中，办理 X—XZ1 的通过进路，X—XZ1 间闭塞分区连续有码区段长度应满足 80 km/h 到 0 km/h 的常用制动距离要求，否则会引起车载设备降速，影响运输效率。为了满足车地匹配要求，方案一中 X—XZ1 间距离为 550＋150＋157＝857 m。由于 A 站与 B 站间联络线较短，XZ1 不具备外移条件。为了满足制动距离要求，需将 X 进站信号机设在距 1＃道岔岔尖 700 m 处。

方案一合理性分析：

1. 车地匹配。X—XZ1 间距离为 550＋150＋157＝857 m，满足 80 km/h 到 0 km/h 的常用制动距离要求，满足车地匹配要求。

2. 设总出站信号机后，为了满足制动距离要求，只能将 X 进站信号机设在距 1＃道岔岔尖 700 m 处，按常规设计方案进站信号机距岔尖 50 m 计算，相当于将进站信号机外移了 650 m。如果已完成区间信号布点，再将进站信号机外移 650 m，对区间信号布点影响非常大，可能造成设计返工或废弃工程。

3. 进站信号机大幅外移，在远距离道岔的基础上信号机点灯电缆控制长度增加了 650 m 左右，可靠性有所下降。

4. 出站信号机与（逆向）进站信号机并置，一旦列车在 XZ1（XZ2）处冒进，即收到允许码，不利于列车的冒进防护。

方案二：设进站兼线路所通过信号机

为避免方案一存在的进站信号机 X、XN 距岔尖 700 m、进站信号机点灯电缆控制长度偏长的不足，提出方案二，即取消总出站信号机 XZ1、XZ2，设置进站兼线路所通过信号机 X、XN，距 1＃道岔岔尖为 50 m。设置进站兼线路所通过信号机信号设备平面布置示意如图 3-9-3 所示。

方案二合理性分析：

1. 车地匹配。SHF 口区间 1LQ 轨道电路长度为 1 380 m，办理 X 至 SHF 口通过进路时，该闭塞分区长度满足 80 km/h 到 0 km/h 制动距离要求，满足 UUS 码车地匹配要求。

2. 进站兼线路所通过信号机合理性。关于进站兼线路所通过信号机使用的合理性问题，具体问题应具体分析。在《铁路信号设计规范》（TB 10007—2017）附录 D“信号机机构及灯光配置”表中没有给出进站兼线路所通过信号机的实例和明确定义，但在一些特殊站场或是线路所纳入相邻车站控制时，进站兼线路所通过信号机也有实际应用的案例，且能解决实际问题。

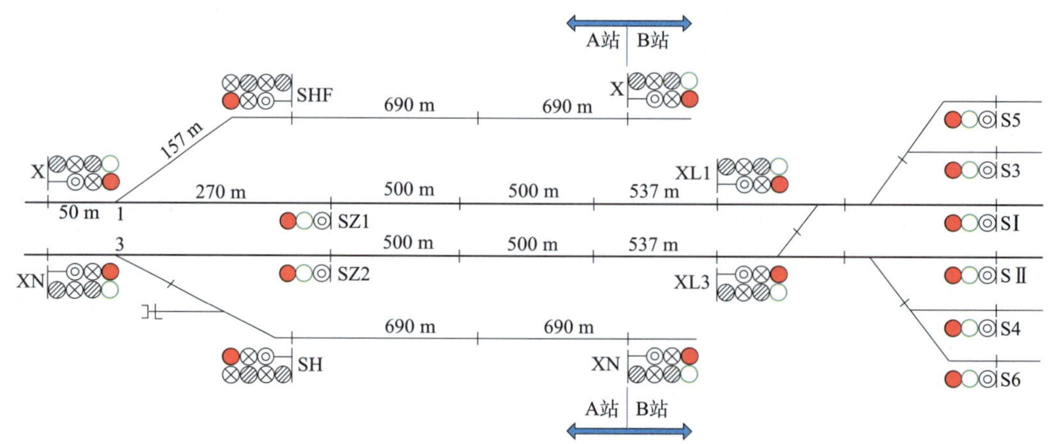

图 3-9-3　设置进站兼线路所通过信号机信号设备平面布置示意图

该方案可以使用，理由如下。第一，1＃道岔从站场性质看就是区间线路所分歧道岔，一般站场专业命名为线路所，只是由于距车站较近，信号专业纳入车站联锁直接控制，所以取消了线路所的界名，但这并不改变1＃道岔是区间线路所分歧道岔的属性，既然是区间线路所分歧道岔，设置的信号机必然带有线路所通过信号机的属性；第二，设置进站兼线路所通过信号机并无安全问题，且满足车地匹配要求，进站信号机距岔尖50 m，较方案一更简化、实用，可靠性更高。

方案三：设线路所通过信号机

为了规避进站兼线路所通过信号机存在争议的问题，提出方案三。方案三仍然维持一套联锁的前提不变，将原来的一个大车站拆分为一个线路所和一个车站，取消进路信号机，线路所与车站间按区间闭塞设计。将1＃、3＃道岔等同于独立的线路所对待，设置线路所通过信号机。设线路所通过信号机信号设备平面布置示意如图3-9-4所示。

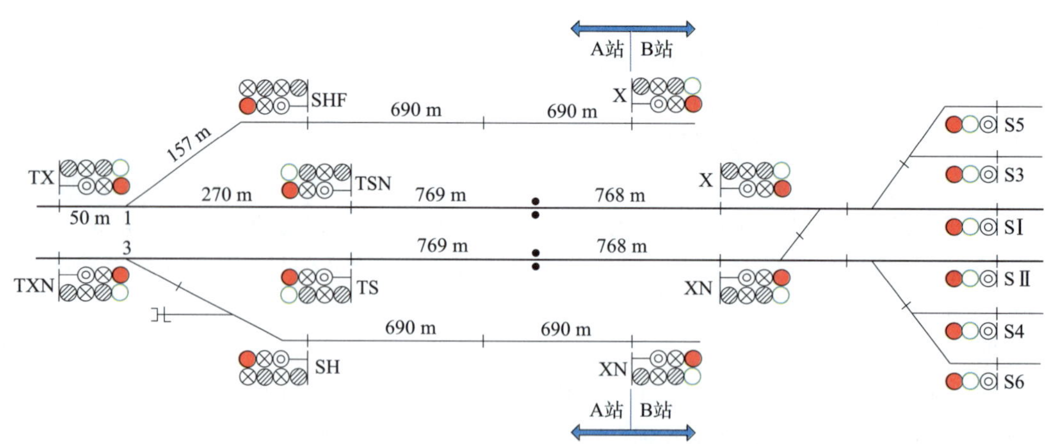

图 3-9-4　设线路所通过信号机信号设备平面布置示意图

方案三合理性分析：

1. 车地匹配。SHF口区间1LQ轨道电路长度为1 380 m，办理TX至SHF口通过进路时，该闭塞分区长度满足80 km/h到0 km/h制动距离要求，满足UUS码车地匹配要求。

2. 规避了进站兼线路所通过信号机存在争议的问题，信号显示方案简单明了。

3. 线路所与车站间按区间闭塞设计，执行区间轨道电路长度要求，较按站内设计减少两个区段，分割点处设置电气绝缘节，更有利于工务维护。

4. 当车站对发车效率要求较高时，可设置两套 CTC 终端，进一步提高 CTC 进路自动触发效率。

5. 更符合技术发展趋势。下一代新型列控系统采用列控联锁一体化架构，一个主站控制若干相邻车站，被控站设置目标控制器，彻底解决了远距离道岔信号显示问题，主站与被控站间按区间闭塞设计。

6. 在自动闭塞办理方面存在一定争议。一套联锁设备控制了一个车站和一个线路所，中间按区间自动闭塞设计，存在联锁自己和自己办闭塞的争议。

方案比选：

以上三个方案都满足车地匹配要求，仔细比较，还是存在差异。

方案一设总出站信号机后，为了满足制动距离要求，只能将 X 进站信号机设在距 1# 道岔岔尖 700 m 处，按常规设计方案进站信号机距岔尖 50 m 计算，相当于将进站信号机外移了 650 m，对区间布点影响较大，信号机点灯电缆控制长度增加了 650 m 左右，可靠性有所下降。

方案二在进站兼线路所通过信号机能否使用问题上略有争议。

方案三规避了方案一进站信号机距岔尖 700 m 的问题以及方案二进站兼线路所通过信号机略有争议的问题，信号显示方案最简单，清晰明了，但在闭塞办理方面存在一定争议。

从 CTC 进路自动触发角度，方案一按一个大车站设计，有的 CTC 设备只有出清 XN 口 1LQ 后才能办理发车进路，SZ2 至 XL3 间无岔区段长度 1 537 m，较普通车站相当于 1LQ 延长了 1 537 m，肯定降低发车效率，方案二同理。按照方案三设计，CTC 进行逻辑拆分，进路触发时按一个线路所、一个车站的逻辑处理，出清车站 XN 口 1LQ（TS 至 XN 间区间轨道电路）即可办理发车进路，较方案一、方案二发车效率更高。有的 CTC 设备要求只能按方案三设计，有的 CTC 设备三种方案都兼容。

综上所述，上述三个方案均满足车地匹配要求，具体方案存在细微差异，且和 CTC 设备选型关系密切，考虑到各铁路局集团公司运输及维护习惯不尽相同，具体项目时应充分征求运营单位运输、电务、机务等部门意见，合理确定方案。

四、结束语

传统设备电子化势在必行，但需要一个审慎研究、试验验证、逐步推广的过程，因此近期仍以传统控制方式为主。

在高速铁路信号工程设计中，不能仅仅从传统设计角度出发，应进一步开阔思路，重点从车地匹配角度对各种方案进行深入研究比选。在与运营单位沟通时，不仅仅要考虑运输作业需求，更要考虑满足车地匹配要求。

第十节　高速铁路开行 17 辆编组“复兴号”动车组出站信号机设计方案

随着近些年一大批高速铁路的开通运营，凭借高速、安全、舒适等优势，高速铁路已成为人们出行的首选。为了进一步提高运量，更好地满足广大旅客的出行需求，运行速度为

350 km/h 的 17 辆编组“复兴号”动车组应运而生，带来的新问题就是新建高速铁路如何适应 17 辆编组“复兴号”动车组开行要求？本节针对《国家铁路局关于发布铁道行业标准的公告（工程建设标准 2021 年第三批）》（国铁科法〔2021〕24 号）发布实施之前的项目，就 250 km/h 及以上高速铁路开行 17 辆编组“复兴号”动车组信号系统方案进行探讨。

一、适应 16 辆编组信号系统设计方案

根据《时速 200 和 300 公里动车组主要技术条件》（铁运函〔2006〕462 号）规定，动车组最大编组辆数为 16 辆。其中 CRH1 型重联动车组车长最长，达到 428 m；CRH380B 型重联动车组车长最短，为 400 m。因此新建高速铁路适应动车组类型均为 16 辆编组。

根据《高速铁路设计规范》（TB 10621—2014）第 3. 2. 5 条要求“到发线有效长应采用 650 m”。《高速铁路设计规范》条文说明规定到发线有效长由站台长度、安全防护距离、警冲标至绝缘节的距离组成。

1. 站台长度：根据 16 辆最大编组要求，CRH1 型重联动车组车长最长，达到 428 m，每侧考虑 10 m 的停车余量，因此确定站台长度为 450 m；

2. 安全防护距离：考虑测速测距误差、司机确认停车点距离及动车组过走防护距离，确定安全防护距离大于或等于 95 m；

3. 警冲标至绝缘节的距离：根据目前第一轮对距车头的距离最长为 4. 85 m，确定警冲标至绝缘节的距离为 5 m。

因此对 16 辆编组动车组，到发线有效长长度计算为：（5＋95）×2＋450＝650 m。

根据《高速铁路设计规范》（TB 10621—2014）的要求，有高速列车通过的车站，出站信号机宜设在距警冲标不小于 55 m 或距最近的对向道岔岔尖不小于 50 m 的位置。这种设计方案已经广泛应用，车站股道有效长为 650 m，站台长度为 450 m，出站信号机距警冲标为 55 m，距站台端头为 45 m，这是典型的高速铁路适应 16 辆编组车站出站信号机设计方案。适应 16 辆编组信号系统常规设计方案示意如图 3-10-1 所示。

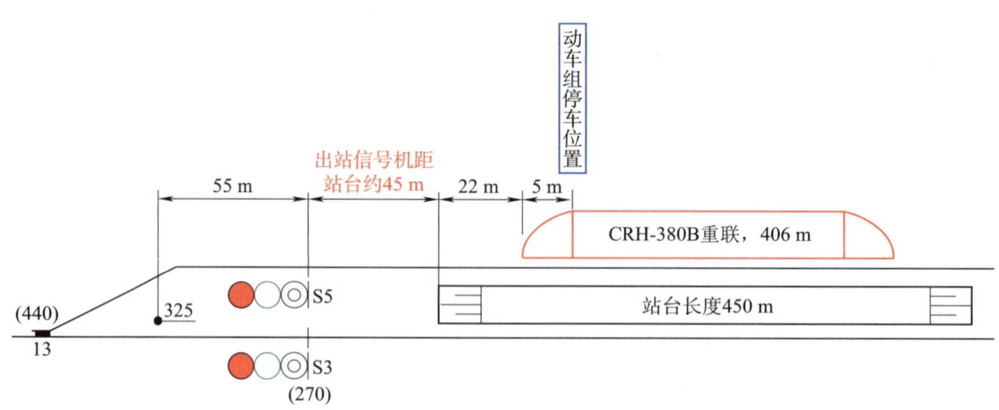

图 3-10-1　适应 16 辆编组信号系统常规设计方案示意图

二、相关设计标准变化情况（24 号文发布前）

2009 年 12 月 1 日实施的《高速铁路设计规范（试行）》（TB 10621—2009）第 14. 2. 13 条规定：“出站信号机应设在距警冲标不小于 55 m（含过走防护距离 50 m）的地点，或距最近

的对向道岔尖轨尖端不小于 50 m 的地点。”

2010 年 7 月 16 日，铁道部运输局发布《客运专线信号工程设计研讨会会议纪要》（运基信号〔2010〕495 号），其中一条规定：“结合武广、沪宁高速铁路运营中反映车站接车停车附加时分过长，影响运行时分的问题，设计单位可针对车站到发线站场设计情况，按照出站信号机与警冲标间距不宜小于 30 m（困难条件下不得小于 20 m）进行优化设计，既满足动车组能够按照图定运行时分要求完整接入股道停车，同时也能保证车站信号设备平面布置具有一定安全余量的技术要求。”

2011 年 5 月 24 日，铁道部建设管理司发布《客运专线铁路信号列控系统与铁路站场结合设计标准的研究》科研成果评审会专家意见（建技〔2011〕112 号），其中一条为“贯通式车站站台端部距警冲标距离不小于 100 m，困难情况下不小于 80 m；出站信号机至警冲标的距离一般情况下为 50 m，困难情况下不小于 30 m”。

2012 年 8 月 24 日，因机构调整原因，铁道部《关于公布废止及失效的铁道部运输局电务文函及电报目录》（铁运〔2012〕195 号）将《客运专线信号工程设计研讨会会议纪要》（运基信号〔2010〕495 号）废止。

《高速铁路设计规范》（TB 10621—2014）第 14.2.10 条规定：“有高速列车通过的车站，出站信号机宜设在距警冲标不小于 55 m 或距最近的对向道岔尖轨尖端不小于 50 m 的位置。”

《铁路设计规范》（TB 10007—2017）第 3.2.2 条规定：“有动车组运行时出站信号机设置于距警冲标沿线路方向不小于 5 m 处。”

三、已开通高速铁路出站信号机设计方案概况

（一）沪宁城际铁路

沪宁城际铁路于 2010 年 7 月 1 日开通运营，设计速度为 300 km/h，采用 C3 列控系统，执行《高速铁路设计规范（试行）》要求，出站信号机距警冲标 55 m。在当时，车载设备站内最大常用制动安全保护距离为 60 m。在联调联试过程中，有两个车站因动车组停车标距出站信号机较近，影响进站停车时的制动操作。铁道部运输局基础部组织研究制定了解决方案，出站信号机外移 35 m，出站信号机距警冲标不小于 20 m。

（二）京沪高速铁路

京沪高速铁路于 2011 年 6 月 30 日开通运营，设计速度为 350 km/h，采用 C3 列控系统。为避免出现接车停车附加时分过长，影响运行时分的问题，京沪高速铁路出站信号机设计方案执行《客运专线信号工程设计研讨会会议纪要》（运基信号〔2010〕495 号），出站信号机距警冲标 30 m。

2019 年 1 月 5 日，17 辆编组超长版“复兴号”动车组正式在京沪高速铁路上线运营。实践证明，京沪高速铁路出站信号机设计方案完全满足 17 辆编组“复兴号”动车组运行要求。

（三）济青高速铁路

济青高速铁路于 2018 年 12 月 26 日开通运营，设计速度为 350 km/h，采用 C3 列控系统。基于 17 辆编组“复兴号”动车组即将在京沪高速铁路运行的新形势，中国铁路总公司要求济青高速铁路按满足 17 辆编组“复兴号”动车组运行设计。建设单位组织召开了专家评审会，最终确定参照京沪高速铁路实施方案进行优化设计。

四、开行 17 辆编组信号系统方案分析

（一）需求分析

17 辆编组“复兴号”动车组列车长度比原 16 辆长编组增加 25.65 m，总长达到了 439.8 m。长度加长之后，带来的显著变化就是原适应 16 辆编组信号系统常规设计方案将导致 17 辆编组“复兴号”动车组尾部无法进入站台，不满足正常停靠要求。在基于股道有效长及站台长度均不变的前提下，只有进一步优化出站信号机位置设计方案，才能满足 17 辆编组“复兴号”动车组运行要求。

随着列控车载设备对制动曲线及安全保护距离进行优化，根据《CTCS-2 级列控车载设备技术条件》（TB/T 3529—2018）的规定，站内常用制动安全距离最大为 60 m。办理侧线停车时，动车组能停在什么位置，是车载 ATP 设备和地面信号设备共同作用的结果。地面设备最关键的就是出站信号机位置，侧线停车时车载 ATP 设备以出站信号机为行车许可终点打靶，因此动车组最终能停在什么位置，很大程度上是由出站信号机位置决定的。

结合车载设备特点，在速度低于 5 km/h 时，则判列车停车，自动施加 3 级常用制动。同时综合考虑测距误差、黏着系数变化、制动力部分损失等情况，经实验室仿真测试，动车组最多只能停在距出站信号机 65m 处。

侧线停车时如果出站信号机距站台停车标太近，会导致车载设备允许速度太低，不但增加司机对标停车操作难度，而且影响停车附加时分。为了满足动车组能够按照图定运行时分要求完整接入站台停车，降低司机操作难度，各铁路局集团公司一般规定站台停车标距出站信号机大于或等于 75 m。

车载 ATP 设备制动距离和速度对应关系见表 3-10-1。

表 3-10-1 车载 ATP 设备制动距离和速度对应关系表

<table>
<tr><th>ATP 型号</th><th>动车组型号</th><th>车头距出站
信号机距离(m)</th><th>C3 允许速度
(km/h)</th><th>C2 允许速度
(km/h)</th></tr>
<tr><td rowspan="3">300T</td><td rowspan="3">CRH400BF</td><td>70</td><td>12</td><td>9</td></tr>
<tr><td>60</td><td>9</td><td>5</td></tr>
<tr><td>50</td><td>6</td><td>2</td></tr>
<tr><td rowspan="3">300S</td><td rowspan="3">CRH400AF</td><td>70</td><td>11</td><td>13.5</td></tr>
<tr><td>60</td><td>9</td><td>9</td></tr>
<tr><td>50</td><td>7</td><td>4</td></tr>
<tr><td rowspan="6">300H</td><td rowspan="3">CRH400AF</td><td>70</td><td>18.9</td><td>10.5</td></tr>
<tr><td>60</td><td>16</td><td>7.3</td></tr>
<tr><td>50</td><td>13.3</td><td>3.8</td></tr>
<tr><td rowspan="3">CRH400BF</td><td>70</td><td>17.1</td><td>9.6</td></tr>
<tr><td>60</td><td>14.8</td><td>6.7</td></tr>
<tr><td>50</td><td>12.3</td><td>3.4</td></tr>
</table>

续上表

ATP 型号	动车组型号	车头距出站信号机距离(m)	C3 允许速度(km/h)	C2 允许速度(km/h)
200H	CRH2	70		10
		60		8
		50		3
200C	CRH2	70		5.2
		60		0.2
		50		0

17 辆编组“复兴号”动车组车长约 440 m，站台长度为 450 m，按照对称停车方式，车头距站台端部为 5 m，停车标位置与司机位对齐，按司机位至车头 5 m 计算，因此停车标距站台端部为 10 m。为满足站台停车标距出站信号机大于或等于 75 m 的要求，出站信号机距站台应大于或等于 65 m。根据《客运专线铁路信号列控系统与铁路站场结合设计标准的研究》科研成果评审会专家意见（建技〔2011〕112 号）的要求，出站信号机距警冲标不小于 30 m。

适应 16 辆编组信号系统常规设计方案中出站信号机距站台端部 45 m，因此出站信号机应向站外至少移设 20 m 才能满足 17 辆编组“复兴号”动车组开行条件。开行 17 辆编组“复兴号”动车组出站信号机距站台距离需求分析示意如图 3-10-2 所示。

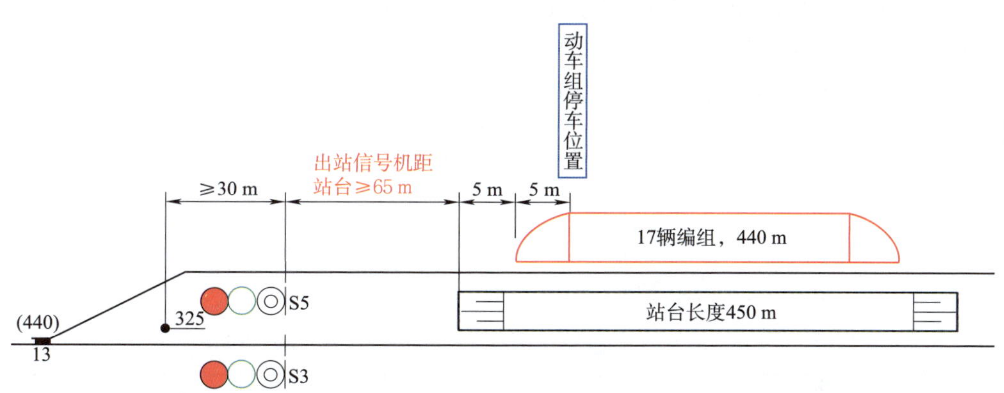

图 3-10-2　开行 17 辆编组“复兴号”动车组出站信号机距站台距离需求分析示意图

（二）停车防护距离分析

停车防护距离分析详见第四章第十一节“更有利于停车防护的出站应答器设计方案”。停车防护距离仅与出站信号机应答器组至警冲标间距离有关，和出站信号机位置无关，因此出站信号机适当外移不影响停车防护距离。

五、开行 17 辆编组出站信号机设计方案

针对出站信号机距警冲标间不同距离，提出三个方案进行研究比选。

方案一：5 m

根据《铁路设计规范》（TB 10007—2017）第 3.2.2 条“有动车组运行时出站信号机设

置于距警冲标沿线路方向不小于 5 m 处”的要求，采用出站信号机距警冲标 5 m 的方案。出站信号机外移 50 m，距站台端部 95 m，距站台停车标 105 m，能够满足 17 辆编组“复兴号”动车组开行需求。方案一出站信号机设计示意如图 3-10-3 所示。

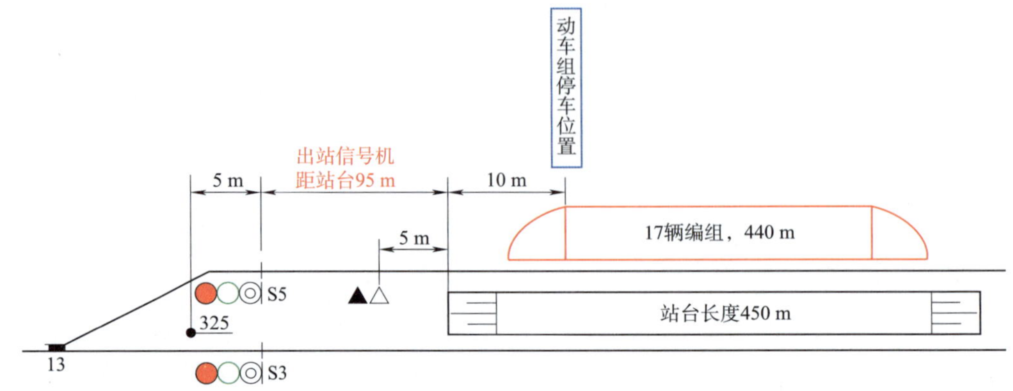

图 3-10-3　方案一出站信号机设计示意图

方案二：5 m+60 m 停车防护区段

采用京沈高速铁路优化到发线有效长试验方案，即 5 m+60 m 停车防护区段方案。将出站信号机设于距警冲标 5 m 处，出站应答器组设于距出站信号机 65 m 处。为防止侧线接车时冒进而与正线通过列车侧冲，增加轨道电路防冒进防护功能，在到发线两端各增加一个约 60 m 的停车防护区段，出站信号机关闭时防护区段发红（H）码。当出站信号机关闭，列车冒进出站信号机应答器组，因 BTM 故障等原因未触发制动时，列车会收到保护区段的 H 码而触发紧急制动。采用这种方案在应答器防冒进的基础上又增加了轨道电路保护区段 H 码防护措施，安全性更高。方案二出站信号机设计示意如图 3-10-4 所示。

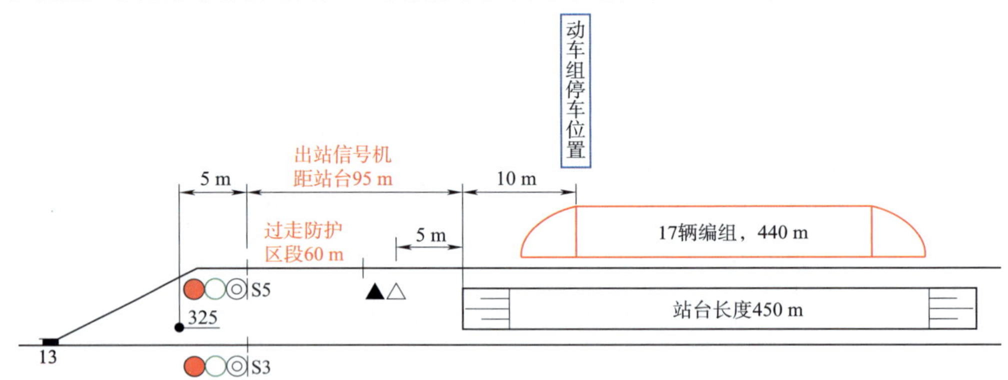

图 3-10-4　方案二出站信号机设计示意图

方案三：30 m

结合运基信号〔2010〕495 号、建技〔2011〕112 号文件精神及京沪高速铁路、济青高速铁路运用实践，采用出站信号机距警冲标 30 m 方案。出站信号机外移 25 m，距站台端部 70 m，距站台停车标 80 m，能够满足 17 辆编组动车组开行需求。方案三出站信号机设计示意如图 3-10-5 所示。

方案比选：

方案一出站信号机距站台端部 95 m，满足 17 辆编组动车组开行需求，但是之前出站信

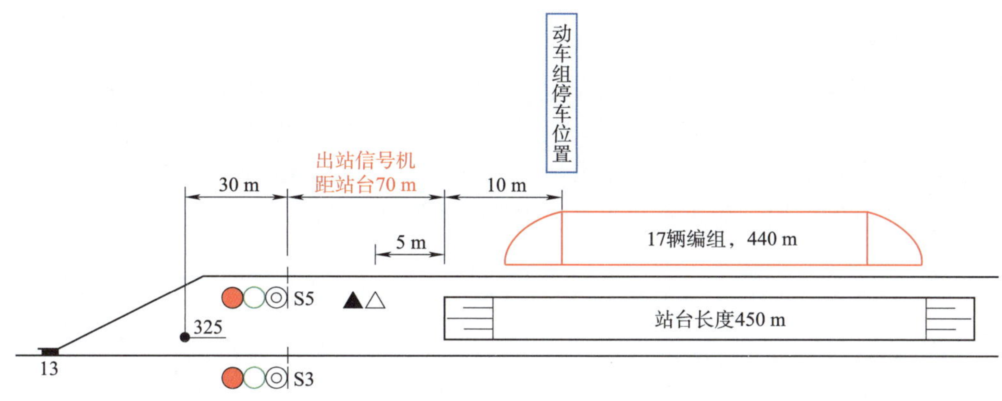

图 3-10-5　方案三出站信号机设计示意图

号机距警冲标 5 m 方案仅用于城际铁路、200 km/h 客货共线铁路及普速铁路，无高速铁路应用经验，推广依据不足。

方案二出站信号机距站台端部 95 m，满足 17 辆编组动车组开行要求，且设置停车防护区段，更有利于停车防护；但该方案仅为科研课题试验方案，并未上升为技术规范，因此工程实施依据不足。

方案三之前已在京沪高速铁路、济青高速铁路成功实施，有着良好的运用经验，成熟可靠。2019—2021 年开通且预留 17 辆编组“复兴号”动车组上线条件的高速铁路均采用了方案三，陆续在京张、京雄、京港高速铁路商丘—深圳北段、徐盐、连镇等高速铁路项目实施应用，效果良好。

2020 年、2021 年开通的高速铁路项目在方案三的基础上，配套车站股道增加双端发码功能，将车站股道分割为两段轨道电路，实现换端有码的同时，进一步降低了邻线干扰风险。

六、国铁科法〔2021〕24 号

《国家铁路局关于发布铁道行业标准的公告（工程建设标准 2021 年第三批）》（国铁科法〔2021〕24 号）于 2021 年 8 月 19 日发布，将《高速铁路设计规范》（TB 10621—2014）第 14.2.10 条第 2 款修改为：车站到发线股道及非贯通正线股道出站信号机、发车进路信号机应设置在距邻近的顺向道岔警冲标不小于 5 m 或邻近的对向道岔岔前轨缝处。贯通正线股道出站信号机、发车进路信号机宜设置在距邻近的顺向道岔警冲标不小于 55 m 或距邻近的对向道岔尖轨尖端不小于 50 m 处，邻靠站台的正线股道出站信号机、发车进路信号机可设置在距邻近的顺向道岔警冲标或对向道岔尖轨尖端不小于 30 m 处。

第 14.4.6 条新增内容：车站到发线股道及非贯通正线股道出站信号机、发车进路信号机外方至站台端部区域应设置防护区段，防护区段常态发 H 码。不具备设置防护区段条件时，应分割股道轨道电路区段。

24 号文汲取了 2018 年在京沈客运专线完成的《优化到发线有效长》研究试验成果，在该成果基础上，将防护区段延伸至站台端部区域，同时将出站信号机应答器组由停车防护区段外调整至区段内，延长防护距离。自 2022 年及以后开通的高速铁路项目均采用 24 号文方案。

七、结 束 语

本节对开行 17 辆编组“复兴号”动车组信号系统需求进行了分析，对已开通高速铁路设计方案进行了对比，在 24 号文发布之前，设计速度为 250 km/h 及以上高速铁路预留 17 辆编组“复兴号”动车组上行条件时，采用出站信号机距警冲标 30 m 的方案是成熟可靠的，在特定时期发挥了良好作用，为进一步提高运力奠定了坚实基础。

第四章　枢纽列控方案设计

枢纽列控方案涉及枢纽车站列控等级方案、RBC 切换、级间切换和连续大号码道岔区域列控方案等众多内容，是枢纽信号工程设计的重点和难点。

新建枢纽或新建线路引入既有枢纽时，枢纽列控等级方案该如何确定？

枢纽内两个高速场均采用 C3 列控系统时，两个场是合设 RBC 还是分设 RBC？当两个车场间设有连续 1/42 大号码道岔联络线时，枢纽 RBC 该如何设置？

枢纽短联络线需要进行 RBC 切换时，如何进一步优化行车、供电和信号间接口设计，形成标准接口，满足 RBC 切换要求？

在区间正线进行 C3→C2 级间切换时，执行点处线路允许速度能否大于 250 km/h？

在枢纽短联络线进行 C3→C2 级间切换时，C3、C2 临时限速处理差异对岔前防护信号机接近区段和岔后车尾保持范围内等特定区段 C3、C2 速度有什么影响？如何合理设置预告点和执行点，确保各型车载设备在正常运行和有临时限速场景时均能顺利完成 C3→C2 级间切换？

本章介绍枢纽列控方案设计，希望能为高速铁路信号工程设计工作提供有益借鉴。

第一节　CTCS-2/3 级列控系统控车原理及差异分析

C2 列控系统最大行车许可一般反映前方 7 个闭塞分区空闲，C3 列控系统行车许可一般在 20～32 km。C2 和 C3 列控系统控车原理存在差异，这些差异直接影响 C2/C3 级间切换、临时限速处理等方案。

一、C3、C2 列控系统控简介

（一）C2 列控系统

C2 列控系统利用轨道电路实现列车占用检查，并向列车连续传送前方空闲闭塞分区数目信息，利用应答器向列车传送线路数据、临时限速等信息。ATP 车载设备根据轨道电路信息和应答器信息，自动计算控车曲线，监控列车运行。

目前轨道电路低频信息码最高为“L5”码，表示前方空闲 7 个及以上闭塞分区。ATP 车载设备通过轨道电路低频信息码、应答器组里每个闭塞分区长度，可以计算出行车许可长度，再从应答器组里获得该行车许可长度范围内线路的最高允许速度、线路坡度、临时限速等信息，结合列车自身制动参数，综合计算出控车曲线。C2 列控系统的后备方式为“机车信号＋LKJ”的四显示自动闭塞方式。

（二）C2 线路列控顶棚速度最高为 250 km/h

《CTCS-2 级列控系统总体技术要求》（TB/T 3516—2018）第 4.1.1 条规定：“C2 系统应满足最高运营速度 300 km/h 的需求。”故大家都觉得 C2 列控顶棚速度最高为 300 km/h。但在技术政策和技规管理层面，C2 线路列控顶棚速度最高为 250 km/h。

《铁路技术管理规程（高速铁路部分）》第 93 条规定："列车运行控制系统装备等级根据线路允许速度选用。250 km/h 以下铁路采用 CTCS-2 级列控系统，250 km/h 铁路宜采用 CTCS-3 级列控系统，300 km/h 及以上铁路采用 CTCS-3 级列控系统。"根据第 93 条可以得知，C2 列控系统只适用于设计速度小于或等于 250 km/h 的线路，C3 列控系统适用于设计速度大于或等于 250 km/h 的线路。

《铁路技术管理规程（高速铁路部分）》第 92 条规定："运行速度 250 km/h 以上时，完全监控模式下 CTCS-3 级列控车载设备（含 CTCS-2 级后备功能）应按高于线路允许速度 2 km/h 报警、5 km/h 常用制动、15 km/h 紧急制动设置模式曲线。"该条款也可以印证，运行速度 250 km/h 以上时，只能采用 C3 列控系统。

（三）C3 列控系统

C3 列控系统基于 GSM-R 无线通信实现车地信息双向传输，无线闭塞中心生成行车许可（以下简称 MA）。RBC 向车载发送的 MA 一般大于 20 km，最大 MA 长度为 32 km，故 C3 等级下车载最大可预知运行前方 32 km 范围内的轨道区段状态，并按照目标速度形成 C3 控车曲线。

C3 列控系统适用于线路允许速度 250 km/h 及以上的线路，C3 系统的后备方式为 C2 级模式。C3 列控系统最大的优势是在长大区间高速运行，为进一步提升 C3 列控系统在低速区的控车安全性，C3 级 ATP 行车许可结合轨道电路信息，通过双曲线比较，采用更安全的曲线控车。

C3 列控除了可适应更高的列车运行速度外，临时限速功能更强，系统可用性相对更好，受应答器故障、轨道电路无码区、机车信号干扰的影响程度小，但工程造价相对较高。

（四）C3 线路 C2 列控顶棚速度最高为 300 km/h

设计时速为 350 km/h 的线路，初期运营速度为 300 km/h，列控顶棚速度为 310 km/h（此处的列控顶棚速度指的是 RBC 列控顶棚速度，简称为 C3 顶棚 310 km/h）。为尽量减小无线超时后 C3 与 C2 速度差异，最大限度降低对运行时分的影响，充分发挥 C2 后备系统作用，C3 线路 C2 列控顶棚速度小于或等于 300 km/h，地面应答器列控顶棚速度最高为 300 km/h，简称为 C2 顶棚 300 km/h。可以看出，C3 顶棚与 C2 顶棚仅相差 10 km/h，C3 模式下司机平时多按 305 km/h 控速，只有在需要赶时间时才按 310 km/h 控速，当发生无线超时故障 C3 降 C2 后，列车运行速度差异很小，几乎不会对整体运行时分产生影响。

综上所述，基于技术政策和技规管理规定，C2 线路列控顶棚速度应小于或等于 250 km/h，C3 线路 C2 列控顶棚速度应小于或等于 300 km/h。因此，C3→C2 级间切换点处速度应小于或等于 250 km/h；C2 转 C3 过程中，速度也应小于或等于 250 km/h。

二、C3、C2 控车原理及控车曲线差异

（一）C2 系统主要场景控车曲线

场景 1：追踪运行

通过轨道电路向列车提供运行前方轨道区段空闲信息（行车许可），同时通过应答器向列车提供列车运行前方线路速度、坡度、轨道区段长度等信息，车载设备根据上述信息实时生成目标距离模式曲线监控列车安全运行。机外停车、正线接车、正线通过的控车曲线生成原理与追踪运行相同。追踪运行时 C2 系统控车曲线示意如图 4-1-1 所示。

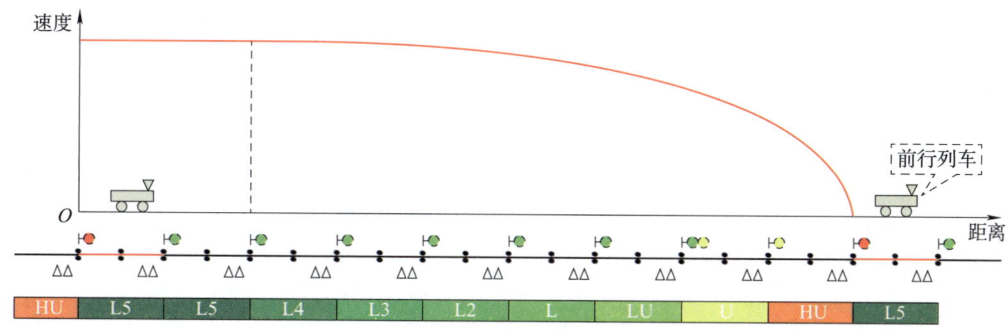

图 4-1-1　追踪运行时 C2 系统控车曲线示意图

场景 2：经 1/12 道岔侧向接车

开通侧向接车进路，进站信号机外方的接近区段发 UU、U2 码。在列车到达 UU、U2 码区段前，应先默认进站信号机关闭生成机外停车的目标距离模式曲线。当列车收到 U2 码后，重新生成目标点在进站信号机处、目标速度为 45 km/h 的目标距离模式曲线。当列车越过进站信号机后，车载设备根据进站口处应答器提供的线路参数信息生成在出站信号机前停车的目标距离模式曲线，监控列车安全运行。对于经 1/12 道岔侧向接车，接车咽喉区是否发码控车曲线是一样的。经 1/12 道岔侧向接车时 C2 系统控车曲线示意如图 4-1-2 所示。

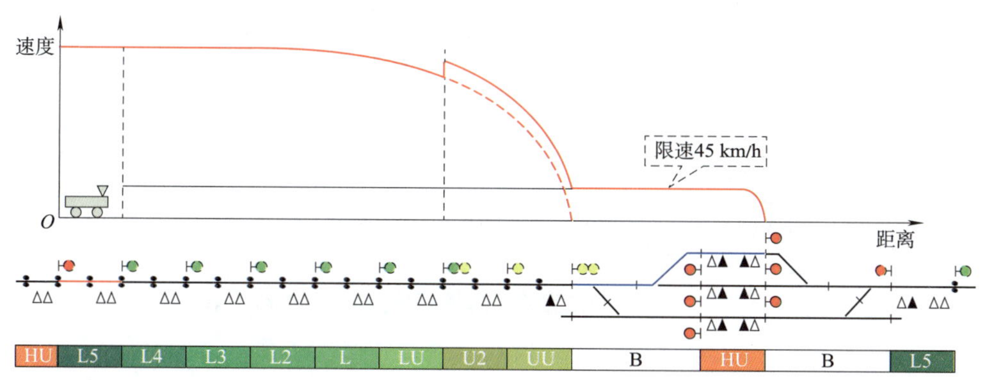

图 4-1-2　经 1/12 道岔侧向接车时 C2 系统控车曲线示意图

场景 3：经 1/18 道岔侧向接车

开通侧向接车进路，进站信号机外方的接近区段发 UUS、U2S 码。在列车到达 UUS、U2S 码区段前，应先默认进站信号机关闭生成机外停车的目标距离模式曲线。当列车收到 U2S 码后，重新生成目标点在进站信号机处、目标速度为 80 km/h 的目标距离模式曲线。当列车越过进站信号机后，车载设备根据进站口处应答器提供的线路参数信息生成在出站信号机前停车的目标距离模式曲线，监控列车安全运行。对于经 1/18 道岔侧向接车，接车咽喉区发不发码控车曲线是一样的。经 1/18 道岔侧向接车时 C2 系统控车曲线示意如图 4-1-3 所示。

场景 4：侧向发车

车载侧线始发，出站信号机处设有应答器，股道发送 UU 或 UUS 码。当出站信号机开放后，车载设备将先按部分监控模式工作，当接收到出站应答器提供的完整线路参数信息并越过出站应答器或出站信号机后转入完全监控模式，根据出站应答器描述信息及轨道电路信

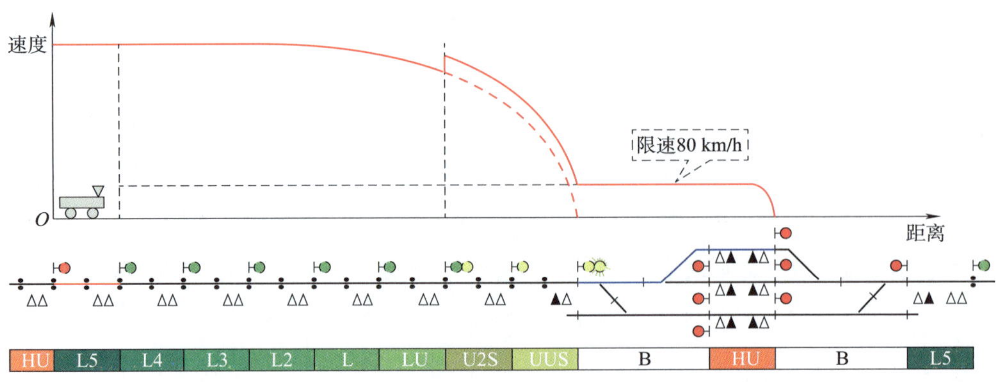

图 4-1-3 经 1/18 道岔侧向接车时 C2 系统控车曲线示意图

息生成目标距离模式曲线监控列车运行。若发车咽喉区不发码，应先默认区间第一架通过信号机关闭生成目标距离模式曲线，当列车运行至一离去收到允许码后，按照轨道电路码序生成追踪运行的目标距离模式曲线。侧向发车时 C2 系统控车曲线示意如图 4-1-4 所示。

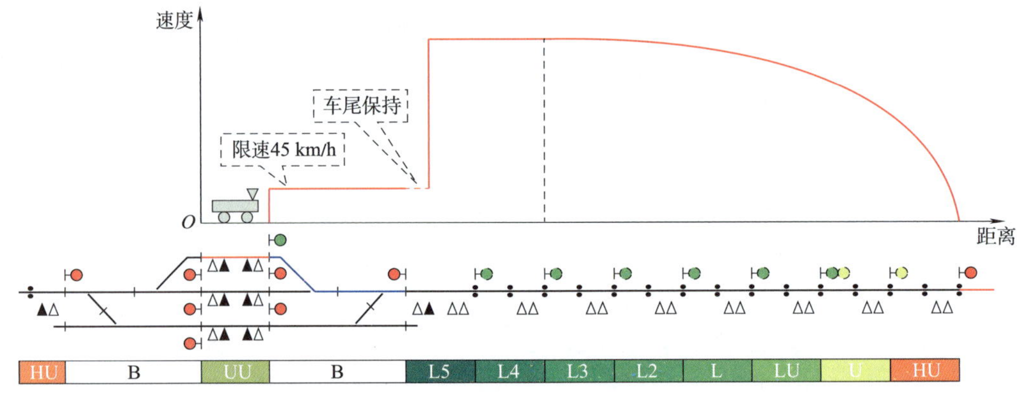

图 4-1-4 侧向发车时 C2 系统控车曲线示意图

场景 5：经大号码道岔侧向进路

开通经 1/18 以上道岔侧向进路，在列车收到 U2S 或 UUS 码后，根据应答器提供的大号码道岔报文重新生成目标点在信号机处、目标速度为大号码道岔允许速度的目标距离模式曲线。当列车越过信号机后，根据应答器描述信息及轨道电路信息生成目标距离模式曲线监控列车运行。根据《列控中心技术条件》(Q/CR 817—2021) 第 6.4.2.5 条“对于允许速度大于 80 km/h 且设置大号码道岔应答器的侧向进路应连续发码”的要求，经大号码道岔侧向进路时 C2 系统控车曲线示意如图 4-1-5 所示。

场景 6：引导接车

引导接车时，进站信号机外方区段发 HB 码，车载设备生成在进站信号机前停车的目标距离模式曲线。完全监控模式下，当列车速度不大于规定速度经司机确认后转入引导模式。若进站口应答器已提供引导进路数据且车载使用该应答器数据，当列车越过进站信号机后，车载设备通过进站应答器提供的引导接车进路参数，生成在出站信号机前停车且顶棚为 40 km/h 的目标距离模式曲线。引导接车时 C2 系统控车曲线示意如图 4-1-6 所示。

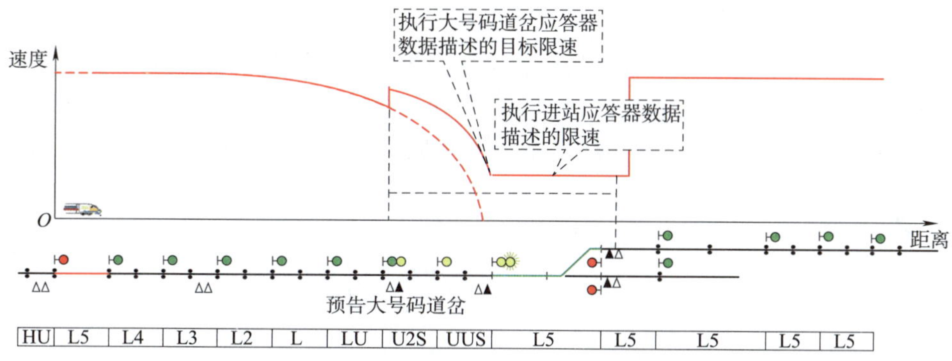

图 4-1-5 经大号码道岔侧向进路时 C2 系统控车曲线示意图

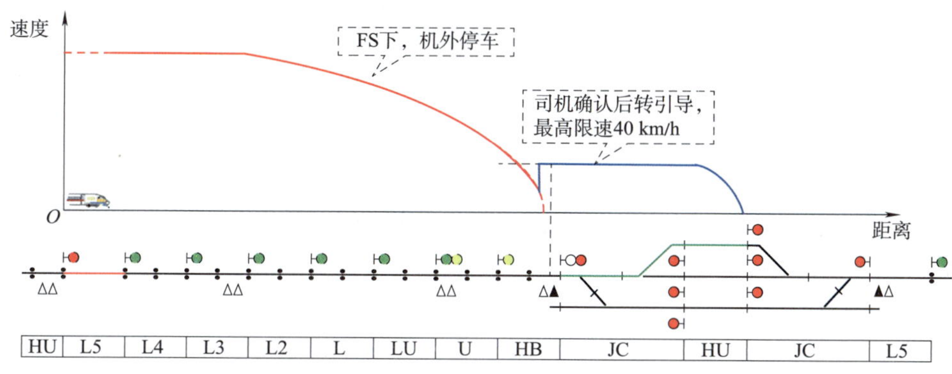

图 4-1-6 引导接车时 C2 系统控车曲线示意图

（二）C3 系统主要场景控车曲线

追踪运行、机外停车、正线接车、正线通过等场景下 C3 控车曲线计算与 C2 控车曲线计算原理是相同的，只是计算控车曲线信息的来源不同而已，C3 来自 RBC 发送的信息，C2 来自轨道电路信息和应答器组信息。

只是在侧向接发车时，C3 系统可以根据 RBC 发送的信息一次生成目标距离模式曲线监控列车运行。

场景 1：侧向接车

开通侧向接车进路，车载设备根据 RBC 提供的线路参数信息生成在出站信号机前停车的目标距离模式曲线，监控列车安全运行。侧向接车时 C3 系统控车曲线示意如图 4-1-7 所示。

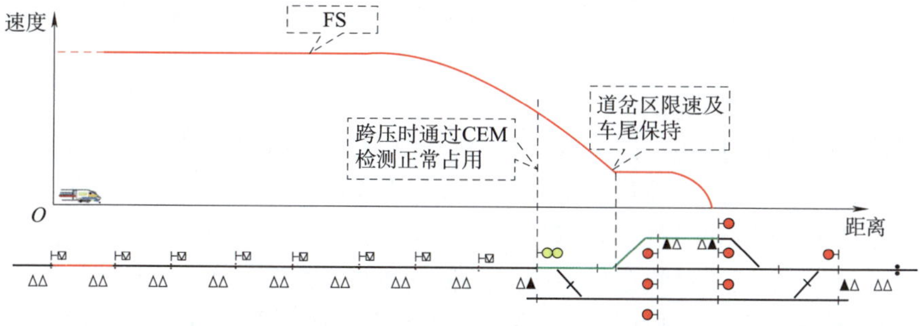

图 4-1-7 侧向接车时 C3 系统控车曲线示意图

场景 2：引导接车

开通侧向引导接车进路，车载设备根据 RBC 提供的完全监控模式行车许可，生成目标距离模式曲线，监控列车安全运行。当列车运行至转引导确认区内时提示司机确认，司机确认后车载转入引导模式。引导接车时 C3 系统控车曲线示意如图 4-1-8 所示。

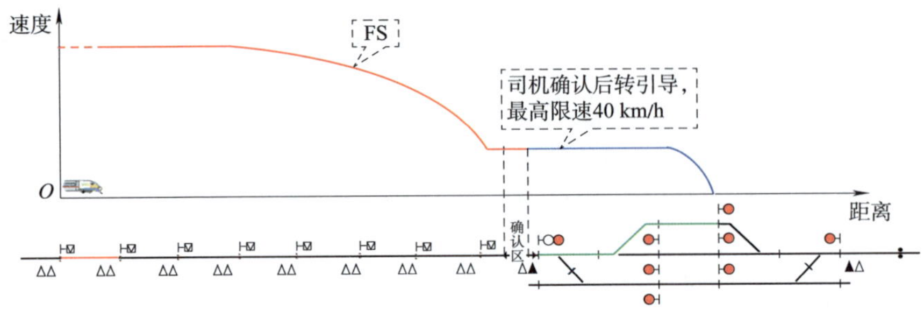

图 4-1-8 引导接车时 C3 系统控车曲线示意图

场景 3：侧向发车

先前列车以完全监控模式（FS，C3 等级）进入车站，开通侧向发车进路，车载设备接收到 RBC 提供的完整线路数据和完全监控模式行车许可，实时生成目标距离模式曲线监控列车运行。侧向发车时 C3 系统控车曲线示意如图 4-1-9 所示。

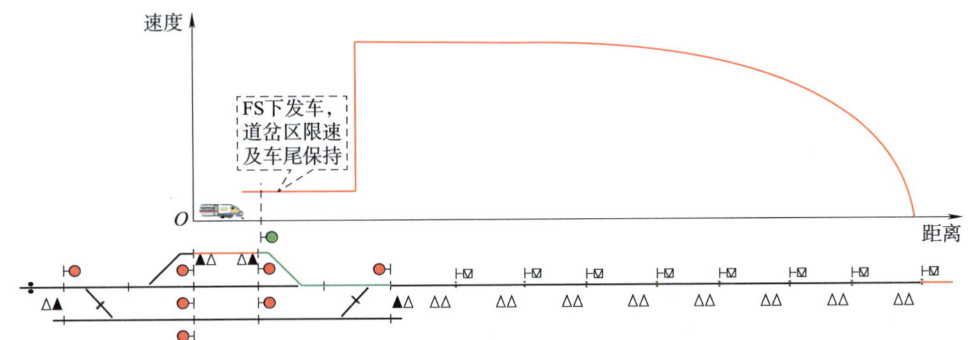

图 4-1-9 侧向发车时 C3 系统控车曲线示意图

由此可知，C3 系统控车曲线距离远大于 C2 系统控车曲线计算的距离。

（三）C3、C2 控车曲线差异分析

1. 追踪运行时曲线差异

同样在 L5 码情况下，C3 系统控车曲线计算的 MA 距离远大于 C2 系统控车曲线计算的距离。C3、C2 控车曲线长度差异示意如图 4-1-10 所示。

2. 经道岔侧向时曲线差异分析

C2 车载设备根据轨道电路码序生成行车许可。在进站信号机关闭或是开放经道岔侧向进路时，进站信号机外方第三个闭塞分区都是 LU 码，进站信号机关闭时码序为 HU→U→LU，开放经道岔侧向进路时码序为 UU→U2→LU 或 UUS→U2S→LU。也就是说 C2 车载设备收到 LU 码时，不能通过轨道电路码序判断前方进站信号机是关闭还是开放经道岔侧向进路，所以根据故障—安全原则，C2 车载设备收到 LU 码时默认前方进站信号机关闭。

由于 C2 上述处理逻辑，办理经道岔侧向列车进路时，C2 控车曲线与 C3 控车曲线存在不小差异。经道岔侧向进路时 C3、C2 控车曲线计算差异示意如图 4-1-11 所示。

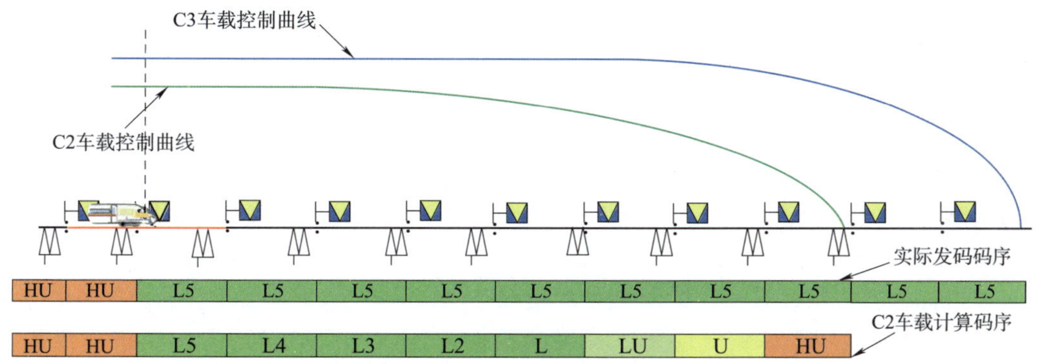

图 4-1-10　C3、C2 控车曲线长度差异示意图

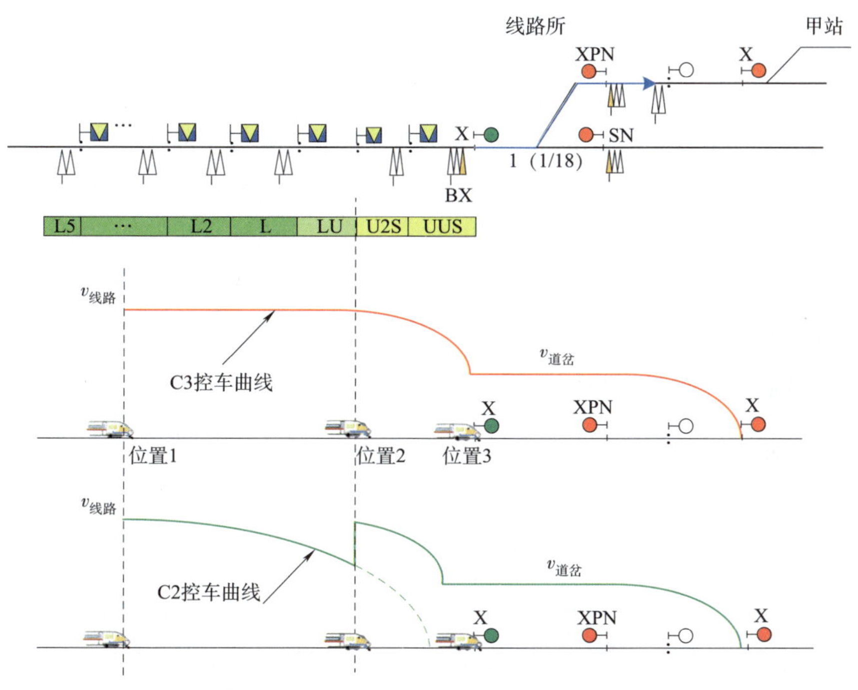

图 4-1-11　经道岔侧向进路时 C3、C2 控车曲线计算差异示意图

对于 C2 车载设备而言，运行在经道岔侧向进路时，在 L5～LU 的码序区段（位置 1）均按照行车许可终点为道岔侧向防护信号机、目标点速度为 0 km/h 进行速度控制；在 U2/U2S～UU/UUS 码序区段（位置 2），按照道岔侧向防护信号机处速度为 45/80 km/h、UU/UUS 分区内方末端速度为 0 km/h 进行速度控制；列车运行到道岔侧向防护信号机有源应答器处时（位置 3），经道岔侧向的线路数据接收完毕，越过道岔侧向防护信号机接收到地面有效码序后，C2 行车许可终端方可往前延伸。

图 4-1-11 中，列车在位置 1 时，C2 系统按线路所通过信号机 X 外方停车计算控车曲线（绿色控车曲线）；C3 系统按照线路所前方站 X 进站信号机前停车生成控车曲线（红色控车曲线）。因线路所与甲站间仅一个信号点，所以此时 C3 系统 MA 比 C2 系统长两个闭塞分区；如果站间距较大，则 C3 系统 MA 比 C2 系统会长更多。

列车运行至位置 2 时，C2 系统结合地面码序对应的道岔侧向限速重新计算过岔控车曲线，此时 C3、C2 系统 MA 基本一致。

当列车至位置 3 时，收到进站应答器发送的进路报文，再次计算岔后控车曲线，此时 C3、C2 系统 MA 基本一致。

（四）车载对岔后等级转换点目标速度处理的差异

由于 C3 控车曲线与 C2 控车曲线存在差异，当 C3/C2 级间切换执行点的设置位于 C3 控车曲线内和 C2 控车曲线外时，车载处理逻辑分为"目标速度一次计算法"和"目标速度逼近法"，分别说明如下：

1. "目标速度一次计算法"的车载处理情况

300H、300S 型列控车载设备在收到级间转换预告信息后，以级间切换执行点为目标点，以执行点 C3 和 C2 间较低的速度为目标速度（该速度随着列车前进过程中 C2 的目标点速度变化而变化）对列车速度进行"目标速度一次计算法"控制。

2. "目标速度逼近法"的车载处理情况

车载 C3 控制单元"激活"后台 C2 控制单元，C2 控制单元将当前列车速度作为目标速度，向 C3 控制单元报告，随着列车逐步逼近目标点，最终将目标点速度报告至 C3 控制单元，车载 C3 控制单元按 C2 控制单元报告的速度，重新计算控车曲线。

300T 型列控车载设备收到级间切换预告后，开始实时比较 C3、C2 区段的速度（最终以 C3 和 C2 间较低的速度控车），以级间切换执行点为目标点、以预告点 C2 速度为目标速度对列车进行速度控制。随着列车行进，最终以执行点为目标点、以执行点 C2 速度为目标速度对列车进行速度控制，即采用"目标速度逼近法"控制。

三、C3、C2 临时限速处理逻辑不同导致的速度差异

无论临时限速位于区间还是站内，RBC 设备均可精确预告到临时限速的距离和限速的长度。为了实现 C3、C2 系统尽可能对限速预告的一致性，要求 RBC 对站内进路上的限速采用与 C2 系统相同的处理方式，即按全进路限速处理。

在相同工程条件下，由于 C2 列控系统经道岔侧向运行时线路数据的不连续性，使得 C2 在经道岔侧向运行时必须对临时限速报文进行一些限定，进而使得不同走行进路上 C3 和 C2 在车站、线路所的接近、离去口给出的允许速度值不尽相同。在有大号码道岔处，因为叠加了大号码道岔发送时机判断，大号码道岔车站、线路所的接近、离去口处 C3 和 C2 向车载提供的允许速度会与普通车站、线路所的情况有所不同。

为便于叙述，本部分下述普通车站是指站内列车进路均为 1/18 道岔，大号码道岔车站是指列车进路存在 1/42 大号码道岔的车站。普通车站示意如图 4-1-12 所示。

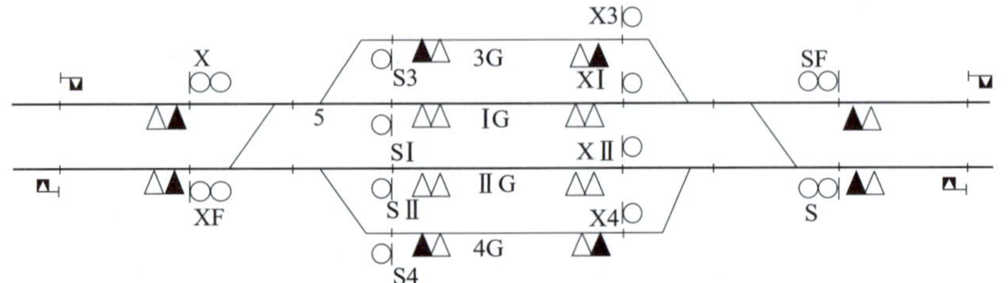

图 4-1-12 普通车站示意图

（一）无临时限速时的各类车站、线路所

1. 直向进路速度无差异

车站办理直向接车或通过进路时，C3 和 C2 获取的地面信息相同，在进站口、出站口处 C3 和 C2 的控车速度一致。

2. 侧向进路速度差异可以忽略不计

图 4-1-12 中，如果列车按 C2 模式接车进入 3G，在进站信号机 X 接近区段收到 UUS 码，C2 车载获得的行车许可要求列车通过 X 信号机处的速度为 80 km/h；C3 等级下，RBC 给出的行车许可允许列车通过 5＃道岔岔尖的速度为 80 km/h。当信号机 X 和 5＃道岔岔尖距离较近，例如小于 100 m 时，则 C3 和 C2 在信号机 X 处的控车速度基本相同；但若信号机 X 和 5＃道岔岔尖距离较远，则 C3 和 C2 在信号机 X 处的控车速度会有一定的差异。高速铁路进站信号机距离岔尖一般不会太远，这种场景下 C3 和 C2 速度差异较小，对信号工程设计几乎无影响。

（二）有临时限速时的普通车站、线路所

C3、C2 速度差异主要出现在车站办理经道岔侧向进路且有临时限速时。

1. 侧向接车

C2 有关限速的处理执行《列控中心技术条件》（TB/T 3439—2016）、《列控系统相关规范补充规定》（铁总运〔2016〕222 号）及《列控系统临时限速技术规范》（Q/CR 662—2018）的有关规定；C3 有关限速的处理执行《列控系统临时限速技术规范》（Q/CR 662—2018）的有关规定。

对于进站外方第一闭塞分区、接车进路有低于 80 km/h 或直向离去区段 L_1（出站口处从 85 km/h 至 45 km/h 最大常用制动距离）范围内有低于 80 km/h 的临时限速的情况，C2 控制列车在进站信号机 X 处的允许速度为 45 km/h；当第一闭塞分区内限速点距进站信号机 X 距离较远，越过限速点后 C3 控制列车在进站信号机 X 处的速度可能抬升到 80 km/h，或限速点在直向离去区段时，C3 控制列车在进站信号机 X 处直接按 80 km/h 允许速度控车。即 C3 和 C2 在进站信号机 X 处的控车速度最大可能为 80 km/h 和 45 km/h 的差异。普通车站股道有限速时示意如图 4-1-13 所示。

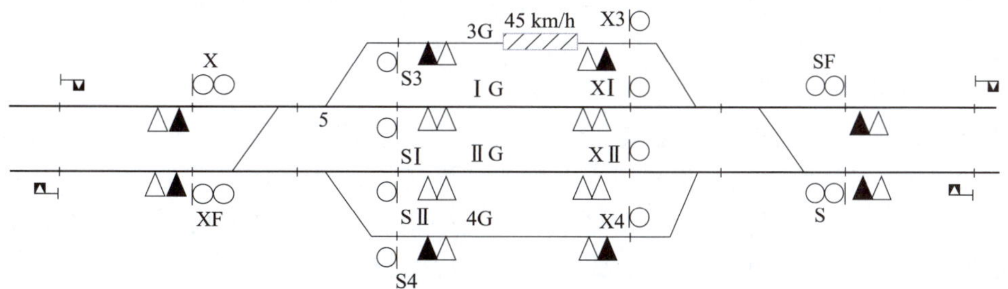

图 4-1-13　普通车站股道有限速时示意图

对于侧线股道有限速情况，如图 4-1-13 中 3G 有低于 80 km/h 的临时限速的情况，C2 系统 TCC 控制进站外方接近区段地面发 UU 码；进站信号机 X 应答器发送临时限速值为 45 km/h、TSR 有效范围为 X3＋80 m 的限速报文信息，C2 车载控制列车在进站信号机 X 处的允许速度为 45 km/h。C3 系统 RBC 发送限速值最低的进路限速报文，即 RBC 将发送临时限速值为 45 km/h、限速有效范围到 X3 的限速消息，C3 车载控制列车在进站信号机 X 处的允许速度为 45 km/h。

小结：侧向接车、站内有限速时，C3、C2 速度无差异；侧线接车、区间有限速时，最不利情况下普通车站进站口处 C3 允许速度为 80 km/h，C2 允许速度为 45 km/h。

2. 侧向发车

侧向发车时，C3 和 C2 控车速度差异主要集中在离去区段有限速的场景下。

根据《列控系统临时限速技术规范》（Q/CR 662—2018）中 C3 级限速设置规则，对于 C3 列车，若区间有限速，RBC 按照实际限速位置进行描述。而根据《列控中心技术条件》（TB/T 3439—2016）及《列控系统临时限速技术规范》（Q/CR 662—2018）、《列控系统相关规范补充规定》（铁总运〔2016〕222 号）中 C2 级限速设置规则，离去口有限速时，股道发码以及应答器发送的临时限速报文信息有特别规定，并影响着 C2 列车的控车速度。

离去口有限速时示意如图 4-1-14 所示。

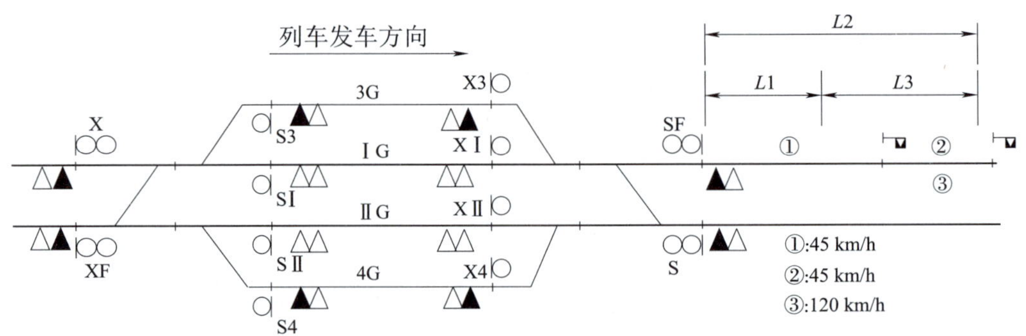

L_1：出站口处从85 km/h制动到45 km/h的最大常用制动距离。

L_2：出站口处从最高速度（≤305 km/h）−45 km/h的最大常用制动距离。

图 4-1-14 离去口有限速时示意图

当图 4-1-14 中存在有①（例如在 L_1 的最靠近区间侧）45 km/h 的临时限速时，侧线股道降级发 UU 码，侧向出站信号机有源应答器发送的临时限速有效范围到 SF＋80 m，临时限速值为 45 km/h，这意味着在 SF 处 C2 车载按 45 km/h 进行速度控制，车尾出清 SF、越过限速区后 C2 车载方可按线路最高速度进行控制。而 C3 动车组因为①处于 L_1 最靠近区间侧，由于过岔车尾保持因素，越过 SF 时列车速度为 80 km/h 或略高于 80 km/h（取决于发车进路最后一个道岔与 SF 信号机间的距离）。

当图 4-1-14 中存在有②（限速位置在 L_3 的最靠近右侧区间侧）45 km/h 的临时限速时，侧线股道发 UUS 码，侧向出站信号机有源应答器发送的临时限速有效范围到 SF＋80 m，临时限速值为 80 km/h，这意味着在 SF 处 C2 车载按 80 km/h 进行速度控制，车尾出清 SF 后 C2 车载可按线路最高速度和临时限速要求综合进行控制。而 C3 动车组因为②处于 L_3 最靠近右侧区间侧，L_2 长度满足 305 km/h 到 45 km/h 的常用制动距离要求，所以在 SF 处 C3 车载行车许可最高可按 305 km/h 进行速度控制，只是由于经道岔侧向及提速等原因，列车经过 SF 处时实际速度可能远远小于 305 km/h。

当图 4-1-14 中存在有③（限速位置在 L_3 的最靠近右侧区间侧）120 km/h 的临时限速，侧线股道发 UUS 码，侧向出站信号机有源应答器发送的临时限速有效范围到 SF＋80 m，临时限速值为 120 km/h，这意味着在 SF 处 C2 车载按 120 km/h、列车车尾越过 SF 信号机后按线路最高速度和临时限速要求综合进行速度控制。而 C3 动车组因③处于 L_3 最靠近右侧区间侧，L_2 长度满足 305 km/h 到 45 km/的常用制动距离要求，所以在 SF 处 C3 车载行车许可最高速度可达到线路最高允许速度，只是由于经道岔侧向及提速等原因，列车经过 SF 处时实际速度将远小于线路最高允许速度。

小结：在普通车站离去口处，要考虑侧向发车、离去区段有限速的最不利情况，此时 C3 行车许可速度最高为线路最高允许速度，C2 控车速度最低为 45 km/h，但在距离去口 80 m＋一个车长后 C3 和 C2 允许速度相同。同理，普通车站侧向发车进路始端的出站信号机处 C3 行车许可速度最高为 80 km/h，C2 控车速度最低为 45 km/h；普通线路所的接近口、离去口处的 C3、C2 最高控制速度的差异同车站接近口、离去口。

（三）经大号码道岔侧向进路

有的线路所设置 1/42 道岔，道岔侧向速度为 160 km/h；有的设置 1/18 道岔，侧向允许速度为 80 km/h；有的设置 1/30 道岔，侧向允许速度为 120 km/h。由于一个码序不能代表三个速度含义，所以根据故障—安全原则，C2 模式下，UUS 码统一按照限速 80 km/h 进行控制。

在大号码道岔线路所，为提高运行效率，使车载能够突破 UUS 码限制的 80 km/h 控制列车运行，需要设置大号码道岔应答器组。对于 C2 列控系统，大号码道岔数据包发送的检查条件包括：一是前方进路行车许可长度超过大号码道岔侧向限速制动到 0 km/h 的最大常用制动距离；二是大号码道岔侧向进路范围及离去 L_2 范围内无低于大号码道岔侧向允许速度的临时限速。一旦上述任意一个条件不满足时，防护大号码道岔的信号机 X 接近区段由 UUS 降级为 UU。

C2 对于站内进路 L_1 范围内的临时限速，进站有源应答器均发送全进路限速报文，当限速值低于 80 km/h 时，进站有源应答器发送全进路限速 45 km/h 报文；当限速值高于 80 km/h 时，进站有源应答器发送全进路限速 80 km/h 报文。如已排列经大号码道岔侧向进路且 L_1 范围内设置临时限速值高于 80 km/h 而低于大号码道岔侧向速度值，则 TCC 不发大号码道岔数据包，控制进站信号机 X 接近区段发 UUS 码。此时 C2、C3 控车曲线如图 4-1-15 所示，进站口 X 处 C2 车载按 80 km/h 控车，C3 车载按高于 80 km/h 而低于大号码道岔侧向速度的限速值控车。

经大号码道岔侧向进路 C2、C3 系统临时限速处理差异示意如图 4-1-15 所示。

大号码道岔线路所离去区段限速示意如图 4-1-16 所示。

另一种场景下，图 4-1-16 中当列车越过 DD 应答器、尚未到达进站信号机 X 且需在 L_2 末端设置有低于大号码道岔侧向允许速度的临时限速时，即先排进路、后下限速，为防止车载超速，列控中心将进站信号机 X 外方接近区段降级发 UU 码，此时 C2 车载在进站信号机 X 处按 45 km/h 进行速度控制。对于 C3 列控系统，若区间有限速，RBC 按照实际限速位置进行描述。因此对于 C3 车载设备而言，上述情况中因为限速区域距进站信号机 X 较远，约 9 km，C3 车载可在进站信号机 X 处按大号码道岔侧向限速 160 km/h 控制。

小结：大号码道岔线路所的接近口处，需考虑侧向接车、离去口有限速（先排进路、后下限速）这种最不利情况，此时 C3 控车速度为大号码道岔侧向允许速度为 160 km/h，C2 控车速度为 45 km/h。

同理可得，大号码道岔线路所的离去口处情况同普通车站离去口。

（四）车尾保持

车尾保持是指排列经道岔侧向进路时，列车尾部完全越过道岔后，仍需要走行一个车长的距离才能提速。按照 17 辆编组动车组车长 440 m 再附加一定安全余量的原则，车尾保持

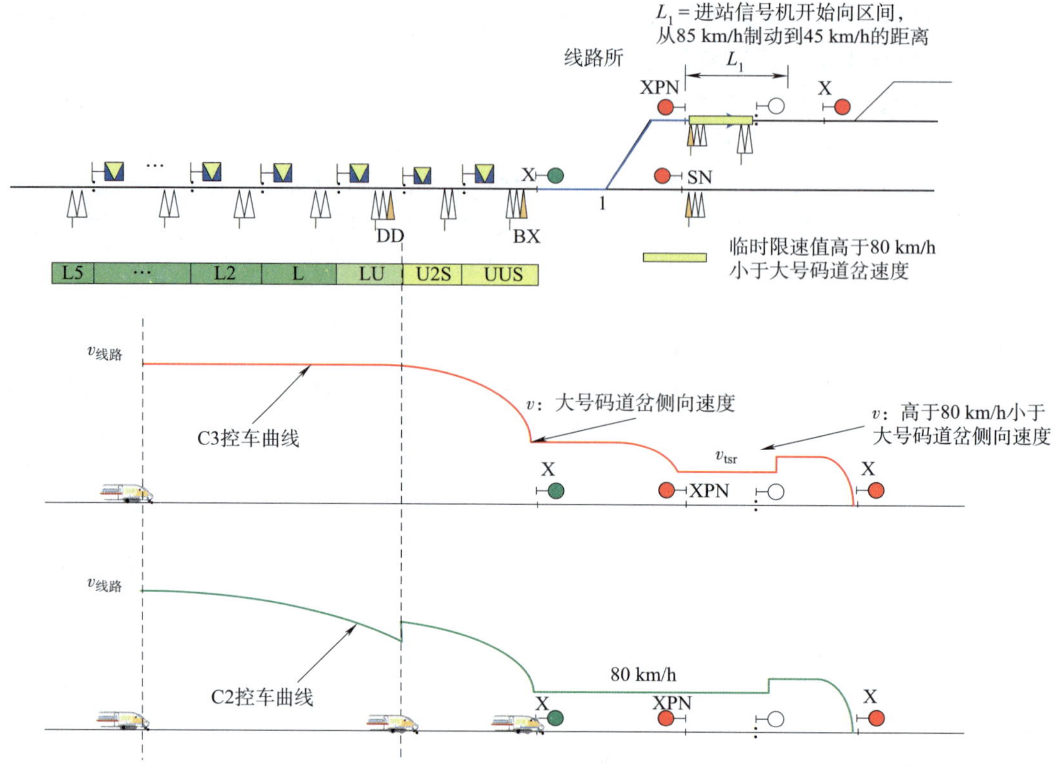

图 4-1-15 经大号码道岔侧向进路 C2、C3 系统临时限速处理差异示意图

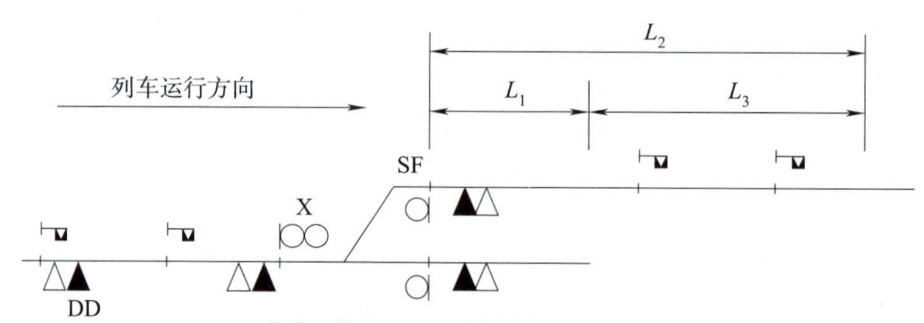

图 4-1-16 大号码道岔线路所离去区段限速示意图

范围一般按 500 m 计算。办理发车进路时，车尾保持范围一般位于区间 1LQ 区段。车尾保持范围内有临时限速时，C3 与 C2 速差较大，因此，不宜在车尾保持范围内设置级间切换预告点或执行点。

四、结 束 语

基于技术政策和技规管理规定，C2 线路列控顶棚速度最高为 250 km/h。区间追踪及经道岔侧向进路时，C3 与 C2 行车许可差异较大。在 1/42 大号码道岔线路所，先排进路、后下限速的最不利情况下，岔前防护信号机处 C3 与 C2 速差最大，C3 为 160 km/h，C2 为 45 km/h，且还要考虑车尾保持的影响。在进行级间切换等方案设计时，应充分考虑上述差异。

第二节 新线引入既有枢纽列控方案

新线引入既有枢纽时，列控等级方案应综合枢纽运输需求、线路允许速度、接入改造工程风险和列控系统接口能力等因素深入研究。

一、枢纽车站特点及列控方案总体要求

（一）枢纽车站特点

1. 站场规模大、多线引入

枢纽车站站场规模大、股道多、多线引入，通常分场设置。例如南京南枢纽分三个车场，共28股道，京沪、宁杭、沪汉蓉、沪宁、宁安、南沿江等多条高速铁路线路引入；郑州东枢纽分三个车场，共32股道，京广、郑西、徐兰、郑万、郑济等多条高速铁路线路引入。

2. 设有多条联络线，连接关系复杂

枢纽内多条线路汇集，一般设置大型客站、线路所、动车（段）所等，为实现各线路间互通运行，需设置联络线、动走线等，而这些联络线、动走线一般较短，连接方式多样，连接关系复杂。

3. 枢纽列控方案复杂

枢纽内列控系统等级选用不唯一。枢纽内往往存在不同线路（不同速度等级高速铁路、普速线路等）、不同性质车站（客运站、普速车站、动车所等），各条线路建设时序不同，在列控系统等级的选择上具有多样性，同一枢纽内可能并存C0、C2、C3列控系统，可能涉及多个RBC。受枢纽联络线较短、RBC和调度台管辖范围等因素影响，级间切换点、RBC切换点选择困难，枢纽列控方案非常复杂。

4. 各线建设时序不同，枢纽信号设备选型多样

枢纽各条线路建设时序经常不同，导致枢纽内信号设备选型不统一。枢纽一般都不是一次性建成，不同时期引入的线路可能使用不同型号的信号设备。枢纽信号设备选型多样，不同型号设备间接口复杂，增加接入改造实施难度和工程风险。

（二）枢纽列控方案总体要求

1. 满足跨线运行要求

应保证列车在跨场、跨线时顺畅运行。枢纽内不同列控系统等级并存时，需在适当地点设置级间切换点，实现不同列控系统等级间的自动切换。

2. 满足列控设备接口能力要求

根据枢纽条件和设备处理能力，合理配置无线闭塞中心（RBC）、调度台、TSRS、安全数据网。枢纽内各设备接口众多，设备的处理能力一般存在上限值，RBC、TSRS、调度台等中心设备的设置数量、管辖范围需合理确定。

3. 简化列控方案复杂程度，降低接入改造工程风险

枢纽车站站场规模大、多线引入、建设时序不同，新线引入既有枢纽信号软件换装工作是高速铁路建设的最大难点，也是运营管理的最大风险点。

因此，为切实降低新线接入改造工程风险和实施难度，减少动态验证工作量，枢纽列控

方案宜尽量简化。

4. 设备选型宜一致

不同型号产品采用相同的协议与规范，相互之间实现互联互通是基本要求。但枢纽内使用不同型号产品时，受产品适应能力、不同型号产品处理逻辑存在差异等客观因素制约，不可避免地存在一定的复杂性。因此，为降低枢纽接入改造时不同型号设备互联互通风险，枢纽设备选型宜一致。

二、列控等级选择的通用原则

列控等级的选择应符合有关技术政策和规范的要求，满足线路设计速度、运输能力及追踪间隔等要求，并统筹考虑车地匹配性原则。

（一）基本原则

根据《铁路技术管理规程（高速铁路部分）》《高速铁路设计规范》（TB 10621—2014）等要求，CTCS 等级选择应符合下列规定：

（1）设计速度 160 km/h 及以下线路。仅运行动车组列车时，根据设计速度、行车追踪间隔等要求，宜采用 CTCS-2 级，也可采用 CTCS-0 级；其他线路采用 CTCS-0 级。

（2）设计速度 160 km/h 以上、250 km/h 以下的线路，采用 CTCS-2 级。

（3）设计速度 250 km/h 的线路宜采用 CTCS-3 级，也可采用 CTCS-2 级。

（4）设计速度 300 km/h 以上的线路，应采用 CTCS-3 级。

（5）动车段（所）与相邻车站间的动车走行线宜按 CTCS-2 级设计。

（二）车地匹配性原则

目前列控车载设备配置存在三种形式，一是仅配置列车运行监控装置（LKJ），二是配置 C2 列控系统车载设备＋列车运行监控装置（LKJ），三是仅配置 C3 列控系统车载设备。一般情况下，对于仅配置列车运行监控装置（LKJ）的列车不能在常态灭灯的 C2/C3 线路上正常运行，对于仅配置 C3 列控系统车载设备的列车不能在 C0 线路上按正常的控制方式运行。因此，选择线路 CTCS 等级时，应充分考虑未来线路上运行的列车类型。当存在不同等级线路间跨线运行时，需考虑不同列控等级车地匹配问题。

三、C2 线路引入既有枢纽列控等级选择原则

C2 线路引入既有枢纽时，枢纽地面信号存在维持 C0 或按 C2 列控等级配套两种方案。

随着高速路网不断建设和汇集、线路间跨线运行交路的普及，以及满足动车组车底枢纽内入库检修的需求，C2 线路引入既有枢纽时，地面信号一般应按 C2 列控等级进行配套设计。如图 4-2-1 所示，沪通铁路（Ⅰ期）采用 C2 列控等级，如果仅考虑该线引入上海枢纽需求，可在枢纽外方适当地方设置 C2→C0 级间切换点，动车组车载设备切换为 C0 等级进入上海枢纽内运行；但从路网构成看，南沿江城际、盐通高速铁路在太仓、南通（图中未示意出）等站点与沪通铁路交织成网，沪通线路上会有配备 C3 列控车载设备的动车组运行，因此统筹考虑路网运输需求，该线路引入上海枢纽时，进入枢纽的动车组走行范围内地面信号需按 C2 列控方式进行配套设计。

小结：为提高枢纽运输组织灵活性，兼顾 C3、C2 等级各型动车组运用需求，建议既有 C0 等级枢纽应逐步改造为 C2 等级贯通。

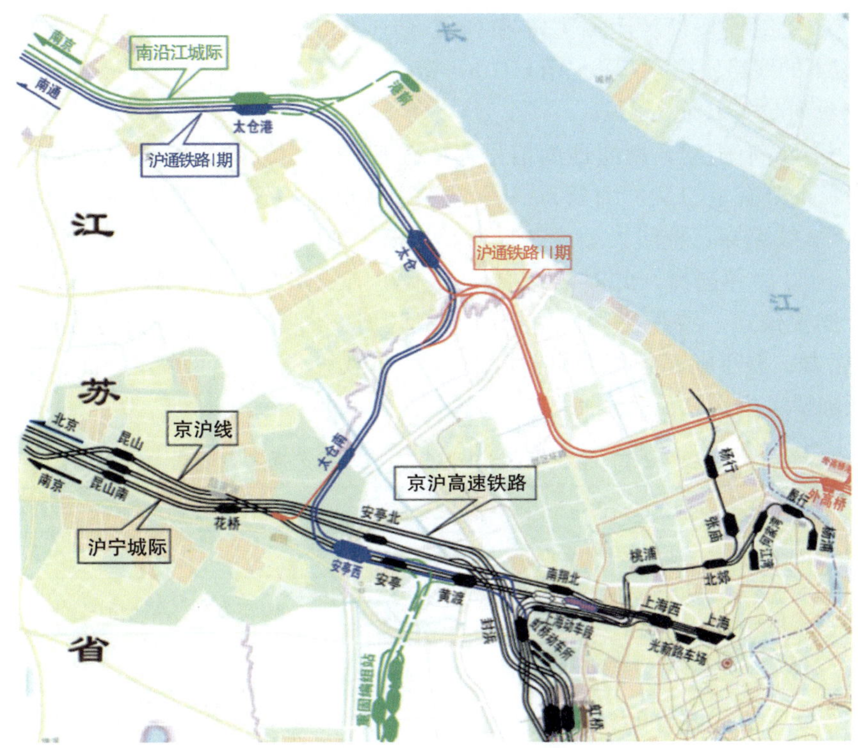

图 4-2-1　沪通铁路（Ⅰ期）引入上海枢纽示意图

四、C3 线路引入既有枢纽列控等级选择原则

（一）枢纽列控等级选择的演变

1. 第一代高速铁路特点

在新建长大干线高速铁路枢纽车站，为确保通过列车控车需求，减少不必要的级间切换，增加控车冗余模式，多采用 C3 列控系统。例如上海虹桥枢纽、郑州东枢纽、长沙南枢纽等。

引入既有枢纽时，为确保控车平稳性，尽量减少列车进出枢纽、转场运行时不必要的级间切换，多采用 C3 列控系统。例如京石武引入北京西枢纽、沪宁城际引入上海枢纽等。

2. 第二代高速铁路引入既有枢纽带来的新变化

随着“八纵八横”高速铁路通道的建设，客运专线已成为既有线，高速铁路新线引入既有枢纽的情况越来越普遍。有的仅是简单引入，站场不变；有的站场改造较大。在采用 C3 列控系统的枢纽大站进行站场改造和列控软件换装，联锁试验、动态验证等工作量非常大，且只能在天窗点进行，实施难度大，影响范围广，安全风险高。例如杭长高速铁路引入长沙南站、郑徐高速铁路引入郑州东站等。

随着枢纽接入改造运用实践的不断积累，对枢纽列控等级选择的首要因素渐渐变成了减少动态验证工作量，降低接入改造实施难度和工程风险。因此，在一些线路允许速度 250 km/h 及以下的枢纽车站，采用了 C2 列控系统。例如京雄城际引入北京西站、合安高速铁路引入合肥枢纽等。

良好的运用实践推动了相关规范修编工作，2021 年 8 月发布的《国家铁路局关于发布铁道行业标准的公告（工程建设标准 2021 年第 3 批）》（国铁科法〔2021〕24 号）规定：“CTCS-3 级线路接入枢纽，受工程条件、运输需求和列控系统接口能力等因素限制，枢纽内设计速度250 km/h及以下的线路列控等级可采用CTCS-2级。”

（二）枢纽列控等级方案比选

C3线路引入既有枢纽，枢纽地面信号存在按C2或按C3列控等级配套两种方案。

C3线路引入既有枢纽又可细分为：C3线路引入既有枢纽C0车站、C3线路引入既有枢纽C2车站、C3线路穿行枢纽大型客站贯通穿越枢纽地区等情况。此类枢纽地面信号设备列控等级有C2、C3两种选择，此时需综合考虑枢纽内线路与引入干线运营能力匹配性（速度、能力）、操控模式一致和便利性、枢纽调度区划、列控系统设备自身接口及控制能力、无线网络的能力、枢纽施工组织及调试工作量、车载设备可用性等多方面。枢纽地区C2、C3列控等级选择考虑因素见表4-2-1。

表 4-2-1 枢纽地区 C2、C3 列控等级选择考虑因素

考虑因素	地面设备改造为C3等级	地面设备改造为C2等级
运输能力	列车运行速度小于或等于250 km/h时两者基本相当	
级间切换	无需级间切换，减少故障点；有其他C2线路接入时需级间切换	需要级间切换，增加故障点
司机界面	不变	基本不变
故障后备	C3车载设备故障时C2控车，正常组织行车	C2车载设备故障，区间未设通过信号机时，按站间闭塞方式行车
无线通道	需考虑枢纽内的清频、频点设置	无需考虑
线路站场布局	满足RBC切换的地理位置条件	满足C3切换为C2预告点和执行点设置位置要求
列控设备容量及能力	满足RBC和TSRS设备容量、接口数量及设备能力，RBC、TSRS设备配置难度高	满足TSRS设备容量、接口数量及设备能力，仅TSRS设备配置难度高
施工调试	需对RBC和TSRS设备进行数据配置、接口改造，施工及调试工作量大；必要时进行调度台调整	需对TSRS进行数据配置、接口改造，施工及调试工作量相对较小；必要时进行调度台调整
动态试验	需要进行C2、C3列控系统动态试验，试验时间长、内容多	仅需要进行C2列控系统动态试验，试验时间相对短、内容少
工程投资	较高	较低

综合上述影响因素分析，C3线路引入枢纽时列控等级总体原则如下：

（1）对于线路允许速度250 km/h以上的长大干线交叉贯通的枢纽车站，应采用C3列控等级贯通的方案。如京沪、京广、京哈、京港、沪昆、郑万等干线高速铁路通道。

（2）对于线路允许速度不超过250 km/h、区域内各等级线路衔接关系复杂且联络线长度较短、调度区划分和联锁区划分关系复杂、联锁和列控设备的接口数量多且关系复杂的（例如环形枢纽、运输起终节点枢纽），为避免信号设备的复杂性，减少调试试验工作，地面设备可优先考虑按C2配置；其他非干线直通区域枢纽，结合列控系统接口能力、级间切换工程条件，在尽量减少级间切换的理念上，结合运输需求及具体工程实施场景，也可优先考虑按C2配置地面设备。

（3）在C3线路引入既有枢纽时，除应考虑本工程范围外，枢纽内动车组车底入库走行范围内地面信号系统也需要按C2列控系统配套设计，以满足C3动车组按ATP控车模式入库检修。

（4）受站场过渡开通等因素影响时，局部线路短期可采用 C2 过渡方案。

（5）枢纽涉及多个项目且各项目工期不同步时，可考虑 RBC 软件一次到位、减少 RBC 软件过渡和修改次数，暂采用 C2 等级开通，待相关项目都具备条件后再一次性开通枢纽 C3 等级功能。

五、郑万高速铁路引入郑州东枢纽案例

郑州东枢纽设有郑州东站京广场、徐兰场、城际场，衔接京广、郑西、郑徐、郑济、郑万、郑开等多条高速铁路线路，除郑开城际外，其余线路均采用 C3 列控系统。郑州东枢纽示意如图 4-2-2 所示。

图 4-2-2　郑州东枢纽线路示意图

郑州东站京广场有京广高速铁路贯穿通过，徐兰场有郑徐、郑西、郑济、郑万高速铁路贯穿通过，按照长大干线交叉贯通枢纽采用 C3 贯通的原则，郑州东枢纽地面设备按 C3 列控等级配套，避免 C3 干线上的列车出现 C3、C2 等级的乒乓切换，同时也满足干线铁路通过能力的需求。

郑万工程新建郑州南站，设有郑万场、郑合场、城际场，除城际场外，郑万、郑合均采用 C3 列控系统。郑州南枢纽线路示意如图 4-2-3 所示。

由于郑州南站站房工程建设周期较长，不能与郑万工程同步开通，郑万场、郑合场需要过渡开通，郑万开通初期，郑万场仅开通四条股道。鉴于郑州南站站场不能一次到位，需要分阶段过渡开通，经研究决定郑州东—郑州南暂开通 C2 列控系统，待郑州南站全部建成后再一次性开通 C3 列控系统。

对于郑州东站、郑州南站这样长大干线交叉贯通的枢纽，应采用 C3 列控贯通的方案。受站场过渡开通等因素影响时，局部线路短期可采用 C2 列控过渡方案。

六、徐盐高速铁路引入徐州东枢纽案例

徐州东枢纽设有徐州东站京沪场、徐兰场、徐州东线路所，衔接京沪、郑徐、徐盐、徐连等多条高速铁路线路，均采用 C3 列控系统。徐州东枢纽线路示意如图 4-2-4 所示。

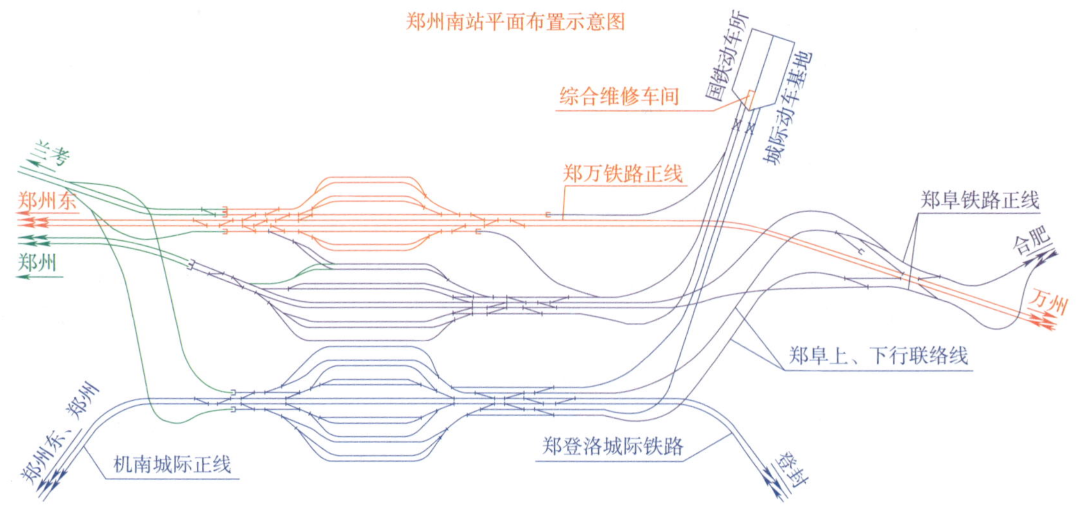

图 4-2-3 郑州南枢纽线路示意图

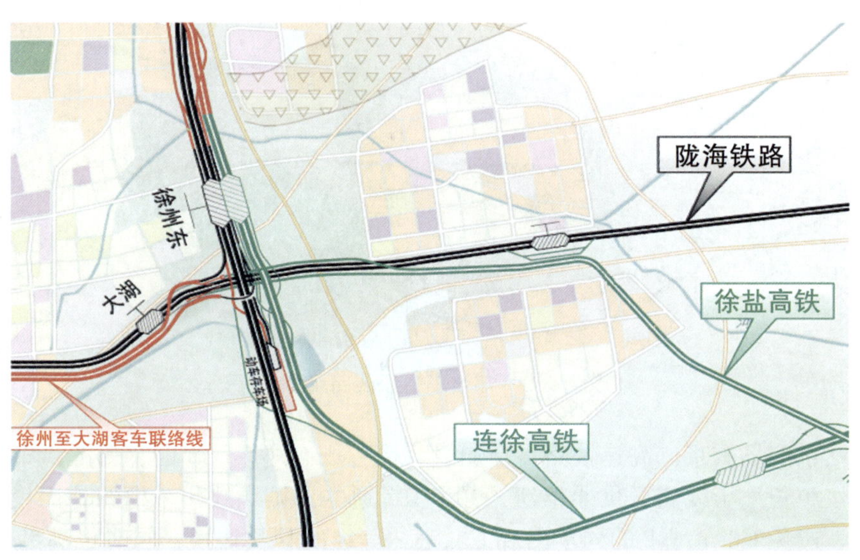

图 4-2-4 徐州东枢纽线路示意图

徐盐高速铁路引入徐州东枢纽，因涉及修改京沪、郑徐高速铁路 RBC，实施难度及风险较高，前期一些单位曾提出建议采用 C2 列控引入徐州东枢纽的方案。鉴于徐州东站为京沪、郑徐、徐连高速铁路交叉贯通车站，线路允许速度高于 250 km/h，通过车较多，且徐盐高速铁路引入徐州东枢纽无过渡工程，正式工程一次实施到位，本着长大干线交叉贯通的枢纽车站应采用 C3 列控等级贯通、减少不必要级间切换的原则，最终按照徐盐 C3 列控等级贯通引入徐州东枢纽的方案实施。

七、京雄城际引入北京枢纽案例

北京枢纽多线交叉，京沪高速铁路引入北京南站、京广高速铁路引入北京西站及北京丰台站、京张高速铁路引入北京北站、京沈高速铁路引入北京朝阳站和北京站。北京枢纽线路示意如图 4-2-5 所示。

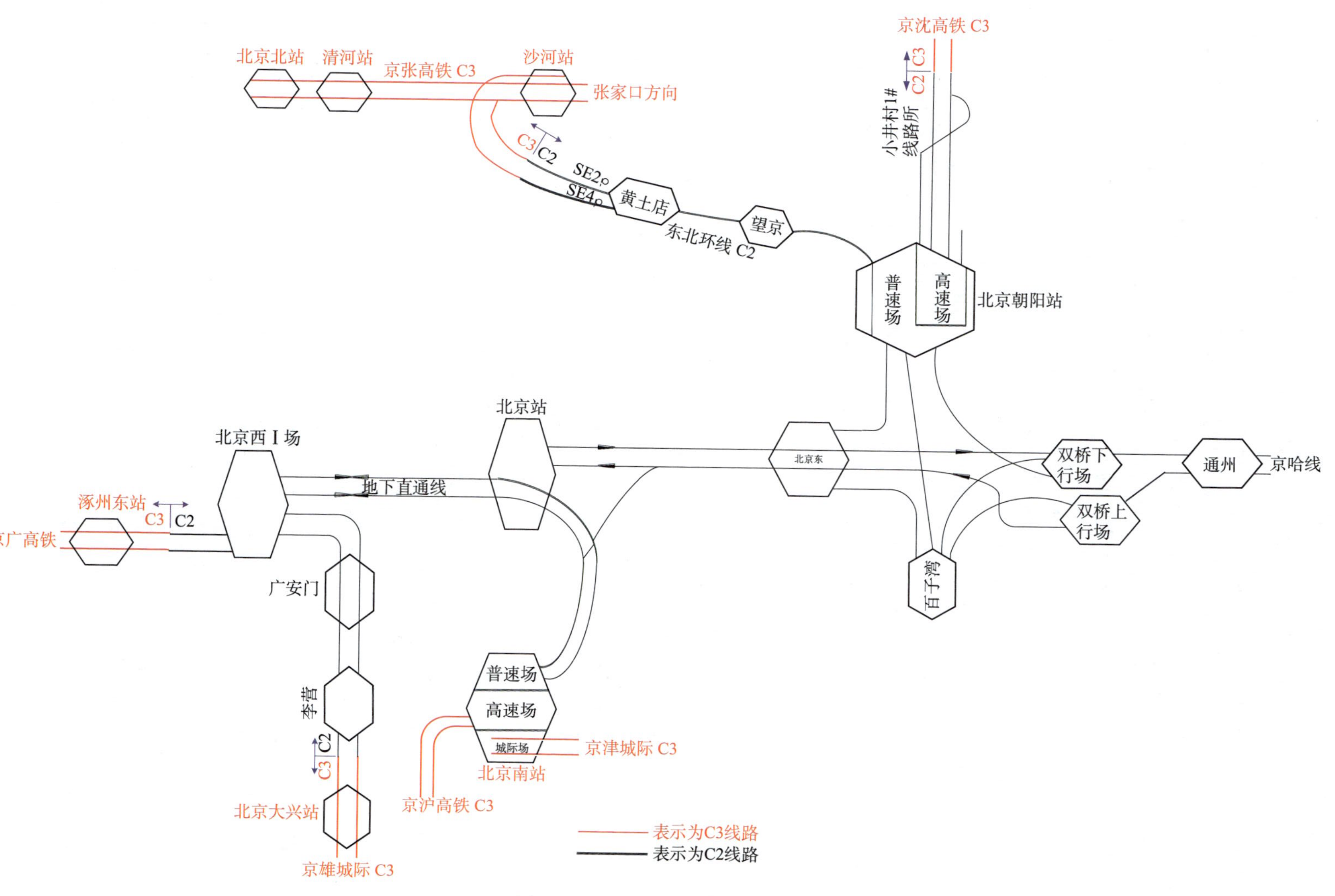

图 4-2-5　北京枢纽线路示意图

因各线引入枢纽内不同站点，引入站点多为运输起、终点车站，枢纽内各站点间互联关系较为复杂且运行速度不高。结合相关项目引入，北京南站、北京北站均采用了 C3 列控系统，北京站、北京西站、北京朝阳站、北京丰台站均采用了 C2 列控系统。

以北京西站为例，结合枢纽工程条件，某些车站地面信号设备按 C2 等级配套，在不影响运输能力的前提下，给工程实施、调试及运维带来便利。京雄城际引入北京西站，北京西Ⅰ场共 20 股道，1 道及 12～20 道在京广高速铁路工程中采用 C3 列控系统，Ⅱ～11 道为普速场 C0 线路。京雄城际引入北京西站，原批复李营至北京西采用 C2 列控系统，北京西站维持 C3 列控系统，并将北京西Ⅰ场Ⅱ～11 道京广高速铁路方向列车进路由 C0 改为 C3。

2019 年，研究北京西站列控系统改造实施方案时，考虑北京西站天窗点时间特别紧张（仅 2 h），北京西Ⅰ场Ⅱ～11 道由 C0 改为 C3 工作量巨大，实施难度极大，风险极高，无法与京雄城际北京西至新机场段 9 月底同步开通，影响京雄城际按期开通。

同时鉴于北京西枢纽地区线路允许速度较低，京广高速铁路杜家坎线路所至北京西为 160 km/h，京雄城际李营至北京西为 120 km/h，北京西枢纽地区采用 C2 列控系统完全满足速度目标值要求，对运输效率没有影响。综合上述因素，最终方案将北京西Ⅰ场全站均改为 C2 列控系统，即京广高速铁路 C3 列控系统退出北京西站。

八、哈牡客运专线引入哈尔滨枢纽案例

哈尔滨枢纽线路允许速度为 120 km/h，哈尔滨站为通过作业较少的贯通式枢纽车站，衔接哈大高速铁路、哈牡客专、哈齐客专、哈佳铁路、京哈线及滨州线。该站高速与普速共站，其中京哈线、滨州线为 C0 线路，哈佳铁路、哈齐客专为 C2 线路，哈大高速铁路、哈牡客专为 C3 线路。哈尔滨枢纽示意如图 4-2-6 所示。

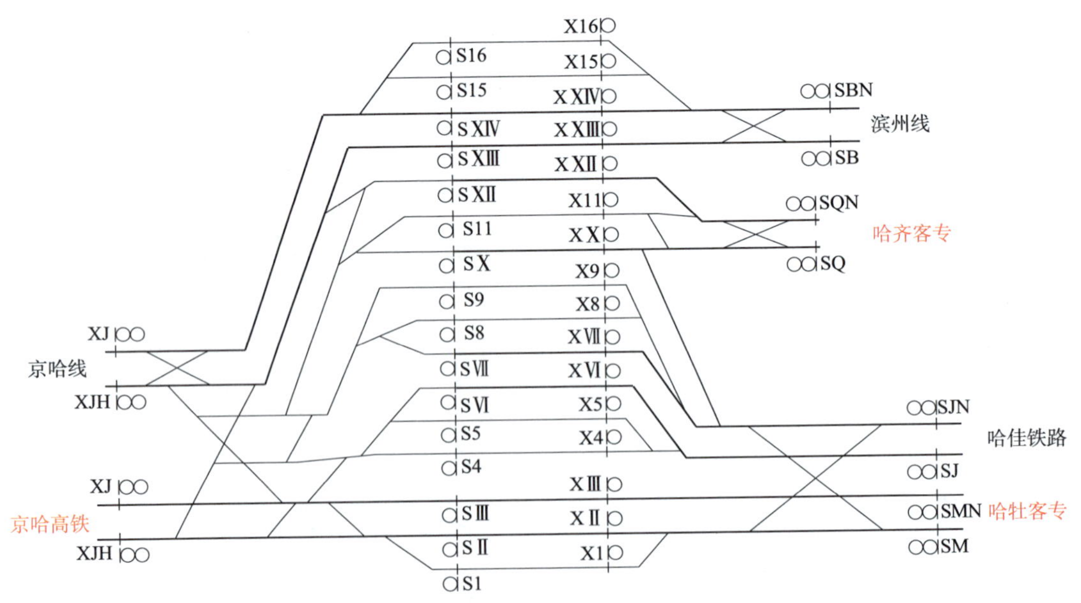

图 4-2-6 哈尔滨枢纽示意图

哈尔滨站既有为 C0 车站，在哈尔滨站改工程中原方案采用 C3 列控系统。

从运输需求层面分析，哈尔滨站改工程、哈佳铁路、哈牡客专开通后，将实现哈大高速铁路与哈齐客专、哈佳铁路、哈牡客专的贯通运营，满足装备 C3 列控车载设备的 CRH380 系列动车组由沈阳方向经哈尔滨站开往齐齐哈尔、佳木斯、牡丹江方向。哈大高速铁路、哈牡客专采用 C3 列控系统，其余线路均采用 C2 列控系统，要实现哈大高速铁路与哈齐客专、哈佳铁路、哈牡客专贯通运营，哈尔滨站采用 C2 列控系统即可满足要求。

哈尔滨站改工程实施时，哈大高速铁路、哈齐客专已开通运营，哈佳铁路、哈牡客专正在实施，哈大高速铁路在双城北站—哈尔滨西站区间设有 C3→C2 级间切换点。哈尔滨站高速、普速共站，衔接京哈线、滨州线两条普速线，站内信号机常态点灯；衔接哈大、哈牡两条 C3 线路，哈齐、哈佳两条 C2 线路，其中哈佳铁路设置区间通过信号机，哈大、哈齐、哈牡均设置区间信号标志牌。哈尔滨站线路允许速度为 120 km/h，速度较低。从运输组织角度，哈尔滨站无通过车。

从工期角度分析，哈尔滨站 2018 年 10 月 10 日具备 C2 列控系统动态验证条件，同年 12 月底开通运营。即动态验证工期 2 个月左右，且哈尔滨站白天运营，相当一部分动态验证序列只能在天窗点进行，工期压力非常大。哈尔滨站站场规模非常大，16 条股道，共 12 个接车口，列车进路 400 多条，动态验证工作量非常大。从现场实施步骤看，哈尔滨站既有为 C0 等级，先进行 C2 列控系统动态验证，C2 列控系统开通后再进行 C3 列控系统动态验证。两个月左右的工期，且由于很多序列只能在天窗点进行，只能完成 C2 列控系统动态验证，无法完成 C3 列控系统动态验证工作。

根据前述枢纽列控等级总体原则，哈尔滨站线路允许速度较低，车站信号机常态点灯，既衔接 C3 线路，又衔接 C2 线路，为降低新线接入实施难度和风险，减少动态验证工作量，按期完成开通目标，最终哈尔滨站暂开通 C2 列控系统。

九、结 束 语

新线引入既有枢纽时，应具体情况具体分析，不能一刀切，一味采用 C2 列控系统。对于长大干线交叉贯通线路允许速度大于 250 km/h 的枢纽，应采用 C3 列控系统。对于线路允许速度为 250 km/h 及以下的枢纽，为降低接入改造工程风险和实施难度，可采用 C2 列控系统。

第三节　枢纽 RBC 设置方案

多线引入枢纽采用 C3 列控系统时，RBC 设置方案非常关键，是枢纽各线共用一套 RBC 设备还是分线设置 RBC 设备，应根据枢纽站场具体布局、各线建设时序及故障影响范围等因素慎重研究比选。

一、RBC 设置的基本原则

RBC 是 C3 列控系统的核心设备，它根据来自信号地面子系统或来自外部地面系统的信息，如轨道占用信息、联锁进路状态、临时限速信息、灾害防护和线路参数以及列车位置报告等产生列车行车许可（MA）控制信息，并通过无线通信系统传输给车载 ATP 设备，监控其管辖范围内的列车安全运行。

RBC 设备应满足《无线闭塞中心技术规范》（TB/T 3330—2015）的规定；RBC 与联

锁、CTC、TSRS、相邻 RBC 的接口应符合《CTCS-3 级列控系统无线闭塞中心（RBC）接口规范》（Q/CR 621.1～621.4—2018）的规定。工程设计中 RBC 的配置主要考虑四个因素：控车能力、接口能力、故障影响面合理性及维护适应性。即 RBC 设置应满足控车数量、与相关信号子系统设备接口数量的要求，控制范围合理，故障影响面最小，同时满足运营维护的要求。

（一）控制能力

根据自主化 RBC 的有关技术指标，目前工程设计中 RBC 的控车能力按 60 列考虑。

（二）接口能力

单个 RBC 的接口能力应能同时连接 8 个联锁、4 个相邻 RBC、1 个 TSRS、1 个 CTC 设备。既有 C3 线路大部分采用国产化 RBC，最多与 4 个相邻 RBC 接口。考虑到新建高速铁路引入既有枢纽时主要与国产化 RBC 接口，因此本节重点针对国产化 RBC 接口能力进行研究。

1. 联锁接口

C3 线路引入枢纽时，为避免 C2 线路改造引起 RBC 修改，RBC 数据不宜延伸至相邻 C2 车站。特殊情况下 RBC 数据确需延伸至相邻 C2 级车站时，RBC 联锁接口数量应满足要求，超过 8 个时应调整优化 RBC 控制范围。

枢纽内经常设置多个线路所，当线路所采用独立联锁时，RBC 与联锁接口数量应满足要求，超过时应调整优化 RBC 控制范围。采用独立联锁的线路所，不应由于 RBC 联锁接口数量原因改为纳入相邻车站控制。

有的枢纽内个别线路所采用区域联锁方案，后结合相关工程引入，将区域联锁线路所改为独立联锁，RBC 因此增加一个联锁接口。如郑徐高速铁路引入郑州东枢纽时的曹古寺线路所。因此，枢纽 RBC 联锁接口数量要综合考虑上述因素，适度预留。

2. CTC 接口

目前 1 个行调台范围可能有多个 TSRS，但 1 个 TSRS 原则上对 1 个调度台。RBC 连接 1 个 TSRS、1 个 CTC 行调台，这里的 CTC 其实是指 CTC-RBC 接口服务器，一个 CTC-RBC 接口服务器理论上在技术层面可以连接多个调度台，但在工程实施及运营管理方面，不建议 1 个 RBC 对多个调度台。如果 1 个 RBC 对两个调度台，TSRS 需相互代传临时限速信息，CTC 间需要相互代传 RBC 信息或 RBC 需要增加与 CTC 接口数量，RBC、CTC、TSRS 均需进行特殊处理，逻辑关系过于复杂，存在技术风险。

3. 相邻 RBC 接口

枢纽内经常是多线交叉且工期不同步，因此在研究 RBC 控制方案时应充分考虑后续 C3 线路接入对相邻 RBC 接口数量的影响。当后续 C3 线路接入导致超出 4 个相邻 RBC 接口数量时，应优先保证干线以 C3 等级贯通。根据具体情况，可将枢纽联络线由 C3 改为 C2，减少一个 RBC 接口。

（三）故障影响范围

大型枢纽车站，一个车站设有多个车场（以下简称一站多场）的情况越来越普遍。例如某车站设有两个高速场，均采用 C3 列控系统，分场设置独立联锁，衔接多条高速铁路线路。研究枢纽 RBC 设置方案时，故障影响范围至关重要。合理控制故障影响范围，本质是指多线交叉时，信号设备控制范围应合理划分，本线设备故障时不得影响其他线路，最大限度降低故障影响范围。

二、一站多场时 RBC 设置方案

（一）场间无 1/42 大号码道岔联络线

一站多场时，RBC 设置方案非常复杂，主要包括故障影响范围、控车数量、调度台设置要求（包括 TSRS、CTC）、相邻 RBC 接口数量、相邻 RBC 切换方案、跨场进路 RBC 切换方案及工期不同步时建设难度等因素。

目前一站多场的 RBC 设置方案主要有两种，即各场分别归属不同 RBC 管辖（分设 RBC）和各场归属同一 RBC 管辖（合设 RBC）。两种方案在技术实现中各自的优缺点见表 4-3-1。

表 4-3-1　分场设 RBC 和合设 RBC 方案技术优缺点对比

序号	技术内容	分场设两套 RBC	合设一套 RBC
1	故障影响范围	设备故障或检修维护时，仅影响本线及跨场 C3 进路，故障影响范围最小	设备故障或检修维护时，影响两条线 C3 进路，故障影响范围太大，不利于运营维护
2	工期不同步时建设难度	不存在难度； 两场工期不同步，可独立建设，互不干扰； 后续车场开通时，既有 RBC 进行软件修改，主要配合完成跨场列车进路动态验证	建设难度非常大； 后续车场调试时，由于共用的 RBC 为既有运营设备，软件修改后的动态验证只能在天窗点内进行，实施难度大，安全风险高； 即便设置过渡调试 RBC，RBC 软件换装天窗点内动态验证工作量依然非常大，实施难度太大
3	调度台要求	无要求	两个高速场宜划分在一个调度台内
4	相邻 RBC 接口数量	满足要求	管辖两条线、连接 4 个相邻 RBC 时满足要求； 管辖三条及以上线路，超过 4 个 RBC 时无法满足要求
5	跨场运行	根据不同站场布置情况，虽实现方案稍显复杂，但满足跨场运行要求。 1. 场间无联络线、在车站附近设有线路所时，根据线路所联络线区间布点情况，优先采用 C3 贯通的方案； 2. 场间设有联络线时，根据实际情况也可采用 C3→C2 等级转换的方案实现跨场运行	满足跨场运行要求，实现方案简单
6	控车数量	满足要求	做好区间 RBC 设备规划的前提下，满足要求

从表 4-3-1 对比情况可知，分场设置 RBC 方案，故障影响范围最小，工期不同步时建设难度最低，对调度台设置无要求，在控车数量、与相邻 RBC 接口及跨场运行等方面均满足要求。

合设一套 RBC 方案，故障影响范围太大，不利于运营维护，工期不同步时建设难度非常大，安全风险高，且两个车场宜划在同一个调度台，对相邻 RBC 接口数量及控车数量方面要求较高。

综上所述，一站多场时，为最大限度降低故障影响面，切实降低工期不同步时建设难度，建议两个高速场单独设置 RBC。

（二）场间设有1/42大号码道岔联络线

当两个高速场间设有大号码道岔联络线时，由于联络线较短，为确保跨场侧通时大号码道岔侧向通过速度，跨场进路内一般设置虚拟信号点，不设置实体列车信号机，否则影响大号码道岔侧向通过速度（详见本章第十五节　连续大号码道岔区域列控设计方案）。

如果两个场单独设置RBC，而联络线只有虚拟信号点，无法进行正常RBC切换。

如果两个场间采用C3切换为C2的方案，大号码道岔侧向通过叠加级间切换，因联络线较短，预告点、执行点设置受限，方案非常复杂。进入区间后又需要由C2再切换为C3，短时间内频繁进行级间切换，不利于列车平稳运行。

综合上述分析，当两个高速场间设有大号码道岔联络线且工期接近时，为确保经大号码道岔侧通进路列控等级连续性，减少不必要的级间切换，两个高速场宜共用一套RBC。

三、郑济、鲁南引入郑州东枢纽RBC控制方案

郑州东枢纽设有京广场、徐兰场，衔接京广、郑西、郑徐、郑万、郑济、鲁南等多条高速铁路线路，均采用C3列控系统。京广、郑徐、郑西、郑万高速铁路已经开通运营，郑济、鲁南高速铁路为在建项目，其接入郑州东枢纽将对枢纽RBC控制方案产生重大影响，因此对接入后的RBC控制方案需要重点研究。

（一）郑济、鲁南高速铁路接入前郑州东枢纽现状

郑济、鲁南高速铁路接入前郑州东枢纽既有RBC设置情况如图4-3-1所示。与新建郑济、鲁南高速铁路有关的既有RBC为徐兰场RBC与郑徐RBC1。

徐兰场RBC与郑西RBC1、郑徐RBC1、京石武RBC7、郑州南RBC共4个RBC接口通信，已达到“单个RBC应能同时与4个相邻RBC接口”的处理能力极限。

郑徐RBC1与郑徐RBC2、京石武RBC7、徐兰场RBC共3个RBC接口通信（其中，南东下行联络线上郑徐RBC1与京石武RBC7不接口，采用C3→C2运行方式），尚有一个RBC接口余量。

郑徐RBC1管辖兰考南（现4股道、后期7股道）、开封北（4股道）、鸿宝线路所、郑徐中继3至中继9，管辖郑徐高速铁路正线上下行线各约130 km、管辖南东上行联络线3.5 km（设计速度140 km/h、C3等级贯通）、管辖南东下行联络线6.5 km（设计速度140 km/h、采用C3切换至C2方式运行）。目前，郑徐RBC1与3个联锁接口通信；与相邻3个RBC（徐兰场RBC、京石武RBC7、郑徐RBC2）接口通信（存在5处RBC切换）；存在1处C3/C2的等级转换。根据《铁路信号设计规范》（TB 10007—2017）第8.2.5节要求，现状为郑徐RBC1管辖的列车数量计算为31列，即：1×7（侧线股道）＋［2×（130÷15）］＋5＋1＝7＋18＋5＋1≈31列。

（二）郑济、鲁南高速铁路接入存在问题

徐兰场已达到“单个RBC应能同时与4个相邻RBC接口”的处理能力极限，徐兰场RBC没有能力再与郑济RBC接口通信。

郑徐RBC1当前与3个RBC接口通信，无法同时满足郑济、鲁南高速铁路以C3等级接入。

郑济、鲁南高速铁路接入郑州东枢纽时，存在RBC与相邻RBC接口数量超极限的问题。

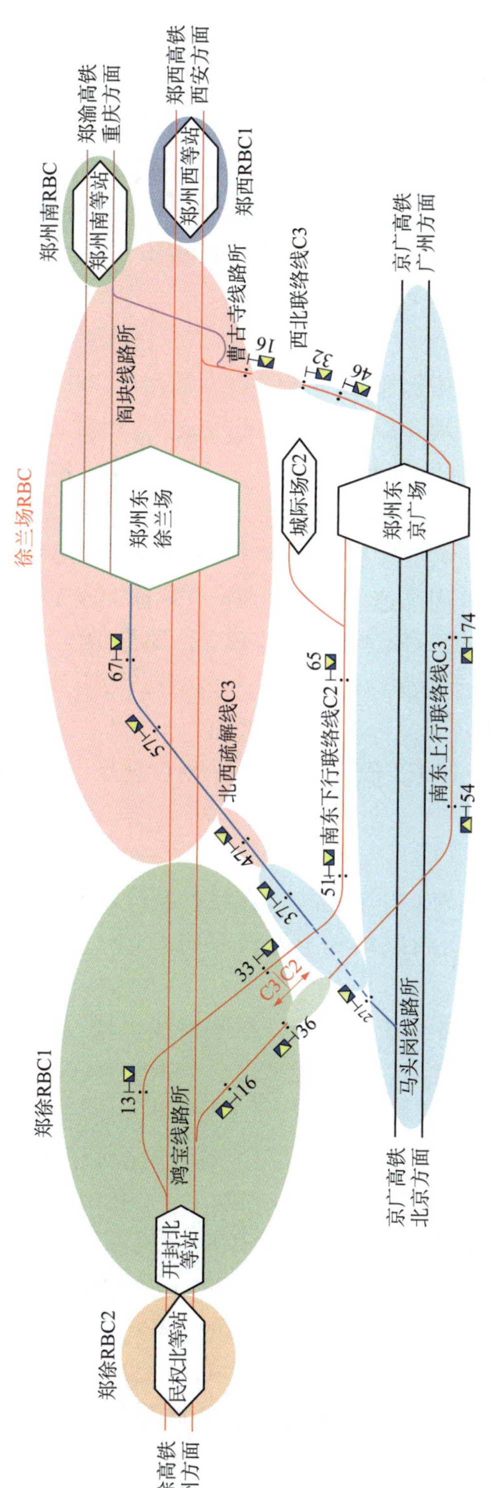

图 4-3-1　郑济、鲁南高速铁路接入前郑州东枢纽 RBC 控制范围示意图

（三）接入方案优化

考虑徐兰场 RBC 已与相邻 4 个 RBC 接口通信，没能力再与郑济 RBC 接口通信移交，为实现郑济客专 C3 等级接入郑州枢纽，考虑扩大郑徐 RBC1 管辖范围，将郑济客专大孟线路所、中继 14 纳入郑徐 RBC1 管辖，郑济 RBC2 与郑徐 RBC1 接口通信。

同时，为腾出接口满足鲁南客专 C3 等级接入郑徐客专，考虑取消设计速度较低的鸿宝线路所处南东上行联络线上京石武 RBC7 与郑徐 RBC1 的 RBC 通信移交，将该处的运行方式由 C3 等级调整为 C2 等级运行，在该联络线上增设双向 C3→C2 等级转换点。

郑济、鲁南接入后，徐兰场 RBC、郑徐 RBC1 均与相邻 4 个 RBC 接口通信，满足设备接口指标要求。

1. 接入后郑徐 RBC1 控车数量

郑济、鲁南接入后，郑徐 RBC1 增加管辖郑济的大孟线路所、中继 14 和鲁南高速铁路河南段后，郑徐 RBC1 管辖兰考南（现 4 股道、后期 7 股道）、开封北（4 股道）、鸿宝线路所、郑徐中继 3 至中继 9、大孟线路所和郑济中继 14，管辖郑徐客专正线上下行线各约 130 km、管辖南东上行联络线 3.5 km（设计速度 140 km/h、C3 等级切换至 C2 等级运行）、管辖南东下行联络线 6.5 km（设计速度 140 km/h、C3 等级切换至 C2 等级运行）、管辖郑济客专正线上下行线各 10 km、管辖鲁南高速铁路约 40 km。郑徐 RBC1 与 4 个联锁接口通信；与相邻 4 个 RBC（徐兰场 RBC、鲁南 RBC4、郑济 RBC2、郑徐 RBC2）接口通信。郑济接入郑州枢纽后，根据《铁路信号设计规范》（TB 10007—2017）第 8.2.5 节要求，郑徐 RBC1 管辖大孟线路所后控车数量为 43 列，即：1×7（侧向股道）＋［2×（130÷15）＋2×（10÷15）＋2×（40÷15）］＋8＋2＝7＋18＋2＋6＋8＋2＝43 列，满足 RBC 最多同时处理 60 列已注册列车的要求。

2. 南东上行联络线改造

将南东上行联络线由 C3 等级改为 C2 等级，取消南东上行联络线上郑徐 RBC1 与京石武 RBC7 间 RBC 切换，同时在南东上行联络线上增设双向 C3→C2 等级转换预告、执行应答器组。

因既有 RBC 管辖的南东上行联络线长度较长，在联络线上增设 C3→C2 等级转换时无需扩大 RBC 在南东联络线上的管辖范围，不涉及 CBI、TSRS、CTC 软件修改，修改 RBC 软件和应答器报文即可。

南东上行联络线由 C3 等级改 C2 等级工作可结合鸿宝线路所站改同步实施，施工条件便利，且可实现南东上、下行联络线线路等级保持一致，均采用 C2 列控系统。

（1）由郑州东京广场 XXF 信号机往鸿宝线路所 SL 信号机方向

经查，由京广场出站存在限速 80 km/h 的区段 1 300 m，线路情况较有利，且京石武 RBC7 管辖的南东上行联络线长度为 4 831 m，不需要扩大 RBC 管辖范围，不修改郑州东京广场联锁关系，采用将联络线上的既有应答器组定义为 C3→C2 等级转换预告和执行应答器组来实现 C3→C2 自动等级转换。另为减少地面应答器修改数量，建议原 RBC 切换执行应答器组可不拆除，仅修改报文即可。

本项涉及京石武 RBC7、地面 4 个既有应答器报文（含 ZX-R）修改。

郑州东枢纽东南上行联络线正向 C3→C2 级间切换示意如图 4-3-2 所示。

将京广场 BXXF 进站有源应答器组定义为正向 C3→C2 等级转换预告应答器组，将区间信号点 74 处的区间应答器组 B76 定义为正向 C3→C2 等级转换执行应答器组；京石武 RBC7 管辖范围维持既有管至区间信号点 36 处不延伸范围，等级转换执行点距 RBC 管辖边界的距离为 4 105 m，满足速度 80 km/h、坡度 0‰的常用制动距离要求。

（2）由鸿宝线路所 SL 信号机往郑州东京广场 XXF 信号机方向

郑州东枢纽东南上行联络线反向 C3→C2 级间切换示意如图 4-3-3 所示。

徐兰场 RBC 管内南东上行联络线限速速度 140 km/h，郑徐 RBC1 管辖的南东上行联络线长度为 3 097 m，不需要扩大 RBC 管辖范围。

在区间分割点 F10 往郑州东站方向 200 m 处增设反向 C3→C2 等级转换预告应答器组，将区间信号点 16 处的既有区间应答器 B18 定义为反向 C3→C2 等级转换执行应答器组，郑徐 RBC1 管辖范围维持既有管至区间信号点 36 处不延伸范围，等级转换执行点距 RBC 管辖边界的距离为 1 745 m，满足速度 140 km/h、坡度 0‰的常用制动距离要求。

本项涉及郑徐 RBC1、地面 4 个既有应答器报文修改，及新增设 2 个应答器。

3. 南东上行联络线 C2 等级运行重新转回 C3 等级运行时机

郑济、鲁南接入郑州东枢纽后 RBC 控制方案示意如图 4-3-4 所示。

郑州东京广场往郑徐方向：郑徐正线在鸿宝线路所 X、XF 进站信号机外方已设有 C2→C3 等级转换点，郑济正线在马渡线路所 X、XF 进站信号机外方设 C2→C3 等级转换点，因南东上行联络线增设双向 C3→C2 等级转换点，没有再增设 C2→C3 等级转换点条件，京广场装备 CTCS-3 级列控的动车组在驶入南东上行联络线转 C2 等级运行后，越过鸿宝线路所或马渡线路所重新转入 C3 等级运行。

郑州东京广场往郑济方向：郑济马渡线路所与大孟线路所间仅一处区间信号点，且该信号点作为郑徐 RBC1 与郑济 RBC2 通信移交点，本区间不具备设 C2→C3 等级转换点条件。马渡线路所至郑州东徐兰场间郑济正线允许速度不高于 180 km/h，装备 CTCS-2 级列控的动车组越过马渡线路所后转 C3 等级运行，不影响行车效率。

郑徐、郑济往郑州东方向：京石武正线在郑武中继站 2 外方已设有 C2→C3 等级转换点，郑徐、郑济装备 C3 列控的动车组经南东上行联络线反向运行至京石武武汉方向时，可在郑武中继 2 重新转入 C3 等级运行。

四、杭州西枢纽 RBC 控制方案

新建湖州至杭州西至杭黄铁路连接线工程设计时速 350 km/h，正线自宁杭高速铁路湖州站接轨引出，至杭州西站至杭黄铁路桐庐站，新建工程长度 135.788 km。新建湖州南东、东南联络线与沪苏湖高速铁路互通。在杭州西站附近设置范家漾线路所、勾庄线路所，预留沪乍铁路引入条件；桐庐东站预留杭温高速铁路引入条件；杭州西站预留杭临绩铁路西北、北西联络线引入条件。湖杭高速铁路湖州站—杭州西站—桐庐站均采用 C3 列控系统，实现宁杭（商合杭）、湖杭、杭黄高速铁路 C3 等级贯通运行。湖杭高速铁路设置两套 RBC，湖杭高速铁路原 RBC 控制方案示意如图 4-3-5 所示。

湖杭 RBC1：与宁杭 RBC2、湖杭 RBC2 接口，预留沪苏湖 RBC、沪乍 RBC 接口；

湖杭 RB2（即杭州西枢纽 RBC）：与湖杭 RBC1、杭黄 RBC1 接口，预留杭温 RBC 接口。

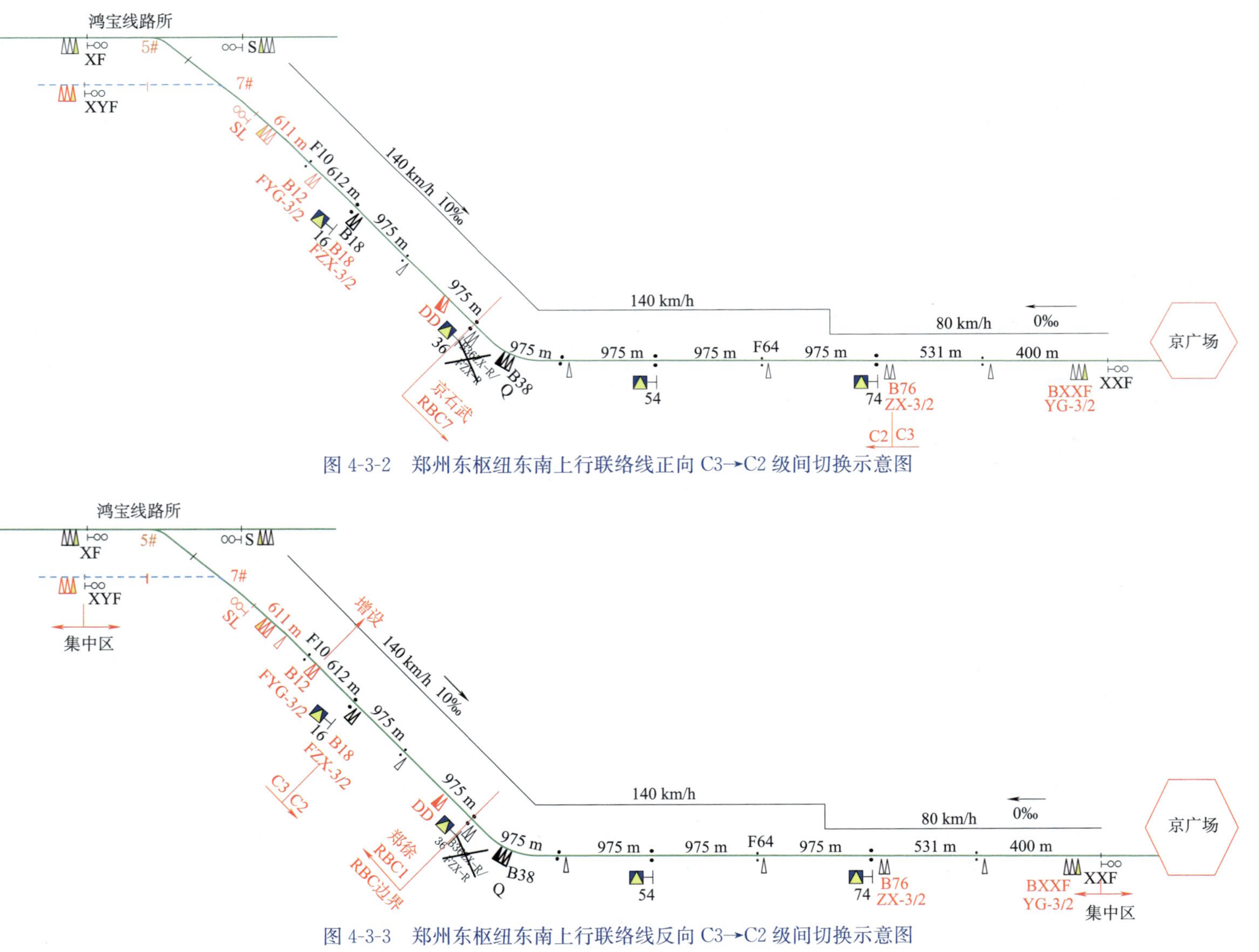

图 4-3-2 郑州东枢纽东南上行联络线正向 C3→C2 级间切换示意图

图 4-3-3 郑州东枢纽东南上行联络线反向 C3→C2 级间切换示意图

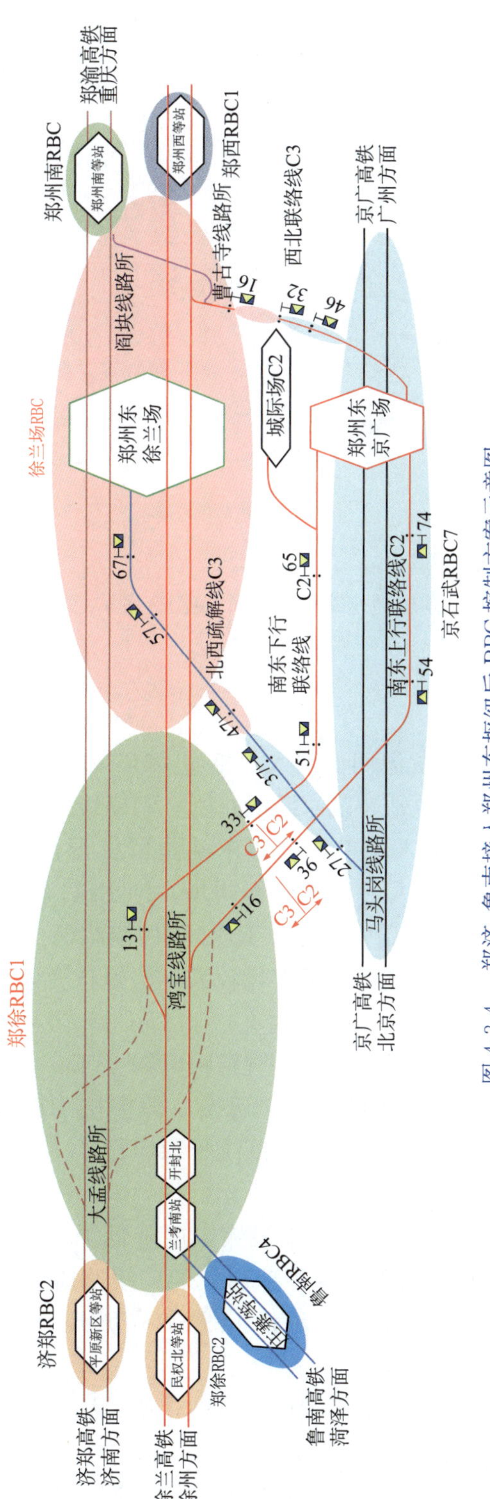

图 4-3-4　郑济、鲁南接入郑州东枢纽后 RBC 控制方案示意图

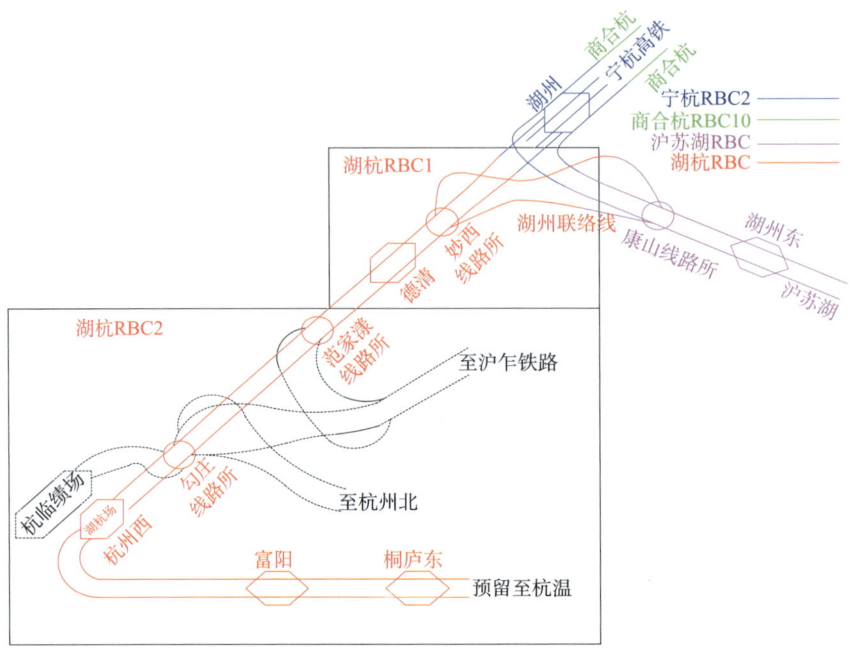

图 4-3-5　湖杭高速铁路原 RBC 控制方案示意图

（一）原 RBC 控制方案存在的问题

1. 新线引入影响范围大

湖杭 RBC2 后续将面临沪乍、杭温两次引入，枢纽 RBC 频繁修改，对杭州西站影响太大。湖杭 RBC2 管辖范围包括杭州西站、范家漾线路所、勾庄线路所及桐庐东站，范家漾线路所、勾庄线路所预留沪乍铁路引入条件，桐庐东站预留杭温高速铁路引入条件。湖杭 RBC2 后续将面临沪乍、杭温两次引入，且工期不同步，即 RBC 软件要修改两次。杭州西站共 11 股道、8 个发车口，沪乍、杭温引入导致 RBC 软件修改两次，杭州西站要进行必要的动态验证。动态验证只能在天窗点进行，工作量较大，实施难度大，安全风险高。

2. 湖杭 RBC1 管辖范围较小

湖杭 RBC1 管辖妙西线路所、德清湖杭场，管辖距离约 38 km。由湖州站向杭州西站运行时，动车组在 38 km 范围内要进行两次 RBC 切换，即宁杭 RBC2→湖杭 RBC1→湖杭 RBC2，短距离内频繁进行 RBC 切换不利于列控系统平稳运行。

（二）杭州西枢纽 RBC 控制方案优化

针对湖杭 RBC 原控制方案存在的问题，为最大限度降低沪乍引入对杭州西站的影响，避免短距离内 RBC 频繁切换，提出将范家漾线路所、勾庄线路所纳入湖杭 RBC1 控制的优化方案。优化后湖杭高速铁路 RBC 控制方案示意如图 4-3-6 所示。

优化方案主要优点如下：

1. 沪乍引入时只修改湖杭 RBC1，不影响杭州西站，德清湖杭场仅 4 股道，动态验证工作量较小，实施难度最低，风险最小。

2. 湖杭 RBC1 控制距离约 60 km，避免了短距离内频繁进行 RBC 切换的问题。

3. 湖杭 RBC1 联锁接口数为 4 个，预留沪乍方面线路所纳入管辖的条件。沪乍引入时，将 3 个线路所构成的枢纽三角交叉区域纳入同一个 RBC 管辖，更有利于跨线 RBC 切换。

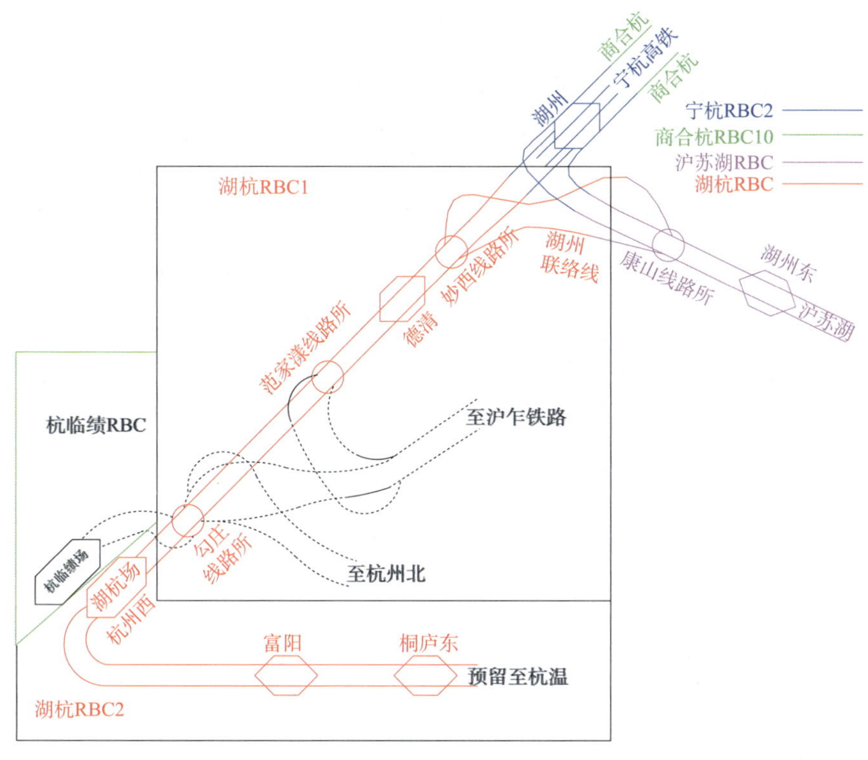

图 4-3-6　优化后湖杭高速铁路 RBC 控制方案示意图

需要特别指出的是，沪苏湖、沪乍引入后，湖杭 RBC1 相邻 RBC 接口数将达到 4 个，若杭临绩采用 C3 等级，湖杭 RBC1 将不具备与杭州西站杭临绩场 RBC 接口的能力，因此建议沪乍引入杭州西站时，杭州西杭临绩场采用 C2 列控系统。

（三）小结

当枢纽车站采用 C3 列控系统时，应结合枢纽后续相关线路规划引入条件，合理确定枢纽 RBC 控制范围。有条件时将后续线路纳入正线 RBC 管辖，后续线路接入时仅影响正线 RBC，最大限度降低后续线路接入对枢纽 RBC 的影响，切实降低后续线路接入实施难度和风险。

五、结 束 语

枢纽一站多场时，为最大限度降低故障影响面，切实降低工期不同步时建设难度，两个高速场宜单独设置 RBC。当两个高速场间设有大号码道岔联络线且工期接近时，为确保经大号码道岔侧通进路列控等级连续性，减少不必要的级间切换，两个高速场宜共用一套 RBC。

第四节　枢纽 RBC 切换方案

枢纽各线均采用 C3 控系统时，枢纽 RBC 切换方案非常关键。枢纽联络线通常较短，有的未设区间信号点，无法进行正常 RBC 切换，导致枢纽列控方案非常复杂。

一、RBC 切换过程简介

列车运行通过不同 RBC 管辖范围边界时，存在 RBC 切换移交的过程，涉及车与 RBC，RBC 与 RBC 间多次信息交互。RBC 双电台切换过程简要示意如图 4-4-1 所示，具体步骤如下。

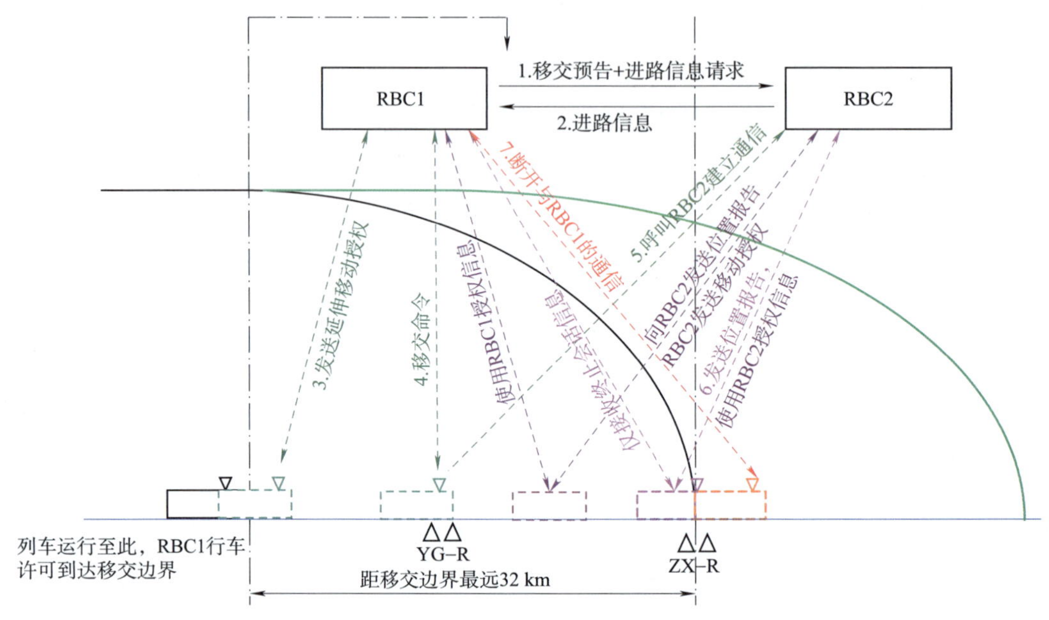

图 4-4-1　RBC 双电台切换过程简要示意图

1. 列车在 RBC1 的控制区域内正常运行，仅接收 RBC1 发送的行车许可（假定车载设备使用电台 1 与 RBC1 通信）。当其行车许可达到 RBC 移交边界时，RBC1 作为移交 RBC 启动移交流程，RBC1 向 RBC2 发送移交列车预告信息和进路请求信息。预告信息包括车次号、边界应答器组号、车载设备工作模式、列车数据（信息包 11）等；进路请求信息包括至行车许可终点距离、临时限速个数、附加的限制条件等。

2. RBC2 收到 RBC1 的进路请求信息后，根据联锁系统的信号授权向 RBC1 发送进路信息。进路信息包括行车许可（信息包 15）、线路坡道（信息包 21）、静态速度（信息包 27）及其他行车许可附加信息包。当 RBC2 管辖范围内进路发生变化时，RBC2 应当及时将进路信息发送给 RBC1。RBC1 根据 RBC2 提供的进路信息，向车载设备发送延伸至 RBC2 区域内的行车许可。

3. 列车距离 RBC 移交边界一定距离（根据工程实际，距离可配置），RBC1 将向车载设备发送 RBC 切换命令（信息包 131），该命令包括至 RBC1/RBC2 切换点的距离、RBC2 的 ID 以及 RBC2 的电话号码。

4. 根据 RBC1 提供的电话号码，车载设备使用电台 2 开始呼叫 RBC2。呼叫成功后，列控车载设备通过电台 2 向 RBC2 发送通信初始化信息（M155）、RBC2 向列车发送通信版本信息（M32）、车载设备向 RBC2 发通信建立信息（M159）。至此，车载设备与 RBC2 建立了通信会话。

5. 列车继续前行，在到达切换边界前，车载设备保持使用 RBC1 提供的行车许可监控列车运行，并向 RBC1、RBC2 发送位置报告。

6. 当列车最大安全前端越过 RBC 切换点后，车载设备向 RBC1 及 RBC2 发送位置报告。若 RBC1 接到列车最大前端越过切换边界的位置报告后向 RBC2 发送列车通告信息；若 RBC2 收到列车最大前端已越过 RBC 切换边界的位置报告后向 RBC1 发送接管列车信息。此后，车载设备开始只使用从 RBC2 接收到的消息，并拒绝接收 RBC1 除终止会话信息（信息包 42）之外的其他消息。

7. 当列车尾部（最小安全末端）越过边界后，车载设备向 RBC1 及 RBC2 发送位置报告。RBC1 根据列车提供的位置报告命令车载设备切断电台 1 与 RBC1 的通信会话，同时将其从 RBC1 的列车清单中删除。车载设备接收到 RBC1 的切断无线连接的命令后，切断与 RBC1 的通信连接。车载设备通过电台 2 继续保持与 RBC2 的通信会话并接收行车许可，监控列车安全运行，至此完成 RBC1 到 RBC2 的切换。

《列控系统应答器应用原则》（TB/T 3484—2017）、《列控系统应答器应用技术条件》（Q/CR 769—2020）均规定：RBC 切换预告应答器组设置在 RBC 切换边界外按线路允许速度运行 20 s 的距离处；正、反向 RBC 切换执行点应答器组合并设置，并设置在距离绝缘节 1 m 处（从靠近绝缘节的应答器计算）。

二、确定 RBC 最小管辖范围

枢纽地区因为多线密集交汇，不排除 RBC 设置密度较大的情况。以 RBC 设置密度较大的某枢纽为例，相邻三站与 RBC 管辖范围关系示意如图 4-4-2 所示。

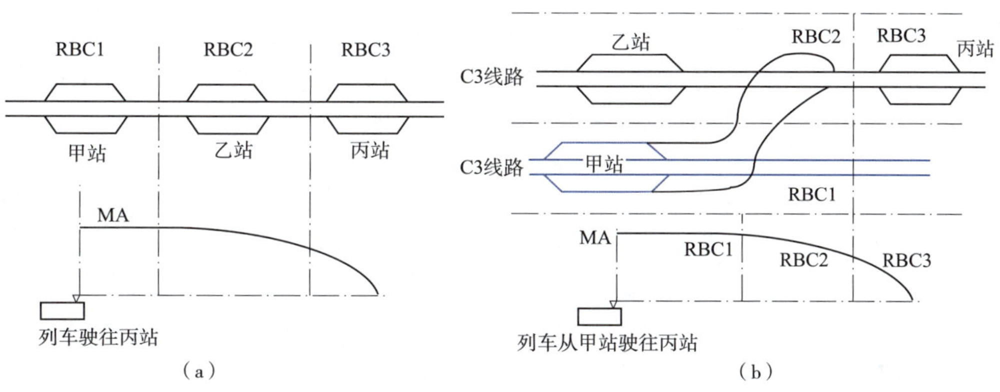

图 4-4-2　相邻三站与 RBC 管辖范围关系示意图

从 RBC 切换过程中可以看出，当 RBC1 的 MA 范围伸入 RBC2 的管辖范围时，RBC1 启动移交流程。而从目前设备能力上看，每处移交点 RBC 单向同时仅能与一个 RBC 进行通信、交互进路信息。如果接收 RBC 的管辖范围较小，如图 4-4-2 中 RBC2 管辖范围较小，当列车逐渐驶近 RBC1 和 RBC2 切换边界，车载能获取的前方 MA 长度渐短（终止于 RBC2 的管辖边界），在 RBC1/RBC2 切换执行点处 MA 达到最小长度。如果 RBC2 的管辖范围小于 20 s 无线允许中断时间内“列车走行距离＋列车最大常用制动距离”之和的长度，则 C3 等级运行的列车将降速通过 RBC1/RBC2 切换点。

为避免 C3 等级运行列车降速通过 RBC 切换点，单个 RBC 的管辖范围应大于 20 s 无线允许中断时间内“列车走行距离＋列车最大常用制动距离”的长度之和。枢纽内密集配置

RBC 时需要考虑单个 RBC 的最小管辖范围，必要时考虑将丙站调整给 RBC2 管辖。

三、RBC 切换点设置总体原则

（一）RBC 切换点应设在闭塞分区分界处

通常情况下，RBC 计算逻辑以一个闭塞分区为界建立区段“使用”状态，如图 4-4-3 所示。因此，如果 RBC 切换点不以闭塞分区分界点作为 RBC 边界，当列车占用图中所示的位置时，RBC2 认为本闭塞分区占用，向 RBC1 发出以 XT 为目标点的有条件紧急停车消息，车载接收到的 MA 缩短至 RBC 切换边界，造成列车紧急制动。RBC 切换边界不在闭塞分区分界点处示意如图 4-4-3 所示。

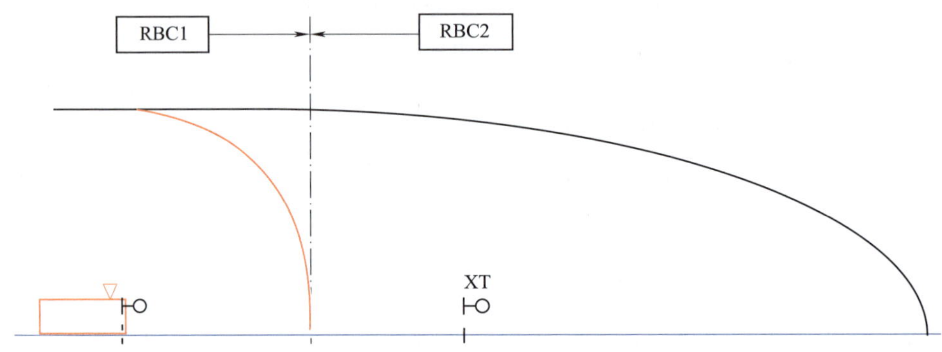

图 4-4-3　RBC 切换边界不在闭塞分区分界点处示意图

所以《高速铁路设计规范》（TB 10621—2014）14.4.11 规定，RBC 切换点应设置在闭塞分区分界点处。为满足 RBC 正常切换要求，在枢纽短联络线，设计单位行车、接触网、信号等专业应密切配合，尽量在联络线至少设置一个区间信号点。

（二）切换点处常用制动距离内 RBC 数据尽量不延伸至相邻车站

考虑在 RBC 管辖范围边界处两个 RBC 需要交互的行车许可范围，该范围一般至少考虑 20 s 无线允许中断时间内“列车走行距离＋列车最大常用制动距离”。例如该范围在速度 80 km/h 平坡联络线为 1 100 m；速度 120 km/h 平坡联络线为 1 900 m；速度 160 km/h 平坡联络线为 3 200 m。在线路长度允许的情况下，RBC 切换的执行点尽量选择距离车站大于 RBC 需要交互的行车许可范围，这样可以简化 RBC 间交互的行车许可内容，避免两 RBC 间交互信息涉及相邻车站的站内联锁进路。

（三）RBC 切换点和降级后等级转换点关系的匹配性

《列控系统应答器应用原则》（TB/T 3484—2017）5.3.10 中规定“CTCS-3 区域内满足设置等级转换条件的车站接近及离去区段设置等级转换点，用于降级后按 CTCS-2 级运行的列车恢复 CTCS-3 级运行”“等级转换执行应答器组间和 RBC 切换点应答器组间距应大于等级转换执行应答器组所在区段线路最高码序至 HU 码的距离”。

C3 线路最高码序通常为 L5，因此等级转换执行应答器组间和 RBC 切换点应答器组间距需考虑 7 个闭塞分区，但由于枢纽部分地段站间距均较短，难以满足 7 个闭塞分区的要求，若同时设置等级转换和 RBC 切换，则会出现 C3 车载输出紧急制动导致列车停车的情况。RBC 切换与等级转换点关系示意如图 4-4-4 所示。

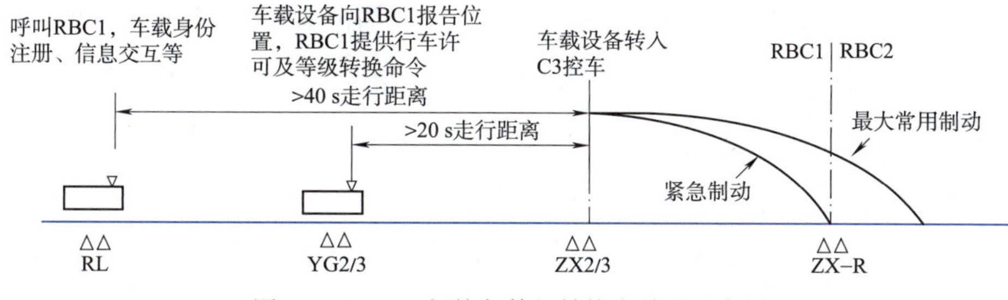

图 4-4-4　RBC 切换与等级转换点关系示意图

列车由 C2 等级转为 C3 等级的过程包括：在 RL 处车载电台呼叫 RBC1 并进行注册；在 YG2/3 处车载设备向 RBC1 发送位置信息且 RBC1 向车载设备提供行车许可及等级转换命令；当列车前端通过 ZX2/3 时车载设备进行级间切换，提示司机进行等级确认，司机确认后车载设备按 C3 方式控车。由于此时 RBC1 与 RBC2 还来不及启动移交，RBC1 能给出的 MA 终点为 RBC1/RBC2 的切换点。若级间切换点距离 RBC1/RBC2 的切换点的距离不满足列车最大常用制动距离的要求，可能会出现列车实际速度（如原 C2 控车时收到 L5 码）比 C3 车载设备给出的允许速度高，最不利的情况是 C3 车载设备输出紧急制动导致列车停车。

针对有可能出现这种问题的短区间，总体设计原则是：必须确保 RBC 切换，有条件时兼顾等级转换。应优先确保 RBC 切换点正常设置，RBC 切换点设置方案稳定后，如果 RBC 切换点距等级转换执行应答器组距离满足“大于等级转换执行应答器组所在区段线路最高码序至 HU 码距离”或满足“大于 10 s 走行距离＋最大常用制动距离”的要求，则可正常设置等级转换执行应答器组；如果不满足，则该等级转换执行应答器组取消，出站口不设置级间切换点呼叫包，并将此方案明确告知运营单位。

四、调整既有 RBC 管辖范围实现 RBC 正常切换

在某些 C3 枢纽，区间较短无法设置区间信号点，不具备 RBC 正常切换的条件。某枢纽短联络线无区间信号点示意如图 4-4-5 所示。

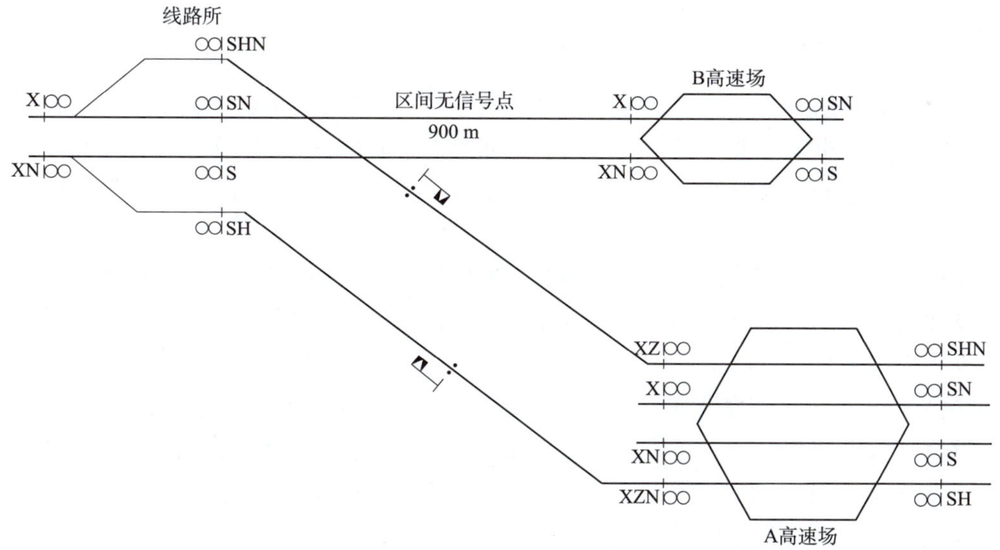

图 4-4-5　某枢纽短联络线无区间信号点示意图

线路所、A高速场由A线RBC管辖，新建B高速场由B线RBC管辖。因线路所与B高速场间无区间信号点，不具备RBC正常切换条件，且既有RBC和新线RBC分属不同设备供应商。

枢纽RBC控制方案比选如下。

方案一：新建B高速场纳入既有A线RBC管辖

因线路所与B高速场间无区间信号点，不具备RBC正常切换条件，所以提出方案一，将新建B高速场纳入既有A线RBC管辖，即枢纽地区A高速场、B高速场及线路所均由同一RBC管辖。

该RBC控制方案存在以下问题：

1. 故障影响面太大

该RBC控制方案将两条不同的高速铁路均纳入同一RBC管辖，RBC故障时影响两条高速线，存在故障影响面太大的问题。

2. 实施风险太大

该RBC控制方案对既有A线RBC改动非常大，相关动态验证工作只能在天窗点进行，实施难度大，影响范围广，安全风险高。

方案二：调整既有RBC管辖范围

线路所至A高速场间联络线设有区间信号点，调整既有RBC管辖范围，利用该信号点进行RBC切换。将线路所、新建B高速场均纳入B线RBC控制，缩小A线RBC管辖范围，两个RBC在联络线区间信号点处分界，实现RBC正常切换。

方案比选：

方案一，故障影响面太大，实施风险太高。

方案二，两个RBC在设置区间信号点的联络线进行正常RBC切换，规避了在未设区间信号点的短联络线进行RBC切换的难题，减少不同型号RBC互联互通特殊处理，降低故障影响面和实施难度。

综合上述分析，推荐采用方案二。

五、联络线增设信号点实现枢纽RBC正常切换

一些枢纽短联络线不具备设置区间信号点的条件，但是有的枢纽联络线则存在因设计单位信号、行车、供电等专业沟通不够深入，导致能够设置区间信号点而未设置的情况，此时应多专业统筹考虑调整联络线有关工程条件，增设信号点，实现枢纽RBC正常切换。

（一）商丘枢纽

商合杭高速铁路、郑徐高速铁路、雄商高速铁路、既有陇海线、既有京九线交汇于商丘枢纽，其中商合杭高速铁路、郑徐高速铁路、雄商高速铁路均采用C3列控系统，既有陇海线、既有京九线为普速线路。

郑徐高速铁路由商丘西线路所下线经商丘商合杭上、下行联络线接入商丘站商合杭场，与商合杭高速铁路连接。商丘西线路所设有1/42大号码道岔，商丘商合杭上、下行联络线长度约1.9 km，因联络线存在378 m的分相区，所以区间无信号点。

商合杭高速铁路接入后商丘枢纽示意如图4-4-6所示。

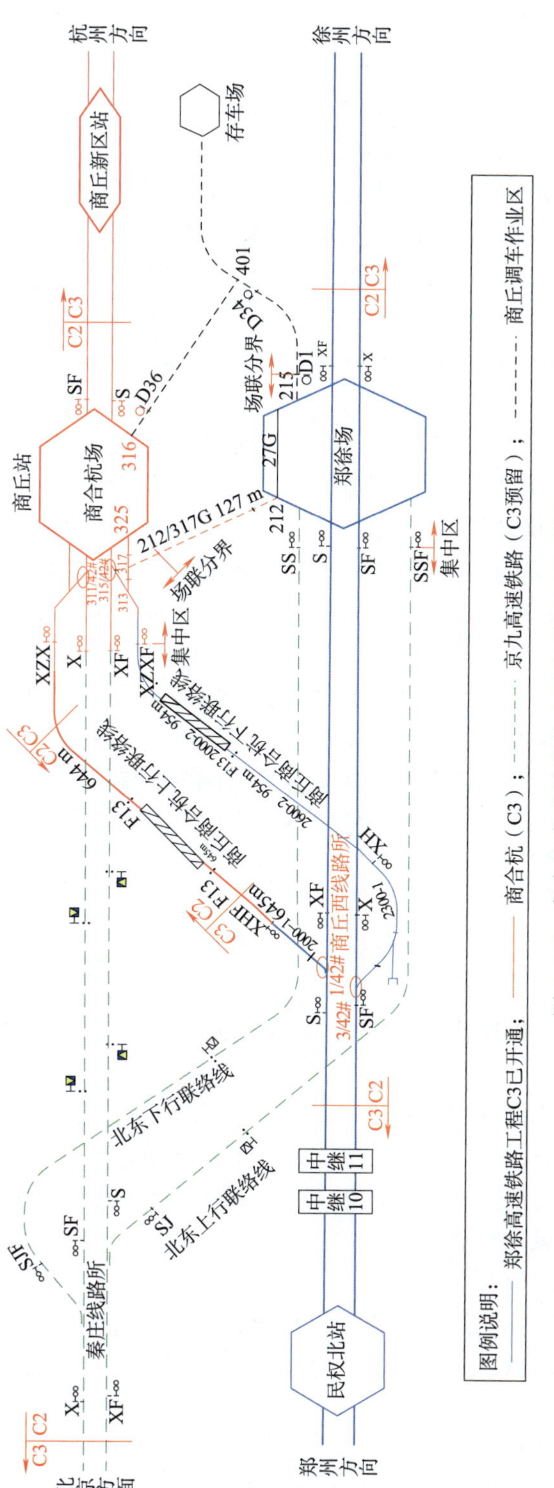

图 4-4-6　商合杭高速铁路接入后商丘枢纽示意图

原方案拟采用在联络线进行 C3→C2 级间切换的方案。施工图审核阶段发现该问题后，为避免出现有临时限速时 C3 和 C2 允许速度不一致、在预告点触发制动的问题，要求建设单位组织进行方案优化。

方案一：在联络线进行 C3→C2 级间切换

由于联络线无区间信号点，当有临时限速时，容易存在因 C3 和 C2 允许速度不一致造成列车在预告点触发制动的问题，以下行联络线为例。

如商合杭 RBC1 管辖范围延伸过商丘西线路所管辖至郑徐高速铁路区间第一个信号点。

当在商丘西线路所 3＃大号码道岔应答器组发送检查范围内低于大号码道岔侧向速度但不小于 80 km/h 的限速时，TCC 不具备发送大号码道岔信息包条件，即 C2 等级收不到大号码道岔信息包，在防护大号码道岔的信号机 XH 处 C3、C2 速度不一致：C3 等级控制列车按照大号码道岔侧向允许速度运行（如 140 km/h），而 C2 等级因没有收到大号码道岔信息，控制列车按照 XH 信号机限速 80 km/h 的速度打靶，这就造成列车收到 FYG-3/2 等级转换预告点处因 C3（140 km/h）、C2（127 km/h）等级速度差别较大而引起列车常用制动。

当在商丘西线路所 SF 外方 L_1 范围内有低于 80 km/h 的限速时，商丘西线路所 TCC 全进路限速 45 km/h，XH 接近区段发 UU 码，C2 等级控制列车以 XH 信号机为目标点，按照 45 km/h 的速度打靶，这就造成列车收到 FYG-3/2 等级转换预告应答器处因 C3（140 km/h）、C2（115 km/h）等级速度差别较大而引起列车紧急制动。有临时限速时 C3、C2 控车曲线差异示意如图 4-4-7 所示。

由于线路所为 1/42 大号码道岔，联络线区间无信号点，经大号码道岔侧向进行 C3→C2 级间切换，要考虑有临时限速时，预告点 C3 控车允许速度为线路速度、执行点 C2 控车速度为 45 km/h 的最不利情况，同时还要考虑车尾保持范围的影响。因此，大号码道岔线路所道岔侧向 C3→C2 级间切换方案非常复杂，稍有不慎就会造成列车在级间转换时因预告点或执行点 C3、C2 等级速度差过大而触发制动。

方案二：枢纽采用一套 RBC 控制

商丘枢纽采用 1 套 RBC 控制，利用郑徐 RBC2 扩大覆盖范围，实现商合杭、郑徐、雄商（即将建设）高速铁路的统筹使用。优缺点分析如下：

优点：此方案可实现商丘枢纽内 C3 全覆盖，避免商合杭 RBC 与郑徐 RBC 在联络线困难地段进行移交。

缺点：商合杭、郑徐、雄商（即将建设）共用 1 套 RBC，若 RBC 故障时，将同时影响三大高速铁路干线的正常运营，较原设计方案扩大了故障影响范围。另外，郑徐 RBC2 扩大覆盖范围，增加了已运营设备的修改、调试工作量，将大大增加对运营线路郑徐高速铁路的行车干扰，实施难度和安全风险太高。

方案三：联络线增设区间信号点

由于方案一、方案二均存在明显缺点，所以提出方案三，进一步研究在联络线增设区间信号点的可行性。经建设、运营、设计、集成等单位多次深入研究，最终调整了联络线分相位置，增加了一个区间信号点。

商丘京港上行联络线电分相向商丘站方向移设 222 m，可在 LDK189＋354 处增设信号点，郑徐 RBC2 和商合杭 RBC1 在此处完成 RBC 正常交接；京港下行联络线，电分相向商丘西线路所方向移设 476 m，可在 SHXK1＋564 处增设信号点，郑徐 RBC2 和商合杭 RBC1 在此处完成 RBC 切换。

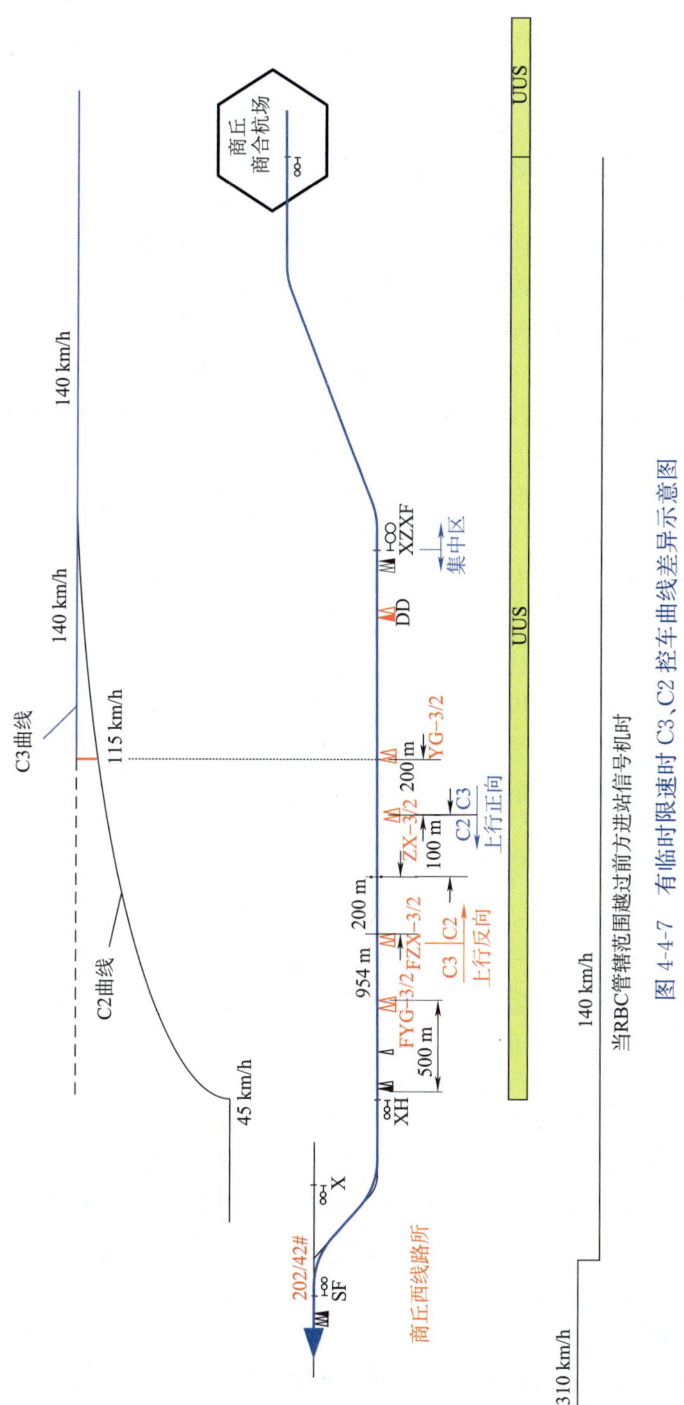

图 4-4-7　有临时限速时 C3、C2 控车曲线差异示意图

区间信号点距离电分相最近距离为 356 m（101+85+170，85、170 分别为电分相 a、b 值），低于《高速铁路设计规范》11.5.5 条第 2 款“接触网电分相的设置应经过列车过分相能力检算而确定。电分相不宜设置在连续大坡道、变坡点、大电流及出站加速区段，列车过分相断电区最近信号机不宜小于 550 m”的规定，经行车检算，正常情况下可以满足动车组从信号点前起车并通过分相。

联络线增设区间信号点后，商丘枢纽最终按照 C3 贯通、RBC 正常切换的方案实施，实现了方案最优。商丘枢纽联络线增设区间信号点实现 RBC 正常切换示意如图 4-4-8 所示。

（二）内江枢纽

内江北站成渝场为成渝高速铁路车站，已开通运营，属成渝高速铁路调度台管辖。川南城际项目在内江北站新建川南场、线路所及联络线，新建内江北站川南场纳入新设的川南城际调度台管辖。因联络线较短，有分相，无信号点，原设计方案为将新建川南场、联络线、线路所均纳入既有成渝 RBC 管辖。内江枢纽示意如图 4-4-9 所示。

因成渝高速铁路为既有运营线，若再管辖新建川南场、联络线及线路所，将对既有 RBC 改动非常大，增加两个联锁接口，修改既有 RBC 引起的静态试验、动态验证等工作只能在天窗点进行，实施难度大、风险高、影响范围广。两个高速场均由一个 RBC 管辖，故障影响面太大，且存在一个 RBC 对两个调度台的问题，该方案不合理，需要优化。

施工图阶段发现该问题后，要求设计单位相关专业再次深入研究在联络线增加区间信号点的可行性。经设计单位相关专业深入研究，最终调整了分相位置，在联络线增设一个区间信号点。施工图阶段 RBC 切换方案优化为：按照 C3 贯通、RBC 直接切换的方案实施，将新建川南场、联络线及线路所纳入川南城际 RBC 管辖，川南 RBC 与成渝 RBC 在联络线进行切换。优化后最大程度缩小了成渝 RBC 修改范围，有效降低了实施难度和风险，更有利于现场实施及风险控制，实现了方案最优。

六、基于虚拟信号点的短联络线 RBC 切换方案

当联络线确实无法设置区间信号点时，常规的 C3→C2 切换方案、新建高速场纳入既有 RBC 管辖的方案均存在缺陷，应进一步研究优化方案。本着尽量减少不必要的级间切换的原则，优化方案的总体思路是优先确保 C3 贯通。为了切实降低新线接入既有 C3 枢纽的实施难度和风险，最大限度减少对既有 RBC 的改动，提出研究基于虚拟信号点的 RBC 切换方案。

虚拟信号技术基于计算机联锁控制逻辑，在实际未设信号点时，在特定位置设置计算机联锁逻辑判断点，用以完成特定场景应用，该技术在场间分界场景已经得到广泛应用。RBC 与计算机联锁均是基于软件处理进行逻辑判断的，因此在联络线轨道电路分割点处设置虚拟信号点实现 RBC 切换在技术上是可行的。枢纽设置虚拟信号点实现 RBC 切换示意如图 4-4-10 所示。

《列控系统应答器应用原则》（TB/T 3484—2017）5.3.14.1 规定：“在 RBC 切换边界外方设置至少由两个无源应答器构成的 RBC 切换预告应答器组，该应答器组距 RBC 切换边界的距离应大于列车按该区段线路允许速度运行 20 s 的距离。”

以下行线为例，在下行联络线轨道电路分割点处设虚拟信号点 F11，仅用于进行 RBC 切换。A 高速场、11BG 由既有 A 线 RBC 管辖，新建的 B 高速场、线路所、11AG 由 B 线 RBC 管辖。

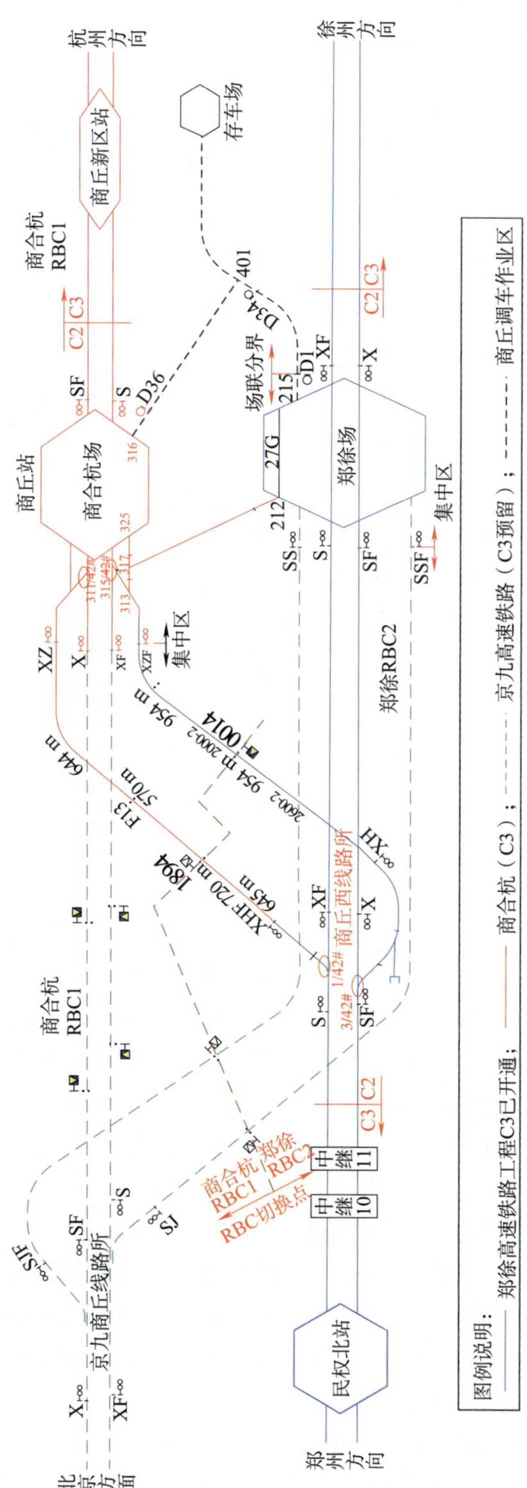

图 4-4-8　商丘枢纽联络线增设信号点实现 RBC 正常切换示意图

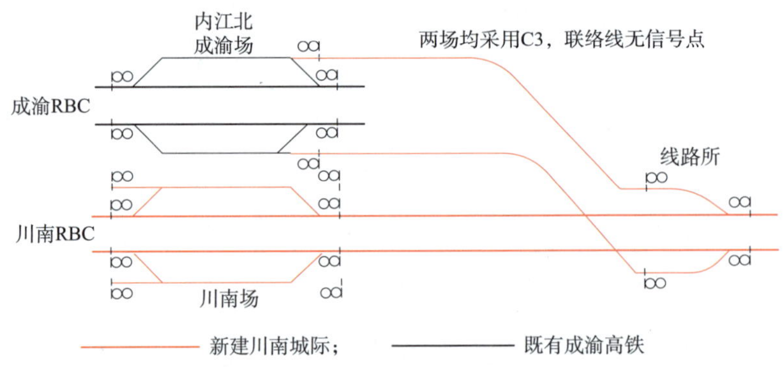

图 4-4-9　内江枢纽示意图

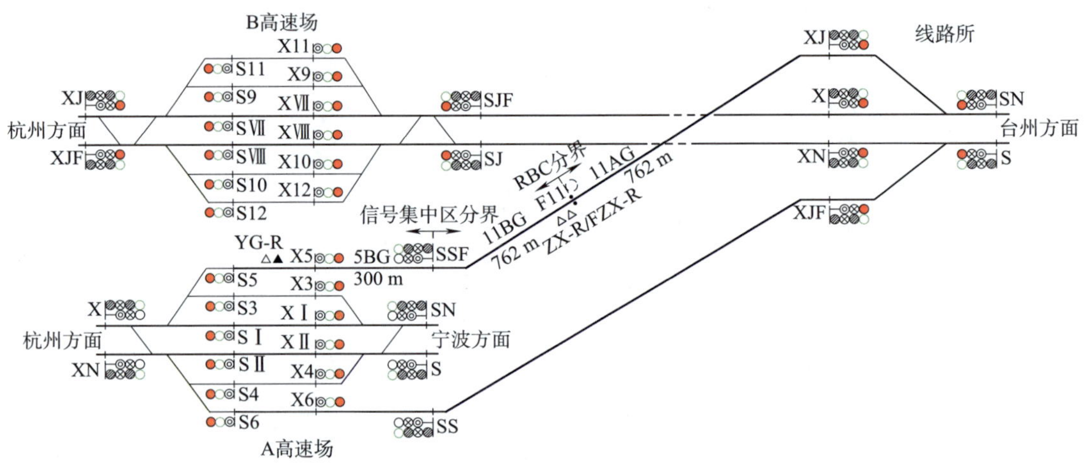

图 4-4-10　枢纽设置虚拟信号点实现 RBC 切换示意图

列控中心发码逻辑不变，11BG、11AG 仍为一个闭塞分区，轨道电路发码相同；只是向联锁传送时拆分为两个闭塞分区，仅用于实现 RBC 切换。

计算机联锁控制逻辑不变，11BG、11AG 仍为一个闭塞分区，办理发车进路时，11BG、11AG 均空闲才能发车；联锁控显上 11BG、11AG 按两个闭塞分区单独显示光带。联锁将 11BG、11AG 按两个闭塞分区的逻辑传送给 RBC。

RBC 将 11BG、11AG 按两个闭塞分区处理，在距 F11 绝缘节 1 m 处设置 RBC 切换执行应答器组 ZX-R/FZX-R。

联络线速度为 160 km/h，走行 20 s 距离为 44.44×20≈889 m。

RBC 切换预告应答器组与 X5 出站信号机应答器组合设，预告应答器组距 X5 出站信号机距离为 76 m，5BG 长度为 300 m，11BG 长度为 762 m，RBC 切换预告应答器组至 RBC 切换执行应答器组间距离为 76+300+762−1=1 137 m，符合 RBC 切换预告点到执行点大于列车按该区段线路允许速度运行 20 s 距离的要求。

由于计算机联锁仍将 11BG、11AG 按一个闭塞分区处理，联络线任一区段占用时，A 高速场均不能再次办理向联络线的发车进路，因此不会出现两列车均在联络线运行的情况，无安全风险。

当 A 高速场办理向联络线的发车进路，列车越过出站信号机后，若 11AG 轨道电路故障，此时由于11AG占用，11BG发JC码，列车运行时由允许码变为JC码，C2车载在后台会输出常用制动，根据《CTCS-3级ATP行车许可结合轨道电路信息暂行技术条件》(TJ/DW 200—2018)要求，C3车载也会产生制动，RBC会控制列车停在F11虚拟信号点前，因此无安全风险。

综上所述，设置虚拟信号点不改变既有计算机联锁和列控中心控制逻辑，仅用于实现在联络线完成RBC切换，基于虚拟信号点的RBC切换方案，对原RBC控制方案进行了优化，枢纽采用C3贯通方案，减少了不必要的级间切换，且最大限度减少了对既有RBC的修改，切实降低了新线接入既有C3枢纽的实施难度和风险。

因本举例站A高速场X5、X6只有往联络线发车进路，无其他口发车进路，所以X5、X6处应答器组可作为YG-R应答器组，当X5、X6存在往其他口发车进路时，出站应答器组能否作为YG-R应答器组需要与各RBC厂家商定。总之，基于虚拟信号点的RBC切换方案是一种解决复杂枢纽内RBC移交的技术方案之一。

七、结 束 语

枢纽各线建设时序经常不同步，将新建车站及联络线纳入既有RBC控制的方案实施难度大，安全风险高，应慎重研究决策。为切实降低枢纽列控方案复杂程度，降低现场实施难度和安全风险，信号专业应与行车、供电等专业密切配合，形成标准接口，枢纽联络线至少设置一个区间信号点，便于进行RBC切换或C3→C2级间切换。

第五节　C3→C2级间切换方案总体要求

在区间正线进行C3→C2级间切换方案设计时，应注意基于技术政策和技术管理规程相关规定，C2线路列控顶棚速度最高为250 km/h，有的项目未注意这一要求，级间切换点处线路允许速度不符合要求。

一、C3→C2级间切换车载设备工作过程

固定点执行C3→C2级间切换时，C3车载设备收到应答器中等级转换命令后，“激活”C2车载主控单元，并向C2主控单元发送等级转换位置信息。

C2主控单元被“激活”后，根据C2行车许可及等级转换点位置信息，实时计算并向C3控制单元报告C2在转换点的目标速度，且此时若C2的行车许可未越过等级转换点，则向C3控制单元拟报告的转换点目标速度为0 km/h。

C3主控单元根据C2报告的转换点目标速度重新计算控车曲线并监控列车向转换点运行。

C3主控单元根据等级转换位置信息，在距离执行点一定距离时提示司机进行等级转换确认。

列车前端越过等级转换执行点，车载设备自动转换为C2等级。如果司机在收到确认提示开始至转入C2等级后5 s内未予确认，车载输出最大常用制动，司机确认后制动自动缓解。

车载进入C2等级后，C3主控单元向RBC报告等级改变，RBC接收到等级为C2的位置报告后，RBC命令车载终止通信会话、释放安全连接；如果车载未收到RBC终止通信的命令，在位置报告重发3次后主动与RBC断开连接。

若在级间切换点处C3和C2控车的允许速度相同，那么在该点处车载C3主控单元直接激活C2主控单元并将行车控制权交C2主控单元即可，故在工程中如果能够选择出某点的C3和C2列车允许速度相同，则仅在该点设置等级切换执行点即可完成C3→C2等级转换。

但由于车载在C2和C3下顶棚速度不同、车站离去处及大号码道岔处临时限速处理逻辑不同等原因，在相同线路和进路条件下，同一位置C3允许速度和C2允许速度可能并不相同，且通常为C3速度大于C2控车速度。为保证车载由C3切换为C2后不触发紧急制动，顺利实现级间切换，《CTCS-2/CTCS-3级列控系统等级转换应用原则》（运基信号〔2011〕170号）中规定："C3级列控车载设备C3主控单元与C2主控单元制动干预曲线计算宜采用相同的制动模型；C3级列控车载设备在执行等级转换时，C3主控单元和C2主控单元应互相通信并进行速度比较。"

二、C3/C2级间切换工程设计总体要求

（一）C3→C2级间切换点处速度应小于或等于250 km/h

根据本章第一节分析，基于技术政策和技术管理规程相关规定，C2线路列控顶棚速度最高为250 km/h，C3线路C2列控顶棚速度最高为300 km/h。因此，C3→C2级间切换点处速度应小于或等于250 km/h，C2转C3过程中，速度应小于或等于250 km/h。

（二）为避免C2线路改造引起RBC修改，RBC数据不宜延伸至相邻C2车站

当正线采用C3、枢纽采用C2时，必然要在区间正线设置C3→C2级间切换点，C3→C2级间切换点后常用制动距离内C2区域的相关车站应纳入RBC数据。为避免C2线路改造引起RBC修改，RBC数据不宜延伸至相邻C2车站。

为确保RBC数据不延伸至相邻C2车站，等级切换执行点距离相邻C2车站进站信号机的距离不小于"执行点线路允许速度到0的常用制动距离＋5 s走行距离"。当切换点处线路允许速度大于250 km/h时，切换点处列控数据速度应写为250 km/h。建议建设单位组织设计单位行车、信号等专业及主要车载设备供应商，计算由于切换点处列控数据降速引起的运行时分差异，并组织专题会议，征求运营单位运输、电务等部门意见，明确切换点处列控数据降速引起的运行时分差异可以忽略不计。例如级间切换点处线路允许速度为280 km/h，列控数据写为250 km/h，由此产生的运行时分差异一般不超过15 s，可以忽略不计。如果速度差异较小，可与线路等专业沟通，将切换点处线路允许速度改为250 km/h，在线路允许速度上报国铁集团前确定方案，避免级间切换点处列控数据速度与线路允许速度不一致。

（三）出站应答器组不宜兼做级间切换预告点

有的车站多线引入，向某些发车口发车后将在区间进行C3→C2级间切换，而联络线又比较短，无区间信号点，综合上述C3数据不宜延伸至C2车站的原则，此时C3→C2级间切换预告点、执行点设置非常困难，级间切换方案很复杂。

有的项目将出站应答器组兼做级间切换预告点，动车组以部分监控模式从股道发车，越过出站应答器组后，某些车载设备触发异常制动，越过出站信号机后自动缓解。

原因分析：该型车载设备经过出站应答器后，C3为完全监控模式，C2后台仍为部分监控模式，允许速度为45 km/h；又收到【ETCS-41】包，因此会比较C2、C3速度，当列车速度大于C2等级NBP 50 km/h时，输出B7制动，越过出站信号机、C2后台转为完全模式后，自动缓解。

以部分监控模式从股道发车时，各型车载设备转入完全监控模式的时机不尽相同，经过

出站应答器收到【ETCS-41】包后的处理逻辑也存在差异。有的车载设备收到出站应答器报文后，C2 后台可以转入完全监控模式；有的收到出站应答器报文后，虽然 C2 后台是部分监控模式，但是不在预告点比较 C2/C3 速度。

综合上述分析，对于车载设备越过出站信号机后才能转入完全监控模式的车站，为避免部分监控模式发车时因 C3、C2 速度不一致导致异常制动，出站应答器组不宜兼做级间切换预告点。

（四）C3/C2 级间切换点与分相区的关系

在分相控制过程中，C3 和 C2 等级下车载设备输出 GFX 禁止信号的逻辑不一致：C3 车载设备一直输出 GFX 禁止信号（选择 ATP 过分相）；而 C2 车载设备从应答器接收到分相区预告信息后输出 GFX 禁止信号，车头越过分相区终点 1 000 m 后停止输出 GFX 禁止信号。由于 C2 车载（包括其处于后备方式下时）在接收到地面分相预告应答器开始至分相出口 1 000 m 范围内，其与 C3 车载对 GFX 禁止信号的逻辑是一致的，GFX 禁止信号的输出或停止输出与等级切换过程无直接关联，且等级切换也不对 GFX 禁止信号的输出或停止输出造成影响。

C3 和 C2 动车组各自的主控单元分别根据 RBC 和应答器信息控制列车进行过分相处理，C3 和 C2 车载设备控制过分相信号输出遵循的原则均为：车头距离分相区起点 10 s 时输出过分相语音提示；当列车距分相区起点前一定时间（根据车型配置，如 CRH380A：3 s，CRH380B：10 s）输出分相控制信号；当列车越过分相区终点一定距离（根据车型配置，如 CRH380A：130 m，标准动车组：135. 5 m）后停止输出分相控制信号。

为避免两套车载主控单元由于信息源、信息处理、计算误差等造成各自主控单元命令输出可能不完全协调一致，工程设计中通常考虑列车在同一个列控等级下完成语音提示、输出分相控制、停止分相控制过程，即在分相区入口外 10 s（约 1 000 m）至分相出口 140 m 范围内不设置 C3/C2 等级转换点。在设有分相区的短联络线需进行级间切换时，应充分考虑 C3/C2 等级转换与分相区的协同，必要时通过移开分相或者移开等级切换等方式进行调整。

（五）C3/C2 级间切换点与运营使用的关系

列控等级切换除了要根据某一条线路的具体工程条件开展设计，还需结合相关线路、站场间关联的情况统筹考虑枢纽内列车运营的整体效应，避免出现某些动车组走行径路上列控等级的频繁、无效切换。

等级切换点位置与线路、站场连接关系对运营影响分析示意如图 4-5-1 所示。

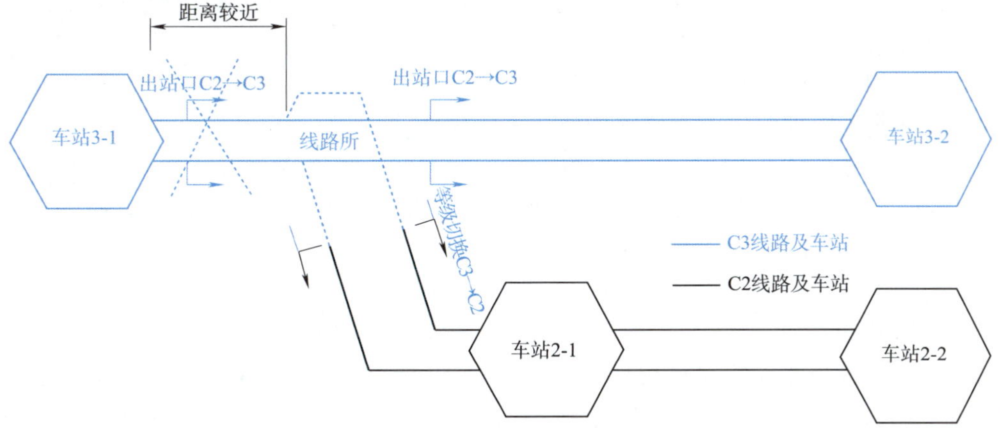

图 4-5-1　等级切换点位置与线路、站场连接关系对运营影响分析示意图

C3 和 C2 线路通过 C3 线路所衔接，其中线路所距离车站 3-1 距离较近，不到 2 km。通常情况下在 C3 车站离去口，设置始发动车组转换为 C3 等级，或前期线路上降级为 C2 等级动车组重新切换为 C3 等级的 C2→C3 等级切换应答器组。但该案例中，在车站 3-1 离去口设置 C2→C3 等级切换点，由车站 3-1 驶往车站 2-1 的始发列车或前期运行降级为 C2 时，经过车站 3-1 出站口即开始呼叫，在区间切换为 C3 等级；然后列车即经线路所侧向往车站 2-1 方向运行，经过 C3→C2 等级切换又切换为 C2 等级控制列车往车站 2-1 运行。即此类列车在上述运行经路上出现 C2→C3、马上又 C3→C2 的频繁、无效切换，应结合枢纽内线路运行关系，对等级切换点进行合理设置。该案例中，考虑车站 3-1 和线路所距离较近，应取消车站 3-1 离去口设置的 C2→C3 等级切换点，将该 C2→C3 等级切换点移设到线路所的离去口处。

（六）级间切换应答器设计有关规定

《列控系统应答器应用原则》（TB/T 3484—2017）和《列控系统应答器应用技术条件》（Q/CR 769—2020）中均规定：

“CTCS-2/3 等级转换应答器组包括等级转换预告应答器组和等级转换执行应答器组，应答器组由两个及以上应答器构成。”

“CTCS-3 区域内满足设置等级转换条件的车站接近及离去区段设置等级转换点，用于降级后按 CTCS-2 级运行的列车重新恢复 CTCS-3 级运行。”

“CTCS-2 至 CTCS-3 等级转换预告应答器组和执行应答器组件的距离应大于列车按该区段线路允许速度运行 20 s 的距离，且不在同一闭塞分区内。”

“CTCS-2 至 CTCS-3 等级转换边界外方设置 RBC 连接应答器组【RL】，由两个及以上应答器构成，用于列车呼叫 RBC。【RL】应答器组至等级转换点的距离应大于列车按该区段线路允许速度运行 40 s 的距离。”

“等级转换预告应答器组、等级转换执行应答器组可与区间、定位、出站或进站等应答器组合用。”

“CTCS-3 至 CTCS-2 等级预告应答器组和执行应答器组间的距离大于列车由 CTCS-3 允许速度制动至执行点 CTCS-2 允许速度的制动距离，再加上该区段线路允许速度运行 5 s 的距离。”

（七）基本设计方法

枢纽内车站间距离较短、联络线长度较短时，C3→C2 等级切换往往位于车站离去区段；此外枢纽内联络线速度大于 80 km/h 时往往又设置大号码道岔；不同线路交互的联络线上还存在有分相区。因此在枢纽地区设置 C3→C2 等级转换时，需综合考虑线路工程条件，多元化考虑各类受限因素，确保级间切换的可实现性。

通过对 C3→C2 级间切换过程分析，结合不同车载逻辑要求以及规范规定的综合分析，对于 C3 和 C2 控车允许速度相同的地点，如果仅能选出一点，可在该点直接设置等级切换点。C3→C2 等级切换点设计方法及流程示意如图 4-5-2 所示。

三、结 束 语

基于技术政策和技术管理规程相关规定，C3→C2 级间切换点处列控顶棚速度最高为 250 km/h。信号专业应与线路等专业密切沟通，及早研究，力争级间切换点处列控数据速度与线路允许速度一致。

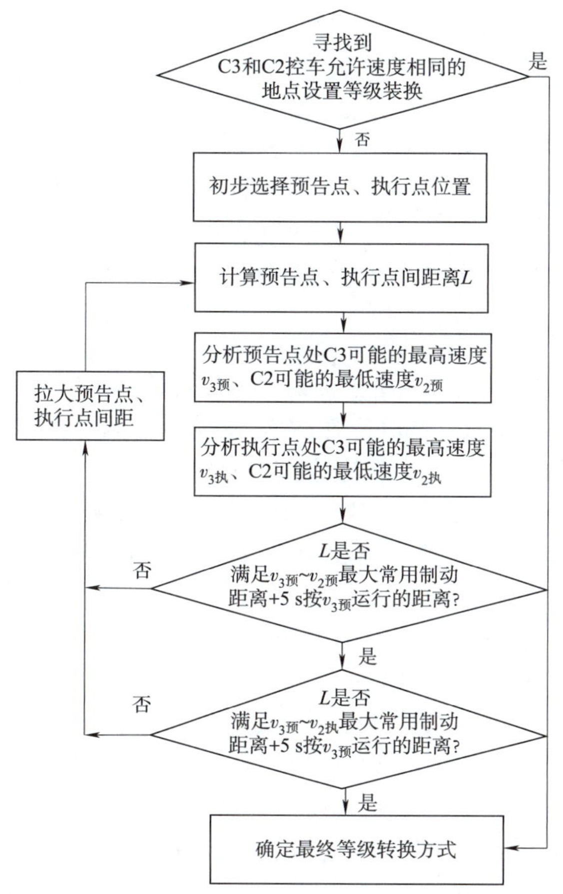

图 4-5-2　C3→C2 等级切换点设计方法及流程示意图

第六节　设有一架通过信号机的大号码道岔线路所联络线 C3→C2 级间切换方案

在枢纽短联络线经常需要进行 C3→C2 级间切换，合理设置级间切换预告点、执行点，确保各型车载设备顺利完成级间切换是枢纽列控方案的关键内容之一。由于 C3、C2 列控系统临时限速处理逻辑存在差异，在特定区域，C3、C2 列控系统存在速差，影响级间切换。

一、概　　述

（一）概况

某些 C3 线路通过设有 1/42 大号码道岔的线路所与 C2 线路衔接，为确保装备各型车载设备的动车组跨线运行，在线路所大号码道岔附近必须进行 C3→C2 级间切换。

在大号码道岔线路所进行 C3→C2 级间切换线路示意如图 4-6-1 所示。

级间切换方案是列控系统集成实施方案的关键技术，级间切换具体位置的确定受转换线路的长度、临时限速设置位置、转换点处速度变化等因素影响，若等级转换预告点或执行点设置不合适，由于列控不同等级间行车许可长度不同，会对列控顶棚速度的计算产生影响，

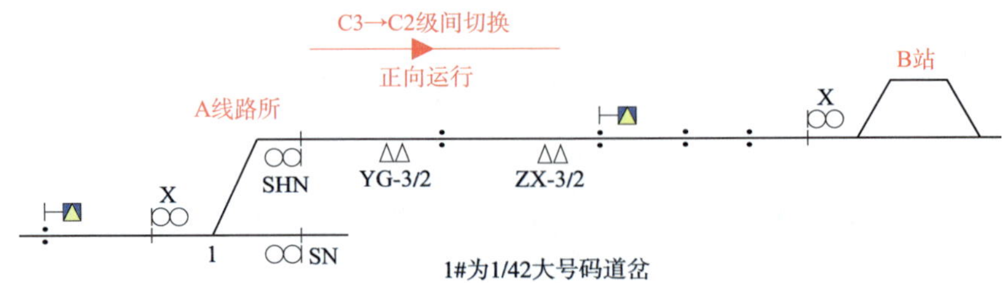

图 4-6-1 在大号码道岔线路所进行 C3→C2 级间切换线路示意图

可能会导致列车在预告点或执行点触发制动。

（二）C3、C2 速度差异对大号码道岔侧向级间切换的影响

根据本章第一节“三、C3、C2 临时限速处理逻辑不同导致的速度差异”分析可知，1/42 大号码道岔线路所的接近口处，需考虑侧向接车、离去口有限速这种最不利情况，此时大号码道岔侧向允许速度，C3 控车速度为 160 km/h，C2 控车速度为 45 km/h。经道岔侧向时，C2 还需要考虑车尾保持，按 17 辆编组“复兴号”动车组车长 440 m，再附加一定余量，岔后车尾保持范围按 500 m 计算。

《列控系统应答器应用技术条件》（Q/CR 769—2020）4.4.5.7 规定：“CTCS-3 至 CTCS-2 等级转换预告应答器组和执行应答器组间的距离应大于列车由 CTCS-3 允许速度制动到执行点 CTCS-2 允许速度的制动距离，再加上该区段线路允许速度运行 5 s 的距离。”

经大号码道岔侧向进行 C3→C2 级间切换，要考虑有临时限速时，预告点为 C3 线路允许速度、执行点 C2 为 45 km/h 的最不利情况，同时还要考虑车尾保持范围的影响。根据预告点及执行点位置不同，最不利条件下，必须保证预告点至执行点的距离大于列车从预告点以 C3 等级速度常用制动至 45 km/h 的距离。由此可见，大号码道岔侧向进行 C3→C2 级间切换最关键的是合理确定预告点和执行点位置，满足制动距离要求，根据预告点和执行点不同位置，对大号码道岔 C3→C2 级间切换方案进行比选。

二、大号码道岔线路所 C3→C2 级间切换方案

（一）大号码道岔后方级间切换方案比选

线路所 A 为某高速铁路线路所，采用 C3 列控系统，1＃道岔为 1/42 道岔，侧向连接 C2 线路车站 B，线路所 A 与车站 B 间仅有一架区间通过信号机，RBC 控制范围至车站 B 的进站信号机处。举例线路示意如图 4-6-2 所示。

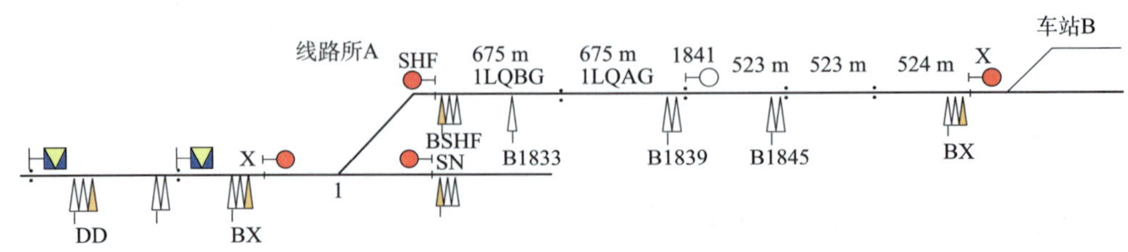

图 4-6-2 举例线路示意图

以下对六种 C3→C2 等级转换方案进行对比分析。

方案一：将 BSHF 应答器组作为 C3/C2 等级转换点（ZX-3/2），不设置预告应答器组。

该方案是考虑到 RBC 数据管辖范围，尽可能保证过 C3/C2 等级转换点时列车速度到达线路允许速度，行车效率不受影响。BSHF 应答器组作为执行应答器组示意如图 4-6-3 所示。

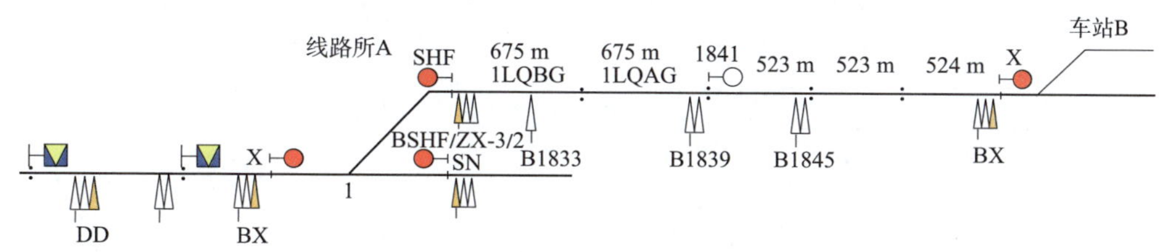

图 4-6-3　BSHF 应答器组作为执行应答器组示意图

方案二：线路所 BSHF 应答器组作为 ZX-3/2，大号码道岔应答器组作为 C3/C2 等级转换预告点（YG-3/2）。

该方案是增加等级转换预告应答器组，当线路所办理侧向进路时，大号码道岔有源应答器发送等级转换预告信息，执行点为 BSHF 应答器组。DD 应答器组作为预告应答器组示意如图 4-6-4 所示。

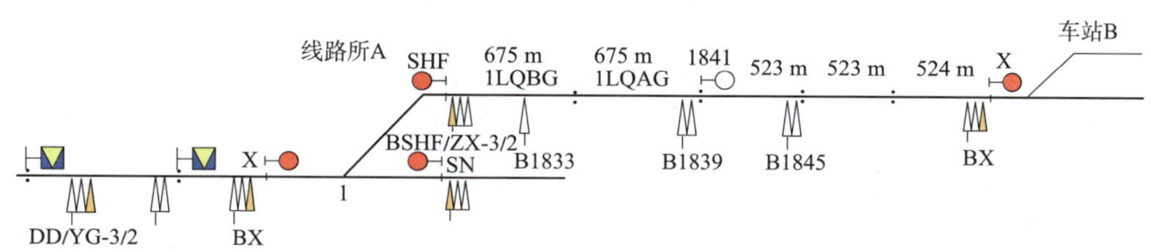

图 4-6-4　DD 应答器组作为预告应答器组示意图

方案三：线路所 BSHF 应答器组作为 YG-3/2，B1833 应答器补双后，作为 ZX-3/2 点。

该方案是将 C3/C2 等级转换预告点、执行点均设置于岔后。BSHF 应答器组为预告、B1833 应答器组为执行点示意如图 4-6-5 所示。

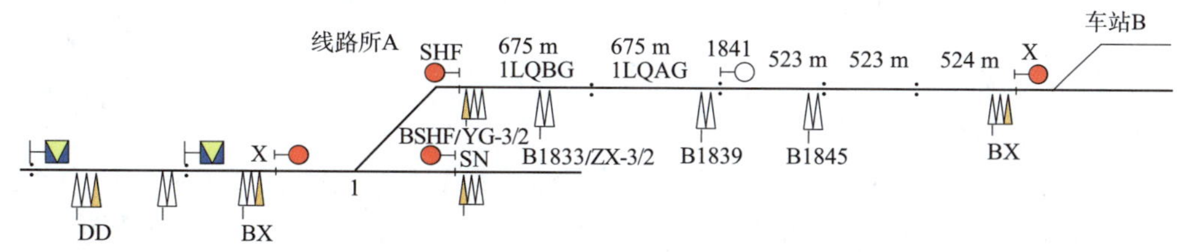

图 4-6-5　BSHF 应答器组为预告、B1833 应答器组为执行点示意图

方案四：线路所 BSHF 应答器组作为 YG-3/2，将 B1839 应答器组作为 ZX-3/2。

该方案是增加 YG-3/2 点与 ZX-3/2 点间的距离。BSHF 应答器组为预告、B1839 应答器组为执行点示意如图 4-6-6 所示。

方案五：将定位应答器 B1833 移设至距运行前方分割点 100 m 的位置并补双，并在距分割点（车站 B 方向）200 m 处增设 ZX-3/2 执行应答器组。

该方案是将 YG-3/2 点远离线路所 BSHF 应答器组，使列车收到 YG-3/2 应答器组时，

C2 控车曲线已越过车尾保持阶段。B1833 应答器组为预告点、新增执行点示意如图 4-6-7 所示。

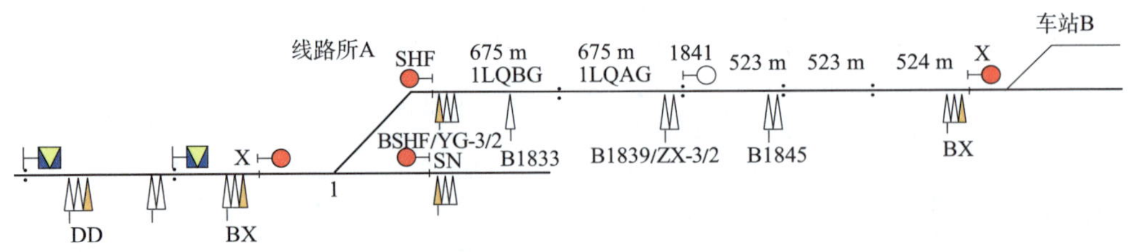

图 4-6-6 BSHF 应答器组为预告、B1839 应答器组为执行点示意图

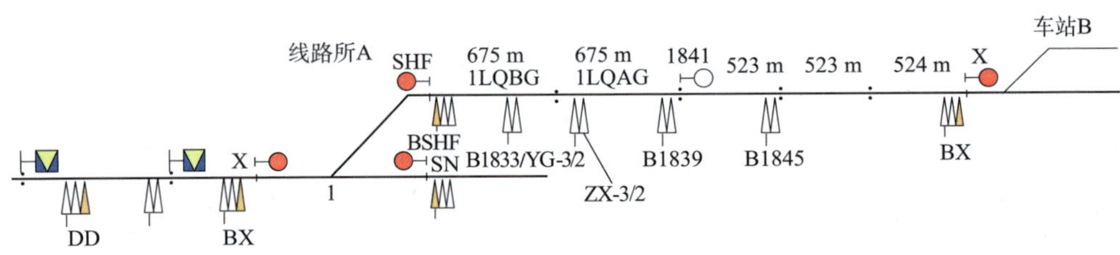

图 4-6-7 B1833 应答器组为预告点、新增执行点示意图

方案六：将 B1839 应答器组作为 ZX-3/2，不设置预告点。

该方案是将 ZX-3/2 远离线路所出站口应答器组，避开车尾保持范围，让 C3、C2 在执行点的控车曲线速度基本保持一致。B1839 应答器组为执行应答器组示意如图 4-6-8 所示。

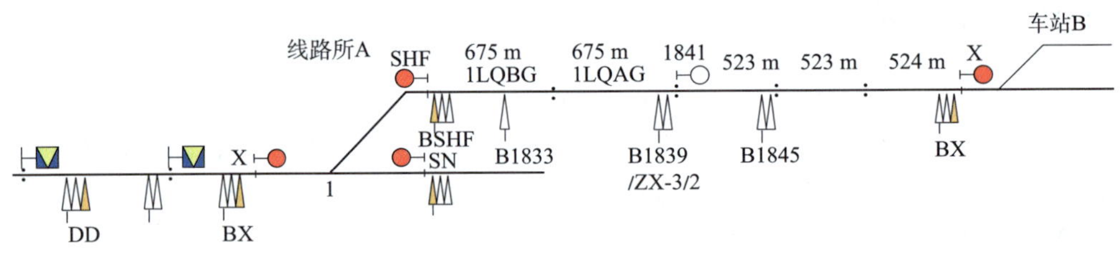

图 4-6-8 B1839 应答器组为执行应答器组示意图

（二）仿真测试

1. 测试序列设计

为确保以上方案实施的稳妥性，模拟正常通过、设置临时限速、2LQ 占用、不发送大号码道岔包等场景，编制 10 个测试序列，采用 300H、300S、300T 车载设备全覆盖仿真测试。10 个测试序列如下：

（1）进路无限速，列车经道岔侧向允许速度通过线路所 A，在车站 B 正线股道停车；

（2）进路无限速，列车经道岔侧向允许速度通过线路所 A，车站 B 正线通过；

（3）进路无限速，列车经道岔侧向允许速度通过线路所 A，在车站 B 进站外方停车；

（4）线路所的 1LQAG 有 80 km/h 限速，列车经大号码道岔侧向允许速度通过线路所 A，在车站 B 正线股道停车；

（5）车站 B 进站信号机外方接近区段设有 80 km/h 限速，列车经线路所 A 大号码道岔侧向允许速度通过，在车站 B 正线股道停车；

（6）线路所侧向进路设有 45 km/h 限速，列车经道岔侧向通过线路所 A，在车站 B 正线股道停车；

（7）线路所侧向进路设有 80 km/h 限速，列车经道岔侧向通过线路所 A，在车站 B 正线股道停车；

（8）不发送线路所大号码道岔信息包，列车经道岔侧向通过线路所 A，在车站 B 正线股道停车；

（9）发送线路所大号码道岔信息包，列车按照道岔侧向允许速度通过线路所 A，等级转换失败，在车站 B 正线股道停车；

（10）线路所的 2LQG 占用，列车侧向通过线路所 A。

2. 仿真测试结果

各型车载设备方案一～方案三仿真测试结果见表 4-6-1。各型车载设备方案四～方案六仿真测试结果见表 4-6-2。

表 4-6-1　各型车载设备方案一～方案三仿真测试结果

测试序列	方案一			方案二			方案三		
	300H	300S	300T	300H	300S	300T	300H	300S	300T
序列 1	√	√	√	×	×	√	预告点紧急制动	√	√
序列 2	√	√	√	—	—	√	—	√	√
序列 3	√	√	√	—	—	√	—	√	√
序列 4	×	×	×	—	—	√	—	预告点处速度突降	√
序列 5	—	—	—	—	—	√	—	√	预告点B7 制动
序列 6	—	—	—	—	—	√	—	√	√
序列 7	—	—	—	—	—	√	—	√	√
序列 8	—	—	—	—	—	√	—	√	√
序列 9	—	—	—	—	—	√	—	√	√
序列 10	—	—	—	—	—	√	—	√	√

注："√"表示通过；"×"表示不通过；"—"表示因某案例测试不通过后，被放弃测试。

表 4-6-2　各型车载设备方案四～方案六仿真测试结果

测试序列	方案四			方案五			方案六		
	300H	300S	300T	300H	300S	300T	300H	300S	300T
序列 1	预告点紧急制动	√	√	√	√	√	√	√	√
序列 2	—	√	√	√	√	√	√	√	√
序列 3	—	√	√	√	√	√	√	√	√
序列 4	—	√	√	√	√	√	√	√	√
序列 5	—	预告点处速度突降	预告点B7 制动	√	√	√	√	√	√

续上表

测试序列	方案四			方案五			方案六		
	300H	300S	300T	300H	300S	300T	300H	300S	300T
序列 6	—	√	√	√	√	√	√	√	√
序列 7	—	√	√	√	√	√	√	√	√
序列 8	—	√	√	√	√	√	√	√	√
序列 9	—	√	√	√	√	√	√	√	√
序列 10	—	√	√	√	√	√	√[a]	√	√[a]

注:“√”表示通过;“×”表示不通过;“—”表示因某案例测试不通过后,被放弃测试;“a”需要司机提前介入制动。

3. 仿真测试结论

(1) 各型车载设备对预告点 C3 速度与 C2 速度一致性要求较高，因此 C3/C2 等级转换预告点不宜设置于岔前。预告点若设置于岔前，须考虑先排进路、后下限速后进站口降级为 UU 的最不利情况，所以预告点到执行点的距离应满足预告点 C3 速度到 45 km/h 常用制动距离要求。

(2) C3/C2 等级转换预告点不宜设置于 C2 控车曲线的车尾保持过程的地段，若预告点处于 C2 控车曲线的车尾保持地段，必须保证预告点至执行点的距离大于列车从预告点以 C3 等级速度常用制动至 45 km/h 的距离。

(3) 预告点和执行点成对设置时，预告点与执行点的间距必须满足列车预告点 C3 等级速度常用制动至执行点 C2 允许速度+5 s 走行距离的要求，否则列车越过预告点将触发制动。

(4) 受线路条件和工程实施的限制，可仅设置等级转换执行点，不设预告点。等级转换执行点应设在 C3、C2 控车速度一致的地段，否则列车越过执行点将触发制动。

三、设有一架通过信号机时联络线 C3→C2 级间切换信号工程设计优选方案

(一) 预告点不宜设于岔前

由于级间切换与进路信息密切相关，所以工程设计中优先采用有源应答器作为预告点。线路所进站口岔前有源应答器组共两处，大号码道岔应答器组 DD、进站口应答器组 JZ，而这两组都不适合当级间切换预告点。

1. 利用大号码道岔应答器组 DD 当预告点时，容易因制动距离不足而在预告点触发制动

按闭塞分区平均长度 1.8 km 计算，大号码道岔应答器组 DD 距线路所进站口约 3.4 km，DD 处正线线路允许速度可能为 300 km/h，排列大号码道岔侧向进路时，车载设备控制列车在大号码道岔应答器组 DD 处的实际运行速度可能达到 230 km/h，若执行点又位于岔后车尾保持范围内，则执行点最不利速度为 45 km/h，此时预告点到执行点很可能因为不满足 230 km/h 到 45 km/h 制动距离的要求而在预告点触发制动。

2. 利用进站口应答器组 JZ 当预告点时，容易因预告点 C3、C2 速差较大而触发制动

利用进站口应答器组 JZ 当预告点时，须考虑先排进路、后下限速后进站口降级为 UU 的最不利情况，此时大号码道岔侧向允许速度 C3 速度为 160 km/h，C2 速度为 45 km/h，若执行点又位于岔后车尾保持范围内，因预告点到执行点距离较近，不满足 160 km/h 到 45 km/h 制动距离的要求而在预告点触发制动。

（二）优先采用预告点设于岔后车尾保持范围外的方案

综合上述分析，推荐采用预告点设于岔后车尾保持范围外的方案。

1. 为避免有临时限速时车尾保持范围内 C3 与 C2 存在速差，预告点宜设于岔后车尾保持范围外，即预告点应答器组距线路所反向通过信号机应答器组不小于 500 m。

2. 为避免前方站有临时限速时影响执行点 C2 速度进而导致 C3 与 C2 存在速差，执行点应避开前方站进站信号机外方第一个闭塞分区，即执行点在 1LQ 区段。

3. 为确保 RBC 数据不延伸至相邻 C2 车站，执行点距离前方 C2 车站进站信号机的距离不小于执行点线路允许速度到 0 的常用制动距离＋5 s 走行距离（C2 车载设备计算曲线时会在打靶点前留 110 m 安全距离，因此导致 C3、C2 曲线在低速区不一致，故附加 5 s 走行距离）。当不满足上述要求时，相邻 C2 车站联锁应与 RBC 接口。

4. 预告点与执行点的间距必须满足列车预告点 C3 等级速度常用制动至执行点 C2 允许速度＋执行点线路允许速度 5 s 走行距离的要求。

5. 受条件限制，当预告点位于岔后车尾保持范围内时，考虑有临时限速时预告点 C3 为线路允许速度、C2 为 45 km/h 的最不利情况，预告点与执行点的间距必须满足预告点 C3 速度→45 km/h 最大常用制动距离＋执行点线路允许速度 5 s 走行距离的要求。

（三）困难条件下，可仅设执行点

受线路条件和工程实施的限制时，可仅设置等级转换执行点，不设预告点。等级转换执行点应设在岔后车尾保持范围外 C3、C2 控车速度一致的地段，否则列车越过执行点将触发制动。

为避免前方站有临时限速时影响执行点 C2 速度进而导致 C3 与 C2 存在速差，执行点应避开前方站进站信号机外方第一个闭塞分区。

四、结 束 语

在枢纽短联络线，C3、C2 临时限速处理差异对级间切换方案影响非常大。为避免有临时限速时车尾保持范围内 C3 与 C2 存在速差影响级间切换，优先推荐预告点设于岔后车尾保持范围外的方案。受线路条件限制仅设置执行点时，执行点应设在岔后车尾保持范围外 C3、C2 控车速度一致的地段。

第七节　无区间信号点的大号码道岔线路所联络线 C3→C2 级间切换方案

有的枢纽 1/42 大号码道岔线路所短联络线区间无信号点，加之 C3、C2 列控系统临时限速处理逻辑存在差异，在特定区域 C3、C2 列控系统存在速差，导致 C3→C2 级间切换方案非常复杂。

一、概　　述

（一）概　　况

某设计速度为 250 km/h 的 C3 线路通过联络线与既有 C2 线路连接，衔接处线路所设置 1/42 大号码道岔，线路所与前方 C2 车站站间距较短，无区间信号点，联络线无分相。联络线设计速度为 120 km/h，区间设置 C3→C2 级间切换点，因区间较短，级间切换执行点常用制动距离内 RBC 数据延伸至前方 C2 车站。联络线无区间信号点的大号码道岔线路所示意如图 4-7-1 所示。

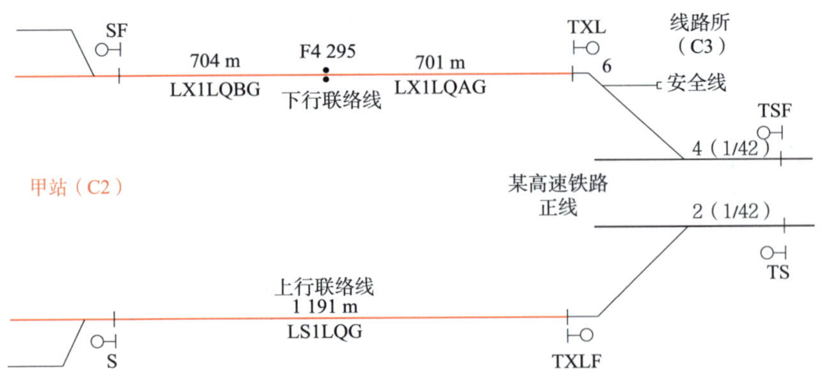

图 4-7-1 联络线无区间信号点的大号码道岔线路所示意图

（二）列控级间切换设置方案

联络线区间无信号点，C3 动车组由线路所向甲站运行时，在线路所信号机（TS、TSF）应答器组处由 RBC 向动车组发送 C3→C2 级间切换预告信息，经过联络线 C3→C2 级间切换执行应答器组后转为 C2 等级；由甲站经线路所进入 C3 线路正线时，在甲站上行进站信号机（S、SF）应答器组处接收 RBC 呼叫连接信息，在线路所联络线信号机（TXL、TXLF）定位应答器处设置 C2→C3 预告应答器组，在线路所正线第二个闭塞分区设置 C2→C3 执行应答器组。列控级间切换示意如图 4-7-2 所示。

二、级间切换方案存在的问题

原设计方案将线路所 BTS 设计为 C3→C2 级间切换预告点，将 B4296 定位应答器单改双作为 C3→C2 级间切换执行点。该方案中存在问题的进路为 TS-TXLF 进路，该进路经 1/42 道岔侧向，过岔速度为 120 km/h。上行联络线 C3→C2 级间切换示意如图 4-7-3 所示。

（一）故障现象

办理线路所 TS 至甲站的通过进路，大号码道岔侧向允许速度 120 km/h，司机按顶棚速度运行，装备 300H 车载设备的动车组在线路所通过 BTXLF 应答器组时因 ATP 限速曲线突降触发最大常用制动，1 min 后制动缓解，未影响运行，后续运行正常。

（二）原因分析

根据 300H 型 ATP 逻辑，车载设备经过线路所 BTS 应答器组处，从 RBC 收到 P＃41 包（C3→C2 级间切换预告报文），C2 主控单元向 C3 主控单元报告级间切换点的目标速度。

根据《列控系统应答器应用原则》（TB/T 3484—2017）附录 B. 4 的要求，侧接－2 进路的 TSR 有效区段长度为“接车进路始端应答器至发送进路延续临时限速的应答器并延伸 80 m”。因此 BTS 应答器中描述的临时限速有效长度为 $L_{BTS\text{-}BTXLF}+80\ \mathrm{m}=805\ \mathrm{m}$，执行点 B4296 距 BTXLF 为 220 m（大于 80 m），很显然 BTS 应答器中描述的临时限速管辖范围未覆盖到级间切换执行点 B4296 应答器处。

根据《CTCS-3 级列控车载设备技术条件》（TB/T 3483—2017）8. 4. 5. 2 规定：“车载设备临时限速信息更新失败或临时限速信息耗尽时，由临时限速引起的限速曲线 SBI 突降为 50 km/h，EBI 缓降为 55 km/h，同时应根据其他限速条件按最不利限制速度进行控制。”由于临时限速信息未覆盖至级间切换执行点，所以级间切换执行点车载设备 C2 主控单元的目标速度为 45 km/h。

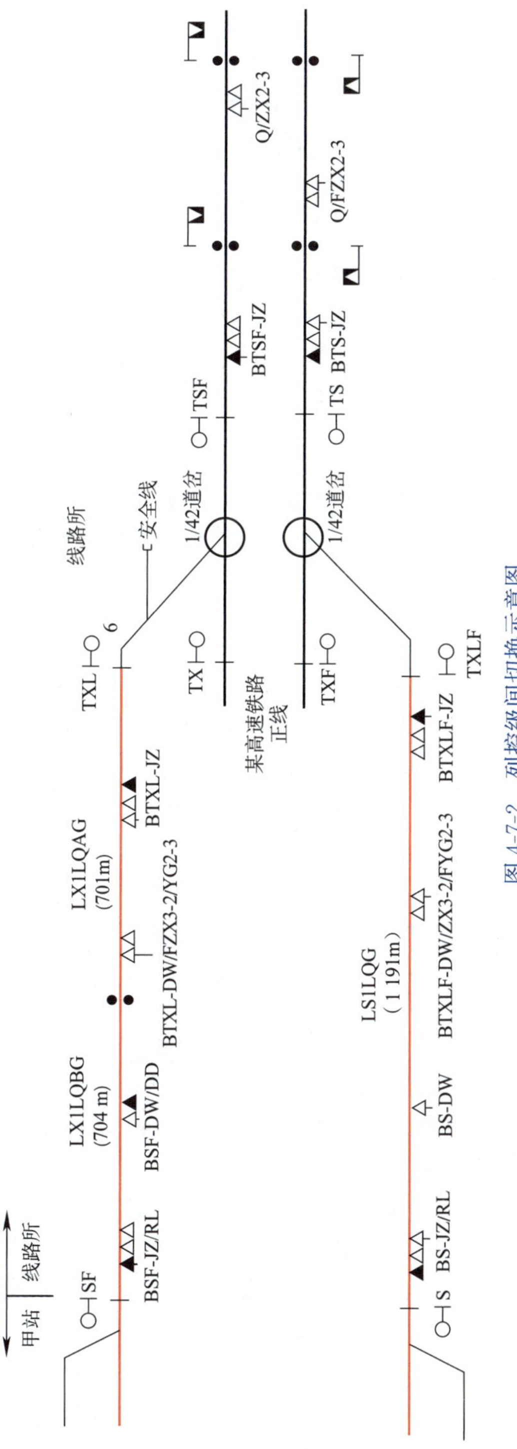

图 4-7-2　列控级间切换示意图

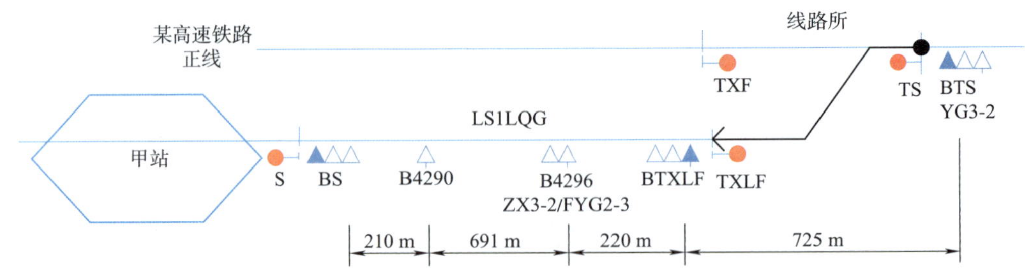

图 4-7-3 上行联络线 C3→C2 级间切换示意图

故 300H 车载设备根据级间切换点 C2 主控单元的目标速度 45 km/h 生成 C3 等级控车模式曲线。级间切换预告点到执行点距离为 725＋220＝945 m，20‰下坡，不满足 120 km/h 到 45 km/制动距离要求，SBI 限速曲线和 EBI 限速曲线均出现突降，列车速度超过 SBI 限速曲线，车载设备触发最大常用制动。触发最大常用制动时 300H 车载设备数据示意如图 4-7-4 所示。

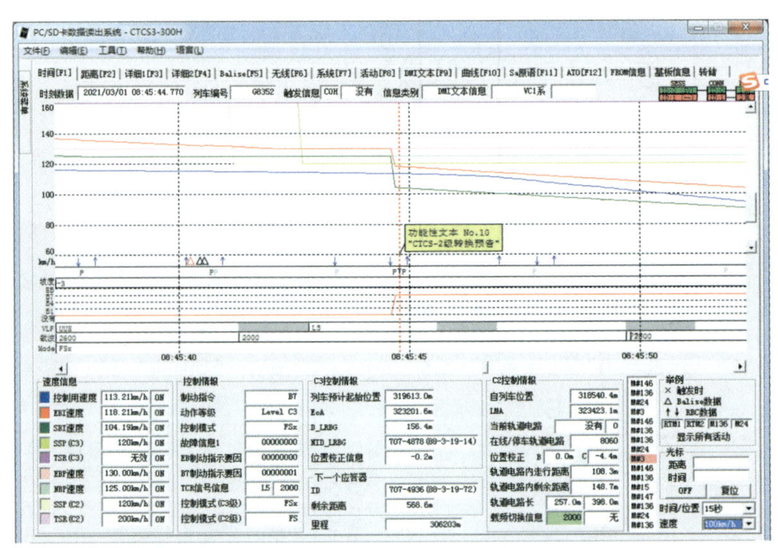

图 4-7-4 触发最大常用制动时 300H 车载设备数据示意图

本次制动的表面原因是临时限速信息范围未覆盖至级间切换点，但仔细分析，该处还存在有其他导致车载触发制动的情况。

即便临时限速信息覆盖至执行点，由于线路所至前方站站间距较短，在进行临时限速检查时，L_3 检查范围除联络线外还延伸至甲站内，当 L_3 检查范围内（甲站内＋联络线）下达小于大号码道岔侧向速度为 120 km/h 的临时限速，按照先排进路、后下限速的最不利情况，TCC 停发大号码道岔预告报文，进站口降级发 UU 码，此时从进站信号机开始 C2 速度为 45 km/h。因级间切换执行点距出站口应答器组 220 m，小于一个车长，即执行点位于车尾保持范围内，所以执行点 C2 目标速度为 45 km/h。由于预告点到执行点距离不满足预告点到执行点常用制动距离要求，300H 车载设备同样会触发制动。

所以该级间切换处的主要问题是级间切换预告点到执行点间距离不足，执行点位于车尾保持范围内，预告点到执行点距离不满足最不利限速情况下预告点车载设备 C3 速度 120 km/h 到执行点 45 km/h 常用制动距离要求。

三、级间切换方案优化

为避免有临时限速时影响列车正常运行，提出 6 种优化方案，并在实验室基于仿真平台＋实物车载设备（300H、300T）环境下对各方案进行了试验。各方案在正常情况下，均能实现优化目标，但在特殊场景下，会存在一定的限制。试验涵盖了以下场景：

①甲站办理正线接车进路；

②甲站办理侧线接车进路；

③甲站办理引导接车进路；

④甲站不办理接车进路；

⑤线路所侧线设置 80 km/h 限速（RBC 全进路限速，TCC 全进路限速）；

⑥联络线区间设置 80 km/h 限速（RBC 全进路限速，TCC 全进路限速）；

⑦甲站进站信号机内方设置 80 km/h 限速（RBC 精确预告，TCC 全进路限速）；

⑧甲站正线股道设置 80 km/h 限速（RBC 精确预告，TCC 全进路限速）；

⑨甲站出站信号机内方设置 80 km/h 限速（RBC 管辖范围之外）。

方案一：预告点、执行点不变，将临时限速信息覆盖至执行点

延长 BTS 应答器中【CTCS-2】包临时限速有效区段长度至 C3→C2 级间切换执行点 B4296 应答器组并延伸 80 m，使其覆盖级间切换点。预告点、执行点不变，将临时限速信息覆盖至执行点示意如图 4-7-5 所示。

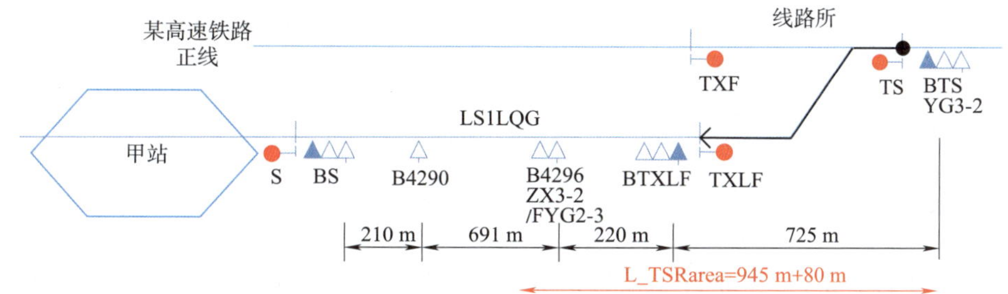

图 4-7-5　预告点、执行点不变，将临时限速信息覆盖至执行点示意图

试验未通过场景 1-1：甲站进站信号机 S 内方设置 80 km/h 限速，300T 车载设备通过预告点后制动。

原因分析：由于甲站内下达 80 km/h 限速，RBC 按实际限速情况控车，TCC 因该限速在 L_3 范围内，停发大号码道岔预告报文，BTS 应答器描述全进路限速为 80 km/h。

300T 车载设备在经过级间切换 YG3-2 点后，开始 C3、C2 曲线比较，此时 C3 速度为 120 km/h，C2 速度为 80 km/h，预告点 C3 与 C2 速差较大、预告点到执行点距离不足，该处间距 945 m，而 20‰下坡 120 km/h 到 80 km/h 的最大常用制动距离为 1 070 m、紧急制动距离为 953 m，所以 300T 车载设备过级间切换预告点时触发制动。

方案二：预告点移至出站口、执行点不变

上行线 C3→C2 级间切换执行点不变，将 C3→C2 级间切换预告点移至出站口 BTXLF 处，仅由 RBC 发送预告信息。预告点移至出站口、执行点不变示意如图 4-7-6 所示。

试验未通过场景 2-1：甲站进站信号机 S 内方设置 80 km/h 限速，300T、300H 车载设备通过预告点后制动。

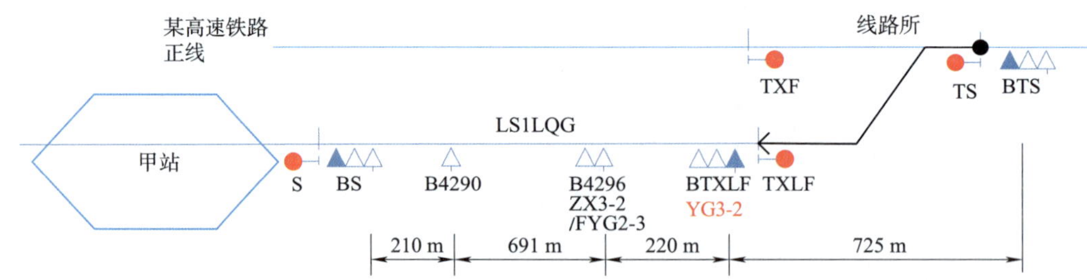

图 4-7-6　预告点移至出站口、执行点不变示意图

原因分析：级间切换预告点、执行点均位于车尾保持范围内，预告点到执行点距离仅为 220 m。下限速后预告点 C2 速度为 80 km/h，C3 速度为 120 km/h，车载设备因预告点处 C3 和 C2 速差较大、预告点到执行点距离不满足预告点 120 km/h 到 80 km/h 常用制动距离要求导致制动。

方案三：预告点移至出站口、执行点外移

将 C3→C2 级间切换预告点移至出站口 BTXLF 处，仅由 RBC 发送预告信息，C3→C2 级间切换执行点外移 691 m 至 B4290 处。预告点移至出站口、执行点外移示意如图 4-7-7 所示。

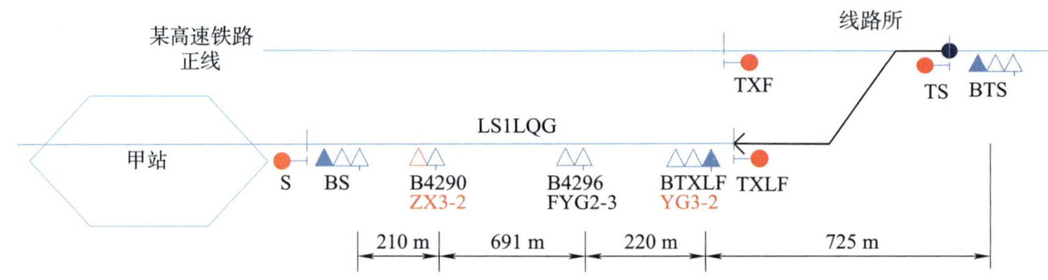

图 4-7-7　预告点移至出站口、执行点外移示意图

试验未通过场景 3-1：甲站进站信号机 S 内方设置 80 km/h 限速，300T 车载设备通过预告点后制动。

原因分析：预告点位于车尾保持范围内，300T 车载设备因预告点处 C3 和 C2 速差较大、预告点到执行点间距不足（仅 911 m）导致制动，原因同方案二。

方案四：预告点、执行点均外移

将 C3→C2 级间切换预告点由出站口外移 220 m 至 B4296 处，仅由 RBC 发送预告信息，将 C3→C2 级间切换执行点外移 691 m 至 B4290 处。预告点、执行点均外移示意如图 4-7-8 所示。

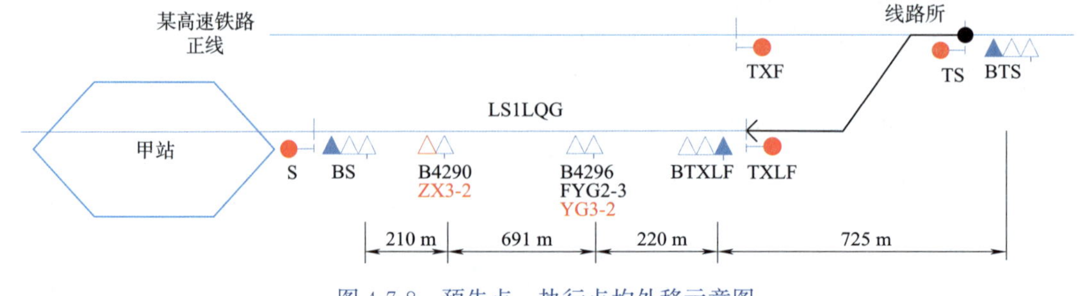

图 4-7-8　预告点、执行点均外移示意图

试验未通过场景 4-1：甲站进站信号机内方设置 80 km/h 限速，300T 车载设备通过预告点后制动。

原因分析：预告点位于车尾保持范围内，300T 车载设备因预告点处 C3 和 C2 速差较大、预告点到执行点间距不足导致制动，原因同方案二。

方案五：预告点、执行点继续外移

将 C3→C2 级间切换预告点移至 B4290 处，仅由 RBC 发送预告信息，上行线 C3→C2 级间切换执行点外移至甲站进站口 BS 应答器处。预告点、执行点继续外移示意如图 4-7-9 所示。

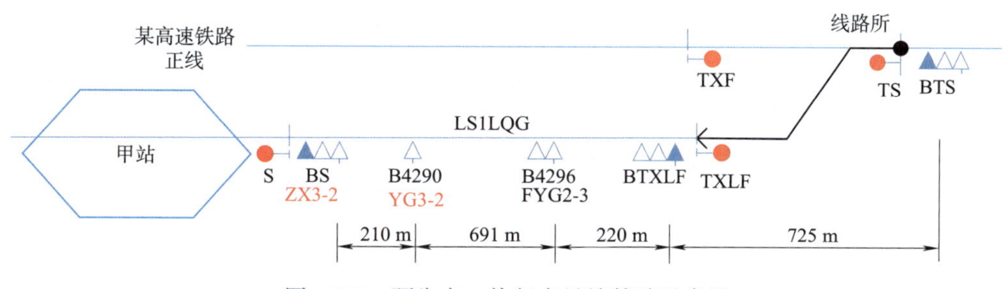

图 4-7-9　预告点、执行点继续外移示意图

试验未通过场景 5-1：甲站未办理列车进路，300H 车载设备通过预告点后制动，速度有 5 km/h 左右的突降。

原因分析：300H 车载设备计算 C2 曲线时会在打靶点前留 110 m 安全距离，导致 C3、C2 曲线在低速区不一致，因此列车通过级间切换预告应答器组 YG3-2 后，因 C3、C2 曲线不一致而制动。该问题现象较为轻微，测试时控制车速紧贴 SBI 曲线运行才会触发制动，影响较小。

试验未通过场景 5-2：甲站办理引导接车进路，300H 车载设备转 C3 引导模式，过级间切换预告应答器组 YG3-2 点后速度制动到 0 km/h。

原因分析：300H 车载设备计算 C2 曲线时会在打靶点前留 110 m 安全距离，执行点地面应答器距进站信号机 40 m，此时 300H 车载设备 C2 曲线的打靶点距进站信号机 110 m，即 C2 行车许可终点未越过 ZX3-2 点，导致列车无法越过 ZX3-2 点。

方案六：不设预告点，仅设执行点

不设预告点，上行线 C3→C2 级间切换执行点移至 B4290 处。仅设执行点示意如图 4-7-10 所示。

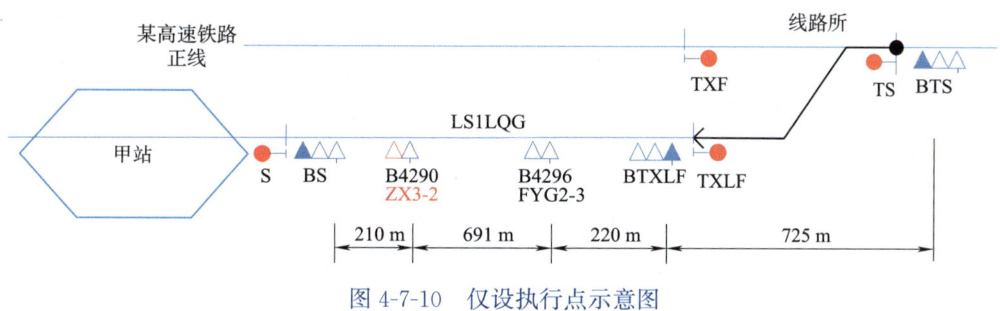

图 4-7-10　仅设执行点示意图

试验未通过场景6-1：甲站未办理列车进路，300H车载设备通过执行点后制动，速度有5 km/h左右的突降。

原因分析：300H车载设备计算C2曲线时会在打靶点前留110 m安全距离，导致C3、C2曲线在低速区不一致，执行点距进站信号机250 m，因此列车通过执行点后，因C3、C2曲线不一致而制动。

试验未通过场景6-2：甲站办理侧线接车进路，300H车载设备通过执行点后制动，速度有5 km/h左右的突降。

原因分析：300H车载设备C2曲线的打靶点为甲站S信号机外方110 m，目标速度45 km/h；C3曲线的打靶点为甲站S信号机，目标速度45 km/h，因此列车越过执行点后由于C3、C2曲线有速度差产生制动。

试验未通过场景6-3：甲站办理引导接车进路，300H车载设备过执行点后输出紧急制动。

原因分析：300H车载设备C2曲线的打靶点为甲站S信号机外方110 m，目标速度0 km/h；C3曲线的打靶点为甲站S信号机，目标速度40 km/h，因此列车越过执行点后由于C3、C2曲线有速度差产生制动。

方案优化：

根据上述分析可知，上述6个方案均存在缺陷，需要进一步优化。有的车载设备收到级间切换预告信息后，实时比较C3、C2曲线，对列车速度进行控制。工程设计中应按最不利条件考虑。

由于车载设备对级间切换预告点、执行点C3和C2速度一致性要求比较高，若要确保各型车载设备均能够正常通过预告点、执行点，应充分考虑有临时限速及车尾保持对C2速度的影响，合理确定预告点和执行点。

预告点设于岔前时，应考虑有临时限速时进站口降级为UU的最不利情况，此时C2速度为45 km/h，C3速度为线路允许速度，因此预告点到执行点的距离应满足预告点C3速度到45 km/h常用制动距离要求。

C2需要考虑车尾保持，按17辆编组“复兴号”动车组车长440 m，再附加一定余量，岔后车尾保持范围按500 m计算，即出站口应答器组发车方向500 m范围内为车尾保持范围。有临时限速时进站口降级为UU的最不利情况下，车尾保持范围内C2速度为45 km/h。由于在车尾保持范围内C3速度与C2速度差异较大，因此，从300T车载设备逻辑角度，级间切换预告点、执行点不宜设在车尾保持范围内。

线路所与前方站站间距较短，无区间信号点，给级间切换执行点设置增加了很多难度。即便执行点位于线路所岔后车尾保持范围外，因执行点位于前方站进站信号机外方第一个闭塞分区，当前方站有限速时，肯定会影响联络线执行点C2速度，导致C3、C2存在速差。即联络线执行点既要考虑岔后车尾保持，又面临前方站下限速时影响C2速度，这就是联络线无区间信号点的大号码道岔线路所级间切换最大的特点和难点。

综合上述分析，提出优化方案（图4-7-11）如下：

1. 维持C3→C2执行点不变，优化预告点位置，将其外移至TS信号机外方935 m处的B3072应答器处（仅由RBC根据进路信息发送预告信息）。因执行点位于车尾保持范围内，所以应增大预告点到执行点间的距离，满足新的预告点C3速度150 km/h到执行点45 km/h制动距离再加5 s执行点线路允许速度走行距离的要求。优化后预告点到执行点距离为1 880 m，岔后为20‰下坡，满足上述制动距离要求。

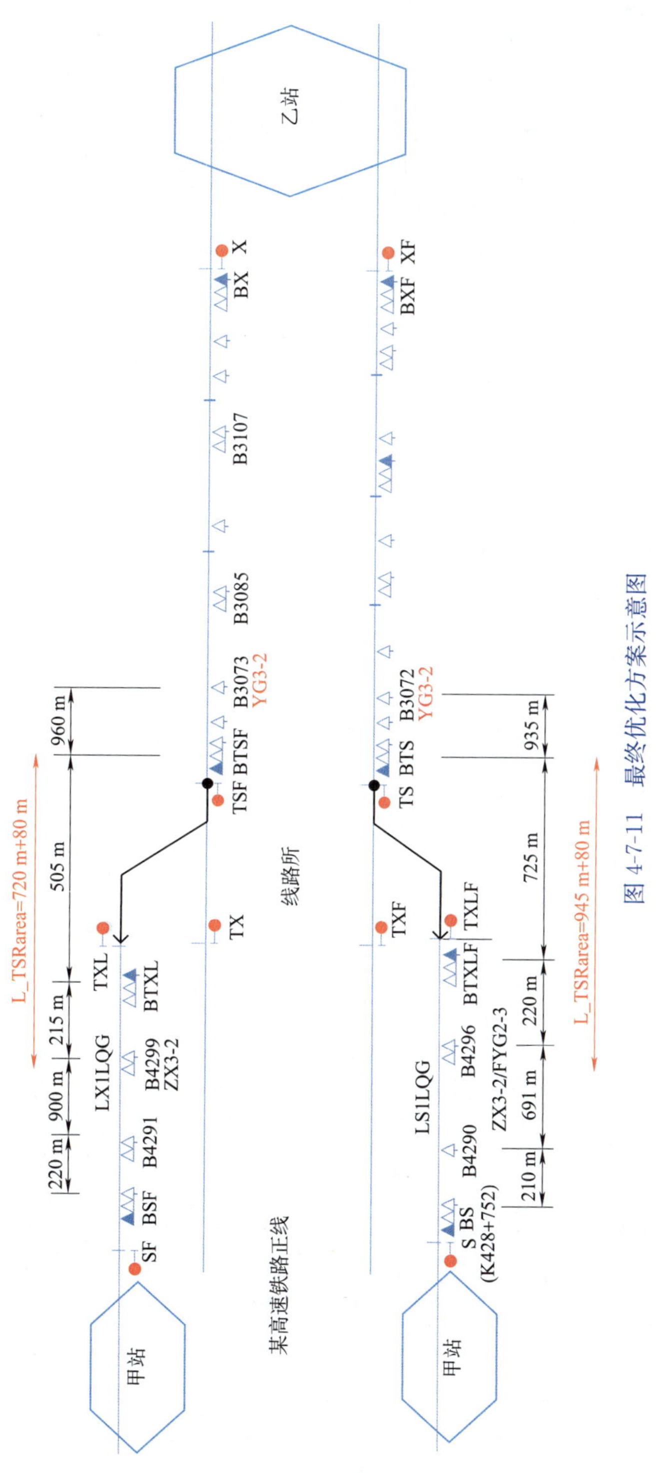

图 4-7-11　最终优化方案示意图

2. 优化 BTS 应答器组中描述的临时限速管辖范围，延伸至 C3→C2 执行点+80 m 处。

3. 反向进行 C3→C2 级间切换时，同样要满足级间切换预告点 C3 速度到执行点 45 km/h 常用制动距离+执行点线路允许速度走行 5 s 的距离要求。根据具体情况，当不满足时，可将反向静态速度适当降低，例如由 120 km/h 降为 100 km/h。

4. 结合本次级间切换方案调整，一并对坡度数据进行修改。该处正、侧向坡度差异较大，故将 BTS 应答器组中线路坡度信息移至有源应答器中描述。该应答器处正线线路为平坡，侧线线路为−20‰坡度，故将坡度信息移至有源应答器中描述。但由于有源应答器报文容量原因，需要对部分坡度信息、轨道区段信息进行合并。

最终优化方案在实验室分别在表 4-7-1 所列的场景下对 300H、300T 车载设备的运行情况进行了测试，且均通过测试。

表 4-7-1 最终优化方案测试案例表

序号	进路情况	限速值(km/h)	限速里程	300T 300H	说明
1	线路所办理侧线进路(UU)，甲站不办理进路	无		通过	
2	线路所办理侧线进路(USU)，甲站办理正线接车进路(U)	无		通过	
3	线路所办理侧线进路(UU)，甲站办理侧线进路(至ⅠG,UU)	无		通过	
4	线路所办理侧线进路(UU)，甲站办理正线引导进路	无		通过	
5	线路所办理正线进路(L)	无		通过	验证 C3 运行不受影响
6	线路所办理侧线引导进路(HB)，甲站不办理进路	无		通过	验证级间切换不受影响
7	线路所不办理进路，列车在线路所 TS 信号外停车后，线路所办理侧线进路(USU)，甲站办理正线接车进路	无		通过	验证 RBC 补发级间切换预告
8	线路所办理侧线进路(UU)，甲站办理正线接车进路	60	正线 K308+700～K308+600	通过	C2 接近降级范围限速
9	线路所办理侧线进路(UU)，甲站办理正线接车进路	60	正线 K307+300～K307+200	通过	跨 YG3-2 限速
10	线路所办理侧线进路(UU)，甲站办理正线接车进路	45	正线 K306+267～K306+258	通过	进路岔心外方限速
11	线路所办理侧线进路(USU)，甲站办理正线接车进路	45	正线 K305+885～K305+785	通过	TXF 外方限速
12	线路所办理侧线进路(USU)，甲站办理正线接车进路	45	正线 K305+500～K305+400	通过	ZX3-2 点在正线的投影位置处限速
13	线路所办理侧线进路(USU)，甲站办理正线接车进路	80	线路所，侧线 4 区	通过	YG3-2 点后方限速

续上表

序号	进路情况	限速值(km/h)	限速里程	300T 300H	说明
14	线路所办理侧线进路(UU),甲站办理正线接车进路	45	联络线 K429＋700～K429＋600	通过	跨执行点限速
15	线路所办理侧线进路(USU),甲站办理正线接车进路	100	联络线 K429＋700～K429＋600	通过	跨执行点限速
16	线路所办理侧线进路(先办理进路再下限速,使线路所进站信号降级为 UU),甲站办理正线接车进路	100	联络线 K429＋700～K429＋00,先排进路再下限速	通过	跨执行点限速
17	线路所办理侧线进路(USU),甲站正办理线接车进路	80	联络线 K428＋750～K428＋650	通过	甲站接车进路限速
18	线路所办理侧线进路(USU),甲站办理正线接车进路	80	联络线 K426＋900～K426＋893	通过	甲站接车股道末端限速
19	线路所办理侧线进路(USU),甲站办理正线接车进路	45	联络线 K426＋893～K426＋883	通过	甲站接车发车进路限速
20	线路所办理侧线引导进路(HB),甲站办理正线引导进路(HB)	无		通过	验证引导功能正常
21	甲站 S 口正线上行反向发车,线路所办理 TXLF→TS 侧线接车	无		通过	验证 C2 转 C3 过程是否正常
22	线路所办理 TS→TXLF 正常进路,列车到接近 BTS 时取消进路,之后再次办理	无		通过	验证 RBC 取消预告功能正常

四、结 束 语

仅由 RBC 根据进路信息发送预告信息的方案，与 RBC 设备选型密切相关。为确保级间切换方案的兼容性，新建联络线无区间信号点时，优先推荐预告点、执行点设于岔后车尾保持范围外的方案。因联络线较短，执行点常用制动距离内的 RBC 数据需要延伸至相邻 C2 车站。

第八节　一站多场时跨场进路 C3→C2 级间切换方案

有的枢纽车站设有两个高速场，场间设有联络线，一个场采用 C3 列控系统，另一个场采用 C2 列控系统。关于跨场列车进路 C3→C2 级间切换方案，需要综合联络线长度、速度等因素深入研究。本节以贵阳枢纽为例，介绍跨场列车进路 C3→C2 级间切换方案。

一、概　　述

C3 列控一站多场且各场分属不同 RBC 管辖时，如果场间采用短联络线或采用渡线道岔衔接时，因无闭塞分区分界点，无法进行正常 RBC 切换，所以需考虑在站内进行 C3→C2 等级切换。C3 列控一站多场、跨场级间切换示意如图 4-8-1 所示。

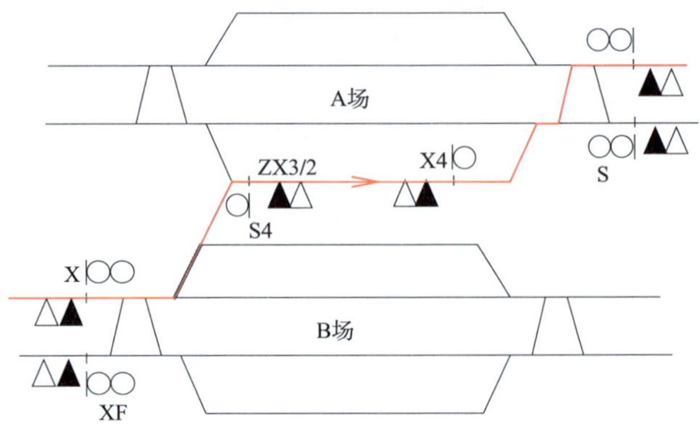

图 4-8-1 C3 列控一站多场、跨场级间切换示意图

若排列 B 场向 A 场跨场进路（图 4-8-1 中红色线条），因无法进行 RBC 切换，所以考虑列车降级运行。

应有选择性地对特定进路进行等级转换，需考虑采用有源应答器作为等级切换预告点，故选择 B 场 X 进站有源应答器作为 C3→C2 级间转换预告点；为避免 B 场 RBC 在等级切换后行车许可覆盖范围（满足等级切换点处最高速度的制动距离）过长引起两场间联锁互传信息加大的情况，选择 S4 出站有源应答器作为 C3→C2 级间转换执行点，该处列车速度一般不超过 80 km/h，站内多为平坡，制动距离一般不超过 650 m，则 B 场 RBC 行车许可覆盖至 X4 即可，而 X4 在接车进路范围内，不需要两场联锁间额外交互信息。

因执行点位于出站信号机附近，C3 和 C2 的允许速度相同，采用此方式理论上可以不设置预告点。如设置预告点，则预告点到执行点的距离满足列车按线路允许速度运行 5 s 走行距离的要求。无 1/42 大号码道岔车站站内侧向列车运行速度一般为 80 km/h，上述选择的预告点、执行点间距可满足列车 5 s 走行距离要求。

排列 A 场向 B 场的跨场进路时级间切换示意如图 4-8-2 所示。

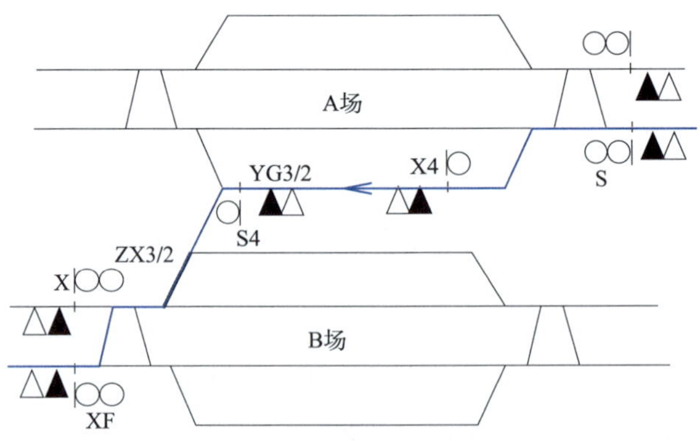

图 4-8-2 排列 A 场向 B 场的跨场进路时级间切换示意图

若排列 A 场向 B 场跨场进路（图 4-8-2 中蓝色线条），因无法进行 RBC 切换，同样考虑列车降级运行。

为针对特定的跨场进路，考虑在 A 场 S4 出站应答组内设置 C3→C2 级间转换预告点。如果在 A 场 S4 至 B 场 XF 的发车进路上有合适的位置能设下应答器（安装位置合适，不影响其他进路来的列车正常动作），可优先考虑在咽喉区设置等级切换执行点，因咽喉区C3和C2的允许速度基本相同，此时预告点到切换点满足列车按80 km/h运行5 s走行距离即可；如果在A场S4至B场XF的发车进路上没有合适的位置设下应答器，则可考虑利用B场XF反向进站应答器组作为等级切换执行点，此时预告点到切换点距离需大于列车80 km/h（因发车进路为经道岔侧向进路）到45 km/h最大常用制动距离＋80 km/h运行5 s走行距离之和，该距离总长约400 m，在工程中一般可以满足。

通过以上分析可知，无1/42大号码道岔车站站内的工程条件一般允许进行C3→C2级间转换。

二、贵阳东枢纽C3/C2级间切换案例

（一）概　　述

贵阳东站有长昆客专（C3）、白龙铁路（C2）、渝贵铁路（C2）及贵开铁路（C0）接入，存在不同等级的列控系统在同一车站交汇和转换的情况。

贵阳东站作为交汇车站，从站场设计角度分为沪昆场、贵开场、白龙环线场及马夫田线路所，成都方向咽喉共有10个发车口。信号主要设计方案如下：

联锁：将马夫田线路所纳入贵阳东站控制，全站设1套计算机联锁设备。

列控：设2套列控中心，贵开场和沪昆场采用1套，白龙铁路环线场及马夫田线路所采用1套。

CTC：为避免咽喉区太长影响CTC进路自动触发效率，贵阳东站与马夫田线路所间按区间闭塞设计，马夫田线路所单独增设CTC控制终端，从CTC控制角度按贵阳东站和马夫田线路所两个站点处理。

贵阳东站及疏解线站场布置示意如图4-8-3所示。

（二）特殊场景下C3/C2等级转换设置

1. 贵阳东C3/C2等级转换需求分析

贵阳东为长昆客专C3列控系统与白龙铁路C2列控系统交汇车站，正常情况下C3/C2等级转换应设置在贵阳东至白云站区间。

在C3至C2等级转换区域的C2线路，关于无线覆盖范围要求，《铁路信号设计规范》（TB 10007—2017）第8.1.5条第1款无线覆盖范围3）“在CTCS-3级至CTCS-2级等级转换区域的CTCS-2级线路，不得小于列车按设计速度运行5 s的距离与列车长度之和”；《CTCS-3级列控系统总体技术规范》（Q/CR 661—2018）7.5.1.5“CTCS-3级进入CTCS-2级转换区域，无线网络覆盖应符合从等级转换边界到车载设备与RBC断开连接的时间要求”。通信工程在前期进行贵阳枢纽GSM-R无线覆盖总体规划时，受一些条件限制，贵阳东至白云站区间无线覆盖不满足C3列控系统控车命令的无线传送需求。

为适应通信工程GSM-R总体规划方案，减少对无线基站设置方案的调整，考虑到沪昆客专为C3贯通的长大干线，如果在贵阳东上海方面区间设置C3/C2等级转换点会影响沪昆正线运行，因此沪昆客专上海至成都重庆方面的C3/C2等级转换只能在贵阳东站内设置。

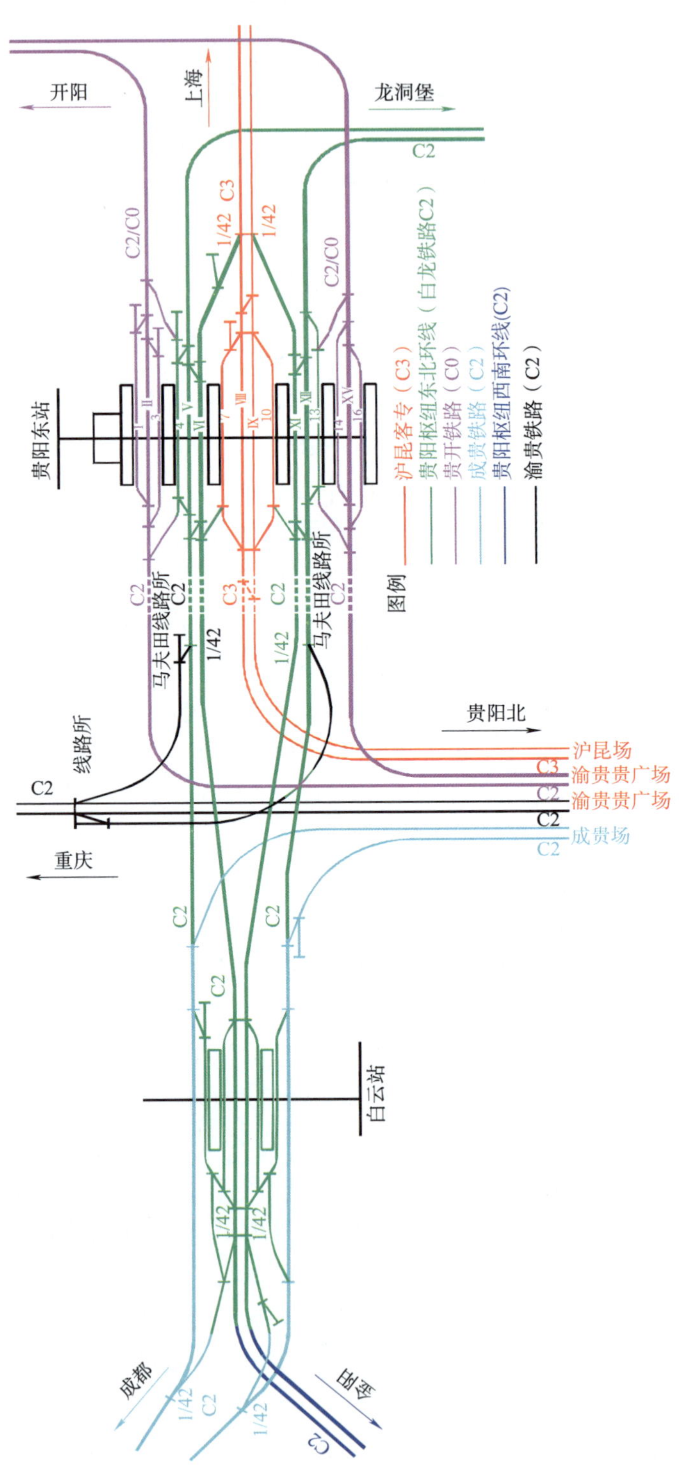

图 4-8-3 贵阳东站及疏解线站场布置示意图

2. C3/C2 等级转换原则

C3/C2 级间转换需由地面设置的级间转换预告应答器组和执行应答器组向车载发送级间转换预告信息和执行命令实现。由于 C2 与 C3 行车许可发送时机、限速处理方式存在差异，部分区段可能存在允许速度差异，为避免在级间转换执行点出现允许速度差异引发制动停车，要求预告应答器组与执行应答器组之间的距离应能允许列车在接收到级间转换预告信息后，从 C3 允许速度减速，并在执行点前降至 C2 允许速度。

3. C3/C2 等级转换应答器设置方案

(1) 上海方向正向跨线进路

贵阳东站 C3→C2 等级转换应答器布置示意如图 4-8-4 所示。

以正方向进路为例，沪昆客专上海方向去往成都、重庆及白云方向的跨线列车进路具体情况如下：

上海去往成都方向：S→2＃道岔侧向→ⅫG→27＃道岔侧向→XYN→XCN；

上海去往重庆方向：S→2＃道岔侧向→ⅫG→27＃道岔侧向→XYN→XQN；

上海去往白云方向：S→2＃道岔侧向→ⅫG→27＃道岔直向→XBN；

上海去往白云方向变更进路：S→2＃道岔直向→32＃道岔侧向→10G→15＃道岔侧向→XBN。

由以上进路特点可知，沪昆客专上海方向 C3 动车组跨线至白云方向时，必须经过 XBN 口，跨线至成都、重庆方向时，必须经过 XYN 口。沪昆客专正向跨线列车进路，始端固定为 S 口，关键终端为 XBN、XYN 口。

因此，始端信号机 S 进站口应答器组兼做 YG-3/2 应答器组，关键终端信号机 XBN、XYN 进站口应答器组兼做 ZX-3/2 应答器组。

对于经 10G 的变更跨线进路要特别注意，10G 主用为沪昆场股道，上海方向 C3 动车组接入 10G 后，多继续去往昆明方向，但也可以经 15＃侧向去往白云方向。因此，当排列去往白云方向的发车进路时，S10 出站信号机有源应答器兼做 YG-3/2 应答器组。

SN 口反向及 S7 反向跨线进路同理，不再赘述。

运营注意事项：当上海方向 C3 动车组接入股道停车，因故车载设备重启后，按 C2 模式发车。

(2) 预告到执行点距离

在收到 YG-3/2 及 FYG-3/2 应答器报文后，C2 车载向 C3 车载提供执行点 C2 系统允许速度，C3 车载开始按照 C2 系统允许速度减速。该方案中，S/SN- XY/XB/XBN/XYN 级间转换预告应答器与执行应答器的距离满足从 160 km/h 减速至 45 km/h 的制动距离要求（实际距离 2 070 m，0 坡道）；S7-XB、S10-XBN 级间转换预告应答器与执行应答器的距离满足从 80 km/h 减速至 45 km/h 制动距离要求（S7-XB 实际距离 460 m，0 坡道；S10-XBN 实际距离 464 m，0 坡道）从而保证 C3、C2 在级间转换执行点允许速度一致。

三、结束语

各枢纽站场布局不尽相同，研究跨场进路 C3→C2 级间切换方案时，要充分考虑 C3、C2 列控系统临时限速处理差异对预告点 C3 与 C2 允许速度的影响，预告点、执行点宜设在 C3、C2 允许速度一致的地段。预告点速度不一致时，预告点到执行点距离应满足列车从 C3 允许速度到 C2 允许速度常用制动距离要求。

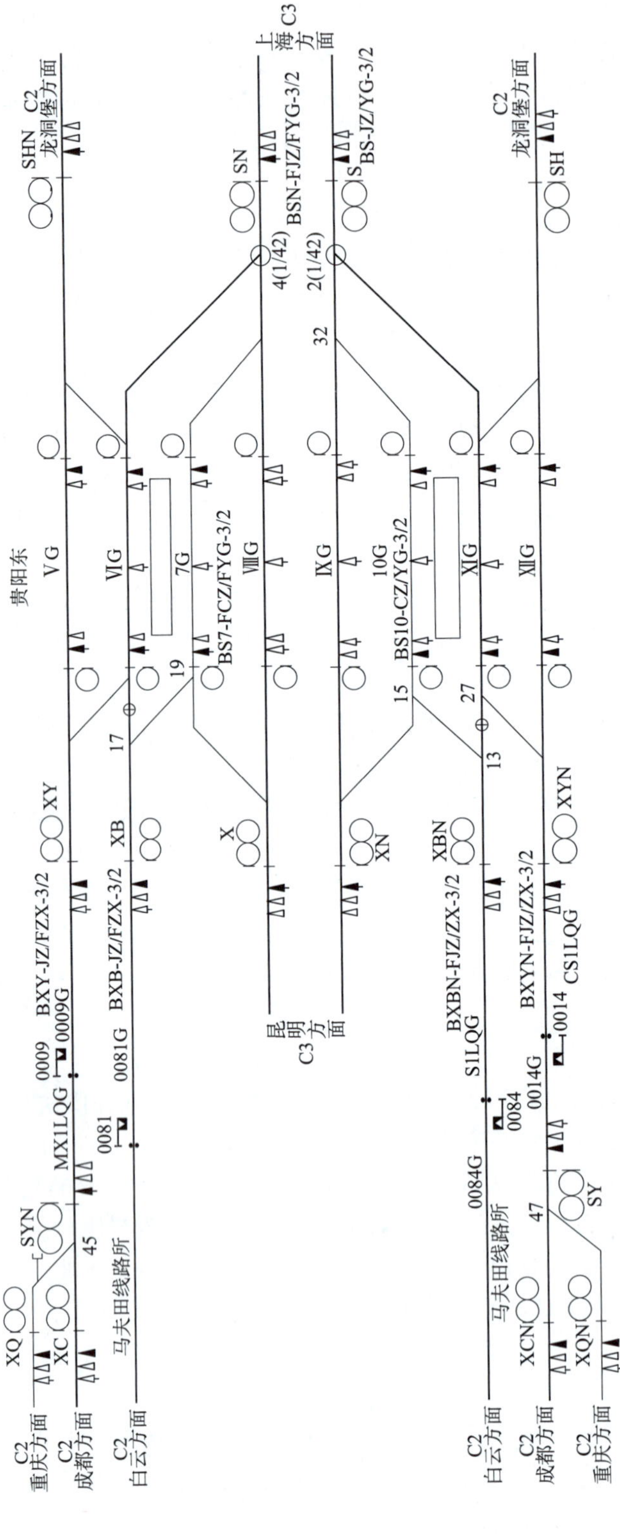

图 4-8-4 贵阳东站 C3→C2 等级转换应答器布置示意图

第九节 枢纽 TSRS 设置方案

临时限速服务器（TSRS）属于我国高速铁路列控系统的专用安全设备，该设备在高速铁路 C2 列控系统运用初期并不存在，为了厘清 CTC 系统与列控系统的临时限速安全责任，专门设置了 TSRS。该安全设备在运用初期确实存在安全任务分配较少的情况，现在随着自动驾驶 ATO 系统、新型列控系统的研发，TSRS 逐渐承担了 ATO 地面控制器、新型列控系统电子地图和 IP 查询器等功能，安全作用逐渐发挥。

一、TSRS 设置的一般原则

《铁路信号设计规范》（TB 10007—2017）中，对 TSRS 工程设计要求规定如下：

1. 每台 TSRS 宜对应单个 CTC 调度台，每个 CTC 调度台可对应多台 TSRS；
2. C2 线路 TSRS 宜设置于本线车站信号设备机房；
3. C3 线路 TSRS 宜与 RBC、CCS 同址设置；
4. TSRS 与 CTC 调度所系统设备通过冗余的传输链路互联。

《临时限速服务器技术条件》（TB/T 3531—2018）对 TSRS 的处理能力做了如下规定：

“一台 TSRS 宜对应一个调度台。每台 TSRS 的控制能力应符合下列要求：

1. 连接不小于 1 个 CTC-TSRS 接口服务器（设置在 CTC 中心）；
2. 连接不小于 35 个 TCC；
3. 连接不小于 4 个 RBC；
4. 连接不小于 4 个相邻 TSRS。”

枢纽调度台管辖范围衔接的线路数量多，且枢纽地区多个调度台衔接、动车组走行径路穿越多个调度台、调度边界与信号设备管辖边界不对应等，枢纽 TSRS 设备设置存在一些特殊的应用场景。

在早期客运专线建设时，存在过一个 TSRS 对应两个调度台的情况，但是实际应用效果并不好，增加了 TSRS 软件特殊处理，所以之后规范修编时强调，一个 TSRS 只对应一个调度台，一个调度台内可以有多个 TSRS，本节后续论述均按此原则展开。

二、TSRS 接口能力与枢纽调度台管辖范围匹配性

TSRS 控制能力中，在枢纽地区比较受限的主要是与相邻 TSRS 接口能力。目前技术条件一般规定的是“不小于 4 个相邻 TSRS”，但如果按仅 4 个考虑，则很多枢纽调度台将难以设置。

以郑州东枢纽为例，郑州东徐兰场所在调度台需要与郑济、郑徐、郑万、郑西、京石武调度台对应的 TSRS 衔接。郑州东枢纽示意如图 4-9-1 所示，郑州东枢纽调度区划示意如图 4-9-2 所示。

经了解，目前主要供货商的 TSRS 设备接口能力见表 4-9-1。工程设计中，与相邻 TSRS 的接口数量可按 8 个考虑，枢纽调度台管辖范围的设置需首先考虑 TSRS 设备的该限制条件。从目前掌握的情况，TSRS 设备与相邻 TSRS 接口数量达到 8 个以后，枢纽地区设置 TSRS 的受限因素基本不用再考虑 TSRS 设备接口能力。

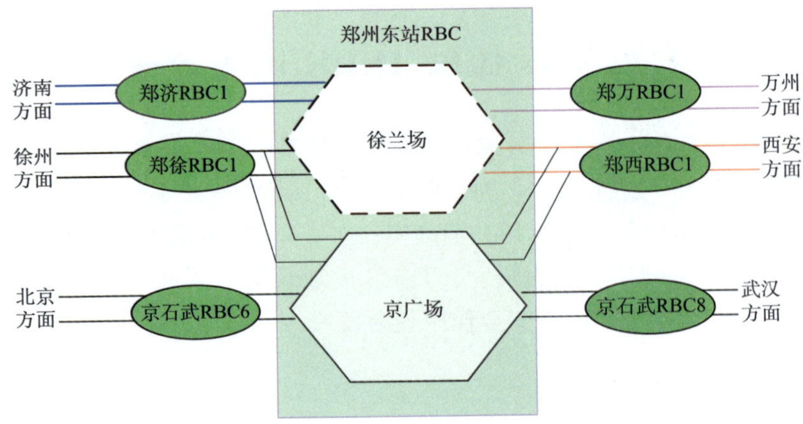

图 4-9-1 郑州东枢纽示意图

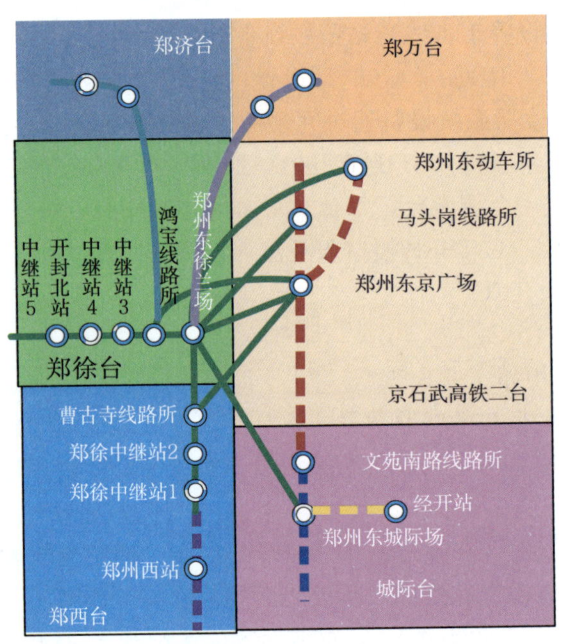

图 4-9-2 郑州东枢纽调度区划示意图

表 4-9-1 各型 TSRS 与相邻 TSRS 接口能力表

技术能力	TSRS-TH	TSRS-HS	TSRS-YH
单台 TSRS 可连接相邻 TSRS 的数量	8 个	10 个	8 个

此外，枢纽地区因为调度台设置较为密集，存在动车走行径路穿越多个调度台情况。

对于 C2 列控系统，根据《列控系统临时限速技术规范》（Q/CR 662—2018）的规定，正线应答器单方向 TSR 管辖范围应从自身开始至前方车站出站口应答器（或中继站第二个有源应答器组）再增加一个防护距离，防护距离应涵盖从防护始端应答器所在区段的线路最高允许码降至 HU 码所在闭塞分区及外延 100 m。因此某车站 TCC 的管辖范围原则包括：本站至下一站＋7 个闭塞分区＋100 m。以图 4-9-3 为例，调度台边界车站 A，其相邻调度台 B 对应的 TSRS-B 原则应提供该站至下一站＋7 个闭塞分区＋100 m 范围的临时限速信息，若调度台 B 的管辖范围不足够长，对于 A 站有关的临时限速的信息交互将涉及 TSRS-C→TSRS-B→TSRS-A 的接力互动，给 TSRS 设备设置带来复杂性。

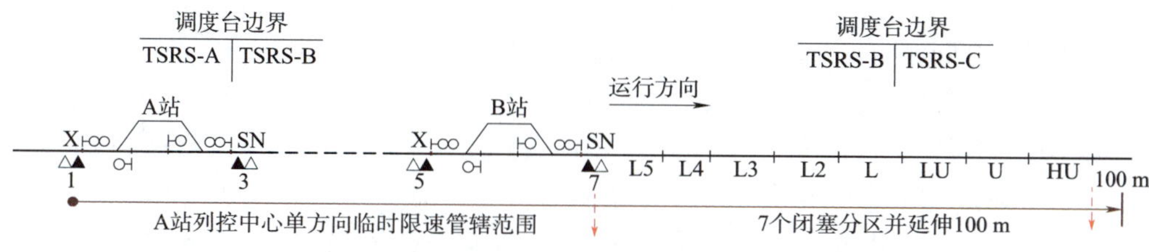

图 4-9-3　调度台设置密集区 C2 限速管辖范围示意图

对于 C3 列控系统，临时限速包含在行车许可中由 RBC 发送给列车，RBC 的 TSR 管辖范围与其行车许可控制范围一致。RBC 给出的行车许可范围最小为最高速度至 0 km/h 的最大常用制动＋20 s 无线允许中断时间内的走行距离。以图 4-9-4 为例，C3 线路上如果调度台 B 的管辖范围不足 RBC 行车许可往前延伸的范围，同样会带来 TSRS-C→TSRS-B→TSRS-A 的接力互动，给 TSRS 设备设置带来复杂性。

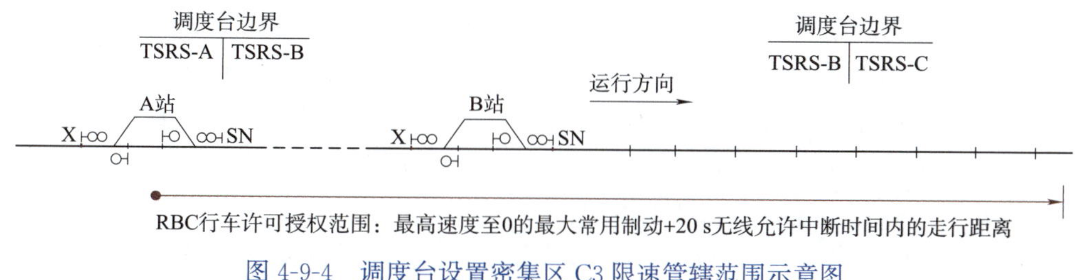

图 4-9-4　调度台设置密集区 C3 限速管辖范围示意图

综上，在调度台管辖范围设计时可有条件地考虑避免相邻 3 个及以上 TSRS 接力交互临时限速信息的场景，具体方法可采用：扩大调度台 B 的管辖范围，使其管辖范围超过两个车站＋7 个闭塞分区（C2 线路）或大于线路最高速度至 0 km/h 的最大常用制动＋20 s 无线允许中断时间列车走行距离（C3 线路），由于 C3 线路均具有 C2 功能，所以对于 C3 线路应取上述两个范围的最大者。

因为存在诸如工程工期不同、临时限速信息接力传递复杂性情况、工程投资优化等多方面的原因，在枢纽地区 TSRS 的设置需要突破一个调度台设置一套 TSRS 的通常做法，考虑如图 4-9-5 所示的一个调度台对应多套 TSRS 的方案。在一些特殊情况下，也可考虑根据信号系统设备技术能力条件，适当调整某个调度台的管辖范围，使其尽量与信号系统设备能力相匹配。

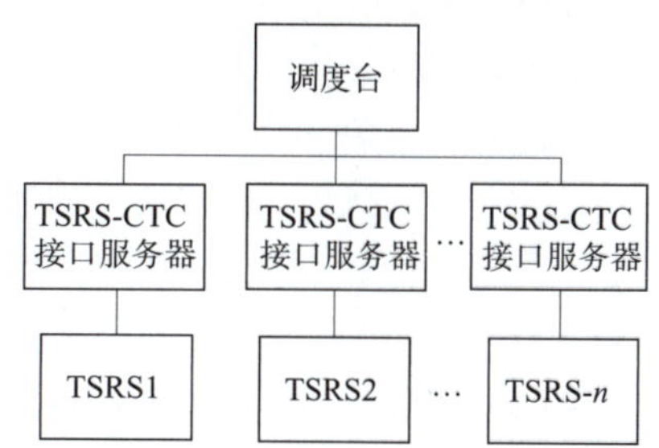

图 4-9-5　枢纽内调度台与 TSRS 接口方案示意图

三、TSRS、RBC 与调度台管辖边界对应关系

《无线闭塞中心设备技术规范》(Q/CR 715—2019)规定：1 个 RBC 最多同时连接 1 个 CTC 行调台、最多同时连接 1 个 TSRS。《无线闭塞中心技术规范》(TB/T 3330—2015)规定：RBC 应能向 CTC 发送列车信息、诊断信息及连接报警等消息，其中列车信息包括列车的车次号、列车长度、车载设备工作模式、列车速度、列车位置及行车许可等信息；RBC 应能接收 CTC 发送的紧急停车命令、文本信息等消息，并能根据 CTC 时钟源信息进行时钟校正；RBC 应能接收 TSRS 发送的初始化命令、临时限速命令；向 TSRS 发送临时限速状态、初始化等消息。

调度台边界位于进站信号机处，按照一个 TSRS 只对应一个调度台的原则，TSRS 管辖范围与调度台边界一致，不会超出调度台边界。

相邻 RBC 一般在长大区间进行 RBC 切换，因此，RBC 管辖范围受与相邻 RBC 切换的制约，必然超出调度台边界。

四、枢纽 TSRS 设计重点

(一) 枢纽 TSRS 不宜与邻局接口

在枢纽地区，为避免本局枢纽改造时影响邻局或邻局改造时影响本局枢纽，应合理确定枢纽 TSRS 管辖范围，枢纽 TSRS 不宜与邻局接口。

为便于跨局线路改造时施工调试，最大限度降低对邻局的影响，局间接口的两个 TSRS 管辖范围宜相对短些，尽量不包含枢纽大站。

京广高速铁路引入北京西站，设置了一套 TSRS，管辖了自北京西站至郑州局安阳东站进站口，TSRS 管辖范围太大，相当于枢纽 TSRS 与邻局接口。京雄城际引入北京西站时，TSRS 改造影响郑州局，需要郑州局配合试验，影响范围太大，增加了实施难度及安全风险。

上海局合安、安九高速铁路在一个调度台内，设一套 TSRS，管辖了自合肥枢纽至黄梅东站南昌局局界口。在实施阶段，上海局提出合安九 TSRS 管辖范围太大，后续合肥枢纽改造较多，枢纽 TSRS 改造会影响南昌局，需要邻局配合试验，影响范围太大，增加实施难度和安全风险。为避免本局枢纽改造影响邻局，最大限度降低后续枢纽改造实施难度和风险，最终进行变更设计，安九高速铁路增加一套 TSRS。

(二) 线路分段开通时，应充分考虑利用既有 TSRS 调试的实施难度和风险

现场实施中经常遇到的情况是线路分段开通，在一个调度台内，设置一套 TSRS。由于分段开通，在第一段线路开通时，调度台、TSRS 已经正式投入运营，造成第二段线路开通时 TSRS 为既有运营设备。在联调联试时，临时限速试验只能在天窗点进行，换装新软件试验，点毕前软件回退，并对既有进行必要的试验，不得影响第二天正常运营。这种试验方案只能在天窗点进行，耗时长、实施难度大、安全风险高。

针对这种情况，有的项目进行了变更设计，增加了一套 TSRS，临时限速试验在白天进行，与既有 TSRS 接口部分在天窗点内进行，大大提高了试验效率，切实降低了实施难度和风险。

在施工图设计中，要充分考虑现场实际情况，初步设计批复为同期开通的项目有可能因各种原因在实施时变为分段开通。分段开通时，应综合线路长度、临时限速试验难度和风险等因素，与运营维护单位商讨合理确定 TSRS 试验方案。

五、结 束 语

为合理控制影响范围，减少特殊应用，一个 TSRS 原则上对应一个调度台。在枢纽地区，为避免本局枢纽改造时影响邻局或邻局改造时影响本局枢纽，应合理确定枢纽 TSRS 管辖范围，枢纽 TSRS 不宜与邻局接口。

第十节　C2/C0 级间切换方案

采用 C2 列控系统的线路引入既有 C0 车站时，需要设置 C2→C0 级间切换点。枢纽地区联络线较短，应合理研究级间切换方案，避免车载设备正在输出制动而不能在预定地点完成等级切换。由于制动原理及制动算法不同，在同样地点，LKJ 速度往往高于 ATP 速度。

一、C2/C0 级间切换过程

（一）C0 转换至 C2

车载设备在接收到级间切换预告应答器组发送的 C0 切换至 C2 预告信息后，通过 DMI 输出文本“CTCS2 级间转换预告”和 2 遍语音“级间切换”，提示司机要进行 C0 至 C2 的级间切换。在经过级间切换执行应答器组或列车走行距离到达预告应答器组中预告的执行点后，车载设备根据 LKJ 制动指示信号状态判断当前 LKJ 是否输出制动，当 LKJ 未输出制动或列车处于停车状态时执行级间切换指令，切换到 C2 控车并向 DMI 输出文本“CTCS2 级间转换”和输出语音提示。若在等级切换执行点 LKJ 正在输出制动且列车未停车，则转换时间推迟到制动缓解后再执行。

（二）C2 转换至 C0

车载设备在接收到等级切换预告应答器组发送的 C2 切换至 C0 预告信息后，车载设备生成控车模式曲线（在执行点降到 C0 允许速度）并向 DMI 输出文本“CTCS0 级间转换预告”和 2 遍语音“级间切换”，提示司机要进行 C2 至 C0 的级间切换。当经过级间切换执行应答器组或列车走行距离到达预告应答器组中预告的执行点后，车载设备判断当前若没有制动或列车处于停车状态则执行级间切换指令，切换到 C0 控车，撤销控制权指示信号并向 DMI 输出文本“CTCS0 级间转换”和语音提示。若在等级切换执行点车载设备正在输出制动且未停车，则等级切换时间推迟到制动缓解后再执行。

二、ATP 与 LKJ 速度差异原理分析

（一）LKJ 速度监控方式概述

LKJ 设备通过计算列车的减速度控制模式距离、防止冒进信号控制模式距离实时监控列车运行速度，并防止列车超速和冒进信号。针对 CRH 系列动车组，LKJ 防止冒进信号控制模式的距离 S 计算式为

$$S=S_K+S_e+S_a$$

其中，S_K 为空走时间内的走行距离；S_e 为有效制动距离；S_a 为安全距离。

$$S_a=A+0.5v_0$$

其中，v_0 为列车的初速度（单位：km/h）；安全距离 A 取值见表 4-10-1。

表 4-10-1　安全距离 A 取值表

位　　置	常用制动控制	紧急制动控制
区间	100 m	70 m
站内	50 m	20 m

$$S_K=\frac{v_0 t_K}{3.6}$$

其中，t_K 查表获取。

$$S_e=\sum\frac{0.0386(v_1^2-v_2^2)}{\lambda a\times 0.0089(\omega_0+i_j)}$$

其中，v_1、v_2 分别为速度间隔的初速度和末速度，km/h；λ 为制动减速度系统，取值 0.9；a 为制动减速度，m/s^2，查表获取；ω_0 列车单位基本阻力，N/kN，查表获取；i_j 制动地段加算坡度千分数，下坡道取负值，上坡道取 0。

以 CRH5 系列动车组的常用制动为例，CRH5 系列动车组常用制动参数取值见表 4-10-2。

表 4-10-2　CRH5 系列动车组常用制动参数取值表

车　　型	制动方式	空走时间（s）	速度范围（km/h）	减 速 度（m/s^2）		单位基本阻力（N/kN）
CRH5（车型编码 305）	最大常用制动	3	200～118	$0.635+39.65/v$		$1.65+0.0001v+0.000179v^2$
			118～70	0.97		
			70～0	1.03		

按上述公式和取值计算可得，CRH5 系列动车组在 LKJ 控车时，当其初始速度为 120 km/h，其防止冒进信号控制模式的控制距离 S 为 766 m。

（二）ATP 速度监控方式概述

C2 列控车载设备根据行车许可、最限制速度曲线及列车的制动性能（含坡度因素、车体制动延时时间）计算列车运行的动态监控曲线，包括紧急制动监控曲线 EBI 和常用制动监控曲线 SBI。车载设备根据计算出来的动态速度曲线监控列车运行。在计算 EBI 和 SBI 时，对前方目标点的监控预留出一定的安全距离，根据《CTCS-2 级列控车载设备技术条件》（TB/T 3529—2018）的规定，C2 车载设备安全距离取值见表 4-10-3。

表 4-10-3　C2 车载设备安全距离取值表

位　　置	常用制动安全距离	紧急制动安全距离
区间	最大 110 m	最大 100 m
站内	最大 60 m	最大 50 m

目前，各设备供货商计算 EBI 和 SBI 时采用原理及参数设定不同，不同动车组型号搭载不同列控车载设备后，其制动距离会有所不同。例如，CRH5 系列动车组在搭载 200H 车载设备后，其 120 km/h→0 的常用制动距离为 879 m（根据列控车载设备供货商提供的资料查表获得），考虑前方 110 m 安全防护距离后，该速度控制点距离为 989 m，较 LKJ 计算的

长度长。换而言之，当该系列动车组列车距离前方目标点同样距离时，LKJ 的控制速度较 C2 控制速度高。

小结：由于制动原理及制动算法不同，在同样地点，LKJ 速度往往高于 ATP 速度，尤其是在 C0→C2 级间切换时，在执行点需要考虑因 LKJ 速度高于 ATP 速度而导致 ATP 触发紧急制动。

三、枢纽内 C2/C0 级间切换设计重点

（一）短联络线上的 C2/C0 级间切换点的位置选择

枢纽内因联络线较短，车站间连接关系复杂，通常会在车站附近设置 CZ-C0、预告点、执行点。根据 C2/C0 级间切换过程的分析，车站附近选择级间转换点需要关注以下问题：

1. C2/C0 级间切换执行点尽量设在距离进站、出站外方制动距离范围外，尽可能避免车载设备正在输出制动而不能在预定地点完成等级切换。

2. 分析 C2/C0 级间切换执行点处 C0 和 C2 的速度差异，避免出现等级转换执行点处速度陡降，导致紧急制动。

如图 4-10-1 所示，C2 线路所通过联络线 L1、L2 与 C0 车站衔接，拟在 C2 线路所（均采用 1/18 号道岔）侧向通往 C0 车站的联络线处设置级间转换。如果预告点和执行点设置在图中所示位置，列车在 X/XF 位置收到 UUS 码，C2 车载设备 80 km/h 控制列车通过道岔侧向且进行车尾保持，LKJ 则按 45 km/h 控制列车通过道岔侧向且进行车尾保持，若 SLF/SL 距离道岔根部较近，尚在车尾保持范围内，则执行点处 C2 转换为 C0 时，LKJ 发现列车速度须由 80km/h 降为 45km/h，将触发紧急制动。

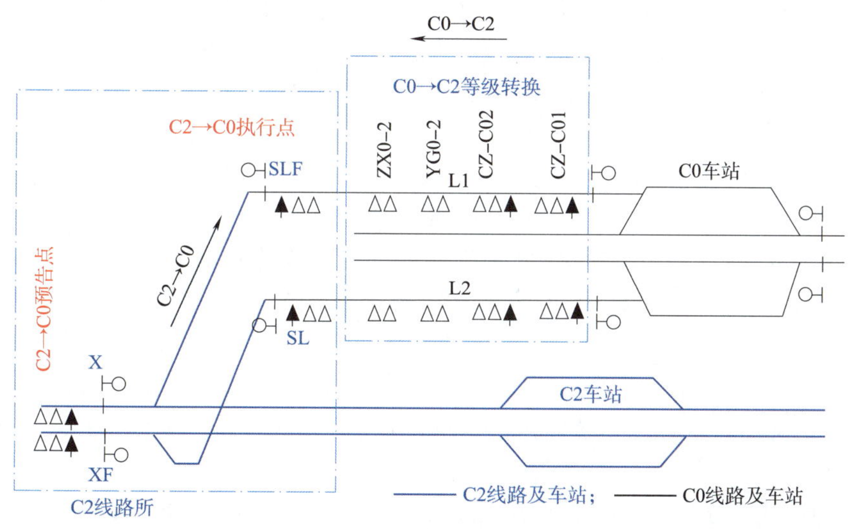

图 4-10-1　C2/C0 等级切换执行点处 C0 和 C2 速度差异示意图

综合上述分析，为避免进站信号机开放 USU 时，ATP 与 LKJ 存在速差导致制动，C2→C0 级间切换预告点不宜设在进站信号机外方闭塞分区。

为避免在岔后车尾保持范围内 ATP 与 LKJ 存在速差导致制动，C2→C0 预告点、执行点宜设在岔后车尾保持范围外，预告点应答器组距反向进站应答器组不小于 500 m，预告点应答器组距执行点应答器组大于按线路允许速度走行 5 s 的距离。

3. 在分析 C2/C0 级间切换执行点处 C0 和 C2 的速度差异时，需要关注线路反方向上切换点处 C0/C2 的顶棚速度情况。

《铁路技术管理规程（高速铁路部分）》规定：动车组列车反方向运行时，在 C3 区段，C3 列控系统最高允许速度为 300 km/h，C2 列控系统最高允许速度为 250 km/h；在 C2 区段，在 250 km/h 线路上最高允许速度为 200 km/h，在 200 km/h 线路上最高允许速度为 160 km/h。即对 200 km/h 及以上线路的反向运行速度有规定，但 160 km/h 及以下线路速度反向运行速度未做统一规定。据了解，此类联络线部分铁路局集团公司规定反向运行速度与正向一致，而部分铁路局集团公司规定反向运行速较正向运行速度降一挡，例如执行点正向速度为 160 km/h、反向速度为 120 km/h。枢纽联络线多为 160 km/h 及以下线路，联络线反向运行进行 C2→C0 级间切换时，C2 列控数据中描述的执行点速度应符合铁路局集团公司关于 LKJ 管理的规定，与 LKJ 中反向运行速度保持一致。

4. 为避免跨线列车出现频繁、无效的级间转换，条件具备时可考虑在车站离去口设置单向的 C2/C0 等级转换。

以图 4-10-2 为例，C0/C2 交汇处的车站，分别在 C0/C2 线路上设计发车方向的等级转换，即在 C0 线路两侧发车口区间设计 C2→C0 级间切换点，在 C2 线路两侧发车口区间设计 C0→C2 级间切换点。这样，无论 C0 还是 C2 线路列车接入该站均维持原列控模式，直至列车运行到目标线路的出站口，若当前列控等级与目标列控等级不同，则车载设备转换为目标列控等级。

注：该方式存在一个问题，即不跨线运行的 C2 动车组，在离去口会接收 C0→C2 级间切换信息，车载设备显示界面上出现 C0→C2 的操作提示，需要司机确认。工程设计的运营注意事项中需说明该处本线 C2 动车组的转换提示及司机确认操作合法。

若本站外方 C2 线路区间列控限速设置不成功，根据《铁路技术管理规程（高速铁路部分）》第 313 条，调度员在本站扣停列车，发布动车组列车改按 LKJ 方式行车的调度命令。司机在该站停车转为 LKJ 方式运行，但过了站外 ZX0-2 应答器组后会再次转入 ATP 控车，ATP 车载控车曲线无限速，且与刚刚发布的调度命令行车计划不符，需要制定特殊说明。

（二）等级切换点后 C2 管辖范围延伸的相关问题考虑

C2→C0 级间切换点处，为确保 C2→C0 级间切换不成功时，列车可在 C2 车载设备控制下安全停车，需将 C2→C0 边界往 C0 方向列车制动距离范围内的行车许可纳入 C2 列控系统的管辖。

C0→C2 级间切换点处，为确保 CZ-C0 应答器向列车提供前方线路、进路及临时限速信息，在 C0→C2 级间切换点的 C0 侧需要为有源应答器提供有关的编码信息，进而需要有相关的配套设备。

C0/C2 等级切换的工程设计中还需关注有关调度台、TCC、TSRS 的管辖范围及有关设备配置。仍以图 4-10-1 为例（将预告点、执行点均设于岔后车尾保持范围外），C2→C0 级间转换后，C2 的行车许可范围需要向 C0 车站方面延伸，故有关 L1/L2 联络线的临时限速信息需在 SLF/SL 处给出，通常考虑将 L1/L2 联络线的调度管辖权限划归 C2 线路所属调度台。

对于 C0→C2 级间转换，CZ-C0 应答器的控制方法也有两种可能，一是由 C2 线路所控制（可能需要远程 LEU），二是在 C0 车站配置 TCC，纳入 C2 线路的安全数据网，由 C0 车站控制。具体设计方案需结合区域维护能力、C0 所在调度台系统设备配置状况及区间逻辑检查实现方式等实际情况加以选择。

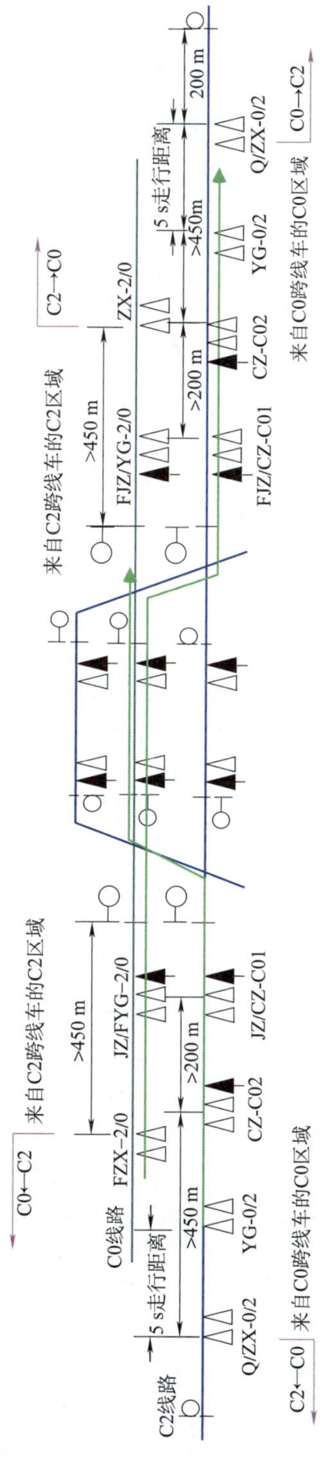

图 4-10-2　离去口单方向设置 C0/C2 级间转换应答器示意图

（三）C2/C0 等级切换点与分相区的关系

动车组在 C0 等级下控车时，不对分相信息进行处理，动车组依靠磁钢过分相。与 C3/C2 等级切换点与分相区的关系类似，一般在分相区入口外 10 s 至分相出口 130 m 范围内不设置 C2/C0 等级转换点。对于比较靠近 C0 侧的分相区，为避免应答器难以设置的问题，可不将该分相区纳入列控数据，所有列车经过时均要求按照磁钢或手工控制方式过分相。

四、C0 车站有源应答器由 C2 车站控制的设置方案

（一）典型场景 C2/C0 等级转换设置

典型场景 C2/C0 等级转换应答器布置如图 4-10-3 所示，C0 车站向 C2 区域方向出站口（含反向）上下行各设置两个有源应答器组，向列车发送线路数据和临时限速信息，该两组有源应答器由 C0 车站设置的列控中心控制。

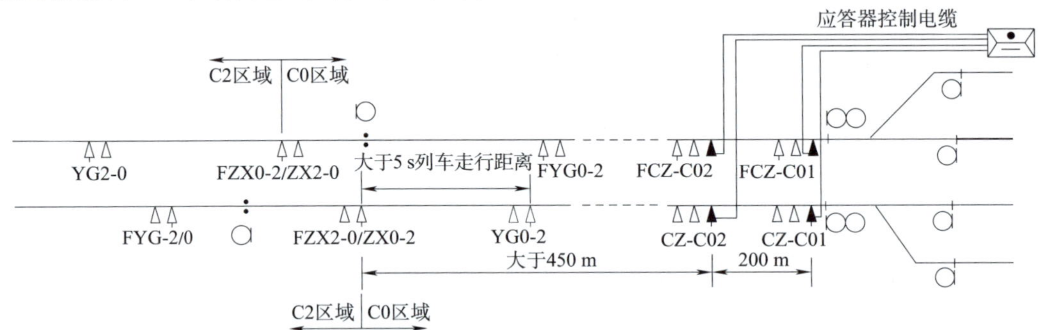

图 4-10-3 典型场景 C2/C0 等级转换应答器布置示意图

（二）C2/C0 等级转换需求

贵开铁路采用四显示自动闭塞，其中贵阳北至贵阳东段（该段为贵阳北至龙洞堡方向动车组共用线路）按 C2 列控系统设计，区间信号机点灯及轨道电路编码采用列控中心控制；贵阳东至开阳段区间信号机点灯及轨道电路编码采用继电编码方式。贵阳东站 1G～3G、14G～16G 为贵开铁路到发线。

贵开铁路为 C0 列控系统，且贵阳东站相邻的洛湾三江站未设置列控中心。由于贵阳北至贵阳东段区间设置 C2/C0 等级转换会影响贵阳北至龙洞堡方向动车组的正常运行，因此贵开铁路 C2/C0 等级转换只能设在贵阳东站至洛湾三江站间，且 C2/C0 等级转换有源应答器需由贵阳东站列控中心进行控制。

（三）C2 车站控制的 C2/C0 等级转换应答器设置

工程实施方案为 C2/C0 切换点设在贵阳东至洛湾三江站间，C0 站有源应答器由贵阳东站设置的室外远程 LEU 机柜进行控制，有源应答器向列车发送线路数据。

贵开铁路洛湾三江站至开阳站段均为 C0 线路，所以临时限速信息采用人工调度命令方式下达给列车司机。

列车由贵阳东站向洛湾三江站运行时，区间设有应答器组，具备通过地面应答器信息自动获得临时限速的条件。由洛湾三江站向贵阳东站方向运行时，由于洛湾三江站未设列控中心，列车在站内无法通过地面信息自动获得运行前方区间的临时限速信息。

为使贵开铁路全线临时限速方式保持一致，贵阳东站—洛湾三江站区间临时限速信息采用人工调度命令方式下达给列车司机。

贵阳东站控制的 C2/C0 等级转换应答器布置示意如图 4-10-4 所示。

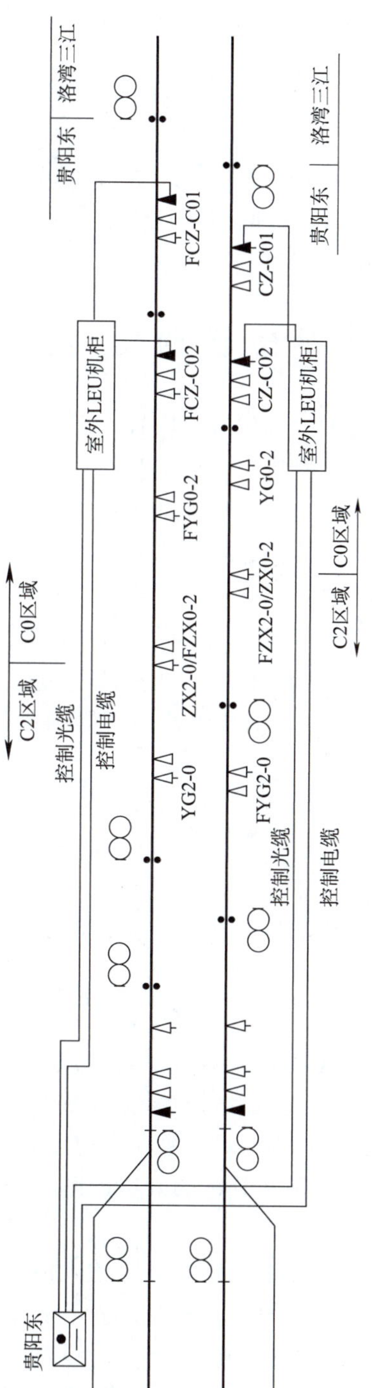

图 4-10-4　贵阳东站控制的 C2/C0 等级转换应答器布置示意图

C2 动车组以 LKJ 模式控车，跨线发车存在上下行载频切换时，必须由司机手动选择载频。因此，运营过程中需注意以下特殊情况：在动车组从洛湾三江站（C0）向贵阳东站（C2）反向运行时，在动车组通过 C0 站咽喉区时，司机需手动选择进行上下行载频切换，否则在 LKJ 模式下不会根据级间转换应答器信息进行载频锁定，会导致 C0 模式转入 C2 模式后 ATP 因无码而输出紧急制动。

五、结 束 语

在进行 C2→C0 级间切换方案设计时，要充分考虑 ATP 和 LKJ 特点，二者制动原理及制动算法不同，在相同地点存在速度差异，级间切换点位置宜避开进站信号机外方闭塞分区及岔后车尾保持范围，确保顺利完成级间切换。

第十一节　更有利于停车防护的出站应答器设计方案

出站信号机应答器具有绝对停车防护、提供临时限速、明确运行方向、满足列车尽快进入完全监控模式等运营需求，因此在设计时应尽量靠近站台端部，尽量远离警冲标。

通常工程中出站应答器设置按照《CTCS-3 级列控系统应答器应用原则（V2.0）》（科技运〔2010〕21 号）、《列控系统应答器应用原则》（TB/T 3484—2017）及《列控系统应答器应用技术条件》（Q/CR 769—2020）的要求开展工程设计。在具体项目实施过程中，有的项目未充分理解规范的真正含义，应答器组至出站信号机间距离仅取最小值，导致出站应答器组设计方案不合理，存在停车防护距离不足、动车组过走时触发制动时机太晚等问题。本节针对 24 号文发布实施之前的项目，结合出站应答器组设计方案常见问题，提出优化方案。

一、过走防护简介

（一）国外列控系统过走防护简介

过走防护是信号系统重要防护功能之一，具体过走防护方案与车载设备速度控制方式密切相关。

1. 法国 U/T 系统

法国高速铁路 TGV 区段的列控系统，车载信号设备采用 TVM300 或 TVM430，地对车的信息传输以无绝缘轨道电路 UM71 为基础，该列控系统简称 U/T 系统。

TVM300 采用滞后阶梯式速度监控方式，又称为入口速度控制方式，采用人控优先的方法。入口速度控制方式只检查列车进入闭塞分区的入口速度，为确保安全，需要有一个保护区段。

区间过走防护：考虑万一列车失控，在下一闭塞分区的入口速度超过了给定的入口速度值，将触发紧急制动，此时列车必然会越过第一个红灯进入下一个闭塞分区，因此必须要增加一个闭塞分区作为安全防护区段，俗称双红灯防护，这对线路的通过能力有一定影响。

站内过走防护：在股道出站信号机内方设置约 200 m 的无岔区段作为保护区段，出站信号机显示红灯时，保护区段发 H 码，列车因故过走时进入保护区段将触发紧急制动。列车过走时将越过出站信号机红灯，对此法国可以接受，中国的运用习惯是不能闯红灯，这是理念的不同。

2. 日本 ATC 系统

日本新干线 ATC 系统采用超前阶梯式速度监控，设备制动优先，车载设备根据轨道电路发送的速度信息，控制列车安全运行，使列车出口速度达到本区段的要求，它没有滞后控制所需的保护区段，在线路能力上较滞后控制有所提高。

车站侧线接车时限速 75 km/h，股道上的过走防护安全距离设在出站信号机外方，一般为 50 m。在股道上增加 B 点，限速 30 km/h；出站信号机外方 50 m 处设停车标，内设环线发送绝对停车信号，一旦列车过走，确保列车以 30 km/h 的速度紧急制动，防止冒进出站信号机红灯。

3. 欧洲 ETCS 系统

欧洲铁路为实现互联互通，采用 ETCS 系统。速度监控方式采用一次连续速度曲线控制模式（又称目标距离一次制动模式曲线方式），采用 UM2000 轨道电路进行列车占用检测，欧标应答器进行列车定位，车与地双向传输采用无线数据传输。

目标距离—速度控制采取的制动模式为连续式一次制动速度控制方式，根据目标距离、目标速度、线路条件及列车本身的性能确定列车制动曲线，不设定每个闭塞分区速度等级。从最高速至零速的列车控制减速线为一条连贯和光滑的曲线，列车实际减速运行线只要在控制线以下即可，如果超速撞线，设备自动触发制动。因为速度控制是连续的，所以不会超速太多，紧急制动的停车点不会冒出闭塞分区，不需要增加一个闭塞分区作为安全防护区段。考虑对标停车时司机驾驶便利性，可在出站信号机内方设置适当的过走防护距离。

（二）CTCS 体系中相关术语

1. 保护区段

根据《铁路通信信号词汇》（TB/T 454.1—2021）6.33，保护区段为防止列车冒进信号造成危险后果而设的重叠区段。保护区段一般为信号机防护内方的第一个区段，类似于延续进路的概念。

2. 防护区段

根据《铁路通信信号词汇》（TB/T 454.1—2021）6.34，防护区段为信号机显示能够直接表示其状态的轨道区段。防护区段为信号机内方防护进路内的所有区段。

3. 过走防护区

根据《中国列车运行控制系统（CTCS）名词术语》（Q/CR 768—2020）3.85，过走防护区为接车进路末端的延长部分，位于行车许可终点的防护区域内。在至停车信号的运行指令发出之前及执行期间，该区段必须空闲，预先锁闭，而且在列车停车前不能取消，以避免由于列车制动性能未达到预期目标而导致的事故。

过走防护区相当于保护区段，为出站信号机内方的区段，但在 CTCS 中并没有设置过走防护区。

4. 到发线停车防护区段

根据 24 号文，车站到发线股道及非贯通正线股道出站信号机、发车进路信号机外方至站台端部区域应设置防护区段，防护区段常态发 H 码。不具备设置防护区段条件时，应分割股道轨道电路区段。

到发线增设防护区段除有益于冒进防护，提升列车运行的安全性外，还有利于消除机车信号邻线干扰带来的安全隐患，解决出站信号机处绝缘破损带来的安全威胁。对有些不具备设置防护区段的股道，采取分割股道轨道电路区段的措施，可以降低对邻线股道的机车信号干扰。

根据上述分析可知，CTCS体系中并没有在地面设置“过走防护区”，而是车载设备考虑了安全防护距离。在24号文中明确地面设置“防护区段”，进一步完善了CTCS的整体安全防护。

为了与《铁路通信信号词汇》(TB/T 454.1—2021）中防护区段及传统的冒进信号机后为过走的概念区分，将24号文中新增的到发线常态发H码的区段定义为到发线停车防护区段，主要作用是办理侧线接车进路时当列车因故越过停车标后及时触发制动，防止影响旅客正常乘降秩序及冒进出站信号机后与邻线列车发生侧冲风险。

（三）CTCS停车防护方案

CTCS车载设备采用目标距离连续速度控制模式、设备制动优先的方式监控列车安全运行。车载逻辑在MA终点处信号点和停车控制点之间设有安全防护距离，区间一般为110 m，站内一般不大于60 m；同时地面设计也留有适当安全防护距离，因此区间不需要设计双红灯防护，站内出站信号机内方也不需要设置保护区段。

1. 高速铁路停车防护方案（2021年以前）

设计速度为250 km/h及以上的高速铁路，为加强停车防护，同时合理控制投资，采用增加出站信号机与警冲标间距离、站台端部附近设置出站应答器组的方案。出站信号机关闭时，出站应答器组发送绝对停车报文，具备停车防护功能。出站信号机距警冲标55 m，含过走防护距离50 m，出站信号机一般距450 m站台端部45 m。例如沪宁城际、京广高速铁路等均采用此方案。

早期车载设备制动参数余量较大，一些项目出现过16编长编动车组尾部不能完全接入站台的情况。2010年，沪宁城际有两个车站因动车组停车标距出站信号机较近，影响进站停车时的制动操作，铁道部运输局基础部组织研究制定了解决方案，出站信号机外移25～35 m，出站信号机距警冲标不小于20 m。京沪高速铁路也借鉴采用了此方案。

2019年1月5日，17辆编组超长版“复兴号”动车组正式在京沪高速铁路上线运营。17辆编组“复兴号”动车组列车长度比原16辆长编组增加25.65 m，总长达到了439.8 m。为适应17辆编组“复兴号”动车组上线运营需求，部分项目参照京沪高速铁路设计方案，将出站信号机外移25 m，距警冲标30 m。例如京张、京港高速铁路商丘—深圳北段、济青、徐盐等高速铁路采用了此方案。

2. 高速铁路停车防护方案（2022年—目前）

2021年以前，高速铁路车站股道一般为一段轨道电路，存在换端无码、抗邻线干扰差等缺点。

为进一步加强停车防护，解决邻线干扰隐患，满足17辆编组“复兴号”动车组开行需求，24号文规定，车站侧线股道在出站信号机外方设置长度约90m的到发线停车防护区段，常态发H码，出站信号机距警冲标调整为不小于5 m。自2022年开通的新建项目采用此方案。

本节针对24号文发布之前的项目，对更有利于停车防护的出站应答器组设计方案进行研究。

二、CTCS到发线停车防护距离分析

根据传统的信号理念，办理侧线接车进路时，因故越过出站信号机为过走。笔者认为，更准确的说法是冒进，冒进的含义是因故越过关闭的出站信号机，而过走不一定冒进出站信

号机。因此，在出站信号机内方设置过走防护区时，准确定义为冒进防护区段。

CTCS 中，动车组在车站侧线停车时，司机以设置在站台的动车组停车标为停车参考点。侧线停车时，如果动车组因故越过停车标冒出站台，就会影响旅客正常乘降，如果乘务人员未注意而打开车门，旅客有跌落的风险，存在人身安全隐患。因此对于高速铁路车站，从维护正常乘降秩序的角度，动车组侧线停车时因故越过停车标即意味着过走。因此，按照过走停车标、冒进信号机的逻辑更符合 CTCS 到发线停车防护含义。

出站信号机关闭时，出站信号机有源应答器组发送发车方向有效的停车报文，该报文含绝对停车信息包【CTCS-5】，因此，出站信号机应答器组的一个重要作用就是列车因故越过停车标后尽快触发制动。因此，出站信号机应答器组距站台端部越近越有利于停车防护。《CTCS-3 级列控系统应答器应用原则（V2.0）》（科技运〔2010〕21 号）第 3.3.2.1 条要求“出站信号机应答器组宜靠近站台端设置”，就是出于该目的。

综合上述分析，到发线停车防护起点为出站信号机有源应答器组，终点为警冲标，到发线停车防护距离为出站信号机有源应答器组至警冲标间距离。

《城际铁路设计规范》（TB 10623—2014）要求“出站信号机有源应答器距警冲标不小于 65 m”。

《高速铁路信号设备安全专项整治技术指南》（工电通号函〔2020〕98 号）要求“出站应答器组一般距离警冲标 75 m”。因此，C2、C3 车站，侧线接车时停车防护距离应不小于 75 m。

综合考虑最大限度发挥应答器组停车防护作用、应答器组不得进入 450 m 站台内及机务部门适度预留一定停车余量要求等因素，高速铁路车站出站信号机应答器组理想位置为设在 450 m 站台端部外 5 m 处。股道有效长为 650 m，站台端部距警冲标为 100 m，侧线停车时停车防护距离为 90 m，这是高速铁路典型车站侧线接车时停车防护距离的最大值。高速铁路车站侧线接车停车防护距离最大值示意如图 4-11-1 所示。

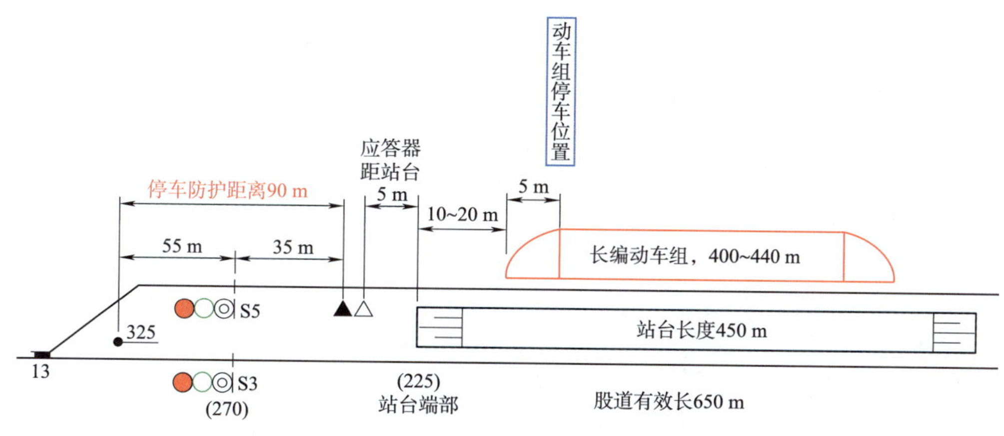

图 4-11-1　高速铁路车站侧线接车停车防护距离最大值示意图

通过上述分析可以得出如下结论：

1. 出站信号机有源应答器组至警冲标间距离为停车防护距离，优先确保停车防护距离是出站信号机应答器组设置位置的关键要素，为最大限度发挥出站应答器组停车防护作用，出站信号机应答器组宜靠近 450 m 站台端部设置。

2. 停车防护距离仅与出站信号机应答器组至警冲标间距离有关，与出站信号机位置无关。

三、出站应答器组设置位置关键要素分析

出站应答器组除满足正常列车作业要求外，充分发挥停车防护作用是一个关键作用，出站应答器组设置位置关键要素分析如下。

1. 应答器组不得进入450 m站台内，否则会影响动车组正常停车及折返作业

如果应答器组进入450 m站台内，可能影响动车组正常停车作业，导致尾部无法完整接入站台。例如，动车组正常停车时，还未到达站台停车标位置，却先经过了出站应答器组，由于出站信号机关闭，此时会收到【CTCS-5】包，造成动车组紧急制动，即动车组还未到达指定停车位置就触发了紧急制动，很可能尾部还未完整接入站台，影响正常乘降秩序。

如果应答器组进入450 m站台内，可能影响动车组折返作业。如果动车组正常停车后，出站应答器组恰好位于动车组尾部BTM天线附近，可能影响动车组折返作业。

因此，出站应答器组不得进入450 m站台内，但是可以进入550 m站台内。在客货共线铁路，兼顾普速列车上线，站台长度为550 m。在客货共线车站实际运营过程中，动车组仍然按照等效站台450 m的位置设置停车标，也就是说多出的站台长度是给普速列车用的，对于动车组来说，仍然按照等效站台长度450 m进行作业。因此在客货共线铁路车站，出站应答器组可以进入550 m站台内。

2. 考虑机务部门适度预留一定停车余量的要求

动车组停车标一般距450 m站台端部15～25 m左右，16辆编组动车组车长约420 m，站台长度为450 m，如果动车组因故未能在停车标位置停车，只要动车组不越过站台端部，影响就非常小。因此机务部门的意见是动车组因故冒出站台端部大于5 m后，信号系统再触发制动。

3. 出站应答器组与出站信号机间最小距离

（1）出站信号机距警冲标55 m的C2、C3车站

出站信号机距警冲标55 m的C2、C3车站，《CTCS-3级列控系统应答器应用原则（V2.0）》（科技运〔2010〕21号）3.3.2.1要求出站信号机应答器组宜靠近站台端部设置，距离出站信号机不应小于20 m。

《列控系统应答器应用原则》（TB/T 3484—2017）要求出站应答器组设置位置应综合考虑站场情况（站台端部、出站信号机距警冲标、安全保护距离或岔尖的距离），侧线股道有源应答器距出站信号机大于或等于20 m。

要特别注意的是，为适应17辆编组“复兴号”动车组上线条件，出站信号机外移至距警冲标30 m时，出站应答器组位置不得随信号机外移，否则不满足最小停车防护距离要求。

（2）出站信号机距警冲标5 m的C2车站

出站信号机距警冲标5 m的客货共线铁路C2车站，《CTCS-2级列控系统应答器应用原则（V2.0）》（科技运〔2010〕136号）要求出站信号机应答器组距出站信号机65 m。

4. 出站应答器组与出站信号机间最大距离

仅开行动车组的车站，股道有效长650 m，站台长度450 m，只要出站应答器靠近站台端部设置，就不需要额外考虑出站应答器组与出站信号机间的最大距离问题。

但在客货共线铁路，股道有效长较长，达到 850 m 和 1 050 m，这时就要注意出站应答器组与出站信号机间的最大距离问题。客货共线铁路出站信号机应答器组距离出站信号机不得大于前端 BTM 至尾端最后一个轮轴的距离。办理侧线通过进路时，反向出站应答器组发送预告报文，发送预告报文的条件是存在通过进路，如果应答器组距离出站信号机太远，大于一个短编动车组前端 BTM 至尾端最后一个轮轴的距离，当列车最后一个轮轴进入股道，接车进路解锁后，列控中心停止发送预告报文，列车越过反向出站应答器组时 ATP 未收到预告报文，在出站前由于线路数据不足，将转入部分监控模式或停车（部分车载设备按停车处理）。有的客货共线项目未注意到此要求，出现了出站应答器组距出站信号机大于 200 m 的问题，导致在联调联试期间修改应答器位置、列控软件及应答器报文。

由于各车载设备具体处理逻辑不完全一致，针对客货共线铁路，出站应答器组距出站信号机间最大距离一般按不大于 120 m 掌握。直到《列控系统应答器应用技术条件》（Q/CR 769—2020）自 2020 年 9 月 30 日实施后，才规定 C2 线路、C3 线路出站信号机外方应答器组距离出站信号机应大于 20 m 且小于或等于 160 m。

5. 最大限度发挥出站应答器组停车防护作用

C2、C3 车站，侧线接车时停车防护距离应不小于 75 m，为最大限度发挥出站应答器组停车防护作用，高速铁路车站出站信号机应答器组宜靠近 450 m 站台端部设置；客货共线铁路车站，在满足车地匹配要求的前提下，出站信号机应答器组与出站信号机间的距离应尽量取最大值。

四、出站信号机应答器组设计方案优化

针对不少项目存在的出站应答器组停车防护距离不足，只知道应答器与信号机间距离的下限值、不研究上限值的问题，自 2017 年开始，在施工图审核工作中就要求相关项目充分理解停车防护的意义，认真执行出站信号机应答器组宜靠近站台端部设置的要求，针对不同类型项目，提出了优化方案。

（一）站台 450 m、出站信号机距警冲标 55 m

1. 常规设计方案

高速铁路车站出站应答器组常规设计方案示意如图 4-11-2 所示。出站信号机应答器组距出站信号机距离取最小值 20 m，停车防护距离为 75 m。

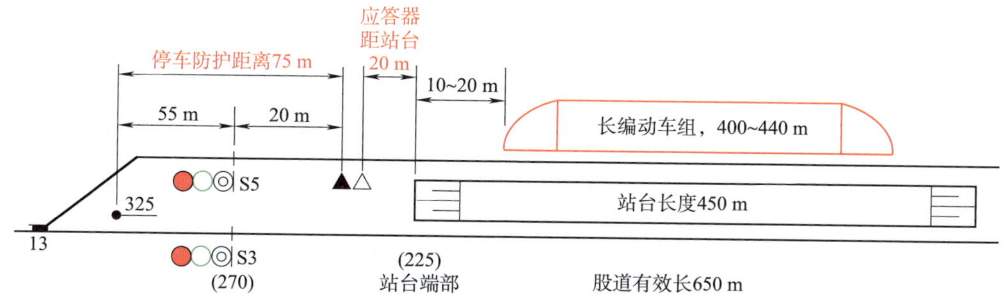

图 4-11-2　高速铁路车站出站应答器组常规设计方案示意图

存在问题：出站应答器组距站台端部 20 m，与《CTCS-3 级列控系统应答器应用原则

（V2.0）》（科技运〔2010〕21号）3.3.2.1中出站信号机应答器组宜靠近站台端设置的要求不符。

2. 优化设计方案

高速铁路车站出站应答器优化设计方案示意如图4-11-3所示。为最大限度发挥出站应答器组停车防护作用，高速铁路车站出站信号机应答器组宜靠近450 m站台端部外5 m设置，停车防护距离为90 m。

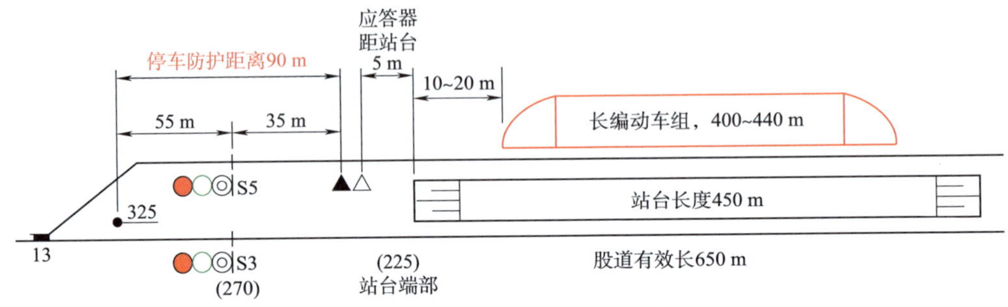

图4-11-3 高速铁路车站出站应答器优化设计方案示意图

（二）站台450 m、出站信号机距警冲标30 m

1. 常规设计方案

高速铁路车站，站台长度为450 m，为适应17辆编组“复兴号”动车组上线条件，出站信号机距警冲标30 m。有的项目未充分理解出站信号机应答器组关于停车防护的重要作用，未执行出站信号机应答器组宜靠近站台端部设置的要求，只是简单地将出站应答器组设在距出站信号机20 m处，导致出站应答器组距站台端部距离较远，不能充分发挥停车防护作用。有的项目存在出站应答器组跟着出站信号机走的错误思路，出站信号机外移时出站应答器组也跟着外移了。

某车站股道有效长为670 m，出站信号机距警冲标30 m，出站应答器组距出站信号机20 m，出站应答器组距站台端部55 m，停车防护距离为50 m，出站信号机常态灭灯。侧线接车时停车防护距离为55 m示意如图4-11-4所示。

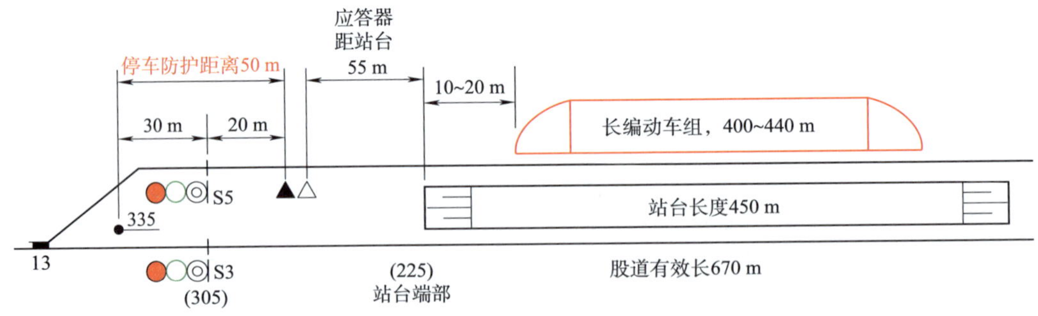

图4-11-4 某车站侧线接车时停车防护距离为55 m示意图

某日，3G、5G均有动车组等待发车，车站办理了3G的发车进路后，由于邻线干扰，5G动车组收到允许码，5G动车组司机以为进路开放，随即快速发车，动车组在站台外55 m处才收到出站应答器组发送的【CTCS-5】包触发制动，停车时已压入道岔区段。由于占压了两个股道共用的道岔区段，使正常发车的 3G 允许信号关闭，3G 由 UUS 码变为 HU 码，3G 正常发车的动车组制动停车。

除邻线干扰因素外，出站应答器组距站台端部太远、触发制动时机太晚及停车防护距离不足是另一个主要原因。

2. 优化设计方案

为最大限度发挥出站应答器组停车防护作用，高速铁路车站出站信号机应答器组宜靠近 450 m 站台端部外 5 m 设置，停车防护距离为 90 m。出站信号机外移，出站应答器组位置维持不变，此时出站应答器组位置与出站信号机位置无关。站台 450 m、出站信号机距警冲标 30 m 车站出站应答器设置示意如图 4-11-5 所示。

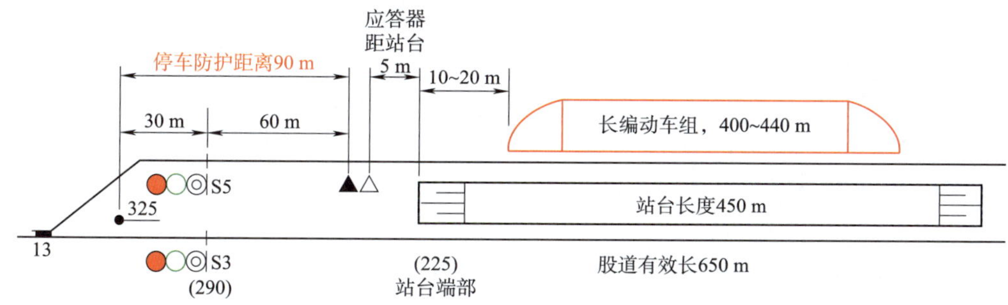

图 4-11-5　站台 450 m、出站信号机距警冲标 30 m 车站出站应答器设置示意图

（三）股道有效长 650 m、站台 550 m 客货共线车站

1. 常规设计方案

股道有效长 650 m、站台 550 m 客货共线车站出站应答器常规设计方案示意如图 4-11-6 所示。参照《CTCS-2 级列控系统应答器应用原则（V2.0）》（科技运〔2010〕136 号）要求，出站信号机应答器组距出站信号机 65 m。

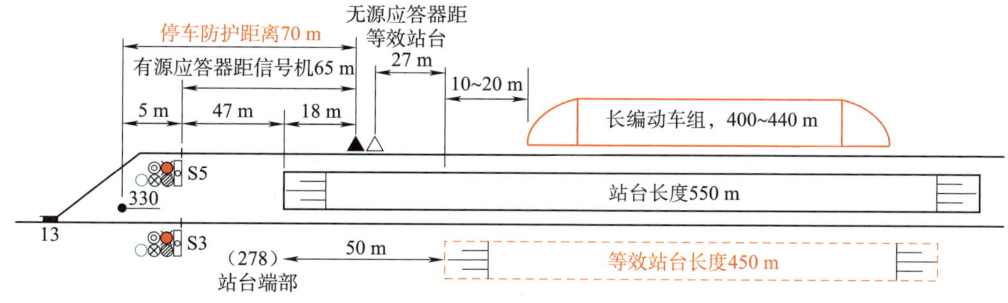

图 4-11-6　股道有效长 650 m、站台 550 m 客货共线车站出站应答器常规设计方案示意图

2. 优化设计方案

在客货共线铁路，出站应答器组距出站信号机 65 m 只是下限值，从更有利于停车防护的角度，应进一步研究上限值。

股道有效长 650 m、站台 550 m 客货共线车站出站应答器优化设计方案示意如图 4-11-7 所示。为最大限度发挥应答器组停车防护作用，出站信号机应答器组宜设置在 450 m 等效站台端部外 5 m 处，这样停车防护距离为 92 m。

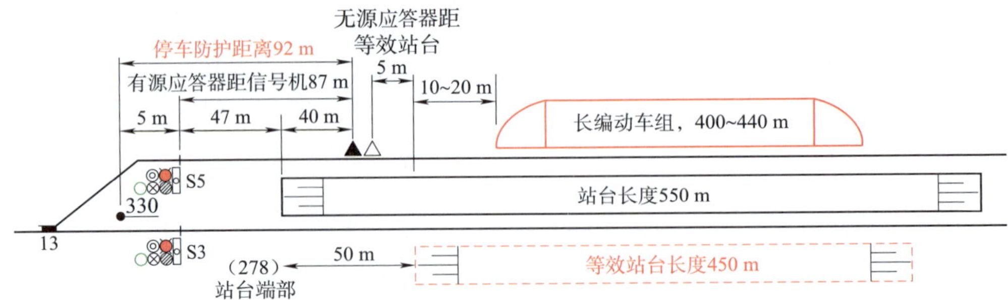

图 4-11-7 股道有效长 650 m、站台 550 m 客货共线车站出站应答器优化设计方案示意图

（四）股道有效长 850 m、站台 550 m 客货共线车站

1. 常规设计方案

股道有效长 850 m、站台 550 m 客货共线车站出站应答器常规设计方案示意如图 4-11-8 所示。参照《CTCS-2 级列控系统应答器应用原则（V2.0）》（科技运〔2010〕136 号）要求，出站信号机应答器组距出站信号机 65 m。

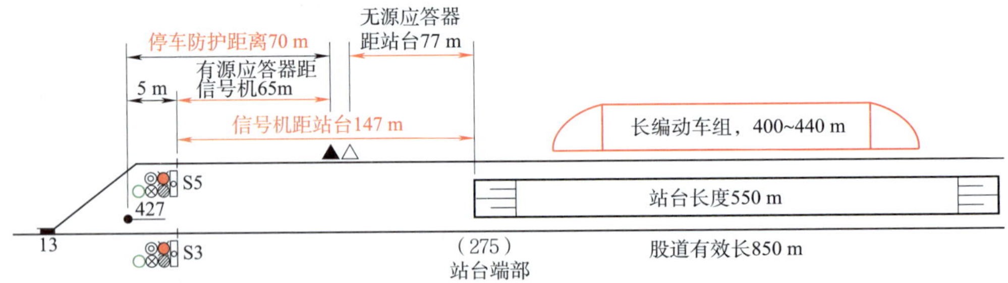

图 4-11-8 股道有效长 850 m、站台 550 m 客货共线车站出站应答器常规设计方案示意图

2. 优化设计方案

在客货共线铁路，出站应答器组距出站信号机 65 m 只是下限值，从更有利于停车防护的角度，应进一步研究上限值。

股道有效长 850 m、站台 550 m 客货共线车站出站应答器优化设计方案示意如图 4-11-9 所示。为最大限度发挥应答器组停车防护作用，结合车载设备特点，出站信号机应答器组宜设置在距出站信号机 120 m 处，这样停车防护距离为 125 m，优化后增加了 55 m，还减少了应答器电缆长度。

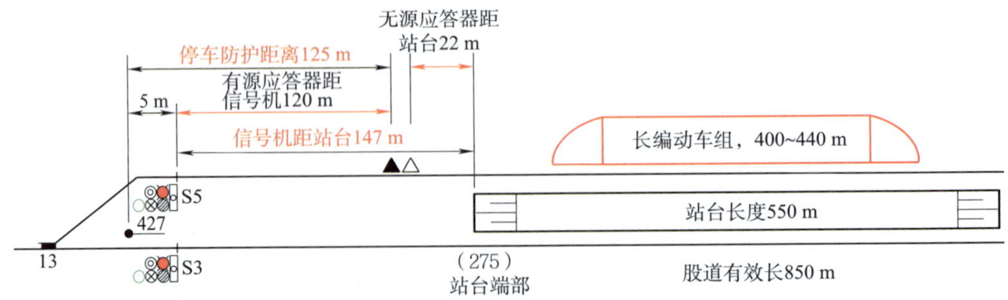

图 4-11-9 股道有效长 850 m、站台 550 m 客货共线车站出站应答器优化设计方案示意图

股道有效长为1 050 m的客货共线铁路车站，出站信号机应答器组设置位置同上，出站应答器组距出站信号机120 m。《列控系统应答器应用技术条件》（Q/CR 769—2020）实施后，客货共线铁路车站出站应答器组距出站信号机间最大距离为160 m。

五、发车进路设有大号码道岔时正线股道应设置有源应答器组

发车进路设有大号码道岔时，为确保各型车载设备能以完全监控模式按大号码道岔侧向设计速度正常过岔，正线股道出站信号机外方应设置有源应答器组。

某车站发车进路设有大号码道岔，正线股道无折返作业，故正线股道出站信号机未设有源应答器组。车站发车进路设有大号码道岔示意如图4-11-10所示。

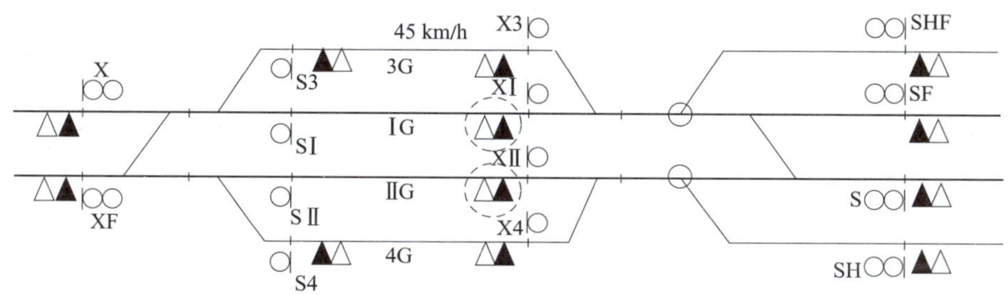

图4-11-10 车站发车进路设有大号码道岔示意图

在试验时发现排列X-XⅠ-SHF直进弯出经大号码道岔侧向的通过进路时，由于部分车载设备处理逻辑为：前方出站信号机类型为0010（不带应答器的出站信号机）的，列车收到UUS码在进入股道时将进站应答器中的线路参数信息予以丢弃，转入部分监控模式运行；列车经过XⅠ出站信号机时无应答器信息注入，列车继续以部分监控模式运行，顶棚速度为45 km/h，直至运行到SHF口有源应答器处时才能转为完全监控模式，严重影响大号码道岔侧向通过速度。

改进方案：根据车载设备处理逻辑，正线股道XⅠ处补设出站有源应答器组；列车经过XⅠ出站信号机时收到前方进路的相关线路参数，转入完全监控模式，以大号码道岔侧向设计速度正常过岔。

六、区间连续三组应答器间距离

C2区段应答器按照《CTCS-2级列控系统应答器应用原则（V2.0）》（科技运〔2010〕136号）要求设置时，区间应答器按间隔一个闭塞分区设置，受闭塞分区长度影响（尤其是闭塞分区长度在1.8 km以上时），区间连续三组应答器中第一、三组之间距离易超出5 km范围。依据《列控系统应答器应用技术条件》（Q/CR 769—2020）及相关车载设备处理逻辑，区间连续三组应答器中第一、三组之间距离大于5 km时，如第二组应答器丢失，则动车组列车会产生制动情况，由完全监控模式转为部分监控模式。因此，C2区段应答器设置时需检查确认区间连续三组应答器之间距离是否满足不大于5 km的要求。

七、结 束 语

出站应答器组设置位置与股道有效长、站台端部、停车防护距离及股道分割方案密切相关，应结合具体情况具体研究，在满足车地匹配的前提下，充分发挥停车防护作用。

第十二节　站场改造股道有效长缩短时信号系统方案研究

新建高速铁路引入既有高速铁路车站的情况越来越普遍，由于新线的密集建设，东部路网发达地区迎来了高速铁路频繁改造的“新时代”。新线引入既有车站、新插入道岔、对既有站场进行改造，经常会发生因新插入道岔导致股道有效长缩短的情况，而运输部门仍然要求满足股道双方向正常接车的要求，这时就要根据具体情况对股道有效长缩短后的信号系统方案进行深入研究。

国家铁路局和国铁集团制定发布的相关设计规范和产品规范等，适应普遍工程应用，能够涵盖大部分工程需求，但是特殊情况的特定工程应用未必完全满足相关规范，是否需要突破规范？如何突破规范？突破规范需要履行哪些程序？广大工程设计者要深入理解列控系统的精髓，吃透规范条款的真实目的，才能不机械执行规范、真正发挥设计者的龙头作用。

本节对站场改造股道有效长缩短时信号系统方案进行研究，希望能为高速铁路信号工程设计工作提供有益借鉴。

一、概　　述

某新建高速铁路通过下行联络线引入既有 A 站 3G，新插入 3＃道岔，原 1＃道岔由单动改为双动。

A 站 3G 原股道有效长为 677 m，S3 距警冲标 55 m，距站台端部 50 m，S3 出站应答器组距 S3 信号机 20 m，警冲标距站台端部 105 m；X3 距 8＃道岔岔尖 72 m，距站台端部 50 m，X3 出站应答器组距 X3 信号机 20 m，距站台端部 25 m。A 站 3G 既有概况示意如图 4-12-1 所示。

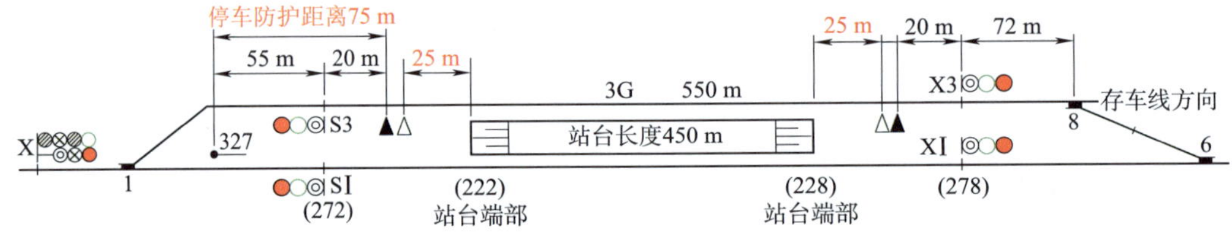

图 4-12-1　A 站 3G 既有概况示意图

站场改造后，新插入 3＃道岔，岔尖距站台端部 40 m，3G 股道有效长的计算点由原来的警冲标变为 3＃道岔岔尖，原警冲标距站台 105 m，105－40＝65 m，即 3G 股道有效长缩短了 65 m，由 677 m 变为 612 m。插入 3＃道岔后 A 站 3G 站场平面示意如图 4-12-2 所示。

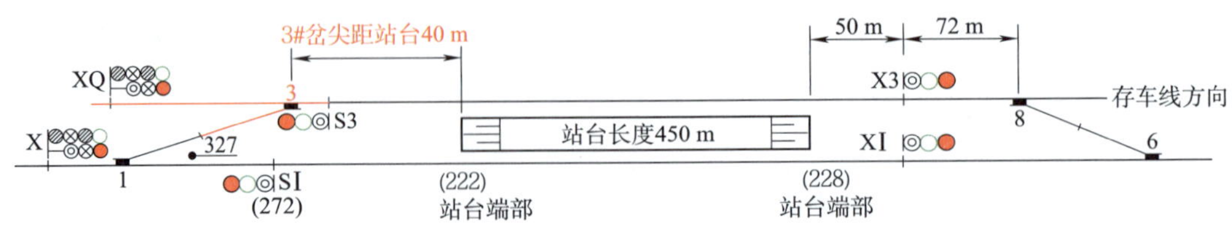

图 4-12-2　插入 3＃道岔后 A 站 3G 站场平面示意图

虽然 3G 股道有效长缩短了 65m，但运输部门仍然要求 3G 满足双方向正常接车要求，且正反向均要满足 17 辆编组动车组开行条件。

二、到发线停车防护距离分析

（一）停车防护距离常规取值

根据本章第十一节分析，到发线停车防护距离为出站有源应答器至警冲标或对向道岔岔尖间距离。

《城际铁路设计规范》（TB 10623—2014）原 15.4.7 要求出站信号机有源应答器距警冲标不小于 65 m。24 号文对《高速铁路设计规范》（TB 10621—2014）和《城际铁路设计规范》（TB 10623—2014）进行了修订，主导思想是出站应答器组尽量靠近站台、远离警冲标更有利于停车防护，但对因站场改造导致股道有效长缩短的困难情况未见描述。

《高速铁路信号设备安全专项整治技术指南》（工电通号函〔2020〕98 号）中说明出站应答器组一般距离警冲标 75 m。经专项整治后，既有高速铁路车站股道增加双端发码功能，出站应答器组靠近站台端部设置，有源应答器距警冲标或对向道岔岔尖距离不小于 75 m。

综合上述分析，一般情况下到发线停车防护距离不小于 75 m；因站场改造股道有效长被压缩，条件困难时停车防护距离不小于 65 m。

（二）停车防护距离特殊处理

针对这种站场改造条件困难的情况，为了解决停车防护距离不足的情况，提出停车防护的另外一种处理方法，即借鉴延续进路的处理逻辑，将出站信号机内方第一区段设置为保护区段，设置保护区段后，停车防护距离为出站有源应答器至保护区段的距离，满足不小于 75 m 的要求。该方案基于延续进路防护逻辑，能够确保安全，只增加了一个保护区段，对目前一般车站作业效率的影响可以忽略不计。

针对既有车站改造、股道有效长不足的情况，如果停车防护距离采用常规取值，站台必须接长；如果停车防护距离采用特殊处理，站台接长的长度可以压缩，甚至不接长。

三、股道有效长缩短时停车防护距离方案

针对 A 站分析上述两种停车防护距离的设计方法，提出站台接长和站台不接长两个方案进行研讨。

方案一：站台接长 35 m

方案一基于停车防护距离采用常规取值的方法，困难条件下，出站有源应答器至 3＃道岔岔尖间距离不小于 65 m。由于插入 3＃道岔后，岔尖距站台端部仅 40 m，若要满足停车防护距离不小于 65 m 的要求，站台必须接长。

由图 4-12-2 可知，3＃岔尖至 8＃岔尖间距离为 40＋450＋50＋72＝612 m，按照站台居中对称的思路，则岔尖至站台端部的距离为（612－450）/2＝81 m，按照出站有源应答器距站台端部 10 m 计算，则站台居中对称时停车防护距离最大值为 81－10＝71 m。

X3 接车为正向主用进路，S3 接车为区间反向运行时的反向进路。因此，建议正向停车防护距离应大于反向停车防护距离，一是优先确保正向主用进路停车防护距离及安全冗余度；二是可以减少站台接长长度，降低工程投资及现场实施难度。

如果 X3、S3 停车防护距离均按 71 m 设计，则站台接长长度为 71－（40－10）＝41 m；若按 X3 停车防护距离 77 m、S3 停车防护距离 65 m 设计，则站台接长长度为 65－（40－10）＝35 m。

因此方案一为站台接长 35 m，如图 4-12-3 所示。

1. S3 位置

24 号文关于出站信号机位置的设置已修改为：车站到发线股道及非贯通正线股道出站信号机、发车进路信号机应设置在距邻近的顺向道岔警冲标不小于 5 m 或邻近的对向道岔岔前轨缝处。结合运输部门预留 17 辆编组动车组开行条件的需求，将新的 S3 设在 3＃道岔岔前 2 m 处，S3 距有效站台端部 73 m，满足 17 辆编组动车组开行条件。

2. S3 出站应答器组

为更有利于停车防护，将 S3 出站应答器组靠近有效站台端部设置，无源应答器距有效站台端部 5 m，有源应答器距站台端部 10 m。有源应答器距出站信号机 63 m，S3 停车防护距离为 65 m。

3. X3 位置

结合运输部门预留 17 辆编组动车组开行条件的需求，将 X3 设在 8＃道岔岔前 2 m 处，距接长后的站台端部 85 m，满足 17 辆编组动车组开行条件。

4. X3 应答器组

为更有利于停车防护，将 X3 出站应答器组靠近站台端部设置，无源应答器距接长后的站台端部 5 m，有源应答器距站台端部 10 m。有源应答器距出站信号机 75 m，X3 停车防护距离为 77 m。

方案二：站台不接长

由于站台接长涉及站台、雨棚等工程，既有线施工安全压力大、风险高，实施难度及代价非常大；有的车站为高架站，不具备站台接长条件。当站台无法接长或接长特别困难时，只能从信号系统进一步研究优化方案。

考虑既要满足停车防护距离的要求，还要满足 17 辆编组动车组完整接入站台的要求，同时站台不接长，故采用“停车防护距离特殊处理”方法；一方面设置保护区段并按延续进路处理；另一方面为保证列车接入站台区域，列控数据需虚拟出站信号机的位置。

站台不接长、采用保护区段＋虚拟数据方案示意如图 4-12-4 所示。

1. 保护区段

针对这种站场条件困难的情况，为了确保停车防护距离仍然满足不小于 75 m 的要求，借鉴延续进路处理逻辑，将 S3 内方区段 3DG 设置为保护区段，以 S3 为进路终端接车时，将 3DG 纳入接车进路联锁检查范围，3DG 区段长度 242 m，满足停车防护需要。办理 S3 接车进路时，将 3＃道岔防护在定位，与正线列车进路隔开，对向的 XQ 接车进路为敌对进路，无法办理。该方案基于延续进路防护逻辑，能够确保安全，只增加了一个保护区段，对车站作业效率的影响可以忽略不计。

2. 虚拟数据

将新的 S3 设在 3＃道岔岔前 2 m 处，S3 距站台端部 38 m。

根据《CTCS-2 级列控车载设备技术条件》（TB/T 3529—2018）的规定，站内安全防护距离最大为 60 m，综合考虑测距误差、黏着系数变化等情况，动车组最多只能停在距出站信号机 65 m 处。17 辆编组车长约 440 m，为满足 17 辆编组动车组完整接入站台的要求，出站信号机距站台端部距离一般要大于 65 m，建议按 70 m 设计。

为满足 17 辆编组动车组开行条件，提出采用虚拟数据的方案。虚拟数据多用在站场股道长度不满足正常停车要求的尽头式车站，但随着新线引入既有高速铁路车站导致股道有效长缩短的情况越来越多，且受站台无法接长等因素制约，若要信号系统独立解决此类问题，虚拟数据是合适的方案。S3 距站台端部距离要达到 70 m，而实际距离只有 38 m，所以采用 32 m 虚拟数据的方案。

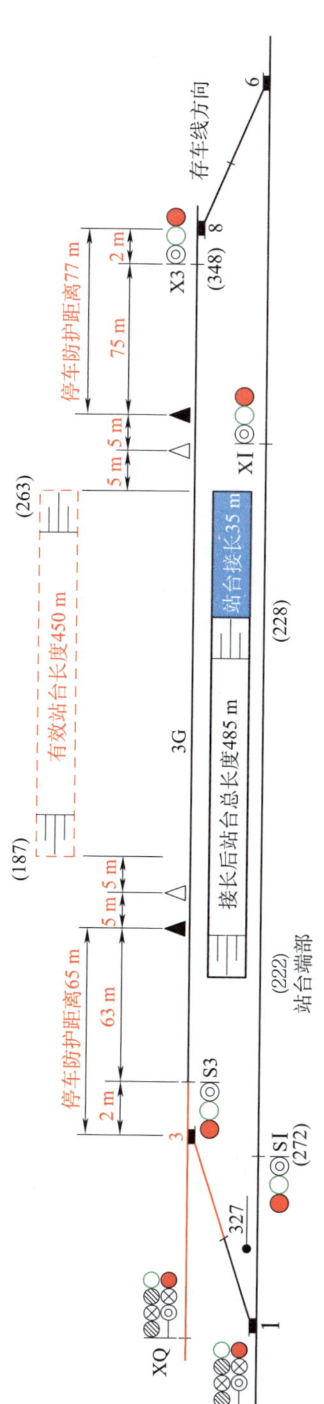

图 4-12-3　站台接长 35 m 示意图

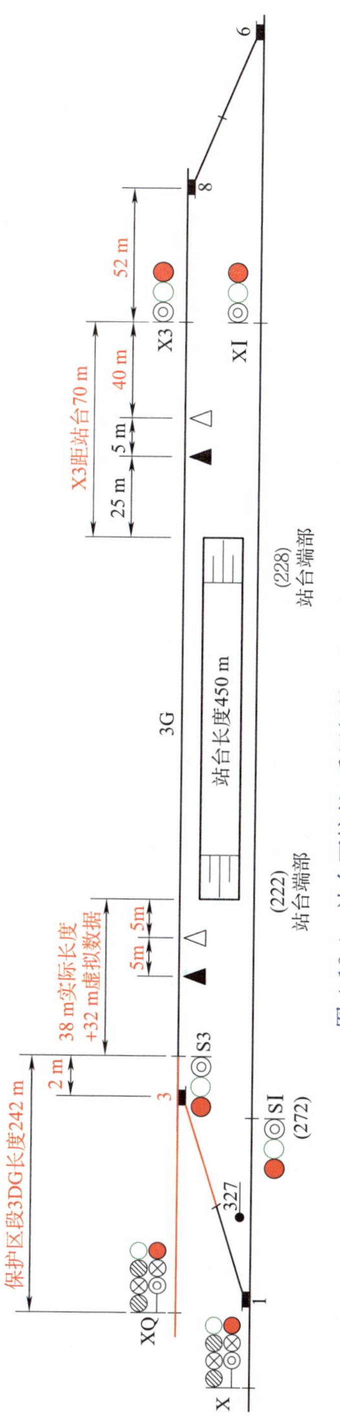

图 4-12-4　站台不接长、采用保护区段＋虚拟数据方案示意图

3. 设置B点应答器

参照尽头式车站B点应答器组设置方案，在距出站信号机S3约150 m处设置B点应答器组，速度控制按约15 km/h描述。

4. S3出站应答器组

参照尽头式车站C点应答器组设置方案，S3出站应答器设在距S3信号机35 m处。此时无源应答器在站台端部内2 m，下行接车时，动车组尾部可以完整越过S3应答器，不影响下行接车。

5. X3位置

X3既有位置距站台端部50 m，为满足17辆编组动车组开行条件，将X3外移20 m，距站台端部70 m。

方案比选：

方案一，投资高，实施难度非常大，且涉及站台、雨棚及车站整体景观布局协调问题；方案二，为工程特定应用，建议组织专家评审会，邀请国铁集团相关部门及运营单位参加，对方案进行充分研究论证。

四、结 束 语

站场改造导致股道有效长缩短的情况越来越普遍，运输部门仍然要求满足股道双方向正常接车的要求，从信号系统角度还应满足停车防护距离的要求。站台接长方案实施难度大，投资高，因此可以参照尽头站应答器方式，采用保护区段+虚拟数据的方案。对于工程特定应用，建设单位应组织专家评审会，对方案进行充分研究论证。

第十三节　特殊尽头站停车方案优化

尽头式车站为高速铁路客运车站的始发终到站，作业繁忙，近些年尽头式车站逐渐增多。《列控系统应答器应用原则》（TB/T 3484—2017）、《列控系统应答器应用技术条件》（Q/CR 769—2020）均规定了尽头站应答器组设置原则，常规尽头站按此设计即可。但有的尽头站比较特殊，站房设置在股道的尽头侧，旅客只能在尽头端出站，不能侧面出站。该情况下受铺轨、接触网立柱及信号车载设备安全防护距离等因素制约，站台动车组停车标距站台端部较远，从站房到长编动车组最远的车厢走行距离约560 m，旅客走行距离太远，对旅客舒适度及满意度影响极大。

本节以某特殊尽头站为例，对尽头站虚拟数据停车方案优化进行研究。

一、概　　述

某尽头式车站，站房位置特殊，设置在股道尽头侧，站房距站台端部25 m，车站端部阻挡形式采用液压滑动挡车器+固定式车挡组合形式，挡车器距车挡15 m，车挡距站台端部15 m，铺轨至固定式车挡处。

该站采用CTCS3+ATO列控系统，根据《高速铁路ATO系统应答器设置及应用暂行技术条件》（TJ/DW 221—2019）要求，股道设有接车方向的精确定位应答器组。

应答器布置按照《列控系统应答器应用原则》（TB/T 3484—2017）中尽头站应答器组布置相关要求进行设置，设置有A、B、C点应答器组，其中尽端信号机距滑移挡车器5 m，

C 点应答器距滑移挡车器 35 m，B 点应答器距滑移挡车器 150 m，停车标距尽端信号机 72 m。

某尽头站停车标至站房相对距离示意如图 4-13-1 所示，某尽头站应答器组设置示意如图 4-13-2 所示。

图 4-13-1　某尽头站停车标至站房相对距离示意图

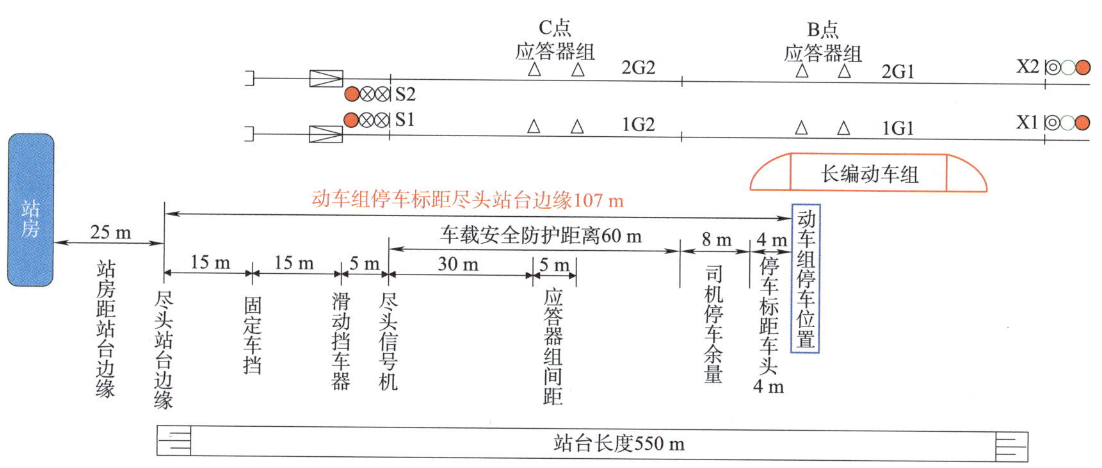

图 4-13-2　某尽头站应答器组设置示意图

由于该尽头站比较特殊，站房设置在股道的尽头端，旅客需沿站台走行进出站，站房距站台端部 25 m，受铺轨、接触网立柱及信号车载设备安全防护距离等因素制约，站台动车组停车标距站台端部较远，约 107 m，从站房到长编动车组最远的车厢走行距离约为 560 m，到最近的车厢距离约为 140 m。进站乘车时旅客走行距离太远，影响乘车舒适度及满意度；出站时旅客疏散时间延长，不便于客运组织，容易造成旅客聚集拥挤，增加了旅客跌落站台的风险。

从客运的角度，上下车旅客走行时间较长，形成两种后果：一种是导致折返时间延长，影响运输效率，体现在下车旅客全出站后，再放行上车的旅客；另一种为节省折返时间，上下车旅客在站台形成客流对冲，容易出现人身安全问题。

为缩短旅客进、出站走行距离，方便客运组织，提高旅客乘车舒适度及满意度，应对停车标设置方案进一步优化。

二、停车标设置方案优化

为进一步优化停车标设置，尽量缩短旅客走行距离，站场、接触网及信号等专业均进行优化设计。车站规模及咽喉区布置维持既有不变，为缩短停车标至端部站台间距离，接触网终端柱设置于站台尽头两线路间后，股道铺轨延长至尽头站台端部。

为进一步优化停车标设置，尽量缩短旅客走行距离，信号系统应答器设置应进行重点优化。由于站房位置特殊，且受车载设备安全保护距离最大为 60 m 的制约，只有采用虚拟数据才能优化停车标设置，尽量缩短站台停车标至站台端部距离。国铁集团确定了主要原则，运营单位组织设计、集成等单位深入研究，提出了应答器设置及虚拟数据等具体优化方案，组织主要车载设备供应商进行了仿真测试，并召开了专家评审会，主要优化方案如下。

（一）尽头信号机位置优化

固定式车挡允许车辆撞击速度一般为 15～25 km/h。尽头站动车组停车时速度较低，因故冒进停车标撞击车挡时速度一般在 10 km/h 以下。由于该站条件受限，经计算及综合分析，车挡允许撞击速度大于列车特殊情况下撞击速度，可仅设置固定式车挡，所以取消既有滑移挡车器，在端部设置液压固定式车挡，长度 2 m。

根据站场液压固定式车挡设置情况，将既有尽头信号机移设至液压固定式车挡前方 0.5 m 处，并设置尽头式绝缘节。

（二）C 点应答器位置优化

原方案按《列控系统应答器应用原则》（TB/T 3484—2017）要求，C 点应答器组距滑动挡车器不宜小于 35 m。

为进一步优化停车标设置位置，缩短停车标与站台端部距离，在距液压固定式车挡 27 m 处设置 C 点应答器组，C 点应答器组间距按 3 m 设置。特殊情况下动车组到达 C 点应答器组速度不大于 5 km/h。

C 点应答器组应包含目视行车危险信息包【ETCS-137】、绝对停车信息包【CTCS-5】以及调车危险信息包【ETCS-132】。

（三）B 点应答器速度优化

距离液压固定式车挡 150 m 处设置 B 点应答器，B 点应答器组间距按 5 m 设置。

原方案按《列控系统应答器应用原则》（TB/T 3484—2017）要求，A 点应答器组按进站信号机处有源应答器组设置，该应答器报文定义及线路描述与进站应答器相同，对于 B 点至尽头阻挡信号机的速度描述为 15 km/h。

为进一步优化停车标设置位置，缩短停车标与站台端部距离，按照让动车组继续低速前行的思路，将 B 点应答器速度优化为 10 km/h。进站应答器组（A 点应答器组）报文对于 B 点至液压固定式车挡的速度描述为 10 km/h，并将其【ETCS-5】包中对 C 点应答器的链接反应设置为紧急制动。

（四）B 点应答器虚拟数据

为进一步压缩原来的停车余量，将司机停车余量由 8 m 优化为 2 m，即停车时车头距 C 点应答器组距离为 2 m。按照停车标距车头 5 m 计算，则停车标至站台端部距离为 2＋27＋3＋2＋5＝39 m。

受车载设备安全保护距离最大为 60 m 的制约，只有采用虚拟数据才能优化停车标设置。车头距尽头信号机 60－（27＋3＋2）＝28 m。考虑测速测距误差等因素，B 点应答器组暂按配置 30 m 虚拟数据设置，根据现场联调情况，可适当修改，以控制动车组到达 C 点应答器组速度不大于 5 km/h。

根据停车标位置以及 B 点应答器位置移设股道精确定位应答器。

（五）RBC 软件优化

为进一步降低各型车载设备对标停车难度，对 RBC 软件进行了优化，将 C3 消息中【ETCS-5】包里面的应答器安装误差参数 Q_LOCACC 由 7 m 调整为 2 m，仅仅修改接车方向 2 组精确定位应答器的【ETCS-5】包。

三、优化效果

经过站场、接触网以及信号专业优化后，停车标距站台端部 39 m，与现状 107 m 相比，优化 68 m，如图 4-13-3 所示。

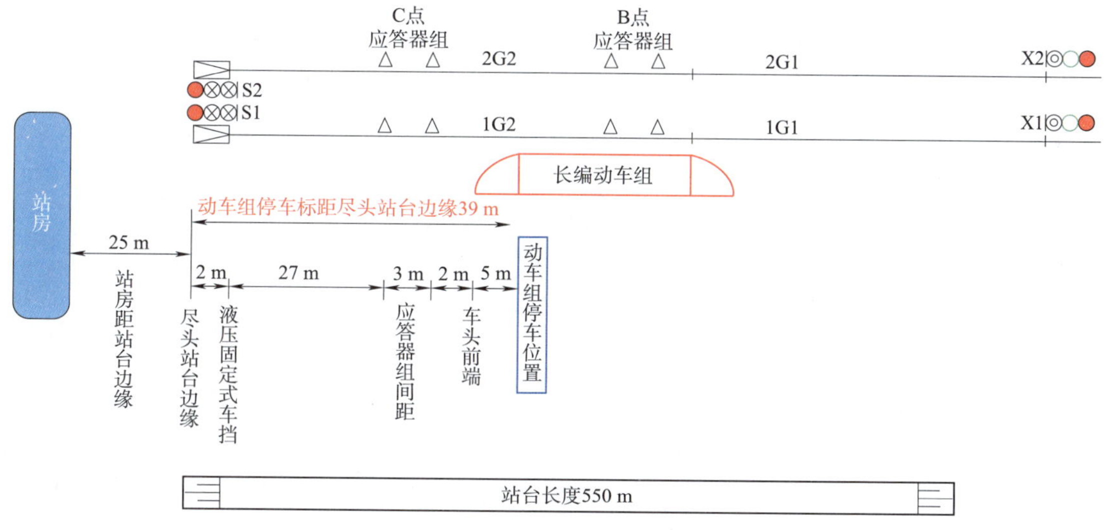

图 4-13-3　优化后停车标距站台端部 39 m 示意图

优化后对标停车问题基本解决，由于 B 点速度降为 10 km/h，对标停车时速度较低。

由于对标停车时速度较低，股道内停车时分略有延长。对非 ATO 列车无影响，但对 ATO 自动开门有影响。之前 CTC 设置停车时分原则为考虑列车完全进入股道后延时 90 s 就认为列车已经停妥，一旦判断停妥后不再给 ATO 列车发送运行计划，ATO 持续 60 s 未收到运行计划更新则认定运行计划无效，进而引发无法自动开门。若要解决 ATO 自动开门问题，应将 CTC 停车时分延长（例如改为 150 s），但可能引发 CTC 报警提示列车晚点。

四、结 束 语

高速铁路接发车作业过程中最大的风险是侧线作业的低速列车与正线通过的高速列车之间发生冲突，一旦发生后果不堪设想。由于尽头式车站没有正线通过进路，因此并不存在类似风险，这就为尽头式车站的列控系统优化奠定了安全基础。通过线路限速的特殊设计，尽量用低限速的代价来减少列控系统的安全保护距离，尽量减少旅客走行距离，满足旅客出行需求，体现以人为本设计理念。

由于 B 点应答器速度由 15 km/h 改为 10 km/h，对进站停车时分有一定影响，即停车标位置优化必然导致进站停车运行时分略有增加。

RBC 软件优化与采用 C3＋ATO 及 RBC 设备型号密切相关，如果仅采用 C3，其他型号 RBC 设备软件是否可以优化应慎重研究决策。

为降低对标停车难度，建议尽头站采用 C2 列控系统。

在调车模式、目视行车模式、引导模式以及隔离模式下限速 40 km/h，为确保动车组到达停车标位置时速度不大于 5 km/h，应由司机人工控制，建议纳入运营注意事项。

第十四节　枢纽地区安全数据网组网设计方案

枢纽地区安全数据网组网设计方案是枢纽列控方案的重要组成部分，枢纽地区多线引入，经常工期不同步，且各线列控设备有时采用不同型号，给枢纽地区安全数据网组网带来了很多困难。为便于维护，各线 RBC、TSRS 等列控核心控制设备经常集中设于枢纽站 RBC 机房，而有时某些新线与枢纽站并无线路连接关系，给安全数据网组网带来很多问题。

本节介绍枢纽地区安全数据网组网设计方案。

一、安全数据网设计的基本要求

《铁路信号安全数据网》（TB/T 3547—2019）对安全数据网设置要求包括：

1. 基于不同物理路径的双侧光缆组成的冗余网络，并规定了基本网络结构。

2. 子网内数据传输通信自愈 50 ms 的时间。

3. 网络内交换机数量超过 60 个时需设置子网。

4. 规定了“子网套袖”、“异址互联”、“单独节点直连”（分别对应 TB/T 3547—2019 文中图 2、图 3、图 4）三种子网互联形式。

5. 信号安全数据网在跨子网通信时，不宜超过 3 次路由。

6. 除单个独立节点外，子网间互联需考虑单个站点故障不会导致左右子网同时中断的现象。

不同列控设备供货商采用的交换机品牌不同，不同品牌交换机可以组成安全数据网，并能进行通信，但由于各品牌交换机在环路故障选择变更路径时，环网通信协议不同，为满足“子网内数据传输通信自愈 50 ms”要求，同一子网要求采用同一品牌交换机。

此外 EMS（网元管理系统）供货商并没有与各品牌交换机全部达成监测合作，交换机部分监测通信协议未完全向 EMS 供货商公开，因此目前 EMS 供货商无法对各种不同品牌交换机进行监测。

从通道运用角度看，设置的安全数据网子网个数越少越有利于数据交换；从运营维护角度看，不同电务段管辖范围车站尽量纳入不同子网；从开通调试的实施难度及安全压力角度看，不同工期建设的车站尽量纳入不同子网，以减少子网互联当天需要调试试验的内容。

二、枢纽安全数据网子网互联方式的选择

枢纽多为多线运输中转中心，线路之间衔接关系复杂、引入枢纽线路衔接方式多样，包括干线并行引入枢纽方式、多线多口接入某站方式、线路顺接成环形等，安全数据网子网节点及连接方式选择方案较多，且涉及多个子网互联方案。枢纽往往是 RBC、TSRS 集中设置的地方，部分中央设备需跨子网进行信息交互，子网互联方案时还需考虑跨越路由次数的限制条件。

（一）子网互联方式

在枢纽内，子网互联的需求非常突出，除了《铁路信号安全数据网》（TB/T 3547—2019）规定的“子网套袖”、“异址互联”、“单独节点直连”几种方式外，在实际工程中还可以考虑“子网延伸”的方式。

“子网套袖”方式示意如图 4-14-1 所示，“异址互联”方式示意如图 4-14-2 所示，“单独节点直连”方式示意如图 4-14-3 所示，“子网延伸”方式示意如图 4-14-4 所示。

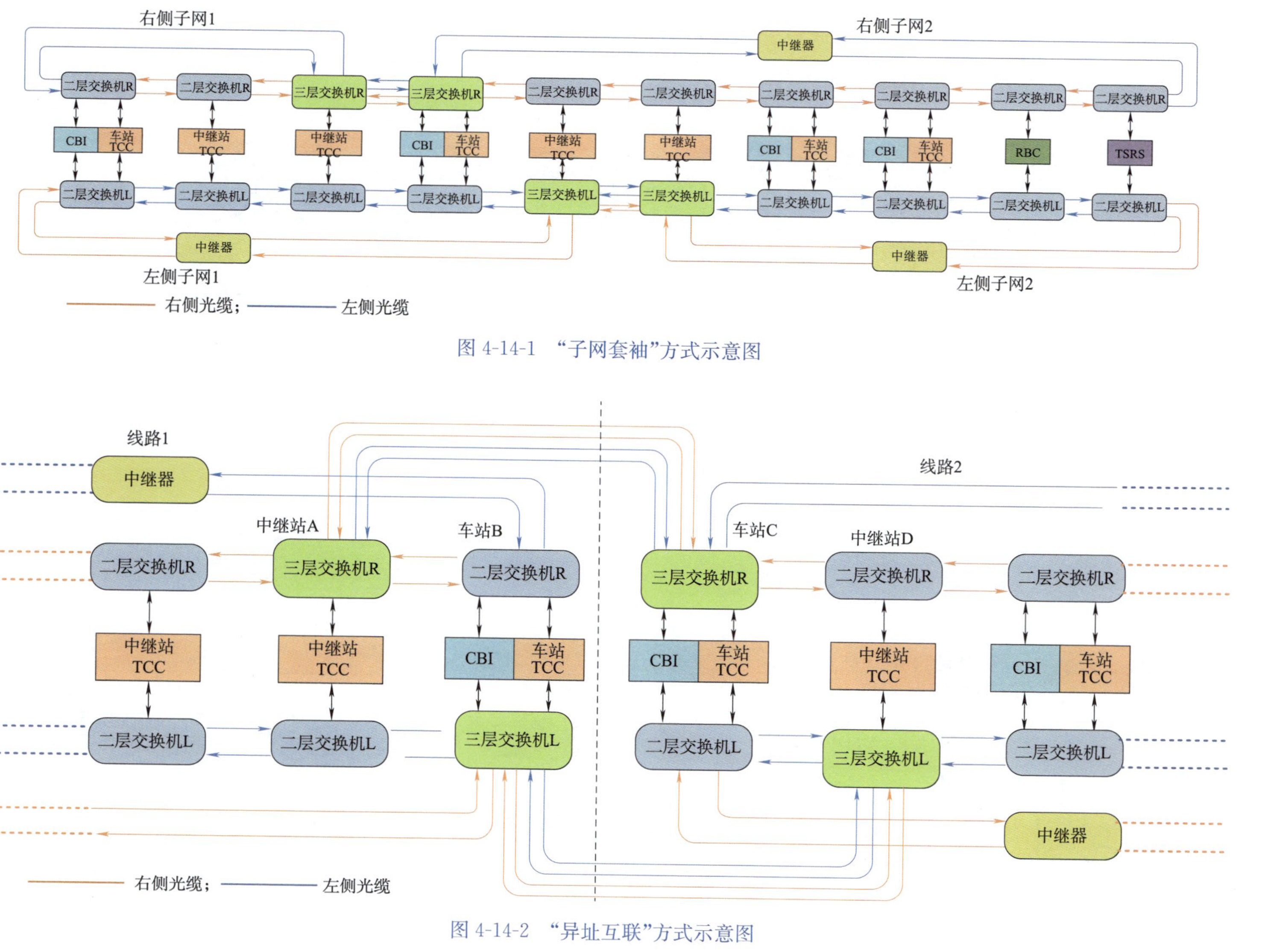

图 4-14-1　“子网套袖”方式示意图

图 4-14-2　“异址互联”方式示意图

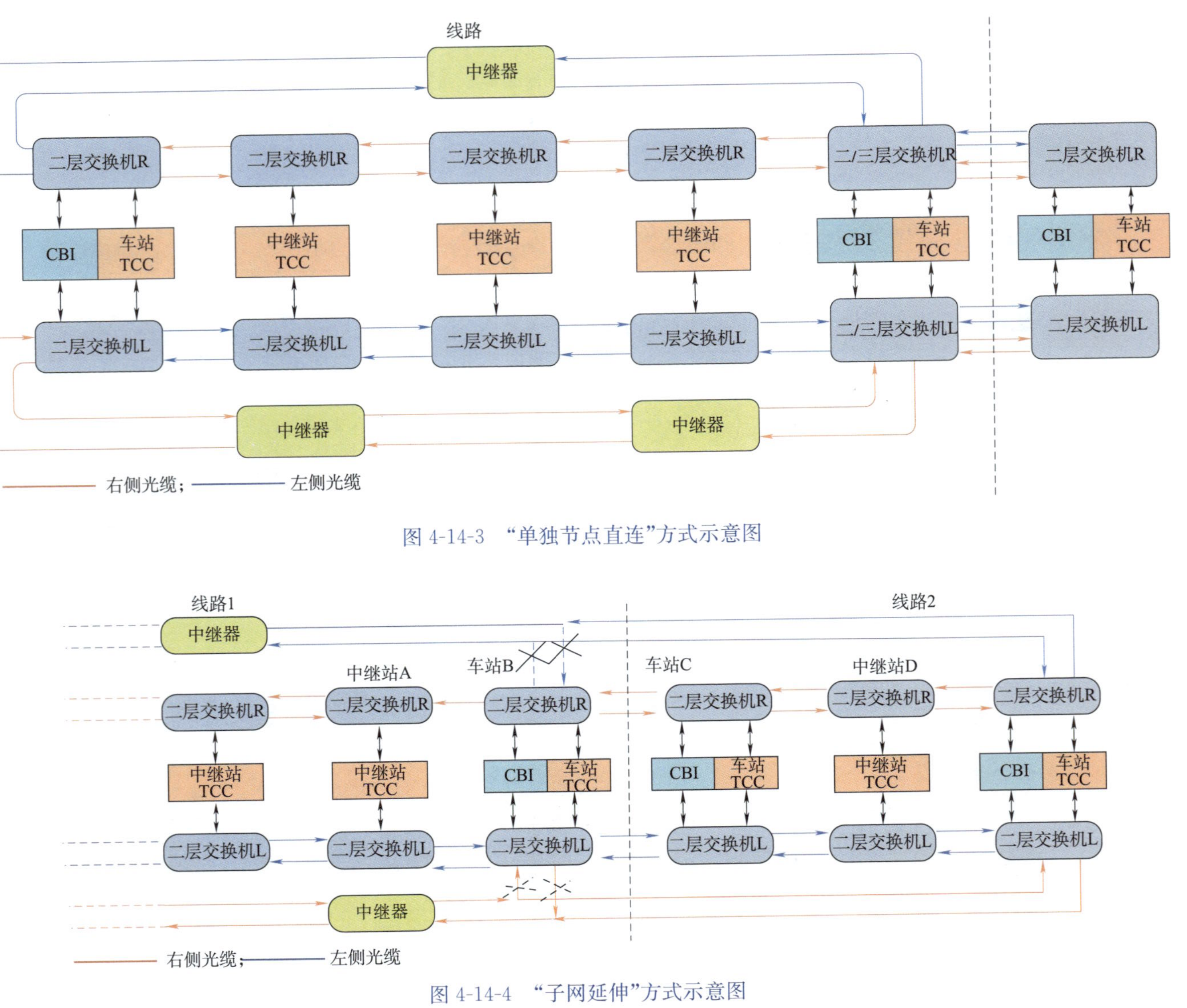

图 4-14-3 “单独节点直连”方式示意图

图 4-14-4 “子网延伸”方式示意图

不同子网互联方式的适应性分析见表 4-14-1。

表 4-14-1　不同子网互联方式的适应性分析表

序号	互联方式	交换机要求	维护维修界面	光纤敷设要求	施工及开通调试	一般适用场景
1	子网套袖	两个子网均应为同一品牌交换机	两子网宜为同一维护部门维护	全程两侧 4 芯(另备 2 芯)光纤	调试互联 8 接口站光纤	多用于同步建设的长大干线非维修部门分界处的子网划分
2	异址互联	两个子网可为不同品牌交换机	两子网分界明确,适宜不同维护部门管辖	边界两侧第一站和第二站间需要 8 芯(另备 2 芯)光纤	调试互联 4 站接口光纤,对既有网络影响较小	不同品牌交换机、不同期建设子网间互联互通
3	单节点直连	两个子网可为不同品牌交换机	分界明确	全程两侧 4 芯(另备 2 芯)光纤	调试互联 2 接口站光纤,对既有网络影响最小	一般用于动车段所与正线子网互联
4	子网延伸	子网内应为同一品牌交换机	延伸后子网宜为同一维护部门维护	全程两侧 4 芯(另备 2 芯)光纤	调试互联 4 接口站光纤,既有网络结构变化较大	有若干个既有或新设车站需要接入某个子网

上述各方案均满足单点故障不影响子网间的数据通信。“子网套袖”、“子网延伸”对接入线路的交换机有相同品牌的要求，开通当天对既有网络调试试验的内容相对较多，出现故障时退回原方式的可操作性较差。

“子网套袖”方式多用于同步建设的长大干线非维修部门分界处的子网划分；“子网套袖”中线路边界处 2 个车站半边交换机 IP 地址不在同一网段，如图 4-14-1 中左侧子网 1 的最后两个站，一半交换机 IP 地址位于左侧子网 1，一半交换机 IP 地址位于右侧子网 2，跨维护部门管界情况下通常不采用。

“异址互联”方式是最为通用的方式，但此方案若非提前预留，后期工程需在开通运营线路上增敷光缆，为施工和运营带来安全风险，系统工程设计中需统筹规划光缆敷设芯数，或选择合理的子网节点，适当减少对运营线路光缆敷设的要求。

“子网延伸”主要是对既有子网进行扩展，在延长线工程、交换机品牌统一、子网内交换机数量不超限的前提下可以优先考虑采纳，主要运用场景为有若干个既有或新设车站需要接入某个子网。

“单节点直连”方式一般用于动车段所与正线子网互联。

（二）“异址互联”方式中互联节点的选择

1. 选择有线路衔接的站点作为互联节点

考虑到设备故障和通信中断带来对运营影响的重叠性、有利于光缆沿线敷设的因素，异址互联方式中互联节点应选择有线路衔接的车站站点。如图 4-14-5 所示，广汕铁路和赣深铁路在博罗至惠州北站、仲恺至广汕区间线路所处设有两条联络线，在工程设计中应选择广汕信号子网中的博罗、区间线路所和赣深信号子网中惠州北、仲恺作为子网互联的节点，一方面满足子网套袖连接关系，且光缆沿新建联络线敷设、无需增加光缆芯线数；另一方面数据连接通道和物理铁路衔接关系保持一致，两者的故障影响面基本重叠，不会扩大两者故障影响面。

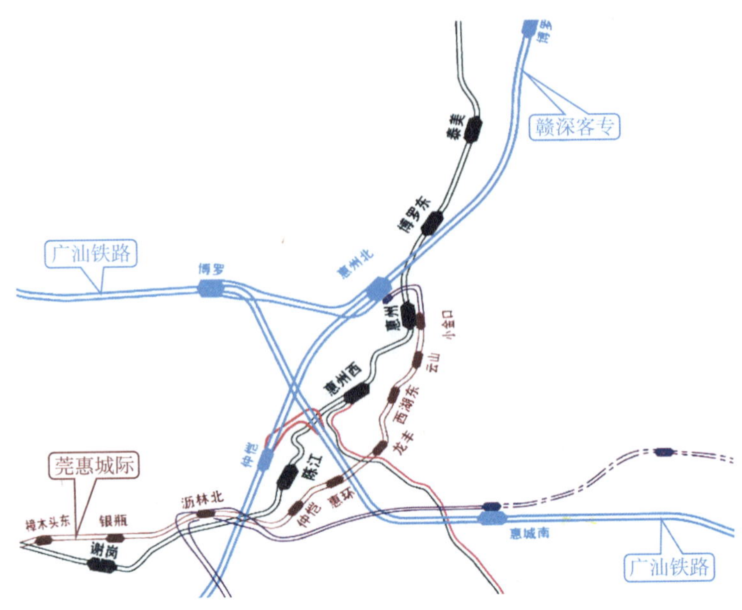

图 4-14-5　设有联络线衔接的两条干线连接示意图

2. 按独立车站方式配置 RBC 机房并将其作为互联节点

由于枢纽内多为重点大站，这些车站往往设有与其他线路联络的衔接线路，且设有 RBC 机房，包含 RBC、TSRS 设备等。通常 RBC、TSRS 设备设置独立的电源系统、独立的交换机，该 RBC 机房可以看作是一个独立的站点，与其他线路子网连接时，车站、RBC 机房可以看做是两个不同的子网节点，并作为该子网与其他子网的互联节点。此时，在采用异址互联时可以避免在既有线上敷设光缆。如图 4-14-6 所示，在车站 A 构建独立的 RBC 机房节点，若既有线线路 1 和新线线路 2 子网互联时，选择如图所示的车站 A-中心、车站 A-车站、车站 B、中继站 D 作为子网互联节点，则既有线线路 1 无需在运营线路沿线敷设光缆。

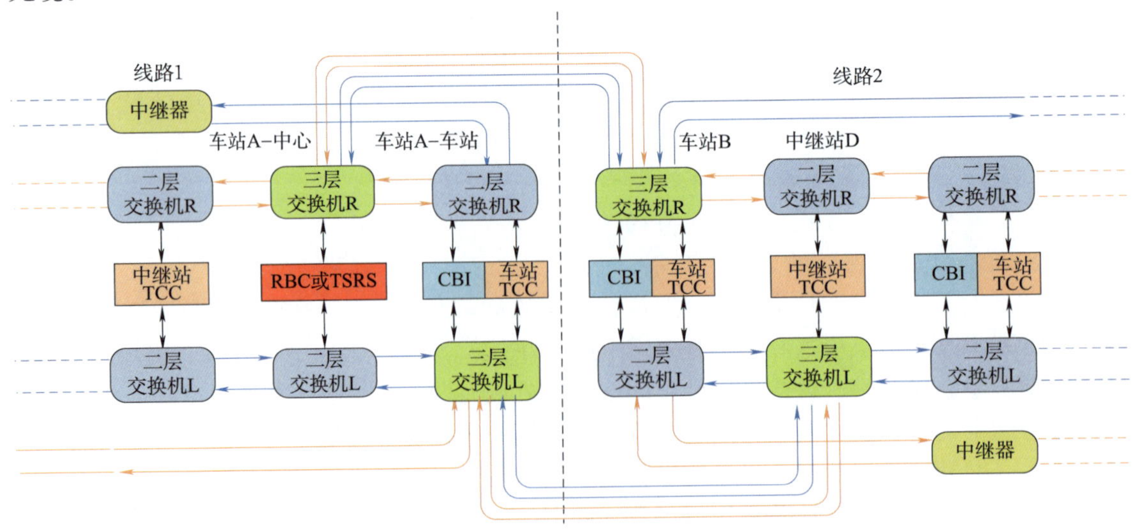

图 4-14-6　既有线线路 1 车站 A 构建独立车站并将其作为互联节点示意图

3. 三个及以上子网互联节点交换机的选择

枢纽内通常存在若干子网需要相互连接的情况，因数据网连接具备接力性，更多数据网相互衔接，主要保证各有线路衔接关系的站点间有子网互联通道，并保证“应用设备的通信路径不宜超过三次路由”。此外在子网接力连接的站点选择中，中间子网的两个车站节点不可同时使用左右交换机。

中间子网的两个站点左右交换机同时使用方式示意如图 4-14-7 所示。中间子网 2 选择站 E 和站 F 作为互联节点，但各站左、右交换机均作为接入点分别与子网 1、3 的左、右网连接。采用这种站点方式连接，如果站 E 发生故障，虽然子网 1 右互联子网 2 右，但子网 2 右和子网 3 右由于需要通过站 E 的交换机而无法接通，因此线路 1、3 的跨线运行同样因站点 E 的故障受到影响。

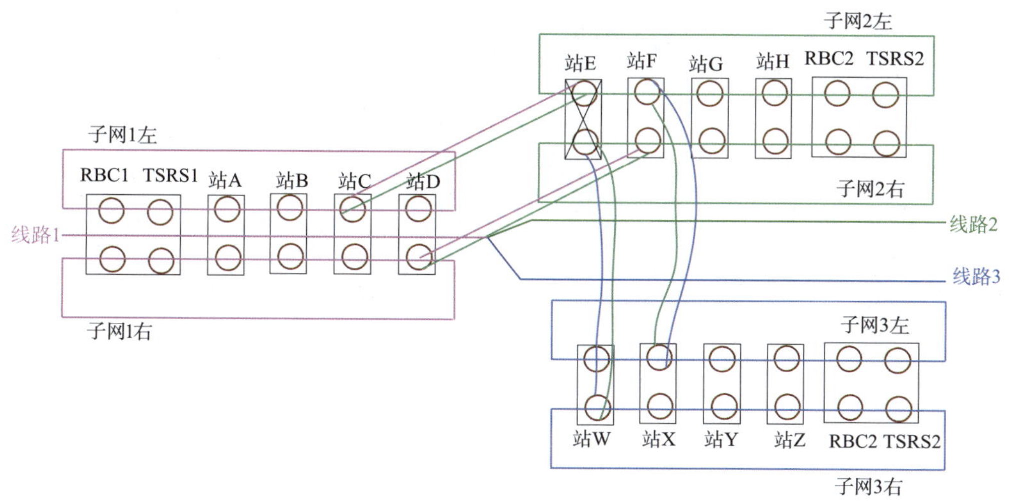

图 4-14-7　中间子网的两个站点左右交换机同时使用方式示意图

三、杭黄客专安全数据网子网复用案例分析

湖杭铁路（湖州站—杭州西站）引入杭州枢纽时，原设计方案中拟将该线的 RBC 机房设于新建的杭州西站。维管部门从集中维护角度出发，提出考虑将 RBC 机房集中设置于杭州南站。从线路走向看，杭州西至杭州南无联络线沟通，设计单位提出，将湖杭 RBC、TSRS 设备设于杭州南站的杭黄安全数据子网内，将湖杭安全数据子网与杭黄安全数据子网在庐桐/庐桐东站附近套袖连接。

目前，杭州枢纽有关的线路衔接关系如图 4-14-8 所示，杭黄安全数据子网互联局部示意如图 4-14-9 所示。杭黄安全数据子网自杭州南站引出后至黄山北站，分别与杭长（已建）、金建（在建）、建衢（在建）、皖赣（已建）、合福（已建）安全数据子网套袖连接。其中金建、建衢铁路 RBC 机房均拟设置在杭州南站的杭黄安全数据子网中。

待湖杭子网接入后，杭黄安全数据子网将承载杭黄、金建、建衢、湖杭四条 C3 线路车站-中央列控系统设备间的信息交互。

维管部门认为虽然安全数据网采用冗余结构和通道方式，但杭黄安全数据子网建德东—杭州南段一旦出现故障，将影响 4 条线路的列车运行，单点故障的波及面广，安全压力大。为此提议湖杭列控中央系统虽置于杭州南站，但应设于湖杭子网上，湖杭安全数据子网通过庐桐东—庐桐沿既有杭黄铁路新敷光缆进入杭州南站构建独立子网；同时进一步建议，同理敷设沿既有杭黄铁路建德东站—杭州南站的光缆，金建、建衢也构建独立子网。

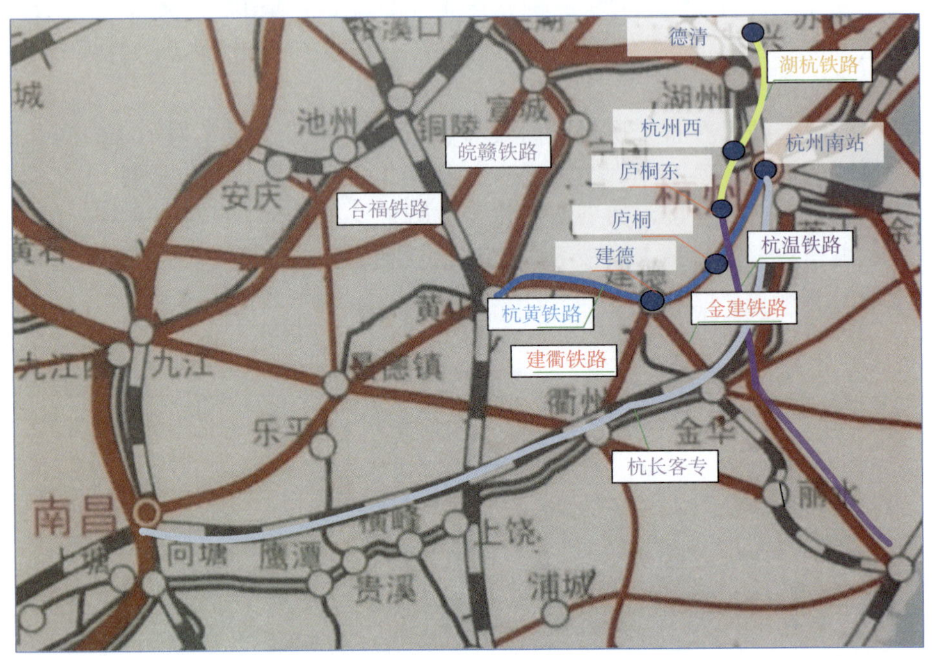

图 4-14-8　杭州枢纽相关线路衔接关系示意图

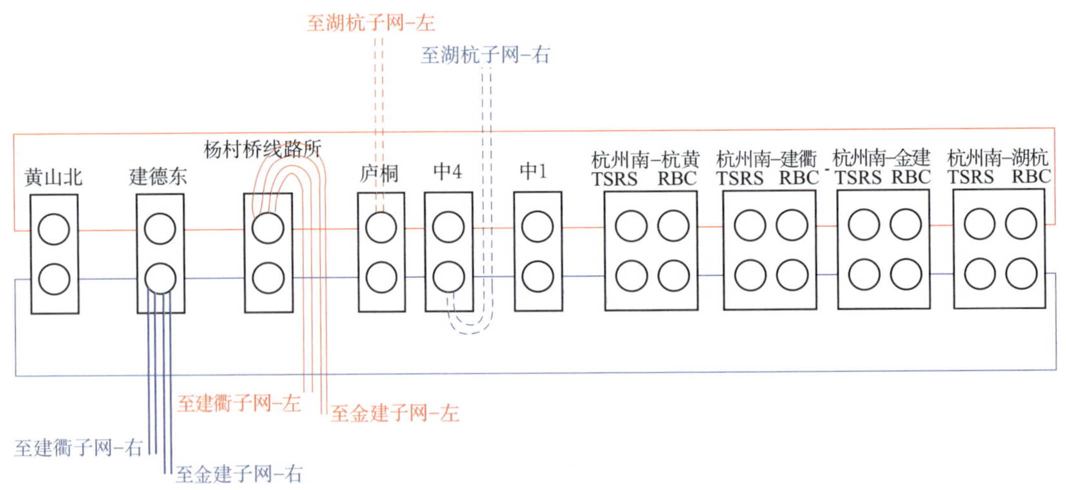

图 4-14-9　杭黄安全数据子网互联局部示意图

采用维管部门推荐的方式可以让各线路的安全数据子网独立运行，避免子网互联带来的故障影响，但由于需在运营线路上新敷约 100 多公里光缆，工程代价极高。

通过对上述案例的分析可以发现，RBC 机房设置及子网复用有关的几个工程设计注意事项如下：

1. 在本线信号安全数据网上设置本线 RBC 机房，有利于减少系统单点故障影响面，通常情况下宜选择本线维护力量较强的地点设置 RBC 机房。沿线车站条件不利时，可以将

RBC机房设于其他线路子网，并通过与子网互联方式与其互联。根据《铁路信号安全数据网》（TB/T 3547—2019），子网跳接次数小于或等于3次。

2. 安全数据网设置方案中，建议考虑本子网承载其他线路车站-中央列控信息的复用次数，比照子网跳接次数，本线子网承载其他线路车站-中央列控信息的复用次数不超过3个，避免由于单个子网故障引起多条线路运输秩序混乱。

3. RBC机房设置地点需提前规划、合理考虑。上述案例的起因实则为各线路并非经过杭州南站，但从维护便利角度需考虑RBC机房集中设于杭州南站。随着列控设备的推广运用和检/维修手段及能力的提高，建议维管部门结合线路实际走向更分布式选择RBC机房设置地点，避免过多出现子网跳接、子网复用的情况，若确有必要在某地集中设置RBC机房，需提前统筹考虑各新线建设情况及路线径路，提前规划进入该集中设置地点的光缆通道。

四、结 束 语

为避免出现过多子网跳接、子网复用的情况，建议维管部门结合线路实际走向及维护资源配置，在设计前期深入研究RBC机房设置地点。若确有必要在某地集中设置RBC机房，需提前统筹考虑各新线建设情况及路线径路，提前规划进入枢纽RBC机房的光缆通道。

第十五节 连续大号码道岔区域列控设计方案

在枢纽车站或线路所，有时会遇到连续设有两组1/42大号码道岔的情况，针对这种特殊站场布局，大号码道岔防护信号机、应答器组DD及侧向速度等列控设计方案应综合制动距离、运输效率、控车曲线平顺性、便于大号码道岔应答器组设置等因素重点研究。本节对连续大号码道岔分属不同联锁控制、同一联锁控制时在不同列车进路内等情况分类研究，重点介绍枢纽短联络线、设置股道的线路所等在连续大号码道岔时防护信号机、应答器组DD及侧向速度等列控设计方案。

一、大号码道岔侧向速度总体设计原则

（一）基本原则

根据《列控中心技术条件》（TB/T 3439—2016）6.10.8 b）：

“对于具备大号码道岔的侧向进路，当侧向接车信号开放USU后，且同时满足以下条件时，TCC发送大号码道岔数据包：

1）进路行车许可长度超过制动距离检查范围；

2）侧向进路范围内以及离去区段制动距离内无低于大号码道岔侧向允许速度的临时限速，其中离去区段临时限速检查范围为出站口最高限速（不超过305 km/h）制动至45 km/h的制动距离。”

根据《列控系统应答器应用技术条件》（Q/CR 769—2020）要求，大号码道岔侧向最高允许速度除道岔侧向允许速度外，还应考虑以下条件：

1. 列车按照道岔区段线路允许最高码序至目标点列车按照常用制动能够可靠停车的速度限制；

2. 道岔前、后方线路允许速度。

大号码道岔线路所示意如图4-15-1所示。

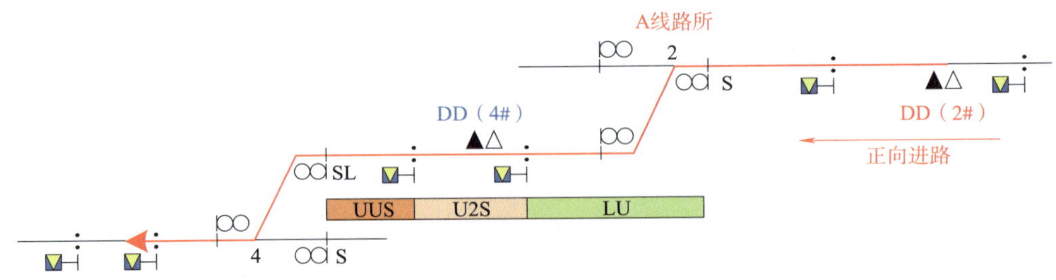

图 4-15-1　大号码道岔线路所示意图

注：大号码道岔应答器组描述 DD 应答器至防护大号码道岔信号机的距离。

当列车按照 2＃道岔限速越过信号机 S 后，接收到 LU 码，列车速度应满足列车常用制动至 SL 进站前方停车的要求。

（二）最不利行车许可

在枢纽短联络线地段，大号码道岔线路所至前方站区间经常仅有一个区间信号点，有的甚至未设区间信号点。为满足各种行车场景要求，从简化系统处理的角度，行车许可一般按最不利条件计算。当联络线较短时，前方站进站信号机关闭为最不利行车许可。

因此，大号码道岔防护信号机到前方站进站信号机间距离应满足大号码道岔侧向允许速度到 0 km/h 的常用制动距离要求。当不满足时，有两种解决方案。

方案一：从不做运输限制及简化列控系统处理的角度，大号码道岔侧向列控数据速度宜适当降速，按照前方站进站信号机关闭、离去口临时限速检查范围不延伸至前方站内的原则确定大号码道岔侧向通过速度。

方案二：扩大本站列控检查范围，增加运输限制条件、采用类似红灯重复等关联检查措施，例如检查前方站开放 USU 且离去区段线路允许速度到 45 km/h 制动距离内无低于大号码道岔侧向速度的临时限速等，以提高大号码道岔通过速度。

方案二将导致两个列控中心间信息传递非常复杂，运输限制条件较多，当不满足检查条件时只能以 80 km/h 速度通过大号码道岔，还要看运营单位运输、机务及电务等部门是否接受，应具体情况具体分析。

两个方案具体差异将在下述部分结合具体场景详细分析。

（三）短联络线线路所信号设备平面布置图设计要点

1. 线路所信号设备平面布置图总体设计原则

枢纽联络线通常较短，联络线仅一个区间信号点，有的甚至未设区间信号点。对这种短联络线线路所，信号设备平面布置图设计的总体原则是尽量压缩线路所咽喉区长度，拉大联络线区间长度，以便提高大号码道岔侧向通过速度。

如图 4-15-2 所示，某枢纽设有 A、B 两个线路所，均独立设置计算机联锁等设备；A 线路所 1＃、3＃及 B 线路所 4＃、6＃均为 1/42 大号码道岔；联络线设计速度为 160 km/h，未设区间信号点。

根据前述最不利行车许可、离去口临时限速检查范围不延伸至前方站的原则及大号码道岔应答器组描述 DD 应答器至防护大号码道岔信号机距离的前提，A 线路所通过信号机 X 到 B 线路所通过信号机 XH 的距离和 SHN 到 XH 的距离共同决定了 1＃大号码道岔侧向通过速度。

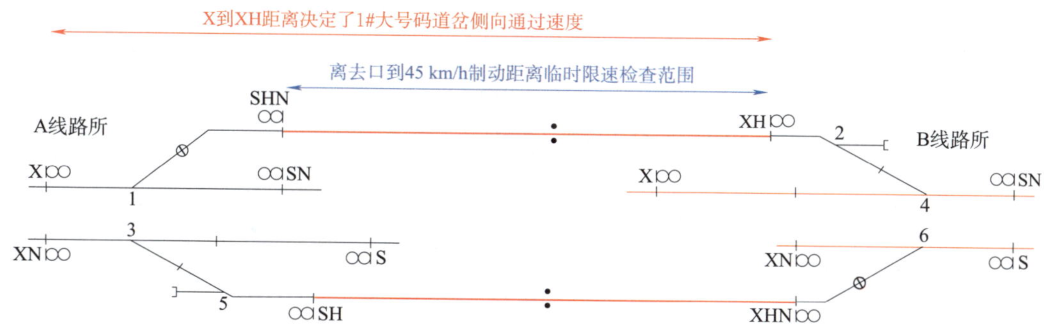

图 4-15-2　未设区间信号点的短联络线大号码道岔线路所示意图

按照 XH 处速度为 0 km/h，反推 X 口速度为 v_1；按照 XH 处速度为 45 km/h，反推 SHN 处速度为 v_2，1＃大号码道岔侧向通过速度取 v_1 和 v_2 的较小值。例如 X 到 XH 距离满足 120 km/h 到 0 km/h 常用制动距离要求，SHN 到 XH 满足 125 km/h 到 45 km/h 常用制动距离要求，则 1＃大号码道岔侧向通过速度描述为 120 km/h。

当 4＃大号码道岔应答器组 DD 设在 A 线路所 1＃道岔岔后时，SHN 位置还要满足应答器组链接距离不宜小于 200 m 的要求。

2. 线路所信号设备平面布置图方案优化

有的项目短联络线线路所通过信号机距岔尖较远，无形中压缩了联络线区间长度，联络线区间长度越短，大号码道岔侧向通过速度越低。B 线路所原信号设备平面布置示意如图 4-15-3 所示。

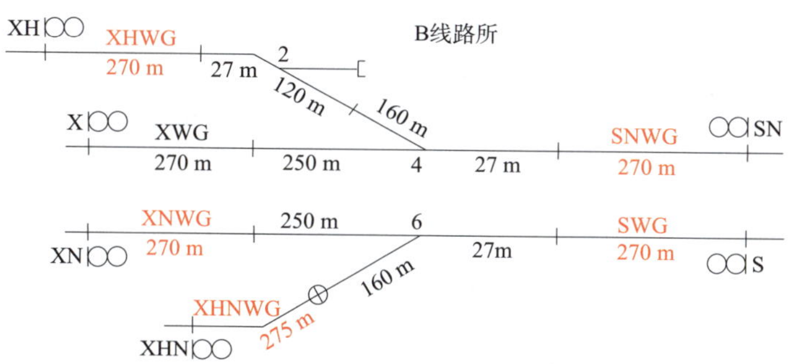

图 4-15-3　B 线路所原信号设备平面布置示意图

该线路所信号设备平面布置图存在不足如下：

（1）XH 位置不合理

XH 内方设置了无岔区段 XHWG，长度为 270 m。XH 内方设有安全线，可以起到冒进防护作用，所以 XH 内方没必要再设置无岔区段 XHWG。XH 距 2＃道岔岔尖 297 m，按照常规设计信号机距岔尖 52 m 计算，XH 相当于外移了 245 m，即联络线区间长度被压缩了 245 m，影响 A 线路所 1＃大号码道岔侧向通过速度。

（2）XHN 位置不合理

XHN 内方设置了无岔区段，长度为 275 m，区段长度太长。按照通过速度 160 km/h 计算最小区段长度为 132 m；按照 A 线路所 3＃大号码道岔应答器组设于 B 线路所 XHN 内方宜满足应答器组链接距离不小于 200 m 的要求，SHNWG 区段长度为 175 m 即可，即联络线区间长度被压缩了 100 m。

（3）SWG 等无岔区段设计非必要

S、SN、XN 内方均设置了 270m 的无岔区段，必要性不强。因为，S 口、SN 口为一线变两线场景，冒进时不存在 HU 码变允许码的情况；XN 为反向接车口，XN 和 XHN 两个口均反向接车的概率很低。

为克服上述不足，对 B 线路所信号设备平面布置进行优化，取消不必要的无岔区段，仅正线正向口通过信号机 X 内方设置无岔区段，如图 4-15-4 所示。

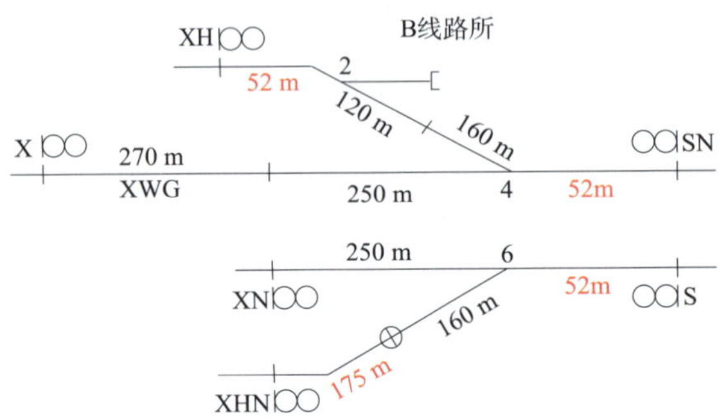

图 4-15-4　仅正线正向口设置无岔区段示意图

优化后，XH 距 2＃道岔岔尖 52 m，联络线区间长度增加 245 m；XHN 内方无岔区段长度为 175 m，联络线区间长度增加 100 m；共核减 4 个不必要的无岔区段。

二、两个线路所间设有两个区间信号点的场景解析

两条线路互通，设有 A、B 两个线路所，均采用独立联锁，2＃、4＃为 1/42 大号码道岔。联络线设计速度为 160 km/h，设有两个区间信号点，如图 4-15-5 所示。

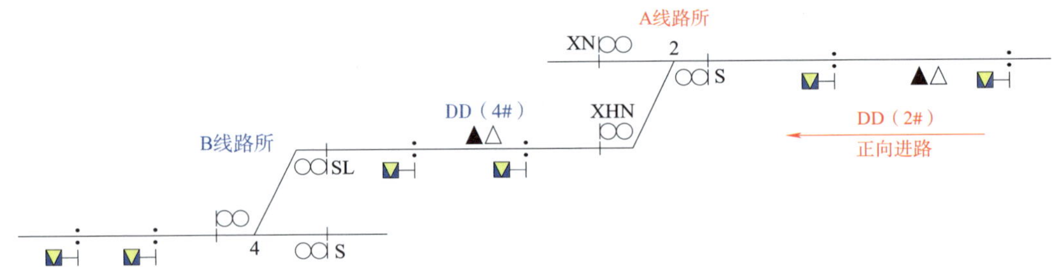

图 4-15-5　联络线设有两个区间信号点的大号码道岔线路所示意图

（一）信号机设置及线路工程情况概述

1. 按两个独立线路所方式分别设置防护信号机。

2. S 至 SL 间距离满足 160 km/h 到 0 km/h 常用制动距离要求。

本场景中 A 线路所 S 至 B 线路所 SL 间距离满足 160 km/h 到 0 km/h 常用制动距离要求。根据列车按照道岔区段线路允许最高码序至目标点以常用制动能够可靠停车的速度限制要求，当列车按照 2＃道岔限速越过信号机 S 后，接收到 LU 码，如果 S 至 SL 间距离满足 160 km/h 到 0 km/h 常用制动距离要求，则 A 线路所 TCC 最不利行车许可终点为 SL，符合进路行车许可长度超过制动距离检查范围的要求。

3. XNH 至 SL 距离满足 160 km/h 到 45 km/h 常用制动距离要求。

A 线路所发送 2＃大号码道岔信息包临时限速检查范围：XHN 从线路允许速度到 45 km/h 制动距离内无低于 2＃大号码道岔侧向速度的临时限速。XHN 到 SL 距离约为 3 100 m，满足 160 km/h 到 45 km/h 制动距离要求，因此 A 线路所临时限速检查范围无需延伸至 B 线路所内方。

（二）大号码道岔应答器设置

两个大号码道岔应答器组 DD 均设于大号码道岔防护信号机外方 U2S 码闭塞分区内方 200 m 处。

（三）大号码道岔侧向速度

A 线路所通过信号机 S 至 B 线路所通过信号机 SL 间满足 160 km/h 到 0 km/h 常用制动距离要求，且从 A 线路所反向通过信号机 XHN 到 45 km/h 常用制动距离内无低于 160 km/h 的限速，所以 A 线路所 2＃大号码道岔侧向列控数据速度为 160 km/h。B 线路所 4＃大号码道岔同理。

三、两个线路所间设有一个区间信号点的场景解析

两条线路互通，设有 A、B 两个线路所，均采用独立联锁，2＃、4＃为 1/42 大号码道岔。联络线设计速度为 160 km/h，设有 1 个区间信号点，如图 4-15-6 所示。

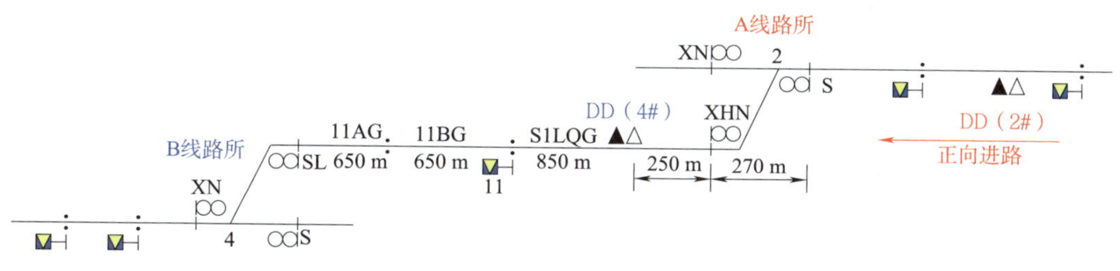

图 4-15-6　联络线设有一个区间信号点的大号码道岔线路所示意图

（一）信号机设置及线路工程条件概述

1. 按两个独立线路所方式分别设置防护信号机。

2. S 至 SL 间距离满足 160 km/h 到 80 km/h 常用制动距离要求。

根据故障—安全原则，UUS 码最低进路速度为 80 km/h。由于两个线路所为连续大号码道岔，当列车越过 A 线路所通过信号机 S 后，收到 U2S 码，列车默认前方下一闭塞分区发送 UUS 码，列车以 UUS 码闭塞分区出口（SL 处）速度 80 km/h 打靶控制列车运行，越过 4＃大号码道岔应答器组 DD 后获得运行前方 4＃大号码道岔侧向速度，完成车尾保持后再提速。因此，A 线路所通过信号机 S 至 B 线路所通过信号机 SL 间距离应满足 2＃大号码道岔侧向速度到 80 km/h 制动距离要求。本场景中 S 至 SL 间距离为 2 420 m，满足 160 km/h 到 80 km/h 常用制动距离要求。

3. S 至 SL 距离满足 140 km/h 到 0 km/h 常用制动距离要求。

根据列车按照道岔区段线路允许最高码序至目标点以常用制动能够可靠停车的速度限制要求，当列车按照 2＃道岔限速越过信号机 S 后，接收到 U 码（按前方线路所信号关闭的最不利行车许可考虑），列车速度应满足列车常用制动至 SL 进站前方停车的要求。A 线路所通过信号机 S 至 B 线路所通过信号机 SL 间距离为 2 420 m，受坡度限制，仅满足 140 km/h

到 0 km/h 常用制动距离要求。

4. XNH 至 SL 距离满足 140 km/h 到 45 km/h 常用制动距离要求。

A 线路所发送 2＃大号码道岔信息包临时限速检查范围：XHN 从线路允许速度到 45 km/h 制动距离内无低于 2＃大号码道岔侧向速度的临时限速。XHN 到 SL 距离为 2 150 m，不满足 160 km/h 到 45 km/h 制动距离要求，但满足 140 km/h 到 45 km/h 制动距离要求。

（二）大号码道岔应答器设置

A 线路所 2＃大号码道岔应答器组设于大号码道岔防护信号机 S 外方 U2S 码闭塞分区内方 200 m 处。

B 线路所 4＃大号码道岔应答器组设于大号码道岔外方发送 U2S 码轨道区段入口内 250 m 处，与 XHN 外方定位应答器合用［注：本场景中 XHN 外方定位应答器至 SL 的间距 1 900 m，满足 160 km/h 到 80 km/h 常用制动距离要求，故 DD（4＃）与 XHN 外方定位应答器合设，且不会造成动车组通过 2＃道岔后收到 DD（4＃）前列车按照前方 SL 处速度 80 km/h 控车带来的不必要制动情况］。

（三）2＃大号码道岔侧向速度

方案一：按 140 km/h 描述

A 线路所 S 至 B 线路所 SL 间距离满足 140 km/h 到 0 km/h 常用制动距离要求，且 XHN 至 SL 距离满足 140 km/h 到 45 km/h 常用制动距离要求，该检查范围内无低于 140 km/h 的限速。根据前述最不利行车许可时不做运输限制及简化列控系统处理的角度，2＃大号码道岔侧向列控数据速度按 140 km/h 描述。

A 线路所离去口临时限速检查起点是反向通过信号机 XHN 进站应答器组，车尾保持起点一般为变速点，按照尽快完成车尾保持、便于列车提速的原则，140 km/h 速度描述范围宜为 A 线路所通过信号机 S 至 XHN 进站应答器组，其余联络线速度按 160 km/h 描述。

为避免 A 线路所临时限速检查范围延伸至 B 线路所，也可简化处理，将联络线从 XHN 开始至 140 km/h 到 45 km/h 常用制动距离检查范围内的线路允许速度按 140 km/h 描述。

方案二：按 160 km/h 描述

为达到大号码道岔按侧向设计速度 160 km/h 通过的要求，除常规检查条件外，扩大 A 线路所列控检查范围，即 A 线路所 S 开放要检查 B 线路所开放 USU、A 线路所 XHN 从 160 km/h 到 45 km/h 制动距离内（延伸至 B 线路所岔区甚至离去区段）无低于 2＃大号码道岔侧向速度 160 km/h 的临时限速等。

方案比选：

（1）方案二列控系统处理复杂，运输限制条件较多

方案二临时限速检查范围延伸至 B 线路所，检查范围越大，受影响的概率也越大；当 B 线路所该范围内有低于 160 km/h 的临时限速时，A 线路所将无法发出大号码道岔信息包，扩大了 B 线路所临时限速影响面。除此之外还要检查 B 线路所开放 USU，这将导致两个列控中心间信息传递非常复杂，运输限制条件较多。

（2）方案二控车曲线不平滑

由于两个线路所为连续大号码道岔，当列车越过 A 线路所 S 后，收到 U2S 码，列车以前方 UUS 码闭塞分区出口（SL 处）速度 80 km/h 打靶控制列车运行，S 至 DD（4＃）距离为 520 m，即列车走行 520 m，速度下降至约 142 km/h，越过 4＃大号码道岔应答器组 DD 后获得运行前方 4＃大号码道岔侧向速度，完成车尾保持后再提速。控车曲线从 160 km/h

下降至 142 km/h 再提速至 160 km/h，列车允许速度出现先降后升的现象，控车曲线不平滑，不利于列车平稳运行，也不符合运营单位机务、电务等部门运用习惯，存在一定争议。

方案一不做运输限制，简化列控系统处理，控车曲线平滑，更符合运营单位机务、电务等部门运用习惯。

综合上述分析，推荐采用方案一。

（四）4＃大号码道岔侧向速度

B线路所至前方站区间不少于两个闭塞分区，且B线路所 XN 制动到 45 km/h 距离内无低于 160 km/h 的限速，当联络线按 160 km/h 速度描述时，4＃大号码道岔侧向列控数据速度也按 160 km/h 描述。

当联络线从 XHN 开始、至 140 km/h 到 45 km/h 常用制动距离检查范围内的线路允许速度按 140 km/h 描述时，如果剩余 160 km/h 区段长度较短，例如距 SL 只有几十米，列车无法从 140 km/h 加速到 160 km/h 通过大号码道岔，为简化处理，此时 4＃大号码道岔侧向速度也可按 140 km/h 描述，即整段联络线区间线路允许速度均按 140 km/h 描述。

四、两个线路所间无区间信号点的场景解析

两条线路互通，设有 A、B 两个线路所，均采用独立联锁，2＃、4＃为 1/42 大号码道岔。联络线设计速度为 120 km/h，因联络线较短，未设区间信号点，如图 4-15-7 所示。

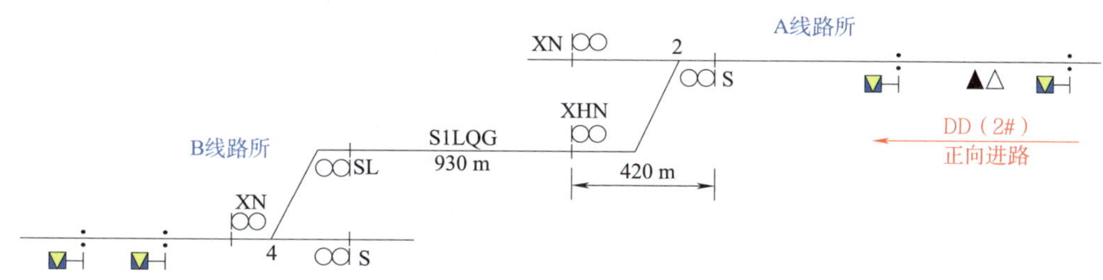

图 4-15-7　联络线无区间信号点的大号码道岔线路所示意图

（一）信号机设置及工程条件概述

1. 按两个独立线路所方式分别设置防护信号机。

2. S 至 SL 间距离满足 120 km/h 到 80 km/h 常用制动距离要求。

根据故障—安全原则，UUS 码最低进路速度为 80 km/h。由于两个线路所为连续大号码道岔，当列车越过 A 线路所通过信号机 S 后，收到 UUS 码，列车以 SL 处速度 80 km/h 打靶控制列车运行，越过 4＃大号码道岔应答器组 DD 后获得运行前方 4＃大号码道岔侧向速度，完成车尾保持后再提速。因此，A 线路所通过信号机 S 至 B 线路所通过信号机 SL 间距离应满足 2＃大号码道岔侧向速度到 80 km/h 制动距离要求。S 至 SL 间距离为 1 350 m，满足 120 km/h 到 80 km/h 常用制动距离要求。

3. S 至 SL 距离满足 100 km/h 到 0 km/h 常用制动距离要求。

根据列车按照道岔区段线路允许最高码序至目标点以常用制动能够可靠停车的速度限制要求，当列车按照 2＃道岔限速越过信号机 S 后，接收到 HU 码（按前方线路所信号关闭的最不利行车许可考虑），列车速度应满足列车常用制动至 SL 进站前方停车的要求。A 线路所通过信号机 S 至 B 线路所通过信号机 SL 间距离为 1 350 m，受坡度限制，仅满足 100 km/h

到 0 km/h 常用制动距离要求。

4. XNH 至 SL 距离满足 100 km/h 到 45 km/h 常用制动距离要求。

A 线路所发送 2＃大号码道岔信息包临时限速检查范围：XHN 从线路允许速度到 45 km/h 制动距离内无低于 2＃大号码道岔侧向速度的临时限速。XHN 到 SL 距离为 930 m，不满足 120 km/h 到 45 km/h 制动距离要求，满足 100 km/h 到 45 km/h 制动距离要求。

（二）B 线路所 4＃大号码道岔应答器设置

关于 B 线路所大号码道岔应答器组 DD 的设置存在三种方案。

方案一：DD（4＃）设置于 SL 信号机外方第二个闭塞分区入口内 200 m 处，即 A 线路所 S 信号机外方第一个闭塞分区入口内 200 m 处，如图 4-15-8 所示。

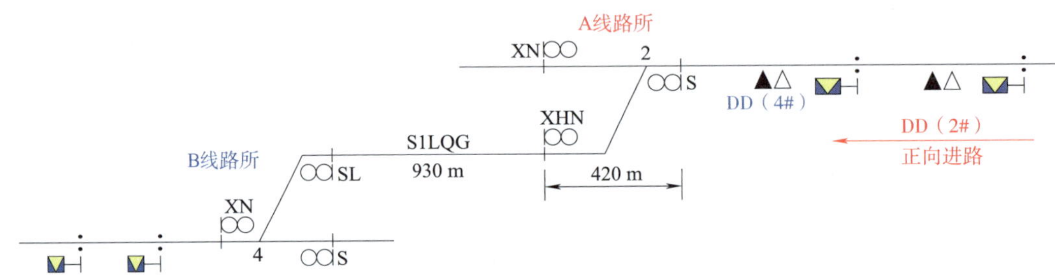

图 4-15-8　4＃大号码道岔应答器组 DD 设于 2＃道岔岔前闭塞分区示意图

如果 4＃大号码道岔应答器组 DD 设置于 2＃道岔岔前，列车先经过 2＃大号码道岔应答器组 DD，在未到达 2＃道岔时，又收到 DD（4＃）应答器组，车载设备将丢弃第一 DD 应答器组信息，而使用第二个 DD 应答器报文，即车载设备会将 2＃大号码道岔按 1/18 道岔处理，这样会导致在 A 线路所通过信号机 S 处允许速度降为 80 km/h，触发紧急制动。

根据上述分析可知，大号码道岔应答器组 DD 应与对应的 UUS 码匹配，B 线路所 4＃大号码道岔应答器 DD 必须设置在第一个大号码道岔 2＃道岔岔后。

方案二：为克服方案一的缺点，将 4＃大号码道岔应答器组 DD 设置于联络线区间，与 A 线路所 XHN 信号机外方 250 m 处定位应答器组合用，如图 4-15-9 所示。

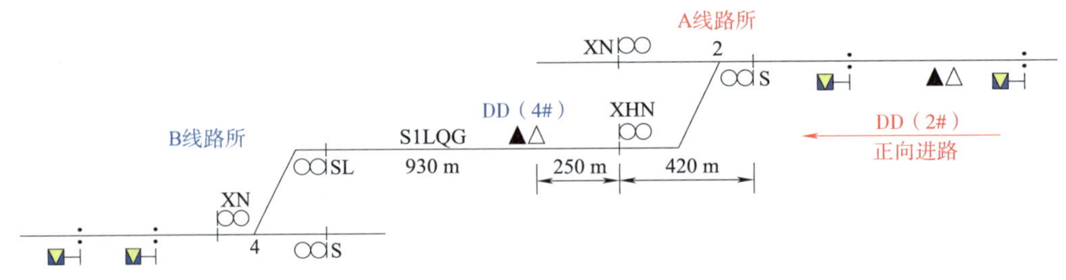

图 4-15-9　4＃大号码道岔应答器组 DD 与 XHN 定位应答器合用示意图

因联络线区间较短，S1LQG 长度为 930 m，DD（4＃）距离 B 线路所通过信号机 SL 仅 680 m，将导致 B 线路所 4＃道岔侧向通过速度明显下降。

方案三：为克服方案二的缺点，进一步提高 B 线路所 4＃大号码道岔侧向通过速度，在防护 4＃大号码道岔的 UUS 分区内，尽量远离大号码道岔的适当位置设置大号码道岔应答器组，设置于 A 线路所道岔区段内，距 XHN 约 200 m，如图 4-15-10 所示。

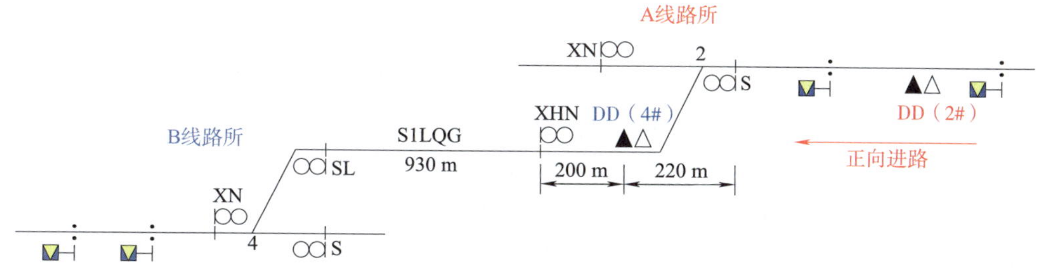

图 4-15-10　4＃大号码道岔应答器组 DD 设于 A 线路所道岔区段示意图

4＃大号码道岔应答器组 DD 设于 A 线路所道岔区段内，距 4＃大号码道岔更远，更有利于提高 4＃大号码道岔侧向通过速度。

综合上述分析，推荐采用方案三。

（三）2＃大号码道岔侧向速度

方案一：按 100 km/h 描述

A 线路所 S 至 B 线路所 SL 间距离满足 100 km/h 到 0 km/h 常用制动距离要求，且 A 线路所 XHN 制动到 45 km/h 距离内无低于 100 km/h 的限速。根据前述最不利行车许可时不做运输限制及简化列控系统处理的角度，2＃大号码道岔侧向列控数据速度按 100 km/h 描述。

A 线路所离去口临时限速检查起点是反向通过信号机 XHN 进站应答器组，车尾保持起点一般为变速点，按照尽快完成车尾保持、便于列车提速的原则，100 km/h 速度描述范围宜为 A 线路所通过信号机 S 至 XHN 进站应答器组，其余联络线速度按 120 km/h 描述。

也可简化处理，为避免 A 线路所临时限速检查范围延伸至 B 线路所，将联络线从 XHN 开始、至 120 km/h 到 45 km/h 常用制动距离检查范围内的线路允许速度按 100 km/h 描述。

方案二：按 120 km/h 描述

为达到按联络线设计速度 120 km/h 通过的要求，除常规检查条件外，扩大 A 线路所列控检查范围，即 A 线路所 S 开放要检查 B 线路所开放 USU、A 线路所 XHN 从 120 km/h 到 45 km/h 制动距离内（延伸至 B 线路所岔区甚至离去区段）无低于 2＃大号码道岔侧向速度 120 km/h 的临时限速等。

方案比选：

（1）方案二列控系统处理复杂，运输限制条件较多

方案二临时限速检查范围延伸至 B 线路所，检查范围越大，受影响的概率也越大；当 B 线路所该范围内有低于 120 km/h 的临时限速时，A 线路所将无法发出大号码道岔信息包，扩大了 B 线路所临时限速影响面。除此之外还要检查 B 线路所开放 USU，这将导致两个列控中心间信息传递非常复杂，运输限制条件较多。

（2）方案二控车曲线不平滑

由于两个线路所为连续大号码道岔，当列车越过 A 线路所 S 后，收到 UUS 码，列车以 B 线路所 SL 处速度 80 km/h 打靶控制列车运行，S 至 DD（4＃）距离为 220 m，即列车走行 220 m，速度下降至约 102 km/h，越过 4＃大号码道岔应答器组 DD 后获得运行前方 4＃大号码道岔侧向速度，完成车尾保持后再提速。控车曲线由 120 km/h 下降至 102 km/h 再提速至 120 km/h，列车允许速度出现先降后升的现象，控车曲线不平滑，不利于列车平稳运

行，也不符合运营单位机务、电务等部门运用习惯，存在一定争议。

（3）某些型号车载设备可能不适应方案二

根据第三章第一节“一、红灯重复对列控系统的影响”中“（二）车载设备 UUS 码逻辑”相关分析可知，某些车载设备在收到进站应答器组信息后重新计算 MA，由于 S 到 SL 不满足 120 km/h 到 0 km/h 常用制动距离要求，即便 SL 开放，车载设备还是会在 S 附近触发制动。

方案一不做运输限制，简化列控系统处理，兼容各型车载设备，控车曲线平滑，更符合运营单位机务、电务等部门运用习惯。

综合上述分析，推荐采用方案一。

（四）4＃大号码道岔侧向速度

联络线设计速度为 120 km/h，B 线路所至前方站区间不少于两个闭塞分区，且 B 线路所 XN 制动到 45 km/h 距离内无低于 120 km/h 的限速，所以 4＃大号码道岔侧向列控数据速度按 120 km/h 描述。

根据前述分析，为避免 A 线路所临时限速检查范围延伸至 B 线路所，联络线大部分线路允许速度已按 100 km/h 描述。如果剩余 120 km/h 区段长度较短，例如距 SL 只有几十米，列车无法从 100 km/h 加速到 120 km/h 通过大号码道岔，为简化处理，此时 4＃大号码道岔侧向速度也可按 100 km/h 描述，即整段联络线区间线路允许速度均按 100 km/h 描述。

五、跨场侧通进路设有连续大号码道岔的场景解析

某枢纽车站设有 A、B 两个高速场，跨场列车通过进路设有 1＃、3＃、31＃、35＃共 4 组连续 1/42 大号码道岔，1＃、31＃两组大号码道岔岔尖距离为 1 171 m，场间联络线设计速度为 160 km/h，如图 4-15-11 所示。

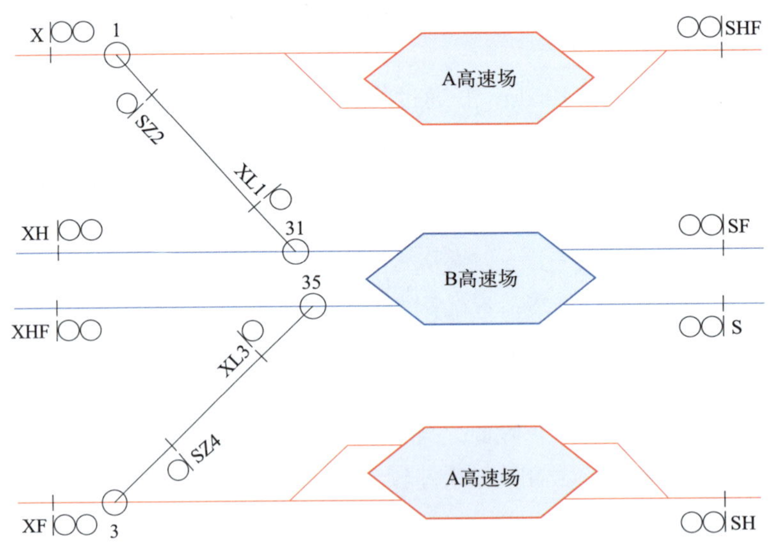

图 4-15-11 跨场通过进路设有连续大号码道岔示意图

（一）信号机设置

方案一：场间联锁分界设置实体防护信号机（两个大号码道岔在两条列车进路）

以图 4-15-11 中 1＃、31＃大号码道岔为例，两组大号码道岔附近分别设置防护信号机

SZ2、XL1，场间集中区分界在 SZ2 信号机处，信号机外方设置有源应答器组。在 X 进站信号机 U2S 闭塞分区内方设置大号码道岔应答器组 DD，列控数据中大号码道岔侧向速度为 160 km/h。

存在问题：在此设计方案下，无论 DD 描述到距离为 1＃道岔防护信号机还是 31＃道岔防护信号机，都不能满足全进路 160 km/h 通过运行的要求。原因分析如下。

（1）DD 应答器描述 1＃道岔为大号码道岔

若 DD 应答器描述到大号码道岔的距离为 X 信号机（防护 1＃道岔），则车载设备会在 X 信号机前控制速度降到 160 km/h。但是车载设备越过 X 信号机后，车载设备大号码有效信号变为无效，默认前方 31＃道岔为 1/18 道岔，车载设备会按照 XL1 信号机 80 km/h 的目标速度控车，X 到 XL1 间距离不满足 160 km/h 到 80 km/h 常用制动距离要求，将触发紧急制动。

（2）DD 应答器描述 31＃道岔为大号码道岔

若 DD 应答器描述到大号码道岔的距离为 XL1 信号机（防护 31＃道岔），车载设备在 X 信号机外方闭塞分区收到 UUS 码，默认 1＃道岔为 1/18 道岔，按照 X 信号机 80 km/h 的目标速度控车，越过 X 信号机后，再按照 XL1 信号机 160 km/h 的目标速度控车，无法发挥 1＃大号码道岔的作用。

方案二：场间联锁分界采用虚拟信号（两个大号码道岔在一条列车进路）

场间联锁分界采用虚拟信号方案，排列跨场通过列车进路时，两组大号码道岔在一条列车进路内，此时信号机 X 开放检查前方正线出站信号机开放，满足跨场通过时列车以 160 km/h 通过运行的要求，如图 4-15-12 所示。

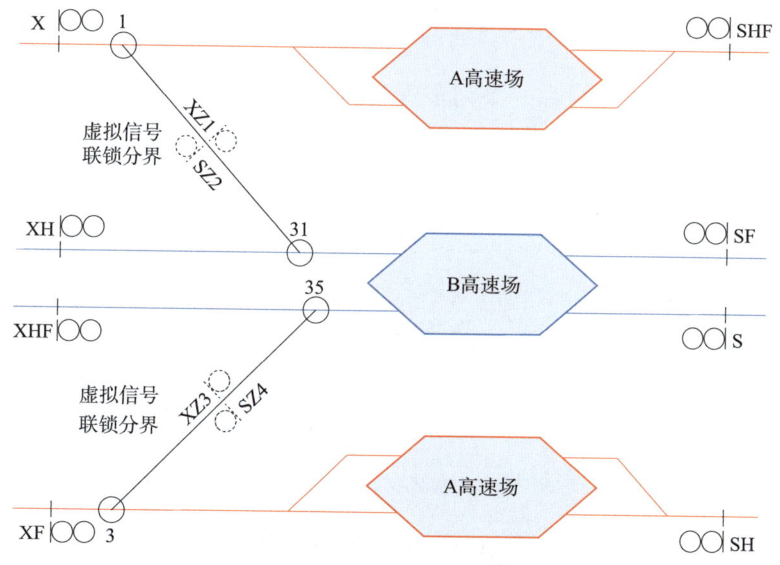

图 4-15-12　场间联锁分界采用虚拟信号方案示意图

方案一不能发挥大号码道岔作用，方案二信号机设置更简化，所以推荐采用方案二。

一站多场、跨场通过进路设有连续大号码道岔时，由于距离较近，为简化信号机及大号码道岔应答器组设置，确保通过速度，应将两组大号码道岔设置在同一条列车进路内，两组大号码间不得设置实体列车信号机，场间联锁分界应采用虚拟信号方案。

（二）大号码道岔应答器设置

大号码道岔应答器组设于大号码道岔防护信号机外方 U2S 码闭塞分区内方 200 m 处。

（三）大号码道岔侧向速度

排列跨场通过列车进路时，信号机 X 开放检查前方正线出站信号机开放，满足发送大号码道岔包各项检查条件，大号码道岔侧向速度按 160 km/h 描述。

六、线路所设有两组大号码道岔的场景解析

某线路所 XW 口侧向通过进路设有 1＃、5＃连续两组 1/42 大号码道岔，距离为 2 207 m，如图 4-15-13 所示。

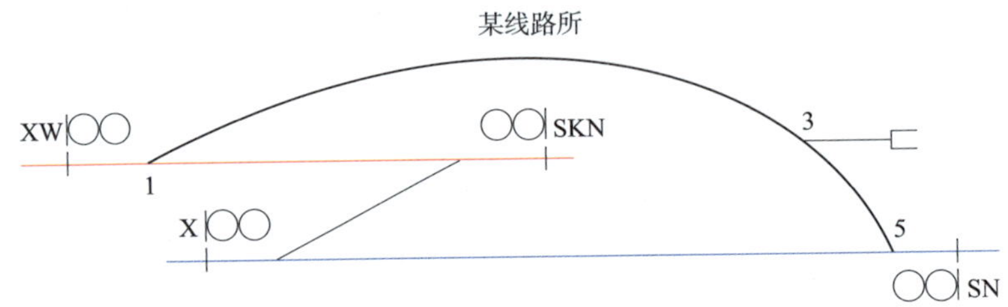

图 4-15-13　线路所设有连续两组大号码道岔示意图

（一）信号机设置及工程条件

受安全线道岔位置影响，若在 3＃道岔岔前 52 m 处设置信号机 XL，XL 距 XW 1 665 m，XW 向 XL 运行折算的坡度为约 3‰的上坡道。经检算，1 665 m 不满足 160 km/h 到 0 km/h 制动距离要求，满足 130 km/h 到 0 km/h 制动距离要求。

（二）方案选择

方案一：两组大号码道岔设在一条列车进路内

因 XW 与 XL 距离不满足 160 km/h 制动距离要求，故 XL 取消，将两组大号码道岔设计在一条列车进路内，侧向过岔速度为 160 km/h，如图 4-15-14 所示。

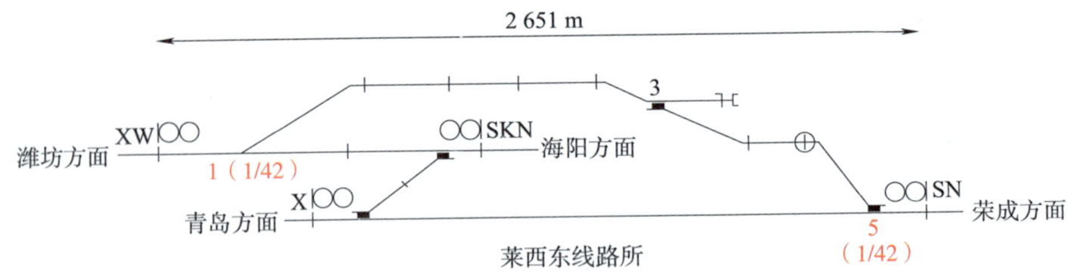

图 4-15-14　两组大号码道岔设计在同一条列车进路内示意图

优点：过岔速度为 160 km/h，信号机及速度设置相关方案简单明了。

缺点：海阳、荣成方面任意一个发车方向区间故障时，只能在 XW 机外停车，两个发车方向均受影响。

方案二：两组大号码道岔设在两条列车进路内

XW 与 XL 距离满足 130 km/h 到 0 km/h 制动距离要求，XL 保留，XL 外方设置无岔区段，可以停车，1＃大号码道岔侧向速度为 130 km/h，5＃大号码道岔侧向速度为 160 km/h。两组大号码道岔设计在两条列车进路内示意如图 4-15-15 所示。

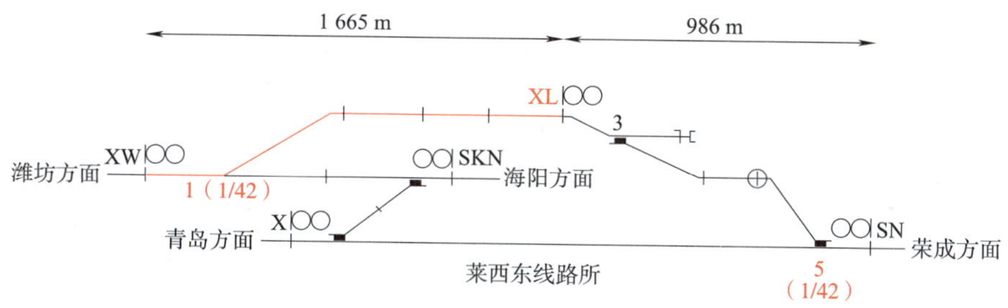

图 4-15-15　两组大号码道岔设计在两条列车进路内示意图

优点：设置了无岔区段，可以停车，若荣成方面区间故障，列车可以在 XL 外方无岔区段停车，不影响海阳方面发车进路，故障影响面较小，通过能力更高。

缺点：1＃道岔侧向速度为 130 km/h。

方案比选：

方案二两组大号码道岔设在两条列车进路内，两组大号码道岔应答器组 DD 需要单独设置。根据前述分析，5＃大号码道岔应答器组 DD 只能设在 1＃岔后咽喉区适当位置，DD 距 XL 距离约 1 400 m。因 XW 至 XL 距离不足，1＃大号码道岔侧向速度只能描述为 130 km/h，降低了过岔速度，对通过能力略有影响。

如果 1＃大号码道岔侧向速度描述为 160 km/h，会因为 5＃大号码道岔应答器组 DD 距 XL 较近，存在距离过短提前降速再提速的问题，控车曲线不平滑，不利于平稳控车。

方案一将两组大号码道岔设置在一个闭塞分区内，按一组大号码道岔处理，只需要设置一组大号码道岔应答器组 DD。动车组越过信号机 XW 后，车载设备收到的码与区间一离去区段的码是一致的，车载设备将按实际线路速度控车，不会出现降速情况，可以实现以 160 km/h 速度过岔，控车曲线更平滑，通过效率更高。

鉴于该线路所无停车待避运输需求，方案一从信号显示及大号码道岔应答器设置等方面更简化，控车曲线更平滑，过岔速度及效率更高，且基本不影响区间通过能力；方案二过岔速度低，考虑的区间故障情况发生概率较低。故综合比选后，采用方案一。

七、连续大号码道岔车站场景解析

某车站多线交汇，A、B 方面正线设计速度为 250 km/h，C 方面联络线设计速度为 160 km/h。XY 至 XⅢ距离为 1 441 m，S 至 SⅣ距离为 1 490 m。该站至两侧相邻车站区间不少于 3 个闭塞分区。图 4-15-16 所示均为 1/42 大号码道岔（XY 内方 1/12 安全线道岔未示意）。

（一）信号机设置及工程条件概述

按车站方式设置进、出站信号机。

根据故障—安全原则，UUS 码最低进路速度为 80 km/h。以 XY 至 SF 的通过进路为例，由于接、发车进路均设有大号码道岔，当列车越过 XY 后，收到 UUS 码，列车以 XⅢ处速度 80 km/h 打靶控制列车运行，越过 15＃大号码道岔应答器组 DD 后获得运行前方 15＃大号码道岔侧向速度，完成车尾保持后再提速。因此，XY 至 XⅢ间距离应满足 3＃大号码道岔侧向速度到 80 km/h 制动距离要求。XY 至 XⅢ间距离为 1 441 m，满足 130 km/h 到 80 km/h 常用制动距离要求（CRH380BK，CTCS-2 级模式，160 km/h 到 80 km/h 平坡时常用制动距离约为 1 720 m）。

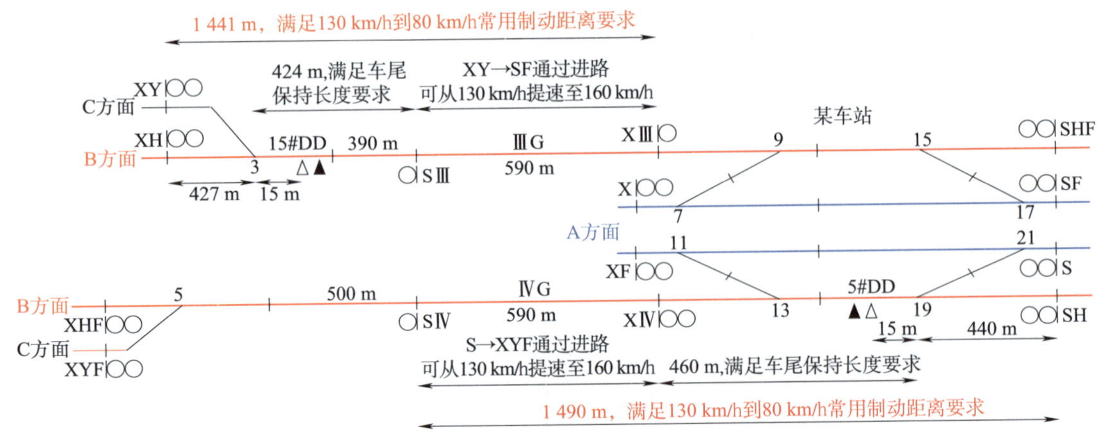

图 4-15-16　连续大号码道岔车站信号机设置方案示意图

（二）大号码道岔应答器设置

1. 3＃大号码道岔应答器组

3＃大号码道岔应答器组设于 XY 外方 U2S 闭塞分区内方 200 m 处。

2. 针对不同进路，需要设置两处 15/17＃大号码道岔应答器组

该站存在两条经 15/17＃大号码道岔侧向的正向通过进路，针对不同进路特点，需要设置两处大号码道岔应答器组。

办理 XY→SF 通过进路时，按照 UUS 码与对应大号码道岔及应答器组匹配的要求，15/17＃大号码道岔应答器组不得设于 XY 外方，只能在越过 3＃道岔岔尖后适当位置设置 15/17＃大号码道岔应答器组。结合现场安装条件，将 15/17＃大号码道岔应答器组 DD 设在 3＃道岔岔尖外 15 m 处。

办理 XH→SF 通过进路时，为提高提高效率，避免列车提前降速，在 XH 外方闭塞分区内方 200 m 处设置 15/17＃大号码道岔应答器组。如果 XH、XY 两个接车口共用设在 3＃道岔岔尖外的 15/17＃大号码道岔应答器组，当办理 XH→SF 通过进路时，列车在 XH 外方闭塞分区收到 U2S 码，默认下一闭塞分区发 UUS 码，按照 XⅢ处允许速度 80 km/h 打靶控制列车运行，一直到越过 3＃道岔岔尖，收到 15/17＃大号码道岔应答器组才能提速，此时列车速度可能已降至 115 km/h，曲线下降明显，影响通过效率。

3. 5＃大号码道岔应答器组

对应 S→XYF 通过进路，按照 UUS 码与对应大号码道岔及应答器组匹配的要求，5＃大号码道岔应答器组 DD 不得设于 S 外方，将 5＃大号码道岔应答器组 DD 设在 19＃道岔岔尖外 15 m 处。

对应 SH→XYF 通过进路，为提高通过效率，避免列车提前降速，在 SH 外方闭塞分区内方 200 m 处设置 5＃大号码道岔应答器组。

4. 19/21＃大号码道岔应答器组

经 19/21＃大号码道岔侧向时对应 S→XHF、S→XYF 两条通过进路，为简化设计，在信号机 S 外方 U2S 闭塞分区内方 200 m 处设置 19/21＃大号码道岔应答器组，两条通过进路共用。

（三）大号码道岔侧向速度

XY 至 XⅢ满足 130 km/h 到 80 km/h 常用制动距离要求；XY 开放检查 XⅢ开放，行车许可及临时限速检查符合要求，故 3＃大号码道岔侧向速度按 130 km/h 描述。

XⅢ开放经大号码道岔侧向通过进路时，检查区间 2LQ 空闲，且两个闭塞分区的总长度

满足 160 km/h 到 0 km/h 制动距离要求，临时限速检查符合要求。因此，15/17＃大号码道岔侧向速度按 160 km/h 描述。

S至SⅣ满足 130 km/h 到 80 km/h 常用制动距离要求；S开放检查SⅣ开放，行车许可及临时限速检查符合要求；S→XHF、S→XYF 两条通过进路共用 19/21＃大号码道岔应答器组，故 19/21＃大号码道岔侧向速度按 130 km/h 描述。

SⅣ开放经 5＃大号码道岔侧向通过进路时，检查区间 2LQ 空闲，且两个闭塞分区的总长度满足 160 km/h 到 0 km/h 制动距离要求，临时限速检查符合要求。因此，5＃大号码道岔侧向速度按 160 km/h 描述。

八、结 束 语

同一联锁控制或跨场通过进路，连续 1/42 大号码道岔设在同一列车进路，通过速度最高，可达到 160 km/h，信号显示及应答器组设置最简化。

距离较近的两个独立线路所、连续大号码道岔在同一联锁的不同列车进路时，受两组大号码道岔防护信号机间距离不满足 160 km/h 到 80 km/h 常用制动距离影响以及车载收到 UUS、U2S 向 80 km/h 打靶降速的影响，第一个大号码道岔侧向通过速度肯定低于 160 km/h。

建议合理控制联络线长度，至少设一个区间信号点，否则对过岔速度影响较大。

连续大号码道岔在同一联锁的不同列车进路时，建议尽量拉大进、出站信号机间距离。

连续大号码道岔时，应与站场、线路等专业密切配合，综合制动距离、运输需求、控车曲线平顺性、便于大号码道岔应答器组设置等因素重点研究。

第十六节 沪昆高速铁路接入长沙南枢纽 C3 列控系统实施方案

武广高速铁路设计速度为 350 km/h，2009 年 12 月开通运营；沪昆高速铁路杭州东—长沙南段设计速度为 350 km/h，2014 年 12 月开通运营。2014 年，新建沪昆高速铁路杭长段接入长沙南枢纽，两条设计速度为 350 km/h、均采用 C3 列控系统的高速铁路在长沙南枢纽交汇。长沙南枢纽成为全路第一个采用 C3 列控系统的“十”字交叉枢纽。

长沙南站武广场与沪昆场均单独设置 RBC，场间联络线较短，跨两个 RBC 的跨场进路该采用何种列控方案？采用 C3 列控系统的枢纽大站如何进行站场改造？2014 年沪昆铁路客运专线湖南有限责任公司、广州铁路局及中国铁路通信信号集团有限公司等单位齐心协力，深入研究，克服重重困难，顺利完成杭长高速铁路接入长沙南枢纽站场改造及信号软件升级工作。本节介绍沪昆高速铁路接入长沙南枢纽 C3 列控系统实施方案，对中国高速铁路枢纽接入改造工作具有重要的引领示范意义。

一、概 述

（一）工程概况

长沙南站武广场为既有武广高速铁路上大型始发终到车站，车站规模 8 台 16 线，并通过动车走行 A、B 线与长沙动车所连接。

新建杭长客运专线在长沙南站与既有武广场并场新建沪昆场，在杭长客运专线正线上新建长沙东南线路所、长沙西北线路所，并对长沙动车所进行扩容改造。长沙东南线路所通过新建的东南上、下行联络线引入既有武广场北京端咽喉，长沙西北线路所通过新建的西南上、下行联络线及南西联络线引入既有武广场广州端咽喉。新建动车走行C线接入沪昆场，并改建动车走行A线，长沙南站武广场、沪昆场共用动A线。

既有长沙南站武广场采用C3列控系统，动车走行A、B线及长沙动车所采用C2列控系统。株洲北线路所以区域联锁方式纳入长沙南站武广场控制。

杭长客专引入长沙南站，武广场及动车所进行站场改造，武广场拆除3组道岔、插入11组道岔、新增5条联络线，动A线改线拨接；长沙动车所新增6股道、2条存车线、插入21组道岔。

杭长客专引入长沙南站，引起信号系统的改造范围主要包括：武广RBC4、TSRS2及广州调度所CTC（武广RBC4设置于武汉RBC机房，武广TSRS2设置于广州南站）；长沙南站武广场联锁、列控中心、CTC；株洲北线路所列控中心；长沙动车所联锁、列控中心、CTC等。

（二）枢纽改造面临的困难

1. 国内首个C3跨场进路

长沙南站武广场、沪昆场分别采用独立的RBC控制，场间联络线较短，为国内首个跨两个RBC的C3跨场进路，毫无经验可依，该采用何种列控方案？

2. 国内首个C3枢纽站场改造

长沙南站武广场为既有开通运营的C3枢纽，进行站场改造尚属国内首次，毫无经验可依，该如何实施？

武广高速铁路夜间“天窗”只有4 h，如何有效降低实施过程风险，不影响武广高速铁路正常运营？如何统筹站前站后工序衔接，有效减少信号软件版本变更次数，实现软件换装风险可控？如何在有限的时间内保证站前站后立体交叉施工顺利实施？以上均是长沙南枢纽接入改造实施方案需要研究的关键课题。

3. 既有C3系统改造的动态验证

武广场站场改造后列控数据变化非常大，必须经过充分的动态验证方能开通使用。C3系统的动态验证测试序列较多，周期特别长。新线建设时遍历式的动态验证方式已不能适应既有线，如何在确保信号系统正确性的前提下，尽量减小对既有线运营的影响，是既有C3系统改造动态验证工作需要解决的关键难题。

二、长沙南枢纽C3列控系统方案

（一）RBC切换方案

1. RBC控制方案

长沙南枢纽RBC管辖范围示意如图4-16-1所示。武广场由武广RBC4控制，沪昆场由杭长RBC9控制。杭长高速铁路与武广高速铁路共7处衔接点，其中区间5处，分别为东南下行联络线、东南上行联络线、西北下行联络线、西北上行联络线及南西联络线；站内衔接点两处，为15G、16G间144/146＃双动道岔和21G与动A线间动车联络线。

2. 区间联络线RBC切换方案

上述5条联络线均设有一个区间信号点，故武广RBC4、杭长RBC9采用常规RBC切换，在联络线区间信号点处执行RBC切换。武广RBC4增加东南、西北及南西共5条联络线从进站口至RBC分界点的管辖范围。

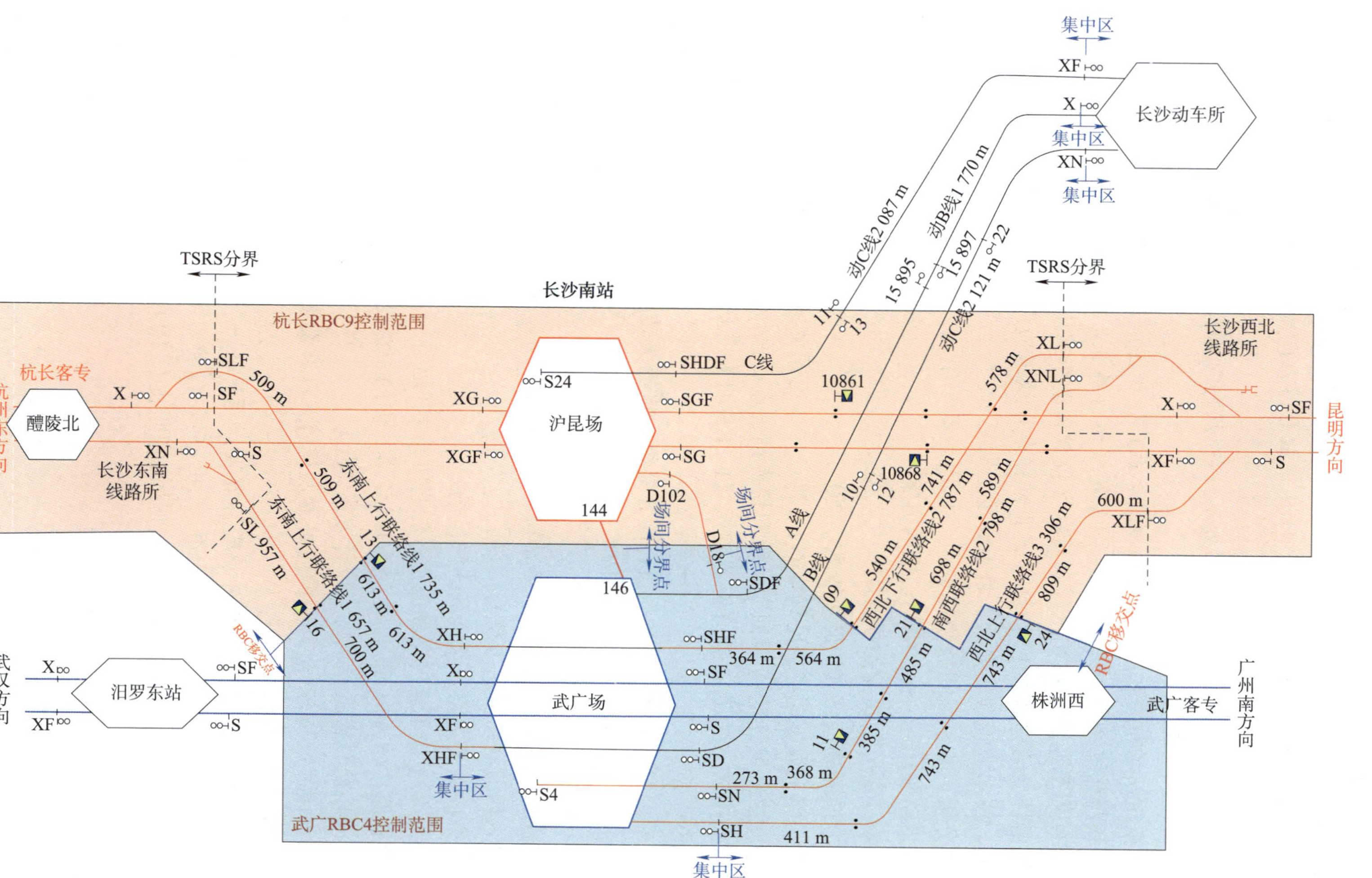

图 4-16-1　长沙南枢纽 RBC 管辖范围示意图

（二）跨场进路列控方案

武广场、沪昆场间联络线示意如图 4-16-2 所示。沪昆场和武广场之间存在两处场联，场联 1 在 144/146＃双动道岔处，在渡线绝缘节处设双向虚拟信号点进行场间联锁分界。场联 2 在 D18 处，以 D18 为场间联锁分界，D18 兼做下行方向虚拟列车信号，在 D18 处设上行方向虚拟列车信号点。

两处场间联络线较短，场间联锁分界处不具备设置实体列车信号机条件，因此在这种场联进路上不具备进行 RBC 切换的条件。

从长沙南枢纽站场布局和运输组织角度看，武广、沪昆高速铁路的跨线动车组主要经长沙东南线路所和西北线路所运行。场联 1 具备跨线运行条件，相当于备用跨线进路，主要作用是沪昆场 16G 列车经动 A 线出入库。场联 2 仅具备动车组出入库条件。

基于虚拟信号点的场间 RBC 切换方案非常复杂，从未应用过，超出现行规范，需要报主管部门研究，技术实现难度太大，且不满足工期要求。

综合上述分析，鉴于场间联络线的主要作用是动车组出入库，为确保跨场列车平稳运行，提出跨场进路采用 C3→C2 级间切换的方案。

1. 场联 1 处 C3→C2 级间切换方案

（1）下行方向跨场进路（沪昆场→武广场）

沪昆高速铁路上海方向经沪昆场 16G、144/146＃道岔侧向跨线至武广高速铁路广州方向、西北下行联络线或经动 A 线回库，级间切换预告点、执行点设计方案如下。

预告点：利用 X16 出站有源应答器发送【ETCS-41】等级转换信息包，兼作等级转换执行应答器组 YG-3/2。

执行点：不设置实际的等级转换执行应答器组，将等级转换执行点的位置定义为 146＃道岔岔尖附近的 D16 信号机，在杭长 RBC9 数据中配置 38/146WG 无岔区段执行等级转换数据，实现 C3→C2 的自动转换。

发车进入武广正线后，在武广场进站口呼叫武广 RBC4，并在武广正线上实现 C2→C3 切换；发车进入西北联络线后维持 C2 运行。

（2）上行方向跨场进路（武广场→沪昆场）

动 A 线经场联 1 接车至沪昆场股道，一直维持 C2 运行。

武广高速铁路广州方向 SF 口经 144/146＃道岔侧向、沪昆场 16G 跨线至沪昆高速铁路上海方向，级间切换预告点、执行点设计方案如下。

预告点：利用武广场 SF 进站有源应答器发送【ETCS-41】等级转换信息包，兼作等级转换预告应答器组 YG-3/2。

执行点：利用沪昆场 X16 出站有源应答器发送【ETCS-41】等级转换信息包，使其兼作等级转换执行应答器组 ZX-3/2，动车进入 16G 后，自动切换为 C2 模式。

发车进入杭长客专正线后，在沪昆场进站口呼叫杭长 RBC9 并在杭长正线实现 C2→C3 切换。

（3）经动 A 线出入库跨场进路

同下述场联 2 处 C3→C2 级间切换方案。

2. 场联 2 处 C3→C2 级间切换方案

场联 2 在 D18 处，仅为动车组出入库进路。动走线列控方案总体原则：入库方向在动走线进行 C3→C2 级间切换；出库方向减少不必要的级间切换，动走线一直维持 C2 模式进站。

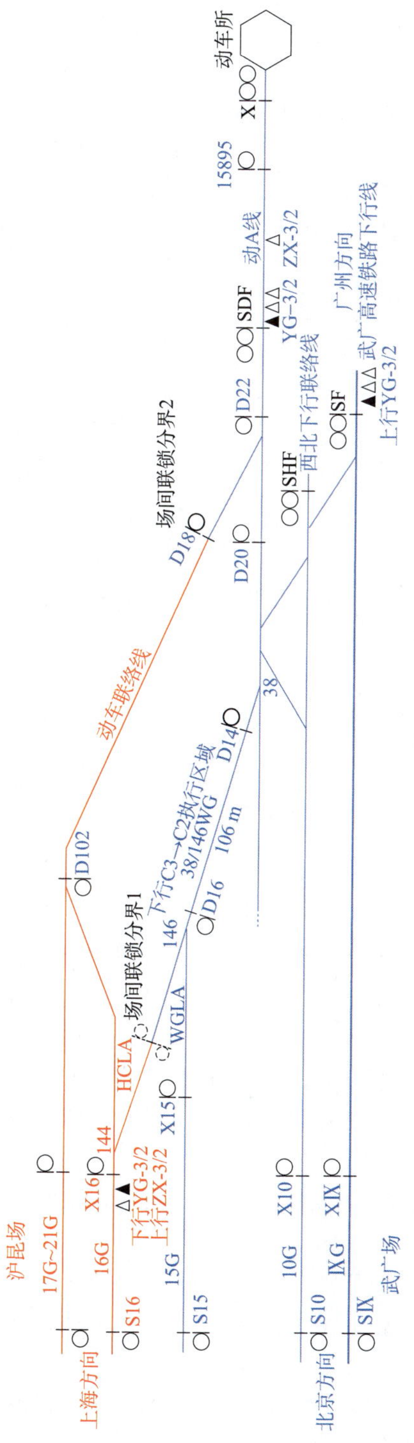

图 4-16-2　武广场、沪昆场间联络线示意图

沪昆场 21G 等经动 A 线回库，C3→C2 级间切换预告点、执行点设计方案如下。

预告点：将武广场 BSDF 进站应答器组定义为 C3→C2 等级转换预告应答器组。

执行点：为确保 RBC 数据不延伸至动车所站内，将距离 SDF 进站信号机 250 m 处的定位应答器组 B7 定义为 C3→C2 等级转换执行应答器组。杭长客专 RBC9 和武广客专 RBC4 数据范围均管辖至长沙动车所进站信号机 X 处，等级转换执行点距 RBC 管辖边界 1 655 m，满足速度 80 km/h、坡度 0‰的常用制动距离要求。

3. 场间 SA 传递

通过场联分界将武广场和沪昆场之间的进路分割成独立的 SA。沪昆场联锁仪与杭长 RBC9 接口，武广场联锁仪与武广 RBC4 接口。根据跨场进路允许速度常用制动距离，合理确定级间切换后跨场 RBC 数据覆盖范围。

（1）下行方向武广场向沪昆场传递 5 条 SA

沪昆场 16G～21G 办理经场联 1、场联 2 下行方向跨场进路时，武广场联锁共向沪昆场联锁传递 5 条 SA。

至动 A 线 3 条：RBC 数据终点至动车所 X 进站信号机，故武广场向沪昆场传递三条 SA，分别为 144/146＃道岔处的虚拟信号机经武广场 SDF 至 15895 通过信号机、D18 经武广场 SDF 至 15895 通过信号机、15895 通过信号机至动车所 X 进站信号机。

16G 至武广场 SHF 口 1 条：为 144/146＃道岔处的虚拟信号机至武广场 SHF 进站信号机。

16G 至武广场 SF 口 1 条：为 144/146＃道岔处的虚拟信号机至武广场 SF 进站信号机。

（2）上行方向沪昆场向武广场传递 1 条 SA

武广场 SF 口、SHF 口经 144/146＃道岔侧向、沪昆场 16G 跨线至沪昆高速铁路上海方向时，场间分界至沪昆场 X16 处仍需维持 C3 运行，因此采用 RBC 数据延伸覆盖方式，将武广 RBC4 数据延伸覆盖至沪昆场 16G。

沪昆场联锁需向武广场联锁发送 16G 相关信息 1 条 SA，自场联分界至 S16，武广场联锁将此 SA 转发至武广 RBC4。

（三）TSRS 控制方案

杭长客专引入长沙南站后，杭长客专湖南段纳入既有武广二台管辖，既有武广二台管辖岳阳东—衡山西站及长沙动车所。考虑到长沙南站改工程极其复杂，为降低临时限速试验实施难度，本次工程仅针对杭长客专湖南段增加 1 台 TSRS 设备及 1 台 CTC-TSRS 接口服务器。

1. 枢纽内临时限速管辖方案

长沙南枢纽临时限速编号示意如图 4-16-3 所示。

武广 TSRS2 管辖范围：武广场、5 条联络线、两条动走线。管辖武广场 1、2、13、14、87、89、90、93 号线及 3、4 侧线分区。

杭长 TSRS5 管辖范围：沪昆场、东南线路所、西北线路所及动 C 线。管辖沪昆场 31、32、85 号线 5、6 侧线分区。

武广 TSRS2 与杭长 TSRS5 管辖范围分界点：东南线路所在 SL、SLF 信号机处；西北线路所在 XL、XNL、XLF 信号机处；场间联络线由两个 TSRS 共同管理，武广场侧线 3 区和沪昆场侧线 6 区均覆盖。

武广客专开通时，动 A 线正线接入武广场 10G，临时限速线路号为 13，管辖范围从武广场 S10 出站信号机至长沙动车所 X 进站信号机。武广场站场改造后，动 A 线改由武广场新设的 SDF 口侧线接入。考虑到武广场站场改造时武广 RBC4 暂不修改，故在武广场站场改造时将线路号 13 保留给经过武广场 10G 的正线线路使用，动 A 线重新定义线路号为 87。

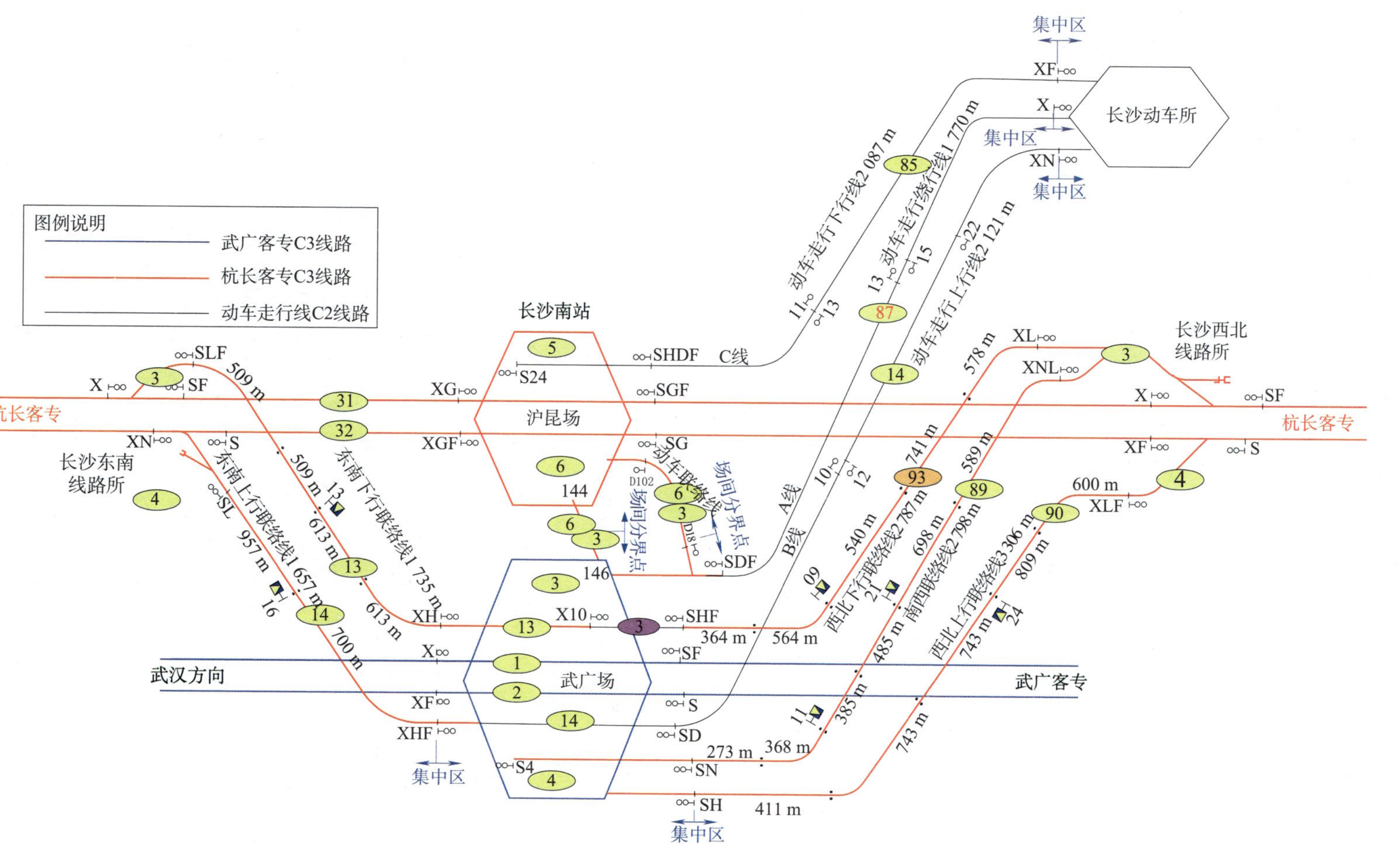

图 4-16-3　长沙南枢纽临时限速编号示意图

2.13 号线临时限速特殊处理

13 号线范围为长沙东南下行联络线至武广场 10G 至西北下行联络线，为直股贯通线路。该线路两端正线由杭长 TSRS5 管辖，中间由武广 TSRS2 管辖。如将该直通线路全线编为 1 条临时限速线路号，TSRS 软件在处理整段下达但有断点的临时限速命令时存在不完整下达的问题。

经建设、运营单位组织相关单位深入研究，为减少 TSRS 软件特殊处理，避免临时限速命令不完整下达问题，确保安全，采用如图 4-16-4 所示的处理方案。

将 13 号线拆分为三段：东南下行联络线至武广场 X10 出站信号机处定义为 13 号线；X10 至 SHF 进站信号机划定为侧线区，纳入武广场临时限速侧线 3 区；武广场 SHF 至西北下行联络线定义为 93 号线。

X10 至 SHF 划入武广场侧线 3 区后，武广场 SHF 进站信号机至 10G 的接、发车进路均按侧向处理。10G 接车时，进站信号机 SHF 信号开放，显示“黄闪黄”/“双黄”，接近区段发 UUS/UU 码；10G 向 SHF 口发车时，X10 出站信号开放，10G 发 UUS/UU 码。

三、C3 站场改造总体方案研究

（一）武广场信号修改内容

1. 拆除 3 组道岔、插入 11 组道岔。

2. 新增 5 条联络线引入，新设 XH、XHF、SN、SH、SHF 共 5 架进站信号机，XH 至 10G、XHF 至 7G、SN 至 4G 直向接发车进路增加预叠加电码化。

3. 动 A 线改线，新设 SDF 进站信号机，区间取消一架通过信号机。

4. 新设 38/146G 等 10 个区段。

（二）特殊点梳理

武广场反向进站信号机 SF 与区间信号牌 15885 并置，没有 X1LQG，故所有向 SF 口的发车进路需要进行补码，补码的长度不小于 640 m（制动距离为 530 m+110 m 防护余量）。

武广场 XF 口外方 S1LQG 的区段长度为 532 m，故所有向 SF 口的发车进路均需补码，补码至 3DG 区段即可。

（三）总体实施方案研究

武广场站改工程在运营高速铁路上进行，信号软件修改涉及广州调度所、武汉调度所、武汉 RBC 中心、广州南站 TSRS 机房、武广场、动车所、株洲西站、汨罗东等站。与以往其他高速铁路线路引入枢纽工程相比，本次站场改造工程量大、室内设备硬件改造多、系统软件升级改动大、软件修改涉及范围广、施工及影响范围大、联锁试验及动态验证工作量大、既有线施工时间受限，这些因素大大增加了本次现场实施的安全风险。

目前，C3/C2 列控系统框架下的信号系统软件及各子系统间联系紧密，彼此间都存在接口，两站之间的信号软件彼此也存在联系。因此在具体工程实施中，如何根据工程内容合理划分阶段，实现“分步走”，减少软件版本修改次数，有效降低实施风险，成为首要的问题。

研究“分步走”，可以分解为两个问题：

问题 1：武广场 C2 软件修改与 C3 软件修改能否分开？

问题 2：道岔插铺及线路拨移与信号系统修改能否相对分开？

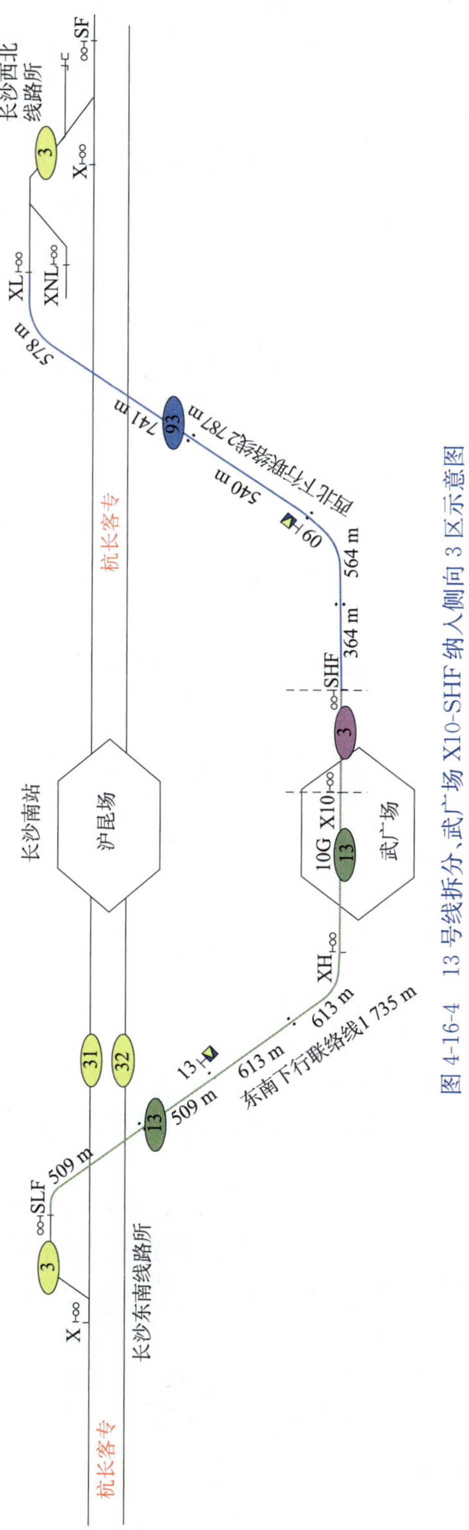

图 4-16-4　13 号线拆分、武广场 X10-SHF 纳入侧向 3 区示意图

1. C2、C3 软件修改的相对分开

通过站场变化研究与软件数据确认，武广场改扩建工程插入、拆除道岔并未引起 C3 范围内列车信号机位置变化。因此，在用 C3 范围内的列车进路相关列控数据并未变化，既有 C3 进路不受影响，故站场改造期间 RBC 软件可维持不变，待站场改造完成后沪昆场 RBC 软件启用时再同步升级武广场 RBC。

因此，武广场站场改造阶段仅针对站场变动修改 C0/C2 信号系统软件，RBC 软件暂不修改，仅开通既有进路的 C3 功能（联锁与列控进路一致）。这样，C2 软件修改与 C3 软件修改的分步实施，切实降低了实施难度和风险。

2. 工务、电务施工的相对分开

武广场拆除 3 组、新增 11 组道岔，新增 5 条联络线进站口，同时动 A 线改线拨接，工务工作量巨大。道岔插入必然引起联锁关系变化。而稍具规模的站场改造，其道岔改造往往分多次施工点才能全部完成，且每次改造后需要联锁系统同步修改并与实际站场联锁关系匹配。

适应站场改造的信号过渡一般采用以下三种方案：

方案一：一次启用新的联锁设备，所有新增/拆除道岔、区段按满足新的联锁关系进行室内、外配线修改，提前预留到位。每次新增或拆除道岔、区段再进行局部室内、外配线修改，并进行联锁关系验证。

方案二：采取分步联锁过渡，每次新增/拆除道岔、区段按满足新的站型联锁关系进行室内、外配线修改。

方案三：联锁设备维持既有，每次新增或拆除道岔、区段进行局部室内、外配线修改，并进行联锁关系验证，最后一次按最终站场启用新联锁设备。

以上三种方案与此对应的列控系统所控制的进路也须对应匹配。

方案比选：

方案一需要新设联锁等设备。新增道岔需将其定位表示或反位表示固定励磁，拆除的道岔锁闭在定位或反位，增加/减少区段预先做好相应绝缘。启用新联锁设备前，完成新联锁软件下所有既有设备的对位试验。每次新增或拆除道岔对新增道岔予以对位核对，其工作量由大及小，在 C0 车站是普遍采用的方案。

方案二几乎每次都需要修改列控联锁软件。武广场改造涉及道岔改造及线路拨接，工作量较大，列控数据、列控软件若多次修改，编制周期及仿真测试等工作量巨大，对工期影响较大。

方案三尽量采用继电电路过渡处理。道岔插入阶段在既有信号软件基础上进行过渡，需要运输配合逐步封锁停用，施工条件满足最后一次按最终站场启用新信号软件。

沪昆铁路客运专线湖南有限责任公司、广州铁路局组织对工务、信号、接触网交叉施工进行风险判识，并对专业间平行施工进行了专题研究，采用方案三进行信号设备过渡，并创造性地提出“信号主导站改”的总体思路，深入研究列控系统实施方案，RBC 软件只修改一次，列控中心等软件修改两次，将列控系统改造风险降到最低。

四、C3 站场改造总体实施方案

（一）总体实施方案

杭长客专接入长沙南枢纽站改工程按照以下三个阶段进行。

1. 第一阶段：动车所过渡改造

首先进行动车所改造工程，本阶段配合站场改造，进行信号软件修改，信号软件修改不涉及武广场信号软件修改，新增动C线不启用。

2. 第二阶段：武广场改造

RBC软件维持不变，修改联锁、列控中心、TSRS、CTC等软件。

动A线拨接时，同步修改动车所联锁、列控中心软件。新增5条联络线相关进路均不启用。

本阶段设备硬件修改、施工配线、新增口的控制电缆等均按正式工程一次实施到位，下一阶段武广场不再涉及硬件部分的改造。

3. 第三阶段：杭长客专接入

待长沙南站沪昆场及相关联络线具备条件后，修改武广客专RBC4、TSRS2，武广场联锁、列控中心、CTC，株洲北线路所列控中心，广州客专调度所CTC，武汉客专调度所CTC-RBC接口服务器数据，动车所联锁、列控中心、CTC等软件，武广场新站型、沪昆场、5条联络线及动C线正式启用。

本阶段列控中心按最新接口协议与联锁、CTC、监测接口，实现轨道占用通信“与逻辑”和与新增接进站口的以太网接口通信功能；修改与TSRS接口并适配既有武广TSRS接口协议。联锁软件升级按新版接口协议与列控中心通信，按照最终站型修改与列控中心及RBC4接口数据，实现武广场所有进路的C2和C3控制功能。

第二阶段与第三阶段间隔约4个月左右，即第二阶段列控中心软件使用约4个月后换装最终版列控软件。

（二）站场改造对联锁列控系统的影响及处理

在站场内拆除、插入道岔、新铺股道甚至部分绝缘节位置调整都会引起联锁、列控系统的相应变化。如何确定拆除或插入道岔的次序，以减少信号软件版本变更次数，就需针对每组道岔插入对信号系统的影响具体分析并加以处理。

1. 站场改造对联锁系统的影响及处理

深入分析武广场站场改造对既有联锁软件的影响及处理，结合降低信号系统改造风险，应统筹考虑道岔插铺顺序。

武广场改造工程拆除15＃、47＃、70＃等3组道岔；新增15＃、18＃、20＃、24＃、28＃、44＃、54＃、56＃、74＃、76＃、152＃等11组道岔。按对信号系统影响程度的不同，上述道岔可分为三类。

（1）第Ⅰ类道岔

既有信号联锁范围外新插入的道岔，如18＃、20＃、152＃。新插入的道岔不在既有信号联锁范围内，不作任何过渡，室内外直接按正式工程施工，待新联锁系统开通时再纳入联锁。

（2）第Ⅱ类道岔

在既有联锁范围内但处于停用进路上的道岔，如拆除47＃、70＃，插入24＃、74＃。由于武广场15G、16G没有悬挂接触网的原因未开通使用，对应的47＃、70＃及22＃反位可办理停用，为该段线路24＃、74＃道岔的插入创造了有利条件，可提前进行。但由于在既有联锁范围内，插入进路的道岔必须纳入联锁。

（3）第Ⅲ类道岔

既有联锁范围内正常使用进路上的道岔，如拆除既有15＃，插入新15＃、28＃、44＃、54＃、56＃、76＃，放在最后阶段进行。道岔拆除前提前铺好即将启用的新道岔，新道岔未启用前暂纳入既有相邻道岔联锁。

根据上述原则确定了武广场改造的三个阶段。

第一阶段为插入道岔前的施工准备。包括防护栅栏改移、迁改、路基工程、接触网基础、道岔及相关线路预铺，基本站台上新增综合管沟施工，电缆敷设及信号设备安装，接触网立杆、腕臂及硬横梁安装、承导架设、改锚及悬挂调整等。该阶段施工不直接影响既有设备正常使用和运输组织，每天要点4 h。

第二阶段为插入道岔及“四电”配合施工，每日要点7 h。分次封锁相关线路，插入28＃、44＃、54＃、56＃、15＃、76＃道岔，动A线拨接连通152＃道岔，动A线在信号静态联锁试验5个天窗点后进行拨接。

第三阶段为信号软件更换及动态调试验收阶段，每日要点7 h。在全部道岔插入完成后进行，主要进行信号各系统软件换装试验、静态试验及动车试验验收。

2. 道岔插入对列控系统的影响

道岔插入引起车站进路发生变化，线路拨接引起线路允许速度、长度、坡度发生变化。此外，信号机位置、类型变化，绝缘节变化引起的区段长度、载频的变化，临时限速管辖范围发生变化，新增/拆除有源应答器，新增进站口，分相区位置变化等都会引起列控数据的变化，引起列控软件修改。

通过深入研究，武广场站场改造工作量可控，经优化施工顺序，站场改造阶段只修改一次列控中心软件，减少了列控软件修改次数，切实降低了实施难度和风险。

五、既有C3系统动态验证

C3车站动态验证测试序列繁多、测试时间长，且只能在天窗点进行，信号软件换装、回退每次都需40～60 min，且不能影响第二天武广高速铁路正常运营。为合理确定测试序列，经多方深入研究，采取了以下六条措施。

1. 狠抓前提条件。系统集成商进行全面的信号系统集成测试后，电务段再进行仿真测试，经天窗点静态联锁试验完毕后才能启动动态验证工作。

2. 召开动态验证测试方案专家评审会。对测试序列进行充分论证，优化测试序列。重点针对工程变化相关部分进行现场验证，其他进行抽测。

3. 将影响次日运营的测试序列优先测试，测试完毕由测试方、电务、集成商及建设公司共同签字确认，经确认的序列由电务段登记开通使用。

4. 充分争取要点时间。通过协调，广州铁路局调整行车等手段，平时天窗点约4 h，大开通日调整增加到7 h。

5. 考虑到长沙南站至长沙动车所行车密度不高，开通日至次日停用动A线1天。

6. 拉通试验时，采用双司机双钥匙进行测试，提高测试效率。

六、经验总结及建议

长沙南站武广场改扩建工程在开通运营的C3高速铁路站场上进行，系全国首例，无成熟经验可供参考。针对边运营边站改、天窗点施工时间紧、工务及“四电”交叉施工等难题，创造性地提出“信号主导站改”的总体思路，深入研究列控系统实施方案，RBC软件只修改一次，列控中心等软件修改两次，将列控系统改造风险降到最低，开创了高速铁路站场改造新模式，为今后类似工程提供了宝贵经验。

1. 以“信号主导站改”为总体思路

武广场改造以“信号主导站改”为总体思路，改变传统站场改造中站后跟着站前走的思路，确定以列控风险控制为主线，以满足运输底线需求为前提，统筹考虑武广场改造及杭长接入，实现安全风险可控、软件系统适度预留，科学、准确推进总体实施。合理调整拆铺道岔、拨接线路的次序，结合站场特点，维持C3进路不变，采取局部停用，先改C2、后改C3，风险递减的思路。

2. 做好道岔拆铺前的清障及过渡工作

（1）提前谋划，按时完成电缆迁改和设备改移及过渡。如道岔转辙机翻边等，及时发现限界问题并处理。

（2）新增道岔等设备的电缆径路。综合管沟先探测、后出图，按图施工，保质保量。

（3）电缆桥架由站场和站房设计单位联合优化施工图，施工单位及时跟进。

（4）咽喉区电缆槽施工，做到强化现场管控、满足施组（施工组织设计）节点。

（5）破解道岔过渡处理难题，优化设计满足2机改5机、单动改双动一步到位，满足站前先插道岔、后拆道岔现场需求。

3. 多轮深入研究，确保整体技术方案和施工方案的优化及可实施性

认真剖析C3、C2信号系统软件修改的影响范围，从技术方案和施工方案源头上解决修改范围大、系统多、影响大、技术复杂、结合部多、协同指挥难等诸多难题。对软件修改方案进行优化，把握原武广软件的特殊处理。将列控工程数据表编制、软件编制及试验纳入施组管理，细化过程控制，确保满足施组工期。把控软件换装后无法退回的风险，施工、静态、动态试验完整性及时间控制，确保图定动车组不影响。

4. 列控工程数据、LKJ数据的准确性是关键

建设单位组织做好各专业的定测工作：现场勘查，输入评审，提前稳定列控数据输入。

（1）设计源头正确是基础。组织设计、施工、集成等单位现场补充定测。

（2）标准化过程管控是关键。站前单位做好设计精测网的复核、道岔定测及交桩。站后单位做好站前交桩复核，共同对道岔安装、信号机、轨道绝缘位置确定并反馈设计，确保施工图正确。

（3）各专业协同配合是保障。对列控工程数据表组织现场各专业集中核对（CPⅢ、皮尺、推小车）。组织设计、施工、运营等单位（站场、线路、信号、电气化）共同审核列控工程数据表，从源头上把握列控工程数据和LKJ数据的准确性。

5. 科学组织动态检测试验，率先创新拉通试验工作，确保全过程安全可控

（1）以满足图定动车组运行开展动态试验大纲编制，抓住主要矛盾，确保满足图定动车组开行不受时间影响。

（2）对不动配线的进路提前拉通，以应急演练和提前拉通试验减少大换装的风险。

（3）采取停用动车所至武广场C2、满足图定动车组运行的思路合理解决时间不足问题，创新动态检测试验方式。采取信号技术对运输、机务交底，参与人员掌握方案；采取车机联

控、有效防范风险；采取干部添乘动车、双人盯控化解风险，实现动态检测试验有序、行车安全可控，为后续高速铁路改造进行有益尝试并建立科学模式。

6. 多线引入的枢纽站场宜统筹规划、一次实施到位

对于规划多条线引入的枢纽站场，建议站场设计统筹考虑，充分预留，站场一次实施到位，避免后续项目引入时再有拆铺道岔的工程，可以减少信号软件修改次数，最大限度降低新线接入枢纽站场的实施难度和信号软件修改风险，确保新线接入既有枢纽工作安全有序可控。

第十七节　赣深高速铁路接入深圳北站 C3 列控系统实施方案

深圳北站共 11 个站台 20 条股道，连接杭深线、广深港高速铁路，采用 C3 列控系统，每天办理始发终到动车组列车 236 对。赣深高速铁路设计速度为 350 km/h，采用 C3 列控系统。为满足赣深高速铁路接入深圳北站运输能力需求，需对深圳北站进行站场改造，拆除 10 组、新铺 31 组道岔。深圳北站正线及相邻侧线采用无砟轨道，涉及新铺 8 组无砟道岔，在既有高速铁路车站插入无砟道岔属国内首次，实施难度前所未有。由于站场改造范围大，只能分步开通，C3 列控软件需要配合多次修改；因超出控制容量，需再增设一套列控中心，对轨道电路和应答器控制权进行重新调整和分配，列控软件升级实施难度及安全风险非常大。

本节介绍赣深高速铁路接入深圳北站 C3 列控软件换装实施方案。

一、概　　述

（一）站场改造概况

赣深高速铁路接入深圳北站示意如图 4-17-1 所示。赣深高速铁路通过深圳北线路所 3 条联络线接入深圳北站，联络线设计速度为 160 km/h。深圳北站进行站场改造，股道数量不变，共拆除 10 组有砟道岔，新增 8 组无砟道岔、23 组有砟道岔。拆除无砟轨道 0.728 km、有砟轨道 3.617 km，新铺无砟线路 1.8 km、有砟线路 7.15 km，有砟无砟过渡段共 14 处。

主要对北咽喉进行改造，新建阳深下行联络线（XG 口）、阳深上行联络线（XGF 口）、阳深疏解线（XG1 口）、深圳动车运用二所动走 C 线（XD2A 口）、深圳动车运用二所动走 D 线（XD2B 口）；改建深圳动车运用所动走 A 线（XDF 口）、深圳动车运用所动走 B 线（XD 口）。

南咽喉增设一条径路，预留深圳北站与深汕铁路西丽方向间的联络线，沟通西丽站至深圳北站和深圳北动车运用所的径路。新建深圳动车运用二所。

信号工程范围主要是受拆铺道岔影响的信号设备改造、电缆迁改及过渡等工程，重点包括：

1. 拆除 10 组道岔，新增 31 组道岔。
2. 新增 5 架进站信号机，10 架出站信号机移位新设。
3. 股道增加双端发码功能。
4. 根据站场改造步骤，RBC、TSRS、列控中心、联锁、CTC 等软件分步升级。
5. 新增一套列控中心设备。
6. 电源屏扩容。

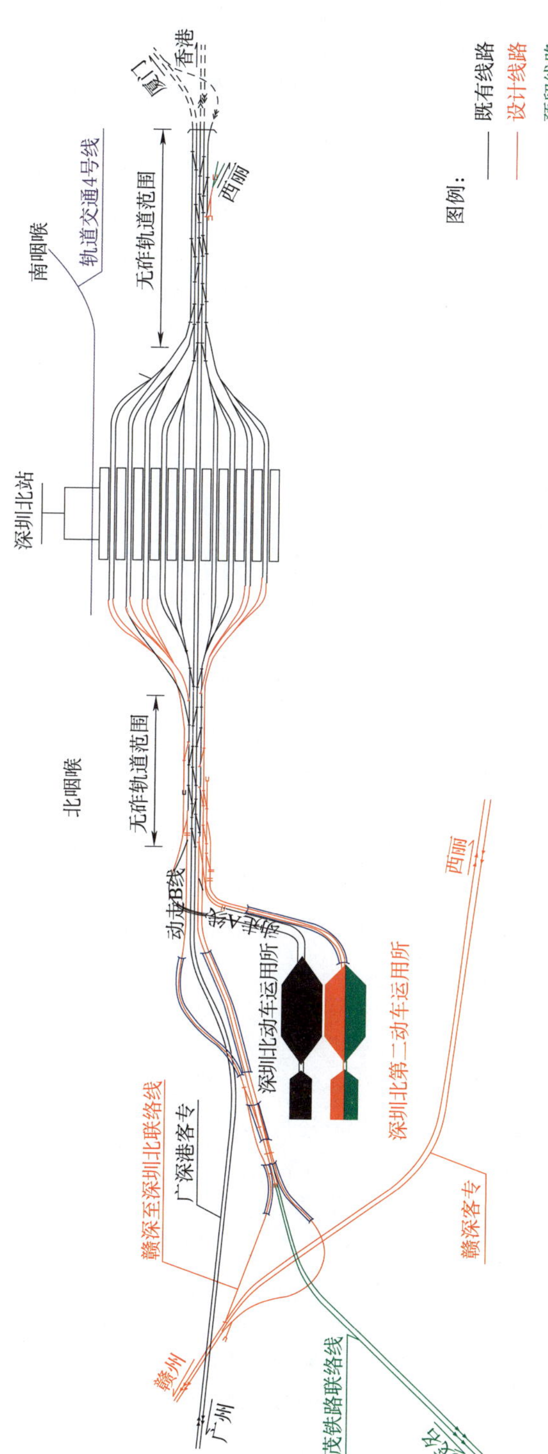

图 4-17-1　赣深高速铁路接入前深圳北站示意图

（二）站场改造面临的困难

1. 国内首次无砟道岔改造

深圳北站咽喉区改造涉及在既有运营车站插铺有砟道岔和无砟道岔。目前，天窗时间完成既有运营线有砟轨道地段插铺道岔的施工技术已较为成熟，但针对在既有运营高速铁路无砟轨道地段插铺无砟道岔，国内尚无可参考的成熟先例，实施难度之大前所未有。

2. 站场分区域改造，C3 列控软件需多次配套升级

因在无砟轨道插入无砟道岔实施难度非常大，施工周期长，站场只能分区域多次改造，每次改造完成后 C3 列控软件需配套升级，实施难度及安全风险非常高。

3. 广深港 RBC 无法增加赣深 RBC 接口

广深港 RBC 采用进口日立公司设备，仅支持与两台相邻 RBC 设备直接通信，不具备再接入第三台 RBC 设备的接口条件。赣深高速铁路接入深圳北站该采用何种列控方案？

4. 新增一套列控中心

因超出控制容量，需再增设一套列控中心。新设列控中心该采用何种实施方案？

二、深圳北站场改造总体方案研究

（一）优化站改施工周期，减少对运输秩序的影响

深圳北站为路基车站，站房高架，车站路基以路堑形式为主。南、北两端咽喉区紧邻正线的到发线均为无砟轨道，道岔插铺区域涉及无砟轨道拆除重新施工，封锁施工时间需求长，施工非常困难。原计划在 2018 年 10 月广深港高速铁路香港段开通前完成站改，以减少施工对过港列车运行的影响，但考虑到无砟轨道改造和 C3 列控系统软件换装风险，将原方案调整为分两次在 2019 年和 2020 年实施，并选择国庆节后、元旦节前非客流高峰时段进行封锁施工，大大减少对过港列车影响，切实降低实施难度和风险。

（二）列控软件升级方案

信号专业深度参与站场改造总体方案研究，充分说明列控软件升级的工作量、实施难度和安全风险，与运输、站前专业达成共识，确立站前站后密切配合、切实降低列控改造风险、优化站场改造方案的总体原则。经多轮反复研究，充分优化站场改造实施方案，将列控、联锁软件修改次数降到最少。

（三）赣深接入列控方案

如果赣深高速铁路与深圳北站采用 C3 贯通方案，需要外方公司对 RBC 软件进行重大改动，将面临开发周期、安全认证及费用等一系列难题，且不一定满足工期要求。

经专题研究，鉴于赣深联络线设计速度较低，且受广深港 RBC 设备接口能力制约，赣深高速铁路采用 C2 列控方案接入深圳北站，在阳深下行联络线正向设置 1 组 C3→C2 单向级间切换点；在阳深上行联络线正反向各设置 1 组 C3→C2 单向级间转换点。

（四）新增列控中心实施方案

为切实降低现场实施难度和安全风险，科学合理划分两套列控中心管辖范围，将 1G～10G、13G～20G 等 18 条侧线股道由 TCC1 调整为 TCC2 控制。

优化施工调试方案，研究在接口架处设置过渡插头方案，调试及开通时只需在接口柜倒接过渡驱采缆及正式驱采缆，减少调试过程中的拆配线，提高调试效率。

三、深圳北站场改造总体实施方案

赣深接入深圳北枢纽总体施工分为两阶段：第一阶段为深圳北站场改造；第二阶段为赣深接入，完成赣深与深圳北站“四电”等专业互联互通。

站场改造工程分施工准备、封锁施工两阶段。施工准备阶段主要进行“四电”缆线迁改割接、接触网支柱横梁倒运及架设、接触网倒网调整、物理隔离基础施工和需拆除无砟线路两端道床的锚固施工。待施工准备完成，全面达到封锁施工条件后开始封锁施工。

根据封锁施工对运输秩序的影响，站改封锁整体施工计划分两阶段实施，具体步骤如下。

第一阶段：北咽喉西半场改造

封锁时间：2019 年 10 月 10 日—2019 年 12 月 15 日。

封锁范围：封锁动走 A 线—既有 5＃岔前线路（含安 1＃、5＃岔）、既有 5＃岔—43＃岔（不含）间线路及 35＃岔后至深圳北站 17G～20G、广州端改造线路、安 1 线。既有 7＃、25＃开通直股锁闭。

限速范围：广深港上行线里程 K2394＋164～K2395＋850 段限速 45 km/h；广深港正线里程 K2394＋000～K2396＋450 段限速 160 km/h 以下。

施工内容：北咽喉实施物理隔离立柱及网片安装，17G～20G 站台切割及拼宽，水沟电缆槽过轨管道埋设，拆除无砟及有砟线路，完成线路（含相关道岔）、信号、电力及接触网工程改造施工，完成后开通北咽喉西半场。

影响运输情况：封锁期间，动走 A 线及 17G～20G 北端改造段线路无法使用；17G～20G 作为尽头线使用，无法接发广深港高速铁路广州南方向列车，仅保留南端接发车条件；13G～16G 动车组进出动车所均需切割广深港高速铁路正线经动走 B 线运行。

第二阶段：北咽喉东半场、南咽喉改造

封锁时间：2020 年 10 月 10 日—2020 年 12 月 15 日。

封锁范围：封锁动走 B 线—39＃（不含）岔间线路（含安 2＃岔）及 1G～6G 北端线路（含 45＃、47＃、49＃、51＃、53＃岔）及安 2 线。13＃、23＃岔开通直股锁闭。南咽喉同步封锁 10＃-40＃（含 28＃岔）岔间相对广深港上行线里程 K2397＋400～K2397＋800 处线路。南咽喉 26＃岔开通直股锁闭。

限速范围：广深港下行线里程 K2394＋164～K2395＋850 段限速 45 km/h、南咽喉广深港上行线里程 K2397＋400～K2397＋800 段限速 45 km/h；广深港正线里程 K2397＋400～K2398＋200 段限速 160 km/h 以下。

施工内容：线间物理隔离安装，水沟电缆槽过轨管道埋设，无砟及有砟线路（含相关道岔）改造施工，“四电”工程改造施工。同步南咽喉实施物理隔离立柱及网片安装、拆除无砟轨道后插铺无砟道岔、新铺线路及相关“四电”工程施工，完成后开通北咽喉东半场及南咽喉。

影响运输情况：封锁期间，动走 B 线及 1G～6G 北端改造段线路无法使用。1G～6G 作为尽头线使用，无法接发广深港高速铁路广州南方向列车，仅保留南端接发车条件。

四、信号专业实施方案

为配合站场改造施工，切实降低实施难度和安全风险，信号专业对站场改造施工方案进行了充分研究，优化实施步骤。总体上分四大步实施：站改前准备、北咽喉西半场封锁改造、北咽喉东半场及南咽喉改造、赣深高速铁路系统接入开通。

第一步：站改前准备

1. 既有设备调查

对改造区域内既有电缆、箱盒、轨旁设备摸底调查；根据改造区域内站场施工影响，对改造区域内设备进行移设、迁改、防护等；对室内电源屏容量、系统采集驱动板卡容量、接口架、组合架等既有情况调查，综合考虑新增及改造。

2. 新旧倒替

综合接地贯通地线与站前新设电缆槽同步敷设。新设电缆槽施工完成后，敷设信号电缆、箱盒安装及配线，在封锁点内将既定割接点处的新旧电缆进行割接倒接，将电缆迁出封闭区，为站场施工创造条件。室内新设组合架、接口架、机柜等到位后，安装调试，为站改施工做好准备。

3. 出站信号机移设

为满足下一阶段动A线及17G～20G北咽喉封闭施工，需移设17G～20G北咽喉出站信号机及相关信号设备。为配合封闭施工，第一次修改列控中心和RBC数据，保证17G～20G道南端能接发车。

第二步：北咽喉西半场封锁改造

封锁时间：2019年10月10日—2019年12月15日。

封锁范围：封锁动走A线—43＃（不含43＃）岔后线路及17G～20G广州端改造线路（含安1线），北咽喉既有7＃、25＃岔开通直股锁闭。

对北咽喉西半场改造。拆除既有安1＃道岔，北咽喉西半场插入新设67＃、69＃、71＃、73＃～79＃复式交分、81＃、83＃、85＃、87＃、89＃、91＃、93＃、95＃、97＃、99＃、101＃、103＃、105＃、107＃、119＃道岔。

配合站场改造，第一次修改联锁、TSRS、CTC软件；第二次修改列控中心及RBC软件。

第二步站场改造完成后示意如图4-17-2所示。

第三步：北咽喉东半场及南咽喉改造

封锁时间：2020年10月10日—2020年12月15日。

封锁范围：封锁动走B线—39＃（不含）岔后线路及1G～6G北端线路（含安2线）。南咽喉同步封锁10＃～40＃（含28＃岔）岔间线路。既有13＃、23＃岔开通直股锁闭，南咽喉26＃岔开通直股锁闭。

动走B线及1G～6G北咽喉封闭施工，移设出站信号机，拆除及过渡相关信号设备。

第二次修改CTC软件，调整变更进路触发优先级，保证1G～6G南端能接发车。第三次修改列控中心和RBC软件。

对北咽喉东半场及南咽喉进行改造，拆除既有安2＃道岔，插入新设45＃、47＃、49＃、51＃、53＃、109＃、111＃、113＃、115＃、117＃道岔；南咽喉插入新设90＃、92＃道岔。

配合站场改造，第二次修改联锁、TSRS；第三次修改CTC；第四次修改RBC和列控中心软件，改造结束后开通深圳北站最终站型。

第三步站场改造完成后示意如图4-17-3所示。

第四步：赣深高速铁路系统接入开通

封锁时间：2021年8月24日。

封锁范围：深圳北站全站及相邻车站间上行线、动车走行线。

赣深高速铁路系统接入施工：赣深高速铁路通过深圳北线路所3条联络线接入深圳北站，开通深圳北站对应的3个进站口XG、XGF、XG1；新建深圳北第二动车运用所以两条动走线接入深圳北站，开通深圳北站对应的两个进站口XD2A、XD2B；同步接入安全数据网套袖；对深圳北枢纽相关RBC、TSRS、联锁、列控中心及CTC等软件换装开通。

赣深高速铁路接入后深圳北枢纽示意如图4-17-4所示。

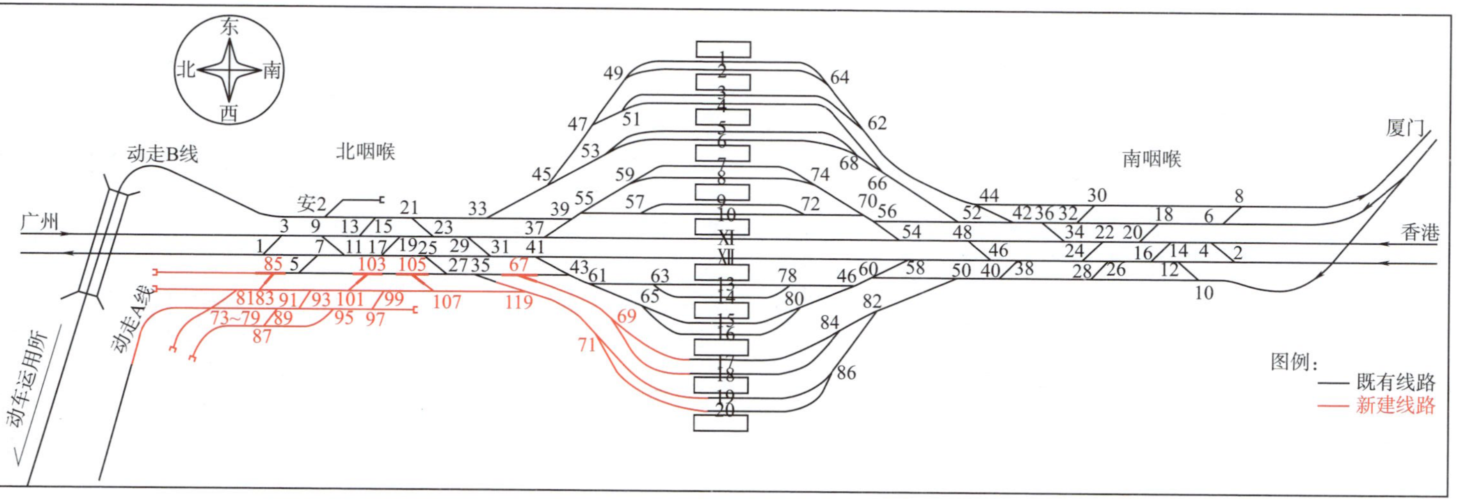

图 4-17-2　第二步站场改造完成后示意图

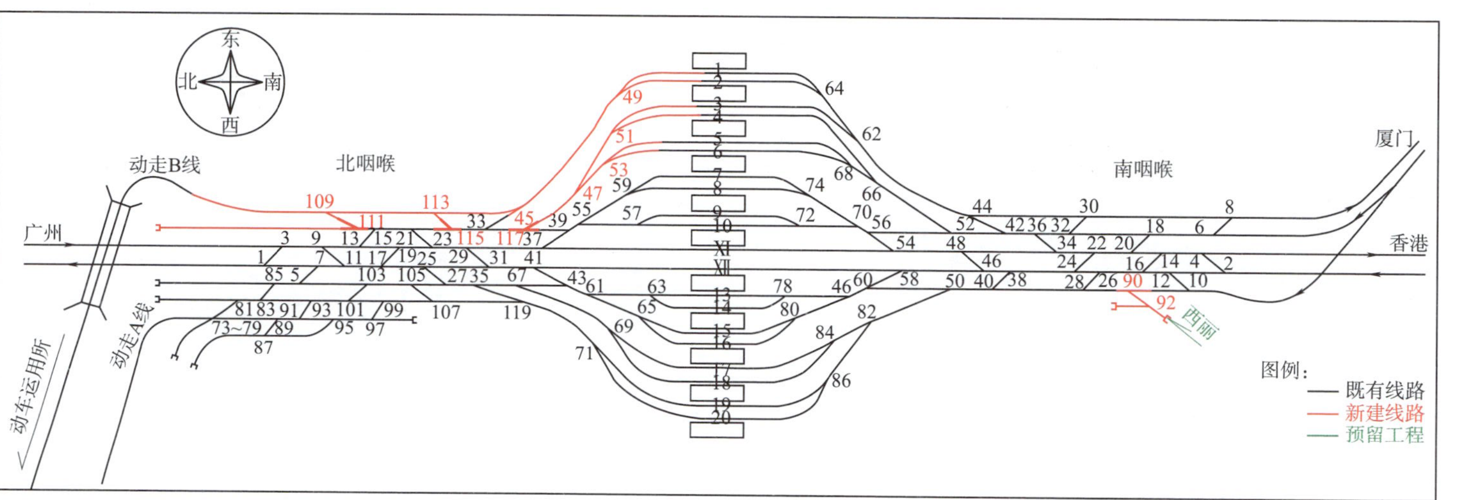

图 4-17-3　第三步站场改造完成后示意图

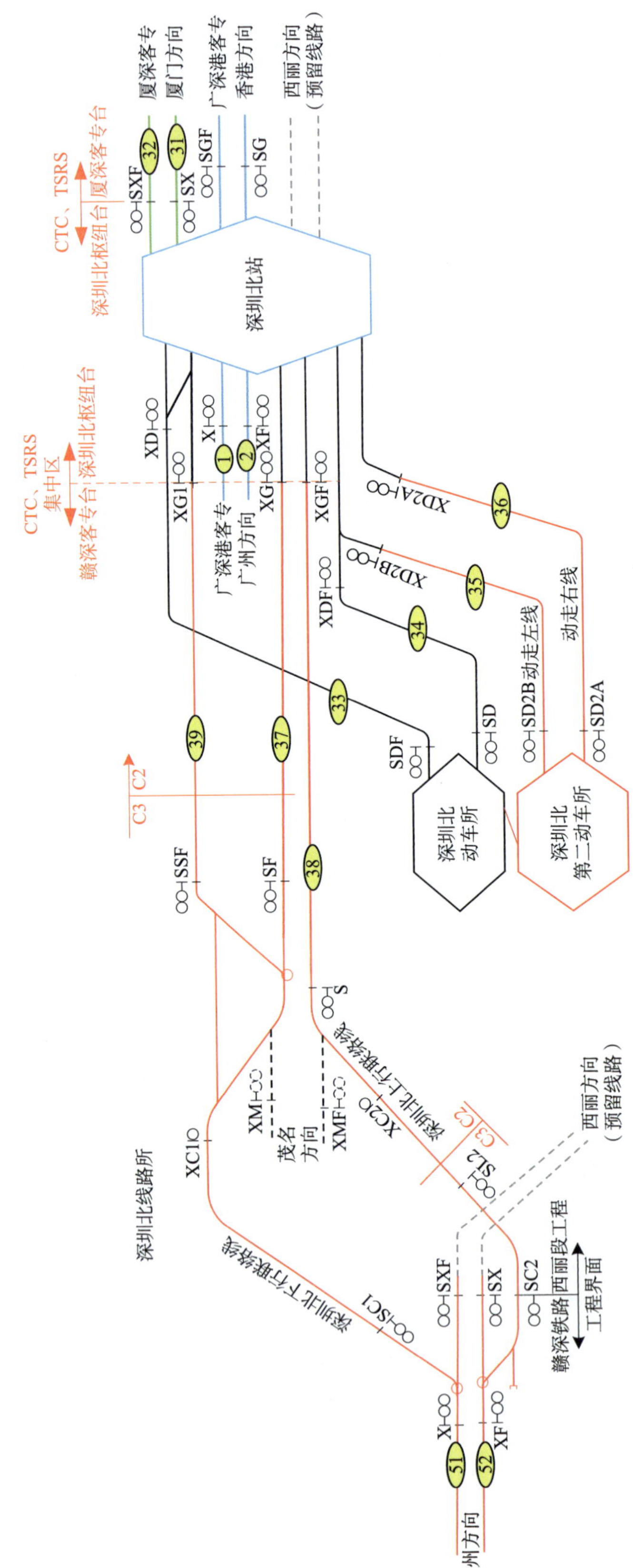

图 4-17-4 赣深高速铁路接入后深圳北枢纽示意图

五、施工调试重点

1. 优化新增列控中心实施方案

深圳北站因增加股道双端发码功能，列控中心控制轨道电路区段超100个，需增设一套列控中心，调整既有列控中心控制范围。

（1）合理划分列控中心管辖范围

为切实降低现场实施难度和安全风险，科学合理划分两套列控中心管辖范围，将1G～10G、13G～20G等18条侧线股道改由新增的列控中心控制。

（2）优化接口架施工调试方案

为减少重复拆改，将涉及拆配线的接口板，提前在接口架处做好过渡插头，调试及开通时只需在接口柜倒接过渡驱采缆及正式驱采缆即可，减少调试过程中的拆配线，提高了调试效率。

（3）优化LEU接线方案

根据侧线股道轨道区段发码控制及对应出站有源应答器报文控制由同一个TCC管辖的原则，将控制1G～10G、13G～20G等18条侧线股道有源应答器的LEU改由新增的TCC2控制。为降低实施难度和风险，LEU、有源应答器电缆均新设。提前敷设TCC1机柜LEU设备和TCC2机柜TIU板间的通信电缆，开通时仅倒换通信电缆，即可完成LEU控制关系调整。

（4）优化软件处理逻辑

针对一条进路发码由两套列控中心控制的情况，当一套TCC异常关闭时，存在另一套TCC仍在继续补码的问题，对两套TCC分别增加出站信号机内方第一区段轨道继电器前、后接点采集，实现出站信号机异常关闭的判断，避免补码异常问题。

2. 优化施工方案，降低开通风险

（1）分解开通施工作业量，对无源应答器按照变更内容、安装位置进行分级分类管理，不影响运营的应答器提前完成安装和报文修改到位。

（2）做好施工节点控制，编制好“一图两表”，即开通人员分工平面布置图、开通拆配线表、开通人员分工进度控制表，通过“一图两表”，将作业内容、人员分工、走行线路、进度控制、完成情况等要素清晰呈现，保证配线修改盯控和开通联锁试验，确保开通施工管控到位。

（3）提前协调运输、机务、车辆部门，优化动车拉通方案，确保试验车型、试验序列覆盖软件变更范围，确保开通后高速铁路运营安全。

3. 研制了五线制交流转辙机道岔试验箱

针对目前国内高速铁路五线制交流转辙机道岔无法进行室外设备单独调试问题，本次施工过程中自主研发了一种集操纵、表示电路一体化的五线制交流转辙机道岔试验箱。该试验箱只需提供380 V交流电源即可进行室外道岔的单操试验，大大缩短了道岔的安装调试及试验时间，提高了操作安全性和便捷性，在此次站改中取得了良好效果。

六、结 束 语

新线接入枢纽改造工程逐渐增多，深圳北站在无砟轨道上进行道岔改造属全国首例，C3列控软件配套多次修改，施工难度和软件换装风险前所未有。为避免大型站场大规模改造，建议在枢纽规划阶段统筹研究，充分预留后续线路接入条件，尽量避免道岔拆铺工作量。对于站场改造工作量大、需要分步实施的，应充分优化方案，将列控软件修改次数降到最少；同时，合理安排施工周期，切实降低实施难度和风险。

第五章　轨道电路设计

轨道电路设计方案涉及轨道电路发码总体方案、载频设计原则、多线并行地段设计方案、多线引入车站发码和载频切换方案等内容，是枢纽信号工程设计的核心内容之一。

在设计速度为 350 km/h 的无砟隧道，区间轨道电路长度设计方案该如何研究比选？

C2 列控车载设备侧线接发车时采用的特殊控制逻辑对轨道电路发码方案有什么影响？

在高普（高速、普速）共线、行别相反车站，如何合理确定载频和轨道电路发码方案？

在行别变化的高速铁路车站，车载设备载频切换逻辑对载频切换区段长度有什么特殊要求？

在中继站选址困难或跨海大桥等特殊地段，如何合理确定中继站设计方案和区间轨道电路电缆控制长度？

本章介绍轨道电路方案设计，希望能为高速铁路信号工程设计工作提供有益借鉴。

第一节　高速铁路无砟隧道轨道电路设计方案

在山区高速铁路中，无砟隧道比例非常高，有的项目隧道占比甚至超过了 90%。轨道电路是完成列车占用、空闲检查的核心设备，轨道电路可靠工作是确保行车安全及运输秩序的关键前提，因此无砟隧道内轨道电路设计方案非常关键。本节讨论设计速度为 350 km/h 的高速铁路无砟隧道轨道电路设计方案。

一、相关规范情况

（一）《高速铁路设计规范》

《高速铁路设计规范》（TB 10621—2014）自 2015 年 2 月 1 日实施。

该规范对无砟区段 ZPW-2000 轨道电路设计长度取值规定见表 5-1-1。

表 5-1-1　无砟区段 ZPW-2000 轨道电路设计长度取值

<table>
<tr><th colspan="3">轨道结构类型</th><th>最大长度(m)</th></tr>
<tr><td colspan="2" rowspan="2">路　基</td><td>轨道层下无钢筋混凝土底座</td><td>1 400</td></tr>
<tr><td>轨道层下有钢筋混凝土底座</td><td>1 000</td></tr>
<tr><td rowspan="6">隧道长度</td><td rowspan="2">300 m 以下</td><td>轨道层下无钢筋混凝土底座</td><td>1 400</td></tr>
<tr><td>轨道层下有钢筋混凝土底座</td><td>1 000</td></tr>
<tr><td rowspan="2">300～2 000 m 以下</td><td>轨道层下无钢筋混凝土底座</td><td>1 000</td></tr>
<tr><td>轨道层下有钢筋混凝土底座</td><td>800</td></tr>
<tr><td rowspan="2">2 000 m 以上</td><td>轨道层下无钢筋混凝土底座</td><td>700</td></tr>
<tr><td>轨道层下有钢筋混凝土底座</td><td>600</td></tr>
<tr><td colspan="2">混凝土桥梁</td><td></td><td>1 000</td></tr>
</table>

（二）《ZPW-2000 轨道电路技术条件》

《ZPW-2000 轨道电路技术条件》（TB/T 3206—2017）自 2018 年 4 月 1 日实施。

该标准对无砟轨道线路轨道电路可靠工作长度规定见表 5-1-2。

表 5-1-2 无砟轨道线路轨道电路可靠工作长度

标准分路电阻(Ω)	道砟电阻(Ω·km)	轨道电路可靠工作长度(m)
0.25	3	1000
铁路钢桥线路轨道电路可靠工作长度应根据钢轨参数测试结果确定。 对于隧道线路，应注意环境对道床的污染影响，特别是长大隧道。 当区段内隧道长度大于 300 m 时，根据实际使用中的道床电阻条件，确定轨道电路可靠长度。		

（三）《无砟轨道条件下 ZPW-2000 系列轨道电路传输特性关键参数》

《无砟轨道条件下 ZPW-2000 系列轨道电路传输特性关键参数》（Q/CR 725—2019）自 2020 年 3 月 1 日实施。

该标准对轨道电路可靠工作长度规定见表 5-1-3。

表 5-1-3 轨道电路可靠工作长度表

道砟电阻(Ω·km)	标准分路电阻(Ω)	轨道电路可靠工作长度(m)
1.0	0.15	700
3.0	0.25	1000
设计速度 160 km/h 以上线路，电缆长度不宜大于 7.5 km；设计速度 160 km/h 及以下线路，电缆长度不超过 10 km。		

（四）各标准差异分析

根据上述对比可知，《ZPW-2000 轨道电路技术条件》（TB/T 3206—2017）、《无砟轨道条件下 ZPW-2000 系列轨道电路传输特性关键参数》（Q/CR 725—2019）较《高速铁路设计规范》（TB 10621—2014）最大的变化就是根据道砟电阻率来确定轨道电路可靠工作长度，与路基、桥梁、隧道等结构形式无关，与隧道长度关联性明显减弱。

1. TB/T 3206—2017 明确了区间有砟线路的钢轨阻抗参数，而区间无砟线路的钢轨阻抗须根据实际测量结果确定。Q/CR 725—2019 进一步明确了区间无砟线路的钢轨阻抗参数，是对 TB/T 3206—2017 的补充。

2. TB/T 3206—2017 仅提出区间无砟线路在 3.0 Ω·km 道砟电阻率条件下的轨道电路可靠工作长度为 1 000 m，轨道电路在电缆长度不超过 10 km 条件下能够可靠工作。Q/CR 725—2019 补充了 1.0 Ω·km 道砟电阻率条件下的轨道电路可靠工作长度为 700 m 的要求，以及细化了不同速度条件下电缆长度要求，即设计速度为 160 km/h 以上线路，电缆长度不宜大于 7.5 km；设计速度为 160 km/h 及以下线路，电缆长度不超过 10 km。

3. Q/CR 725—2019 提出对轨道专业在不同速度条件下区间无砟线路道砟电阻率的要求，特别是普速线路采用无砟轨道的隧道地段，设计速度为 160 km/h 及以下线路，不应小于 1.0 Ω·km。

4. Q/CR 725—2019 补充了对轨道专业区间无砟轨道扣件的绝缘电阻要求，即应符合 TB/T 3395.1—2015 的规定，高速铁路无砟轨道扣件的绝缘电阻不应小于 5 MΩ。

二、各类线路轨道电路运用情况

（一）兰渝铁路

兰渝铁路为客货共线铁路，设计速度为 200 km/h，全线均为有砟，道床电阻按 2.0 Ω·km 设计，采用基于列控编码的 ZPW-2000A 型无绝缘轨道电路。

2016 年夏季，兰渝铁路受四川地区气温高、湿度大的影响，道床漏泄增大，道床电阻不满足 2.0 Ω·km 的设计要求。特别是夏初雨后，隧道内存在大量潮湿空气时，在钢轨、扣件、螺旋道钉、枕木凝结成水膜，弹条Ⅱ型扣件绝缘性能相对较低，造成隧道内道床电阻急剧下降，最低降至 0.5 Ω·km，导致兰渝铁路多次出现轨道电路“红光带”故障。

针对兰渝铁路轨道电路“红光带”问题，原中国铁路总公司运输局电务部发布《中国铁路总公司运输局关于解决兰渝铁路轨道电路“红光带”问题的通知》（运电信号电〔2016〕2093 号），制定了如下处理措施：

1. 提高线路道床电阻：一是对经核实未按照相关铁路行业标准进行涂刷绝缘防锈涂料作业的，补充刷涂，提高螺旋道钉的绝缘性能；二是线路直线区段弹条Ⅱ型扣件更换使用“绝缘轨距挡板”（2008 年通过铁道部技术评审并已扩大试用），为扣件系统增加二次绝缘。

2. 提高 ZPW-2000A（K）型无绝缘轨道电路适应低道床电阻的能力：一是在原位置更换轨道电路补偿电容的型号；二是在此基础上调整补偿电容的设置步长（需在钢轨重新打眼安装），必要时对现有轨道电路进行分割处理，降低轨道电路长度。

3. 关于新建铁路的改进措施要求：新建铁路的设计中，长大隧道内应采用高绝缘性能的扣件系统，同时应按可能出现的最不利条件降低轨道电路区段的设计长度。未按上述原则实施的新建铁路，应在开通前完成整治工作，以确保轨道电路设备的正常运用。

（二）渝万客专

渝万客专设计速度为 250 km/h，全线均为有砟，道床电阻按 2.0 Ω·km 设计，采用基于列控编码的 ZPW-2000A 型无绝缘轨道电路。

工程开通后轨道电路工作正常，半年后的 2017 年 7 月夏季，重庆连续暴雨导致隧道内环境潮湿。7 月 5 日开始高温天气，隧道内水汽蒸发，造成返潮，大量水汽聚集于轨面、轨枕、道砟，不通风引起隧道内起水雾。渝万客专雨季隧道内水汽聚集示意如图 5-1-1 所示。

2017 年 7 月 7 日受天气影响，渝万客专 28 个隧道区段出现道床电阻下降的情况，其中两个区段出现红光带。

轨入轨出电压大幅下降的轨道电路主要集中在五梁（2 220 m）、高粱镇（3 384 m）、王家村（3 574 m）这三个隧道。

经调查，7 月 5 日前上述隧道内轨道区段主轨入和主轨出电压值持续下降，但主轨出最小值依然能保持在 240 mV 以上，能维持轨道电路的正常工作。

7 月 7 日 28 个隧道区段的主轨出最小值降至 280 mV 以下，12 个区段降至 260 mV 以下，6 个区段降至 240 mV 以下，其中 8474AG（662 m）和 8527AG（825 m）分别为 206 mV 和 202 mV，并且出现过车后红光带不消失现象。

7 月 7 日 12 点过、13 点过，当天 15 点前已分别用北京全路通信信号研究设计院集团有限公司（简称北京通号设计院）提供的应急调整表处理，上述两个轨道区段恢复正常显示状态。

7 月 9 日凌晨电务段组织对 8527AG 的道床电阻进行测试，北京通号设计院派专人反复测试数次，基本确定该区段当时的道床电阻为 1.0 Ω·km 左右，仍然达不到 2.0 Ω·km。

经过对五梁隧道全线 2 200 m 的踏勘发现，隧道内环境明显已经比 7 月 7 日好很多，没有水雾，能见度较好，轨面无明显水珠，但轨枕、道砟仍然潮湿，隧道壁挂有水珠，隧道通风不良，轨枕上有铁粉、粉尘，部分钢轨轨底与道砟直接或间接接触且间距不达标，扣件有污物、灰尘。这些因素均是引起道床电阻下降的不利因素，从而导致本次轨道区段轨出电压大幅下降。

隧道内轨枕有较多铁粉示意如图 5-1-2 所示，隧道内扣件被污染示意如图 5-1-3 所示，隧道外扣件较清洁示意如图 5-1-4 所示。

图 5-1-1　渝万客专雨季隧道内水汽聚集示意图

图 5-1-2　隧道内轨枕有较多铁粉示意图

图 5-1-3　隧道内扣件被污染示意图

图 5-1-4　隧道外扣件较清洁示意图

2018 年 7 月，渝万铁路有砟隧道内区段又出现部分区段“红光带”故障，且出现的区段数量比 2017 年多了一倍（50 多个区段），铁路局、设计单位、设备厂商再次进行了现场踏勘及测试，确定不正常区段道床电阻为 1.0～1.5 Ω·km，达不到 2.0 Ω·km。

（三）成渝高速铁路

成渝高速铁路设计速度为 350 km/h，全线均为无砟，道床电阻按 3.0 Ω·km 设计，执行《高速铁路设计规范》（TB 10621—2014）。开通运营后隧道内轨道电路未出现过因天气影响造成的“红光带”现象。

通过对兰渝、渝万、成渝三条线路的对比分析可知，在西南山区铁路中，受雨季潮湿天气影响，隧道内道床电阻下降造成轨道电路“红光带”的均为有砟隧道，客货共线铁路道床污染最严重，客运专线铁路次之，无砟隧道地段道床环境最好，轨道电路工作更稳定。

三、无砟隧道轨道电路设计方案

（一）原设计方案

郑万高速铁路设计速度为 350 km/h，线路长度约 185 km，全线采用无砟轨道，隧道比例高达 95%，且绝大部分为长大隧道，道床电阻为 3.0 Ω·km。

《ZPW-2000 轨道电路技术条件》（TB/T 3206—2017）自 2018 年 4 月 1 日实施，该文件

发布后并未引起设计单位的足够重视。在工程设计中，针对设计速度为 350 km/h 的长大无砟隧道轨道电路设计方案，各设计单位仍按《高速铁路设计规范》（TB 10621—2014）附录 D 不大于 600 m 设计，且由于兰渝铁路“红光带”问题，设计单位在隧道地段轨道电路设计方案上更趋保守。

信号专业向行车专业提出布点需求，要求其布点除了须满足任意连续 7 个闭塞分区长度之和应大于本线动车组以 C2 控车模式运行时，从最高运行速度至 0 km/h 的制动距离长度的要求外，还应结合无砟地段轨道电路工程设计长度，在隧道地段应尽量将闭塞分区长度设计为 600 m 的整数倍，以提高轨道电路利用率。

高速铁路闭塞分区长度约 1 900～2 400 m，轨道电路最大可靠工作长度 600 m，所以每个闭塞分区只能分为 4 段，每段轨道电路长度 475～600 m。

闭塞分区长度 1 900 m，分为 4 段，每段 475 m；闭塞分区长度 2 200 m，分为 4 段，每段 550 m；闭塞分区长度 2 400 m，分为 4 段，每段 600 m。

按照该设计方案，轨道电路区段长度太短，数量太多，有的区间轨道区段长度仅 475 m，投资浪费且不利于维护，尤其是西南山区铁路，交通条件较差，设备数量太多，增加维护难度。该设计方案不合理，结合《ZPW-2000 轨道电路技术条件》（TB/T 3206—2017）的要求，还有优化的空间，尤其是隧道比例特别高的高速铁路项目。

（二）设计方案优化

在施工图审核阶段发现该问题后，针对设计速度 350 km/h 无砟隧道轨道电路设计方案优化问题，笔者组织建设、设计、维护及研发等相关单位重点对《ZPW-2000 轨道电路技术条件》（TB/T 3206—2017）颁布实施后的变化进行充分研讨，中国国家铁路集团有限公司工电部、鉴定中心参会。北京通号设计院作为《ZPW-2000 轨道电路技术条件》（TB/T 3206—2017）的主要编制单位，进行了解释。《ZPW-2000 轨道电路技术条件》（TB/T 3206—2017）与《高速铁路设计规范》最大的区别就是：轨道电路最大可靠工作长度只与道床电阻挂钩，与路基、桥梁、隧道等轨道结构形式无关，在隧道地段内与隧道长度也无关。所以根据《ZPW-2000 轨道电路技术条件》（TB/T 3206—2017）表 6 的要求，设计速度为 350 km/h 的无砟隧道，道床电阻为 3.0 Ω · km，轨道电路区段信号电缆长度不大于 7.5 km 时，轨道电路最大可靠工作长度原则上是 1 000 m。

所以对《ZPW-2000 轨道电路技术条件》（TB/T 3206—2017）正确的理解应为：

隧道内道床电阻为 3.0 Ω · km，区段信号电缆长度不大于 7.5 km 时，轨道电路区段长度最大值为 1 000 m。

隧道内道床电阻为 2.0 Ω · km，区段信号电缆长度不大于 7.5 km 时，轨道电路区段长度最大值为 800 m。

隧道内道床电阻为 1.0 Ω · km，区段信号电缆长度不大于 7.5 km 时，轨道电路区段长度最大值为 600 m。

如果仍按照隧道地段不大于 600 m 设计，相当于把设计速度为 350 km/h 的无砟隧道道床电阻由 3.0 Ω · km 降为了 1.0 Ω · km，很显然这样过于保守，缺乏依据，也是不合理的。

会上笔者提出了以下几个观点。

1. 西南地区出现轨道电路“红光带”问题均和有砟隧道相关，尤其是客货共线铁路的有砟隧道，道床环境较差，应严格执行《中国铁路总公司运输局关于解决兰渝铁路轨道电路“红光带”问题的通知》（运电信号电〔2016〕2093 号）的要求。已开通运营的成渝高速铁路等 350 km/h 无砟隧道内道床环境较好，轨道电路工作稳定。因此无砟隧道应区别对待，工程设计应具体情况具体分析，综合道床电阻、投资控制、维护便利等因素合理确定设计方案。

2. 郑万高速铁路原设计方案未考虑《ZPW-2000 轨道电路技术条件》（TB/T 3206—2017）颁布实施后的技术条件变化因素，轨道区段分割太短，设备数量太多，西南山区交通条件不便，不利于维护，应进行优化。

3. 本线道床电阻为 3.0 Ω·km，结合《ZPW-2000 轨道电路技术条件》（TB/T 3206—2017）要求，同时考虑一定的工程设计冗余度，建议工程设计时道床电阻按 2.0 Ω·km 取值。

上述观点得到了与会各单位的一致认可，经认真讨论，达成一致意见如下：

1. 鉴于郑万高速铁路重庆段工程范围内隧道占比高达 95%，且绝大部分为长大隧道，考虑到西南山区特殊的潮湿气候条件，并结合成都铁路局集团公司关于隧道内轨道电路维护经验，与会各单位一致同意本线最低道床电阻按不大于 2.0 Ω·km 取值，区段信号电缆长度不大于 7.5 km 时，轨道电路区段长度最大值为 800 m。

2. 鉴于本工程中存在区段信号电缆长度介于 7.5～10 km 的情况，综合最不利钢轨参数和道床电阻取值进行计算，该运用条件下，轨道电路区段长度最大值为 600 m。

3. 本线隧道内轨道底座板为有钢筋结构，隧道的围岩等级为Ⅱ、Ⅲ、Ⅳ、Ⅴ级，配有相应的衬砌钢筋及锚杆，轨道电路研发单位应充分考虑上述因素，提供详细的轨道电路工程设计说明书。

4. 中铁二院工程集团有限责任公司（简称中铁二院）根据新版轨道电路工程设计说明书重新核算轨道电路设计长度，原则上行车布点不调整，仅调整轨道电路分割点。

根据上述意见对郑万高速铁路重庆段无砟隧道轨道电路设计方案进行优化，区间轨道电路区段数量由 632 个减少为 549 个，降幅达到 13%，有效节约了工程投资，减少了设备数量，降低了维护难度。施工图审核工作中陆续对赣深、福厦、西延、广汕、张吉怀、杭绍台、郑万联络线等设计速度为 350 km/h 项目的无砟隧道区间轨道电路设计方案进行优化，施工图共核减区段 490 个，降幅约 10%。

四、结 束 语

轨道电路是完成列车占用、空闲检查的安全设备，轨道电路可靠工作是确保行车安全及运输秩序的关键前提，道床电阻取值标准直接影响轨道电路可靠工作。因此，对列控编码的 ZPW-2000 系列无绝缘轨道电路最小道床电阻取值，不能随意地取高或降低，应根据线路技术标准以及地段的实际情况，按有关通知、规范及标准确定，尤其是对于设计速度为 350 km/h 的高速铁路无砟隧道，应以《ZPW-2000 轨道电路技术条件》（TB/T 3206—2017）为主，综合道砟电阻、投资控制、维护便利等因素合理确定设计方案。

第二节　多线并行地段轨道电路设计方案

四线并行引入枢纽地区的情况越来越多，有的枢纽是六线引入，有的加上两条动走线，达到八线引入的格局。在多线并行地段，防止邻线干扰是轨道电路设计方案的关键要求。

一、概　　述

为防止复线并行区段邻线干扰影响，将轨道电路载频分为上、下行设置。列车在线路上运行时，通过车载和地面设备的控制来区分上、下行。ZPW-2000系列无绝缘轨道电路若在多线并行区间运用时，就不可避免地出现相同工作频率间的邻线干扰问题，主要体现在以下两方面：

（一）对轨道电路的影响

相同载频的邻线干扰信号与本区段自身的信号完全相同，干扰信号与自身信号叠加后对本区段接收设备工作情况产生影响。干扰信号足够大时，会造成被干扰的区段丧失分路检查。

（二）对车载设备的影响

列车在线路上运行时，车载设备同时能够接收上行或下行载频频率信号。在同方向载频线路间，邻线干扰信号足够大时，能够被车载设备接收，可能导致机车信号升级显示。

二、四线并行地段线路概况

下面以柳南、南黎四线并行地段为例，介绍ZPW-2000A型无绝缘轨道电路在多线并行地段的设计方案。

柳南、南黎铁路设计速度为250 km/h，均为有砟客运专线铁路，区间轨道电路发送编码采用列控中心电子编码。

柳南与南黎在黎塘西—南宁段四线并行，线路方向顺序分别为“上行-下行-下行-上行”排列，其并行长度93.493 km；其中同方向载频线路小于20 m的长度约为45 km；同方向载频线路间距最小为7.7 m（下行-下行），且该路段上行-上行间距为16.7 m，长度约35 km。柳南、南黎四线并行示意如图5-2-1所示。

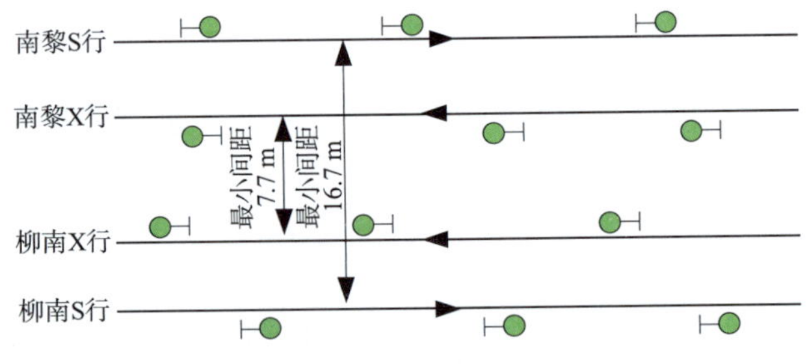

图5-2-1　柳南、南黎四线并行示意图

对于轨道电路，同方向载频和相同载频说明如下：

2000-1、2000-2、2600-1、2600-2为上行方向载频；

1700-1、1700-2、2300-1、2300-2为下行方向载频。

注意：1700-1和1700-1为相同载频，1700-1和1700-2为不同载频。

三、四线并行地段原施工图设计方案

（一）区间轨道电路设计原则

区间轨道电路同方向载频线路间距小于或等于10 m的地段，按增加轨道电路分割进行设计，轨道区段控制长度按不大于650 m设计。

（二）具体设计情况

柳南与南黎并行地段同方向载频线路间距小于或等于 10 m 的地段（下行-下行），按增加轨道电路分割进行设计，轨道区段控制长度按不大于 650 m 设计；其余地段设计中均未做特殊处理。

四、四线并行地段现场测试情况

柳南铁路公司组织中铁二院、北京通号设计院相关人员在信号施工前期共同赴柳南、南黎已铺轨四线并行地段，在现场进行了四线有砟桥梁和四线有砟路基的轨道电路邻线干扰耦合系数测试。

选取现场线间距最小（下行—下行间 7.7 m 间距）的有砟箱梁桥区段、有砟路基区段，对单位长度进行耦合系数测试，见表 5-2-1。

表 5-2-1　耦合系数测试表

并行长度(m)	载频(Hz)	耦合系数
400	1 700	8.47
	2 000	8.56
	2 300	8.77
	2 600	8.74

北京通号设计院结合上述数据进行数学建模分析，结论为存在邻线干扰量超标的风险。

五、邻线干扰的问题分析

（一）干扰产生的原理和方式

并行线路间的干扰途径主要包括以下两类：

1. 正常情况通过电磁场形成的耦合干扰；
2. 故障情况通过横向连接线、回流线、地线等连接通道形成的传导干扰。

干扰关系示意如图 5-2-2 所示。

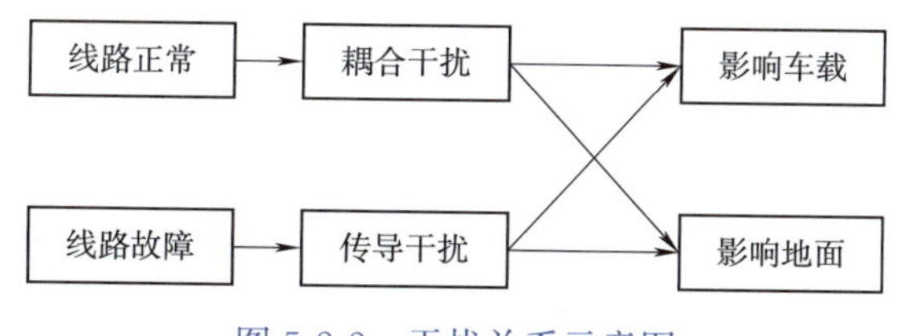

图 5-2-2　干扰关系示意图

（1）正常情况下的耦合干扰

正常情况下，钢轨线路间能通过相互间的互感形成串音干扰，在被串区段产生干扰电压和干扰电流。环路对环路的耦合示意如图 5-2-3 所示。

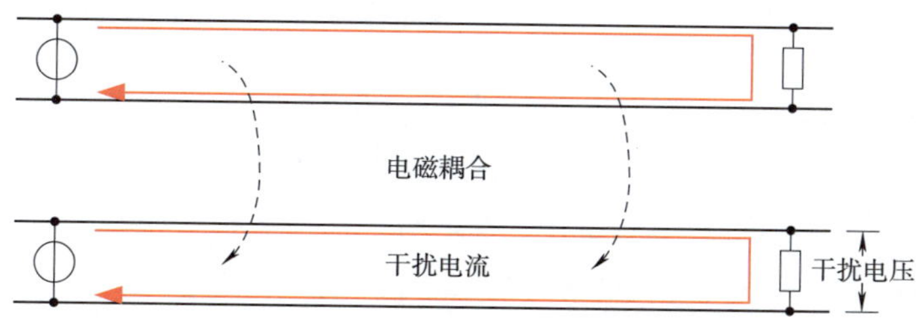

图 5-2-3　环路对环路的耦合示意图

干扰量与如下条件相关：

①主串的电流分布和大小：与主串分路位置及设备布置、环境等情况相关。

②传递的电压：与耦合系数相关，取决于线间距离，与线路并行长度相关。

③形成的干扰：与被串分路位置及设备布置、环境等情况相关。

干扰量及相关条件关系示意如图 5-2-4 所示。

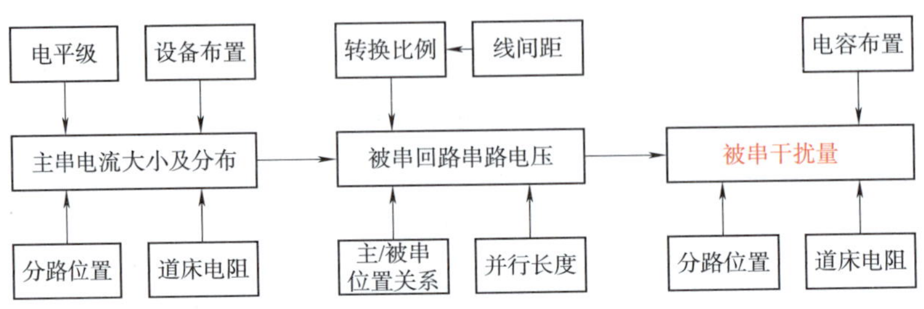

图 5-2-4　干扰量及相关条件关系示意图

（2）故障情况下的传导干扰

当轨道电路出现断轨、扼流变压器引接线单侧断线等故障时，信号会通过线间的横向连接、贯通地线或回流线等通道进入邻线区段，形成干扰。传导电流示意如图 5-2-5 所示。

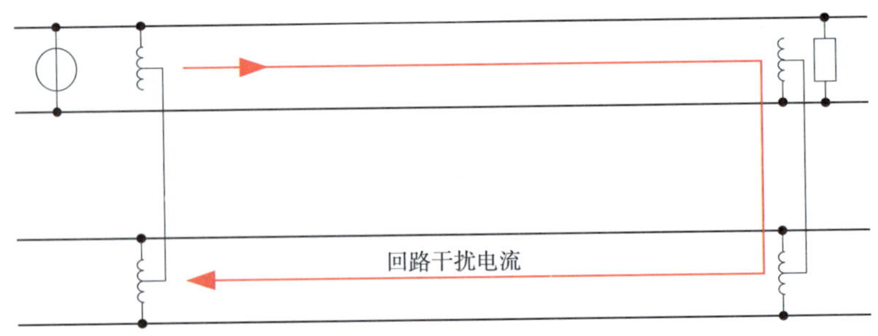

图 5-2-5　传导电流示意图

当线路出现不平衡时，传导干扰还可通过线路间的横向连接线形成，原理如下：

①主串回路、被串回路均为平衡时不存在干扰

传导干扰信号回路通过两个相邻的横向连接构成，在线路不平衡条件时存在，主串回路不平衡时会形成干扰电流，被串回路存在不平衡时该干扰电流能够在被串区段形成干扰效应，主串回路平衡时，主串回路的两个对外连接点间是等电位点，该条件下不在被串回路中形成干扰电流。正常条件下的横向连接示意如图 5-2-6 所示。

②主串回路不平衡、被串回路平衡时有干扰电流，但不形成干扰效果

主串回路存在不平衡，被串回路平衡条件下，虽然能够形成干扰电流，但是由于信号在被串回路中平行对称传输，不会在被串回路中形成干扰电压，也不能在被串回路中形成影响车载设备的电流信号。主串不平衡、被串平衡时不形成干扰效果示意如图 5-2-7 所示。

③主串回路、被串回路均不平衡时有干扰电流，形成干扰效果

主串回路与被串回路同时存在不平衡时，会在传导通道中形成干扰电流，并且在被串区段形成干扰效果。主串回路、被串回路均不平衡时形成干扰效果示意如图 5-2-8 所示。

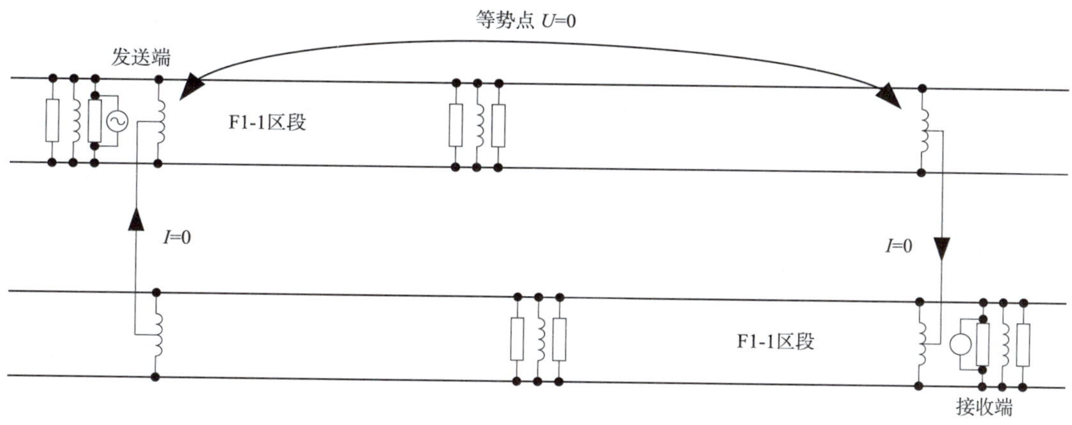

图 5-2-6　正常条件下的横向连接示意图

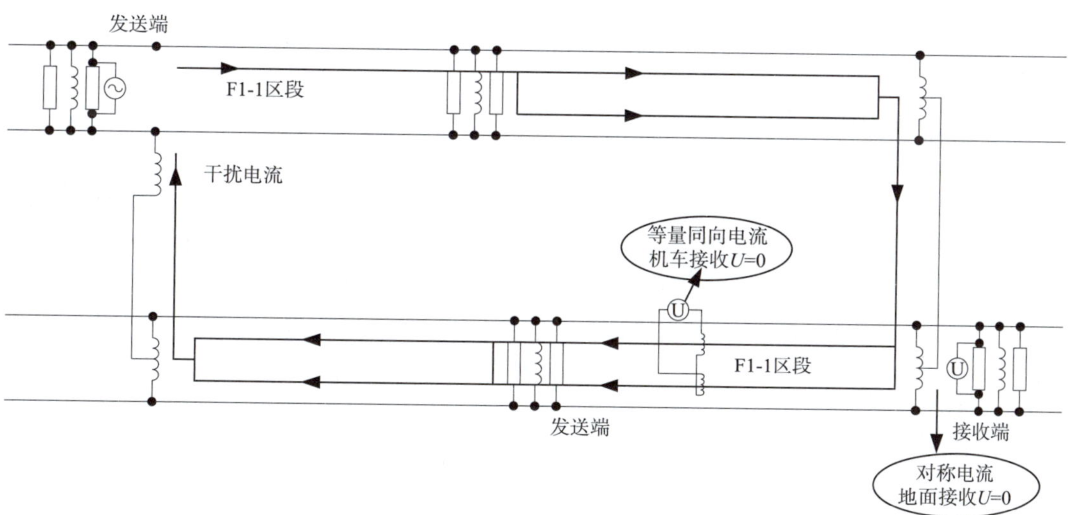

图 5-2-7　主串回路不平衡、被串回路平衡时不形成干扰效果示意图

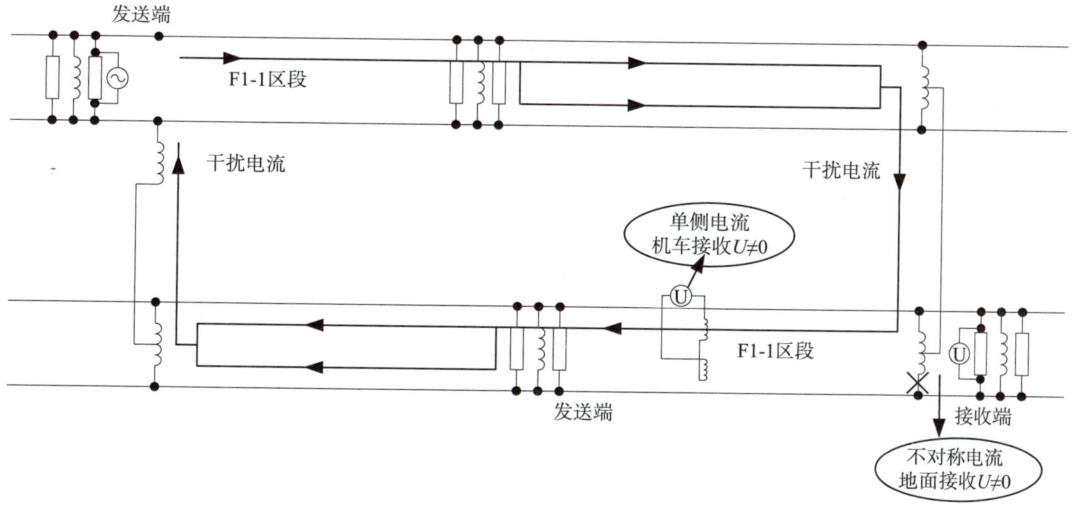

图 5-2-8　主串回路、被串回路均不平衡时形成干扰效果示意图

综上所述，故障条件下的传导干扰量与相邻横向连接间的距离、横向连接引出位置、主被串的列车分路位置、道床电阻情况、其他外部连接情况、主串功率等有关。

因此，应主要针对正常条件下的耦合干扰和故障条件下的传导干扰进行限制。

（二）系统分析

1. 技术指标

根据各信号系统的技术指标，在不利条件下，应保证以下条件：

（1）对于车载设备的安全性

同方向线路间的干扰量控制在不超过机车动作门限值的75%，确保不动作机车信号。

各频率干扰电流限值见表5-2-2。

表5-2-2 各频率干扰电流限值表

载频(Hz)	1 700	2 000	2 300	2 600
机车动作灵敏度(mA)	263	234	217	200
不同频干扰电流限值(mA)	197	175	162	150

（2）对于地面设备的安全性

同载频干扰信号在室内接收器上形成的电压要保证残压加干扰不能误动接收器，同时，若轨道电路在占用状态，加入干扰后需保证轨道电路仍能可靠落下，根据ZPW-2000A型无绝缘轨道电路的技术条件，干扰量应小于30 mV。

2. 耦合干扰分析

对空间耦合干扰大小的影响可分为固定因素和可变因素两部分。固定因素为线路间的耦合系数，两条线路的相对位置及空间介质确定后，耦合系数不变。补偿电容分布情况、列车分路位置、道床电阻等参数是可变的，按最不利值进行理论计算。

北京通号设计院通过对不同线路间距的耦合系数测定，采用数学建模和计算机仿真平台相结合，完成了并行线路间各因素对机车信号和地面轨道接收设备干扰量的定量计算。

3. 传导干扰分析

传导干扰是在线路有不平衡电流产生时，干扰电流通过用于横向连接的扼流变压器的半线圈后进入被连接的区段。因此，可通过提高扼流变压器的半线圈阻抗值对串入的干扰信号强度进行衰减。

考虑到横向连接上有较大牵引电流存在，扼流变压器的线圈阻抗需保证在一定大小的牵引电流磁化条件下仍满足一定大小的阻抗值。根据对牵引电流回流大小的分析和测试，以及对干扰量大小的计算，得出扼流变压器的线圈阻抗要求。

北京通号设计院通过仿真计算，设定该扼流变压器的技术指标，作为抑制传导电流干扰的关键设备，必须保证在单侧引接线断线后，在大电流磁化条件下阻抗不降低，要求半线圈在90 A牵引电流磁化条件下，1 700 Hz信号频率下阻抗不小于9 Ω，50 Hz阻抗不小于0.4 Ω。

该BE（K）-1000/ZPW-G型高阻抗扼流变压器已完成了CRCC产品认证。

4. 横向连接分析

在ZPW-2000A区段调谐区内，空芯线圈设备对于牵引电流阻抗小于10 mΩ，一方面作为钢轨条间的等电位连接，保证了连接在其上的设备及轨道作业人员安全；另一方面，牵引电流每经过一次调谐区完成钢轨上牵引电流的均流。

同线路两条钢轨间采用空芯线圈实现等电位；线路间通过横向连接实现等电位；线路与大地通过完全横向连接接地实现等电位。这些连接在实现等电位的同时，也成为钢轨电流均流的通道，使原本各自独立的钢轨、回流线甚至大地构成了一个网状的接地回流系统，并且在牵引供电系统中，回流线经过一定距离后也需要接地和进行横向连接。

四线并行后，要完成线路和线路间的等电位，也需要进行线路间的横向连接。为了保证钢轨对地电位，仍然通过完全横向连接实现，每两条相邻的线路间必须设置等电位线，即：1 线与 2 线、2 线与 3 线、3 线与 4 线，而且每条线路必须设置接地点，因此，需要将四条线路连接在一起。四线并行横向连接断面示意如图 5-2-9 所示。

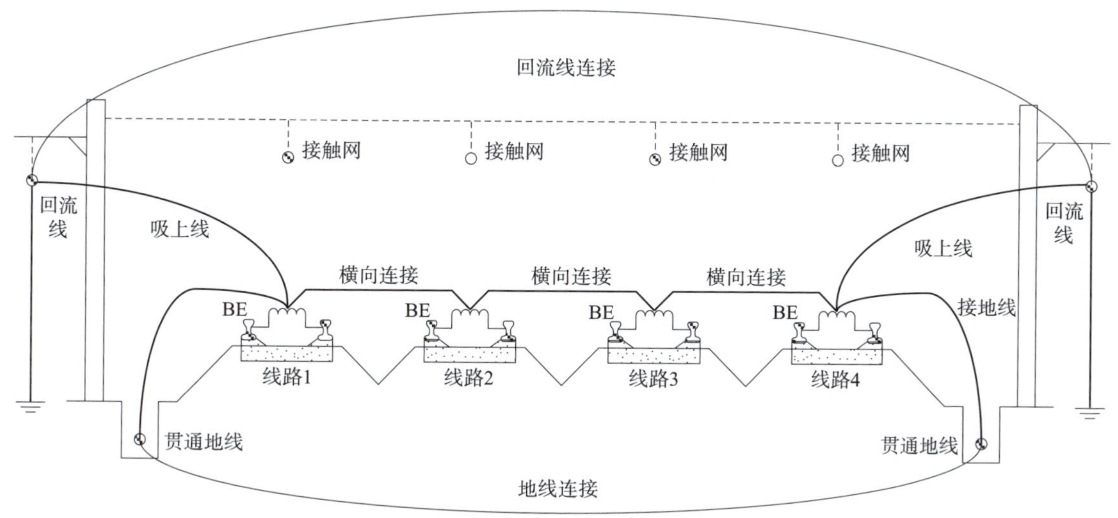

图 5-2-9　四线并行横向连接断面示意图

六、研究结论

（一）适用范围

根据理论分析和现场测试，针对 ZPW-2000A 区间轨道电路设备，提出多线并行的工程应用条件，其适用范围：

1. 适用于并行数量大于 2 条且并行的同方向载频线路的线间距小于 20 m 的区间线路，与有砟、无砟及轨道类型等无关。

2. 同方向载频区段线间距大于 20 m 时，无特殊要求。

（二）多线并行工程应用条件

多线并行工程应用条件具体内容如下：

1. 同方向载频区段载频设置要求

相同载频区段不能并行。

2. 同方向载频区段并行长度要求

同方向载频区段并行长度见表 5-2-3。

表 5-2-3　同方向载频区段并行长度表

同方向载频区段线间距 L(m)	并行长度(m)
$5 \leqslant L \leqslant 7.7$	1700、2300 载频区段并行长度不超过 560
	2000、2600 载频区段并行长度不超过 400
	1700-1 与 1700-2 载频区段并行长度不超过 700
	2000-1 与 2000-2 载频区段并行长度不超过 640

续上表

同方向载频区段线间距 L(m)	并行长度(m)
$5\leqslant L\leqslant 7.7$	2300-1 与 2300-2 载频区段并行长度不超过 560
	2600-1 与 2600-2 载频区段并行长度不超过 400
$7.7<L\leqslant 10$	小于 750
$10<L\leqslant 20$	无特殊要求

相邻线路并行长度示意如图 5-2-10 所示。

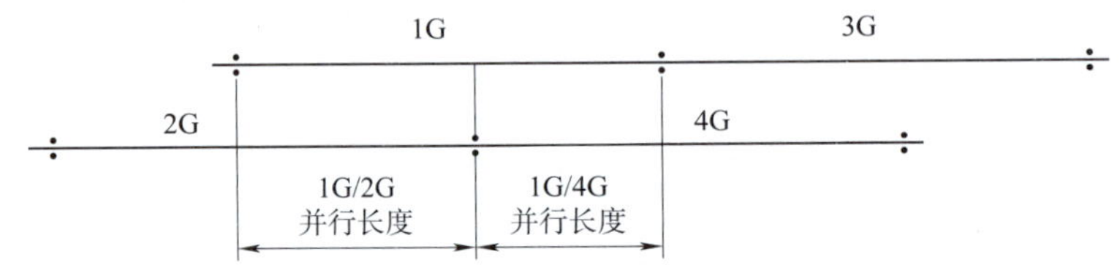

图 5-2-10 相邻线路并行长度示意图

（三）调谐区位置设置要求

同方向载频线路的调谐区应错位设置，不应有重叠区域。

（四）横向连接设置要求

1. 同一处横向连接设备应设置在 100 m 范围内，宜设置在同一坐标处，每条连接电缆长度应小于 100 m。

2. 完全横向连接必须连接并行的各条线路，完全横向连接间距设置与复线设置间距要求相同。

3. 完全横向连接所连接的区段不能有相同载频。

4. 吸上线应设置在完全横向连接处。

5. 完全横向连接应使用高阻抗扼流变压器。用于横向连接的高阻抗扼流变压器距调谐区不小于 10 m。高阻抗扼流变压器引接线的钢轨连接点与轨道电路补偿电容器引接线的钢轨连接点间的距离应大于 1 m。并行地段完全横向连接示意如图 5-2-11 所示。

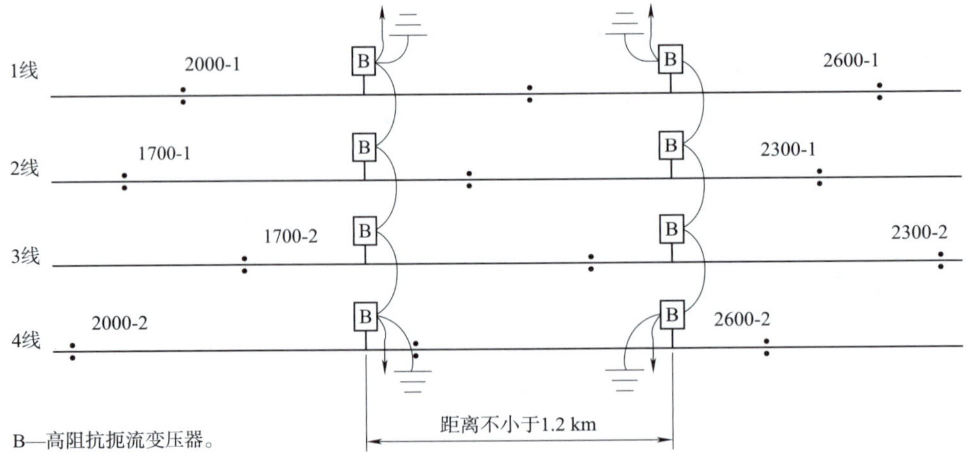

图 5-2-11 并行地段完全横向连接示意图

6. 不同桥梁间桥梁边沿大于 2.5 m 时，桥梁间可不装设完全横向连接；不同隧道间可不装设完全横向连接线。

7. 简单横向连接可设置在相邻的不同方向载频线路间，与相邻完全横向连接间的距离不小于 1 km。并行地段简单横向连接示意如图 5-2-12 所示。

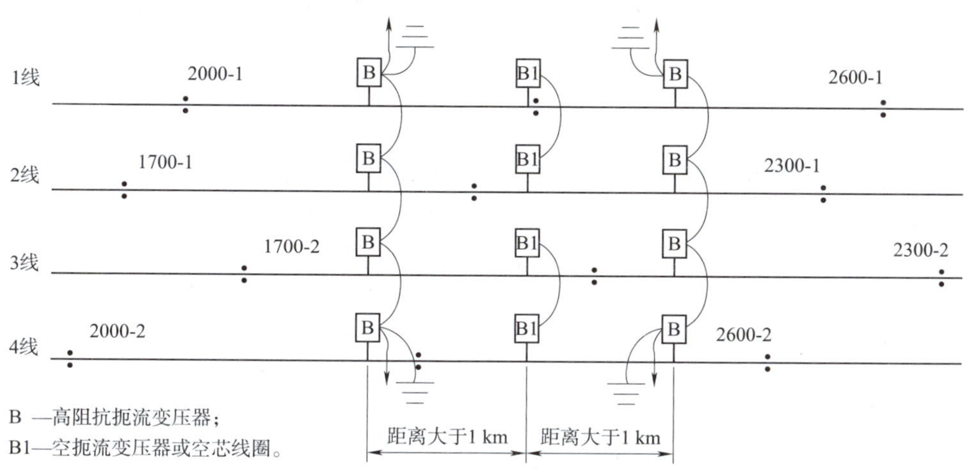

图 5-2-12　并行地段简单横向连接示意图

（五）四条线路分线的情况处理

1. 分为两条复线

在分线后两内侧邻近线路中心距离大于 20 m 时，按照两复线分别进行设置。四线并行之二线绕行段落示意如图 5-2-13 所示。

2. 分为一条单线和三线并行

在分线后两内侧邻近线路中心距离大于 20 m 时，单线按照既有标准设置，三线并行线路可参照四线要求进行设置。四线并行之三线绕行段落示意如图 5-2-14 所示。

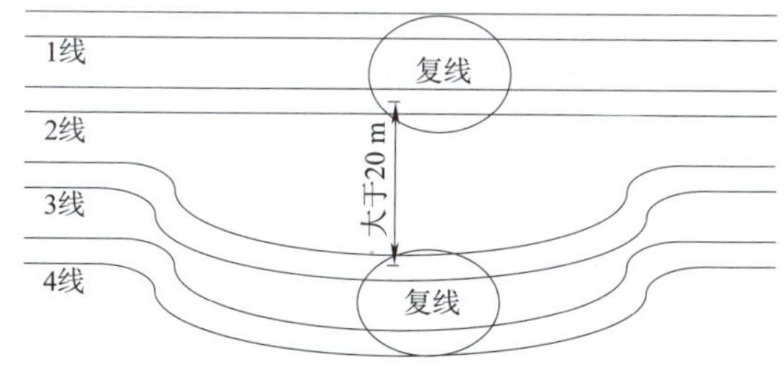

图 5-2-13　四线并行之二线绕行段落示意图

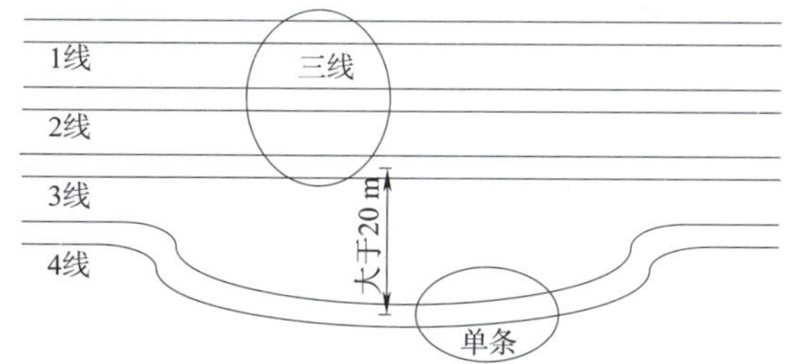

图 5-2-14　四线并行之三线绕行段落示意图

七、工程设计中的应用

（一）应用原则

根据以上分析研究结果，在柳南、南黎多线并行地段区间轨道电路设计过程中，为确保柳南、南黎的顺利开通，减少对柳南、南黎工程及其工期的影响，减少对已完成施工图的修改，又达到避免邻线干扰的目的，对已完成的柳南、南黎多线并行地段区间轨道电路设计作以下修改。

1. 调整、修改原施工图中同方向载频线路间距在 20 m 范围内相同载频区段的频率；

2. 调整、修改原施工图中同方向载频线路间距在 20 m 范围内的调谐区设置；

3. 调整、修改原施工图中间距在 20 m 范围内多线的横向连接线设置，并将其增加的扼流变压器改为高阻抗扼流变压器；

4. 修改原施工图中同方向载频线路间距在 7.7 m<L≤10 m、10 m<L≤20 m 范围内的并行区段长度；

5. 重新顺推柳南、南黎所有区段频率。

（二）工程应用方案

柳南与南黎在黎塘西—南宁段四线并行，且同方向载频线路间距最小为 7.7 m（下行-下行），该路段上行-上行间距为 16.9 m，长度约 35 km；同方向载频线路间距小于 20 m 的长度约为 45 km。

1. 对于柳南与南黎同方向载频线路间距在 7.7 m<L≤10 m 范围的线路，采用增加或调整分割点的方案，需满足此路段同方向载频线路并行长度大于 700 m、无相同载频区段及重合调谐区。

2. 对于柳南与南黎同方向载频线路间距在 10 m<L≤20 m 范围的线路，采用增加或调整分割点的方案，需满足此路段无相同载频区段及重合调谐区。

3. 对于柳南与南黎线路间距在 20 m 范围内的多线区段，其横向连接线的设置需连接多线，并将其增加的扼流变压器改为高阻抗扼流变压器；路基、桥梁、隧道地段的横向连接线连接方案按研究结论执行。

4. 对于南宁东柳州端进站口 11 线并行地段区间轨道电路设计，按以上方案考虑；由于该 11 线并行地段仅有几百米，其横向连接线的设置，采取避开该路段的方案。

八、结 束 语

柳南、南黎铁路多线并行地段采取该设计方案实施后，顺利通过了动态验收，运营至今未发生过同向频率邻线干扰量超标现象。对于类似项目，多线并行地段轨道电路的设置可按上述研究结论执行；如遇研究结论未涉及内容，建议设计单位在工程施工图设计前，及早与轨道电路研制单位联络，提供轨道电路研制单位该工程的基础资料，供研制单位找出行之有效的方案，以指导工程设计。

第三节 中继站设计方案

信号中继站管辖约 15～20 km 区间轨道电路，是高速铁路列控系统的重要组成部分。近年来部分地区频发暴雨、洪涝灾害严重，导致个别信号中继站被淹，说明信号中继站房屋洪水位标高存在不足，有待进一步优化研究。在中继站选址困难或跨海大桥等特殊地段，如何合理确定中继站设计方案和区间轨道电路电缆控制长度，需要综合投资控制、降低实施难度和维护便利性等因素深入研究比选。

一、中继站选址

（一）中继站选址要求

中继站的设置位置应符合独立信号设备房屋选址的有关规定，宜选择地势较高、平坦、排水通畅、交通方便的处所，避开泥石流、滑坡、岩溶及断层构造发育带等严重地质不良的地段，避开产生大量粉尘、煤烟、散发有害物质等严重污染处所，避开储存易燃、易爆、放射性物质等不安全处所，避开高压电力线路走廊和重要的地下工程、地下管道的影响。中继站不宜设置在隧道内，满足电磁防护相关要求，距变（配）电所大于200 m。

在南方地区，洪涝灾害严重，若信号中继站被淹，将造成约15 km范围内高速铁路双线红光带，C2、C3列控系统均将停用，且没有后备措施。中继站水淹故障抢修时间普遍较长，对运输秩序影响非常大，因此进一步提高中继站房屋洪水位标高非常有必要。为避免中继站水淹隐患，建议中继站房屋室外地面设计洪水位或内涝洪水位重现期不小于100年，并增加0.5 m的安全超高。桥梁地段，建议中继站房屋按吊脚楼高架方案设计，利用高架桥救援通道作为维修通道。

为便于运营维护，节约用地，减少电力、房建、进所道路等配套设施，节省工程投资，中继站宜与区间无线基站合设。

（二）复杂地址条件对中继站设置的影响

个别山区铁路隧道群密集，隧道占比超过90%，且山区地质条件复杂，隧道外山势陡峻，隧道出入口处多为河流，隧道口附近无适合的场坪建设中继站，为满足轨道电路控制电路长度要求，避开严重地质不良地段，满足洪水位要求，将中继站设置在隧道内。将中继站设置在隧道内，不利于紧急情况下的应急处置，不方便运营维护。

工程勘察设计阶段，拟选址的地方无适合的场坪建设中继站，工程施工后，隧道口附近通常设置有隧道工程的施工临时场地，可将中继站设置在施工临时场地处，将临时场地按永久场地设计。该方案存在隧道工程配套设施占用中继站场坪，影响中继站的建设，从而影响工程整体进度。

初步设计及施工图阶段，隧道群地段中继站的设置方案可根据隧道工程设置的紧急救援站、紧急出口、斜井等的设置情况，优化中继站的设置方案，尽量避免将中继站设置在隧道内。《铁路隧道防灾疏散救援工程设计规范》（TB 10020—2017）第3.0.5条规定：“长度20 km及以上的隧道或隧道群应设置紧急救援站，紧急救援站之间的距离不应大于20 km”。隧道口紧急救援站宜设置有待避场地，并具有接受外部救援的条件。隧道群处中继站的设置可结合紧急救援站的分布情况，将中继站设置在紧急救援站，由隧道工程统筹考虑中继站的场坪要求。

二、条件困难时中继站设计方案

《高速铁路设计规范》（TB 10621—2014）14.4.6规定：“8　ZPW-2000系列轨道电路传输电缆长度不应大于10 km，其中设计速度300 km/h及以上的高速铁路不宜大于7.5 km。当电缆长度超过上述规定时，宜设置区间信号中继站”。

《ZPW-2000轨道电路技术条件》（TB/T 3206—2017）6.21规定：“ZPW-2000轨道电路在实际电缆长度不超过10 km条件下能够可靠工作”。

在一些中继站选址困难的山区铁路或跨海大桥，如果严格执行7.5 km标准，将会增加中继站数量，实施难度大，投资较高，且不利于维护。

例如，通苏嘉甬铁路杭州湾跨海大桥，位于通苏嘉铁路海盐西站与慈溪站之间，大桥总长29.156 km，为满足《ZPW-2000轨道电路技术条件》（TB/T 3206—2017）对于轨道电路传输电缆长度控制的要求，需在桥梁中部设置中继站，电缆长度若按7.5 km控制，则需要设置两处中继站。考虑跨海大桥特殊情况，从降低工程难度及节省工程投资角度出发，在桥梁中部设置1处中继站，按照不大于10 km控制电路传输电缆长度。

综合上述分析，为降低现场实施难度、合理控制投资及便于维护，在一些交通不便的山区铁路或中继站选址困难特殊地段，区间轨道电路电缆传输长度可适当延长。困难条件下，设计速度300 km/h及以上的项目，区间轨道电路电缆传输长度按不大于10 km控制；设计速度250 km/h及以下的项目，区间轨道电路电缆传输长度按不大于12.5 km控制。

三、局间维护分界处中继站设计方案

对于跨局项目，要特别注意信号中继站与维护管界的对应关系。根据《中国铁路总公司运输局高速铁路信号设备管界优化调整专题会议纪要》（运电高信电〔2013〕297号）要求，信号设备管界尽量与调度界保持一致。局界、调度界和维护管界都划在局间分界车站进站信号机处，所以信号集中区分界也划分在进站信号机处。这样划分，很可能导致比传统的在区间划分要增加一个信号中继站，所以这种方案一定要在初步设计阶段就确定。如果后期再增加中继站，会涉及新增征地，且牵涉到通信、电力、房建等专业都要配套修改，调整难度非常大。

为便于跨局线路维护，普速铁路跨局线路也采用这种设计方案。

四、结 束 语

为避免中继站水淹隐患，进一步提高中继站房屋洪水位标高非常有必要，建议中继站房屋室外地面设计洪水位或内涝洪水位重现期不小于100年，并增加0.5 m的安全超高。桥梁地段，建议中继站房屋按吊脚楼高架方案设计，利用高架桥救援通道作为维修通道。在选址困难或跨海大桥等特殊地段，区间轨道电路电缆传输长度可适当延长。

第四节　站内轨道电路发码总体方案

基于轨道电路传输行车许可信息是C2列控系统的一大特点。自我国C3列控系统引入了C3与C2双曲线比较方案后，C3系统也强化了与轨道电路发码的关系。轨道电路是列控系统地面设备的重要组成部分，轨道电路反映列车在区间和站内的占用情况，实现占用检查，为进路建立、信号开放、构成闭塞等联锁逻辑提供安全依据；轨道电路通过发送低频码向列车传递运行前方闭塞分区空闲信息，为车载设备生成行车许可提供安全依据。站内轨道电路发码是信号工程设计的重要环节，轨道电路发码方案合理性、可靠性及载频切换方案是轨道电路发码方案的关键，应根据车站具体特点、运输组织需求及车地匹配等因素，合理确定轨道电路发码及载频切换方案。

一、基本常用术语

为便于阐述，本节对几个经常用到的名词约定如下。

全进路发码：采用ZPW-2000移频轨道电路的车站，办理列车进路后，进路内各区段均发有效码。

行别：又称方向别，根据批复的线名、方向别，来定义线路的上下行线方向，下行线（X）采用1 700 Hz、2 300 Hz载频，上行线（S）采用2 000 Hz、2 600 Hz载频。

行别相同：四线或多线引入车站，两条相邻线路方向别相同，按方向别引入时，四线行别呈 X、X、S、S 格局，即高速下行线与普速下行线相邻，高速上行线与普速上行线相邻。按线路别引入时，四线行别呈 X、S、X、S 格局。无论是方向别还是线路别引入，两条线路进入车站的总体行别相同，简称为行别相同。

行别相反：四线或多线引入车站，两条相邻线路方向别相反，四线行别呈 S、X、S、X 格局，普速线居中，高速线外包，即高速下行线与普速上行线相邻，高速上行线与普速下行线相邻，简称为行别相反。

行别变化：在一些多线交汇的特殊车站，站内正线行别与区间正线行别相反，站内正线进入区间后行别发生变化。例如，站内下行线进入区间后变为上行线，站内上行线在进入车站前区间为下行线。

跨线接车：接车进路跨上、下行正线，进路内存在上、下行间载频切换。例如，由下行进站口接车，跨上、下行正线，接入主用方向为上行的股道；或由上行进站口接车，跨上、下行正线，接入主用方向为下行的股道。

跨线发车：发车进路跨上、下行正线，进路内存在上、下行间载频切换。例如，由主用方向为下行的股道，跨上、下行正线，向上行线区间发车；或由主用方向为上行的股道，跨上、下行正线，向下行线区间发车。

二、轨道电路发码及载频切换总体要求

（一）轨道电路发码总体要求

《高速铁路信号联锁和列控设备质量控制若干措施的通知》（铁总建设〔2018〕19 号）要求："设计时速 200 km 及以上等级铁路，应积极采用车站一体化轨道电路，减少信息盲区，提高轨道电路信息准确性和安全性"。因此，积极采用车站一体化轨道电路，减少信息盲区是高速铁路车站轨道电路发码的总体要求。

（二）载频切换总体要求

1. 动车组载频切换

（1）全进路发码进路内，动车组自动转频

采用 C2 列控系统的车站，全进路发码进路内，列车进路每个区段的载频信息都写入应答器，靠应答器信息实现载频自动切换，不需要人工干预。

（2）正线股道未设有源应答器，跨线发车咽喉区无码且补码时，动车组需要手动转频

需要特别注意，在全进路发码车站，未设有源应答器的正线股道，办理跨线始发作业或车载设备重启时，咽喉区无码，当区间 1LQ 长度较短，不满足部分监控模式下 45 km/h 到 0 km/h 常用制动距离要求时，应补码。

上述场景补码时发车进路存在上下行载频切换，因正线股道未设有源应答器，只能由司机手动切换。因此，应在运营注意事项中明确越过出站信号机后动车组司机应及时手动进行上下行载频切换。否则即便补码了，因未进行上下行载频切换，车载设备在咽喉区将一直无码，因 1LQ 有码区段长度不满足制动距离要求而触发制动，存在安全隐患。

应合理设计区间 1LQ 区段长度，避免跨线发车等场景下制动距离不足存在安全隐患。

2. 普速列车载频切换

（1）无码区段手动切换

这是最传统的切换方式，在无码区段，由司机手动进行上下行载频切换（俗称扳闸）。

(2) 有码区手动切换

《列车运行监控装置(LKJ)控制模式设定规范》(TJ/DW 173—2015)“9 模式控制方式”中关于机车信号信息变为白灯的控制逻辑如下。

①机车信号信息由 L5、L4、L3、L2、L、LU、U2、U2S 码变为白灯时，LKJ 监控列车按规定速度越过其运行前方的信号机；列车头部越过该信号机后机车信号信息仍为白灯的，LKJ 按运行前方信号机关闭监控列车运行。

②机车信号信息由 U、UU 码变为白灯，LKJ 按运行前方信号机关闭监控列车运行。

③机车信号信息由 HU 码转无码时间维持 4 s 且列车速度不为 0 km/h 的，LKJ 输出紧急制动命令。

根据上述 LKJ 逻辑可知，LKJ 支持在允许码区段手动扳闸进行上下行载频切换；但在 HU 码区段，如果无码时间超过 4 s，将触发紧急制动。在 HU 码区段扳闸进行载频切换时，要在 4 s 内完成操作，对司机要求太高，操作难度太大，触发紧急制动的风险也太大。

因此，若要在有码区扳闸进行上下行载频切换，建议避开 HU 码区段，宜在进站前或出站后。例如，越过出站信号机或进入区间时，码序不得为 HU 码。

(3) 轨道电路发送载频切换码

轨道电路发送载频切换码，自动进行载频切换。在实际运用中多数采用手动切换方式，仅在采用闭环电码化的车站采用自动切换方式。

根据《机车信号信息定义及分配》(TB/T 3060—2016) 4.7 规定：“SP 码用于机车信号设备的载频锁定或切换”，而在 4.6 条的 CTCS-2/3 级区段中并无 SP 码。如果列控中心发送载频切换码 SP，容易出现超过译码时间导致动车组车载设备掉码触发制动的风险，影响正常运行。在采用列控中心编码的车站，列控中心不发送载频切换码。因此，设计速度 200 km/h 的客货共线车站，普速车载频切换只能采用传统的手动切换方式。

(4) 普速车载频切换宜在无码区进行

多线引入高普共线、行别相反车站，接发车进路存在上下行载频切换时，是优先考虑便于普速列车在无码区手动进行载频切换，还是优先考虑动车组发车进路连续有码、让普速列车在有码区段扳闸进行载频切换，应充分征求运营单位运输、机务及电务等部门意见。

为进一步提高可靠性，避免普速列车在接车进路等 HU 区段扳闸进行载频切换时掉码触发紧急制动，普速列车载频切换宜在无码区进行。

(5) 最大限度减少普速列车常用进路载频切换

基于普速列车只能手动进行上下行载频切换的特点，对于多线引入高普共线、行别相反的车站，为最大限度减少普速车常用进路载频切换，应充分研究比选车站载频设计方案，建议新线设计时全站均以普速线行别载频为基准，按传统方式布置载频；动车组在进站口由应答器信息进行载频自动切换。

3. 载频切换总体要求

结合普速列车、动车组载频切换特点和机务部门运用习惯，载频切换总体要求是 C2、C3 列控运行的动车组采用自动转频，C0 列控运行的列车采用手动转频；充分研究比选设计方案，最大限度减少动车组特殊场景手动载频切换，最大限度减少普速列车常用进路载频切换；普速列车载频切换宜在无码区进行。

三、设计速度 200 km/h 客货共线铁路载频切换及发码特殊要求

常规轨道电路发码原则详见本节“四、设计速度 250 km/h 及以上高速铁路轨道电路发码总体原则”，本部分仅介绍设计速度 200 km/h 客货共线铁路载频切换及发码特殊要求。

在设计速度 200 km/h 客货共线铁路多线引入、行别相反车站，列车在不同线路间转线运行时存在上下行载频切换，有的还设有大号码道岔，对于发码及载频切换方案应重点研究。

（一）大号码道岔侧向的正向通过进路应按全进路发码设计

根据《CTCS-2 级列控车载设备技术规范》（Q/CR 843—2021）7.4.4.6 规定：“侧线接发车时采用以下特殊控制逻辑：在接收 UU 或 UUS 码之后，列车进入道岔区段，车载设备接收的轨道电路信息转为无信号时，应将本闭塞分区的终点作为停车目标点计算行车许可（MA）。”

以车站接车进路设有 1/42 大号码道岔为例，如果咽喉区无码，车载设备将默认出站信号机关闭，以本闭塞分区终点为停车目标点，生成行车许可，待进入股道收到允许码后速度再抬升，这样可能导致动车组仅以 80 km/h 速度通过大号码道岔，降速严重，无法发挥大号码道岔作用，严重影响通过效率。

因此，为确保动车组以设计速度正常通过大号码道岔，经大号码道岔侧向的正向通过进路应按全进路发码设计。

（二）除大号码道岔侧向通过进路外，优先设计无码区进行载频切换

在设计速度 200 km/h 的高、普共线行别变化车站，部分列车进路内存在上下行载频切换。如果主要开行动车组，普速列车开行数量较少，对于这些进路，为满足动车组基本接发车进路连续有码的需求，可按全进路发码设计，即普速列车在有码区段手动扳闸进行上下行载频切换。

如果普速列车开行数量较多，为进一步提高可靠性，避免普速列车在接车进路 HU 区段扳闸进行载频切换时掉码触发紧急制动，在不影响动车组正常运行的前提下，除大号码道岔侧向通过进路外，优先设计无码区进行上下行载频切换，无码区长度宜满足按线路允许速度走行 5 s 的距离。

在枢纽三角交叉区域，经常会遇到在线路所经道岔侧向运行时发生行别变化的情况，针对这种行别变化的特殊情况，兼顾普速列车上线时，线路所非大号码道岔侧向进路，优先设计无码区，用于普速列车司机手动进行上下行载频切换。

具体设计方案应征求运营单位运输、机务及电务等部门意见。

（三）补码时要注意补码区段载频对车载设备的有效性

当区间 1LQ 长度或总出站信号机接近区段连续有码区段长度较短不满足制动距离要求时，需要进行补码。补码时要注意补码区段载频对车载设备的有效性，通常避免在补码区段手动扳闸，补码区段应与发车口区间载频行别保持一致，即均为下行或上行。

四、设计速度 250 km/h 及以上高速铁路轨道电路发码总体原则

设计速度 250 km/h 及以上的高速铁路，车站列车进路采用与区间同制式的一体化移频轨道电路，常规条件下均采用全进路发码方案。

(一) 轨道电路发码总体原则

1. 站内无交叉渡线

非跨线列车进路：采用全进路发码。

跨线接车进路：采用全进路有码。

跨线发车进路：正线股道设有源应答器时，均采用全进路发码；正线股道未设有源应答器时，正线股道跨线发车咽喉区发 JC 码，其余股道跨线发车采用全进路发码。

2. 站内有交叉渡线

目前交叉渡线侧向全进路发码技术并不成熟，采用不成熟的技术进行发码，存在掉码触发制动的隐患，影响正常行车。经交叉渡线侧向的列车进路不发码，不影响动车组正常运行。因此，对于经交叉渡线侧向的进路建议发 JC 码。

在施工图审核工作中发现有的车站采用一体化轨道电路，设有多组交叉渡线，仅运行动车组，按全进路发码设计，这种情况下存在经交叉渡线侧向运行时掉码触发制动的隐患。

有的车站采用一体化轨道电路，设有多组交叉渡线，仅运行动车组，设计为非全进路发码，仅正线及股道有码，所有经道岔侧向进路均无码。这种轨道电路发码方案导致动车组所有侧线接发车进路均无码，动车组基本进路也无码，无码区太多，与铁总建设〔2018〕19号文精神不符，发码方案不合理。

为减少信息盲区，充分发挥一体化轨道电路作用，确保轨道电路发码技术成熟可靠，对于采用一体化轨道电路、设有交叉渡线、仅运行动车组的车站，轨道电路发码方案优化为：除经交叉渡线道岔侧向进路咽喉区发 JC 码外，其余动车组基本接发车进路（非跨线列车进路）应采用全进路发码。

(二) 跨线发车补码方案

全进路发码车站，有时也需要补码。通常所说的全进路发码，多指的是非跨线列车进路连续发有效码，而跨线列车进路不一定连续有码。跨线列车进路是否连续有码，取决于正线股道是否设置有源应答器，当正线股道未设有源应答器，办理跨正线的列车进路时咽喉区无码。

在全进路发码车站，需要特别注意，未设有源应答器的正线股道，办理跨线始发作业或车载设备重启时，咽喉区无码，部分监控模式限速 45 km/h，区间 1LQ 长度应满足 45 km/h 到 0 km/h 常用制动距离再附加 110 m 安全防护距离的要求，不满足时应补码，否则存在安全隐患。

上述场景补码时发车进路存在上下行载频切换，只能由司机手动切换，应在运营注意事项中明确在越过出站信号机后司机应及时手动进行上下行载频切换。否则即便补码了，因未进行上下行载频切换，车载设备在咽喉区将一直无码，因 1LQ 有码区段长度不满足制动距离要求而触发制动。补码区段应与发车口区间载频行别保持一致，即均为下行或上行。

某车站采用一体化轨道电路，仅开行动车组，采用全进路发码，正线股道未设有源应答器。区间 S1LQ 较短，仅为 200 m，由于正线股道未设有源应答器，当办理 SⅠ→XN 跨正线发车时咽喉区无码，连续有码区段长度仅 200 m，不满足 45 km/h 到 0 km/h 的常用制动距离要求，引起车载设备降速，存在安全隐患。发现该问题后，对发车进路咽喉区进行补码，确保跨线发车时连续有码区段长度满足 45 km/h 到 0 km/h 的制动距离再附加 110 m 安全防护距离要求。

五、满足车载 UUS 码控制逻辑的轨道电路发码方案

除减少信息盲区、防止普速列车跨线时掉码、确保轨道电路发码技术成熟可靠外，满足车地匹配要求是轨道电路发码方案的另一个重点。结合车载设备特点，对基于车地匹配的轨道电路发码方案进行研讨。

（一）车载 UUS 码控制逻辑简介

根据《CTCS-2 级列控车载设备技术规范》（Q/CR 843—2021）7.4.4.6 规定："侧线接发车时应采用以下特殊控制逻辑：在接收 UU 或 UUS 码之后，列车进入道岔区段，车载设备接收的轨道电路信息转为无信号时，应将本闭塞分区的终点作为停车目标点计算行车许可（MA）。"

目前各车载设备关于 UUS 码具体处理逻辑不尽相同，有的车载设备是在收到进站信号机应答器信息后就重新计算 MA，岔区轨道电路无码，默认下一架列车信号机关闭。对于工程设计来说，应按最不利的情况来考虑。车载设备收到 UUS 码，越过列车信号机进入道岔区段，该闭塞分区连续有效发码区段长度应满足 80 km/h 到 0 km/h 的常用制动距离要求，否则会引起车载设备降速，影响运输效率。不同型号车载设备 80 km/h 到 0 km/h 常用制动距离见表 5-4-1。

表 5-4-1　不同型号车载设备 80 km/h 到 0 km/h 常用制动距离表

序号	车载设备型号	常用制动初速度(km/h)	平坡制动距离(m)	10‰下坡制动距离(m)	20‰下坡制动距离(m)	30‰下坡制动距离(m)
1	300T	80	525.2	604.7	720.7	906.5
2	300S	80	476.7	548.3	651.9	814.6
3	200H	80	493.6	562.7	659.7	805.9
4	200C	80	726	841	996	1 284

从表 5-4-1 可知，200C 车载设备所需制动距离最长，因此工程设计中应将 200C 定义为最不利车型，核实连续有码区段长度是否满足制动距离要求。在工程设计中还要注意，应在表中距离基础上再附加安全防护距离，根据车载相关规范，安全防护距离为站内 60 m，区间 110 m。

常规概念中，列车信号机间距离大于 800 m 就满足制动距离要求，但是从表 5-4-1 中可以看出，在 30‰下坡时，300T 车载设备制动距离达到 906.5 m，300S 和 200H 车载设备的制动距离也超过了 800 m。因此不是信号机间距离大于 800 m 就没问题，而是应根据车载设备型号、线路坡度等因素通过牵引计算，来核实连续有码区段长度是否满足制动距离要求。简单地说，大于 800 m 也不一定满足制动距离要求，必须通过牵引计算来确定。《铁路技术管理规程（普速铁路部分）》第 74 条规定："自动闭塞区段信号机设置位置和显示关系应根据列车牵引计算确定，并应满足列车运行速度规定的制动距离和线路通过能力的要求"。《铁路技术管理规程（高速铁路部分）》第 70 条规定："高速铁路闭塞分区的划分，应满足动车组列控车载设备按照目标距离模式控车和未装备列控车载设备的列车按四显示自动闭塞行车的要求"。

在某些项目中，出现了信号机间距离大于 800 m 但是仍不满足制动距离要求的情况。究其原因，是设计单位惯性思维，未进行充分的牵引计算导致。设计单位应严格执行《铁路技

术管理规程》（普速、高速）相关规定，认真进行牵引计算，避免出现闭塞分区或连续有码区段长度不满足制动距离要求的情况。

从上述分析可知，两架信号机间的连续有效发码区段长度直接影响列车速度，即使两架信号机间的距离大于列车制动距离，而连续有效发码长度不满足制动距离，仍会使列车降速，工程设计时应尤其注意。

（二）线路所通过信号机 UUS 码设计要点

线路所通过信号机至下一架列车信号机间连续有效发码区段长度，应满足由 80 km/h 到 0 km/h 的常用制动距离要求，否则在办理通过进路时，会导致车载设备降速。线路所通过信号机的下一架列车信号机，根据不同情况，一般可分为三种类型。

1. 区间通过信号机

线路所通过信号机下一架列车信号机最常见的就是区间通过信号机。全进路有码时，线路所通过信号机至区间通过信号机间闭塞分区长度应满足制动距离要求；线路所岔区侧向无码时，线路所通过信号机至区间通过信号机间连续有效发码区段长度应满足制动距离要求。

2. 邻站进站信号机

当线路所与相邻车站距离较近时，线路所通过信号机下一架列车信号机是邻站进站信号机。此时要特别注意两架信号机间连续有效发码区段长度是否满足 80 km/h 到 0 km/h 的常用制动距离要求。

某线路所与邻站距离较近，线路所通过信号机至邻站进站信号机间仅 613 m，由于不满足制动距离要求，联锁采取了红灯重复措施，红灯重复仅仅是联锁意义上的防护措施，并不解决因制动距离不足导致车载设备降速的问题。如果将 UUS 码降级为 UU 码，可以解决车地匹配问题，但是线路所过岔速度由 80 km/h 降为 45 km/h，影响通过效率，不能充分发挥 1/18 道岔的作用。

针对这种情况，在前期设计阶段就要特别注意核对两架信号机间连续有效发码区段长度是否满足制动距离要求，不满足时应移设线路所通过信号机，确保移设后线路所通过信号机至邻站进站信号机间连续有效发码区段长度满足 80 km/h 到 0 km/h 的常用制动距离要求。

3. 总出站信号机

某些特殊线路所设置了总出站信号机，而线路所通过信号机至总出站信号机间距离不满足 80 km/h 到 0 km/h 的常用制动距离要求，导致车载设备严重降速。针对这种情况，应取消总出站信号机或移设相关信号机，确保线路所通过信号机至总出站信号机间连续有效发码区段长度满足 80 km/h 到 0 km/h 的常用制动距离要求。

（三）出站信号机 UUS 码设计要点

出站信号机至下一架列车信号机间连续有效发码区段长度应满足由 80 km/h 到 0 km/h 的常用制动距离要求，否则在办理发车进路时，会导致车载设备降速。

全进路发码车站，应合理设计区间 1LQ 区段长度，侧线股道出站信号机至下一架列车信号机间连续有效发码区段长度应满足由 80 km/h 到 0 km/h 的常用制动距离要求；未设置有源应答器的正线股道，出站信号机至下一架列车信号机间连续有效发码区段长度应满足由 45 km/h 到 0 km/h 的常用制动距离再附加 110 m 防护距离的要求；当 1LQ 区段长度较短时，应进行补码，补码范围内不宜有上下行载频切换。

非全进路发码车站，应合理设计区间 1LQ 区段长度，出站信号机至下一架列车信号机间连续有效发码区段长度应满足由 80 km/h 到 0 km/h 的常用制动距离要求；当 1LQ 区段长度较短时，应进行补码，补码范围内不宜有上下行载频切换。

（四）进路信号机 UUS 码设计要点

设有进路信号机或总出站信号机的非全进路发码车站，办理侧向列车进路时，进路信号机或总出站信号机接近区段连续有码区段长度应满足 80 km/h 到 0 km/h 的制动距离要求，不满足时应补码，否则会导致车载设备降速。

某站侧线发车时咽喉区无码，总出站信号机 XZ 接近区段连续有码距离仅为 428 m，不满足 80 km/h 到 0 km/h 制动距离要求，存在发车时降速的隐患（优化方案：对 XZ 接近区段进行补码，确保侧线发车时 XZ 接近区段连续有码区段长度满足 80 km/h 到 0 km/h 的制动距离要求）。

有的车站进路信号机外方无岔区段连续有码距离为 600 m，不满足 80 km/h 到 0 km/h 的制动距离要求。

在前期设计阶段，对于非全进路发码车站，应重点核对进路信号机、总出站信号机接近区段连续有效发码区段长度是否满足制动距离要求。不满足时，优先调整信号机位置，满足制动距离要求；信号机位置无法调整时，应采取补码措施。

（五）无码区不得超过 1 500 m

《CTCS-2 级列控车载设备技术规范》（Q/CR 843—2021）7.3.4 规定：“部分监控模式下轨道电路信息与车载监控速度对应关系为：当由 UU 码或 UUS 码变为无码或 25.7 Hz、27.9 Hz 后的限速最多维持 1 500 m，若 1 500 m 后仍无码或 25.7 Hz、27.9 Hz，列车限速降为 0 km/h，并输出最大常用制动。”在施工图审核中，发现某些车站站场改造后无码区长度超过 1 500 m，而设计单位未发现，导致补码方案漏设计。

对于咽喉区较长的车站，一定要注意无码区长度，超过 1 500 m 时应进行补码设计，并且还要考虑车载设备的测速测距误差等因素，一般要预留 3%的计算余量。

六、结 束 语

轨道电路发码方案合理性、可靠性及载频切换方案是轨道电路发码方案的关键，应根据车站具体特点、运输组织需求充分研究比选。在设有交叉渡线的车站，应合理确定发码方案，避免经交叉渡线侧向时掉码或无码区太多。客货共线车站存在上下行载频切换的进路，除大号码道岔侧向通过进路外，优先设计无码区进行载频切换。在非全进路发码车站，发车进路连续有码区段长度不满足制动距离要求时应进行补码。

第五节　高普共线、行别相反车站轨道电路发码设计

仅开行动车组的车站轨道电路发码方案较为简单，但是在一些特殊站场，如高普速共线、行别相反车站，则需要结合站场具体特点、运输组织需求及车地匹配等因素合理确定轨道电路发码方案。

一、概　　述

某设计时速为 200 km/h 及以上的线路引入既有车站，中间两条正线为既有车站上下行

正线，外侧两条正线为新建线路上下行正线，形成四线引入格局，如图 5-5-1 所示。该车站既运行装备 LKJ 的普速列车，又运行装备 ATP 车载设备的动车组。高速线、普速线行别相反，采用 C2 列控系统，一体化轨道电路，列控中心编码。载频布置原则如下：

上行正线采用上行载频、下行正线采用下行载频，其他侧线原则与相邻正线载频一致，自上而下大体划分为四个区域：①高速上行区域（上行载频）；②普速下行区域（下行载频）；③普速上行区域（上行载频）；④高速下行区域（下行载频）。

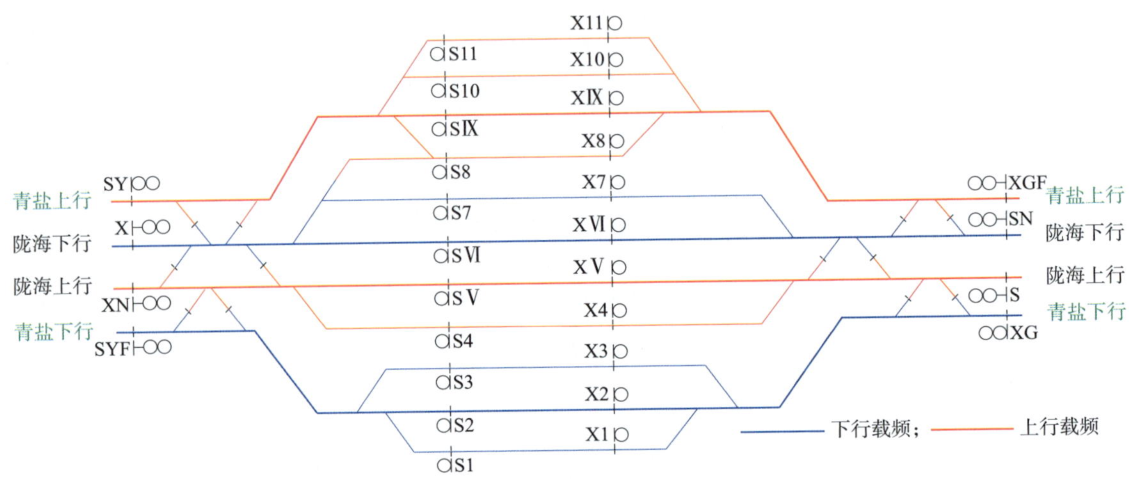

图 5-5-1　某高普共线、行别相反车站示意图

二、高普共线、行别相反车站轨道电路发码设计

针对该站轨道电路发码方案，提出两个方案进行研究比选。

方案一：非全进路发码

根据本章第四节分析可知，高普共线车站，普速列车载频切换只能采用传统的手动切换方式。

由于该站高速线、普速线行别相反，考虑减少装备 LKJ 列车转频次数、防止因转频引起掉码制动等因素，设计为非全进路发码，即仅正线及股道有码，所有经道岔侧向进路均无码。

方案一存在以下问题：

1. 无码区太多，轨道电路发码方案不合理。仅正线及股道有码，动车组所有侧线接发车进路均无码，对于不存在载频切换的动车组基本接、发车进路也无码，无码区太多，不符合《高速铁路信号联锁和列控设备质量控制若干措施的通知》（铁总建设〔2018〕19 号）减少信息盲区的要求，发码方案不合理。

2. 未充分发挥一体化轨道电路作用。全站采用一体化轨道电路，而设计为非全进路发码，仅正线及股道有码，从轨道电路发码角度，与采用 25 Hz 相敏轨道电路车站发码效果相同，而一体化轨道电路投资明显高于 25 Hz 相敏轨道电路，未充分发挥一体化轨道电路作用，造成投资浪费。

方案二：非跨线进路连续发码

方案二轨道电路发码总体原则为：一是非跨线列车进路采用全进路发码；二是跨线列车

进路不能采用全进路发码，防止普速列车掉码；三是合理控制无码区长度，满足车地匹配要求。

方案二具体设计方案如下：

1. 非跨线列车进路采用全进路发码。非跨线列车进路，即接、发车进路不跨线，进路内不存在上下行载频切换，因此采用全进路发码方案，确保动车组、普速列车基本列车进路连续有码，充分发挥一体化轨道电路作用，最大限度减少信息盲区，降低邻线干扰风险。

2. 跨线列车进路宜发 JC 码，便于普速列车进行载频切换。跨线列车进路内存在上下行载频切换，普速列车载频切换采用手动切换方式，宜在无码区进行，避免掉码触发制动的隐患，所以办理跨线列车进路时，咽喉区发 JC 码。

3. 合理控制无码区长度，满足车地匹配要求。《CTCS-2 级列控车载设备技术规范》（Q/CR 843—2021）7.3.4 规定："部分监控模式下轨道电路信息与车载监控速度对应关系为：当由 UU 码或 UUS 码变为无码或 25.7 Hz、27.9 Hz 后的限速最多维持 1 500 m，若 1 500 m 后仍无码或 25.7 Hz、27.9 Hz，列车限速降为 0 km/h，并输出最大常用制动。"因此对于咽喉区无码的列车进路，要注意经 UU/UUS 码后的无码区段长度不能超过 1 500 m，超过 1 500 m 时，应采取补码措施，否则会引起车载设备制动。

4. 发车进路不满足制动距离要求时应进行补码，否则会引起车载设备降速。补码时要注意补码区段载频对车载设备的有效性，即补码区段要与发车口区间载频行别保持一致。考虑普速列车跨线发车时咽喉区无码，只要普速列车发车进路首、尾区段载频保持一致，即发车时股道和发车进路咽喉区末端区段载频保持一致（均为上行或下行），中间经过无码的变频区段也无影响，可以正常运行至有码区段。例如，该站总出站信号机接近区段应进行补码，结合动车组 ATP 车载设备控车处理及现场区段长度，接近区段按不超过 800 m 控制。

5. 鉴于该站为四线引入，高速、普速共站且行别相反，应与运输部门充分沟通，根据高速、普速运输组织特点等因素合理确定侧线股道用途及主用方向，高速、普速尽量固定进路、固定股道，减少跨线作业，减少上下行载频切换。

方案比选：

方案一经道岔侧向进路均无码，信息盲区太多，未充分发挥一体化轨道电路作用。

方案二根据进路载频特点合理确定发码方案，对于动车组、普速列车基本接发车进路连续有码。综合上述分析，推荐采用方案二。

基于普速列车只能手动切换载频的特点，对于四线引入高普共线、行别相反的车站，当高速线仅开行动车组时，为最大限度减少普速列车载频切换，建议新线设计时全站均以普速线行别载频为基准，按传统方式布置载频，动车组在进站口由应答器信息进行自动转频。

三、过渡开通时轨道电路发码设计

某枢纽站既有采用 C0 列控系统，某新建项目引入后，正式工程采用 C2 列控系统，列车进路采用一体化轨道电路，全进路发码，正式工程开通后普速列车不再上线运行。

根据站前施工组织方案，该站需要进行过渡开通，C2 列控系统开通后，过渡开通期间普速列车需继续上线运行，且有两条固定的普速列车跨线列车进路。

过渡开通、普速列车固定跨线是重大的运输需求变化，如果忽视运输需求变化，仍采用原设计的全进路发码方案，办理普速列车跨线作业时，司机无机车信号载频切换扳闸时机，有造成掉码并触发制动的风险，影响普速列车正常运行，不满足运输要求。

因此，应针对过渡开通期间运输需求的变化，合理调整轨道电路发码方案。对于存在上下行载频切换的跨线列车进路，咽喉区发 JC 码，满足普速列车手动载频切换要求。

枢纽车站存在过渡开通时，应认真研究过渡开通期间的运输组织需求，进行相应的过渡设计，采用一体化轨道电路且存在普速列车跨线作业时，宜设计无码区用于普速列车手动进行上下行载频切换，防止普速列车掉码，轨道电路发码方案应与运输需求精准匹配。

五、结 束 语

在高普共线、行别相反车站，需要结合站场具体特点、运输组织需求等因素合理确定轨道电路发码方案，优先确保动车组基本接发车进路连续有码，最大限度减少信息盲区。按照动车组自动转频、普速列车手动转频的原则，合理设置载频行别，最大限度减少普速列车常用进路上下行载频切换。

第六节　动车段（所）轨道电路发码设计

在新建高速铁路项目中，经常会新建动车段（所）。由于作业性质不同，动车段（所）有其独特的特点，例如动车段（所）设有踏面诊断设备，如何避免动车组经踏面诊断设备时掉码影响行车？动车段（所）股道 G2（靠近检查库侧）为单方向发码，如何避免动车组出库时某些车载设备在调车模式下收到反向 HU 码继而变无码而触发制动停车？

一、避免动车组经踏面诊断设备处掉码设计

轮对踏面是指车轮与钢轨顶面的接触部分。为使轮对在钢轨上平稳运行，顺利通过曲线面，降低车轮磨耗，延长旋轮公里数，踏面应有合理的外形。因此，在动车段（所）利用动车组出入的时机，对轮对踏面进行必要的检测，及时掌握轮对运用状态。

动车段（所）设有轮对踏面诊断设备，由于轮对踏面诊断棚探伤钢轨需要与相邻钢轨绝缘并接地的特殊要求，踏面诊断设备将轨道电路中间切断，形成一段约 8 m 的死区段。如果该区段发码，动车组低速通过时会出现掉码触发制动的现象。避免动车组经踏面诊断设备时掉码有两个方案。

方案一：增加钢轨接续线，缩短无码区长度

8 m 探伤钢轨仅有 2 m 多范围安装轮对踏面诊断设备，因此对无轮对踏面诊断设备的范围，将钢轨接续线参照机车信号测试环线的安装方式设于钢轨附近。采取此措施后仅有 2 m 多范围无码，可避免动车组经踏面诊断设备时掉码。

方案二：动车段（所）进站均按 UU 处理，咽喉区不发码

动车段（所）一般为 1/12 道岔，侧向允许速度 45 km/h。入库时，将动车段（所）进站信号机显示均按 UU 处理，侧向允许速度 45 km/h，咽喉区不发码，仅股道有码。

方案比选：

方案一并没有从系统设计和核心需求的角度仔细研究方案，此处的核心需求是必须进行轮对踏面诊断，咽喉区发码不是核心需求，可以不发码。如果发码，就一定要确保发码方案的可靠性，避免动车组经踏面诊断设备处掉码触发制动。踏面诊断设备型号不同，无码区长

度也不尽相同。方案一存在掉码隐患，可靠性较差，不利于维护。

方案二不影响效率，也不影响动车组入库正常作业，同时有效避免了经踏面诊断设备时掉码。

综上所述，推荐采用方案二。

踏面诊断设备应设在动车段（所）进站信号机内方。有的项目将踏面诊断设备设在动车段（所）进站信号机外方的动走线上，动走线必须连续发码，却设有踏面诊断设备，存在掉码触发制动的隐患。因此，踏面诊断设备必须设在动车段（所）进站信号机内方。

二、动车段（所）股道发码设计

动车段（所）股道设置分割信号机时，应合理设计 G2（靠近检查库侧）发码方向，避免动车组出库时，某些车载设备在调车模式下收到反向 HU 码继而变无码而触发制动停车。

动车段（所）股道设置分割信号机，股道分为两段轨道电路，入库时先压入的区段为 G1，出库时先压入的区段为 G2。办理入库的接车作业和出库的发车作业时，动车组在 G1 运行均为列车模式，所以 G1 为双方向发码。办理入库的接车作业时，动车组在 G2 运行为列车模式，办理出库的发车作业时，动车组在 G2 为调车模式，压入 G1 后转为列车模式，所以 G2 为单方向发码，仅办理入库方向的接车作业时发码，办理出库方向的调车进路时不发码。

某些型号的车载设备在启机后无论什么模式均接收轨道电路信息。出库时，车载设备为调车模式，如果此时 G2 仍然维持入库时的发码方向，车载设备压入 G2 后会先收到反向的 HU 码，然后变无码，由于 HU 码变无码，触发紧急制动。某动车段（所）出库时在 G2 触发紧急制动示意如图 5-6-1 所示。

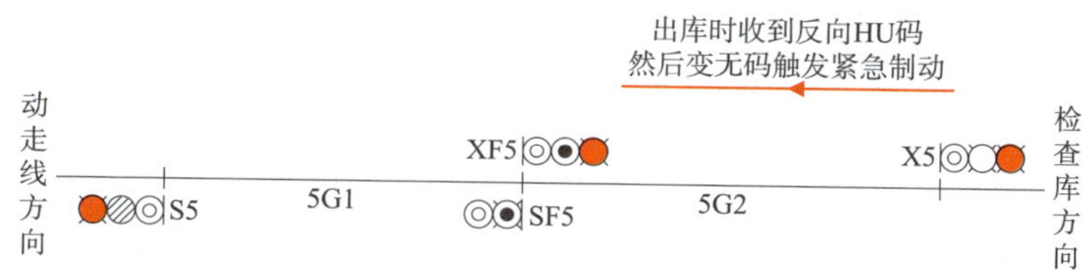

图 5-6-1　某动车段（所）出库时在 G2 触发紧急制动示意图

为避免出现上述问题，应合理确定 G2 发码方向。出库时为调车模式，G2 不发码，此时应将入库方向的发码通道断开，即出库时 G2 轨道电路两端均不发码，G2 只有在办理入库方向的列车进路时才发码。可以由联锁驱动 FMJ，仅在办理入库方向的列车进路时，FMJ 吸起，接通发码通道，其他作业时 FMJ 落下，断开发码通道。

《集中联锁结合电路一般原则》（TB/T 2307—2017）11.4 规定："轨道区段单方向发码且进路上运行的列车正反方向的载频一致，当列车进路与发码方向相反时，应切断该区段的发码。"这项技术要求就是基于动车段（所）G2 单方向发码的运用场景制定的，设计单位应认真贯彻执行。

三、动车段（所）洗车线发码设计

动车段（所）承担动车组的客运准备、动车组检修和存放任务，一般设置车体外皮清洗线。目前外皮清洗线洗车分为由牵车机牵引动车组进入封闭式洗车库洗车和不设牵车机的露天洗车库，后者由于不设牵车机，洗车线股道可正常设置轨道电路，洗车线信号机布置与其他存车线一致；前者由于洗车库内装有牵车机，洗车库内设置整体道床轨道，不能正常设置轨道电路，洗车线的信号机布置、接发车进路的办理条件等需要进行特殊设计。

某工程为了满足按列车方式接车至洗车线，洗车线两端设列车信号机，洗车库两端设绝缘节，列车信号机设接近区段，如图 5-6-2 所示。

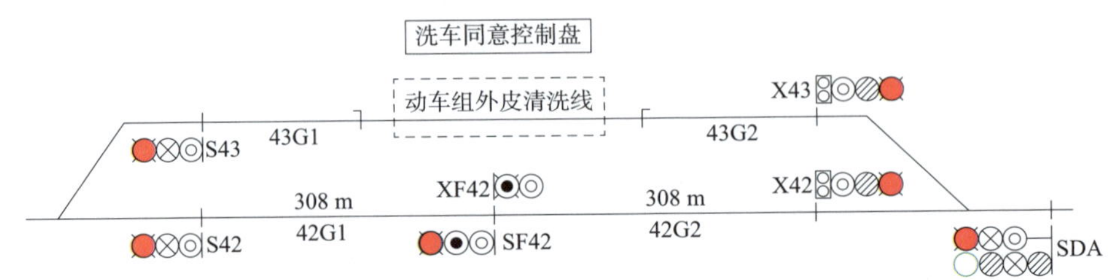

图 5-6-2 某动车段（所）洗车线信号机设置示意图

接近区段 43G1 和 43G2 做了单端发码，43G1 仅做了接车方向发码，43G2 只做发车方向单端发码，但发码方向与进路未进行关联检查。通过前述分析可知，43G1 也存在发码方向与进路方向相反时列车先收到反向 HU 码然后变无码触发紧急制动的问题。

43G2 也存在类似问题。列车从动走线往洗车线接车时，当其第一轮对越过 X43 处绝缘节时，由于 43G2 占用，43G2 发 HU 码。若此时车速较慢，由于轨道电路入口电流较大（发车有码的近端），此时车可以收到 HU 码，随着列车运行然后变无码，导致列车触发紧急制动。

可参考前述办法，按照仅特定方向进路才发码、发码方向与进路方向一致的原则，在发码通道加 X43ZCJ 或 FMJ，接车时将 43G2 的发码通道切断。

四、高压脉冲轨道电路掉码解决方案

由于动车段（所）内动车组数量少、车体质量轻、运行速度慢等原因，钢轨表面因氧化生锈较为普遍，分路不良现象严重。因高压脉冲轨道电路对解决分路不良有良好效果，在动车段（所）得到普遍运用。

有的动车段（所）股道也采用了高压脉冲轨道电路，股道需要发码，故采用高压脉冲轨道电路叠加 ZPW-2000 电码化。在实际运用中，出现了车载设备掉码现象。

（一）工作原理简介

高压脉冲轨道电路在一个信号周期内含不同幅值、脉宽的正脉冲和负脉冲，其正脉冲和负脉冲波形“不对称”，轨面的正脉冲幅值可达 100 V 以上，利用脉冲信号的瞬间高电压可以有效击穿轨面锈层，达到良好的分路效果。

高压脉冲轨道电路根据脉冲发送器放置处所分为室内集中方式和室外分散方式两种。当送端电缆环阻大于 50 Ω（或电缆长度大于 1 km）时，将发送器分散放置于室外，反之将发送器集中放置于室内。相邻高压脉冲轨道电路采用不同频率脉冲信号，在轨端绝缘破损或扼流变压器单侧断线后，仍能够实现可靠的分路检查。

室外分散式高压脉冲轨道电路原理示意如图 5-6-3 所示，室内集中式高压脉冲轨道电路原理示意如图 5-6-4 所示。

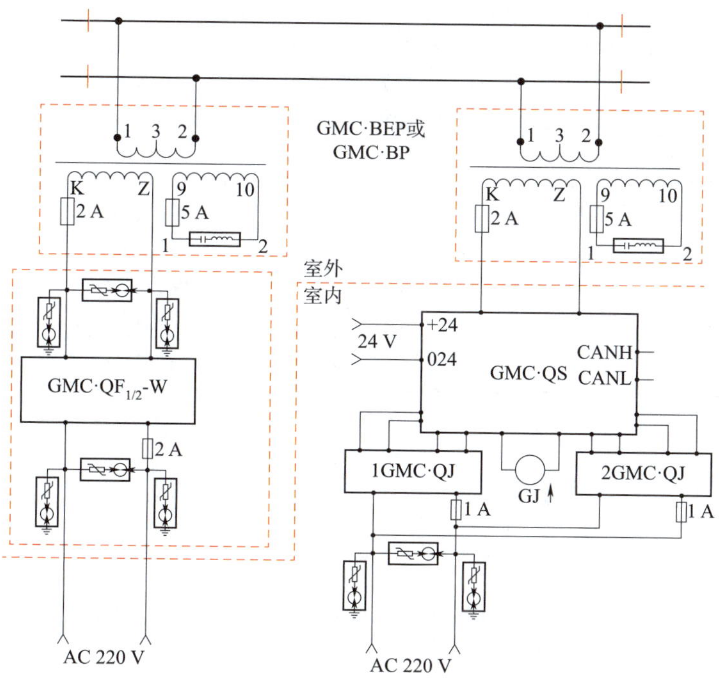

图 5-6-3　室外分散式高压脉冲轨道电路原理示意图

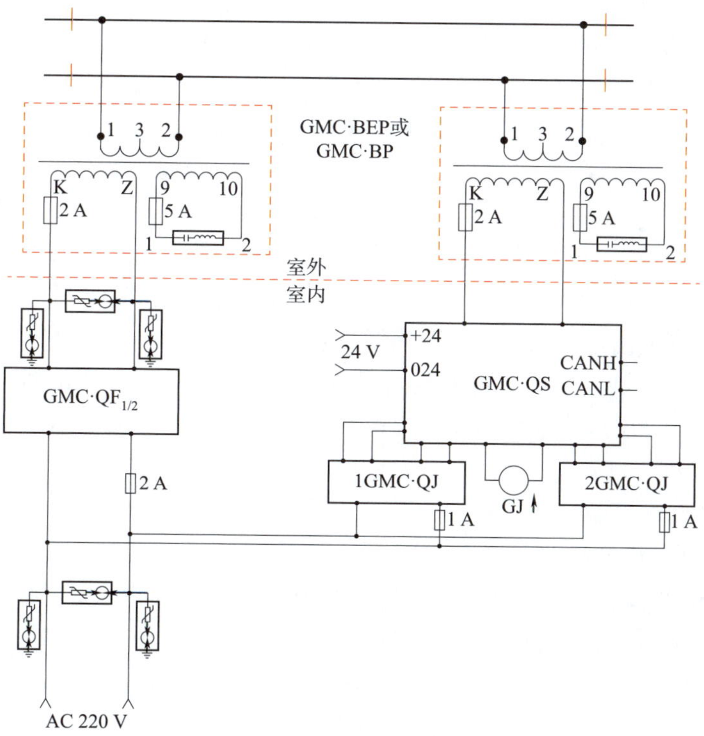

图 5-6-4　室内集中式高压脉冲轨道电路原理示意图

（二）高压脉冲叠加电码化原理

高压脉冲轨道电路叠加 ZPW-2000 电码化，即在 ZPW-2000 电码化发送器后端加装移频信号隔离设备，再并入高压脉冲轨道电路发送通道，连接室外钢轨设备，构成电码化电路。室外分散式高压脉冲轨道电路叠加 ZPW-2000 电码化原理示意如图 5-6-5 所示。

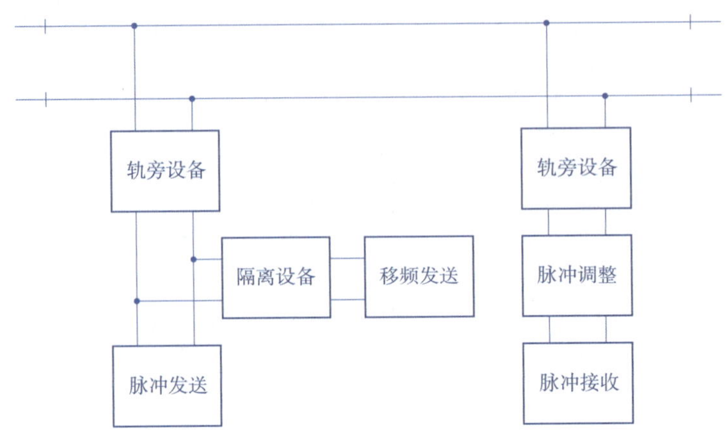

图 5-6-5　室外分散式高压脉冲轨道电路叠加 ZPW-2000 电码化原理示意图

（三）掉码原因分析

根据图 5-6-5 的设计结构，隔离设备使得脉冲信号不会窜入移频发送器，对于移频信号来说，脉冲发送器与室外设备并联后整体构成了移频发送的负载，在脉冲发送器工作电容放电时，相当于在移频发送的输出并联了 50 μF 的电容。在电容放电时，移频信号的幅值有所降低，持续时间与脉冲发送器的特性及调整有关，一般持续时间为 8～20 ms，出现频率为 3 次/s，对于移频信号呈现低阻抗，期间使得送往钢轨的电码化电流降低。在极端条件下，动车组接收的移频信号能量减弱、信号延迟及不稳定等情况导致部分车载设备不能正常解析出稳定载频、低频进而造成掉码。

以 200H 型车载设备为例，200H 通过载频变化来更新边界，进而更新位置、里程等信息，因此载频解析要求很高，周期很短，以 20 ms 为一个能量周期接收 TCR 感应的移频能量，并在这个能量周期内以 10 ms 为一个周期解析载频。此外，载频解析出来后还需在 1.8 s 内解析出低频，才算完成一个完整的解码过程。在解析过程中，如因某种原因导致载频未能解析，则需要重新开始获取移频能量并进行载频、低频解析，如此，如果在 4s 内未能完成一个完整的解码过程，则造成掉码。

（四）解决方案

1. 提高轨面电码化电流

针对高压脉冲轨道电路叠加 ZPW-2000 电码化股道区段，因高压脉冲信号干扰移频信号，导致移频信号能量减弱的问题，在邻线干扰达标的前提下，采取提高电码化入口电流的方式，可以较好地解决车载掉码问题。为提高电码化入口电流且保障邻线干扰值达标，针对动车段（所）内区段长度较短的特点，可以采取去除区段内的补偿电容，再提高电码化入口电流的方式。入口电流应符合《铁路车站电码化技术条件》（TB/T 2465—2010）4.2.14 中 ZPW-2000（UM）系列电码化，在最不利条件下，机车信号钢轨入口电流值应不大于 1.2 A（2 600 Hz 时，≤1.1 A）的要求。

2. 电码化电路增设干扰抑制器

针对高压脉冲信号干扰，对移频信号的呈现低阻抗，从而轨面电码化电流降低的问题，研究在脉冲发送电路中增设信号干扰抑制器，压缩干扰脉宽（目前是 8～20 ms），降低对移频信号的干扰影响。

3. 改善电码化波形波尾振荡

通过分析大量车载解析波形，发现因电码化正弦波形波尾能量弱、曲线振荡导致不能完整解析的占绝大部分，除提高入口电流方式外，根据不同区段特性，通过调整室外电码化扼流变压器的变比，减少 8～20 ms 的干扰脉宽，从而改善电码化波形波尾振荡，辅助提高车载设备解析移频信号的成功率。

4. 单方向发码区段改为受端发码

当受端发码时，送端高压脉冲信号被列车第一轮对短路，高压脉冲信号不会送到轨面与移频信号叠加，即受端发码情况下，高压脉冲信号不会被车载的 TCR 感应（TCR 只能感应移频信号），因此对于受端发码的电路，车载接收移频信号不受高压脉冲信号影响。

动车段（所）股道设置分割信号机的 G2 区段靠近检查库侧，出库时 G2→G1 为调车方式，G2 为单方向发码区段，可采取该方案。

五、结 束 语

动车段（所）一般为 1/12 道岔，侧向允许速度为 45 km/h，动车段（所）进站信号机均按显示 UU 处理，咽喉区不发码，不影响运输效率，同时能够有效避免经踏面诊断设备时掉码的隐患。对于出库为调车模式的股道分割区段，发码方向应与列车进路方向保持一致。

第七节　车站载频设计

基于轨道电路传输行车许可信息是 C2 列控系统的一大特点。轨道电路通过发送低频码向列车传递运行前方闭塞分区空闲数量信息，为车载设备生成行车许可提供安全依据。车站载频是信号工程设计的重要环节，合理设计载频及载频切换方案，是确保车地匹配的重要保障。

一、载频简介

ZPW-2000 系列轨道电路属于移频轨道电路，选用频率参数作为控制信息，采用频率调制的方式，把低频调制信号 F_C 搬移到较高频率（载频 f_0）上。对于 ZPW-2000 系列无绝缘轨道电路，采用电气绝缘节实现相邻轨道区段的隔离，所以相邻轨道区段需设置不同的载频。ZPW-2000 系列轨道电路沿袭 UM71 轨道电路的设计，采用了 1 700 Hz、2 000 Hz、2 300 Hz、2 600 Hz 四个基准载频。为了满足工程实际的需要，又衍生出-1 和-2 两个载频，其中-1 是基准载频＋1.4 Hz，-2 是基准载频－1.3 Hz，由此构成 8 种载频，即 1700-1、1700-2、2000-1、2000-2、2300-1、2300-2、2600-1、2600-2。对于机车信号、LKJ、ATP 等车载设备，并不区分-1 和-2 载频，即对于车载设备来说，仅能识别 1 700 Hz、2 000 Hz、2 300 Hz、2 600 Hz 四个载频，例如 1700-1 和 1700-2 均识别为 1 700 Hz 载频。而对于地面设备，考虑到同频干扰，-1 和-2 载频被视为不同载频。

高速铁路建设中，ZPW-2000 系列轨道电路得以进一步发展，在站内采用与区间同制式的有绝缘 ZPW-2000 系列轨道电路。站内 ZPW-2000 系列轨道电路，实现了轨道占用检查和低频信息码的整合，取代了轨道电路叠加电码化，由一套设备既完成了区段占用检查，又实现了车地信息传输。对于站内有绝缘 ZPW-2000 系列轨道电路，载频不再起到隔离轨道区段的作用，仅作为低频信息的载体，主要发挥抗干扰作用。所以，ZPW-2000 系列轨道电路载频布置，是车站轨道电路工程设计的重要内容之一。

二、载频设计

车站载频设计时，应充分考虑车载逻辑特点，满足车地匹配要求。车站载频设计要点如下。

（一）基于车载闭塞分区更新逻辑要求，列车信号机绝缘节两侧应采用不同基准载频

车载设备通过轨道电路接收模块接收轨道电路的载频、低频及绝缘节信息，根据应答器信息对接收的轨道电路信息进行载频校核，如果发生改变会将当前线路数据调整到当前闭塞分区末端，即当列车由本闭塞分区进入下一闭塞分区时，要求车载设备接收的载频不同，因此列车信号机绝缘节两侧应采用不同基准载频。

如果列车信号机绝缘节两侧采用了相同载频，因绝缘节两侧载频未发生变化，轨道电路接收器无法识别绝缘节信息上报车载设备，当前方闭塞分区码序变低时，车载设备可能会误认为当前闭塞分区码序变低，将缩短行车许可或删除线路数据，从而使列车触发紧急制动或转换控车模式。例如由完全监控模式转为部分监控模式。

实际项目中，发生过列车信号机绝缘节两侧采用相同基准载频导致掉码制动的问题。以 A 站为例，A 站 X4 出站信号机两侧采用相同载频示意如图 5-7-1 所示。

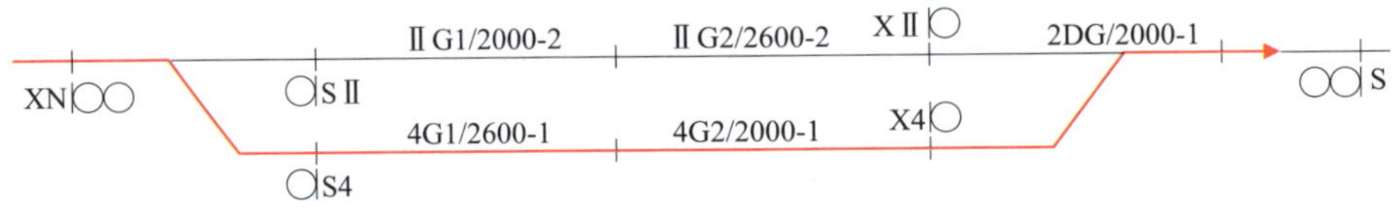

图 5-7-1 A 站 X4 出站信号机两侧采用相同载频示意图

进路描述：列车在 A 站 XN 外以 C2 系统部分监控模式发车，4G 通过，上行线反向运行，动车组尾部越过 S 进站信号机有源应答器组后停车。

问题描述：列车在 A 站 4G 通过进入岔区无码区段，机车信号由 UU 码转为 B 码，ATP 触发紧急制动。

问题分析：A 站正线及股道采用 ZPW-2000 系列轨道电路，其他岔区采用 25 Hz 相敏轨道电路，经道岔侧向的进路咽喉区发 JC 码，4G 发 UU 码。当列车经过 X4 出站信号机绝缘节后，由于绝缘节两侧区段载频相同，车载设备持续收到 2 000 Hz 载频的轨道电路信号，车载设备无法判定绝缘节位置，判断列车处于带应答器的出站信号机轨道上，同时收到载频为 2 000 Hz、低频为 27.9 Hz 的轨道电路信号，满足"UU 掉 B"的判定条件。在掉码时刻，车载设备重新生成行车许可界限 LMA，LMA 终点为当前闭塞分区末端。此时该列车位置大于 LMA，即列车越过行车许可终点，触发紧急制动。

问题整改：将 4G1 载频由 2600-1 改为 2000-1，4G2 载频由 2000-1 改为 2600-1。

如果 A 站为一体化轨道电路、全进路发码，出站信号机绝缘节两侧采用了相同载频，

列车越过出站信号机时，例如由 U2 码变为 UU 码，由于仅码序发生变化、载频未发生变化，车载设备会认为当前闭塞分区发生了码序变化，将当前线路数据调整至闭塞分区末端，会导致线路数据耗尽转为部分监控模式。或者在列车接车进站或紧追踪时，列车越过进站或出站信号机时，码序由 UUS 码变为 HU 码，由于信号机两侧载频相同，车载设备可能会误将前方 HU 码认为当前闭塞分区发了 HU 码，从而将行车许可缩至本闭塞分区末端，导致列车越过行车许可终点触发紧急制动。

（二）采用 25 Hz 相敏轨道电路车站，股道（或单独设置发送设备的无岔区段）载频要求

采用 25 Hz 相敏轨道电路车站，股道（或单独设置发送设备的无岔区段）两端应根据运行方向采用不同行别载频，否则存在反向干扰的隐患。

A 站局部载频设置示意如图 5-7-2 所示，A 站办理侧线接车进路时，进站信号机内方轨道区段为非发码区段，但 AWG 区段设计了占用发码方式的电码化，且上下行发码均为上行载频。当列车运行速度较低时，越过总出站信号机 SZ1 后，AWG 区段短时间发送 HU 码，车载设备瞬时接收到 HU 码，随后无码，导致 ATP 触发紧急制动。这是典型的反向干扰的案例，SZ1 出站信号机接近区段（AWG）发码时未区分方向，无论接车还是发车均设计为压入发码，同时，接车和发车电码化载频相同，均采用上行载频，导致机车信号收到反方向的 HU 码。

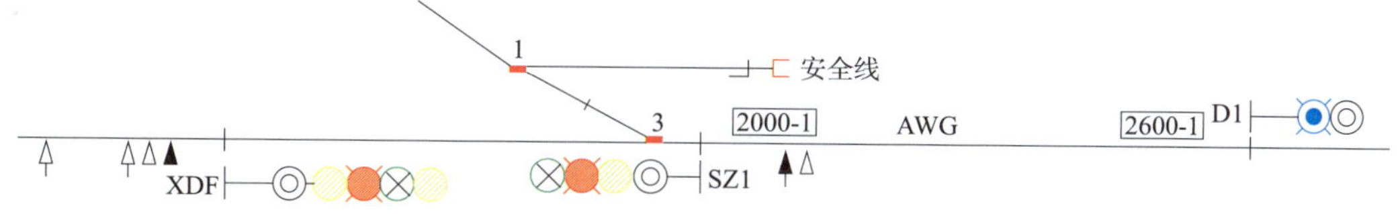

图 5-7-2　A 站局部载频设置示意图

所谓反向干扰，是指当列车压入接车股道时，列车运行反方向股道电码化对机车信号的干扰。造成股道电码化机车信号反向干扰的原因主要有以下几个方面：

1. 车站股道（或单独设置发送设备的无岔区段）两端均独立设置有电码化发送设备，当列车占用股道时，股道两端发送设备均能同时向钢轨发送电码化信息。

2. 车站股道（或单独设置发送设备的无岔区段）两端电码化发送设备采用了相同行别的载频。

3. 受站场设置的道岔侧向限速（或轮对踏面限速等原因），列车进入股道的运行速度较低，机车信号有充足的时间对反向干扰的电码化信息进行解析。

4. 股道区段因经常不停车或雨天等原因存在分路不良，由于刚压入股道时反向干扰发送功率大，给反向干扰创造了有利的条件。

综合以上原因，股道电码化发生反向干扰，当机车刚进入股道时，由于两端机车信号机相互干扰，容易造成机车信号收码慢或不收码的情况，极端情况下可能导致列车停车。

解决反向干扰，最好的办法是股道两端电码化应采用不同行别载频。以图 5-7-2 中 A 站为例，将 AWG 无岔区段下行接车方向的载频由 2600-1 改为 1700-1。修改后，办理 XDF 进站信号机接车进路时，车载设备锁定下行载频，能够避免越过总出站信号机 SZ1 后，AWG 区段短时间发送 HU 码。或者按照发码方向与进路方向保持一致的原则，办理 XDF 进站信号机接车进路时，切断 AWG 无岔区段 2000-1 载频上码通道。A 站局部载频修改后示意如图 5-7-3 所示。

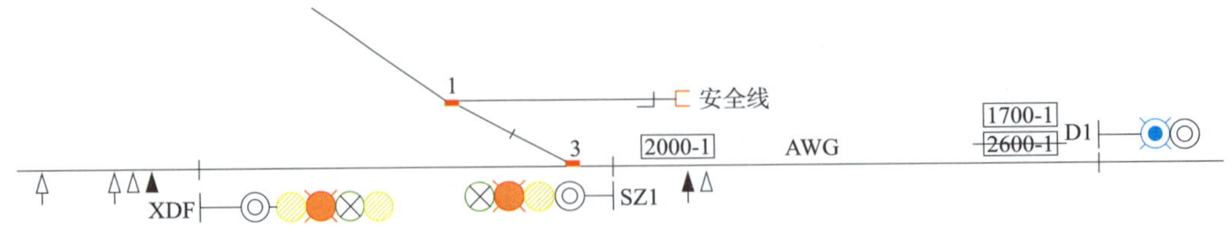

图 5-7-3　A 站局部载频修改后示意图

（三）相邻股道间不宜存在同频并行区段

新建车站，站内股道分为多段轨道电路时，相邻股道分割点间不得存在同频并行小区段，例如 1700-1 和 1700-1 为相同载频，1700-1 和 1700-2 为相同基准载频，不同载频。如图 5-7-4 所示，4G1 与ⅡG2 间存在同频并行小区段，存在邻线干扰隐患，应调整分割点位置，宜并齐设置。

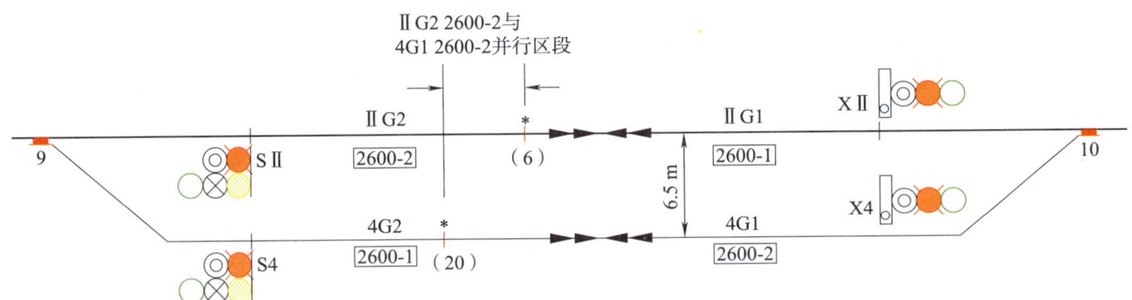

图 5-7-4　相邻股道存在同频并行小区段示意图

三、载频切换设计

车载设备在启动中需人工选择上行或下行载频进行轨道电路读取器（TCR）锁频，运行过程中根据应答器信息自动控制 TCR 锁频。若 TCR 接收的轨道电路载频与锁频不一致时，应按照无码处理，若无码前是允许码，则输出最大常用制动，且反应时间不大于 4 s。

（一）最大限度减少载频切换

为避免不必要的载频切换引发车地不匹配问题，高速铁路车站应最大限度减少不必要的载频切换。行别未发生变化的正常车站，非跨线列车进路内不得有上下行载频切换，基于高速铁路车站不设计跨线“小八字”变更进路的前提，基本进路与变更进路载频行别应保持一致。

（二）基于车载锁频命令更新逻辑要求，行别变化车站，发车进路最多只进行一次载频切换

在多线引入且行别变化的车站，跨线发车时存在连续两次载频切换，此时载频切换方案要结合车载设备特点慎重研究。车载设备型号较多，不同型号车载设备载频切换处理逻辑不尽相同，为确保与各型车载设备车地匹配，工程设计方案应具有良好的兼容性。

如果跨线发车采用全进路发码方案，针对这种行别发生变化的特殊车站，为避免发车时连续进行两次载频切换导致车载逻辑不适配而触发制动，从更有利于车地匹配的角度，工程设计中应最大限度减少载频切换，建议调整咽喉区载频，从股道至咽喉区至区间 1LQ 区段

的发车进路范围内，只进行一次上下行载频切换。

为避免跨线发车时连续两次载频切换导致掉码影响行车，从简化设计的角度，跨线发车时咽喉区可发JC码。具体方案分析详见本章第八节。

（三）载频切换区段长度

车载转频逻辑：车载转频的基本逻辑是根据股道区段描述，在距离转频点100 m时向TCR发送转频预告，如果距离不足100 m立即发送转频预告；TCR收到转频预告后，检测到载频变化时切换载频。如果转频轨道区段长度不足100 m，TCR收到转频预告命令后，继续按上一段轨道区段的载频进行接收，只有在转频区段载频增强到一定幅度，TCR判断到载频发生变化，同时接转频预告信息，才开始切换载频。如果转频区段长度不足100 m，将导致载频错误切换或者无法正确解析低频，继而由于不能接收载频区段载频而掉码触发制动。

案例描述：A站载频区段长度不足100 m导致掉码示意如图5-7-5所示。300T/C2，列车在A站XHF机外以C2系统部分监控模式启动，办理ⅠG通过进路。列车以C2系统完全监控模式运行，在进站岔区掉码触发最大常用制动，收到L码后自动缓解制动。

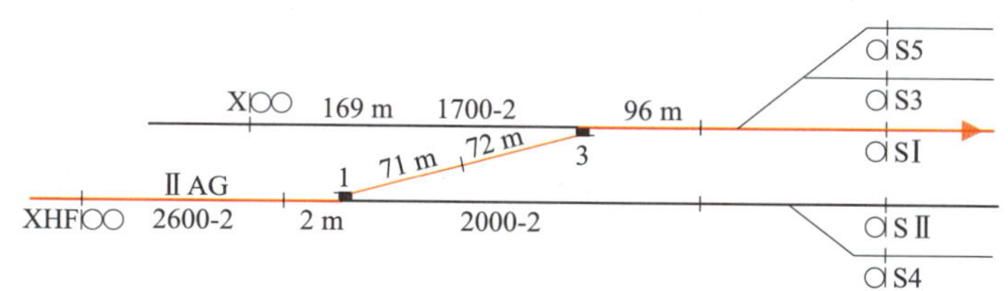

图5-7-5　A站载频区段长度不足100 m导致掉码示意图

原因分析：转频点前的轨道区段长度不足100 m（1DG侧向长度73 m），TCR收到转频预告命令时，接收的还是上一段轨道区段ⅡAG的载频，在1DG载频增强到一定幅度，TCR判断到载频发生变化，根据转频预告切换为下行载频，导致不能接收1DG区段2000-2的载频而掉码。

解决方案：将1＃道岔岔前绝缘节位置外移，1DG侧向区段长度由73 m调整为105 m。

相似的，某车站在177 m区段前后连续进行两次载频切换，由于车载逻辑限制条件及区段长度较短的原因，导致200H不适配，掉码触发制动。

信号工程设计要求：基于车载载频切换逻辑，存在上下行载频切换的渡线道岔处两个区段长度应大于100 m；为兼顾各型车载设备处理逻辑差异，有条件时不小于200 m。无法满足100 m要求时，渡线绝缘节前后两个区段应补码，尤其是折返作业较多、跨线接发车作业频繁的车站。

四、无码区最小轨道电路区段长度

C2列控系统中，仅正线及股道采用ZPW-2000系列轨道电路的车站，正线及股道有码，咽喉区无码。在信号工程设计中，应根据车载逻辑特点，合理确定无码区段最小长度，确保满足车地匹配要求。

（一）ZPW-2000系列轨道电路自身允许最小长度

《高速铁路设计规范》（TB 10621—2014）14.4.6要求：站内无岔区段不需提供列控信息时，其最小长度应同时符合

$$L_{\min}=v_{\max}\times T_{落}-L_{车}$$

$$L_{\min}=L_{自}$$

式中 $v_{\max}$——该区段的最高允许速度（m/s）；

$T_{落}$——轨道电路接收设备的最大落下时间（s）；

$L_{车}$——车长（m）；

$L_{自}$——轨道电路设备自身允许的最小长度（m）。

以 ZPW-2000A 轨道电路为例，站内最小长度应大于 60 m。

按 1/18 道岔侧向速度 80 km/h，轨道电路接收设备的最大落下时间 4 s，车长 50 m 计算，取两个计算值较大者，则无码区段最小长度应大于 60 m。

（二）车载设备锁频逻辑开窗上码要求

基于车载锁频逻辑要求，站内无码区段最小长度应大于车载设备开窗上码距离。车载设备站内提前 50 m 开窗上码，在距下一个区段起点 50 m 时开始搜索下一区段的载频。因此站内无码区段最小长度应大于 50 m。尤其是侧向进路无码时无码区与有码区衔接区段，例如咽喉区与股道衔接区段、咽喉区与有码无岔区段衔接区段。

举例：当短区段前后两个区段的载频一致时，短区段长度应满足车载对绝缘节开窗的要求。即 A、B、C 三个区段均采用 ZPW-2000 系列轨道电路，C 区段为股道，发正常码，A、B 道岔区段发 JC 码，当 A、C 区段载频一致时，B 区段长度要大于绝缘节 50 m 开窗要求。车载设备根据应答器报文的描述，一般在距下一区段起点 50 m 时开始搜索下一区段的载频。如果 B 区段长度小于 50 m，且 A、C 区段同频，车载设备会误判已进入股道，由于道岔区段发 JC 码，车载设备将判断为掉码，触发制动。

站内设有进路信号机时，车载设备将进路信号机按进站信号机处理，将进站信号机与进路信号机间按区间处理，开窗范围约 100 m，因此进路信号机外方范围内轨道区段最小长度应大于 100 m。

有的项目未注意轨道电路最小区段长度要求，无码区段长度仅 41 m，例如咽喉区与股道的衔接区段，因不满足车载设备提前 50 m 开窗的要求，导致掉码触发制动。

通过上述分析，无码区段最小长度要求为：车站采用 ZPW-2000 系列轨道电路时，无码区段最小区段长度应大于 60 m；进路信号机外方轨道区段长度应大于 100 m。

五、结 束 语

车站载频设计时，除传统的防止邻线干扰因素外，还应充分考虑车载设备特点，列车信号机绝缘节两侧应采用不同基准载频，上下行载频切换区段长度及无码区区段长度应满足车载设备载频更新逻辑要求。

第八节　行别变化高速铁路车站载频切换方案

有的车站位置特殊，位于两条线路的交叉点，且两条线路行别相反，列车在经过该站时必须进行上下行载频切换。针对这种特殊站场，载频切换方案应深入研究，慎重决策。

一、概　　述

某行别发生变化车站示意如图 5-8-1 所示，该站多线引入，线路行别在此站发生变化，下行正线进入区间后变为上行线，上行正线在进入站内之前区间为下行线。图中蓝色表示轨道电路区段为下行载频，红色表示轨道电路区段为上行载频。

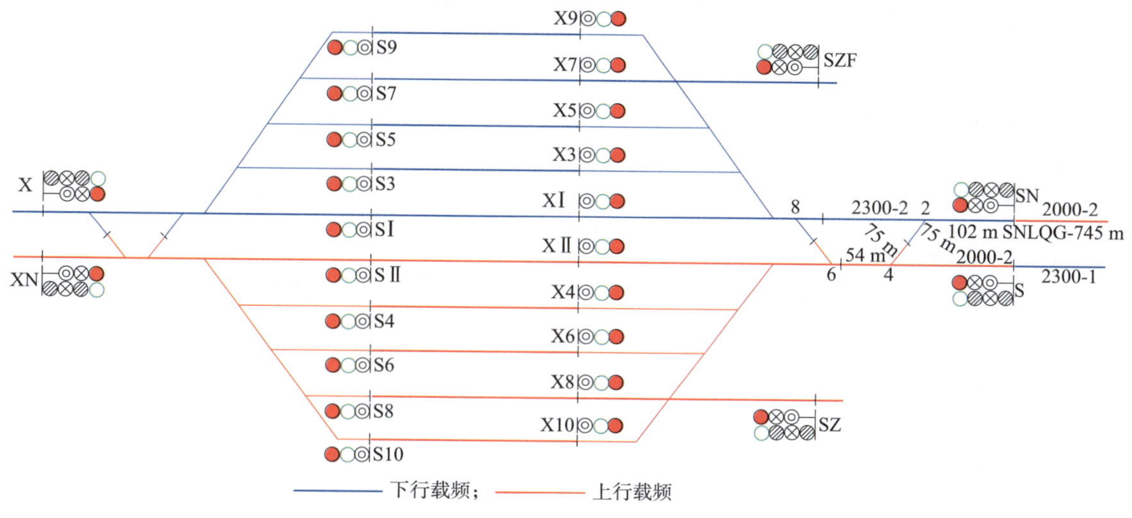

图 5-8-1　某行别发生变化车站示意图

向 SZ、SZF 口发车时不跨线，行别不变，不存在载频切换，属于常规场景，故不过多讨论。针对其他发车口场景，归纳为 8 类进行研讨。

1. 由 SⅡ、S4、S6、S8、S10 向 XN 口正向发车：发车进路不跨线，均为上行载频，不存在载频切换。

2. 由 SⅠ、S3、S5、S7、S9 向 X 口反向发车：发车进路不跨线，均为下行载频，不存在载频切换。

3. 由 SⅠ、S3、S5、S7、S9 向 XN 口正向发车：发车进路跨线，由下行载频切换为上行载频，存在一次载频切换。

4. 由 SⅡ、S4、S6、S8、S10 向 X 口反向发车：发车进路跨线，由上行载频切换为下行载频，存在一次载频切换。

5. 由 XⅠ、X3、X5、X7、X9 向 SN 口正向发车：发车进路不跨线，因行别发生变化，由下行载频切换为上行载频，存在一次载频切换。

6. 由 XⅡ、X4、X6、X8、X10 向 S 口反向发车：发车进路不跨线，因行别发生变化，由上行载频切换为下行载频，存在一次载频切换。

7. 由 XⅠ、X3、X5、X7、X9 向 S 口反向发车：发车进路跨线，且跨线后行别发生变化，由下行载频切换为上行载频，再切换为下行载频，存在两次载频切换。

8. 由 XⅡ、X4、X6、X8、X10 向 SN 口正向发车：发车进路跨线，且跨线后行别发生变化，由上行载频切换为下行载频，再切换为上行载频，存在两次载频切换。

经仔细对比，可总结出如下规律：共两类发车场景不存在载频切换，其余 6 类均存在载频切换；共 4 类发车场景存在一次载频切换，共两类发车场景存在两次载频切换；存在两次载频切换的发车场景，一类为正向发车，一类为反向发车。

因发车进路跨线或行别变化，存在一次载频切换很正常，车载及地面设备均支持一次载频切换，不存在车地匹配问题。第 7、第 8 类发车场景存在两次载频切换，其中第 7 类为反向发车，实际运营中极少用到，因此重点对正向发车场景进行研讨。

第 8 类发车场景为正向发车，为运营中常用进路，发车进路为上行载频，进入 2DG 后切换为下行载频，走行 177 m 进入区间后，再次切换为上行载频，即 177 m 内存在两次载频切换。

二、行别变化车站载频切换方案

本站采用一体化轨道电路，仅运行动车组，按全进路发码设计。在第 8 类发车场景时存在问题。

（一）问题描述

2020 年 11 月 21 日，CRH5G-5213 动车组 01 端，办理 X8 至 SN 的发车进路，在由 2DG 进入区间 1LQG 的过程中，列车速度为 71.5 km/h，L5 短时掉码触发最大常用制动，2 s 后正常收码，自动缓解制动。

200C 的处理逻辑：ATP 每周期根据列车位置和【CTCS-1】包描述的轨道区段信息更新锁频命令和列车所在当前轨道区段，其中锁频命令被发送至 CFSK 解码单元，CFSK 根据锁频命令锁定上行（2 000 Hz/2 600 Hz）或下行（1 700 Hz/2 300 Hz）载频解析轨道电路信号。ATP 锁频命令和当前区段更新逻辑如下：

1. 锁频命令更新逻辑：ATP 根据当前轨道区段载频发送锁频命令，或当列车最小安全前端越过当前轨道区段终点时，根据下一个轨道区段载频发送锁频命令。

2. 列车所在当前轨道区段更新逻辑如下：满足以下两个条件之一进入下一个轨道区段。

（1）当列车最小安全前端越过当前轨道区段终点＋50 m 时，列车所在当前轨道区段更新为下一个轨道区段。

（2）当 ATP 接收到下一个轨道区段载频并且下一个轨道区段进入更新窗口，列车所在当前轨道区段更新为下一个轨道区段。

同时满足以下两个条件说明下一个轨道区段进入更新窗口：

①轨道区段更新窗口最大值和最小值至少一个大于轨道电路起点；

②轨道区段更新窗口最大值和最小值至少一个小于轨道电路终点。

轨道区段更新窗口最小值取值为：列车位置－最小测距误差－轨道电路传感器天线到车头距离－100 m。

轨道区段更新窗口最大值取值为：列车位置＋最大测距误差－轨道电路传感器天线到车头距离＋100 m。

（二）数据分析

查看 CRH5G-5213 动车组 01 端 SAM 数据 152 包，于 15：32：24 时 L5 掉码。数据分析如图 5-8-2 所示。

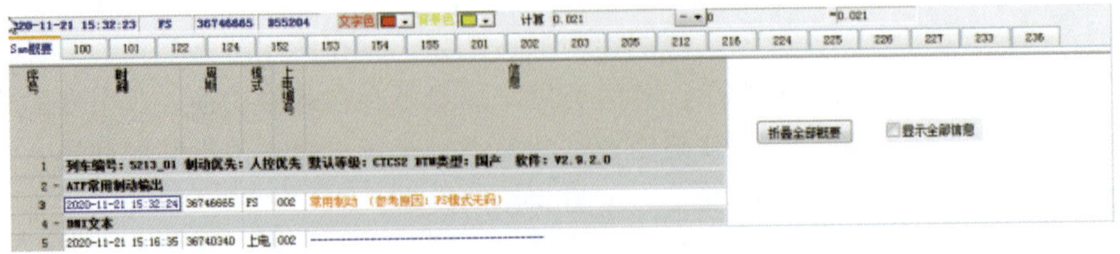

图 5-8-2 数据分析示意图

查看应答器组 119-1-11-142 报文描述【CTCS-1】包轨道区段，应答器报文【CTCS-1】包数据描述示意如图 5-8-3 所示。

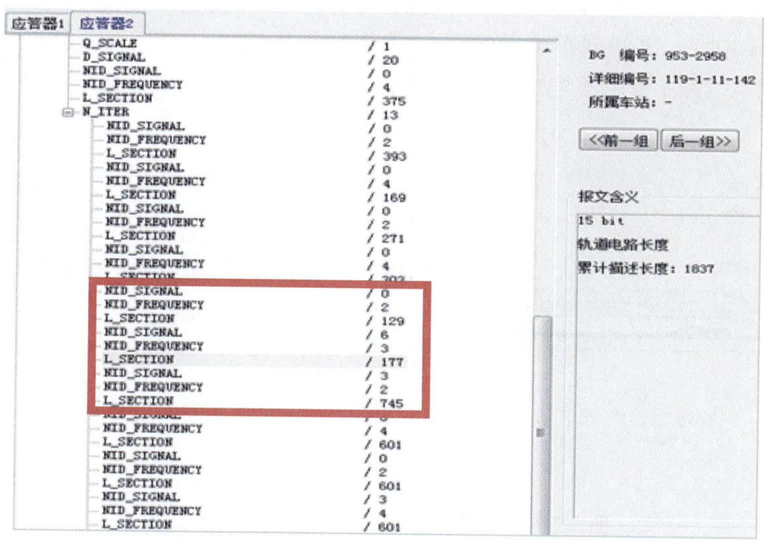

图 5-8-3　应答器报文【CTCS-1】包数据描述示意图

【CTCS-1】包轨道区段载频分别为 2 000 Hz、2 300 Hz 和 2 000 Hz，长度分别为 129 m、177 m 和 745 m。故障位置发生在 2 300 Hz 的轨道区段。ATP 控车数据示意如图 5-8-4 所示。

时间	周期	等级	控车设备	模式	列车位置	公里标	列车速度	允许速度	目标距离	目标速度	起模距离	授权终点距离	机车信号	当前载频	信号机类型	紧急制动	常用制动	列车停止	应答器解码正常	进入新分区	设置授权限制
2020-11-21 15:31:32	36746320	C2	ATP	FS	1.115	76.656	71.2	80.0	5.674	0.0	1.197	5.674	L5	2600	无	否	否	否	否	是	否
2020-11-21 15:31:41	36746380	C2	ATP	FS	1.293	76.835	71.4	80.0	5.495	0.0	1.016	5.495	L5	2000	无	否	否	否	否	是	否
2020-11-21 15:31:55	36746470	C2	ATP	FS	1.561	77.102	71.3	80.0	5.228	0.0	0.745	5.228	L5	2600	无	否	否	否	否	是	否
2020-11-21 15:32:10	36746573	C2	ATP	FS	1.867	542.864	71.4	80.0	4.921	0.0	0.436	4.921	L5	2000	无	否	否	否	否	是	否
2020-11-21 15:32:17	36746621	C2	ATP	FS	2.010	542.722	71.4	80.0	4.779	0.0	0.292	4.779	L5	2000	出站口	否	否	否	否	是	否
2020-11-21 15:32:18	36746622	C2	ATP	FS	2.013	542.719	71.4	80.0	4.776	0.0	0.289	4.776	L5	2000	区间	否	否	否	否	是	否

图 5-8-4　ATP 控车数据示意图

在 15：32：17，周期为 36746621 时列车最小安全前端进入 2 300 Hz 轨道区段＋50 m 时，满足列车所在当前轨道区段更新逻辑（1），可安全确定出列车已进入到 177 m 的 2 300 Hz 区段，但是当前接收的载频尚未更新，保持在 2 000 Hz。动车组运行位置及载频保持示意如图 5-8-5 所示。

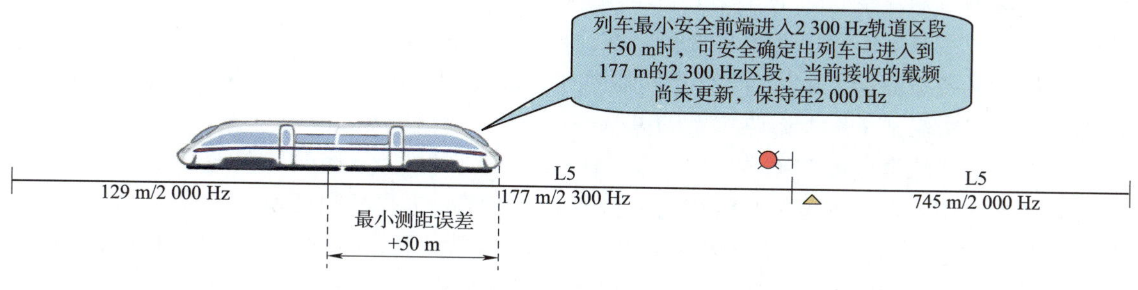

图 5-8-5　动车组运行位置及载频保持示意图

因为 ATP 进行轨道区段更新存在逻辑（2），具体逻辑如下：当 ATP 接收到下一个轨道区段载频并且下一个轨道区段进入更新窗口，列车所在当前轨道区段更新为下一个轨道区段。由于 ATP 处于 2 300 Hz 区段并且本周期 ATP 收到的载频信息为 2 000 Hz，所以满足轨道区段更新逻辑（2），更新列车当前所处的轨道区段为 745 m 的 2 000 Hz 区段（SNLQG），向 CFSK 发送的锁频命令由下行切换为上行。动车组运行位置及载频切换示意如图 5-8-6 所示。

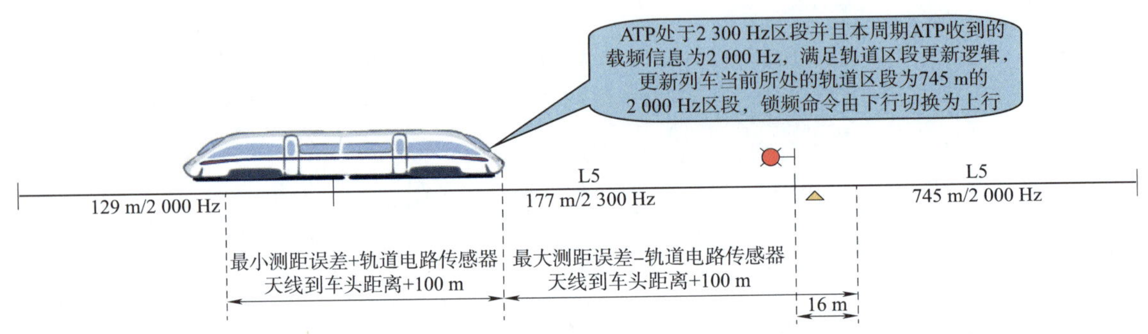

图 5-8-6　动车组运行位置及载频切换示意图

由于列车正处于 177 m 的 2 300 Hz 轨道区段，CFSK 收到的载频命令为上行，但收到的轨道电路信号载频为 2 300 Hz，导致掉码制动。

综上所述，此次掉码制动的原因是 200C 车载逻辑和过短的 177 m 连续上下行载频切换的轨道区段设置不匹配。

三、解决方案

（一）应急处理措施

通过上述分析，当列车以较低速度通过 177 m 轨道区段时，能够使列车位置不进入轨道区段更新逻辑（2）中的更新窗口内，确保 177 m 内收到 2 300 Hz 解码信息，避免故障发生。

为了满足列车位置进入轨道区段更新逻辑（2）中的更新窗口前收到 2 300 Hz 译码结果，经过理论计算，可考虑限制列车速度为 50 km/h 通过故障位置作为应急处理措施。

（二）解决方案

原因分析：除 200C 自身逻辑外，工程设计中存在两次载频切换是一个因素，4DG 与 SNLQG 载频相同也是其中一个因素。鉴于车载设备逻辑修改工作量非常复杂，可能需要几年的周期，因此重点研究工程设计优化方案。

针对这种行别发生变化的车站，从更有利于车地匹配的角度，核心思路是减少载频切换，发车时载频最好不切换或至多切换一次。基于该思路，提出如下几个解决方案：

根据现场线路数据，采用 V2.9.2.0 版本主机软件和 V1030 版本 CFSK 软件，复现现场问题，在实验室验证了以下修改方案的可行性。

方案一：将轨道区段 2DG 载频由 2 300 Hz 修改为 2 600 Hz，修改后取消了原来存在的两次载频切换，站内发车进路及区间均为上行载频，不需要进行载频切换。实验室仿真结果表明列车通过 2DG 轨道区段正常解码，未触发制动，正常运行。同时对 X5 等下行股道向 SN 口发车场景进行了实验室仿真测试，发车进路存在一次载频切换，正常运行。

方案二：将轨道区段 4DG 载频由 2 000 Hz 修改为 2 600 Hz。实验室仿真结果表明列车通过 2DG 轨道区段正常解码，未触发制动，正常运行。

方案三：延长 2 300 Hz 轨道区段长度 50 m 和 100 m。实验室仿真结果表明列车通过 2 300 Hz 轨道区段正常解码，未触发制动，正常运行。

方案三需要将进站信号机外移，列控数据、列控软件修改太大，不合理；方案二仍然存在两次载频切换的问题；方案一无须进行载频切换，仅修改区段载频，代价最小。因此推荐采用方案一。

四、结 束 语

车载设备型号较多，不同型号车载设备处理逻辑不尽相同，为了确保与各型车载设备车地匹配，工程设计方案应具有良好的兼容性。针对这种行别发生变化的特殊车站，从更有利于车地匹配的角度，工程设计中应最大限度减少载频切换，从股道至咽喉区至区间 1LQ 区段的发车进路范围内，只进行一次上下行载频切换。

采用全进路发码的车站，不仅要计算直向区段长度，还要计算侧向运行的区段长度。存在上下行载频切换的渡线道岔处区段长度有条件时不小于 200 m。

对于行别变化车站，新线设计时，为减少因连续载频切换引发车地不匹配问题，跨线发车进路咽喉区可发 JC 码。

第九节　设有大号码道岔的客货共线行别变化车站载频切换和发码方案

有的车站多线引入，两条线路行别相反，特定方向的列车在经过该站时必须进行上下行载频切换，且咽喉区设有 1/42 大号码道岔。合理设计载频切换方案是确保车地匹配的重要保障，在这种特殊站场，既要满足动车组按设计速度经大号码道岔侧向的通过作业需求，又要满足普速列车手动进行载频切换的要求，因此载频切换方案应深入研究，慎重决策。

一、概　　述

某车站位于两条设计速度为 200 km/h 客货共线铁路的交叉点，两条线路行别相反，上行咽喉设有两组 1/42 大号码道岔，如图 5-9-1 所示。车站采用 C2 列控系统，列车进路采用 ZPW-2000 系列移频轨道电路，主要开行动车组，兼顾普速旅客列车及少量货物列车。

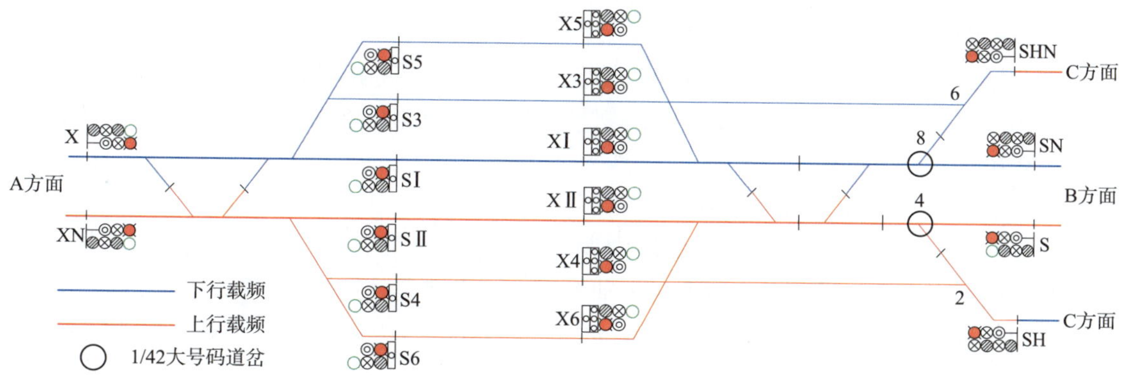

图 5-9-1　设有大号码道岔的客货共线行别相反车站示意图

该站以A方面至B方面线路为主要线路，按传统方式确定行别，A方面至B方面为下行线，采用下行载频，B方面至A方面为上行线，采用上行载频。该站的特殊之处在于C方面线路与该站正线行别相反，C方面下行线通过该站时切换为上行载频，A方面列车经该站下行股道向C方面发车后在区间切换为上行载频，也就是说，在A方面、C方面之间运行的列车在该站必须进行上下行载频切换。

该站设有大号码道岔，主要开行动车组，兼顾普速旅客列车及少量货物列车，应综合动车组大号码道岔侧向通过需求及普速列车载频切换特点等因素合理确定载频切换和发码方案。

二、轨道电路发码及载频切换设计原则

根据运输组织需求，动车组在该站由X至SHN口、SH口经ⅡG的通过作业较多，4#、8#道岔为1/42大号码道岔，侧向通过速度为160 km/h。

根据本章"第四节　站内轨道电路发码总体方案"相关分析，考虑到LKJ支持在有码区段扳闸进行上下行载频切换，该站轨道电路发码及载频切换设计原则如下。

1. 车站股道、直向接发车进路连续有码。

2. 为确保C2动车组以设计速度正常通过大号码道岔，经大号码道岔侧向的正向通过进路应按全进路发码设计。

3. 非大号码道岔侧向进路，优先设计无码区进行普速列车上下行载频切换。

4. 列控中心不发送载频切换码，普速列车载频切换采用传统的手动切换方式，除大号码道岔侧向通过进路在有码区段扳闸进行载频切换外，其余接车、发车进路均在无码区切换。

三、普速列车SH口载频切换方案

（一）载频切换需求分析

1. SH口接车至下行股道

当办理SH口至下行股道（ⅠG、3G、5G）的接车进路时，区间与股道均为下行载频，故不需要进行载频切换。

2. 下行股道向SH口反向发车

当办理XⅠ、X3、X5至SH口的反向发车进路时，股道与区间均为下行载频，故不需要进行载频切换。

3. SH口接车至上行股道

当办理SH口至该站上行股道（ⅡG、4G、6G）的接车进路时，由于SH口内外方存在上下行载频切换，普速列车越过SH进站信号机后，应由司机在咽喉区适当位置手动扳闸，由下行载频切换为上行载频。

4. 上行股道向SH口反向发车

当办理XⅡ、X4、X6至SH口的反向发车进路时，由于SH口内外方存在上下行载频切换，普速列车进入区间前，应由司机手动扳闸，由上行载频切换为下行载频。

（二）SH口接车进路发码及载频切换方案

1. SH口经ⅡG通过进路

为确保C2动车组以设计速度正常通过大号码道岔，SH口经ⅡG大号码道岔侧向通过

进路按全进路发码设计。

对于普速列车，在 SH 内方咽喉区适当位置设置载频切换提示标，普速列车司机在此位置手动扳闸，由下行载频切换为上行载频。

2. SH 口接车至 4G、6G

当办理 SH 口至 4G、6G 的接车进路时，咽喉区发 JC 码，载频切换方案同上。

3. SH 口接车至下行股道

当办理 SH 口至下行股道（ⅠG、3G、5G）的接车进路时，咽喉区发 JC 码，不需要进行载频切换。

（三）向 SH 口反向发车时发码及载频切换方案

1. 下行股道向 SH 口反向发车

当办理 XⅠ、X3、X5 至 SH 口的反向发车进路时，咽喉区发 JC 码，不需要进行载频切换。

2. 上行股道向 SH 口反向发车

当办理 XⅡ、X4、X6 至 SH 口的发车进路时，咽喉区均发 JC 码。

在 SH 内方咽喉区适当位置设置载频切换提示标，可与正向接车载频切换提示标合用，正面对应正向接车，反面对应反向发车，正反面均有效；司机在此位置手动扳闸，由上行载频切换为下行载频。

四、普速列车 SHN 口载频切换方案

（一）载频切换需求分析

1. 上行股道向 SHN 口发车

当办理上行股道 XⅡ、X4、X6 至 SHN 口的发车进路时，由于股道与区间均为上行载频，故不需要进行载频切换。

2. SHN 口接车至上行股道

当办理 SHN 口至上行股道（ⅡG、4G、6G）的接车进路时，由于股道与区间均为上行载频，故不需要进行载频切换。

3. 下行股道向 SHN 口发车

当办理下行股道 XⅠ、X3、X5 至 SHN 口的发车进路时，由于 SHN 内外方存在上下行载频切换，普速列车进入区间前，应由司机手动扳闸，由下行载频切换为上行载频。

4. SHN 口接车至下行股道

当办理 SHN 口至下行股道（ⅠG、3G、5G）的接车进路时，由于 SHN 内外方存在上下行载频切换，普速列车越过 SHN 进站信号机后，应由司机在咽喉区适当位置手动扳闸，由上行载频切换为下行载频。

（二）向 SHN 口发车时发码及载频切换方案

1. X 口经ⅠG 至 SHN 口的通过进路

为确保 C2 动车组以设计速度正常通过大号码道岔，X 口经ⅠG 至 SHN 口经大号码道岔侧向的通过进路按全进路发码设计。

对于普速列车，在 SHN 内方咽喉区适当位置设置载频切换提示标，司机在此位置手动扳闸，由上行载频切换为下行载频。

2. X3、X5 向 SHN 口发车

办理 XⅠ、X3、X5 至 SHN 口的发车进路时，咽喉区发 JC 码。

载频切换方案同上。

3. 上行股道向 SHN 口反向发车

当办理 XⅡ、X4、X6 至 SH 口的发车进路时，咽喉区均发 JC 码，不需要进行载频切换。

（三）SHN 口接车进路发码及载频切换方案

1. SHN 口接车至上行股道

办理 SHN 口至上行股道（ⅡG、4G、6G）的接车进路时，咽喉区发 JC 码，不需要进行载频切换。

2. SHN 口接车至下行股道

办理 SHN 口至下行股道（ⅠG、3G、5G）的接车进路时，咽喉区发 JC 码。

在 SHN 内方咽喉区适当位置设置载频切换提示标，可与正向发车载频切换提示标合用，正面对应正向发车，反面对应反向接车，正反面均有效；司机在此位置手动扳闸，由上行载频切换为下行载频。

五、结 束 语

在设有大号码道岔的客货共线行别变化车站，既要确保 C2 动车组、普速列车按设计速度正常通过大号码道岔，又要考虑普速列车手动载频切换时机。虽然地面无码不影响 LKJ 关于普速列车过大号码道岔处理逻辑，但还是应尽量避免在连续有码区段手动扳闸进行载频切换。因此，对这种特殊站场的轨道电路发码方案及载频切换方案应深入研究，慎重决策，不能一味设计为全进路发码。

第十节　新建车站到发线增加停车防护区段设计方案

高速铁路站内多采用 ZPW-2000 系列移频轨道电路，随着一大批高速铁路的建成运用，结合实际运用中发现的可能出现机车信号邻线干扰的问题，以及新出现的开行 17 辆编组动车组列车的运营需求，2021 年《国家铁路局关于发布铁道行业标准的公告（工程建设标准 2021 年第三批）》（国铁科法〔2021〕24 号，简称 24 号文）正式发布，对《高速铁路设计规范》（TB 10621—2014）和《城际铁路设计规范》（TB 10623—2014）进行了修订，修订后出站信号机位置及停车防护区段等设计方案变化非常大。本节针对 24 号文发布实施后的新建项目，介绍新建车站到发线增加停车防护区段设计方案。

一、停车防护区段定义

为了与《铁路通信信号词汇》（TB/T 454.1—2021）中防护区段及传统的冒进信号机后为过走的概念区分，将 24 号文中新增的到发线常态发 H 码的区段定义为到发线停车防护区段，主要作用是办理侧线接车进路时当列车因故越过停车标后及时触发制动，防止影响旅客正常乘降秩序及冒进出站信号机后与邻线列车发生侧冲风险。

二、站台长度 450 m 车站设计方案

仅开行动车组的高速铁路、城际铁路车站股道有效长为 650 m，站台长度 450 m。

（一）出站信号机位置

为满足 17 辆编组动车组在站台停车的需求，出站信号机需往站外方向移设。为进一步

加强到发线停车防护，在出站信号机至站台端部区域增加常态发 H 码的停车防护区段，列车因故越过停车标冒出站台后由 HU 码变 H 码，触发紧急制动。对于侧线股道，结合轨道电路长度需求，可以设置出 H 码区段；而贯通的正线股道由于有列车通过作业，轨道区段长度一般不满足在停车区外方设置 H 码的要求，故正线股道的安全防护策略与既有高速铁路正线股道基本保持一致。基于上述原则，新建车站出站信号机设置方法如下：

1. 到发线股道及非贯通正线股道出站信号机、发车进路信号机应设置在距邻近的顺向道岔警冲标不小于 5 m 或邻近的对向道岔岔前轨缝处；

2. 邻靠站台的贯通正线股道，为满足 17 辆编组动车组开行条件，出站信号机、发车进路信号机宜设置在距邻近的顺向道岔警冲标或对向道岔尖轨尖端不小于 30 m 处；

3. 无站台的贯通正线股道出站信号机、发车进路信号机宜设置在距邻近的顺向道岔警冲标不小于 55 m 或距邻近的对向道岔尖轨尖端不小于 50 m 处。

（二）正线股道分割设置

贯通的正线股道通常办理列车通过作业，一般结合该作业特点及轨道区段长度要求不设置停车防护区段。为进一步加强邻线干扰防护，除无配线车站外，车站有直向通过进路的正线股道应分割轨道电路区段。具体设计要点：

1. 正线股道分割后，G1、G2 区段长度应满足《高速铁路设计规范》（TB 10621—2014）站内轨道电路最小设计长度要求，$L_{min}=v_{max}\times 2.5\ s+20$。设计速度 350 km/h 的项目，正线股道 G1、G2 区段长度均大于或等于 264 m。

2. 正线股道分割点距最近的钢轨焊缝应大于或等于 20 m。

（三）到发线停车防护区段设置

车站到发线股道及非贯通正线股道出站信号机、发车进路信号机外方至站台端部区域应设置停车防护区段，常态发 H 码。

如图 5-10-1 所示，到发线股道及非贯通式正线股道分割为 3 个区段，其中两侧的轨道区段为停车防护区段，为因故越过停车标时的列车过走、机车信号邻线干扰提供防护。各轨道电路最小长度应满足自身长度要求以及提供列控信息相应时间的要求，其中停车防护区段长度除满足这些要求外，还应满足 C2 列控系统站内安全防护距离 60 m 的要求。结合动车组实际停车区域、现场轨旁设备设置情况，同时给司机操作留出适当裕量，侧线股道分割点一般设于站台外 5 m 处。股道有效长 650 m、站台长度 450 m 时，停车防护区段长度一般为 90 m。

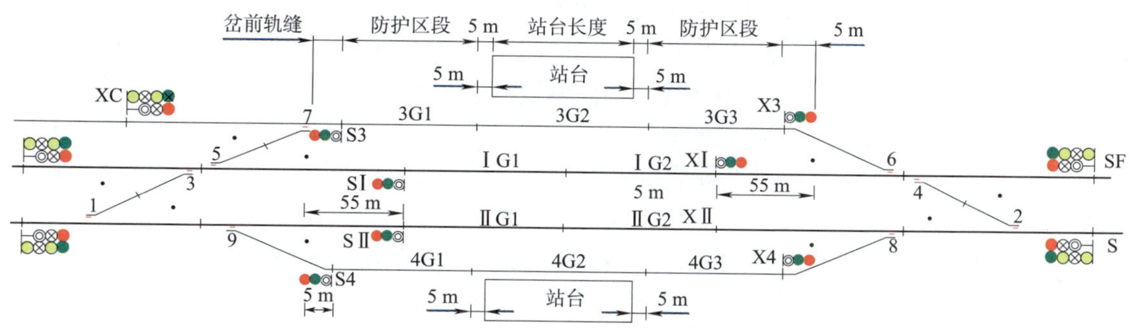

图 5-10-1　车站股道轨道电路设置示意图

站场到发线有效长度条件具备时，可以考虑正线和到发线出站信号机并置，以便工程实施。

（四）载频设置

1. 车站股道外轨道电路载频需遵循原则

为满足列控系统控车要求，尽可能降低机车信号邻线干扰，车站股道处轨道电路的载频布置需遵循以下原则。

（1）出站信号机绝缘节两侧采用不同基准载频。

（2）车站相邻股道除停车防护区段外的 ZPW-2000 系列轨道电路区段宜采用不同的基准载频。

（3）停车防护区段范围相邻股道区段采用不同载频。由于正线股道分割点与相邻侧线股道分割点不对齐，为防止邻线干扰，相邻股道分割点间并行小区段应采用不同载频交错（1700-1 与 1700-1 为同频，1700-1 与 1700-2 为不同频）。

2. 车站轨道电路载频布置步骤

通常情况下，车站轨道电路载频布置采用如下步骤（结合图 5-10-2 进行说明），并最终确定车站轨道电路载频设计方案。

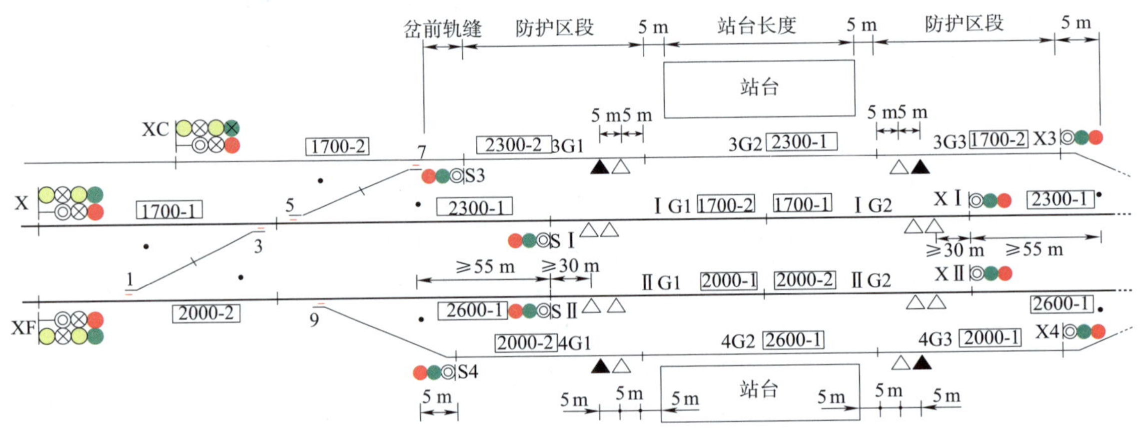

图 5-10-2　车站轨道电路、载频及股道应答器布置示意图

（1）布置正线线路载频，按不同区段、某线别上的 4 个载频轮流使用原则，其中为满足“除防护区段外的相邻股道区段原则上采用不同的基准载频”，正线股道 2 个区段采用同一基准载频的-1、-2 进行设置。例如，图 5-10-2 中ⅠG1 和ⅠG2 分别采用 1700-2、1700-1。

（2）根据车站正线股道载频往侧线股道推算侧线主区段（非停车防护区段）的基准载频。例如，图 5-10-2 中 3G2 采用 2 300 Hz 为基准载频、4G2 采用 2 600 Hz 为基准载频。

（3）根据与正线股道相邻的咽喉区处不同侧线股道分支轨道电路载频情况，按照出站信号机绝缘节两侧采用不同基准载频的原则设置侧线股道停车防护区段载频。例如，图 5-10-2 中因 9DG 为 2600-1，故 4G1 基准载频应采用 2 000 Hz，又因与ⅡG1 并行区段载频应与ⅡG1 的 2000-1 错开，故 4G1 采用 2000-2 为载频。

（4）根据侧线股道停车防护区段的载频设置情况，最终确定侧线股道的载频设置。例如，图 5-10-2 中 4G2 采用 2600-1 的载频。

（五）出站应答器

根据 24 号文的规定，设有停车防护区段的股道，出站应答器组设置在停车防护区段内，靠近站台的应答器宜距站台侧绝缘节 5 m，即无源应答器距站台端部 10 m。对于贯通的正线股道出站应答器组，根据应答器应用原则，其出站应答器组可设置在距离出站信号机不小于30 m处。在满足上述条件的前提下，正线和侧线股道出站应答器组可以考虑对齐设置。

三、站台长度 550 m 车站设计方案

设计速度为 200 km/h 客货共线铁路，股道有效长为 650 m、站台长度为 550 m，为避免影响普速列车及货车正常停车作业，建议到发线不设计停车防护区段，采用股道增加双端发码功能方案，将股道分割为两段轨道电路。

四、结 束 语

本节介绍新建车站到发线增加停车防护区段设计方案，对新建项目具有较好的指导意义。为避免影响普速列车及货车正常停车作业，设计速度 200 km/h 客货共线铁路，建议不设停车防护区段，采用将股道分割为两段轨道电路的方案，实现换端有码，进一步增强邻线干扰防护能力。

第十一节　新建客货共线铁路车站股道增加双端发码功能设计方案

根据《国铁集团安全生产专项整治三年行动计划》（铁安监〔2020〕107 号）要求，高速铁路车站增加双端发码功能、有效消除和克服轨道电路邻线干扰、提升 C2 行车许可安全性。根据《国铁集团关于开展高速铁路信号设备安全专项整治工作的通知》（铁工电函〔2020〕543 号）要求，增加车站股道双端发码功能。新建、改建的高速铁路项目，要将有关专项整治内容纳入建设标准，保证源头质量，避免二次整治，降低安全风险。本节内容针对设计速度 200 km/h 的客货共线铁路及《国家铁路局关于发布铁道行业标准的公告（工程建设标准 2021 年第三批）》（国铁科法〔2021〕24 号）发布实施之前的新建项目。

一、相邻股道分割点不对齐、存在同频并行小区段的方案原则上仅适用于既有线改造

既有高速铁路车站改造加分割时，出站信号机位置不动，出站信号机距警冲标 55 m，距站台端部 45 m，技术要求如下。

1. 侧线股道分割点要满足各型 8 编动车组主用接车方向可靠跨压、换端有码的要求。

2. 短编动车组停车时，尾部机车信号天线不得位于分割点绝缘节上方，应与分割点错开一定距离，避免影响 ATP 车载设备上电自检。

3. 正线股道分割后，G1、G2 区段长度应满足《高速铁路设计规范》（TB 10621—2014）站内轨道电路最小设计长度要求，$L_{min}=v_{max}\times2.5\,s+20$。设计速度 350 km/h 的项目，正线股道 G1、G2 区段长度均大于或等于 264 m。

4. 股道分割点距最近的钢轨焊缝应大于或等于 20 m。

5. 在综合考虑钢轨焊缝、间距要求的前提下，分割点绝缘节宜设于相邻的两个补偿电容中间适当位置，满足电容利旧需求。如果电容废弃，钢轨就会产生废弃孔，工务部门认为是重伤轨，则需要换轨。

正线股道长度一般为 540 m，既要保证 G1、G2 区段长度大于或等于 264 m，又要距焊缝大于或等于 20 m，分割点绝缘节又要设在两个电容之间，限制因素非常多；而侧线股道

要确保分割点可靠跨压、换端有码。因此既有车站加分割时，正线股道分割点与相邻侧线股道分割点很难对齐，经常会出现正线股道与相邻侧线股道分割点不对齐、存在同频并行小区段的现象，所以《高速铁路信号设备安全专项整治技术指南》（工电通号函〔2020〕98 号）规定了同频并行小区段长度要求。

基于上述分析，相邻股道分割点不对齐、存在同频并行小区段的方案是针对既有线改造实际特点制定的，原则上仅适用于既有线改造。

相邻股道分割点不对齐、存在同频并行小区段时，存在一定的邻线干扰隐患。新建项目应从设计源头进行优化，彻底消除邻线干扰隐患，采用最优的方案。

二、设计速度 200 km/h 客货共线铁路车站股道增加双端发码功能设计方案

设计速度 200 km/h 的客货共线铁路，股道有效长为 650 m，站台长度为 550 m，出站信号机距警冲标大于或等于 5 m，各股道出站信号机位置一般均对齐；主要运行动车组，兼顾普速列车和货物列车。为避免设置常态发 H 码的防护区段影响普速列车及货物列车正常停车作业，因此股道采用增加双端发码功能的设计方案。

（一）设计前提条件

1. 动车组按照 450 m 等效站台停车。
2. 站内长编、8 编动车组均为同一个停车标。
3. 分割点位置仅满足侧线股道主用接车方向可靠跨压、换端有码的要求。

（二）技术要求

1. 邻靠站台的股道，办理折返作业时，分割点设计应满足各型 8 编动车组主用接车方向可靠跨压、换端有码的要求。
2. 短编动车组停车时，尾部机车信号天线不得位于分割点绝缘节上方，应与分割点错开一定距离，避免影响 ATP 车载设备上电自检。
3. 当站台停车标在一定范围内调整时，分割点位置仍满足各型短编动车组可靠跨压、换端有码的要求。

（三）侧线股道分割点设计方案

为保证各型短编动车组均能可靠跨压，应以最短的 8 编动车组来计算分割点位置，最短的车型能够可靠跨压，则所有车型均能可靠跨压。CRH3C 系列动车组最短，车长为 200 m。

尾部第一轮对距车尾距离按 5 m 计算，则有效车长简化为 200－5＝195 m。

动车组的极限停车位置是车头与站台端部对齐，则此时尾部第一轮对距车头侧站台端部距离为 195 m。

在实际运营停车时，站台停车标距站台端部大于或等于 10 m，即车头不可能开到与站台端部对齐的位置，所以尾部第一轮对距车头侧站台端部距离肯定大于 195 m。

站台停车标距站台端部一般大于或等于 10 m，停车标与司机位平齐，按车头距停车标 5 m。

综合上述分析，由于尾部第一轮对距车头侧站台端部距离肯定大于 195 m，所以将分割点设在距主用方向 450 m 等效站台端部 195 m 的位置，停车时尾部第一轮对与分割点间的距离肯定大于或等于 5 m，这样可以确保停车时最短的 8 编动车组可靠跨压，满足换端有码的要求。

下行侧线各股道分割点均对齐设置，偏下行出站信号机方向；上行侧线各股道分割点均

对齐设置，偏上行出站信号机方向。

设计速度 200 km/h 客货共线铁路车站股道增加双端发码功能设计方案示意如图 5-11-1 所示，3G2 长度为 195＋50＋48＝293 m。

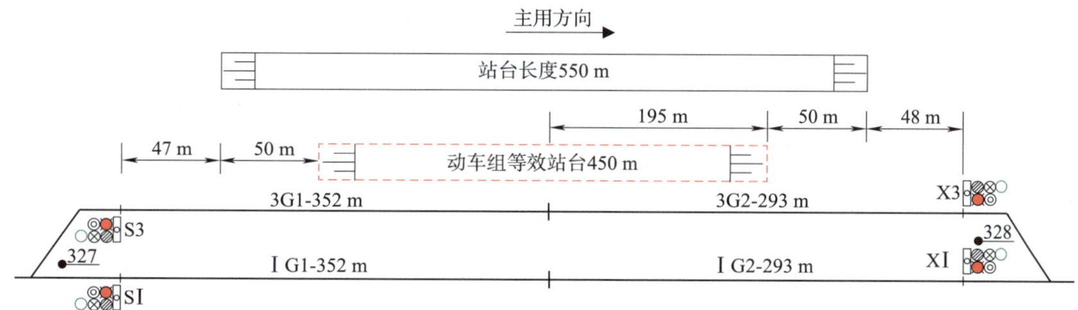

图 5-11-1　设计速度 200 km/h 客货共线铁路车站股道增加双端发码功能设计方案示意图

（四）正线股道分割点设计方案

3G2 长度 293 m，满足正线股道通过时最小区段长度要求，所以正线股道分割点与侧向股道分割点对齐设置，且正线股道分割点距最近的钢轨焊缝应大于或等于 20 m。

三、出站信号机距警冲标 55 m 车站股道增加双端发码功能设计方案

设计速度 250 km/h 及以上的高速铁路车站，股道有效长 650 m，站台长度 450 m，出站信号机距警冲标大于或等于 55 m。车站股道增加双端发码功能设计前提条件、技术要求同上。

（一）侧线股道分割点设计方案

原则同上。

（二）正线股道分割点设计方案

相邻股道分割点不对齐、存在同频并行小区段时，存在一定的邻线干扰隐患。新建项目应从设计源头进行优化，彻底消除邻线干扰隐患，采用最优的方案。

1. 正线股道分割后，G1、G2 区段长度应满足《高速铁路设计规范》（TB 10621—2014）站内轨道电路最小设计长度要求，$L_{min}=v_{max}\times 2.5\ s+20$。设计速度 350 km/h 的项目，正线股道 G1、G2 区段长度均大于或等于 264 m。以下行为例，ⅠG2 长度 265 m，出站信号机 XⅠ距站台端部 45 m，则ⅠG2 分割点距站台端部为 220 m。前述侧线 3G 分割点设在距主用方向站台端部 195 m 处，则ⅠG、3G 两个分割点不对齐，错开 25 m。

2. 正线股道分割点距最近的钢轨焊缝应大于或等于 20 m。

3. 由于正线股道分割点与相邻侧线股道分割点不能对齐设置，为防止邻线干扰，分割点间并行小区段应采用不同载频交错（1700-1 与 1700-1 为同频，1700-1 与 1700-2 为不同频）。

出站信号机距警冲标 55 m 车站股道增加双端发码设计方案一示意如图 5-11-2 所示。

4. 由于正线股道分割点与相邻侧线股道分割点不能对齐设置，当受站场布置等因素影响分割点间并行小区段载频确实无法错开时，为防止邻线干扰，可将该侧线股道分割点与正线股道分割点对齐设置（例如ⅠG 与 3G），此时 3G 不考虑 8 编动车组停车后正常跨压 G1 和 G2 的要求，换端折返时，3G 无码区长度约 15 m 左右，且这种情况多出现在 4 股道小站，折返作业概率非常低，影响可以忽略不计。其他侧线股道（5G、7G 等）分割点仍设置在距站台端部 195 m 处，满足停车时各型 8 编动车组可靠跨压、换端有码的要求。

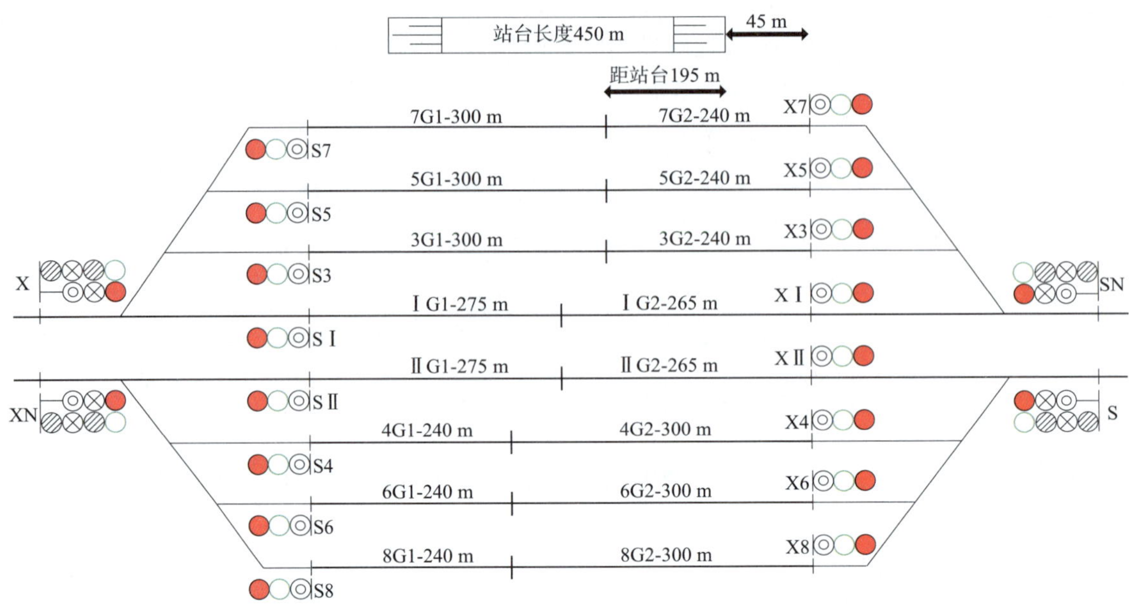

图 5-11-2　出站信号机距警冲标 55m 车站股道增加双端发码功能设计方案一示意图

出站信号机距警冲标 55 m 车站股道增加双端发码设计方案二示意如图 5-11-3 所示。

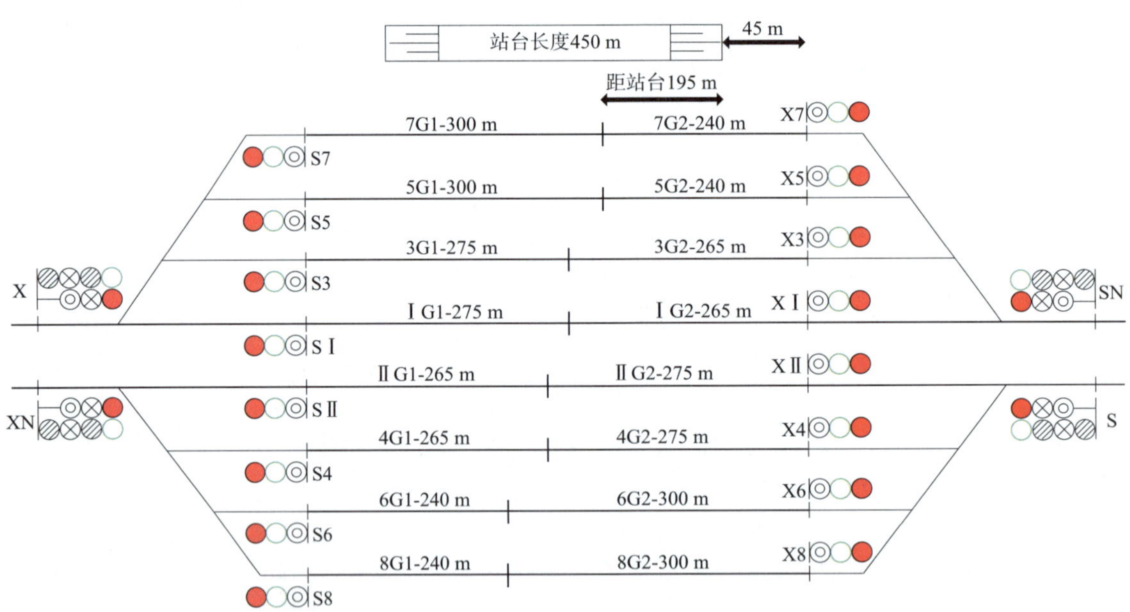

图 5-11-3　出站信号机距警冲标 55m 车站股道增加双端发码功能设计方案二示意图

四、出站信号机距警冲标 30 m 车站股道增加双端发码功能设计方案

设计速度 250 km/h 及以上的高速铁路车站，为预留 17 辆编组“复兴号”动车组开行条件，正线、侧线股道出站信号机均外移 25 m，出站信号机距警冲标大于或等于 30 m，各股道出站信号机均对齐设置。其余设计前提条件、技术要求同上。

（一）侧线股道分割点设计方案

原则同上。

（二）正线股道分割点设计方案

1. 正线股道分割后，G1、G2 区段长度应满足《高速铁路设计规范》（TB 10621—2014）站内轨道电路最小设计长度要求，$L_{min}=v_{max}\times 2.5\,s+20$。设计速度 350 km/h 的项目，正线股道 G1、G2 区段长度均大于或等于 264 m。

2. 正线股道分割点距最近的钢轨焊缝应大于或等于 20 m。

3. 为避免邻线干扰隐患，最理想的方案是正线股道分割点应与相邻侧线股道分割点对齐设置。以下行股道为例，正线及侧线股道出站信号机均对齐设置，将下行正线股道与各侧线股道分割点均对齐，设在距出站信号机 265 m 处，分割点距主用方向站台端部 195 m，能够满足各型 8 编动车组停车时可靠跨压、换端有码的要求。分割点这个位置，兼顾了正线股道最小区段长度要求、侧线股道可靠跨压、换端有码要求及分割点对齐的要求，是最理想的方案。这也是要求正线股道出站信号机同步外移的主要原因。

出站信号机距警冲标 30m 车站股道增加双端发码功能设计方案示意如图 5-11-4 所示。

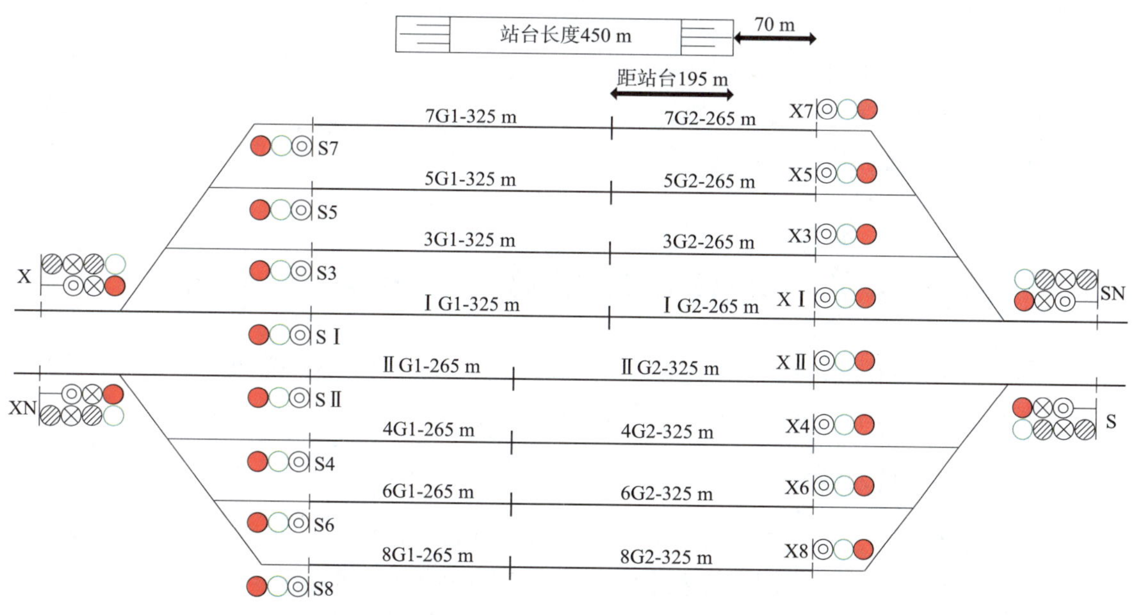

图 5-11-4　出站信号机距警冲标 30 m 车站股道增加双端发码功能设计方案示意图

五、开通初期为尽头式车站股道增加双端发码功能设计方案

某些车站受相邻线路规划周期影响，开通初期几年内为尽头式车站。

针对这种情况，应商行车等专业仔细计算车站股道接、发车能力。以图 5-11-5 为例，当 4G、6G 接车能力不满足运输需求时，则需要利用 3G、5G 办理上行方向的接车作业，然后再折返发车。此时应与运营单位运输、电务等部门沟通明确，为满足开通初期 3G、5G 需要办理上行方向接车折返作业的要求，将 3G、5G 主用方向定义为上行方向，按满足上行方向接车折返相关要求设计 3G、5G 分割点，并且以后不再修改分割点位置。

开通初期为尽头式车站股道增加双端发码工程设计方案示意如图 5-11-5 所示。

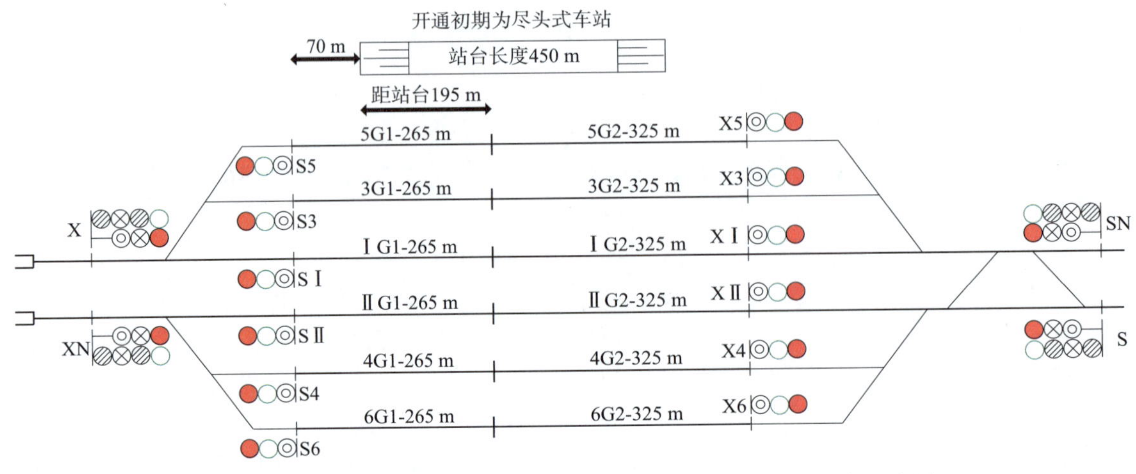

图 5-11-5 开通初期为尽头站股道增加双端发码功能设计方案示意图

六、结 束 语

相邻股道分割点不对齐、存在同频并行小区段的方案是针对既有线改造实际特点制定的，原则上仅适用于既有线改造；新建项目应从设计源头进行优化，彻底消除邻线干扰隐患，采用最优的方案。出站信号机距警冲标 30 m 时，更有利于股道分割点设置，上、下行股道分割点均可对齐设置。

第十二节 加强无配线站冒进防护方案优化

在车站密集的城际铁路中，经常会设置无配线站，无配线站不设道岔，设有两个股道用于办理客运作业。未来在城际铁路无配线站将越来越多。

一、冒进防护技术要求

《CTCS-2 级列控系统总体技术要求》（TB/T 3516—2018）4.2.3 规定："C2 系统应具备冒进防护功能。"信号系统的一个核心防护功能就是站内冒进防护，当列车因故冒进列车信号机红灯时，信号系统应该第一时间触发紧急制动，进行冒进防护。车载逻辑对冒进列车信号场景进行了严格的安全防护，即便因故未收到【CTCS-5】包，只要越过行车许可授权终点就会转入冒进模式，车载设备会触发紧急制动，冒进后即便收到 L 码也不处理，直到制动停车。

根据《CTCS-2 级列控车载设备技术规范》（Q/CR 843—2021）、《CTCS-2 级列控车载设备技术条件》（TB/T 3529—2018）关于车载逻辑相关要求可知，当由 HU 码转为无码（含 25.7 Hz、27.9 Hz）时，输出紧急制动。因此，在地面信号设备工程设计中，冒进防护的基本实现逻辑为：当列车冒进列车信号机红灯时，应由 HU 码变无码，触发紧急制动。

《集中联锁结合电路一般规则》（TB/T 2307—2017）11.2 规定："列车冒进信号时，至少内方第一区段发禁止码或不发码。"虽然这条是在车站电码化电路部分，但是所强调的冒进防护逻辑是通用的，这条要求就是为了实现冒进防护，避免冒进后收到允许码而未导向安全侧，采用 ZPW-2000 系列移频轨道电路时同样适用。

二、出站信号机冒进防护分析

当无配线站不兼做信号中继站时，为节约工程投资，无配线站一般纳入相邻车站控制，本站室内无信号设备。某无配线站信号设备平面布置如图 5-12-1 所示，进站信号机与反向出站信号机、出站信号机与反向进站信号机均采用并置方式。

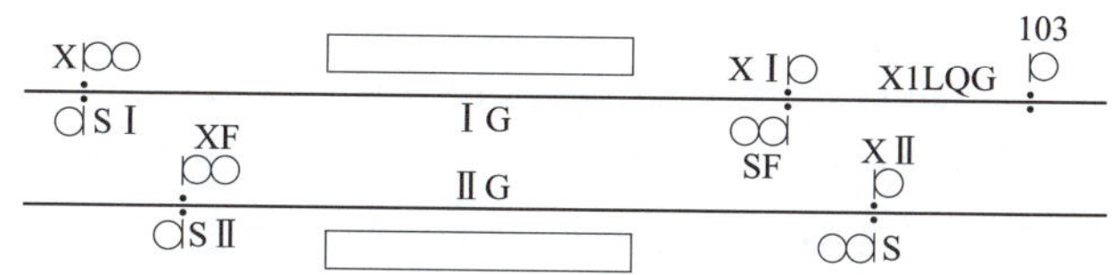

图 5-12-1　某无配线信号设备平面布置示意图

出站信号机冒进防护的故障—安全原则为：当未办理发车进路时，出站信号机显示红灯，出站信号机防护的发车进路内至少有一个区段发检测码（以下简称 JC 码），当列车因故冒进出站信号机红灯时，由 HU 码变无码，触发紧急制动，实现冒进防护。因此发车进路咽喉区至少要有一个站内区段，常态发 JC 码，实现冒进防护功能。

区间轨道电路发码原则：区间轨道电路根据前方闭塞分区空闲状态，按追踪码序原则发码，区间追踪码序为 HU-U-LU-L-L2-L3-L4-L5。

图 5-12-1 中出站信号机 XⅠ与反向进站信号机 SF 并置，越过出站信号机 XⅠ后即进入区间，发车进路无站内区段发 JC 码，如果列车因故冒进出站信号机，由于区间 1LQG 常态为追踪码序允许码，可能由 HU 码变为 L3 码，此时车载设备会进行冒进防护，触发紧急制动。但是从地面信号工程设计的角度，冒进出站信号机后 HU 码变 L3 码，不符合故障—安全原则，不符合《集中联锁结合电路一般规则》（TB/T 2307—2017）11.2“列车冒进信号时，至少内方第一区段发禁止码或不发码”的要求。

如果将区间 1LQG 按站内区段发码逻辑处理，常态发 JC 码，将导致区间 1LQG 发码逻辑与其他区间轨道电路不同，与区间轨道电路依据前方通过信号机显示发码的逻辑不符，导致无配线站与其他车站列控中心发码逻辑不统一，列控中心软件将进行特殊处理，不利于维护管理。

综合上述分析，无配线站出站信号机与反向进站信号机不能并置设计。

三、进站信号机冒进防护分析

进站信号机冒进防护的故障—安全原则为：当未办理接车进路时，进站信号机显示红灯，进站信号机防护的接车进路内至少有一个区段发 JC 码，当列车因故冒进进站信号机红灯时，由 HU 码变无码，触发紧急制动，实现冒进防护。因此接车进路至少要有一个区段，常态发 JC 码，实现冒进防护功能。

图 5-12-1 中进站信号机与反向出站信号机并置，接车进路仅一个区段，即ⅠG，表面上看与冒进防护故障—安全原则并不矛盾。但是这种接车进路仅一个区段的设计方案，在ⅠG 发码上存在问题。当未办理接车进路，X、XⅠ均点红灯时，ⅠG 常态应该如何发码呢？根据《列控中心技术条件》（TB/T 3439—2016）6.3.2“列车进路信号没有开放时，TCC 应向股道发送 HU 码或检测码，道岔区段发送检测码”的要求，分 HU 码和 JC 两种方案进行

探讨。

方案一：ⅠG 常态发 HU 码

接车进路仅股道一个区段，X、XⅠ均显示红灯时，ⅠG 常态发 HU 码，基本符合《集中联锁结合电路一般规则》（TB/T 2307—2017）11.2“列车冒进信号时，至少内方第一区段发禁止码或不发码”的要求。但是从更有利于冒进防护的角度，进站信号机内方应至少有一个区段发 JC 码。

方案二：ⅠG 常态发 JC 码

ⅠG 常态发 JC 码，当冒进进站信号机时，符合冒进防护 HU 变无码触发紧急制动的要求。但是ⅠG 常态发 JC 码，列控中心软件逻辑需要进行如下特殊处理。

1. 列控中心需要判定股道占用是正常列车占用还是设备故障，即需要记忆列车走行轨迹。若列车正常驶入股道，接车进路解锁后，需维持股道发 HU 码；当办理发车进路，列车越过出站信号机后，股道恢复发 JC 码。

2. 单独办理发车进路。由于接车进路未办理，列车因故占压股道，虽然此时出站信号机显示红灯，但是股道发 JC 码，码序与信号显示含义不符；只有出站信号机开放且办理接车进路，股道才会变为允许码。此时由于股道因故占用，接车进路是无法办理的，导致即使出站信号机开放，股道也只能发 JC 码，这样股道发码除了和出站信号机显示有关，还和接车进路是否办理有关。这种发码逻辑与《国铁集团安全生产专项整治三年行动计划》（铁安监〔2020〕107 号）“增加高速铁路车站股道双端发码功能”相关要求不符，股道双端发码逻辑要求股道根据出站信号机显示发码，与发车进路是否办理无关，即出站信号机关闭时，股道常态应发 HU 码。

综合上述分析，接车进路仅股道一个区段，X、XⅠ均显示红灯时，ⅠG、1LQG 常态发 JC 码，除导致列控中心软件需进行特殊处理外，也存在码序与信号显示含义不符现象，且股道常态发 JC 码与高速铁路车站股道双端发码要求的股道常态发 HU 码不符。

四、加强无配线站冒进防护方案

对于无配线站，车载设备已具备冒进防护功能，地面信号工程设计也完全有条件符合冒进防护故障—安全原则。

（一）发车进路方案

由前述分析可知，无配线站出站信号机与反向进站信号机不能并置设计。根据冒进防护故障—安全原则要求，发车进路至少应设计一个站内区段，常态发 JC 码。无配线站不设道岔，轨道电路实际为区间轨道电路结构，均采用电气绝缘节。基于上述因素，发车进路设置一个区段即可，常态发 JC 码。因此推荐无配线站出站信号机与反向进站信号机采用差置设计方案。关于 JC 码区段长度设计原则，应符合《高速铁路设计规范》（TB/T 10621—2014）关于站内轨道电路最小长度要求。按设计速度 350 km/h，车载信号设备响应时间总和 2.5 s 及轨道电路余量 20 m 计算，站内最小区段长度为 264 m。对于设计速度 250 km/h 及以下的铁路，也推荐区段长度不小于 264 m 的方案，因为该区段长度满足 45 km/到 0 km/h 的制动距离要求，有条件时区段长一些，更有利于冒进防护。

（二）接车进路方案

无配线站从站场布局角度与普通车站相比，最大的特点就是不设道岔。普通车站接车进路发码逻辑为：进站信号机未开放时，股道发 HU 码，咽喉区道岔区段发 JC 码。

《国铁集团安全生产专项整治三年行动计划》（铁安监〔2020〕107 号）要求“增加高速铁路车站股道双端发码功能”。股道双端发码逻辑要求股道根据出站信号机显示发码，与发车进路是否办理无关，当列车占压股道，发车进路未办理，出站信号机显示红灯时，股道发 HU 码。因此股道常态应发 HU 码。

为了统一列控中心软件逻辑，减少特殊设计，无配线站发码逻辑应与普通车站保持一致，股道常态应发 HU 码。同时为了符合冒进防护故障—安全原则，除股道外，还应有一个区段发 JC 码，因此无配线站接车进路应增设一个区段，常态发 JC 码。

综合上述分析，推荐无配线站进站信号机与反向出站信号机采用差置设计方案，接车进路设两个区段。无配线站冒进防护优化信号设备平面布置示意如图 5-12-2 所示。

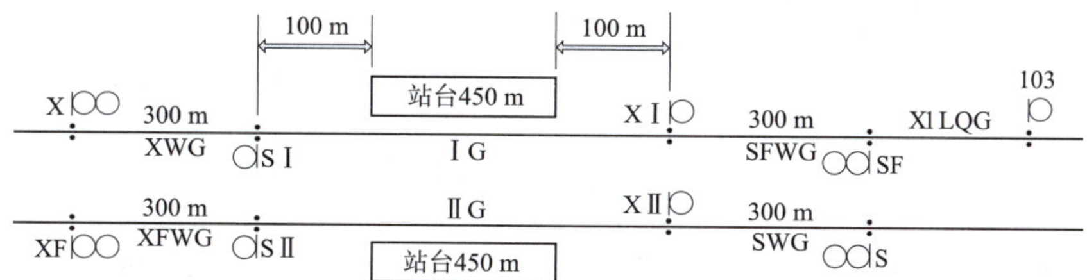

图 5-12-2　无配线站冒进防护优化信号设备平面布置示意图

具体设计原则如下：

1. 进站信号机与反向出站信号机、出站信号机与反向进站信号机均采用差置方式。进、出站信号机内方无岔区段常态发 JC 码，股道常态发 HU 码，发码逻辑与普通车站保持一致，轨道电路区段设计符合列车冒进时至少有一个区段发 JC 码的冒进防护故障—安全原则要求。

2. 出站信号机距站台端部 100 m，站台长度 450 m，满足 17 辆编组动车组停靠要求。

3. XWG 等 4 个咽喉区无岔区段长度 300 m，满足设计 350 km/h 站内最小轨道电路长度要求，且大于 45 km/h 到 0 km/h 的制动距离要求。

4. 接车进路闭塞分区 X 至 XⅠ间 950 m，大于 80 km/h 到 0 km/h 的制动距离要求。

5. 无配线站无折返作业运营场景，股道不需要加分割。

五、结 束 语

本节结合无配线站特点，就进一步加强无配线站冒进防护方案进行研究，分析冒进防护故障—安全原则要求，对比股道发码方案差异，提出更有利于冒进防护的无配线站设计方案。《列控中心技术条件》（Q/CR 817—2021）自 2021 年 7 月 11 日实施，6.4.3.1 规定“无配线车站进站信号机和反向出站信号机宜采用差置方式设置”，设计单位应认真执行。

第十三节　四线线路所侧面防护方案优化

在多线交汇的线路所，经常由于地形条件限制而无法设置安全线，导致办理侧向通过进路时，与相邻正线列车进路间无有效隔离措施，存在正线列车进路冒进后与侧向通过进路侧冲的安全隐患。本节介绍进一步加强四线线路所侧面防护方案，希望能为高速铁路信号工程设计工作提供有益借鉴。

一、概　　述

某线路所信号设备平面布置示意如图 5-13-1 所示。该线路所四条高速铁路交汇，由于地形条件限制而无法设置安全线，四条线均为正线，设置 8 组 1/42 大号码道岔，采用 C3 列控系统，站内采用与区间同制式的 ZPW-2000 系列一体化轨道电路。

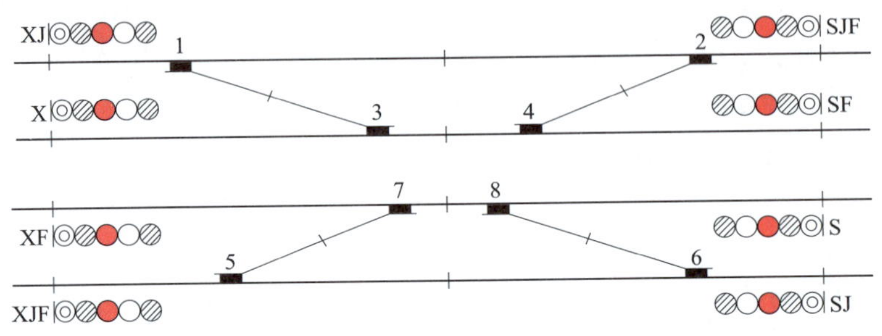

图 5-13-1　某线路所信号设备平面布置示意图

图 5-13-1 中，线路所均为 1/42 大号码道岔，侧向通过速度为 160 km/h，办理侧向通过进路时，如果恰好直向进路动车组因故冒进信号，存在与侧向通过的动车组发生侧冲的隐患，因此对于四线线路所侧面防护应重点研究。

二、侧面防护安全隐患分析

（一）侧面防护基本要求

侧面防护是指当办理经道岔侧向的列车进路时，相邻的直向列车进路应禁止办理，在相邻直向列车进路发生冒进列车信号时应能可靠防护，避免侧面冲突。

常规线路所设置安全线，当办理直向通过进路时，相邻侧向列车进路被安全线隔离，可有效防止侧向列车冒进问题。出于投资控制及场地限制等原因，正线接轨侧未设安全线，当办理侧向进路时，侧向进路与相邻直向进路间无隔开设备。也就是说线路所设置的安全线，仅用于防止侧向进路影响直向通过进路，并不能防止直向进路冒进后与侧向进路发生侧冲的安全隐患。

（二）冒进防护总体设计要求

信号系统的一个核心防护功能就是站内冒进防护，当列车因故冒进列车信号机红灯时，信号系统应第一时间触发紧急制动，进行冒进防护。根据《CTCS-2 级列控车载设备技术规范》（Q/CR 843—2021）关于车载逻辑相关要求可知，当由 HU 码转为无码（含 25.7 Hz、27.9 Hz）时，输出紧急制动。因此地面信号工程设计冒进防护的基本实现逻辑为：当列车冒进红灯时，应由 HU 码变无码，触发紧急制动。

《集中联锁结合电路一般规则》（TB/T 2307—2017）11.2 要求“列车冒进信号时，至少内方第一区段发禁止码或不发码”。这条要求就是为了实现冒进防护的，避免冒进后收到允许码而未导向安全侧。

高速铁路车站采用 ZPW-2000 一体化轨道电路，最大的优点是实现全进路发码，但高速铁路车站在轨道电路发码逻辑上与普速铁路车站 25 Hz 叠加电码化的发码逻辑是一样的。以接车进路为例，未办理接车进路时，咽喉区发 JC 码，只有办理了接车进路后，咽喉区才根据出站信号机显示发码；股道根据出站信号机显示发码，与是否办理进路无关。因此，《集中联锁结合电路一般规则》（TB/T 2307—2017）11.2 的规定同样适用于高速铁路车站。但是针对不同类型的列车信号机冒进防护场景，这条要求的落实情况也是不尽相同的。

1. 进站信号机场景：站场规模较小、正线间无渡线的车站，满足上述要求；站场规模较大、引入口较多、正线间设有渡线的车站，由于相邻列车进路间存在共用区段，所以无法满足上述要求。

2. 出站信号机场景：由于我国高速铁路信号设计规范中出站信号机内方未单独设置保护区段，相邻股道出站信号机发车进路间存在共用区段，所以无法满足上述要求。

3. 线路所通过信号机场景：线路所站型简单，具备满足上述要求的条件。

进站信号机冒进防护的故障—安全原则为：当未办理接车进路时，进站信号机显示红灯，进站信号机防护的接车进路内至少有一个区段发 JC 码，当列车因故冒进进站信号机红灯时，由 HU 码变无码，触发紧急制动，实现冒进防护。因此接车进路至少要有一个区段常态发 JC 码，实现冒进防护功能。线路所通过信号机冒进防护的故障—安全原则与进站信号机场景类似。

（三）车载冒进防护逻辑

《CTCS-2 级列控系统总体技术要求》（TB/T 3516—2018）4.2.3 规定："C2 系统应具备冒进防护功能。"车载逻辑对冒进列车信号场景进行了严格的安全防护，即便因故未收到【CTCS-5】包，只要越过行车许可授权终点就会转入冒进模式，车载设备会触发紧急制动，冒进后即便收到 L 码也不处理，直到制动停车。

当车载设备在完全监控模式、部分监控模式运行时，车载逻辑及地面应答器均能正常防护，此时地面信号设备不需要再考虑额外的冒进防护。

当车载设备在目视行车模式时，限速为 40 km/h，列车每运行一定距离（200 m）或一定时间（50 s）司机需确认一次；当车载设备在引导模式时，限速为 40 km/h，司机负责在列车运行时检查轨道占用情况。这两种模式下，多是出现特殊状况，司机需要集中注意力观察轨道占用情况或是经常需要确认。司机精神紧张、操作较多，相当于半人工控车，操作失误时存在冒进信号的可能。为确保行车安全，地面信号工程设计需要考虑目视及引导模式下的冒进防护。

（四）冒进防护距离

车载逻辑具备冒进防护功能，但是冒进后动车组能停在什么位置、是否会与侧向通过的动车组发生侧冲则是由信号工程设计方案决定的。信号工程设计中，侧面防护场景冒进防护距离为列车信号机至前方警冲标间距离。线路所冒进防护距离示意如图 5-13-2 所示，以 X 口为例，冒进防护距离为线路所通过信号机 X 至前方 3＃道岔岔内警冲标间距离。

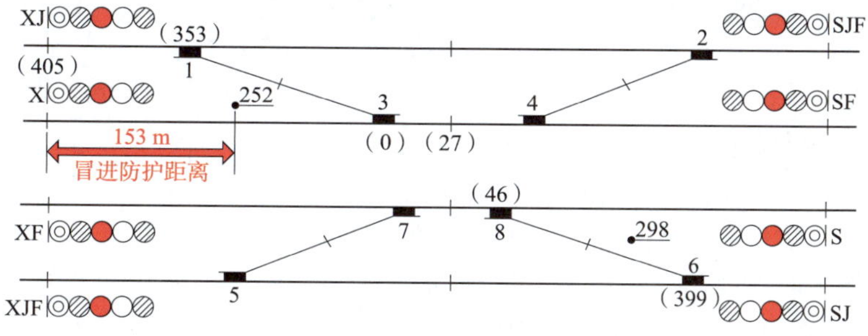

图 5-13-2　线路所冒进防护距离示意图

冒进防护距离受行车布点及同频并行区段长度等因素制约，不可能特别长，所以信号工程设计中冒进防护定性为有限防护，即仅满足特定速度下的冒进防护。当冒进防护距离大于冒进速度下紧急制动距离时，不会发生侧冲；如果冒进速度较高，冒进防护距离小于紧急制动距离，则存在发生侧冲的安全隐患。车载设备紧急制动距离见表 5-13-1。

表 5-13-1 车载设备紧急制动距离表

速　度(km/h)	坡　度	紧急制动距离(m)		
		300T-CR400BF	200H-CR1	300S-CR400BF
45	−10‰	162	174	245
	−20‰	181	200	297
	−30‰	207	238	308

信号工程设计中制动距离相关参数按最不利情况考虑，目视行车模式限速为 40 km/h，同时受轨道电路区段最小长度、行车布点及同频并行区段长度等因素制约，冒进防护距离按满足 45 km/h 到 0 km/h 的紧急制动距离要求设计。

（五）原设计方案存在问题

以图 5-13-2 下行为例，当办理 XJ-SF 经 1/3＃道岔侧向的通过进路时，如果邻线动车组因故冒进线路所通过信号机 X，则存在和经 1/3＃道岔侧向通过的动车组发生侧冲的安全隐患。且 3DG 为侧向进路与正线进路共用区段，如果侧向通过的动车组尚未越过 XJ，此时正线动车组因故冒进线路所通过信号机 X 后，很可能会出现由 HU 码变为 L 码的情况。虽然冒进后地面发送 L 码车载不处理，不存在安全问题，但是冒进后 HU 码变 L 码不符合信号工程设计故障—安全原则，不符合《集中联锁结合电路一般规则》（TB/T 2307—2017）11.2“列车冒进信号时，至少内方第一区段发禁止码或不发码”的要求。

图 5-13-2 中冒进防护距离为 153 m，不满足 45 km/h 到 0 km/h 的紧急制动距离，存在冒进防护距离不足的隐患。

针对原设计方案存在的这两个问题，为进一步加强冒进防护，消除侧面冲突安全隐患，提出 4 个优化方案进行研讨。

三、侧面防护优化方案

方案一：线路所改为车站

线路所由于地形条件限制而无法设置安全线，为了加强侧面防护，提出增设股道、将线路所改为车站的方案。将原通过信号机改为出站信号机，位置不变，下行咽喉设置ⅠG、ⅢG，上行咽喉设置ⅡG、ⅣG，长度为 850 m，动车组可以在股道停车。以下行为例，当办理经 1/3＃道岔侧向的 XJ-SF 通过进路时，邻线动车组可以在ⅠG 停车等候，避免和经 1/3＃道岔侧向通过的动车组发生侧冲。

线路所改为车站信号设备平面布置示意如图 5-13-3 所示。

经仔细分析，方案一信号设备平面布置存在如下问题：

1. 虽然增设了股道，但并未真正起到冒进防护的作用。当遇司机操作不当或制动力损失等情况时，本应在ⅠG 停车的动车组可能冒进出站信号机 XⅠ，由于信号机位置不变，所以冒进防护距离未发生变化，仍然存在与经 1/3＃道岔侧向通过的动车组发生侧冲的隐患。

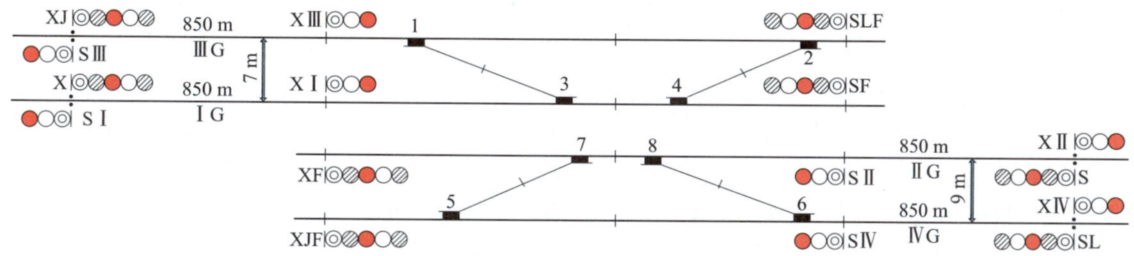

图 5-13-3　线路所改为车站信号设备平面布置示意图

且 3DG 为正线进路与侧向进路共用区段，若 3DG 空闲，冒进动车组很可能会收到允许码，冒进后 HU 码变允许码不符合信号工程设计故障—安全原则。

2. 进站信号机 X 与反向出站信号机 SⅠ并置，类似于无配线站并置逻辑，根据第十二节相关分析可知，存在冒进后 HU 码变允许码的隐患，不利于冒进防护。

3. ⅠG、ⅢG 长度为 850 m，均为下行频率，线间距 7 m，X、XJ 处采用电气绝缘节，如果ⅠG 按照区间轨道电路处理，根据四线并行时区间轨道电路并行长度应小于 750 m 的要求，ⅠG、ⅢG 应加分割绝缘；ⅡG、ⅣG 同理。如果ⅠG 按站内轨道电路处理，根据站内轨道电路并行长度不大于 650 m 的要求，也需要加分割绝缘。

4. X、XJ、S、SL 信号机处采用电气绝缘节，其他信号机处采用机械绝缘节，同一个车站绝缘节制式不统一，不利于维护管理。

方案二：线路所改为车站＋红灯重复

针对方案一存在的问题，方案二对线路所改为车站后信号设备平面布置进行优化，增加红灯重复防护措施。线路所改为车站＋红灯重复信号设备平面布置示意如图 5-13-4 所示。

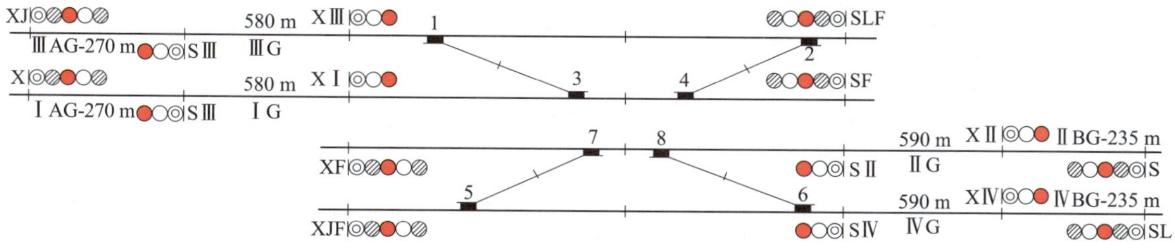

图 5-13-4　线路所改为车站＋红灯重复信号设备平面布置示意图

方案二主要设计原则如下：

1. 增加红灯重复防护措施，彻底消除侧面冲突安全隐患。

要想真正解决侧面防护问题，只有两个办法：两条列车进路间空间物理隔离或是有足够的安全距离。该线路所不具备设置安全线的条件，所以通过安全线物理隔离的方案是不成立的。因此只能在两条列车进路间保持足够的安全距离上去解决。基于线路所布局特点，提出增加红灯重复防护措施的方案。当办理经 1/3＃道岔侧向通过进路时，X 与 XⅠ红灯重复，即动车组只能停在进站信号机 X 外方等候，两条列车进路间通过ⅠAG、ⅠG 进行隔离，隔离长度为 850 m，即两条列车进路保持了 850 m 的安全距离。

考虑到冒进前以 HU 码生成制动曲线，且冒进后已触发紧急制动进入冒进模式，因此动车组冒进后速度相对较低。红灯重复隔离长度为 850 m，满足 10‰下坡 80 km/h 的紧急制动距离要求，因此增加红灯重复防护措施能够解决侧面冲突安全隐患，实现侧面防护。

该方案不足之处是 X 与 XⅠ红灯重复，导致 CTC 进路不能自动触发，需要人工干预。

2. 进站信号机 X 与反向出站信号机 SⅠ按差置设计。接车进路除股道外增设一个区段ⅠAG，常态发 JC 码，ⅠG 常态发 HU 码，股道发码逻辑与普通车站保持一致，整体发码方案既符合冒进防护 HU 变无码的要求，也符合股道双端发码常态发 HU 码的要求。

3. 原ⅠG 等 4 个股道均按站内轨道电路处理，原ⅠG、ⅡG、ⅢG、ⅣG 拆分为一个无岔区段和一个股道，满足站内并行区段长度不大于 650 m 的要求

4. X、XJ、S、SL 信号机处均采用机械绝缘节，全站保持一致。

方案三：维持线路所＋红灯重复

由于方案二红灯重复影响 CTC 进路自动触发，故提出方案三，方案三维持线路所平面布局，增加红灯重复防护措施。维持线路所＋红灯重复信号设备平面布置示意如图 5-13-5 所示。

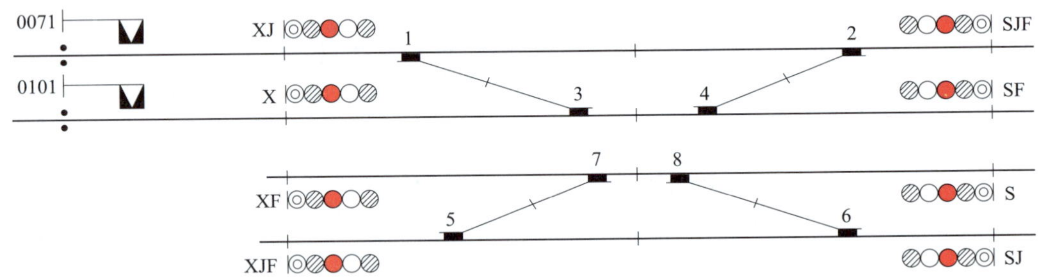

图 5-13-5 维持线路所＋红灯重复信号设备平面布置示意图

当办理 XJ-SF 经 1/3＃道岔侧向的通过进路时，X 与外方第一个区间信号点 0101 红灯重复（常态灭灯线路区间不设通过信号机，设置区间信号标志牌），彻底消除侧面冲突安全隐患。

当办理 X-SJF 经 2/4＃道岔侧向的通过进路时，XJ 与外方第一个区间信号点 0071 红灯重复，彻底消除侧面冲突安全隐患。上行接车进路同理。

由于是线路所通过信号机与区间信号点红灯重复，不是站内红灯重复，所以不影响 CTC 进路自动触发。

方案四：维持线路所＋增设冒进防护区段

由于方案三红灯重复措施对追踪间隔时间略有影响，故提出方案四，方案四维持线路所布局，增设冒进防护区段。根据《集中联锁结合电路一般规则》（TB/T 2307—2017）11.2 “列车冒进信号时，至少内方第一区段发禁止码或不发码”的要求，在线路所通过信号机 X 内方增设一个冒进防护区段。冒进防护区段ⅠAG 长度为 300 m，常态发 JC 码，当动车组冒进通过信号机 X 时，由 HU 码变无码，触发紧急制动。冒进防护区段长度为 300 m，满足 30‰下坡、45 km/h 到 0 km/h 的紧急制动距离要求，可以实现与侧向通过列车进路的隔离防护。由于反向行车极少，两条线均为反向的概率更低，所以只考虑在正方向进路增设冒进防护区段。维持线路所＋增设冒进防护区段信号设备平面布置示意如图 5-13-6 所示。

方案比选：

方案一虽增设股道但未能起到冒进防护作用，无法真正解决侧面冲突安全隐患。

方案二将线路所改为车站，增加红灯重复防护措施，有效解决了侧面冲突安全隐患，但

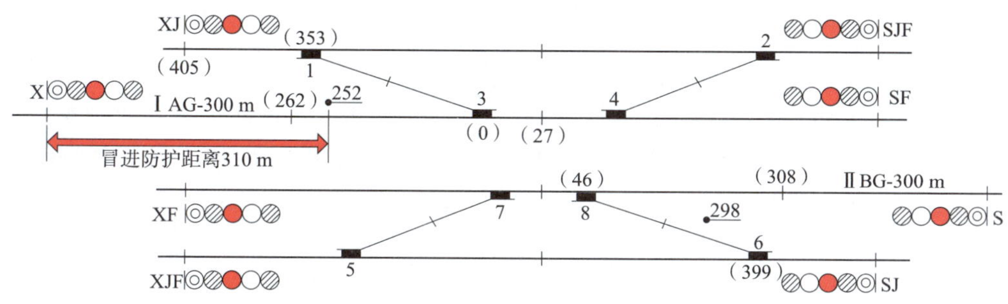

图 5-13-6　维持线路所＋增设冒进防护区段信号设备平面布置示意图

是由于站内红灯重复，导致 CTC 进路不能自动触发。

方案三维持线路所布局，增加红灯重复防护措施，通过一个闭塞分区进行隔离，防护效果最好，有效解决了侧面冲突安全隐患，红灯重复不影响 CTC 进路自动触发。

方案二、方案三红灯重复防护措施导致追踪间隔时间约增加 18 s，影响很小，可以忽略不计。

方案四维持线路所布局，增加站内冒进防护区段，常态发 JC 码，解决了线路所两线变一线交汇场景直向列车进路冒进后 HU 码变允许码的安全隐患。冒进防护区段定性为有限防护，冒进防护距离为 310 m，满足最不利车载 30‰下坡、45 km/h 到 0 km/h 的紧急制动距离要求，虽然从绝对隔离防护效果上略低于方案三的 850 m，但是没有红灯重复，对运输效率无任何影响。且在不影响行车布点的前提下，可以进一步增加冒进防护区段的长度，冒进防护效果更佳。

综合上述分析，排除方案一、方案二。方案三绝对隔离防护效果最好，但是红灯重复对运输效率有一定影响，因此推荐采用方案四。

除信号工程设计采取冒进防护措施外，在编制列车运行图时，应针对四线线路所特点，优化动车组开行方案，合理安排跨线侧向通过列车与直股通过列车之间的时间间隔，尽量避免在线路所形成直股列车等待侧向通过列车的交叉作业场景，确保安全。

四、增设冒进防护区段的方案适用于普通线路所

在普通线路所两线变一线的交汇处，先排列侧向列车进路，而正线列车又冒进信号时，也可能存在冒进后 HU 码变允许码的情况。因此，为确保轨道电路发码符合故障—安全原则，增设冒进防护区段的方案也适用于普通线路所。普通线路所增设冒进防护区段示意如图 5-13-7 所示。

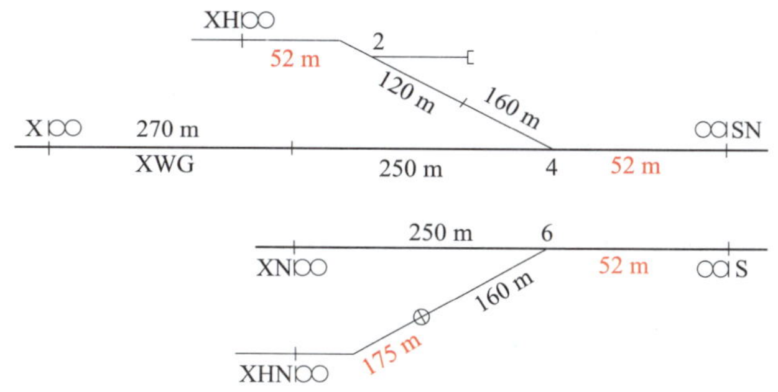

图 5-13-7　普通线路所增设冒进防护区段信号设备平面布置示意图

五、结 束 语

本节就加强四线线路所侧面防护进行研究，从冒进防护、侧面防护等方面深入分析，提出优化方案。线路所增设冒进防护区段，可以有效防止列车冒进后 HU 码变允许码，确保地面发码符合故障—安全原则。

第六章　列控数据设计

高速铁路列控数据的正确性至关重要，直接关系行车安全。列控工程数据表是高速铁路信号工程设计的核心内容之一。

高速铁路信号系统故障—安全最核心的要素就是速度控制，因此，线路允许速度是列控数据管理的重中之重，应如何防止列控数据超速？

线路允许速度、列控顶棚速度、初期运营速度之间是什么逻辑关系？

在区间正线进行C3→C2级间切换时，为确保C3数据不延伸至C2车站，执行点处线路允许速度大于250 km/h时该如何处理？

在大号码道岔区域，从满足各型车载设备车地匹配的角度，如何合理确定大号码道岔侧向速度？

列控系统与运输、站场、线路等专业外部接口众多，如何进一步加强与接口协调，从设计源头确保列控数据的正确性？

本章介绍线路允许速度、列控数据接口设计及列控工程数据设计，希望能为高速铁路信号工程设计工作提供有益借鉴。

第一节　线路允许速度

一、线路允许速度是列车运行速度的重要依据

对线路允许速度的管理水平直接关系到铁路行车安全和运输秩序，有关单位和部门必须高度重视。线路允许速度是列控数据管理的重中之重，必须严防超速。设计单位应将速度纳入列控工程数据红线管理，严禁列控工程数据速度超过列控基础数据速度。

（一）必须以批复后的线路允许速度为依据

线路允许速度管理执行《铁路线路允许速度管理办法》（TG/GW 201—2014），120 km/h及以上的线路允许速度须报国铁集团工电部批准，120 km/h以下的速度由铁路局集团公司批准。

线路允许速度是固定行车设备的重要技术资料，是列控系统的核心数据，事关行车安全，建设、运营、设计等单位应高度重视其编制、报批工作，落实责任制，严格工作程序，确保有关基础数据准确无误，确保限速数据满足相关标准要求。

列控基础数据必须以国铁集团、铁路局集团公司批复的速度为依据。需要特别注意的是，有些项目在有关部门的环评批复中明确局部地段限速，因此设计单位在编制线路允许速度报批资料时应注意核对，避免疏忽导致超速。

（二）列控顶棚速度

在国铁集团线路允许速度批复文件及日常运用中，经常会出现线路允许速度、列控顶棚速度等几个概念，在使用中需予以注意区分。

线路允许速度：线路允许速度为列控基础数据速度，是根据设计文件或工务、供电、电

务、房建等固定设备技术条件确定的速度，经工务、供电、电务、房建部门共同确认后，由工务部门负责归口管理，是指该线路允许列车安全运行的最高速度。

初期运营速度：根据线路条件及运输组织情况，由国铁集团批复的线路开通初期的运营速度，初期运营速度小于或等于线路允许速度。例如设计速度为 250 km/h 的线路，初期运营速度为 200 km/h；设计速度为 350 km/h 的线路，初期运营速度为 300 km/h。

列控顶棚速度：列控顶棚速度为列控工程数据速度，是指列车在列控系统控制下安全运行时所能达到的最高运行速度，列控顶棚速度与初期运营速度、线路允许速度间关系密切，初期运营速度决定列控顶棚速度。正确的逻辑关系为：$v_{初期运营} \leqslant v_{列控顶棚} \leqslant v_{线路允许}$。列控顶棚速度是列控系统最高允许速度，当局部线路允许速度小于列控顶棚速度时，该段列控工程数据线路允许速度应为实际线路允许速度。

采用 C2 列控系统的线路，列控顶棚速度只在应答器中描述；采用 C3 列控系统的线路，列控顶棚速度细分为 C2 列控顶棚速度和 C3 列控顶棚速度。

C2 列控顶棚速度：采用 C3 列控系统的线路，要考虑降级为 C2 或跨线车在本线运行的场景，C2 列控顶棚速度是指地面应答器描述的 C3 列控系统下按 C2 模式运行时的最高速度，简称应答器顶棚。

C3 列控顶棚速度：采用 C3 列控系统的线路，在 C3 模式下的最高运行速度，由 RBC 发送给车载设备，简称 RBC 顶棚。

不同速度等级线路列控顶棚速度见表 6-1-1。

表 6-1-1　不同速度等级线路列控顶棚速度表

类型	线路允许速度	初期运营速度	C2 列控顶棚速度（应答器）	C3 列控顶棚速度（RBC）
1	200 km/h	200 km/h	200 km/h	—
2	250 km/h	200 km/h	210 km/h	—
3	250 km/h	250 km/h	250 km/h	—
4	300 km/h	300 km/h	300 km/h	300 km/h
5	350 km/h	300 km/h	300 km/h	310 km/h
6	350 km/h	350 km/h	300 km/h	350 km/h

设计单位应对列控顶棚速度进行重点审核，严防超速。

有的项目设计速度为 250 km/h，初期运营速度为 200 km/h，列控顶棚速度应为 210 km/h，设计单位将列控顶棚速度误写为 250 km/h。

有的项目设计速度为 350 km/h，初期运营速度为 300 km/h，C2 列控顶棚速度应为 300 km/h，设计单位将 C2 列控顶棚速度误写为 310 km/h。

（三）反向速度

反向运行速度应严格执行《铁路技术管理规程（高速铁路部分）》第 411 条规定：“动车组反向运行时，在 CTCS-3 级区段，CTCS-3 级列控系统最高允许速度为 300 km/h，CTCS-2 级列控系统最高允许速度为 250 km/h；在 CTCS-2 级区段，在 250 km/h 线路上最高允许速度为 200 km/h，在 200 km/h 线路上最高允许速度为 160 km/h。”

不同速度等级线路反向速度见表 6-1-2。

表 6-1-2　不同速度等级线路反向速度表

类型	线路允许速度	列控等级	C2 反向速度（应答器）	C3 反向速度（RBC）
1	200 km/h	C2	160 km/h	—
2	250 km/h	C2	200 km/h	—
3	250 km/h	C3	250 km/h	250 km/h
4	300 km/h	C3	250 km/h	300 km/h
5	350 km/h	C3	250 km/h	300 km/h

需要特别注意的是，设计速度为 250 km/h 的线路采用 C3 列控系统时，反向速度应为 250 km/h。有的设计单位未充分理解《铁路技术管理规程（高速铁路部分）》第 411 条要求，反向速度设计为 200 km/h。

C2→C0 级间切换点反向速度应符合铁路局集团公司关于 LKJ 反向运行速度管理的要求。铁路局集团公司一般规定 LKJ 正向最高速度为 160 km/h，反向最高速度为 120 km/h，所以 C2→C0 级间切换点反向速度应为 120 km/h，有的项目误写为 160 km/h。

二、列控工程数据速度是车地匹配速度

列控系统由车载设备和地面设备共同组成，地面设备和车载设备协调匹配才能确保列车正常运行。从确保车地匹配的角度来说，列控工程数据速度是车地匹配速度，列控基础数据速度是站前设计的线路允许速度，列控工程数据速度小于或等于列控基础数据速度。

列控工程数据速度是以列控基础数据为前提、经实验室仿真测试后满足各型车载设备车地匹配要求的速度。正常情况下列控工程数据速度等于列控基础数据速度，但在大号码道岔、C3→C2 级间切换点处，列控工程数据速度有时小于列控基础数据速度。

（一）大号码道岔侧向速度

高速铁路两线联络线交汇处、枢纽大站附近疏解区处站场专业往往会设计 1/42 大号码道岔，以便提高列车通过速度，达到快速疏解提高线路运输效率目的。虽然 1/42 大号码道岔自身构造条件满足侧向最高允许通过速度为 160 km/h，但实际工程设计中受限于联络线的长度和设计速度、与前方站之间距离以及列控系统处理逻辑等因素，侧向通过速度未必能达到 160 km/h。

距前方站较近的线路所示意如图 6-1-1 所示。线路所 6＃道岔是 1/42 大号码道岔，道岔侧向允许通过速度为 160 km/h，联络线设计速度为 160 km/h，联络线设有一个区间信号点；前方车站接车进路咽喉区 2＃道岔为 1/42 大号码道岔。

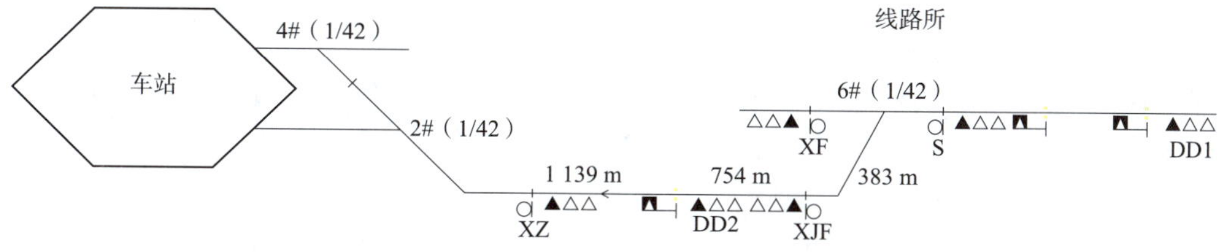

图 6-1-1　距前方站较近的线路所示意图

1. 问题描述

列车在C2等级运行，排列由上行正线经线路所6#大号码道岔侧向通过至前方站XZ方向进路时，存在列车制动的情况。

排列进路（S-XJF-XZ-XⅠ），前方站进站信号机XZ开放。列车收到大号码道岔DD1后，列车在越过线路所S通过信号机后收到U2S码时，列车默认前方闭塞分区发送UUS码，列车以UUS码闭塞分区出口速度80 km/h控制列车运行，允许速度由160 km/h降至142 km/h，触发常用制动；在列车允许速度降至133 km/h时收到前方站大号码道岔有源应答器组DD2后，UUS出口速度调整为大号码道岔应答器描述的速度160 km/h，允许速度升为152 km/h。

根据《CTCS-3级列控系统应答器应用原则（V2.0）》（科技运〔2010〕21号），大号码道岔侧向最高允许速度除线路限速外，还应根据列车按照道岔区段线路允许最高码序至目标点列车按照常用制动能够可靠停车的速度限制。

2. 解决方案

结合现场1/42大号码道岔的常用速度（160 km/h、140 km/h、120 km/h），将线路所6#大号码道岔侧向通过速度调整为120 km/h。

3. 设计建议

大号码道岔侧向的列控工程数据速度不能简单等同于道岔本身的最高通过速度，设计单位应综合考虑与前方站距离、信号显示关系及联络线限速等因素，经行车检算合理确定侧向允许速度，并结合车载设备供应商的仿真测试结果确定最终的侧向允许速度，避免前期未进行充分检算、验证而导致联调联试期间进行修改。简单地说，不是列车经过所有的1/42大号码道岔都能以160 km/h运行。

（二）级间切换点速度

当正线采用C3系统、枢纽采用C2系统时，必然要在区间正线设置C3→C2级间切换点，C3→C2级间切换点后常用制动距离内C2区域的相关车站应纳入RBC数据。为避免C2线路改造引起RBC修改，RBC数据不宜延伸至相邻C2车站。

为确保RBC数据不延伸至相邻C2车站，等级切换执行点距离相邻C2车站进站信号机的距离应不小于执行点线路允许速度到0 km/h的常用制动距离+5 s走行距离。当切换点处线路允许速度大于250 km/h时，切换点处列控数据速度应设计为250 km/h。建议建设单位组织设计单位行车、信号等专业及主要车载设备供应商，计算由于切换点处列控数据降速引起的运行时分差异，并组织专题会议，征求运营单位运输、电务等部门意见，明确切换点处列控数据降速引起的运行时分差异可以忽略不计。例如级间切换点处线路允许速度为280 km/h，列控工程数据设计为250 km/h，由此产生的运行时分差异一般不超过15 s，可以忽略不计。

（三）合并速度时应避免出现速度突降

在某些车站，接、发车进路中速度描述超过3段，由于应答器容量限制等因素，集成商对速度进行了安全侧合并，最终合并为2段进行描述。但由于高速区段长度较长，按照低速区段合并后，导致车载设备速度突降。

问题描述：300T/C2，列车下行正向通过A站VG，正线股道直进弯出。列车进入VG越过SV信号机处应答器组后，在目标速度为80 km/h的TSM区运行，允许速度由110 km/h突降为100 km/h左右。直进弯出速度突降示意如图6-1-2所示。

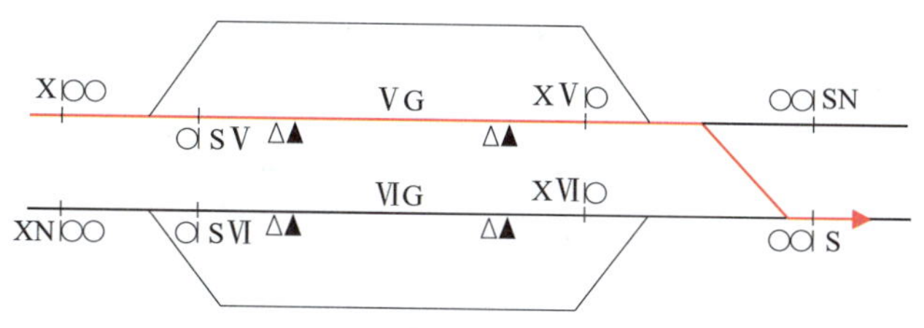

图 6-1-2　直进弯出速度突降示意图

问题分析：列车以完全监控模式通过 B—SV 应答器组后，接收到发车方向的预告报文信息及线路速度信息。A 站 TCC 处理逻辑为：当发车进路中速度描述超过 3 段时，按照从进路始端往终端取速度低值依次进行，最终合并成为 2 段进行描述。因此，原进路预告报文速度描述为：250/1027、80/149、250/52，经 TCC 按上述原则合并后，【ETCS-27】包描述为：80/1176、250/52。

由于 A 站 B-SV 应答器预告线路速度与无源应答器描述的进路速度差距过大，250 km/h 的运行距离缩短，目标速度 80 km/h 提前执行，导致列车出现允许速度突降现象。

解决方案：A 站有源应答器速度信息按原进路数据表描述，不做合并。

设计建议：《列控系统应答器应用原则》（TB/T 3484—2017）7.2.3.4 规定："车站对于咽喉区域的正线长度小于 1 000 m 的侧线进路中走行的正线区段及进路外区间速度描述宜与其衔接最大侧向允许速度保持一致，但不应高于正线速度值"。在实际应用中，应充分结合站场的实际情况，保持速度合并前后描述的一致性，合并速度时应该充分考虑速度曲线的连续性，避免出现速度突降。

（四）侧线股道速度

当侧线股道两边分别与 1/18 道岔和 1/12 道岔衔接时，侧线股道速度取值问题应商运营单位重点研究。

根据《列控数据管理暂行办法》（铁总运〔2014〕246 号）、《列控系统应答器运用原则》（TB/T 3484—2017）规定：侧线股道线路速度应与其衔接的道岔中号码最大的道岔侧向允许速度保持一致，且不高于高站台限速，即该侧线股道速度应按 80 km/h 取值。而根据设备管理单位工务部门对侧线股道速度的定义是按照股道衔接最小号码道岔进行限速处理，即该侧线股道速度应按 45 km/h 取值。

某动车所上行咽喉道岔为 60 kg（1/12）、下行咽喉道岔为 50 kg（1/9），编制工务基础数据时，因工务定义的股道速度按照股道两侧最小号码道岔定义，所以该动车运用所部分股道速度定义为 30 km/h，股道的范围包含两侧咽喉区一定范围内的道岔，导致部分 60 kg（1/12）道岔的速度均定义为 30 km/h。这与《列控系统应答器运用原则》（TB/T 3484—2017）要求相矛盾。后经过各方协调，工务修改了基础数据，最终 60 kg（1/12）道岔及部分股道均按照 45 km/h 编制列控数据。

针对上述侧线股道速度问题，应提前与相关单位深入研究，达成一致意见，避免后期列控工程数据及相关列控软件的修改，进而影响项目工期。

（五）带客运站台的正线股道速度

带客运站台的正线股道速度问题，是一个易被忽视的问题，以图 6-1-3 为例，对带站台的正线股道速度进行分析。

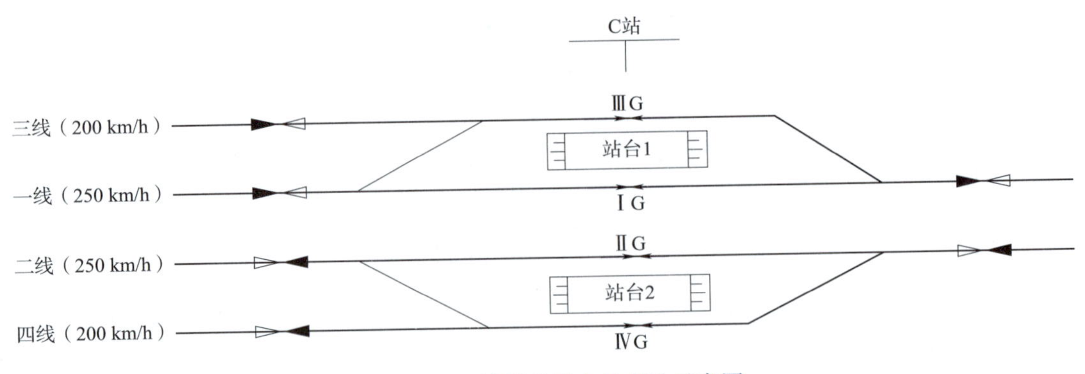

图 6-1-3 正线邻靠站台的车站示意图

该站有四条正线，一线、二线为贯通正线，线路设计速度为 250 km/h，站内正线ⅠG、ⅡG 侧设置有客运站台。站台边缘距ⅠG、ⅡG 线路中心线为 1 800 mm。

该站三线、四线为直进弯出正线，线路设计速度为 200 km/h，站内正线ⅢG、ⅣG 侧设置有客运站台。站台边缘距ⅢG、ⅣG 线路中心为 1 750 mm。

根据《铁路技术管理规程（高速铁路部分）》第 143 条规定可知，站台边缘距线路中心线的距离为 1 800 mm 时，列车通过速度大于 80 km/h 并小于 250 km/h，且列车通过速度为 200 km/h 及以上时须设置屏蔽门、安全门等防护措施；站台边缘距线路中心线的距离为 1 750 mm 时，列车通过速度不大于 80 km/h。

针对上述情况，ⅢG、ⅣG 正线股道须进行 80 km/h 限速处理；ⅠG、ⅡG 正线站内股道不限速，但须采取相应防护措施或限速 200 km/h 以下不采取防护措施。

因此，如果站内正线侧设置有高站台，需与站场专业核实站台与正线之间的距离，以确定股道是否限速，从而避免股道超速问题。

（六）加强枢纽地区列控数据管理

在某些枢纽车站，多个项目引入，涉及多个设计单位。针对这种情况，建设单位应确定牵头设计单位，各设计单位间应加强沟通协调，避免因沟通不足导致列控数据错误。新建线路与既有线路衔接处的线路速度、坡度应做到不重、不漏，精准衔接。

有的枢纽车站线路允许速度发生变化后，设计单位出具多版工作联系单，因各设计单位沟通不足，导致不同的设计单位对相同线路速度描述不一致，集成商因为疏忽未及时修改数据而导致超速。

某枢纽车站与正线为两个总体组，车站站内设计速度为 160 km/h，正线设计速度为 200 km/h。编制线路允许速度资料时，两个总体组未充分沟通，正线总体组按照 200 km/h 上报线路允许速度，把枢纽车站也含了进去，后来在联调联试阶段发现枢纽车站站内线路允许速度应为 160 km/h，因列控基础数据错误，导致多个车站列控工程数据、列控软件修改。

三、结 束 语

线路允许速度是列控系统的核心数据，是列控数据管理的重中之重，既要严防超速，又要避免随意压低线路允许速度，同时应根据具体情况合理确定大号码道岔侧向、级间切换等特殊地点列控工程数据速度，确保车地匹配要求。

第二节　列控数据接口设计

近年来，我国高速铁路建设呈现建设速度快、与既有线路交叉多等特点，列控工程数据的编制工作也随之更加繁重和艰巨，其准确性、稳定性、编制周期往往成为制约列控系统软件发布时间和项目联调联试时间的主要因素。

一、概　　述

列控基础数据往往受限于线名、站名、运营里程、线路允许速度批复及现场实测数据和相关站前数据的提供时间，其启动编制时间较晚、编制周期被压缩，而列控工程数据精确度要求高、数据信息量极大，涵盖了工务、电务及牵引供电等多专业内容，主要包含以下内容：

工务类：线路起讫里程、断链、允许速度、坡度、特殊桥梁隧道信息、道岔里程、公跨铁异物侵限、车站名称、站台门信息等数据。

电务类：列车信号机类型及位置、轨道电路长度及载频、列车进路、应答器位置、列控系统级间转换位置、RBC 管辖范围、临时限速管辖范围、列控系统顶棚速度信息等数据。

牵引供电类：分相区断电标志牌公里标信息。

二、与站前接口

（一）站场平面

车站信号平面设计应与站场专业设计保持一致，站前专业设计方案调整后，信号专业应及时修改配套方案，防止因站前、站后设计不一致导致列控数据错误。

某站原设计 11＃道岔（1/12）以定位直股方式连接 5G，进路允许速度为 80 km/h。因另外一条线路引入，设计单位站前专业进行了变更设计，改为以定位曲股方式连接 5G，进路允许速度为 45 km/h。由于设计单位信号专业疏忽，未注意站场方案调整后进路速度的变化，未及时修改列控工程数据表，导致 5G 接车进路允许速度超速。

（二）胶接绝缘

胶接绝缘位置和列控工程数据关系非常密切，其位置直接影响列控工程数据中轨道区段的长度。在工程设计中胶接绝缘的具体里程位置由信号专业提出，轨道工程实施。胶接绝缘设置位置除了满足信号地面设备正常工作要求外，还应满足工务部门相关要求，设计速度为 200 km/h 及以上的《高速铁路有砟轨道线路维修规则（试行）》《高速铁路无砟轨道线路维修规则（试行）》均要求“胶接绝缘接头宜采用现场胶接，胶接绝缘接头与焊接接头间距不应小于 20 m，道岔间困难条件下不应小于 12 m。”

因此，在工程设计过程中，轨道与信号专业应加强沟通协调，平面图征求意见阶段应对胶接绝缘设置原则进行重点讨论，确保胶接绝缘节位置的稳定性，避免胶接绝缘节设置位置不满足工务要求而引起后期列控工程数据及列控系统相关软件的修改。

（三）站名、道岔及股道编号

站名、道岔及股道编号均是重要的列控基础数据，应尽早确定。关于站名，应充分征求地方政府意见，地方政府和铁路局集团公司达成一致意见后，由铁路局集团公司报国铁集团批复。有的项目前期未充分征求地方政府意见，在联调联试阶段又对站名进行修改，引起列控数据及各系统软件修改。

车站（含线路所）任一股道、道岔名称的变化都会引起列控工程数据的修改，进而导致列控系统软件的修改。尤其是项目建设后期、验收阶段对道岔、股道名称编号的修改，对整个项目进度甚至联调联试时间都会产生影响。股道及道岔编号不符合规范的问题偶有发生。

根据《铁路技术管理规程（高速铁路部分）》第 226 条规定，特大、大型客运车站，股道编号以主站房基本站台为基准，按顺序编号；划分多个车场时，各车场股道应按顺序连续编号，不按车场别单独编号。普通小站股道编号不得采用上述规定。

有的项目在联调联试期间路局运输部门发现某 4 股道小站股道编号不合理，将下行正线编为了Ⅱ道，上行正线编为Ⅲ道，不符合规范要求。有的车站设有多个车场，涉及多个项目，由于建设时序不同，先期实施的车场未统筹考虑各车场股道编号，导致项目验收阶段对股道编号进行调整，引起信号列控工程数据及各系统软件修改。有的线路所、车站道岔编号不符合《铁路技术管理规程（高速铁路部分）》第 225 条相关规定，项目后期进行调整，引起信号列控工程数据及各系统软件修改。

为避免车站（含线路所）道岔、股道名称编号在项目后期修改，应该在信号设备平面布置图征求意见、设计联络等阶段与设备运营管理等相关单位进行充分沟通、对接，共同确定道岔、股道名称编号。

（四）岔尖里程

岔尖里程信息是列控工程数据的一部分，岔尖里程的准确性直接影响动车组列车在站内运行时的变速位置。岔尖里程信息来源于信号设备平面布置图和站场平面图，由于站场道岔实际招标型号可能与设计型号不一致，从而导致道岔岔尖设计图纸里程与实际安装里程不一致情况，例如 1/18 道岔，客专线（07）009 与 CN-6118AS 类型岔心至岔尖距离相差约 0.7 m。

因此，列控工程数据设计阶段应根据道岔实际招标类型对岔尖里程信息进行修正，避免后期对列控工程数据进行较大修改。

（五）线路里程断链

铁路线路里程断链（以下简称断链）在工程设计中比较常见，新建铁路由于单绕等原因一般以短链形式设置断链，以达到线路里程贯通为统一里程。《铁路线路里程断链设置和管理规定》（铁总运〔2014〕312 号）第八条规定："断链起、终点位置应设置在区间直线范围内，不得设置在车站（含线路所）、桥隧建筑物、曲线、平交道、信号机、分相区、负里程等设备范围内或设备处。"然而从以往其他项目看，由于站前专业对断链的设置不够重视，不了解断链位置变化会对信号列控工程数据及列控系统软件产生较大影响，断链设置位置不满足《铁路线路里程断链设置和管理规定》情况时有发生，一般会在项目中后期根据设备管理单位工务部门意见进行断链位置调整，从而影响整条线路的运营里程体系，导致信号列控工程数据进行大范围修改，影响工程进度。

为避免此类情况发生，建议列控工程数据设计阶段向站前相关专业宣贯断链位置对信号列控系统的影响，督促其确认断链设置位置是否符合相关规范要求，并与相关设备管理单位工务部门沟通协调确定断链位置。

计算长度等距离时应计算长短链数据，否则会导致列控数据距离与实际距离不一致，造成应答器组丢失、应答器组设置位置错误等问题。

三、与牵引供电接口

列控工程数据与牵引供电的接口比较单一，根据《列控系统应答器应用技术条件》（Q/CR 769—2020），列控系统发送分相区断电标志牌起点位置和长度信息；另外列车正向运行时，在分相区反向断电标运行前方 500 m 范围内不宜设置应答器组。

根据《铁路技术管理规程（高速铁路部分）》第 491 条，分相区断合标设置位置示意如图 6-2-1 所示。

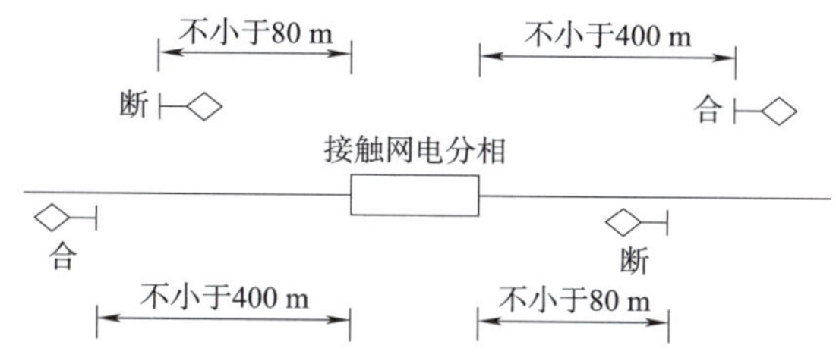

图 6-2-1　分相区断合标设置位置示意图

在实际运用中，分相区正反向断电标的位置在距离分相区中性区起终点位置 80～100 m 范围内，不是个定值，有 20 m 的调整空间，在具体工程实施中存在一定的不确定性。对列控工程数据的直接影响是分相区断电标里程和长度以及分相区附近应答器组的设置。为确保列控工程数据中分相区信息与现场实际安装位置一致性，建议列控工数据设计阶段与牵引供电专业充分沟通，并协调相关单位尽早开展分相区断电标位置的定测。

（一）电分相设计建议

应与牵引供电专业充分沟通，电分相宜尽量避开 1LQ 和进站信号机外方第一个闭塞分区，避免 C3 列控引导发车后掉入分相区。引导模式下，列车以 40 km/h 经过分相区后，由于 RBC 引导的 MA 给到 1LQ 末端，所以过分相的速度只有 40 km/h，若该区段为长大上坡，越过分相区后，速度陡降，掉入分相区的风险较高。电分相原则上不得设置于大于 15‰的长大坡道和加速区段。

（二）连续分相区时应答器设计原则

当两个分相区距离较近时，应结合车载设备特点合理确定应答器设计原则，某案例分析如下。

问题描述：300S 车载设备/C2 系统。列车在某高速铁路上行线反向运行，列车运行至分相区 B 附近时，ATP 未收到分相信息，列车利用磁钢进行断电及闭合通过分相。一组应答器一次预告两个分相区示意如图 6-2-2 所示。

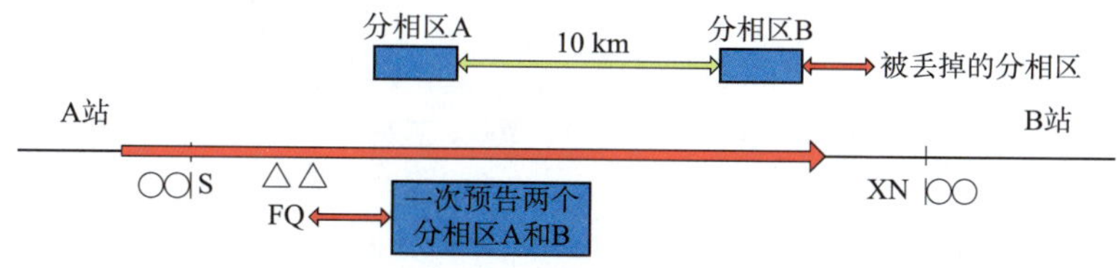

图 6-2-2　一组应答器一次预告两个分相区示意图

问题分析：此线路中 A 站和 B 站间有两个分相区相距约 10 km，列车上行反向运行中在区间接收到了 FQ 应答器中对分相区 A 和 B 的预告信息，由于分相区 A 和 B 相距较近，在一组 FQ 应答器组中一次预告了两个分相区信息，在两个分相区间不再设置 FQ 应答器组，没有对分相区 B 信息再次描述。

300S 车载设备在 C2 等级模式下对分相区的【ETCS-68】包的处理逻辑为：仅处理第一个目标分相区，其他的全部丢弃。300S 车载设备在处理分相区信息时，在 C2 等级下，【ETCS-68】包中如果预先有多个分相区信息，其车载逻辑只执行首个分相区信息，其余分相区信息不作处理，因此导致列车无法采用 ATP 方式通过分相区 B。

整改情况：将上行线分相 A 与分相 B 间的单个定位应答器增补为两个应答器，应答器用途由定位应答器改为区间反向应答器，在区间反向应答器中增加分相区的执行信息。此外，过分相应答器组设置还应考虑分相区数据冗余的要求，因此在两个分相间再增加一组 FQ 应答器，并增加分相区的预告信息。

信号工程设计要求：分相区数据必须冗余，两个分相区之间必须至少设置两组 Q 或 FQ 应答器组。严禁在一组 Q 或 FQ 应答器中一次预告两个分相区信息。

（三）C3/C2 级间切换点距分相区间距要求

C3 和 C2 动车组各自的主控单元分别根据 RBC 和应答器信息控制列车进行过分相处理，在分相控制过程中，C3 和 C2 等级下车载设备输出 GFX 禁止信号的逻辑不一致。为避免两套车载主控单元由于信息源、信息处理、计算误差等造成各自主控单元命令输出可能不完全协调一致，工程设计中通常考虑列车在同一个列控等级下完成语音提示、输出分相控制、停止分相控制过程，在分相区入口外 10 s 至分相出口 140 m 范围内不设置 C3/C2 等级转换点。因此，对于设计速度 350 km/h 的线路而言，C3/C2 级间切换点距分相区应大于 1 000 m，详见第四章第五节中 C3/C2 级间切换点与分相区的关系。

四、结 束 语

列控系统外部接口众多，包括与运输、站场、线路、牵引供电等专业的接口，设计单位是龙头，信号专业应变被动为主动，加强与相关专业接口协调，更加深入学习站场等接口知识，发现问题时及时反馈，从设计源头确保列控数据的正确性。

第三节　列控工程数据设计

列控工程数据表是高速铁路信号工程设计工作的重要环节，是列控软件编制的重要依据，列控工程数据表与信号工程设计方案息息相关。

一、列控工程数据表设计内容

（一）列控工程数据表内容

依据《列控数据管理暂行办法》（铁总运〔2014〕246 号）和《高速铁路信号地面设备接口数据信息表编制规定》（工电函〔2017〕7 号），列控工程数据表组成示意如图 6-3-1 所示。

（二）列控工程数据表设计流程

依据《列控数据管理暂行办法》（铁总运〔2014〕246 号）及各铁路局集团公司列控数据管理办法，并结合多个高速铁路建设项目列控工程数据的具体实施过程，列控工程数据设计流程示意如图 6-3-2 所示。

列控工程数据表
工务类
电务类
供电类
车站信息表
线路起讫里程表
线路断链信息表
线路里程系信息表
线路速度信息表
线路坡度信息表
道岔信息表
异物侵限信息表
桥梁隧道信息表
站台门信息表
正线信号数据表
应答器位置表
车站进路信息表
大号码道岔信息表
RBC信息表
TSRS信息表
地震信息表
地面设备归属关系
及调度台界信息表
电码化发生器
与区段对应表
分相区信息表

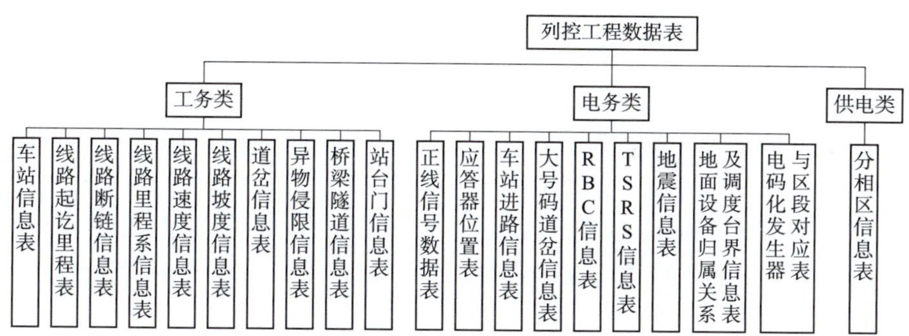

图 6-3-1　列控工程数据表组成示意图

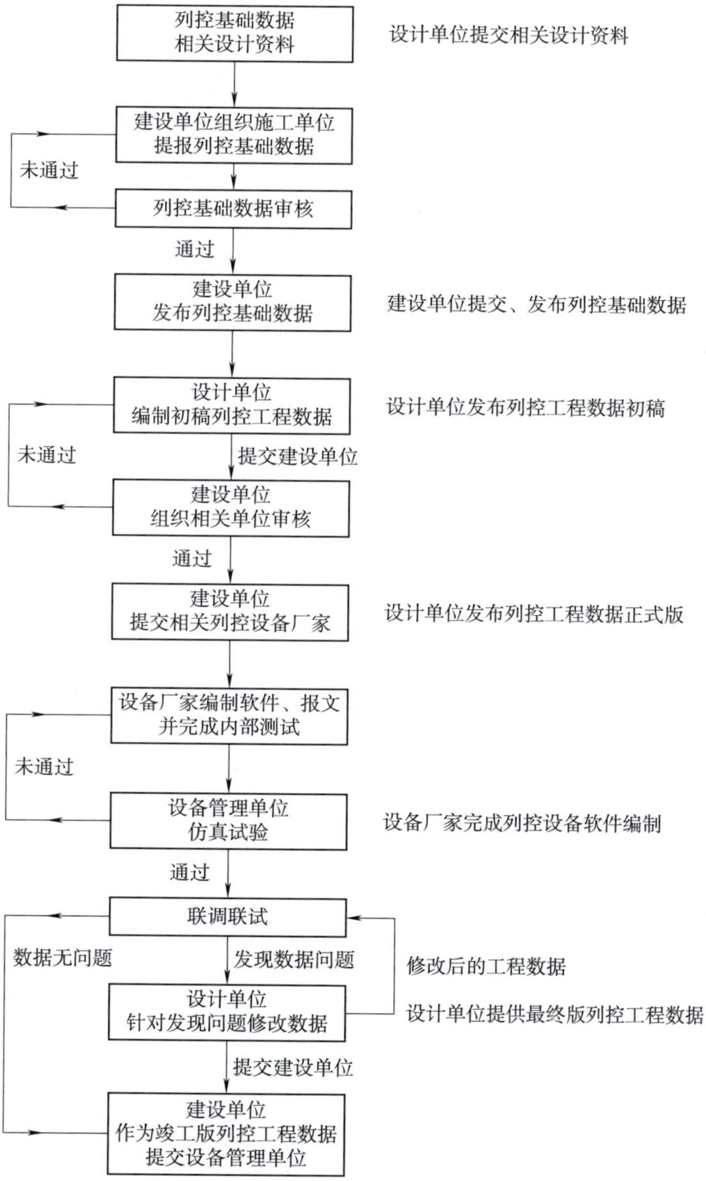

列控基础数据
相关设计资料
设计单位提交相关设计资料
建设单位组织施工单位
提报列控基础数据
未通过
列控基础数据审核
通过
建设单位
发布列控基础数据
建设单位提交、发布列控基础数据
设计单位
编制初稿列控工程数据
设计单位发布列控工程数据初稿
未通过
提交建设单位
建设单位
组织相关单位审核
通过
建设单位
提交相关列控设备厂家
设计单位发布列控工程数据正式版
设备厂家编制软件、报文
并完成内部测试
未通过
设备管理单位
仿真试验
设备厂家完成列控设备软件编制
通过
联调联试
数据无问题
发现数据问题
修改后的工程数据
设计单位
针对发现问题修改数据
设计单位提供最终版列控工程数据
提交建设单位
建设单位
作为竣工版列控工程数据
提交设备管理单位

图 6-3-2　列控工程数据设计流程示意图

二、列控工程数据表设计指南

（一）线路起终点里程设置

线路里程起终点设置位置是否合理，是否有利于信号列控系统设计，主要关注内容如下：

1. 起终点位置一般是道岔岔尖位置。

2. 三、四线引入站内并贯通股道时，终点里程宜设置在股道另一端与一、二正线接轨道岔处，以便于信号系统临时限速的处理。

3. 动走线终点里程宜设置在动车段（所）进站信号机内方第一组道岔处。

4. 新建线路如设置断链，根据相关规范只允许设置短链。

（二）桥梁信息

依据《列控数据管理暂行办法》（铁总运〔2014〕246 号）要求，列控工程数据表中不是所有的桥梁信息都需要描述，而是仅描述特大桥和有特殊行车要求的桥梁，其中有特殊行车要求的桥梁由相关铁路局集团公司主管部门确定。

（三）站台信息

列控工程数据站台门信息表，是在列控系统地面应答器中增加列车左右侧开门提示信息，防止列车到站停站后司机开错左右侧车门方向。但个别项目出现车站一条到发线对应双站台情况，如图 6-3-3 所示，6G 两侧均设置有站台，存在问题是站台信息表中 6G 对应的站台是按站台 2 描述还是按站台 3 描述。经向站场、行车专业了解，设计意图为 4G 是客运股道，站台 2 是客运站台，6G 是高速铁路货运股道，站台 3 是货运站台，因此 4G 对应站台 2 办理客运作业，6G 对应站台 3 仅办理货运作业。针对上述情况，首先应该向相关专业了解其具体设计意图，再通过会议纪要形式明确设计意图，并纳入设备管理单位运输组织管理办法。

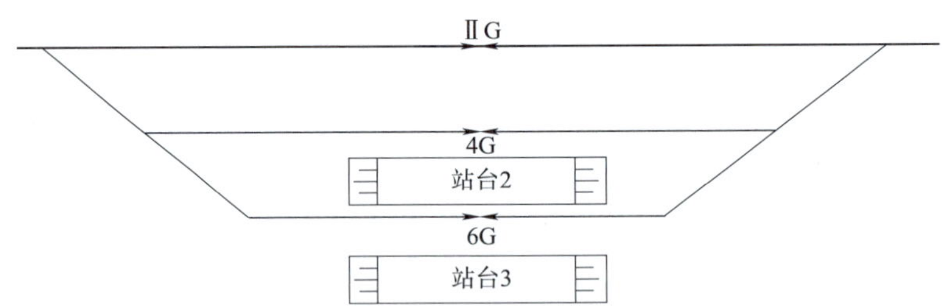

图 6-3-3 车站一条到发线对应双站台示意图

（四）车站名称

列控工程数据表中的车站名称一定要以国铁集团批复的站名为准。如开展列控工程数据设计时站名还未批复，后续须持续关注站名的批复，一旦站名描述与批复站名不一致，后期修改影响范围较大。

（五）明确列控进路范围

在一些采用 C2 列控系统的客货共线铁路车站，股道的分工比较明确，有客运股道，也有专门的货运股道。列控工程数据表设计之前要明确列控进路范围，对股道分工落实清楚，以会议纪要的形式明确。

列控进路与是否设置站台无必然联系，有些车站个别股道需办理待避作业，虽无站台，但也应设计列控进路，增加运输作业灵活性，在平面图征求意见阶段应重点与运营单位沟通，明确各站列控进路范围。

（六）反向运行码序合并

列车在区间反方向运行时，反向进站口的一、二离去区段应根据牵引计算得出的列车制动距离长度来确定是否合并发码。通过对多个项目的调研发现各项目做法不完全统一，主要有全线一、二离去区段均统一合并发码和根据列车制动距离长度确定是否合并发码两种做法。

在列控工程数据中正线信号数据表对区间反向进站口一、二离去区段是否合并发码有具体描述。在列控工程数据设计时，反向运行一、二离去区段合并发码与否应做到与信号码序表施工图设计一致，避免因两者设计不一致造成后期列控工程数据及列控中心软件的修改。

有的项目设计单位码序和列控数据为两组人设计，由于沟通不足，码序按照不合并设计，而列控数据仍按合并设计，导致列控数据错误。

合并时不会出错，不合并时两组人设计有可能出错，所以建议均合并。

（七）采用 25 Hz 相敏轨道电路车站反向发车进路码序

某站既有反向直向发车进路没有设置电码化，车站改造为 C2 等级后，反向发车进路无码，进站口有源应答器给出了反向运行报文，但部分型号车载设备在进入发车进路后产生制动。

目前全路在用车载设备包括 200C、200H、300T、300S 和 300H，反向运行时发车进路是否需要载频、有效码，各车载设备的处理方式存在差异，正常在车载设备收到反向运行报文情况下，200C 和 300T 车载设备没有低频或检测码（JC）都可以，反向发车进路可以不补码；200H、300S 和 300H 车载设备则要求地面至少需要有 JC 码用于辅助判断轨道电路是否完好，否则将产生制动。

为兼顾各型车载设备车地匹配要求，采用 25 Hz 相敏轨道电路的车站，建议反向直向发车进路按 JC 码设计。

反向运行时，配置【CTCS-3】包，此时地面应答器报文中对于发 JC 码的区段不可将载频写为 0，必须根据实际载频写入。否则，车载设备将判断地面载频与应答器报文中描述的载频不一致，触发制动。

（八）跨线发车进路载频描述

全站采用移频轨道电路的 C2 或 C3 车站，一般都会采用全进路发码方式，但受限于正线股道出站信号机处未设置出站有源应答器组，上下行正线之间进行转线作业时车站咽喉区只能发检测码。在列控工程数据设计时，车站列车进路信息表中相应进路轨道区段应按无载频描述。

（九）新线引入既有车站

新建线路引入既有车站时，列控工程数据表需要注意以下几个问题。

1. 进路信息表中进路编号是否与联锁表中进路编号一致。
2. 列控进路发码范围及方式是否与既有一致，既有是否有补码情况。
3. 新增应答器、区间轨道电路区段名称是否与既有重名。
4. 新建线路与既有线路衔接处的线路速度、坡度做到不重、不漏，精准衔接。

三、向 C0 口发车时出站应答器不宜发送【CTCS-5】包

（一）部分 C2 车站特点

有的 C2 车站衔接 C0 线路，股道可以向 C2 口、C0 口发车，有的股道只能向 C0 口发车；有的车站为 C2 线路尽头站，另一侧均为 C0 线路。

（二）C2 车载设备特点

为加强安全防护，装备 C2 车载设备的动车组在 C0 线路以 LKJ 方式运行时，如果 ATP 未转入隔离模式，C2 车载设备接收到应答器绝对停车报文【CTCS-5】包后会触发紧急制动停车。

由于某些车载设备 ATP 转入隔离模式的操作比较复杂，为简化司机操作，实际运营时，装备 C2 车载设备的动车组在 C0 线路以 LKJ 方式运行时，ATP 在后台运行，不转入隔离模式。

（三）错办进路防护分析

C2 线路采用调度集中系统（CTC），根据《调度集中系统技术条件》（Q/CR 518—2016）要求，CTC 列车进路自动控制功能中包含防错办功能，旅客列车发车应发往允许办理旅客列车的方向，动车组发车应发往允许办理动车组列车的方向。调度集中系统在非常站控模式下具有列车进路错办报警功能。因此，列车进路防错办的主体是 CTC，计算机联锁、列控中心只负责正确执行进路命令。

在《调度集中系统技术条件》（Q/CR 518—2016）发布之前，可以说 CTC 不具备防错办功能。有些衔接 C0 口的 C2 车站，运营初期 C0 线路不开行以 LKJ 模式控车的 C2 动车组，为防止错办进路后 C2 动车组错误发往 C0 线路，排列向 C0 口的发车进路时，出站信号机有源应答器组内发送绝对停车信息【CTCS-5】包；有的股道向 C0 口发车是唯一进路，在出站信号机无源应答器内设置了绝对停车信息【CTCS-5】包。

上述由地面应答器发送绝对停车信息【CTCS-5】包的防护方案可以实现错办进路时的防护要求，防止动车组错误发往 C0 线路。但是，当 C0 线路开行装备 C2 车载设备、以 LKJ 方式运行的动车组时，如果 ATP 未转入隔离模式，C2 车载设备接收到应答器绝对停车报文【CTCS-5】包后会触发紧急制动停车。

（四）推荐方案

鉴于 CTC 已具备防错办功能，且装备 C2 车载设备的动车组在 C0 线路以 LKJ 方式运行时，ATP 在后台运行，不转入隔离模式，因此，衔接 C0 口的 C2 车站，排列向 C0 口的发车进路后，出站应答器组不宜发送绝对停车信息【CTCS-5】包，出站信号机开放后发送允许通过空报文。

四、案例分析

（一）部分车载对进路信号机的特殊处理

1. 问题描述及分析

某站存在进路信号机，联调联试期间，因进路信号机应答器报文将信号机类型描述为“进路信号机”，装载 200H 的动车组经进路信号机侧向接车经过应答器后，应答器信息丢失，出现超速冒进。

由于 200H 车载 ATP 无针对进路信号机的描述类型，当进路信号机对应的应答器报文

将信号机类型描述为“进路信号机”时，ATP 按区间信号机处理。当排列侧向接车进路，且丢失该进路应答器组后，ATP 将维持正线接车处理逻辑，仅作报警提示，但会使用正线数据进行控车，导致目标点错误而冒进信号机。

2. 解决方案

该问题的真正原因是车载逻辑存在瑕疵，但由于修改车载逻辑周期长、流程复杂，在遇到车地不匹配问题时，一般通过修改地面设备来适配车载的方案解决，并不是地面设计有误，而是车载逻辑短期很难修改。

因此，将进路信号机的信号机类型描述为“进站信号机”，排列侧向接车进路后，如果丢失该进路应答器组，ATP 按照侧线接车丢进站应答器处理，触发最大常用制动，转为部分监控模式，从而避免冒进信号机。根据已开通项目动车组兼容性试验结论，上述处理方法对目前在用的 5 种车载 ATP 均可适用，不会影响其他处理逻辑。

（二）尽头式车站股道速度问题

根据《铁路技术管理规程（高速铁路部分）》第 298 条第 22 表　列车运行限制速度表规定，列车接入站内尽头线，自进入该线起，速度为 30 km/h。该条强调的是接车限速 30 km/h，对发车时速度并未限制。有的项目将尽头站股道发车速度也描述为 30 km/h，导致发车时触发异常制动。

1. 问题描述

列车在某尽头站 4G 以 C3 目视行车模式发车，转为完全监控模式时，允许速度从 40 km/h 突降为 30 km/h。

2. 原因分析

该尽头站进路信息表中 3G、4G 股道线路速度为 30 km/h，侧线 C3 目视行车模式发车时，当列车经过出站应答器组转为完全监控模式后，列车定位仍在股道上，股道静态速度为 30 km/h，RBC 发给车载的行车许可中速度为 30 km/h。车载设备收到 RBC 发来的【M3】信息，包含【P27】线路最大允许列车运行速度为 30 km/h，C3 等级目视行车模式转 C3 完全监控模式后允许速度由 40 km/h 突降为 30 km/h。

3. 修改方案

经与运营单位工务、电务等部门协商一致，将发车进路速度改为 80 km/h，发车最高码序为 UUS，升级 RBC、TCC 软件。

因此，在尽头式车站，设计单位应与运营单位工务、电务等部门提前沟通，接、发车进路速度单独描述，接车限速 30 km/h，发车按贯通式车站实际情况描述（45 km/h 或 80 km/h），避免发车时触发异常制动。在动车段（所）也可采用类似方式，接车限速 30 km/h，发车按 45 km/h 描述，避免发车时速度突降。

五、结 束 语

列控工程数据表是高速铁路信号工程设计工作的重要环节，为确保高速铁路信号系统的安全性、可用性，信号工程设计单位应不断提高列控工程数据质量，持续优化。

第七章 信号与站前等专业接口设计

信号专业与站场、线路、轨道、桥梁、房建及电力等专业接口众多，接口设计是信号工程设计的核心内容之一。

信号与站场专业的接口是最重要的接口，站场平面方案稳定是开展信号施工图设计的关键前提。如何深入细致做好站场平面设计，确保满足运输需求？

在较大车站，如何确保满足转辙机安装要求？

交叉渡线道岔绝缘节位置与轨道电路长度间有什么对应关系？

车站位于坡道上时，如何合理确定警冲标，减少不必要的超限绝缘节？

在路桥、路隧等过渡段，如何优化设计，确保满足电缆槽合理顺接和强弱电电缆隔离防护要求？

如何确保信号侧断路器与电力侧断路器容量符合分级防护要求？

本章介绍信号专业与线路、站场、轨道、桥梁、隧道、电力及房建等专业接口设计，希望能为高速铁路信号工程设计工作提供有益借鉴。

第一节 信号与线路、站场专业接口设计

高速铁路信号工程接口设计中，信号与站场专业的接口是最重要的接口，站场平面方案稳定是开展信号施工图设计的关键前提，只有站场平面设计稳定了，车站信号设备平面布置图才能稳定，才能开展信号施工图设计和列控数据相关工作。站场平面设计稳定的前提是满足运输需求、与信号系统匹配。而在各项目建设过程中，常发生以下两方面引起站场平面布置修改，一是因站场平面设计未同运营单位深入沟通，导致站场设计方案不满足运输需求，在联调联试阶段路局运输部门又提出修改意见；二是在施工过程或联调联试过程，发现站场专业与信号专业相关要求不匹配，比如转辙机无法安装、安全线设置不合理、联络线衔接道岔号设置不合理、站台设置不合理等情况，造成信号设备无法正常安装、列车无法正常运行等后果。以上两方面都可能要求对站场布置及车站信号设备平面布置图进行修改，从而引起列控数据、信号系统软件修改，对工程实施影响很大。

本节介绍信号与线路、站场专业接口设计。

一、站场平面设计应满足运输需求

（一）总体原则

在多方向交汇的大型车站，站场平面布置应提前征求运营单位意见，站场平面设计应满足以下要求。

1. 平行进路是提高车站接发车作业能力的重要保障，平行进路设计应满足运输需求。

2. 大型车站站场平面设计应满足折返作业要求，折返时尽量减少切割正线，最大限度提高折返作业效率。

3. 大型车站站场平面设计应尽量满足跨线车不换端运行要求，最大限度提高车站接发车作业效率。

（二）案例分析

某高速铁路车站设有两个高速场，呈十字交叉形状布置，四个方向交汇，在联调联试期间，路局运输部门提出了西来北去方向列车不换端运行的要求，为满足此运输需求，站场平面需要增加 1 组渡线道岔。因增加渡线道岔，引起信号室内外安装、RBC、列控中心、计算机联锁等软件修改等一系列工作。

在开展车站信号设备平面布置图设计时，首先应稳定站场设计方案。站场平面设计时应充分征求运输部门意见，尽早稳定运输需求，避免后期修改而导致建安工程、列控数据、列控软件、仿真测试等工作返工。尤其是枢纽大站、一站多场时，站场平面设计还应具有一定的前瞻性，避免开通不久就出现能力不足、不满足运输需求的情况。

对于规划有后续项目引入的车站，建议站前专业在进行站场设计时统筹考虑，充分预留，站场一次实施到位，这样可以减少后续项目引入时拆铺道岔的工务工程，也可以减少既有线信号室外建筑安装工作量及联锁、列控等系统软件的修改次数，最大限度降低新线接入既有枢纽站场的实施难度和信号软件修改带来的风险，确保新线接入既有枢纽工作安全有序可控。

二、安全线设计方案

（一）线路所安全线设计方案优化

在某工程的施工图审核阶段，发现某线路所在区间正线设置了一组安全线道岔，但是并未真正起到安全防护作用，安全线道岔设计不合理，存在安全隐患。线路所原设计信号设备平面布置示意如图 7-1-1 所示。

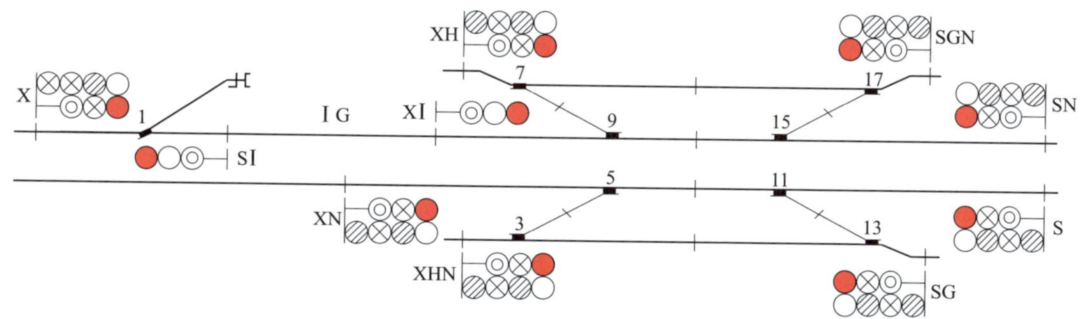

图 7-1-1　线路所原设计信号设备平面布置示意图

该线路所安全线设计存在以下问题：

1. 当 XH 口排列经 7/9＃道岔侧向通过进路时，X 口又排列了 X 至 XⅠ 的接车进路，列车越过 1＃安全线道岔在 XⅠ 外方停车等待，如果此时列车又因故冒进出站信号机 XⅠ，就存在和经 7/9＃道岔侧向通过的列车发生侧冲的安全隐患，因此 1＃安全线道岔并不能真正起到防护作用。

2. 信号设备平面图中设计了 ⅠG，可以用来停车，该站点是车站性质还是线路所性质，定位不清晰。

施工图审核阶段就安全线设计不合理问题向站前专业反馈后，站前专业进行了深入研究，优化调整了安全线设计方案，取消了正线的安全线，改为在 SG、SGN 内方分别设置安全线，优化后安全线设置可以真正起到防护作用。线路所安全线优化后信号设备平面布置示意如图 7-1-2 所示。

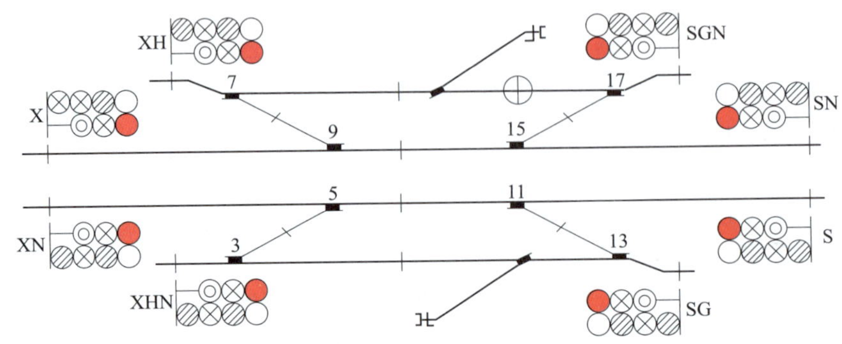

图 7-1-2 线路所安全线优化后信号设备平面布置示意图

（二）调车信号机设计不合理，将安全线短路

难以防止调车冒进信号是信号系统的一个限制条件，与列车进路无隔开设备的调车进路是一个风险点，目前是靠管理手段来确保安全的。《铁路技术管理规程（高速铁路部分）》第 319 条规定，接发列车时，应按高速铁路《行车组织细则》规定的时间，停止影响列车进路的调车作业和对列车运行安全有影响的其他作业；接发旅客列车时，与接发列车进路没有隔开设备或脱轨器的线路，不准向能进入接发列车进路的方向调车。

很显然，管理手段不如设备保证安全可靠，通过安全线将列车进路与调车进路可靠隔离是最安全的方案。但是，某些设置综合维修工区的车站，因调车信号机设计不合理，将安全线短路，存在安全隐患。

调车信号机设计不合理、将安全线短路示意如图 7-1-3 所示。站场专业将 7＃安全线道岔设在了靠近综合维修工区侧，信号专业未注意这种安全线道岔布局特点，仍然设置了无岔区段和差置调车信号机。当调车越过安全线道岔在 D9 前停车等信号时，如果因故发生冒进调车信号机 D9 的情况，就会和经 3/5＃道岔侧向的列车进路发生侧冲，存在安全隐患。这是典型的信号设计不合理，将安全线短路，存在安全隐患，在工程设计中应杜绝。基于图 7-1-3 中的安全线布局，D9 信号机应取消，确保安全。

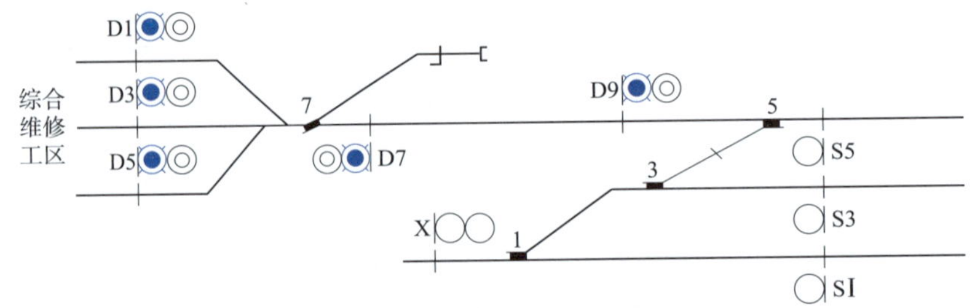

图 7-1-3 调车信号机设计不合理、将安全线短路示意图

如果 7＃安全线道岔有条件设置在靠近股道接轨侧时，则可以设置无岔区段和差置调车信号机，这种安全线道岔布局是最佳的，既确保安全，又提高效率。安全线最佳布局示意如图 7-1-4 所示。

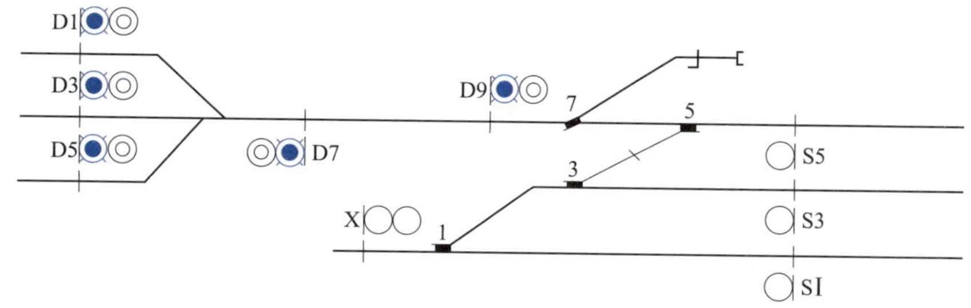

图 7-1-4　安全线最佳布局示意图

（三）隔开径路与安全性混淆

隔开径路出岔形式上与安全线非常相似，容易混淆，信号专业按站场专业图纸设计时，容易将隔开径路按安全线处理，导致实际为隔离径路的线路无法正常使用。

如图 7-1-5 所示，某车站受场地限制，材料棚线（215＃道岔侧向）与轨道车库线纵列布置。根据《高速铁路设计规范》（TB 10621—2014）10.1.6 第 5 款“接车线末端、接轨处能利用其他站线及道岔作为隔开设备并有联锁装置时，可不设安全线”，故站场专业未增设安全线。信号专业设计时，误将材料棚当安全线，导致实际为材料库线的线路无法正常使用。

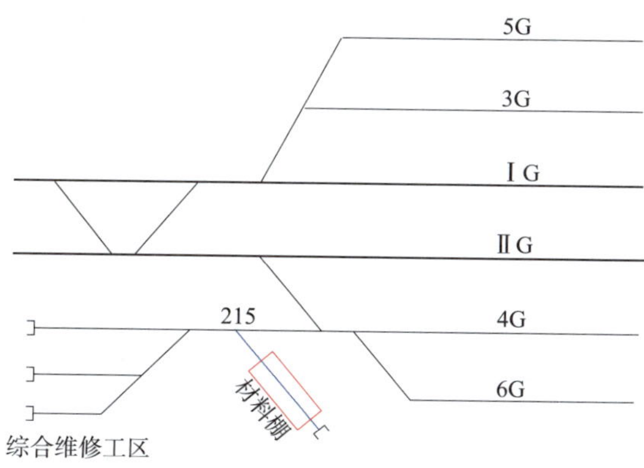

图 7-1-5　隔开径路道岔布置示意图

原因分析：对工区线路的特殊设计（尤其是出岔形式上与安全线相似，但功能不同的线路），信号专业与站场专业间沟通不畅导致。

发现该问题后，信号专业增设调车信号机及相应的调车进路，满足材料棚正常使用。

三、警冲标算法优化

（一）警冲标算法

站场专业警冲标计算方法理论上包括限界和配轨两种，在有缝线路区段，结合限界要求，采取道岔 b 值之后按 25 m 或 12.5 m 配轨进行计算。而在无缝线路区段，由于短轨长度没有特殊规定，实际上可以按限界计算。限界要求警冲标中心至两相邻直线线路中心的垂距不小于 2 m，曲线范围相应考虑加宽值。

（二）警冲标算法优化，减少超限绝缘节

在施工图审核中，发现部分车站因警冲标算法不同造成绝缘节设计不合理，导致了不必要的超限绝缘节，尤其是与正线相邻的侧线区段设计了超限绝缘节，存在侧线区段故障影响正线通过作业的隐患。

超限绝缘节设计不合理示意如图 7-1-6 所示。13＃岔前绝缘节距岔尖 14 m，符合工务专业相关维修规则关于侧线胶接绝缘距岔前轨缝 12 m 的要求，工务专业计算出来 9＃道岔警冲标为 442，故 453 绝缘节为超限绝缘节，满足相关规范要求。但是仔细分析 9＃道岔警冲标算法，就会发现这种设计方案存在缺陷。《高速铁路设计规范》（TB 10621—2014）关于股道有效长的条文说明中规定应按限界计算警冲标。以 9＃（1/18）道岔为例，按限界计算警冲标时，警冲标距岔尖最小约 104 m；按配轨计算警冲标时，警冲标距岔尖约 114 m，这两种警冲标计算方法最大可相差 10 m。9＃道岔警冲标距岔尖 556－442＝114 m，可以推断出警冲标是按配轨计算的。而此处无信号机，按限界计算警冲标不存在安全问题。由于站场专业按配轨计算警冲标，导致本不超限的绝缘节设计为超限绝缘节，存在侧线区段故障影响正线通过作业的隐患，扩大了故障影响面，影响运输效率。

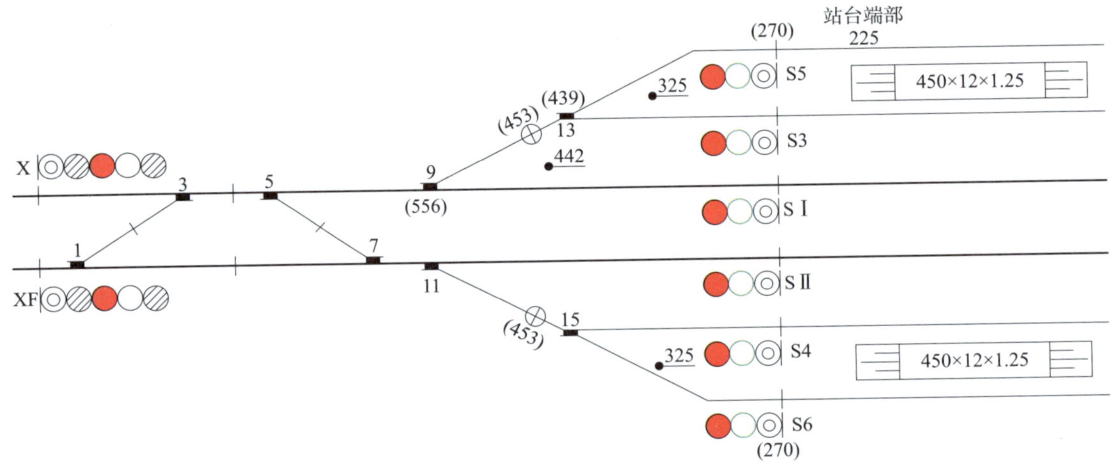

图 7-1-6　超限绝缘节设计不合理示意图

施工图审核中对类似情况进行了优化设计，经与站场专业沟通，改按限界计算警冲标，警冲标设于 446，距岔尖 556－446＝110 m，相当于警冲标外移了 4 m，同时将绝缘节设置在岔前轨缝处，这样原设计的超限绝缘节就改为了不超限，避免了侧线区段故障影响正线通过作业的隐患，进一步提高可用性。优化警冲标算法、减少超限绝缘节示意如图 7-1-7 所示。

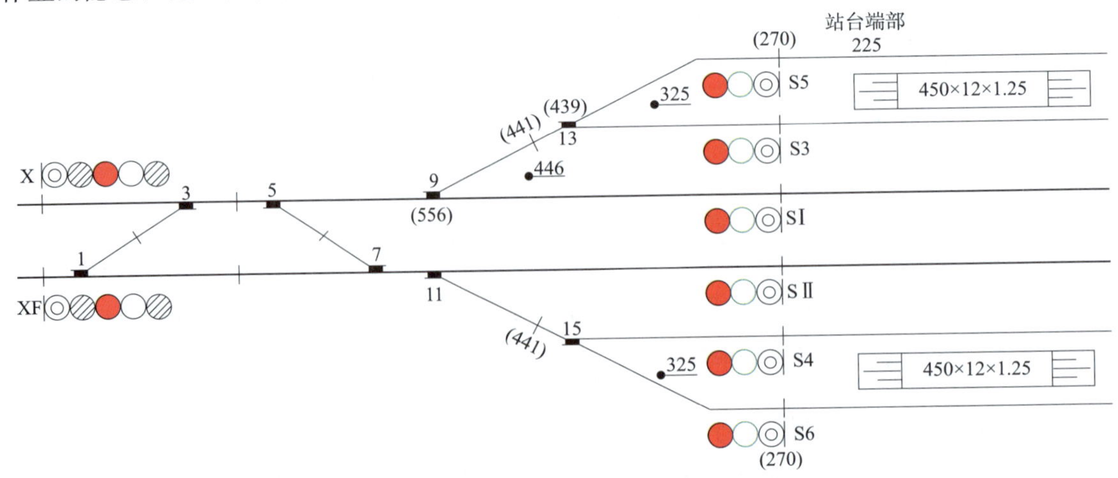

图 7-1-7　优化警冲标算法、减少超限绝缘节示意图

（三）车站位于坡道时警冲标算法优化

1. 高速铁路车站警冲标用途

高速铁路车站警冲标按照用途不同可分为两类。

第一类是常规意义上的警冲标，基于岔尖里程，用配轨或限界计算出的警冲标。主要作用一是基于警冲标确定相关进站、出站等信号机位置；二是用于确定相关绝缘节是否超限。

第二类是车站位于坡道上时，仅用于确定车站股道有效长的警冲标。某些项目受投资控制原因，车站位于坡道上，此时就不能简单地按配轨或限界计算警冲标。车站位于坡道上时，首先应满足《高速铁路设计规范》（TB 10621—2014）10.3.6“车站到发线在有效长度范围内宜设计为一个坡段”的要求，即股道有效长范围内不能有变坡点。因此，当车站位于坡道上时，第二类警冲标应根据站场专业股道有效长范围内不能有变坡点的要求单独计算。第二类警冲标的作用是唯一的，仅用于确定车站股道有效长，不能用来确定相关绝缘节是否超限。

这两类警冲标用途不同，不能简单混为一谈。当车站位于平坡上时，第一类警冲标和第二类警冲标可以合并为一类，计算方法相同，按照配轨或限界计算。当车站位于坡道上时，第二类警冲标应单独计算，仅用于确定车站股道有效长，不能用来确定相关绝缘节是否超限。

2. 部分项目存在的问题

在施工图审核中发现某些项目车站位于坡道上时，站场专业警冲标设计不合理，并未仔细计算变坡点，而是按照 650 m 股道有效长反推警冲标，即 450 m 站台端部外 100 m 设置警冲标，距警冲标 55 m 设置出站信号机，而车站实际的股道有效长已经超过了 700 m。由于警冲标设计不合理，造成股道有效长未充分利用，不利于司机对标停车；并且信号专业用该警冲标确定绝缘节是否超限，导致本不超限的绝缘节设计为超限绝缘，扩大了故障影响面。

3. 建议

车站位于坡道上时，在满足站场关于车站到发线在有效长度范围内宜设计为一个坡段要求的前提下，应尽可能充分释放股道有效长，不能简单按 650 m 有效长反推警冲标。股道有效长充分释放后，可以在更有利于司机对标停车、满足 17 辆编组“复兴号”动车组停靠等方面发挥重要作用。第二类警冲标仅用于确定车站股道有效长，不能用来确定相关绝缘节是否超限。对于需要用来确定相关绝缘节是否超限的警冲标，则应基于岔尖位置，由站场专业根据配轨和相关要求计算。

四、C2 线路速度、道岔过岔速度应与信号系统匹配

（一）C2 线路速度

当正线采用 C3、枢纽采用 C2 时，必然要在区间正线设置 C3→C2 级间切换执行点；根据相关技术政策及技术管理规程相关管理要求，C3→C2 级间切换执行点应设于速度 250 km/h 及以下区段。因此对于正线设计速度为 300 km/h 及以上的线路，当枢纽线路速度及列控等级方案稳定且以后不再调整时，枢纽 C2 范围内线路允许速度宜按 250 km/h 及以下设计，避免投资浪费及级间切换点处列控数据速度与线路允许速度不一致问题。

（二）过岔速度

工务道岔号的选择一般根据过岔速度要求设置，比如 1/18 道岔，若无工务自身固定限速要求，直向运行速度可达 350 km/h，侧向运行速度可达 80 km/h。工务往往也是按此速度上报运营里程，但在联调联试阶段发现，特殊区段受信号系统影响，出现无法实现工务设计过岔速度。下面结合工程案例进行分析。

1. 进站外方固定限速影响进站内方道岔侧向接车速度

某站站内道岔类型号均为 1/18 道岔，但进站信号机 XX 的外方接近区段内有低于 80 km/h 固定限速。对于侧线接车场景，依据《列控系统相关规范补充规定》（铁总运〔2016〕222 号）规定，进站信号机应降级点双黄 UU 灯、接近区段降级发 UU 码，此时即使站内全为 1/18 及以上道岔，列车也只能按照 45 km/h 速度行车，降低了过岔速度，未能充分发挥进站内方设置 1/18 道岔的作用。进站外方有固定限速信号设备平面布置示意如图 7-1-8 所示。

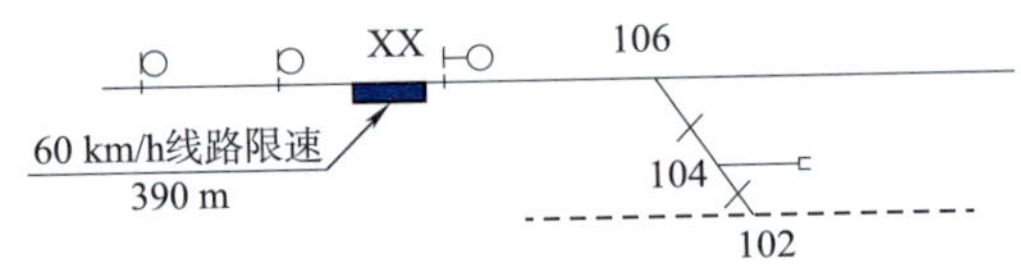

图 7-1-8　进站外方有固定限速信号设备平面布置示意图

对于车站咽喉区设有低于 80 km/h 的固定限速且限速范围进入股道内的车站也会出现上述类似问题。

2. 枢纽短联络线大号码道岔列控速度低于设计速度

两条不同的高速线路通常通过设置联络线连接，实现动车组跨线运行，为了提高行车效率，站场设计大号码道岔连接，联络线及大号码道岔侧向设计速度一般为 160 km/h。但站场设计联络线时受投资、场地大小等条件等限制，联络线时常设置得较短，不满足列控系统按站场设计速度正常控车所需的距离要求，出现列车制动，无法达到联络线速度正常运行。

如图 7-1-9 中 A 线路所与 B 站间联络线长度为 1 893 m，联络线上 6＃大号码道岔距离另一端防护大号码信号机 XZ 的距离不满足列车按大号码道岔速度常用制动至 XZ 进站前方停车的要求产生制动。为了解决此问题，采取修改 A 线路所 TCC 控制的 DD（6＃）有源应答器报文中大号码道岔信息包【CTCS-4】包中的道岔侧向最大允许速度，改为 120 km/h 的方案。

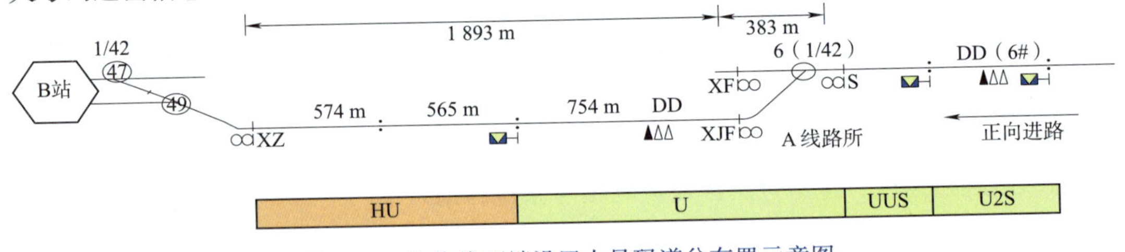

图 7-1-9　联络线两端设置大号码道岔布置示意图

3. 优化建议

对于采用 C2 列控系统的工程项目，站场或线路专业对于区段速度的设置需考虑列控系统的运用需求，避免出现因专业间不协调导致的相关站场、线路设施设备功效无法完全发挥作用的情况，应尽量避免在进站外方闭塞分区及站内设置低于 80 km/h 的限速。

联络线及大号码道岔运行速度应充分考虑列控系统要求，无法满足时与站场、行车专业共同商量解决方案。前期设计充分考虑列控系统需求，采取联络线加长等方案，因场地等原因无法加长联络线，经行车检算，若按 80 km/h 降速能满足联络线列车通过能力时，建议降低联络设计速度至 80 km/h，站场相应取消大号码道岔而改用 1/18 道岔，以节省投资。以上两点均无法满足时，可采取运营里程数据上报降低过岔速度的方案。

五、站场道岔设计应满足信号设备布置需求

大型车站站场道岔布置除了满足运输需求外，还应考虑信号设备设置要求，主要包括转辙机安装和绝缘节设置。

（一）转辙机安装要求

1. 紧相邻道岔布置

站 1 紧相邻道岔布置示意如图 7-1-10 所示，站 2 紧相邻道岔布置示意如图 7-1-11 所示。

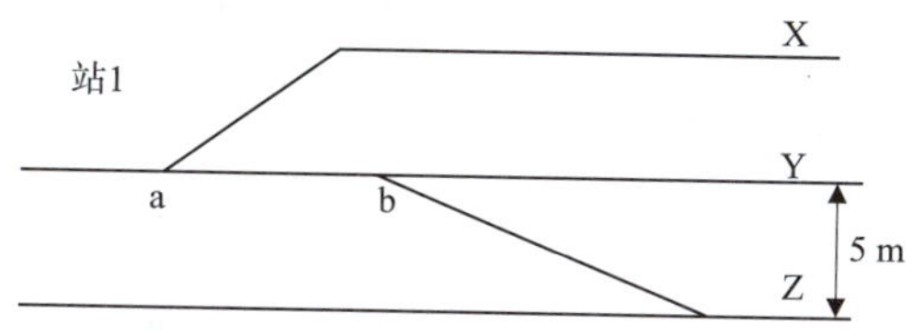

图 7-1-10　站 1 紧相邻道岔布置示意图

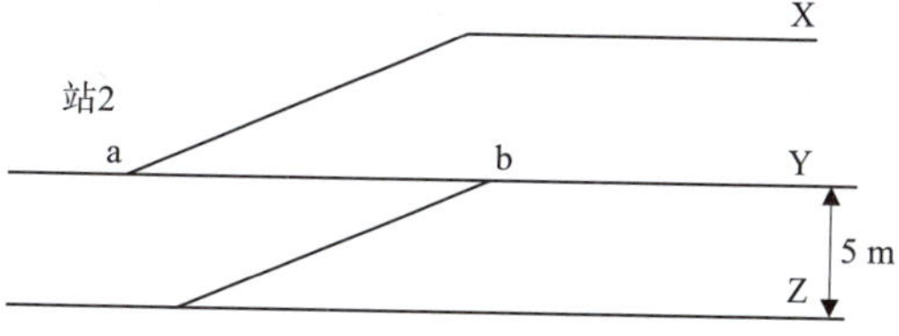

图 7-1-11　站 2 紧相邻道岔布置示意图

（1）问题分析

图 7-1-10 的站 1 中，b 道岔（客专线（07）009 号 1/18）紧接 a 道岔岔跟铺设，X、Y、Z 相邻线路间距为 5 m。b 道岔尖轨部分直股侧距离 a 岔后 X 线较近、心轨部分侧股侧距离 Z 线较近，b 道岔转辙机不能全部设于直股或侧股。

图 7-1-11 的站 2 中，在 a 道岔紧接 b 道岔（客专线（07）004 号 1/18）岔跟设置时，由于 X、Y 间线间距为 5 m，b 道岔心轨部分距 a 道岔岔后 X 线较近，不满足 b 道岔心轨转辙机安装在直股侧的限界要求；同样由于 Y、Z 间线间距为 5 m，也不满足 b 道岔心轨转辙机安装在曲股侧的限界要求，即 b 道岔心轨转辙机无法安装。

（2）解决方案

针对站 1，工程中采取 b 道岔岔尖牵引点转辙机设于曲股、岔心牵引点转辙机设于直股，安装装置做适应调整，满足现场安装需求。

针对站 2，工程中由站场专业将 a、b 道岔间距拉开，以满足 b 心轨第二牵引点处线间距不小于转辙机边缘距线路中心距离＋半轨枕长度（该站为有砟道床，采用 ZYJ7 型转辙机，此线间距不得小于 3 555 mm），为此在 a、b 道岔岔跟后插入不小于 16.515 m 的短轨。

2. 多线咽喉道岔布置

多线咽喉道岔布置示意如图 7-1-12 所示。

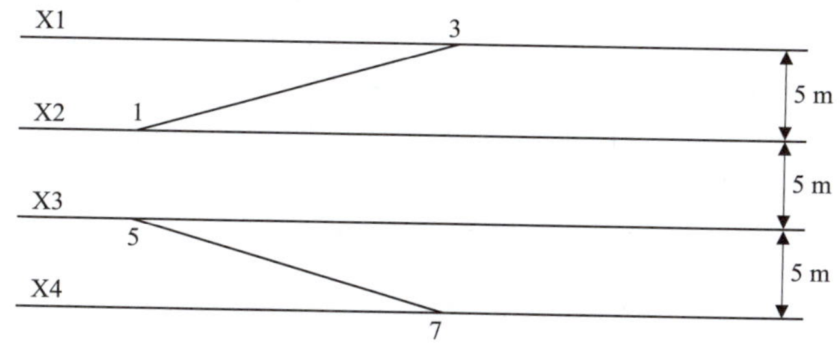

图 7-1-12　多线咽喉道岔布置示意图

（1）问题分析

图 7-1-12 中，1＃、5＃为客专线（07）009 号 1/18 道岔，设置于同一里程，由于线间

距为 5 m，1＃、5＃道岔心轨转辙机安装于曲股侧时不满足限界要求；安装于直股侧时，由于转辙机位于同一里程，也不满足转辙机安装尺寸要求。

（2）解决方案

为满足 1＃、5＃道岔心轨转辙机安装尺寸，由站场专业将 1＃、5＃道岔设置里程错开 2 m，以满足心轨转辙机直股安装尺寸要求。

3. 四线车站案例分析

（1）概述

四线并行车站信号设备平面布置示意如图 7-1-13 所示。正线间线间距为 4.6 m、动走线与相邻正线间间距为 5 m，全站均为无砟轨道，所有道岔均为 60 kg 客专线（07）001 号，1/18 道岔，五点牵引。

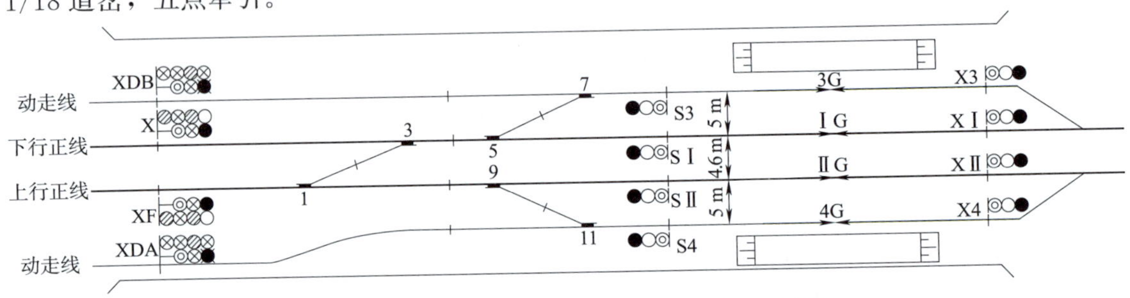

图 7-1-13 四线并行车站信号设备平面布置示意图

为满足转辙机设置需求，信号专业提资阶段要求 5＃、9＃道岔按不少于 1 m 间距差置。但受限于站前相关规范，站场实际只错开了 0.65 m（一个轨枕间距）。

为避免影响动走线，原设计考虑将 5＃、9＃道岔心轨处转辙设备均设置于正线间，同一牵引点处转辙机按并排设置考虑。但由于 5＃、9＃道岔仅可错开 0.65 m，该空间虽可满足主体转辙设备并排设置的要求，但是转辙设备底部固定用托盘安装存在冲突区域，无法采用标准托盘进行安装。托盘安装示意如图 7-1-14 所示。

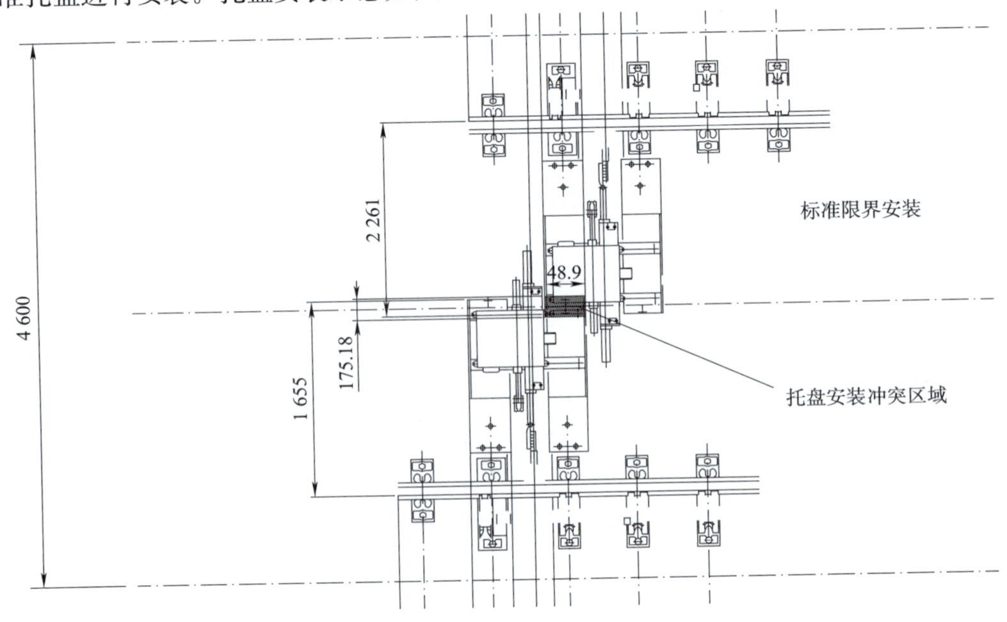

图 7-1-14 托盘安装示意图（单位：mm）

（2）工程措施

方案一：对托盘及安装装置进行特殊设计。

方案二：转辙机调整为设于线路外侧，无砟道床按限界需求相应处理。转辙机设于线路外侧示意如图 7-1-15 所示。

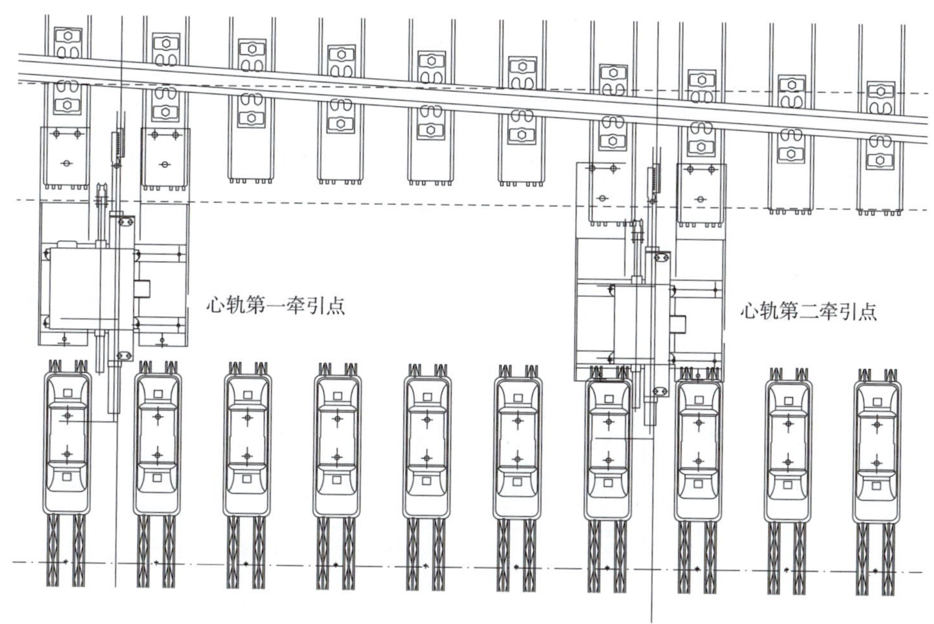

图 7-1-15　转辙机设于线路外侧示意图

方案三：更换道岔转辙设备配置，由原招标 ZYJ7＋SH6 型调整为 S700K 型。

S700K 型转辙设备标准杆件长度为 1 000 mm、ZYJ7 型转辙设备标准杆件长度为 1 100 mm，相较而言 S700K 所需空间较小。若采用 S700K，此处可避免冲突。ZYJ7＋SH6 型调整为 S700K 型转辙机布置示意如图 7-1-16 所示。

方案比选：

方案一需进行非标专项设计，一是没有相关的验收标准，二是非标专项设计需要进行专家评审等流程，周期较长。

方案二转辙机头部已进入邻线钢轨下方，不利于维护。

方案三与电务段管段内转辙机选型不一致，该段管辖范围采用的全是 ZYJ7 型，该站仅更换两组道岔采用 S700K，电务段需要配置一套 S700K 备品备件，而且一个站交流转辙机类型有 2 种。

经综合比选，该站最终采用了方案三。

（3）经验总结

站场设计紧相邻道岔时应考虑转辙机安装要求，如图 7-1-10 站 1 将 Y 和 Z 线间距拉大（配置 S700K 要求不小于 5.36 m，配置 ZYJ7 要求不小于 5.66 m）或将 b 道岔与 a 道岔距离拉开即可满足 b 道岔转辙机安装在同一侧。

多线咽喉道岔布置的车站，包括多线咽喉区平行渡线、三线（含双正线）以上咽喉正线与外侧第三线、正线道岔顺向布置且前方道岔开向为正线外侧时，应核实道岔转辙机安装位置是否满足。如位置不够，可根据实际情况选择采用道岔不对称布置、采用标准杆件稍微短

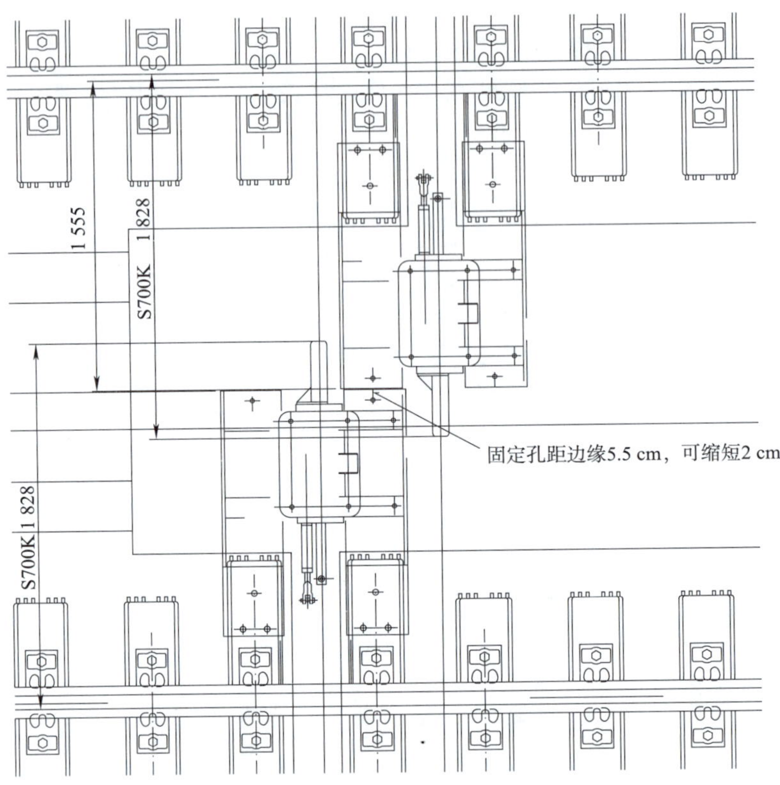

图 7-1-16　ZYJ7＋SH6 型调整为 S700K 型转辙机布置示意图（单位：mm）

一点的转辙机、加大道岔间插入的短轨长度或加大线间距等措施解决。

施工图设计互提资料阶段，信号专业要核对站场平面布置图道岔布置是否满足转辙设备安装需求，不满足时反馈意见并提出解决方案，跟踪核对站场专业解决的措施是否到位，避免出现措施采纳了，但落实不到位。如上述案例，要求 5＃和 9＃道岔错开 1 m，但实际只错开 0.65 m，导致转辙设备无法按标准进行安装。

（二）满足绝缘节设置要求

站场道岔设置受限于场地，经常会出现岔跟或岔尖紧相邻的道岔布置，导致无法满足轨道电路相关技术条件。

1. 岔跟紧相邻设置，导致岔后轨道电路无法做到双边绝缘

某编组站内受限于站场规模，场内道岔设置密集。岔跟紧相邻道岔布置示意如图 7-1-17 所示，a 和 b 道岔的岔跟紧邻设置。

受限于道岔岔跟部分轨道结构，即道岔跟部有一部分整体式钢块（图 7-1-17 圈中所示）。如果在岔跟部分安装绝缘节，则道岔直股侧线路外方的一侧可以做到绝缘，岔心一侧无法做到绝缘，使得 a、b 岔后绝缘节处轨道电路仅能做到单边绝缘，降低轨道电路防护能力，不利运输安全。

2. 岔尖紧相邻设置，导致轨道电路长度不够

某站站场设计采用 GLC（08）01 的 1/12 道岔、信号设计采用移频轨道电路，由于道岔设计紧凑，如图 7-1-18 所示，c 和 e 道岔岔尖相邻，导致信号轨道电路长度不满足列车车载设备响应时间的要求。

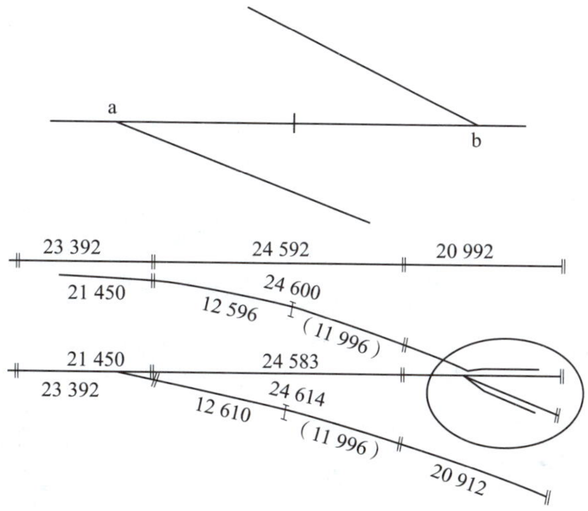

图 7-1-17　岔跟紧相邻道岔布置示意图（单位：mm）

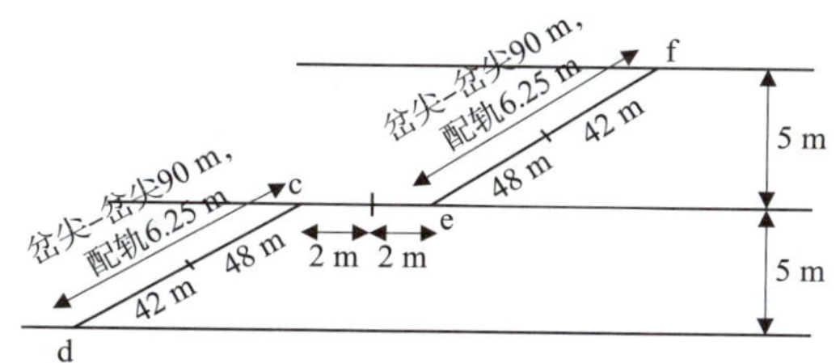

图 7-1-18　岔尖紧相邻道岔布置示意图

经过 GLC（08）01 道岔侧向的最高允许速度为 50 km/h，列车车载设备响应时间为 2.5 s，因此 c 区段和 e 区段的最小侧向区段长度需满足 55 m。该处站场专业拉开 c、e 间道岔间距，解决信号轨道电路长度问题。

3. 经验总结

站场的道岔设置与信号轨道电路设计有一定关联，站场设计中除应避免岔跟相邻的道岔设计外，在站内采用移频轨道电路的车站设计中，还需充分考虑列控车载设备响应时间对站场设计的要求。尤其在站内采用 1/12 道岔、设置移频轨道电路的情况下，由于道岔本身长度较短，信号专业自身能够进行的绝缘节调整限度受制，需要站场专业参与并配合信号专业对道岔布置进行适当调整。

六、强弱电电缆隔离防护

在高速铁路现场配合施工中，常发现强弱电电缆未采取防护的情况，存在安全隐患。根据《高速铁路信号工程施工技术规程》（Q/CR 9607—2015）“11　在手孔、人井内的信号电缆与电力电缆应进行物理隔离。”的规定，电缆井内需要考虑强弱电物理隔离。下面对强弱电电缆防护设施进一步讨论。

（一）路桥、路隧过渡段电缆井

路桥、路隧及桥隧等过渡段优先采用电缆槽过渡顺接，不设电缆井。

当采用电缆井过渡衔接时，可考虑在电缆井内强弱电电缆槽中间设隔离墙，隔离采用砖砌或浇筑连通（厚度不小于 6 cm），弱电电缆敷设在靠近线路侧，强电电缆敷设在远离线路侧。路桥、路隧过渡段强弱电电缆井物理隔离示意如图 7-1-19 所示。

图 7-1-19 路桥、路隧过渡段强弱电电缆井物理隔离示意图

（二）区间电缆井、强弱电电缆槽交叉处电缆井、电缆井相邻

在区间电缆井、强弱电电缆槽交叉处电缆井、电缆井相邻等工点，按照"谁直通、谁防护"的原则，可采取电缆井上摆放可活动的预制直通防护电缆槽（内宽 200 mm）实现强弱电电缆隔离。在电力电缆井处，通信信号专业设置直通防护槽，实现强弱电电缆物理隔离；在通信信号电缆井处，电力专业设置直通防护槽，实现强弱电电缆物理隔离。

也可在电缆井处将直通的电缆槽整体浇筑为贯通式电缆槽，如图 7-1-20 所示。

图 7-1-20 电缆井处将直通的电缆槽整体浇筑为贯通式电缆槽示意图

七、结 束 语

信号专业与线路、站场专业联系非常紧密，信号设计负责人要转变思想，变被动为主

动，更加深入学习站场专业相关知识，对安全线设置、警冲标计算、转辙机安装空间等重点关注，发现不合理时应及时提出意见，避免后期修改，造成建安工程、列控数据、列控软件等返工。

第二节　信号与轨道、桥梁、隧道专业接口设计

信号专业与轨道、桥梁、隧道等专业接口非常密切，胶接绝缘位置和列控数据密切相关，渡线绝缘节设置不合理时将导致车地不匹配问题，桥梁、隧道地段合理预留转辙机安装空间是重要的接口内容。本节介绍信号与轨道、桥梁及隧道专业接口设计。

一、胶接绝缘设计

（一）胶接绝缘设计要点

无缝线路上铺设的机械绝缘节均需采用胶接绝缘节，具体范围为各车站（场、线路所）无缝线路范围内铺设的绝缘节。胶接绝缘的具体里程位置由信号专业提出，轨道工程专业实施。胶接绝缘位置和列控数据关系非常密切，胶接绝缘设置除了应满足信号设备正常工作要求外，还应满足工务部门相关要求，避免绝缘节设置不满足工务要求而引起后期修改。

胶接绝缘设计要点包括：

1. 尽量满足《高速铁路无砟轨道线路维修规则（试行）》（TG/GW 115—2012）及《高速铁路有砟轨道线路维修规则（试行）》（TG/GW 116—2013）“胶接绝缘接头宜采用现场胶接，胶接绝缘接头与焊接接头间距不应小于 20 m，道岔间困难条件下不应小于 12 m”的要求。

2. 正线绝缘节距岔前轨缝不应小于 20 m，避免更换绝缘节时影响道岔。当为了满足正线最小区段长度时，例如设计时速为 350 km/h 的线路，正线区段最小长度为 264 m，此时可以在岔前轨缝处设置绝缘节。

3. 25 m 短轨中间不能设置绝缘节，应满足工务部门关于最短钢轨长度要求。

4. 侧线绝缘节距岔前轨缝不应小于 12 m。当绝缘节设在岔前轨缝 12 m 处造成超限时，应具体情况具体分析，可将绝缘节设在岔前轨缝处，尽量减少不必要的超限绝缘节。尤其是与正线相邻的侧线区段，应最大限度减少超限绝缘节，避免侧线区段故障影响正线通过作业。

5. 机械绝缘节要避开车站道岔梁端及小阻力扣件与常阻力扣件交界（避开梁端 10 m、交界 15 m），避免钢轨位移影响胶接绝缘。

（二）渡线绝缘节案例分析

高速铁路车站渡线道岔除满足工务胶接绝缘设置及配轨需求外，还应注意在全进路发码时，渡线胶接绝缘设置应满足轨道电路长度设置、列控发码等信号系统车地匹配要求。在工程设计中，应结合列控系统需求，在满足工务要求的前提下合理设置渡线绝缘位置，使得轨道电路长度满足各类型动车组运行要求。

以婺源站为例对渡线绝缘设置进行分析。

1. 婺源站问题提出

(1) 工程概况

衢九铁路与合福客专在婺源站同站分场设置，场间设置交叉渡线实现动车组跨线运行，

局部信号设备平面布置示意如图 7-2-1 所示。合福客专采用 C3 列控系统，衢九铁路采用 C2 列控系统，合福场与衢九场均采用 ZPW-2000 系列移频轨道电路。

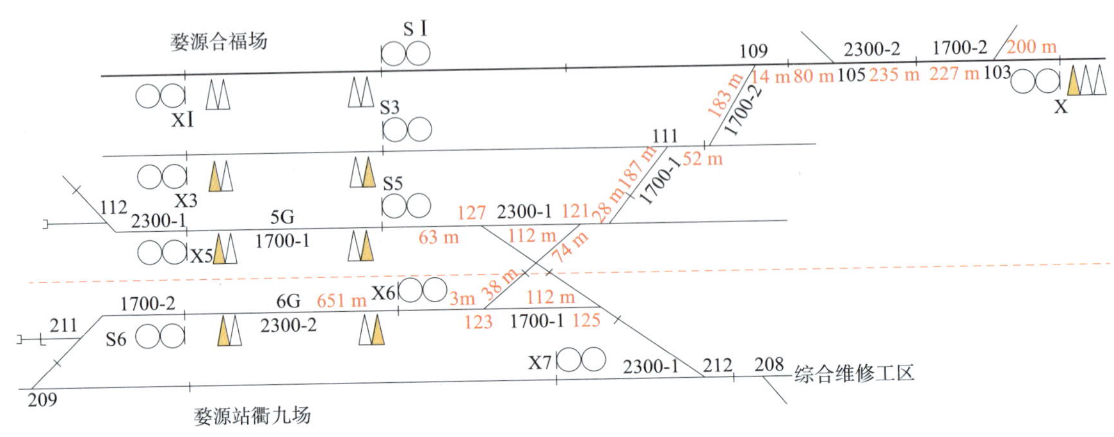

图 7-2-1 婺源站合福场、瞿九场局部信号设备平面布置示意图

（2）问题提出

联调联试期间，合福场自 X 口跨场经 121/123 渡线往衢九场 6G 接车时，装载 200H/300H 型车载设备的动车组在 121/123 渡线区产生最大常用制动（B7 制动），直至列车进入 6G 后收到车载设备提示允许缓解。

2. 婺源站问题分析

（1）200H/300H 型车载设备锁定载频分析

为了对设备测距误差进行校正，200H/300H 型车载设备根据地面应答器提供的轨道区段基准载频变化的报文信息，在距离变化点固定位置预先对轨道区段进行基准载频锁定（以下简称锁频），锁频范围内允许同时接收相邻两个区段的载频，通过判断当前锁定载频与地面所接收载频的一致性，确定列车位置是否到达报文信息所描述的位置，从而摒弃测距设备数据，实现对测距误差的校正。

如图 7-2-2 所示，以装载 200H/300H 型车载设备的动车组从 AG 往 BG 运行为例，轨道电路区段 AG、BG 长度分别为 a 和 b，P 点为 AG 与 BG 之间绝缘节的位置，N 点至 P 点和 P 点至 M 点的距离均为 X（区间 X 为 100 m，站内 X 为 50 m）。锁定载频具体过程分析如下。

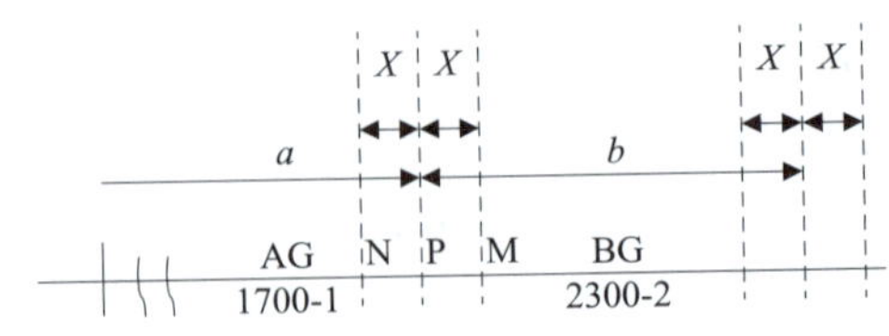

图 7-2-2 轨道电路区段及载频示意图

①在列车到达 N 点前，车载设备锁定 AG 的载频，仅允许从地面轨道电路接收载频 1 700 Hz。

②从列车到达 N 点开始直至 M 点，车载设备允许同时接收应答器【CTCS-1】包信息中

所描述的 AG 和 BG 所对应的载频（即 1 700 Hz 和 2 300 Hz），当列车越过 P 点后接收到新的轨道区段载频，经车载设备判定一致后更新本轨道电路区段的载频为 2 300 Hz。

③如果一直没有检测到载频变化，当列车运行到 M 点以后锁定 BG 所对应的载频 2 300 Hz，此后车载设备仅允许从地面轨道电路接收载频 2 300 Hz。

④当列车接收的【CTCS-1】包有效，且当前锁定载频与地面载频一致，则判定列车位置确定。

（2）婺源站跨场进路制动问题分析

合福场 X 口经 121/123 渡线往衢九场 6G 接车时存在交叉渡线，为避免经交叉渡线侧向运行时掉码影响正常行车，同时结合发码可以抗干扰的原则，咽喉区各区段发 JC 码；为了确保车载设备在无码区正常运行，不触发制动，载频描述为无载频。对于婺源站 X 口经 121/123 渡线往衢九场 6G 的接车进路，移频轨道区段 6G、123-125DG、121-127DG 的基本载频分别为 2 300 Hz、1 700 Hz、2 300 Hz。婺源站载频布置示意如图 7-2-1 所示。

根据 200H/300H 型车载设备对轨道电路区段的锁频逻辑，在距离有码区段（即 6G）50 m 时开窗搜索载频，由于 123-125DG 侧向区段长度仅为 41 m，当列车运行至距 121-127DG 与 123-125DG 之间的绝缘节 9 m 后，车载设备开始允许同时接收【CTCS-1】包信息中所描述的 121-127DG、123-125DG 和 6G 所对应的载频（即 2 300 Hz、1 700 Hz、2 300 Hz），车载设备从地面接收到 2 300 Hz 载频，无法区分来自 121-127DG 还是 6G，从而误以为列车已进入了 6G 却收到 27. 9 Hz 检测码，判定为列车进入 6G 后掉码，因而产生 B7 制动。当列车运行越过 123-125DG 和 6G 之间的绝缘节后收到 6G 所发 UU 有效码，车载设备判定为正常后提示允许缓解。

因此，该问题的主要原因是 123-125DG 区段长度不符合《高速铁路设计规范》（TB 10621—2014）附录 D“站内轨道电路最小长度应大于 60 m”的要求。与股道相邻的 123-125DG 侧向区段长度小于 50 m，且该区段两侧的 6G 与 121-127DG 采用了相同的载频，即在车载设备 50 m 开窗范围内出现了载频相同的两个区段，与车载设备载频更新的逻辑不匹配。

3. 婺源站制动问题解决方案

根据以上分析，针对婺源站跨场接车进路出现制动的问题，提出四个解决方案。

方案一：修改频率

修改 121-127DG 或 6G 的载频，使二者不一致。有以下 2 种修改方法：

（1）将 121-127DG 的载频由 2300-1 改为 1700-2，同时将 5G 的载频由 1700-1 改为 2300-1，将 112DG 的载频由 2300-1 改为 1700-1。

（2）将 123-125DG 的载频由 1700-1 改为 2300-2，同时将 6G 的载频由 2300-2 改为 1700-2，将 211DG 的载频由 1700-2 改为 2300-2。

方案二：调整渡线绝缘节位置

将 121-127DG 交叉渡线的工形绝缘节进行翻转设置，使交叉渡线的工形绝缘节由靠近 123-125DG 侧改为靠近 121-127DG 侧，修改后 123-125DG 和 121-127DG 的侧向区段长度分别由 41 m 和 102 m 变为 77 m 和 66 m，满足车载设备对轨道区段长度要求。

方案三：补码

将与 6G 相邻的 123-125DG 补码，由 JC 码改为有效码，可防止产生 B7 制动。

方案四：有条件发码特殊处理

将移频轨道电路的发码时机与列车运行方向关联，仅当办理合福场合肥方面往衢九场6G接车时，将121-127DG发送端调整至背离接车方向，从而使动车组无法收到轨道电路移频信号。具体实现方式如下：

在121-127DG移频轨道电路低频码发送通道中增加121/123渡线的FBJ条件，满足仅当办理合福场合肥方面往衢九场6G接车时，将121-127DG轨道电路的发送端由127＃道岔岔尖一侧调整为121＃道岔岔尖一侧，其他情况均维持原设计发送端方式不变。

具体在原设计的121-127DG移频轨道电路通道中串入121/123渡线的FBJF接点。修改前121-127DG移频轨道电路通道如图7-2-3所示，修改后121-127DG移频轨道电路通道如图7-2-4所示。

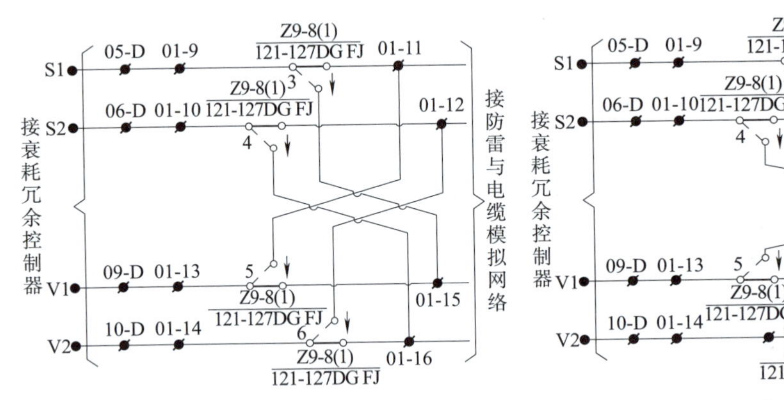

图7-2-3 修改前121-127DG通道图

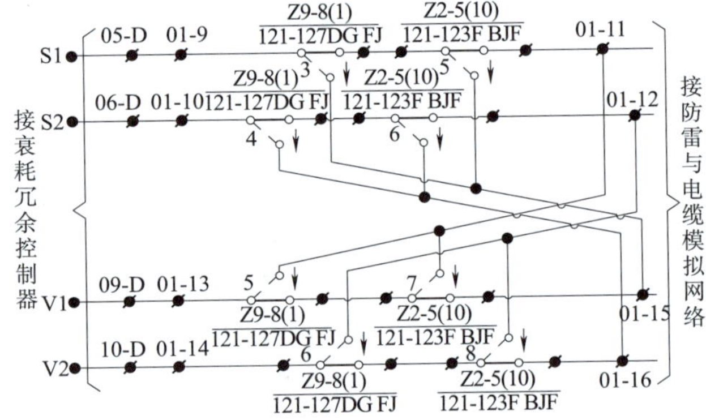

图7-2-4 修改后121-127DG通道图

鉴于121-127DG发27.9 Hz检测码，对列车运行无确切指导作用，经过该特殊方案处理后，当动车组运行至121-127DG区段时，地面设备无机车信号，列车在经过121-127DG的过程中不会收到地面轨道电路的2 300 Hz载频，直至运行至123-125DG后，接收到1 700 Hz载频后继而接收到6G股道2 300 Hz带有效码的正常码序，实现了动车组正常跨线运行。

方案比选：

方案一、方案二和方案三均需对婺源站的列控数据进行修改，由于发现该问题时衢九铁路已进入联调联试，修改婺源站的列控数据需同时修改婺源站合福场和衢九场两场的列控中心软件，不仅修改代价高，而且周期长，因此最终按不需要修改列控数据的方案四实施。

4. 经验总结

上述案例中由于发现问题已在联调联试阶段，采取了继电电路修改的方案。但如果在前期设计阶段注意到此问题，合理设置绝缘节位置，即可避免该问题的发生。平时设计过程中，对于道岔区段移频轨道电路，不仅要注意单岔区段的无受电分支不应大于160 m、双岔区段无受电分支长度分别不应大于80 m和160 m的要求，还需要结合列控系统要求及车载设备载频更新逻辑特点合理设置渡线绝缘节。咽喉区无码时，与股道相邻的无码移频轨道区段长度（尤其是侧向）不得小于60 m。

（三）尽头绝缘节设置注意事项

站场在安全线等处往往设置滑动式挡车器（可伸缩的），伸缩量可达10 m。10 m范围内滑动式挡车器为金属结构，目前无法做到和钢轨绝缘，此处无法设置信号绝缘节。部分工程设计之初并不了解挡车器的形式，先设置了信号绝缘节，安装过程中发现问题。

发现问题后，信号专业重新调整绝缘节设置位置，将绝缘节移动至车挡前 12.5 m 处。但是挪动安全线绝缘节影响列控基础数据。因此，互提资料阶段需要向站场专业要求提挡车器的设计资料，避免出现后期调整绝缘节并影响列控基础数据的问题。

二、转辙机安装接口

在桥梁隧道地段，满足转辙机安装空间要求是重要的接口内容。尤其是大型车站的道岔密集，在前期设计阶段，信号专业应与站场、桥梁、隧道等专业密切配合，综合转辙设备不宜设在正线间、转辙机不得侵入邻线及便于维护等要求，重点研究，深化设计，确保满足转辙机安装空间要求。

（一）桥隧地段转辙机安装要求

站后专业在遇到桥上、隧道内、高架站或地下站的情况时，及时向站前专业提交信号设备安装限界要求，通过局部加宽、特殊电缆槽设置、防撞墙预留缺口等方式解决转辙机安装需求，站前站后衔接好，即可避免后期整改。

1. 道岔区在桥梁设计施工时，需在防撞墙上预留转辙设备安装缺口，开口位置与道岔牵引点一致，每处断开一般为 1～2 m。桥上防护墙开口示意如图 7-2-5 所示。

2. 按常规桥梁宽度不能满足信号机、转辙机安装尺寸及操作空间要求时，桥面布置应局部加宽处理。桥面转辙机安装局部加宽平面示意如图 7-2-6 所示，桥面转辙机安装局部加宽横断面平面示意如图 7-2-7 所示。

图 7-2-5　桥上防护墙开口示意图

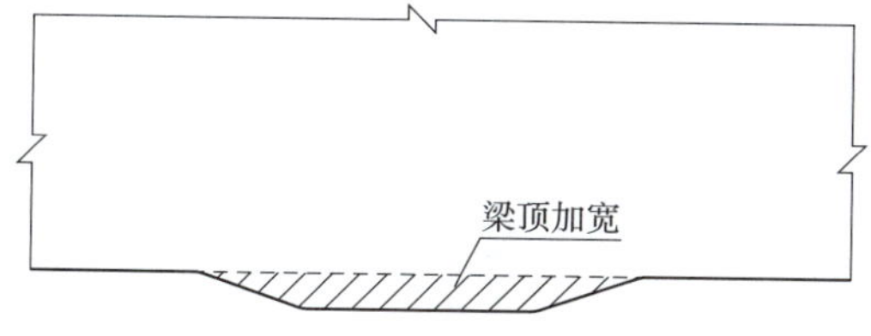

图 7-2-6　桥面转辙机安装局部加宽平面示意图

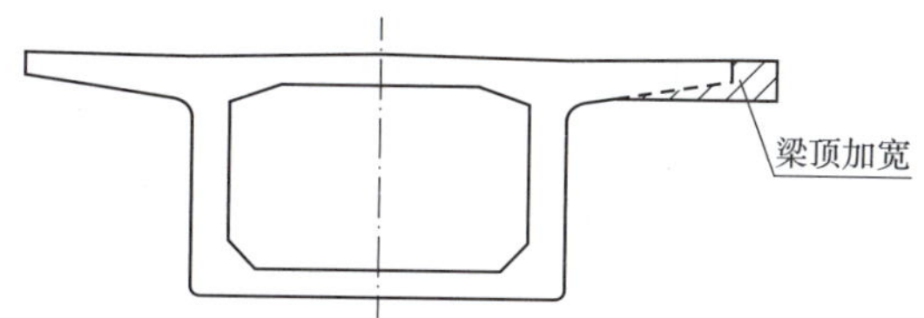

图 7-2-7　桥面转辙机安装局部加宽横断面平面示意图

工程设计时，信号专业根据道岔类型号，牵引点位置、加宽要求等提供给桥梁专业。桥梁转辙机预留空间要求示意如图 7-2-8 所示。

道岔表

站名	道岔编号	桥梁名称	道岔类型	辙叉号	岔心里程	尖轨第一牵引点	尖轨第二牵引点	尖轨第三牵引点	尖轨第四牵引点	尖轨第五牵引点	尖轨第六牵引点	心轨第一牵引点	心轨第二牵引点	心轨第三牵引点
阎块线路所	2	经开2号特大桥	客专线(07)011	1/42	DK12+340	DK12+398	DK12+392	DK12+386	DK12+380	DK12+374	DK12+367	DK12+285	DK12+281	DK12+274

2#道岔牵引点布置及防撞墙开口示意图

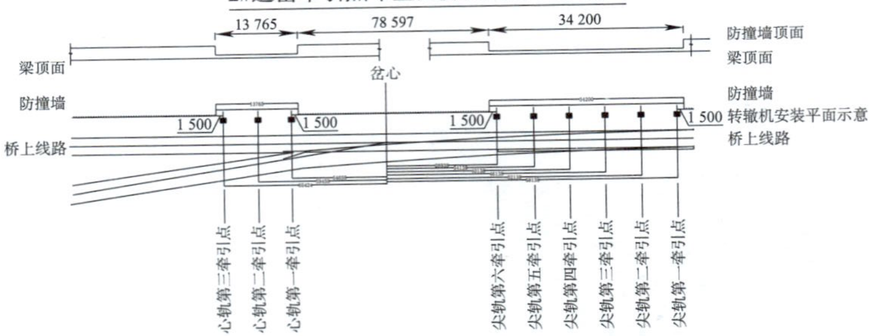

阎块线路所信号设备平面示意图

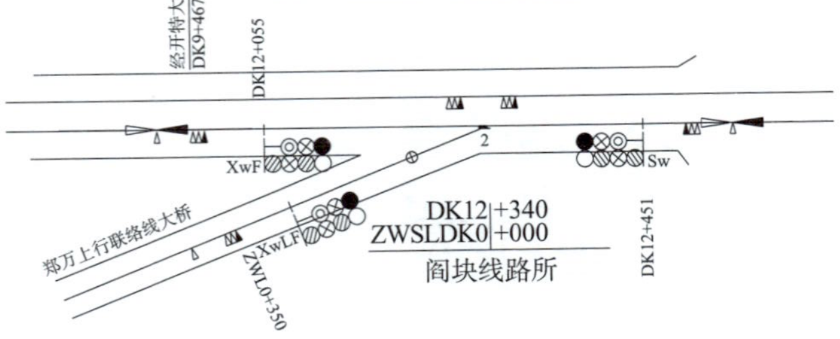

桥梁立面图

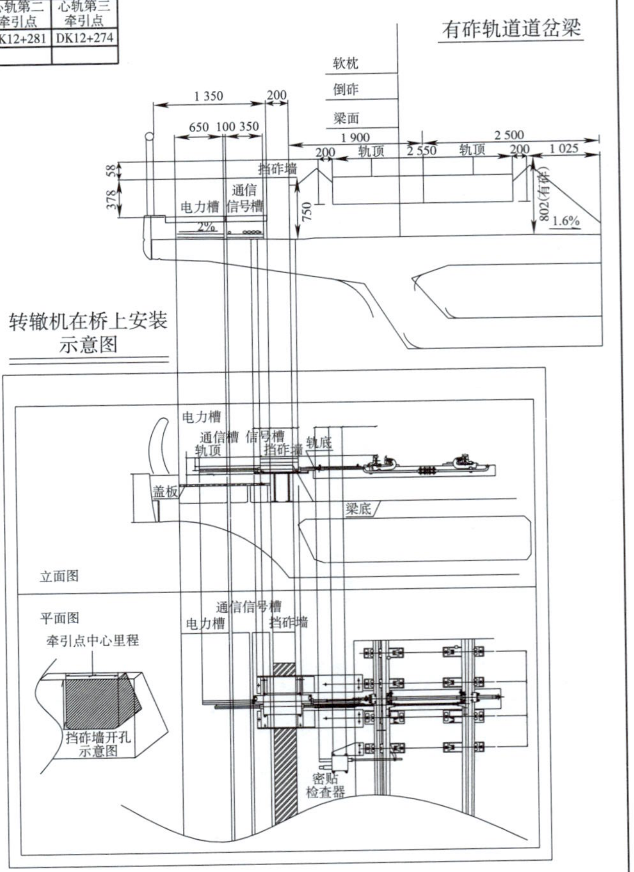

有砟轨道道岔梁

转辙机在桥上安装示意图

说明：1. 图中尺寸均以mm计。
2. 本图对位于桥上的道岔转辙机设备在防撞墙相应位置预留空间提出要求。具体需要预留的道岔见上图中的道岔表；道岔在桥上的具体位置可参看信号设备示意图；防撞墙开口深度为500 mm，9个牵引点时防撞墙开口长度为尖轨六个牵引点34 200 mm、心轨三个牵引点13 765 mm（或每个牵引点开口长度1 800 mm），道岔牵引点布置及防撞墙开口示意如图中所示，具体以桥梁专业道岔梁设计图为准。
3. 如站场专业桥上道岔岔心里程有变动，则开口位置以岔心里程为基准相应偏移。
4. 转辙设备的安装及具体要求参见站场道岔配套的转辙设备安装图（标准通用图册，转辙设备型号根据设备招标结果确定）。

图 7-2-8 桥梁转辙机预留空间要求示意图

3. 隧道内道岔也一样要求预留转辙机的安装空间，保证电缆槽盖板、水沟盖板等设施开启不影响转辙机的设备的安装和维护，要求转辙机承台不得侵入电缆槽空间。工程设计时，信号专业根据道岔类型号，牵引点位置等提供给隧道专业。转辙机在隧道内安装示意如图 7-2-9 所示。

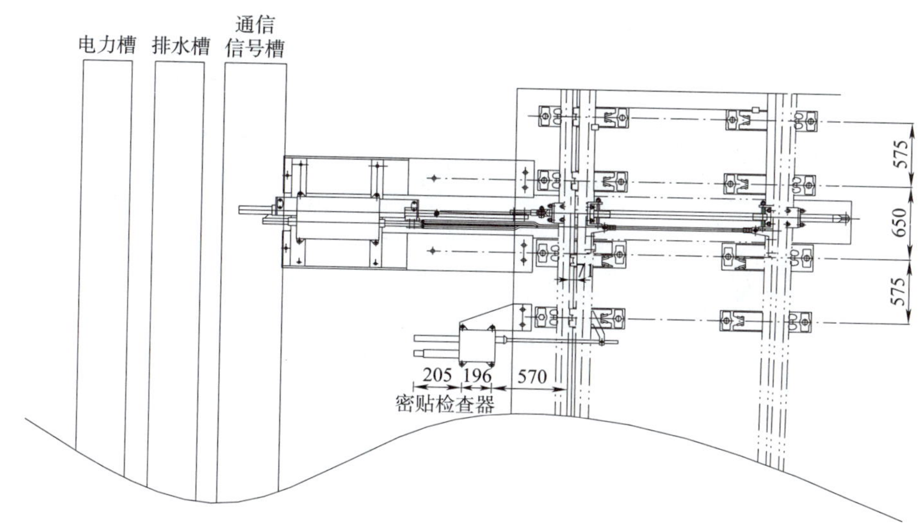

图 7-2-9　转辙机在隧道内安装示意图（单位：mm）

（二）案例分析

1. 转辙机承台侵入电缆槽

工程现场经常发现转辙机承台侵入电缆槽，转辙设备安装时侵入电缆槽、水沟、防撞墙等构筑物，如图 7-2-10 所示。

图 7-2-10　转辙机承台侵入电缆槽示意图

解决方案：现场一般通过电缆槽迁移至水沟上方（隧道内）、防护墙开孔（桥上）、削薄构筑物壁（地下站内）等方式加以解决，但破坏了构筑物原状态。

2. 转辙机侵入邻线轨枕

某高架车站因站场布局过于紧凑，未合理预留转辙机安装空间，导致本线转辙机侵入邻线轨枕内，给后期电务运营维护带来很多困难。转辙机侵入邻线轨枕现场如图 7-2-11 所示。

图 7-2-11　转辙机侵入邻线轨枕现场

解决方案：由于为高架车站，道岔位置无法调整，只能采用异型加工定制方式，缩短转辙机套筒尺寸。

建议：高架车站合理预留转辙机安装空间是重要的接口内容，建议设计单位信号专业建立有效的核查手段，在设计前期就进行转辙机安装位置检查，不符合要求时及时向站场等专业反馈。

三、无砟轨道过轨

为了满足车站中间线路信号设备电缆引入主电缆槽，要求站前相关专业预留过轨条件，路基范围在轨道下方可根据信号要求埋设过轨管，在桥梁和隧道地段需要结合轨道类型、桥梁和隧道相关要求进行过轨条件的预留。

（一）道床板过轨

轨道板厚度一般为 20 cm，经与轨道专业落实，轨道板内一般不允许预埋过轨管，现场浇筑的道床板可预留过轨。目前连徐铁路和商合杭铁路在道床板预留过轨钢管，满足道岔密检器及道岔融雪加热条尾缆过轨需求。

具体过轨方案说明如下：

1. 道岔密贴检查器及融雪装置预留管采用外径 50 mm 的热浸塑钢管，设置在两根轨枕中间位置。钢管的两端用密封胶带封堵，管子的长度与道床板两边的模板平齐（现场裁定）。两根管子设四个固定卡箍，卡箍在对应埋设位置的滑床板的两端适当位置，根据现场钢筋情况布置。同一滑床板的两个卡钉设 5°的夹角。

2. 钢管埋设于道床板上层钢筋网的下面，与钢筋绑扎牢固。

3. 钢管具体埋设位置在尖轨、心轨牵引点和密贴检查器相邻的轨枕，现场由站后站前施工单位共同确认。

如现场实施的在尖轨第一牵引点、密贴检查器、尖轨第三牵引点等处过轨。尖轨第一牵引点过轨预埋示意如图 7-2-12 所示，密贴检查器位置过轨预埋示意如图 7-2-13 所示，尖轨第三牵引点后融雪加热条尾缆过轨示意如图 7-2-14 所示。

图 7-2-12　尖轨第一牵引点过轨预埋示意图

图 7-2-13　密贴检查器位置过轨预埋示意图

图 7-2-14　尖轨第三牵引点后融雪加热条尾缆过轨示意图

（二）高架站过轨

对于新建高架站，信号电缆过轨应结合桥梁及轨道型式、电缆数量等采取不同的方案。

1. 同一片梁过轨

（1）轨底过轨

无砟区段同一片梁可采用在钢轨底面至道床板板顶面间过轨，并采取加固措施，保证行车安全。采用化学锚栓和蝴蝶卡（或Ω形卡）进行固定，蝴蝶卡（或Ω形卡）厚度不小于2 mm，卡线时应加胶皮防护。轨面过轨固定防护示意如图7-2-15所示。

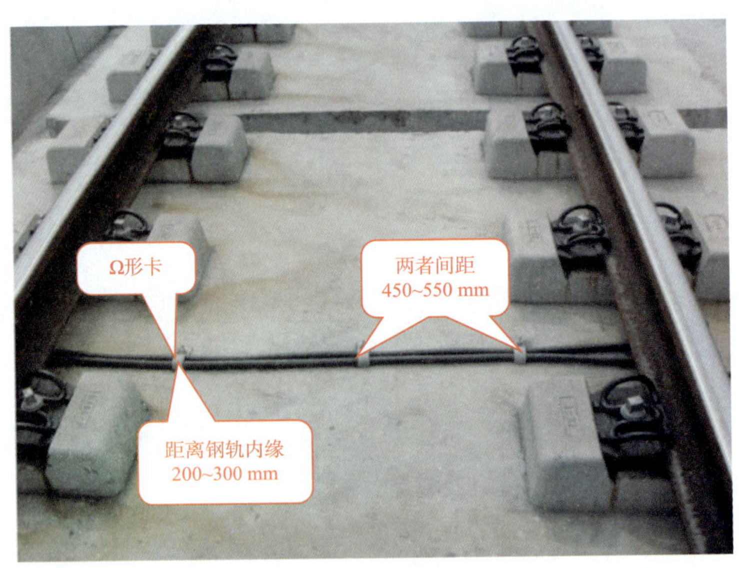

图7-2-15　轨面过轨固定防护示意图

（2）桥面保护层埋设过轨钢管

有砟区段在保护层埋设内径为ϕ50的过轨钢管或高度为50 mm的槽钢过轨，采用钢管过轨时钢管头采取喇叭口、胶皮防护，电缆进出钢管时弯曲弧度大于120°。桥面保护层埋设过轨钢管示意如图7-2-16所示。

图7-2-16　桥面保护层埋设过轨钢管示意图

2. 梁体间过轨

对于跨不同梁体的分支电缆，在桥上线路外侧预留锯齿孔，从锯齿孔沿梁体侧面做电缆爬架至桥墩平台，沿桥墩外侧面做热镀锌电缆槽，由 L 形电缆支架支撑（荷载满足 400 kg/m），L 形支架采用铆钉固定于桥墩侧面，每个过轨桥墩处预留 2～3 个 L 形电缆支架，电缆沿桥墩外侧面的电缆槽敷设。若电缆过轨涉及多片梁体，则沿着不同梁体的桥墩侧面均需预留电缆支架。不同桥墩侧面的电缆支架要处于同一水平面，电缆钢槽接缝处要平滑焊接，同时桥墩侧面电缆钢槽要考虑排水措施。锯齿孔处引下的电缆爬架与桥墩侧面电缆槽也要平顺连接，接缝处弯角弧度要大于 120°。锯齿孔四周采用胶皮防护，以防电缆引下或是引上免受磨损。

跨梁过两股道示意如图 7-2-17 所示，梁体间预留电缆槽示意如图 7-2-18 所示，梁体间过轨示意如图 7-2-19 所示。

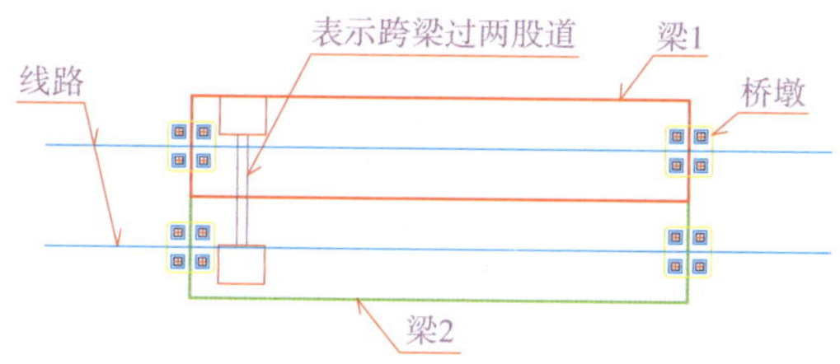

图 7-2-17　跨梁过两股道示意图

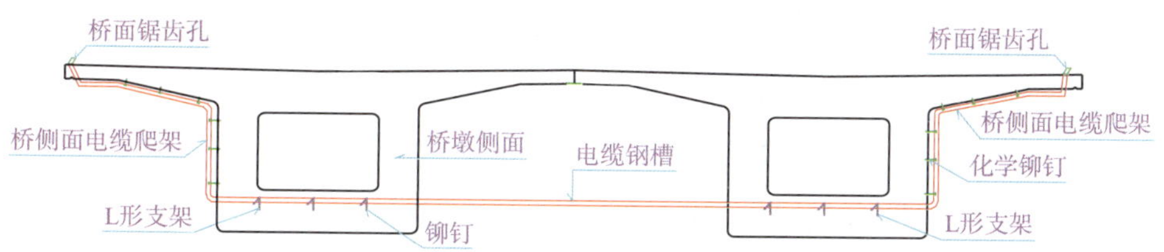

图 7-2-18　梁体间预留电缆槽示意图

图 7-2-19　梁体间过轨示意图

（三）隧道地段过轨

隧道内，一般根据站后专业在隧道内、隧道口过轨的里程及相关要求，隧道专业统筹进行过轨管预埋设计。隧道地段梁体间过轨示意如图 7-2-20 所示。

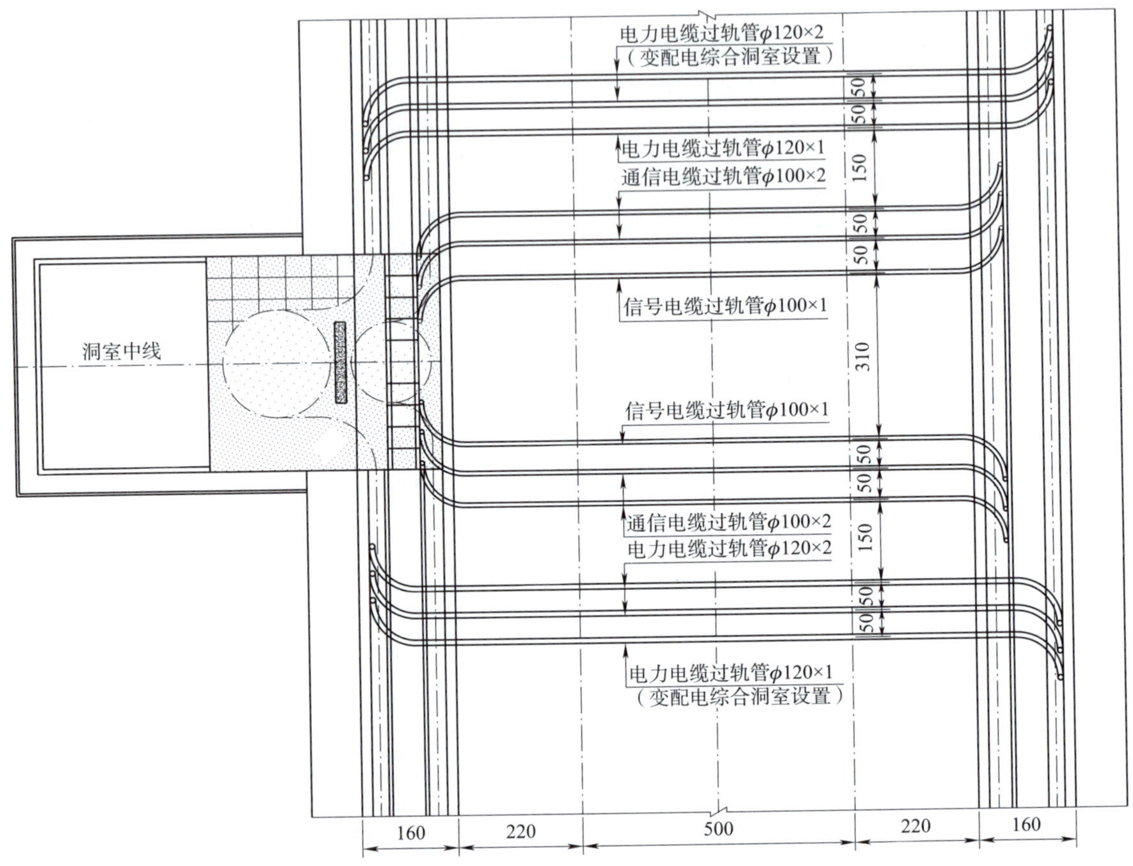

图 7-2-20 隧道地段梁体间过轨示意图（单位：mm）

四、应答器在特殊地段安装要求

（一）有砟和无砟过渡段辅助轨处应答器安装

轨道设计规范要求“无砟和有砟轨道衔接处需要设置 25 m 长的辅助轨（无砟段 5 m、有砟段 20 m），并要求整轨设置，过渡段不应设置钢轨接头”。实际工程中轨道专业要求过渡段及靠近过渡段两端各 2.5 m 范围内不得设置钢轨焊头。

在施工图设计时，信号专业需要求轨道专业提供辅助轨安装范围，应答器布置提前避开，可避免与辅助轨位置冲突后锯开辅助轨的补救措施。若必须落在过渡段范围内需根据应答器安装要求合理调整过渡段的施工工艺，应与轨道专业沟通协调。

杭黄铁路芦山湾隧道出口处有砟和无砟过渡段，2253 信号点的区间 Q 应答器组位置与辅助轨铺设位置冲突，现场采取锯开辅助轨方案。应答器在辅助轨区段断开示意如图 7-2-21 所示。

（二）护轮轨区域应答器安装

在 C2、C3 列控系统的工程设计中，需要与桥梁专业对接好应答器、护轮轨切割、护轮

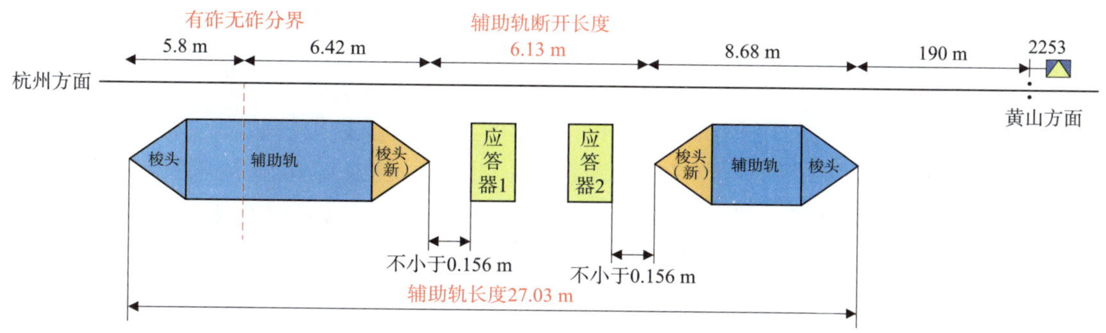

图 7-2-21　应答器在辅助轨区段断开示意图

轨梭头位置。应答器周边有金属体时会影响应答器信息接收和列车的正常运行，为减少护轮轨对应答器传输的影响，应答器安装要求其横、纵、高度方向上无金属体，应答器边缘至护轮轨边缘之间的横向无金属体距离要求大于 410 mm。在设置有护轮轨的桥梁地段设置应答器时，需要与桥梁专业提前沟通应答器安装位置，以便桥梁专业提前规划好护轮轨、梭头的设置地点，避免与应答器安装位置冲突。应答器安装区域护轮轨断开示意如图 7-2-22 所示。

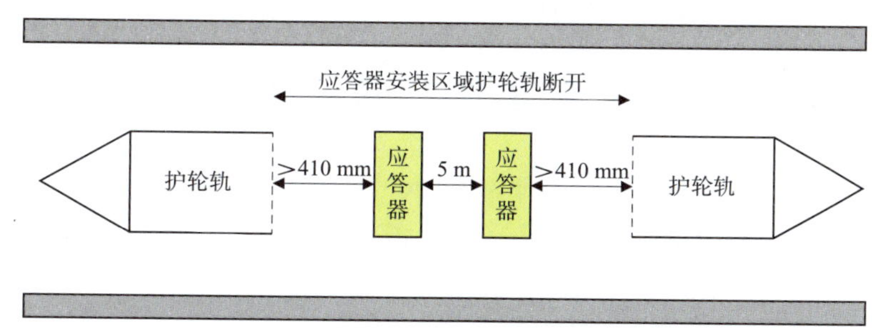

图 7-2-22　应答器安装区域护轮轨断开示意图

某工程桥上全程设置了护轮轨，信号专业在桥上需设置应答器，由于信号、桥梁、轨道专业未协调好，导致护轮轨区段存在不满足应答器安装要求的问题，只能在护轮轨断开处分别增设特殊绝缘梭头。

五、ZPW-2000 无绝缘轨道电路调谐区在特殊地段设置要求

（一）设计规范要求

根据《高速铁路信号工程施工质量验收标准》（TB 10756—2018）7.3.2 要求，ZPW-2000 无绝缘轨道调谐区设置应符合下列规定：

1. 调谐区应设在相同类型的道床上；

2. 调谐区不得设置在钢轨伸缩调节器范围内，调谐匹配单元距离最近钢轨伸缩调节器的伸缩轨缝不得小于 10 m；

3. 调谐区不宜设置在桥梁护轨、辅助轨的区域、接触网电分相范围内。

工程设计中，应尽早和轨道专业、桥梁专业落实不同类型道床、钢轨伸缩调节器、护轮轨设置区域，向接触网专业落实电分相区，信号设计时调谐区设置避开这些特殊区域。避免后期联调联试阶段发现调谐区落在这些区域，造成列控数据修改。

（二）调谐区内不宜有焊缝

早期开通项目“小轨”未纳入联锁检查，焊缝是否可进入调谐区，规范无明确要求。轨道专业在设计阶段也仅明确焊缝设置原则，具体位置由施工单位自行决定。

某工程在静态验收时，路局认为调谐区内轨道电路不能监控钢轨状态（发生断轨不显示“红光带”），即调谐区内的钢轨焊接接头断轨后不能及时发现，存在安全风险，在联调联试阶段提出了“调谐区内不能有钢轨现场焊接接头”的要求。现场发现共计 30 余处区间钢轨焊缝设置于调谐区内。最终，信号专业对调谐区进行了改移，造成室外建安、列控数据及列控软件修改，返工量较大。

针对上述问题，建议项目实施过程主动提醒两家施工单位沟通落实，调谐区错开现场焊缝，发现问题及时反馈设计修改施工图。

六、结 束 语

桥梁、隧道等地段合理预留转辙机安装空间是重要的接口内容，建议设计单位信号专业建立有效的核查手段，在设计前期就进行转辙机安装位置检查，不符合要求时及时向站场等专业反馈。建议信号专业与轨道专业密切沟通，建立无砟轨道过轨预留等标准接口，为进一步提高室外安装工艺水平打下良好基础。

第三节　信号与电力、房建专业接口设计

信号专业与电力、房建等专业接口非常密切，在工程实际中，有时出现供电和电务部门断路器“倒挂”现象，不满足分级防护要求；有的车站信号房屋布局不合理，不利于维护。本节介绍信号与电力、专业接口设计方案。

一、与电力专业开关容量匹配要求

铁路信号供电的上一级是变电所或箱变（箱式变压器），根据“信号设备断路器的设置应能满足对设备进行分级防护的要求”，供电电源侧断路器整定值必须大于信号负荷侧断路器整定值，即变电所或箱变内信号负荷电源回路断路器整定值不得小于信号电源防雷箱断路器整定值。

但在工程实际中，往往出现供电和电务部门断路器“倒挂”现象，即出现电力配电盘的断路器开关容量小于信号电源防雷开关箱断路器开关容量，不满足分级防护要求。出现这个问题的主要原因是电力和信号专业的计算原则不完全一致。

（一）信号电源的分级防护

铁路信号设备采用电源 3 级防护的设置原则。第 1 级防护设在电源防雷箱处，外电网的两路独立电源通过电源防雷箱引入电源屏（电源屏输入侧）；第 2 级防护设置在电源屏处，当三相电源进入电源屏后，经电源屏输出，产生了铁路信号设备所需的各种电源（电源屏输出侧）；第 3 级防护设置在组合架零层、侧面或组合内部。

从第 1 级防护到第 3 级防护，断路器的容量是递减的，延时脱扣时间是递减的，这样才能降低局部信号电源故障对整体信号电源的影响。通过计算各级铁路信号电源断路器的容量并结合不同信号电源的特性，选择不同容量和脱扣时间的断路器。

第 1 级防护在电源防雷箱中设置断路器，可以有效防护外电网的电压波动对信号设备的

影响，这可以看作是信号电源的总保护。

第 2 级防护在每路电源采用独立断路器，可以防止 1 种电源故障时对其他电源的影响，最大限度保证铁路信号电源安全。

第 3 级防护是铁路信号电源的最末端防护，根据本架或本组合所用各种信号设备的容量设置断路器，起到对信号设备的精确防护。

其中，第 1 级防护断路器（电源防雷箱断路器）不得大于电力配电箱断路器容量，不得小于第 2 级断路器（电源屏断路器）容量。

（二）电源防雷箱断路器容量计算方法

1. 信号电源防雷箱断路器配置原则

目前大部分工程将电源箱和配电箱合设，即电源防雷箱是由浪涌保护器、断路装置、雷电计数器、指示灯及告警模块（单元）组成的具有防止雷电过电压、过电流损害的防雷保护装置，也有的工程将防雷箱和配电箱分设。本节信号电源第 1 级防护以电源防雷箱为例，分设配电箱时其断路器容量计算方法同电源防雷箱。

若信号电源室设置两套及以上电源屏，电源防雷箱一般与电源屏一一对应，即一套信号电源屏配一个电源防雷箱，每个电源防雷箱分别计算其断路器容量。

2. 信号电源防雷箱断路器的计算方法

电源防雷箱断路器额定电流与信号电源系统设备设计最大电流的倍数关系是参考《客运专线铁路信号产品标准暂行技术条件》铁路信号电源屏中“5.9　过流、短路保护断路器额定保护电流的容量选择，输入回路为额定电流的 1.5 倍～2 倍”和《铁路信号电源系统设备暂行技术规范》（铁总工电〔2018〕220 号）“5.16.7　断路器额定电流的容量选择应符合 GB 50054 的相关规定，根据负载性质选择断路器的脱扣特性和额定值，输入回路宜为额定电流的 1.5 倍～2 倍，输出回路宜为额定电流的 1.2 倍～1.6 倍”。但是根据《铁路信号工程设计技术手册》中 $I_n=I_{max}\times1.2$ 可知，信号设备中的安全系数可取 1.2～1.5。

工程设计中，按公式“$I_n=Ik$”（I_n 为电源防雷箱断路器的额定输入电流，I 为信号电源系统设备最大电流，单位：A；k 为电源防雷箱断路器的额定电流与信号电源系统设备最大电流的倍数）计算。

计算出的断路器额定电流取整后，结合断路器厂家可以提供的规格选取相应电流值，常规的交流断路器容量规格有 16 A、25 A、32 A、40 A、50 A、63 A、80 A、100 A、125 A、160 A、200 A、250 A。

3. 电力配电箱断路器容量计算方法

电力配电箱断路器包括进线断路器（变压器侧）和专业设备断路器（其他专业供电侧）。

专业设备侧断路器容量：目前电力专业首先是根据信号专业提供的信号设备总功率计算信号负荷计算电流，具体按公式 $I=\dfrac{P_1}{0.38\times\sqrt{3}\times\cos\phi}$ 或 $I=\dfrac{S}{0.38\times\sqrt{3}}$

式中　I——信号负荷计算电流，A；

P——信号设备有功功率，kW；

S——信号设备视在功率，kV·A；

0.38——三相输入额定电压，AC 380 V 的计算系数；

$\cos\phi$——功率因数，理论上应该根据信号各路电源输出进行计算（有功功率/视在功率）所得，一般取 0.7～0.8。

根据信号负荷计算电流，考虑1.1～1.3的过载系数选择断路器容量，常规的断路器容量规格有6 A、10 A、16 A、20 A、25 A、32 A、40 A、50 A、63 A、80 A、125 A、160 A、200 A、250 A等。最后电力专业结合信号电源防雷箱断路器容量调整整定值，一般规格有0.7、0.8、0.9、1.0四挡，但不得大于进线断路器容量。

电源进线断路器开关计算方法和信号专业设备侧断路器容量类似，电力专业根据相关专业提供的总功率，考虑一定的余量（一般取专业提供的实际功率的1.2～1.5倍），即电源进线断路器开关（A）$=\dfrac{\text{功率总量}}{0.38\times\sqrt{3}}$（kV・A）或$=\dfrac{\text{功率总量}}{0.38\times\sqrt{3}\times0.8}$（kW），考虑1.1～1.3的过载系数选择断路器容量。

4. 案例分析

某站信号设备总用电量为50 kV・A，电力配置了信号专用变压器，容量为80 kV・A。

（1）信号电源防雷箱断路器

若电源防雷箱断路器的额定电流与信号电源系统设备最大电流的倍数取1.5，则信号防雷开关箱断路器规格为$\dfrac{50\times1.5}{0.38\times1.732}=114$ A，与产品规格配套后选取125 A。

（2）电力配电箱断路器

进线断路器容量为$\dfrac{80}{0.38\times1.732}=121.6$ A，考虑过载系数1.3后为158 A，与产品规格配套后选取160 A。

电力根据信号设备容量计算设备侧断路器容量为$\dfrac{50}{0.38\times1.732}=76$ A，考虑过载系数1.3后为98.8 A。结合断路器产品规格和信号提电力专业信号电源防雷开关箱容量，电力专业至少要选取规格为125 A的断路器。

电源箱断路器容量125 A＝电力信号设备侧断路器容量125 A＜进线断路器容量160 A，基本符合等级要求。

若按《铁路信号工程设计手册》要求，电源防雷箱断路器的额定电流与信号电源系统设备最大电流的倍数取1.3，则信号电源箱断路器可取$\dfrac{50\times1.3}{0.38\times1.732}=100$ A，则可满足电源箱断路器容量100 A＜电力信号设备侧断路器容量125 A＜进线断路器容量160 A，符合等级防护要求。

若电源防雷箱断路器的额定电流与信号电源系统设备最大电流的倍数取2，则信号防雷开关箱断路器容量为$\dfrac{50\times2}{0.38\times1.732}=152$ A，与产品规格配套后选取160 A，则出现倒挂现象，无法实现等级保护。

5. 小结

有些项目断路器容量是厂家根据信号设备配置进行计算，为了保护自身设备，取的系数比较大，导致开关配置较大，没有考虑上级电力的计算原则，导致“倒挂”。为避免“倒挂”现象发生，在工程设计中，需要信号设计协调电源屏厂家、防雷箱厂家和电力专业的断路器配置要求。

在施工图阶段，设计人员应结合线路标准、设备选型、各站规模等情况，对各站信号设备或中心（CTC/TDCS、RBC、信号集中监测等）所有信号设备用电需求（含每一路输出的电源名称、额定电压、额定电流等）及防雷开关箱和电源屏输入断路器容量进行合理（余量不宜过大）计算，并将计算结果及电力专业配置的电力配电箱断路器容量一并提给电源屏厂家。要求电源屏厂家配置的电源屏输入断路器容量不得大于电源防雷开关箱断路器容量，电源防雷开关箱断路器容量不得大于电力配电箱断路器容量。

同时信号设计人员将合理计算出来的信号防雷开关箱断路器开关容量提供给电力专业。在互提资料中，要求电力配电盘的断路器开关容量不得小于信号电源防雷开关箱断路器开关容量。

二、与房建、暖通专业接口

（一）设计要点

信号专业与房建接口除了满足相关的规范要求外，还应结合信号设备需求、设备接管单位的需求进行设计，接口设计要点如下。

1.《铁路房屋建筑设计标准》（Q/CR 9146—2017）已明确要求：信号设备房屋应独立建设，不纳入综合站房。

2. 通信信号机房合并设置时，不能设计为一个大开间，应设置隔断、独立开门，消防、空调、动环等独立设置。

3. 当枢纽车站有多个车场时，信号设备房屋应分场设置，并进行物理隔离，避免因各场开通时间不同步，造成后续项目引入时成为既有线施工。

4. 电源屏、UPS、蓄电池为重要的电源设备，在特殊情况下存在火灾隐患，为避免电源设备故障影响其他信号设备，建议电源室单独设置，即信号机房按防雷分线室、电源室及机械室（含机房）布置。

5. 信号设备用房应紧邻运转室布置，电缆引入间应单独设置且设置在防雷分线室正下方。

6. 房建施工图完成后，应建议建设单位组织进行专项审核，征求运营单位意见。设计单位房建、暖通、电力、通信、信号等专业及路局电务部门对通信、信号等设备房屋布置图进行专项审核。电务部门对信号机房、运转室以及通信机房等房屋平面布局、各设备房屋最佳开门位置、空调设置、电缆引入等重点进行专项审核，提早明确需求，完善房建专业设计，避免后期难以修改。

7. 信号设备房屋不得有水管经过，避免因水管爆裂损坏信号设备。按相关规范配备机房专用空调、消防等设备，机房专用空调出风口、气灭喷头不得正对设备。在室内设备布置图中要准确体现空调、消防设备位置，设计阶段信号提供机柜布置图，暖通专业根据机柜布置图合理设置机房空调、气灭装置及通风设施，以保证空调出风口、气灭喷头、空调、消防设备通风设施避开机柜且不占用维修通道。

8. 信号机房内消防设备不得采用气溶胶设备，应采用七氟丙烷设备。

9. 中继站宜设计门厅，在雨雪天气时效果明显，更有利于保持机房环境。有条件时宜设计材料间兼应急值守房间，便于有专运时应急值守。

10. 电力配电箱不得设置于信号机械室内。

（二）常见问题

1. 有的信号机房与信号机械未开门，造成维护人员故障处理时需要从机械室走出，经走廊通道才能进入信号机房，不利于维护及故障处理。在静态验收阶段经常发生电务部门要求增加开门，但是因为房建施工图已完成消防审查，再增加开门还需要经消防部门同意，手续烦琐。

2. 有的信号设备房屋开门不合理，机械室开门离运转室、信号机房太远，故障处理时得来回跑，增加了故障处理时间。

3. 电缆引入间设置的玻璃门不符合信号设备房屋防尘、防火、防雷、防盗等要求。

4. 信号机房内消防设备采用气溶胶设备，不符合规范要求，应采用七氟丙烷设备。

5. 集中空调体积太大，占用维修通道，影响正常维修。

6. 机房上部有水管穿过，有的机房有电力电缆穿越，存在安全隐患，需迁移。

7. 某地下站通信、信号机房与消防水池相邻，原设计防水及防护措施不足，存在安全隐患。改进方案：在消防水池内设置两个不锈钢水箱，并设置排水通道，并对隔墙防水层进行补强。

三、结束语

满足分级防护要求是信号与电力专业接口设计的关键内容，信号专业设计负责人应统筹协调电源屏厂家、防雷箱厂家和电力专业的断路器配置要求，建立标准接口，满足分级防护要求。信号专业应与房建专业密切沟通，细化信号设备房屋布局、消防及暖通等关键接口，满足运营维护需求。

参 考 文 献

[1] 傅世善. 闭塞与列控概论 [M]. 北京：中国铁道出版社，2006.

[2] 傅世善. 铁路信号显示 [M]. 北京：中国铁道出版社，2001.

[3] 中国铁路总公司. CTCS-2 级列车运行控制系统 [M]. 北京：中国铁道出版社，2013.

[4] 中国铁路总公司. CTCS-3 级列车运行控制系统 [M]. 北京：中国铁道出版社，2013.

[5] 中国铁路总公司. 列车运行监控装置（LKJ）控制模式设定规范 [M]. 北京：中国铁道出版社，2015.

[6] 莫志松. CTCS-3 级列控系统行车许可结合轨道电路信息技术方案 [J]. 铁道通信信号，2016，52（6）：1-6.

[7] 李凯，刘长波. 高速铁路线路大号码道岔后方 C3/C2 等级转换设计方案研究 [J]. 铁道通信信号，2019，55（1）：1-5.

[8] 王哲浩，王海忠. 高速铁路到发线有效长优化方案探讨 [J]. 铁道通信信号，2019，55（8）：6-9.

[9] 池春玲，张敏慧. 枢纽内 RBC 切换方案优化研究 [J]. 铁路通信信号工程技术，2019，16（9）：10-14.

[10] 王杰 . 客运专线铁路大号码道岔应答器组设置方案探析 [J]. 铁道标准设计，2019，63（1）：144-146.

[11] 李卫锋，刘立峰. 特殊场景下列控等级转换的设置方案 [J]. 铁道通信信号，2019，55（7）：14-17.

[12] 宁咏梅. 连续大号码道岔应答器组技术方案探讨 [J]. 铁路通信信号工程技术，2021，18（8）：15-18.

[13] 潘振涛. 复杂站型 CTC 系统自动排路优化技术方案 [J]. 铁路通信信号工程技术，2018，54（12）：32-35.

[14] 吕向东. 关于制动防护距离不足造成 ATP 制动原因分析 [J]. 铁路通信信号工程技术，2020，17（11）：102-106.

[15] 胡井海，马樱，蔡薇薇. 高速铁路线路所红灯重复显示问题的分析与探讨 [J]. 铁路通信信号工程技术，2020，17（8）：94-96.